# DAUSIEN'S GROSSES
# BUCH DER NATUR

# DAUSIEN'S GROSSES
# BUCH DER NATUR

Alles über
## TIERE
## PFLANZEN
## MINERALIEN

## MIT 550 FARBBILDERN

# VERLAG WERNER DAUSIEN · HANAU

**Zoologie**
Deutsche Textredaktion: Klaus Groh
Illustrationen von Jaromír Knotek,
Libuše Knotková und Petr Rob
Nach dem Text von Luděk Dobroruka
übersetzt von Felix Seebauer

**Botanik**
Deutsche Textredaktion: Eva Lobin
Illustrationen von Edita Plicková
Nach dem Text von Zdenka Podhajská
übersetzt von Ingeborg Šestáková

**Mineralogie — Petrographie**
Deutsche Textredaktion: Karl-Heinz Krüger
Illustrationen von Ladislav Pros
Nach dem Text von Jaroslav Bauer
übersetzt von Ursula Procházková

Graphische Gestaltung von Aleš Krejča
© Artia Verlag, Praha 1982
Sämtliche Rechte der Verbreitung, einschließlich der
Wiedergabe durch Film, Funk, Fernsehen, Fotomechanik und
andere technische Mittel sind — auch in Form von Auszügen
— dem Artia Verlag vorbehalten

VERLAG WERNER DAUSIEN · HANAU · 1982

ISBN 3-7684-2140-6
1/19/01/52-01

# Inhalt

8     **Vorwort**

10    **Zoologie**

16    Die einfachsten Tiere

18    Würmer

20    Weichtiere: Schnecken

22    Krebstiere

24    Spinnentiere

28    Hundert- und Tausendfüßer

30    Insekten

36    Zikaden und Wanzen

38    Schädlinge und Schmarotzer

40    Käfer

42    Lebensweisen verschiedener Käfer

44    Insektenstaaten

46    Schmetterlinge

50    Das Leben im Meer

52    Weichtiere im Meer

54    Krebstiere im Meer

56    Haie und Rochen

58    Salzwasser-Speisefische

60    Ungewöhnliche Salzwasserfische

64    Süßwasserfische

66    Süßwasser-Raubfische

68    Lachse und Welse

70    Die Karpfen und ihre Verwandten

72    Ungewöhnliche Süßwasserfische

74    Lurche, zu Lande und zu Wasser

76    Frösche und Kröten

78    Kriechtiere

80    Echsen verschiedener Formen und Farben

82    Schlangen

84    Ottern und Klapperschlangen

86    Farbenprächtige Schlangen

88    Kobras, Mambas und andere

90    Schildkröten

92    Räuberische und Meeres-Schildkröten

94    Vielgestaltige Vogelwelt — Wasservögel

98    Greifvögel

100   Hühnervögel

102   Sperlingsvögel

106   Interessante Verwandtschaften

110   Eulen

112   Flugunfähige Vögel und Flugakrobaten

114   Erstaunliche Anpassungen im Vogelreich

116   Kloaken- und Beuteltiere

120   Insektenfresser

122   Fliegende Säugetiere — die Fledermäuse

126   Die nächsten Verwandten des Menschen — die Primaten

128   Menschenaffen

130   „Zahnarme" Säugetiere

132   Raubtiere

136   Katzen

139   Großkatzen

142   Marderartige Raubtiere

144   Bären

146   Kleinbären und Schleichkatzen

148   Hasen, Kaninchen und Pfeifhasen

150   Die Nagetiere

154   Huftiere

164   Meeressäugetiere und Pinguine

166   **Botanik**

178   Frühlingsblumen

180   Wiesenpflanzen

182   Wasserpflanzen

184   Gräser

186   Kulturpflanzen

190   Unerwünschte Eindringlinge

192   Heilpflanzen

196   Was die Pflanzen enthalten

198   Gift- und Heilpflanzen

200   Auf der Suche nach Lebensraum

202   Ernährungsformen bei Pflanzen

204   Leben ohne Wasser

206   Kletterpflanzen

208   Gartenpflanzen

210   Pflanzen und Tiere

214   Irreführende Pflanzenformen

216   Nadelgehölze

218   Wildfrüchte

| | | | |
|---|---|---|---|
| 226 | Nutzgehölze | 278 | **Mineralogie — Petrographie** |
| 232 | Ziersträucher | 284 | Gesteine |
| 236 | Tropengewächse | 286 | Gesteinsbildende Mineralien |
| 244 | Gemüse aus dem Meer | 288 | Erzmineralien — Metallurgie |
| 246 | Meereswiesen | 292 | Edelmetalle |
| 248 | Salzliebende Pflanzen | 294 | Minerale in der chemischen Industrie |
| 252 | Sanddünen | 296 | Mineraldünger — Nahrung der Pflanzen |
| 256 | Schimmelpilze | 298 | Brennbare Gesteine — Kaustobiolithe |
| 258 | Schlauchpilze | 300 | Hitzebeständige Minerale |
| 260 | Pilze an Bäumen und auf Baumstümpfen | 302 | Minerale in der Glasindustrie, Keramik und im Bauwesen |
| 262 | Röhrlinge | | |
| 264 | Blätterpilze | 304 | Minerale in der Atomindustrie |
| 266 | Begehrte Speisepilze | 306 | Steine in der Bildhauerei und Architektur |
| 268 | Flechten | 308 | Edel- und Schmucksteine |
| 270 | Moose | | |
| 272 | Bärlappe und Schachtelhalme | 314 | **Register** |
| 274 | Farne | | |

# Vorwort

Das vorliegende Buch über Tiere, Pflanzen und Mineralien gibt eine umfassende, reich illustrierte Übersicht der Welt der Natur, aufgeteilt in Zoologie, Botanik und Mineralogie. Die Bedeutung der „Naturkunde" hat sich im Lauf der Jahre verändert. Im 16. Jahrhundert waren die Wörter „Zoologie", „Botanik" und „Mineralogie" noch nicht bekannt. Jeder, der damals die Welt der Natur studierte, war an jeder Art von Pflanzen, Tieren oder Mineralien interessiert. Diese Studien waren zusammengefaßt in dem Ausdruck „Naturkunde". Erst in der zweiten Hälfte des 17. Jahrhunderts, als die Deutsche Akademie der Naturforscher Leopoldina gegründet wurde, bekamen die Wissenschaften der Zoologie, Botanik und Mineralogie ihre Namen.

Im 16. Jahrhundert konnte ein Mann alles wissen, was zu wissen war über Tiere, Pflanzen und Mineralien. Es gab noch keine Museen, nur wenige Bücher und kaum Leute, die wir als Naturwissenschaftler bezeichnet hätten.

Nach der Gründung der Leopoldina wurde es notwendig, die Wissenschaften zu organisieren. Für naturwissenschaftliche Sammlungen wurden Objekte aus der ganzen Welt zusammengetragen, und die Gelehrten begannen sich zu spezialisieren. Die Zoologen befaßten sich nur mit dem Studium der Tiere, die Botaniker studierten die Pflanzen und die Mineralogen die Mineralien. Sie veröffentlichten ihre Beobachtungen in wissenschaftlichen Abhandlungen. Die Naturwissenschaften im modernen Sinne waren entstanden, aber sie hatten noch einen langen Weg vor sich.

Während des 18. und 19. Jahrhunderts machten sie Fortschritte, aber diese Fortschritte waren langsam. Das Tempo beschleunigte sich mit dem Beginn des 20. Jahrhunderts, steht aber in keinem Vergleich zu der Geschwindigkeit, die wir in den letzten 30 Jahren beobachten konnten. Vor dieser Zeit wurde jeder, der sich für den Beruf des Zoologen entschied, als ungewöhnlich, wenn nicht gar als Sonderling betrachtet. Professionelle Botaniker waren häufiger, aber auch sie hielt man für ein wenig überspannt.

Es gab jedoch bereits weitsichtige Leute, die erkannten, daß die Menschheit in naher Zukunft ein weit größeres und dringenderes Bedürfnis nach biologischer Information haben würde. Und in den Jahren nach dem 2. Weltkrieg hat besonders das Studium der Zoologie fast unglaublich expandiert. Dabei kam es zu der Erkenntnis, daß die Ressourcen unserer Welt an Wäldern und anderen Formen von Pflanzenleben, Mineralien und Tieren erschreckend abgenommen haben, und daß etwas dagegen getan werden muß. Das einzige was zunimmt ist die Zahl der Menschen, ihrer Haustiere und ihrer Nutzpflanzen sowie der giftige Unrat, den die Menschheit überall ablagert.

Die Menschen möchten heute über die Natur und ihre Zusammenhänge möglichst umfassend informiert werden. Wir haben diesem neuen Interesse Rechnung getragen und ein Buch vorgelegt, das bei aller wissenschaftlichen Exaktheit einen hohen Grad der Verständlichkeit hat, so daß es auch für Schüler hervorragend geeignet ist.

# Zoologie

Tiere bewohnen nahezu jeden Ort auf unserem Planeten, von der Tiefsee bis zum ewigen Eis der Polkappen, von den Regenwäldern der Tropen bis zu den Gipfeln der höchsten Berge. Nicht alle Tierarten sind über die ganze Erde verbreitet, vielmehr haben sich verschiedene Gruppen an das Leben in bestimmten Lebensräumen angepaßt. In gleichen oder ähnlichen Lebensräumen leben aber auf den verschiedenen Erdteilen nur ganz bestimmte Tiergruppen. Hierfür sind zwei Ursachen verantwortlich: Erstens wird die Lage der Hauptlebensräume der Erde, die Biome genannt werden, weitgehend durch die *geographische* Breite bestimmt, und zweitens zerschneidet die Lage der Erdteile und Meere diese Biome, so daß z. B. die tropischen Regenwälder des Amazonas-Beckens in Südamerika völlig von denen in Zentralafrika oder Hinterindien getrennt sind. Werfen wir also erst einmal einen kurzen Blick auf die Hauptlebensräume, die von Tieren besiedelt werden. Der auffälligste Unterschied zwischen Biomen in niedrigen und hohen geographischen Breiten liegt in der Temperatur. Am Äquator ist es warm, an den Polen kalt. Der Grund hierfür ist einfach. Am Äquator wärmen die Sonnenstrahlen stärker, weil ihr Weg durch die oberen Luftschichten nur kurz ist. Zu den Polen hin ist der Weg der Sonnenstrahlen durch die Atmosphäre länger, und zusätzlich werden sie, weil sie flacher auftreffen, stärker gestreut. Außerdem wird die verfügbare Wärmestrahlung in den höheren Breiten auf eine weitaus größere Oberfläche verteilt. In den Tropen wird die Luft also sowohl direkt von der Sonne als auch durch die aufgeheizten Landflächen erhitzt. Die warme Luft steigt auf, kühlt sich in den höheren Luftschichten wieder ab, und die in ihr enthaltene Feuchtigkeit fällt als Regen wieder auf die Erde zurück. Diese regelmäßigen und großen Regenmengen ließen die dichten Regenwälder in einer breiten Zone um den Äquator entstehen. Die über dem Äquator aufsteigende Luft wird durch ständige Luftströme von den polnäheren Gebieten in die Tropen ersetzt. Die sog. Passatwinde strömen über aufgewärmte Landmassen und nehmen hier Feuchtigkeit auf. Daher sind in den Zonen, wo die Passatwinde über das ganze Jahr wehen, ausgedehnte Wüsten zu finden. In Höhe des Wendekreises des Krebses liegen z. B. die Sahara und die Wüste Gobi, in der Höhe des Wendekreises des Steinbocks die Kalahari oder die große Australische Wüste.

Besonders im Norden sind die Windsysteme sehr viel komplizierter. Die Luft, die über dem Äquator aufsteigt, sinkt über den mittleren Breiten ab, während andere Luftmassen von hier aus in Richtung Äquator und Pole strömen. Sie treffen auf die über den Eismassen der Pole liegenden kalten Luftmassen. Dabei bilden sich große, sich drehende Luftwirbel, sog. Zyklonen oder Tiefdruckgebiete, die Regen mitbringen. Diese Regenfälle sind über das ganze Jahr verteilt und für die Zonen zwischen dem 40. und 55. nördlichen Breitengrad in Europa und an der Ostküste Nordamerikas ein charakteristisches Wetterelement. Die typische Vegetation dieser Zonen besteht aus blattwechselnden Laubwäldern. Noch weiter im Norden sind wegen der niedrigen Temperaturen die Laubwälder durch immergrüne Nadelwälder ersetzt, so in weiten Teilen Kanadas, Nordeuropas und Asiens. Wo die mittlere Jahrestemperatur so niedrig liegt, daß auch keine Nadelbäume mehr gedeihen, beginnt die Tundra, eine Zone, in der nur noch niedrige Büsche und Kräuter wachsen. Tundren bilden das charakteristische Vegetationsbild jenseits des nördlichen Polarkreises. Zusätzlich zu den Auswirkungen der geographischen Breite, die gerade erläutert wurden, bestimmen drei weitere wichtige Faktoren die Vegetationszonen der Erde.

Die Erdachse ist gegenüber der Sonnenumlaufbahn um rund 23,5 Grad geneigt. Dies bewirkt, daß es in den gemäßigten Breiten zur Ausbildung von Jahreszeiten und Übergängen zwischen den einzelnen Vegetationszonen kommt. Einige dieser Übergangsgebiete tragen eine so eigenständige Pflanzendecke, daß man sie als eigene Biome führt. Die Bereiche zwischen den Wüsten und den tropischen Regenwäldern werden Savannen genannt. Obwohl es hier das ganze Jahr hindurch warm ist, fallen nur in bestimmten Jahreszeiten Niederschläge, so daß hier keine ausgedehnten Wälder wachsen können. Typische Pflanzen sind Gräser; Bäume sind nur vereinzelt eingestreut, wenn auch in manchen Gebieten sog. Waldsavannen (lichte Wälder) existieren.

Zwischen den Wüsten und den blattwechselnden Laubwäldern liegt ein Gebiet, das nur im Winter Regenfälle erhält, im Sommer aber von den Passatwinden ausgetrocknet wird. Die bestimmende Pflanzendecke dieser Zonen wird Macchie genannt und setzt sich hauptsächlich aus immergrünen Dornbüschen zusammen. Macchien findet

man z. B. rund um das Mittelmeer, in Südafrika und Südaustralien.
Die Biome werden außerdem dadurch beeinflußt, daß sie nahe am Meer oder im Inneren der Kontinente liegen. Bei letzteren herrscht ein sog. Kontinentalklima mit stärkeren jahreszeitlichen Temperaturunterschieden und geringeren Regenmengen. Hier kann kein Wald mehr wachsen. Daher reicht die Savanne in Afrika bis an die Ostküste. In den gemäßigten Breiten gehen die Laubwälder in

Graslandschaften über, die in Europa und Asien Steppen, in Nordamerika Prärie und in Südamerika Pampas genannt werden. In ähnlicher Weise gehen die Nadelholzwälder in Grasgebiete mit spärlichem Graswuchs – die Taiga – über, welche weite Teile Sibiriens bedeckt.

Ein dritter Einfluß, der die Biome prägt, ist die Höhe über dem Meeresspiegel. Da es mit zunehmender Höhe kälter wird, ähnelt die Hochgebirgsvegetation der Tropen oft der niedriger Lagen in höheren Breiten. So ist z. B. auf dem Gipfel des Mt. Kenya auf dem Äquator eine typische Tundra-Vegetation zu finden.

Alle bisher genannten Groß-Lebensräume werden auf den einzelnen Kontinenten von einer charakteristischen Tierwelt bewohnt. So sind in Afrika Affen die typischen Bewohner der Regenwälder. Gazellen leben in der Savanne, Springmäuse in der Wüstenregion. Vergleicht man aber die Tierwelt der Regenwälder Afrikas und Süd-

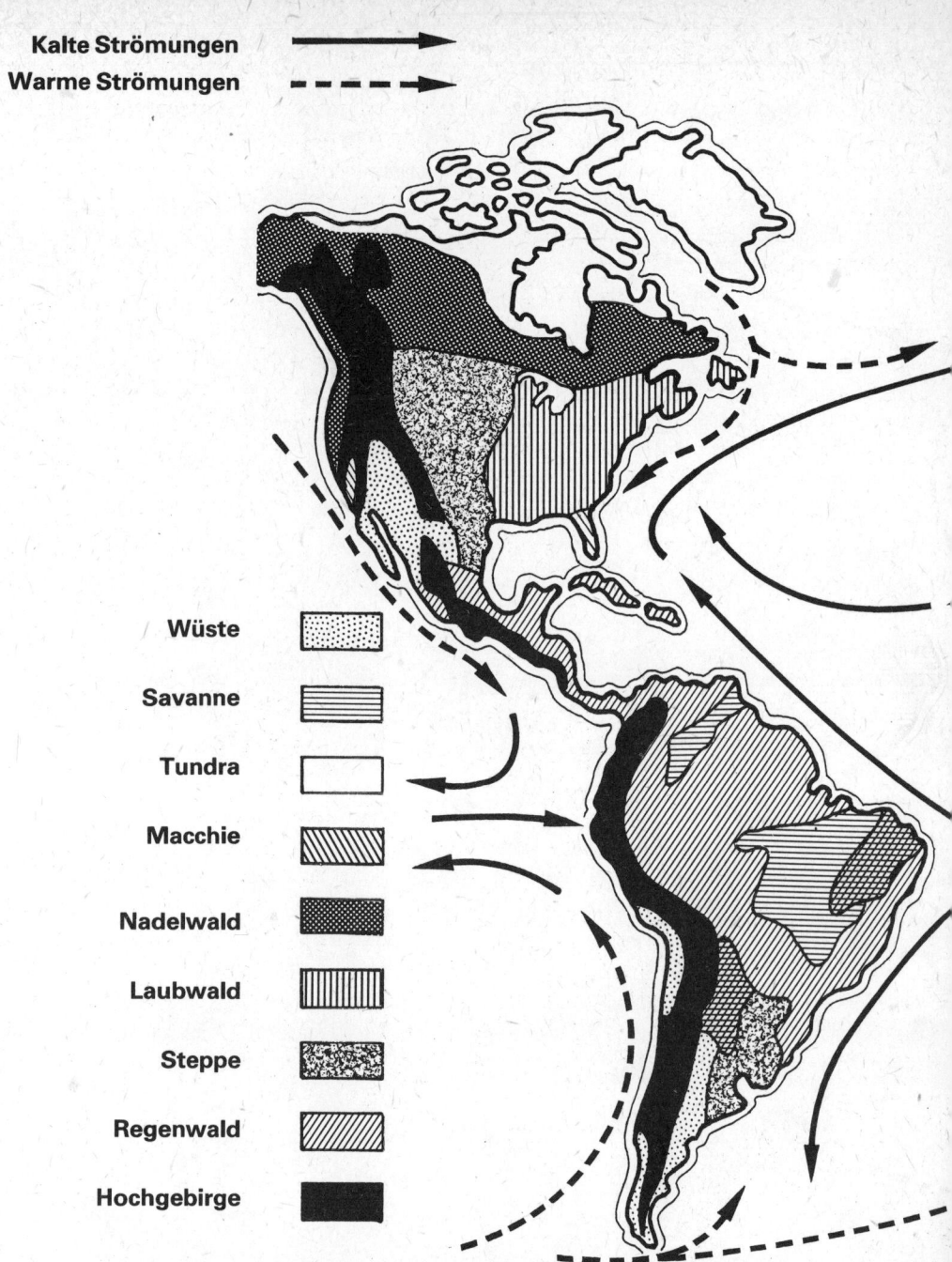

Kalte Strömungen ⟶
Warme Strömungen ⇢

Wüste
Savanne
Tundra
Macchie
Nadelwald
Laubwald
Steppe
Regenwald
Hochgebirge

amerikas, so findet man auffällige Unterschiede. So sind zum Beispiel die Affen oder auch die Stachelschweine völlig verschieden.

Den Grund für solche auffälligen Unterschiede muß man in der Erdgeschichte suchen. Wenn wir uns die Erde heute ansehen, ist es nicht sofort augenfällig, daß die Kontinente nicht immer in der Lage zueinander waren wie es heute der Fall ist. Gerade diese Tatsache hatte aber in der Vergangenheit einen gewaltigen Einfluß auf die Entstehung neuer Tiergruppen, obwohl sich die Lage der Kontinente zueinander in den letzten 30 Mill.

Jahren nicht mehr wesentlich verändert hat. Um das zu verstehen, muß man einen Blick auf die natürlichen Barrieren werfen, die die Wanderung von Tieren einschränken oder verhindern.

Die wichtigste dieser Barrieren ist das Meer. Durch dieses wurde z. B. Australien bereits vor 60 Mill. Jahren von allen übrigen Kontinenten getrennt. Die heute dort lebenden Eidechsen, Schlangen, Vögel, Beuteltiere und Mäuse erreichten Australien also über das Meer, während z. B. Lungenfische, Schnabeltiere oder einige Echsen diesen Kontinent bereits bewohnten, als er noch

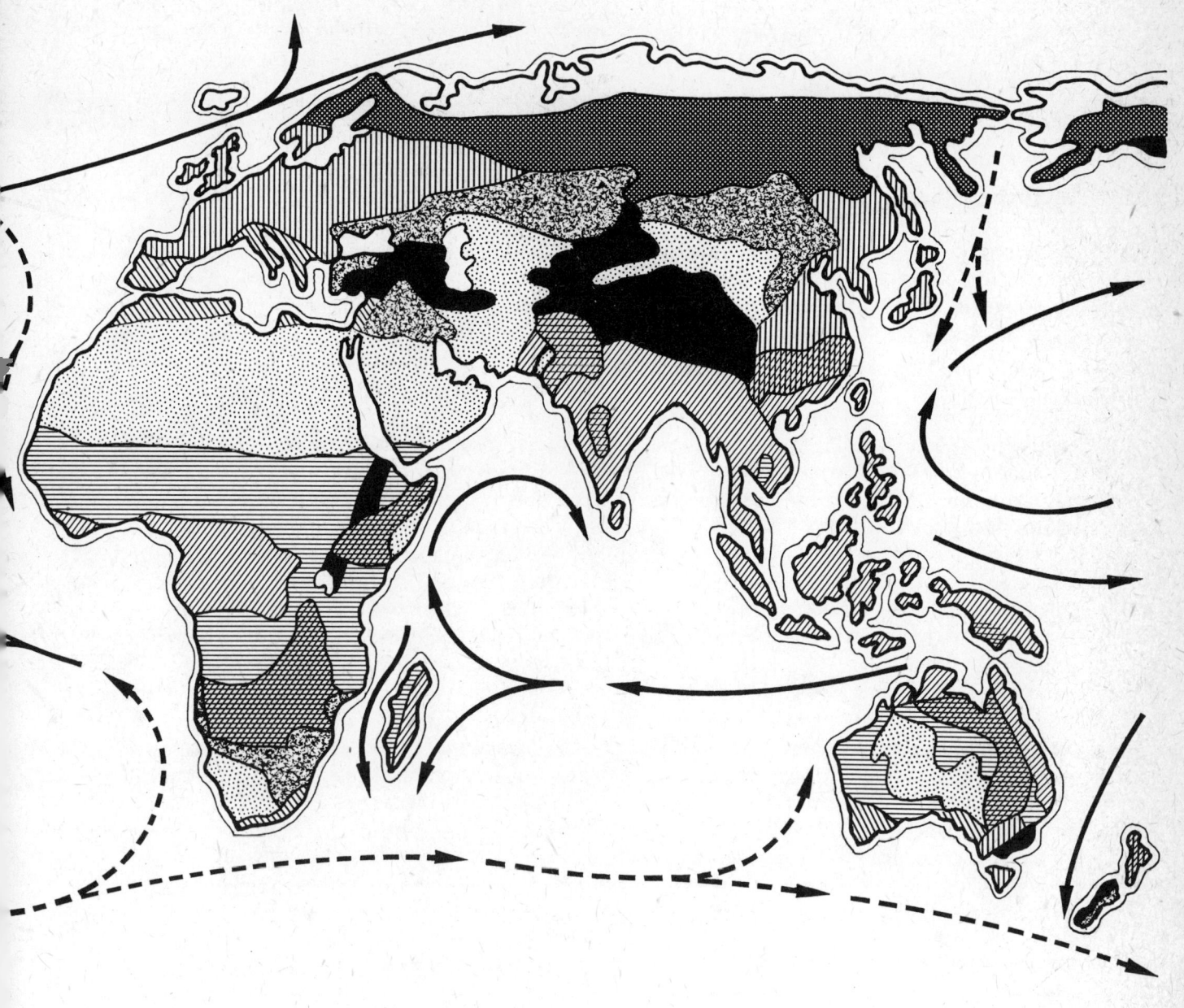

gemeinsam mit Südamerika, Afrika und Indien eine einheitliche Landmasse bildete. Dieser ehemalige Superkontinent wird als Gondwanaland bezeichnet, während man einen zweiten Superkontinent, der aus Nordamerika und einem Großteil Asiens bestand, Laurasien nennt.
Die Landmassen Nord- und Südamerikas trafen vor etwa 60–70 Mill. Jahren aufeinander.
Nach einer Theorie wurde erst nach Bestehen dieser Verbindung Südamerika von verschiedenen Säugetiergruppen und anderen Tierarten besiedelt. Die bedeutendsten unter ihnen waren die

*Der Einfluß der geographischen Breite auf den Charakter der Biome ist am besten entlang der Ostküste des Atlantischen Ozeans, von der norwegischen Tundra bis zum Regenwald Westafrikas, zu sehen. In Ost- und Südafrika befinden sich große Gebiete mit Wald-Savannen.*

Vorfahren der heutigen Opossums, die Zahnarmen und zwei Gruppen primitiver Huftiere. Diese Landverbindung mit Nordamerika bestand jedoch nur für kurze Zeit, so daß Südamerika erneut für etwa 60 Mill. Jahre isoliert war. In diesem Zeitraum entwickelte sich eine ganz besondere Tierwelt, obwohl zusätzlich immer wieder einige Arten von Norden über das Meer hinzukamen. Von diesen waren zwar die meisten Vögel, aber auch einige Säuger schafften den Sprung über den Ozean. Hierzu gehören die Ahnen der amerikanischen Affen und Nagetiere.

Diese Tiere entwickelten sich rund 30 Mill. Jahre isoliert, bis sich vor etwa 3 Mill. Jahren die mittelamerikanische Landbrücke ausbildete. In ihrer Folge kam es zu einem verstärkten Austausch der Tierwelt Nord- und Südamerikas. Z. B. kamen Opossums und Gürteltiere in den Norden, während Rüsselbären und Hirsche den Süden besiedelten. Die heutige Tierwelt Südamerikas ist somit das Ergebnis einer sehr langen Isolation, die durch eine erst in jüngerer Zeit einsetzende Vermischung beeinflußt ist.

Aus zoologischer Sicht stellen Südamerika und Australien die eigentümlichsten Regionen dar. Zoogeographen, die sich mit der geographischen Verbreitung der Tiere beschäftigen, nennen diese beiden Erdteile daher Notogäa (,,Süd-Erde'') und Neogäa (,,Neu-Erde'') während die restlichen Kontinente als Arctogäa (,,Nord-Erde'') zusammengefaßt werden. Auch diese Arctogäa gliedert sich nochmals in gut unterscheidbare Regionen. Eine generelle Trennung erfolgt in die warmen, mehr oder weniger tropischen südlichen und in die kühleren nördlichen Zonen. Die südliche Zone wird in die Äthiopische oder Afrotropische Region (Afrika südlich der Sahara) und die Orientalische Region (Südarabien, Indien, Hinterindien, Südchina) unterteilt. Die nördliche Region wird unter dem Begriff Holarktis (,,Nordwelt'') zusammengefaßt, welche wiederum in die Nearktis (,,Neuwelt'') (Nord-Amerika einschließlich Mexico) und die Paläarktis (,,Altwelt'') (Europa, Nordafrika, Nordasien, Japan) unterteilt werden kann.

Jede dieser genannten Regionen hat ihre charakteristischen Tiere. Für die Äthiopische Region sind dies z. B. die Flußpferde, Giraffen und Strauße, für die Orientalische die Gibbons und Pfauenvögel. Diese südlichen Regionen sind von den nördlichen durch zwei Faktoren getrennt. Einer ist das Klima. So besiedeln z. B. die wärmeliebenden Tiere aus den Wäldern Südchinas niemals weiter nördlich liegende Bezirke. Zum anderen machen geographische Barrieren einen Faunenaustausch zwischen Norden und Süden weit-

gehend unmöglich. So bildet die Sahara eine unüberwindliche Grenze zwischen der Paläarktis und der Afrotropis. Gegenüber der Orientalischen Region ist diese Grenze durch die Arabische Wüste im Westen und das Himalaya-Gebirge im Norden gegeben. Lediglich in Ostasien fehlt ein solches geographisches Hindernis. Zwischen der Nearktis und Paläarktis liegt der Berührungspunkt in der Behringstraße, einer flachen Verbindung zwischen dem Pazifischen Ozean und dem Nordmeer, die jedoch in früheren Erdepochen mehrere Millionen Jahre lang eine Landverbindung darstellte und letztmals während der letzten Eiszeit vor nur 20—30 Tausend Jahren trocken lag. Tiere, die diese Landverbindung überqueren wollten, mußten gut an die Kälte angepaßt sein. Daher kam es auch bei den meisten der rund um die Pole verbreiteten Tierarten zu keiner weiteren Artaufspaltung (z. B. Schneeule, Polarfuchs), etwas südlicher lebende Arten haben lediglich verschiedene Rassen ausgebildet (wie z. B. die Damhirsche oder Wapitis) oder sind sehr nah miteinander verwandt (z. B. die Elche oder die Bieber). Schließlich müssen wir noch einen Blick auf die Verbreitung der Tiere im Laufe der Erdgeschichte werfen. Die frühesten bekannten Spuren tierischen Lebens sind in 600 Mill. Jahre altem Gestein gefunden worden. Diese Tiere sahen möglicherweise so ähnlich aus wie unsere heutigen Quallen oder primitiven Würmer. Aus der Zeit vor dem Kambrium (600 Mill. Jahre) fehlen fossile Nachweise von Tieren, weil erst seit dieser Zeit in vielen Tiergruppen besser erhaltungsfähige, harte Skelettbestandteile entwickelt wurden. Als wichtigste Gruppen sind hier die Weichtiere und die Trilobiten zu nennen. Alle damals lebenden Tiere waren Wirbellose, hatten also noch keine Wirbelsäule oder vergleichbare Knochenstrukturen. Weitere 100 Mill. Jahre vergingen, bis die ersten Wirbeltiere im Zeitalter des Silurs auftraten. Es waren einfach gebaute Fische, die vielfach starke Knochenpanzer trugen. Bis zum Zeitalter des Devons wurden die Fische in den Meeren zu einer der vorherrschenden Tiergruppen. In der Zwischenzeit begann die Besiedlung des Landes, zuerst durch Pflanzen und vor etwa 420 Mill. Jahren auch durch primitive Insekten (Schaben) und Skorpione. Den Wirbeltieren gelang dieser Schritt an Land erst etwa 50 Mill. Jahre später im Silur. Es waren die ersten Amphibien, die sich während eines Zeitraums von weiteren 60 Mill. Jahren das Land eroberten und von Fischen, großen Schaben und Libellen ernährten. Während des Karbons vor etwa 300 Mill. Jahren entwickelten sich die Reptilien, die eine größere und schnellere Artaufspaltung durchmachten als die Amphibien. Dadurch wurden sie bis zum Ende des Erdaltertums (Paläozoikum) zu den vorherrschenden Landlebewesen. Das Erdmittelalter (Mesozoikum) vor 220 bis 70 Mill. Jahren wird schließlich das Zeitalter der Reptilien genannt. Zu dieser Zeit lebten die Dinosaurier, die großen Flug- und Meeresechsen. Vor rund 180 Mill. Jahren entstanden die ersten Säugetiere und weitere 20 Mill. Jahre später die ersten Vögel. Gegen Ende des Erdmittelalters starben aus bisher nicht genau bekannten Gründen die großen Echsen aus und überließen damit den Säugern das Land und den Vögeln den Luftraum. Im Meer hatte sich inzwischen ein anderer Typ von Fischen durchgesetzt — die Knochenfische (Teleostei) — die bis heute den Lebensraum Wasser beherrschen.

Die Erdneuzeit (Känozoikum oder Neozoikum), die mit dem Tertiär vor 70 Mill. Jahren begann, wird schließlich das Zeitalter der Säugetiere genannt, in dem diese eine ungeheure Artenvielfalt hervorbrachten. Ein Grund hierfür war, daß in dieser Zeit die Landmassen in fünf Teile zerfielen. Jeder dieser Kontinente war aber bereits mit Säugern besiedelt, die sich dahingehend aufspalteten, daß sich unterschiedliche Gruppen an verschiedene Lebensräume oder Ernährungsweisen anpaßten. So wurden z. B. die einen zu Pflanzenfressern, die anderen zu Raubtieren, andere Gruppen spezialisierten sich nicht auf eine bestimmte Nahrung. Man nennt diese Aufspaltung aufgrund von Anpassung und Spezialisierung adaptive Radiation. Dies führte dazu, daß sich im Laufe der Evolution unterschiedliche Tiergruppen unabhängig voneinander auf verschiedenen Kontinenten an gleiche Lebensbedingungen anpaßten. So kommt es, daß sich die nordamerikanischen und die nordafrikanischen Springmäuse zwar sehr ähneln und auch ähnliche Wüstengebiete bewohnen, aber trotzdem zu völlig verschiedenen Gruppen der Nagetiere gehören. Dieses Phänomen nennt man konvergente Entwicklung, man kann es auch bei den stachelschweinähnlichen Tieren der Alten und Neuen Welt beobachten. Eine ähnliche Erscheinung ist die parallele Entwicklung, die sich bei den Affen zeigt. Die Alt- und Neuweltaffen stammen nicht von völlig verschiedenen Vorfahren ab, sondern entwickelten sich aus einer einzigen, heute ausgestorbenen Affenfamilie, die damals über die ganze Nordhalbkugel verbreitet war. Ihre Nachkommen besiedelten die Urwälder beiderseits des Atlantischen Ozeans und paßten ihre Entwicklung gleichlaufend an die Umweltbedingungen an. So kommt es, daß in den beiden verschiedenen Erdteilen heute zwei

sehr ähnliche Affenfamilien leben.
Allein während der letzten Million Jahre gab es vier große Eiszeiten, in denen sich die Eiskappe des Nordpols weit nach Süden ausbreitete und große Teile Europas und Nordamerikas bedeckte. Hierdurch wurden die Lebewesen in diesen Zonen stark nach Süden gedrängt. Die Südkontinente waren hiervon weniger stark betroffen. Vermutlich sind also die stark wechselnden Klimabedingungen für das Aussterben vieler Tierarten auf der Nordhalbkugel der Erde verantwortlich, während auf den Südkontinenten der frühere Artenreichtum erhalten blieb.

*Die Hauptgruppen der Wirbeltiere entstanden allmählich in den letzten 400 Millionen Jahren. Jede von ihnen durchlief eine lange Entwicklungszeit, bis sie die Vorherrschaft über die übrigen gewann oder in vielen Fällen auch ihren Niedergang fand.*

| ENTSTEHUNG DER HAUPTTIERGRUPPEN | | |
|---|---|---|
| ZEITALTER | ERSTES AUFTRETEN DER GRUPPE | VORHERR-SCHENDE GRUPPE |
| Tertiär | Blütezeit der Säugetiere | Zeitalter der Säugetiere *vor 70 Mill. Jahren* |
| Kreide | Aussterben der Dinosaurier *vor 120 Mill. Jahren* | Zeitalter der Reptilien |
| Jura | erste Vögel | Zeitalter der Reptilien |
| Trias | erste Säugetiere | Zeitalter der Reptilien |
| Perm | *vor 300 Mill. Jahren* | Zeitalter der Reptilien |
| Karbon | erste Reptilien | Zeitalter der Amphibien |
| Devon | erste Amphibien | Zeitalter der Fische |
| Silur | | Zeitalter der Fische |
| Ordovizium | erste Knochenfische | Zeitalter der Fische |
| Kambrium | erste häufigere Versteinerungsfunde *vor 600 Mill. Jahren* | Zeitalter der Fische |
| Präkambrium | | |

# Die einfachsten Tiere

Im Laufe der Entwicklung von den einfachsten Tieren bis zu den Säugern sind eine große Zahl tierischer Formen verschwunden, während andere neu entstanden, und oft läßt sich nur aufgrund spärlicher fossiler Überreste schließen, wie die Tierwelt der Urzeit ausgesehen haben könnte. Doch auch unter den Lebewesen unserer Zeit sind noch primitive Formen zu finden, die höchstwahrscheinlich den ersten lebendigen Organismen ähnlich sind. Daneben gibt es andere, spezialisiertere Formen, die vielleicht heute den Höhepunkt ihrer Entwicklung erreicht haben. Bei der Zuordnung der verschiedenen Lebewesen in natürliche Verwandtschaftsgruppen bereitet es mitunter Schwierigkeiten zu erkennen, welche Kennzeichen für eine entwick-

Photosynthese. Die Mehrzahl der Wirbellosen besitzt jedoch einen mehr- bzw. vielzelligen Körper, bei dem die Zellen den unterschiedlichen Aufgaben entsprechend spezialisiert ausgebildet sind.

## Wimpertierchen *Ciliata*
Bei den Wimpertierchen handelt es sich um Urtiere, deren Körper von der festen, wimperbesetzten Zellhaut (Kutikula) umgeben ist. Von diesen Wimpern wurde die Bezeichnung der ganzen Klasse abgeleitet. Bei manchen Arten befinden sich die Wimpern auf dem ganzen Körper, bei anderen in kammartiger Anordnung nur an bestimmten Teilen. Manche Wimpertierchen leben frei, andere festsitzend. Einige Arten schmarotzen in Fischen, eine Art im

Wechseltierchen

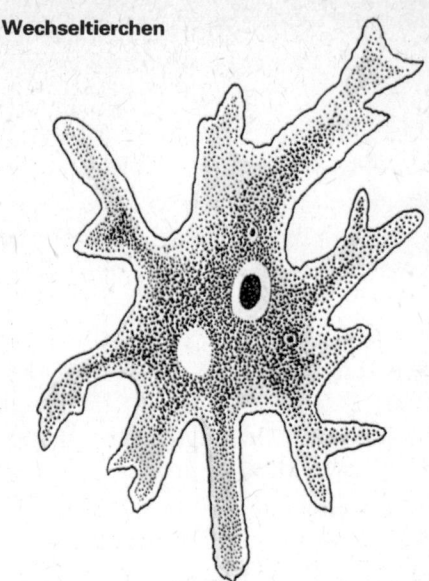

ende an Wasserpflanzen festsitzt. Einen unbeliebten Aquarienbewohner stellt das Wimpertierchen *Trichodina domerguei* dar, das an Haut und Kiemen der Fische parasitiert und die sog. Grießkörnchenkrankheit verursacht. An den befallenen Stellen setzen sich oft Schimmelpilze an, die weitere ernsthafte Erkrankungen zur Folge haben.

## Wechseltierchen *Amoeba proteus*
Die Wechseltierchen stellen nur eine der fünf Gruppen einzelliger Tiere, der Urtiere, dar. Wie jede tierische Zelle wird auch das Wechseltierchen von einer Zellhaut umgeben, in deren Inhalt sich die Zellflüssigkeit (Protoplasma) befindet. Dieses Protoplasma umhüllt den Kern, das Organ, das die wichtigsten Funktionen der Zelle steuert. Das Wechseltierchen *Amoeba proteus* wird bis zu 1 mm groß, ist also schon mit dem bloßen Auge zu erkennen. Der Körper ändert ständig seine Form, indem das Plasma an verschiedenen Stellen durch die Zellhaut dringt und so veränderliche Scheinfüßchen (Pseudopodien) bildet, mit denen sich das Wechseltierchen vorwärtsbewegt und auch Nahrung aufnimmt. Die Beute, z. B. andere Urtiere, wird von den Scheinfüßchen umflossen und in einer sog. Vakuole in den Körper aufgenommen. In diese Vakuole gelangen Verdauungssäfte, die die Nahrung zerlegen. Die unverdauten Nahrungsreste werden einfach wieder ausgeschieden, indem sich eine solche Vakuole wieder nach außen öffnet. Die Vermehrung erfolgt auf höchst einfache Weise, indem sich die Zelle einfach in zwei Teile gliedert, in denen je eine Hälfte des Kerns verbleibt. Manche Wechseltierchen vermehren sich jedoch durch Teilung des Kerns in Hunderte kleiner Kerne, von

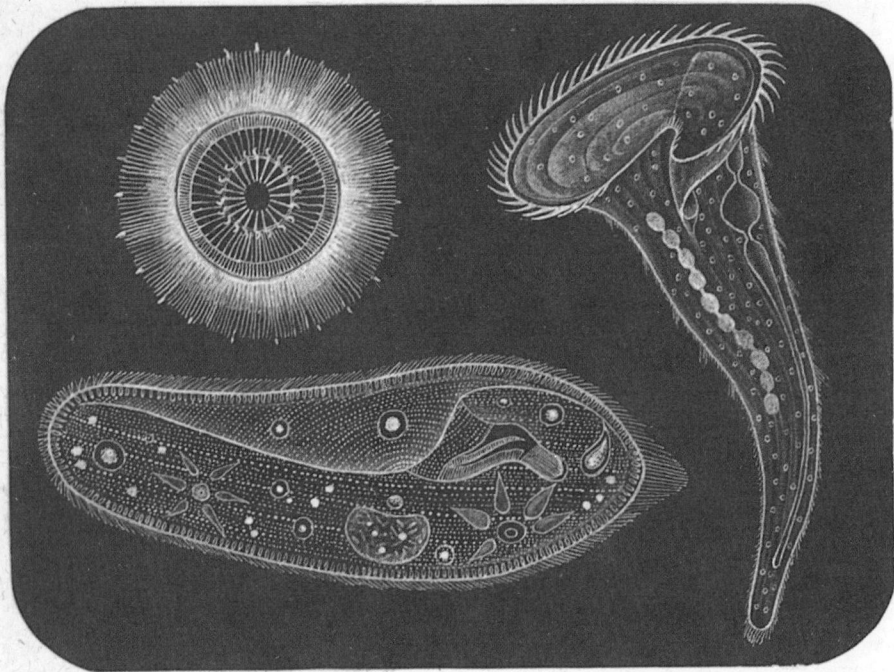

**Verschiedene Wimpertierchen**

lungsbedingte Verwandtschaftsbeziehung sprechen und welche sich bei völlig verschiedenen Organismen als Anpassung an eine ähnliche Umwelt entwickelt haben.
Das Tierreich wird in zwei große Gruppen gegliedert, die sich nach dem Vorhandensein einer inneren Körperstütze — dem aus Wirbeln zusammengesetzten Rückgrat — richtet. Danach werden Wirbeltiere und Wirbellose unterschieden. Im Bereich der wirbellosen Tiere kann der Verlauf der Entwicklung bis zu den Anfängen des Tierreiches zurückverfolgt werden. Zu den Wirbellosen zählen nämlich auch Lebewesen, deren Körper nur aus einer einzigen Zelle besteht und die zum Teil sogar noch Kennzeichen der Pflanzenwelt aufweisen, wie z. B. die Fähigkeit der

Darm der Schweine, wo sie einen blutigen Durchfall verursachen. Diese Krankheit ist sogar auf Menschen übertragbar.
In der Schule wird meist das Pantoffeltierchen *(Paramecium caudatum)* gezeigt, das schon mit bloßen Auge sichtbar ist. Den Pantoffeltierchen kommt in der Natur besondere Bedeutung zu, da sie sich vor allem von Bakterien ernähren und so deren Bestand regeln. Gleichzeitig zeigen manche Arten eine organische Verunreinigung von Gewässern an. Aquarienfreunden, die schon einmal einen Wassertropfen unter dem Mikroskop beobachteten, den sie ihrem Fischbehälter entnommen haben, ist das Trompetentierchen — *Stentor coeruleus* — wohlbekannt, das meist mit dem schmalen Körper-

denen sich jeder mit Zytoplasma umgibt und eine eigene Zellhaut bildet, so daß auf einmal eine große Zahl neuer Individuen entsteht.

*Amoeba proteus* ist unschädlich und findet sich meistens im Schlamm oder feuchten Moos. Eine Reihe von Wechseltierchen parasitiert jedoch im Körper anderer Tiere oder des Menschen. Stellvertretend sei hier die Art *Entamoeba histolytica* angeführt, die im Darm und in der Leber schmarotzt und die Amöbenruhr verursacht.

## Süßwasserschwamm
*Spongilla lacustris*

Die Schwämme (Porifera) sind primitive festsitzende Tiere, die vor allem im Meer leben. Ihr auffallendstes Merkmal ist das häufig sehr hübsche, aus Kalk- oder Kieselnadeln und organischen Stoffen, genannt Spongin, bestehende Skelett. Süßwasserschwämme sind in stehenden oder langsam fließenden Gewässern recht häufig. Wenngleich es

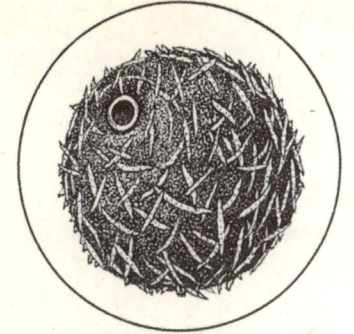

Dauerknospe (Gemmula) eines Schwammes

Süßwasserschwamm

Wasserpflanzen nach Europa eingeschleppt. An sonnigen Tagen treibt die Süßwassermeduse an der Oberfläche, ansonsten liegt sie gewöhnlich auf dem Boden, von wo sie langsam emporsteigt, um zum Nahrungserwerb mit ausgebreiteten Tentakeln und geöffnetem Mund wiederum langsam zurückzusinken.

## Brauner Süßwasserpolyp
*Hydra oligactis*

Während der Körper der Schwämme im wesentlichen aus gleichartigen Zellen zusammengesetzt ist, sind bei den Hohltieren (Coelenteraten) die Zellen form- und funktionsmäßig bereits verschieden. Sie bilden erstmals ein Gewebe. Beim Süßwasserpolyp hat sich sogar ein einfaches Nervensystem entwickelt, das Reaktionen in verschiedene Körperteile weiterleitet. Die meisten Hohltiere leben im Meer, nur wenige Arten im Süßwasser. Am bekanntesten ist der Süßwasserpolyp, der bei uns recht häufig vorkommt, jedoch leicht übersehen wird, da er sich bei Störungen sofort zu einer kleinen Kugel zusammenzieht. Der 3 cm große Braune Süßwasserpolyp ist von den anderen Arten durch die langen Fangarme zu unterscheiden, die die 8fache Körperlänge erreichen.

Brauner Süßwasserpolyp

sich um außerordentlich primitive Tiere handelt — und mancher würde ihre Zugehörigkeit zum Tierreich gar nicht auf Anhieb glauben — sind die Geschlechter getrennt. Die Vermehrung kann jedoch auch ungeschlechtlich, durch innere Knospen (Gemmulae) erfolgen. Diese werden von garnspulenförmigen Kieselgebilden (Amphidisken) geschützt, die für die einzelnen Arten kennzeichnend sind.

## Süßwassermeduse
*Craspedacusta sowerbyi*

Beim Begriff Meduse denkt wohl ein

jeder sofort an ein Lebewesen des Meeres. Das ist auch grundsätzlich richtig, denn tatsächlich lebt die Mehrzahl der Medusen im Meer. Manche sind besonders schön gefärbt, andere zeichnen sich durch ungewöhnliche Formen und eine erstaunliche Länge der Arme aus. Der Süßwassermeduse ist keine dieser Besonderheiten eigen, sie erreicht eine Größe von maximal 2 cm, und ihr Körper ist gallertartig durchscheinend. Dieses interessante Lebewesen, das in europäischen Gewässern wohl niemand erwarten würde, stammt aus Nordamerika und wurde wahrscheinlich mit

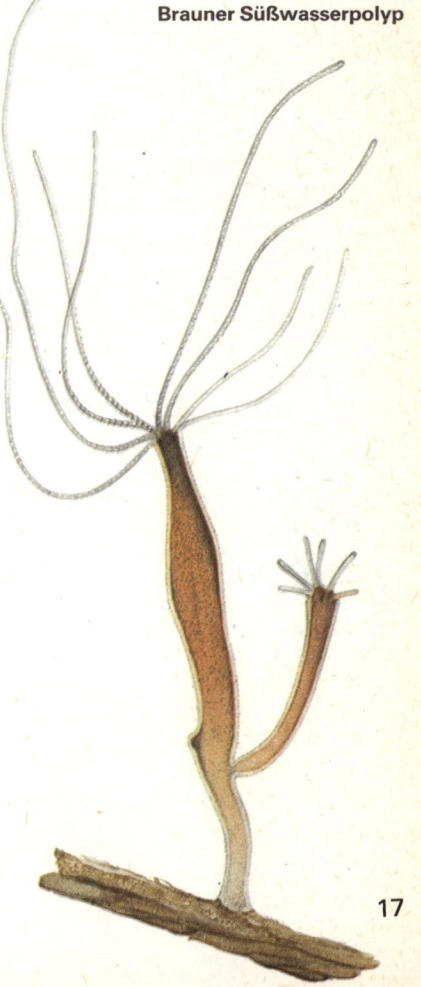

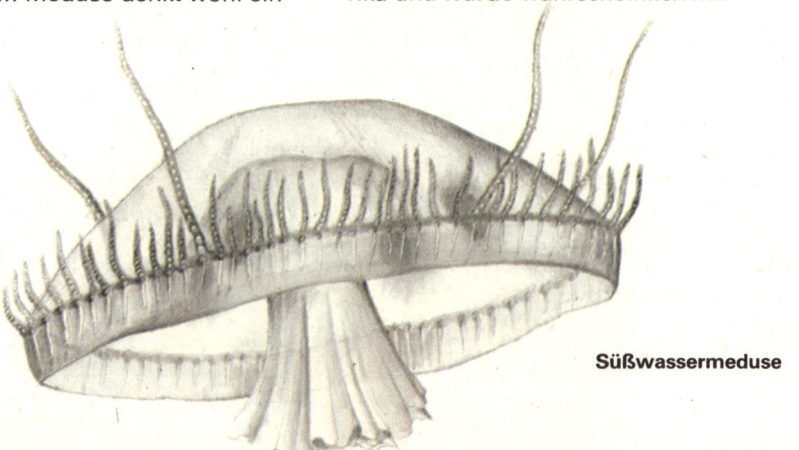

Süßwassermeduse

# Würmer

Wirbellose Tiere mit markant langgezogenem gliedmaßenlosem Körper werden allgemein als Würmer bezeichnet. Schon seit langem ist bekannt, daß diese „Würmer" eine außerordentlich wichtige Brücke in der Entwicklung der Tierwelt darstellen. Sie stellen das Bindeglied zwischen den Hohltieren und einer ganzen Reihe höher entwickelter Stämme dar, wie es z. B. die Gliederfüßer (Arthropoden) und die Chordatiere sind, zu denen die Wirbeltiere gehören.

Die Einteilung der „Würmer" nach ihrem entwicklungsbedingten Verwandtschaftsgrad gehörte schon immer zu einem der schwierigsten Probleme der vergleichenden Morphologie (Formen- und Gestaltlehre). Heute weiß man, daß die „Würmer" durchaus keine einheitliche Gruppe darstellen, sondern unter diesem Sammelbegriff eine ganze Reihe von Stämmen zu verstehen ist. Die Bezeichnung „Würmer" entspricht also keiner Einordnung in das zoologische System, wenn sie andererseits auch allgemein verbreitet ist und zweifellos als Begriff fortdauern wird. Es wird deshalb auch weiterhin von parasitären Würmern die Rede sein, obwohl z. B. der Bandwurm einem ganz anderen Stamm angehört wie der Kratzer, und der Regenwurm wird ein „Wurm" bleiben, ganz ungeachtet der Tatsache, daß er mit keiner der beiden genannten Arten verwandt ist.

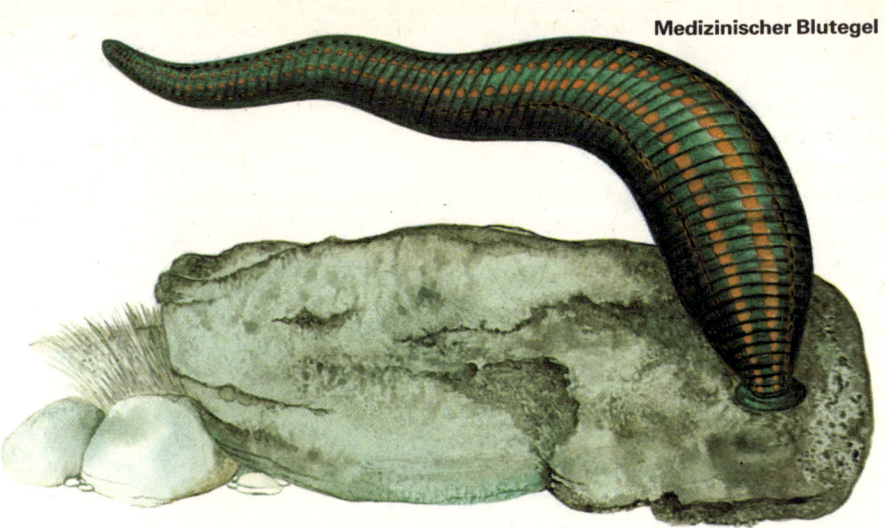

**Medizinischer Blutegel**

### Medizinischer Blutegel
*Hirudo medicinalis*
Wenn wir den Körper des Blutegels näher betrachten, sehen wir, daß er gegliedert zusammengesetzt ist. Diese sog. Segmente finden im Inneren des Körpers ihre Fortsetzung. Die Egel gehören deshalb zum Stamm der Gliederwürmer. Sie nähren sich nicht ausschließlich von Blut wie der Blutegel, der früher in der Medizin häufig verwendet wurde. Das Ansetzen von Blutegeln gehörte zu den häufigsten medizinischen Eingriffen des vorigen Jahrhunderts. Der Medizinische Blutegel gibt in die mit seinen kreissägeartigen Kiefern gefügten Wunden aus seinen Schlunddrüsen ein Sekret ab, das die Blutgerinnung verhindert (Hirudin). Auch die heutige Pharmazie nutzt noch in kleinem Maße die Blutegel, denn das Hirudin stellt eine wichtige Komponente für verschiedene Medikamente dar.

### Regenwurm *Lumbricus terrestris*
Der Regenwurm gehört ebenso dem Stamm der Gliederwürmer an wie die Blut- und Kieferegel, er lebt jedoch im Boden. Seine Anwesenheit verraten kleine, des Humus und der Nährstoffe beraubte Erdhaufen, die durch den Darm des Regenwurms hindurchgegangen sind und an der Oberfläche zurückgelassen wurden. Die Regenwür

**Regenwurm**

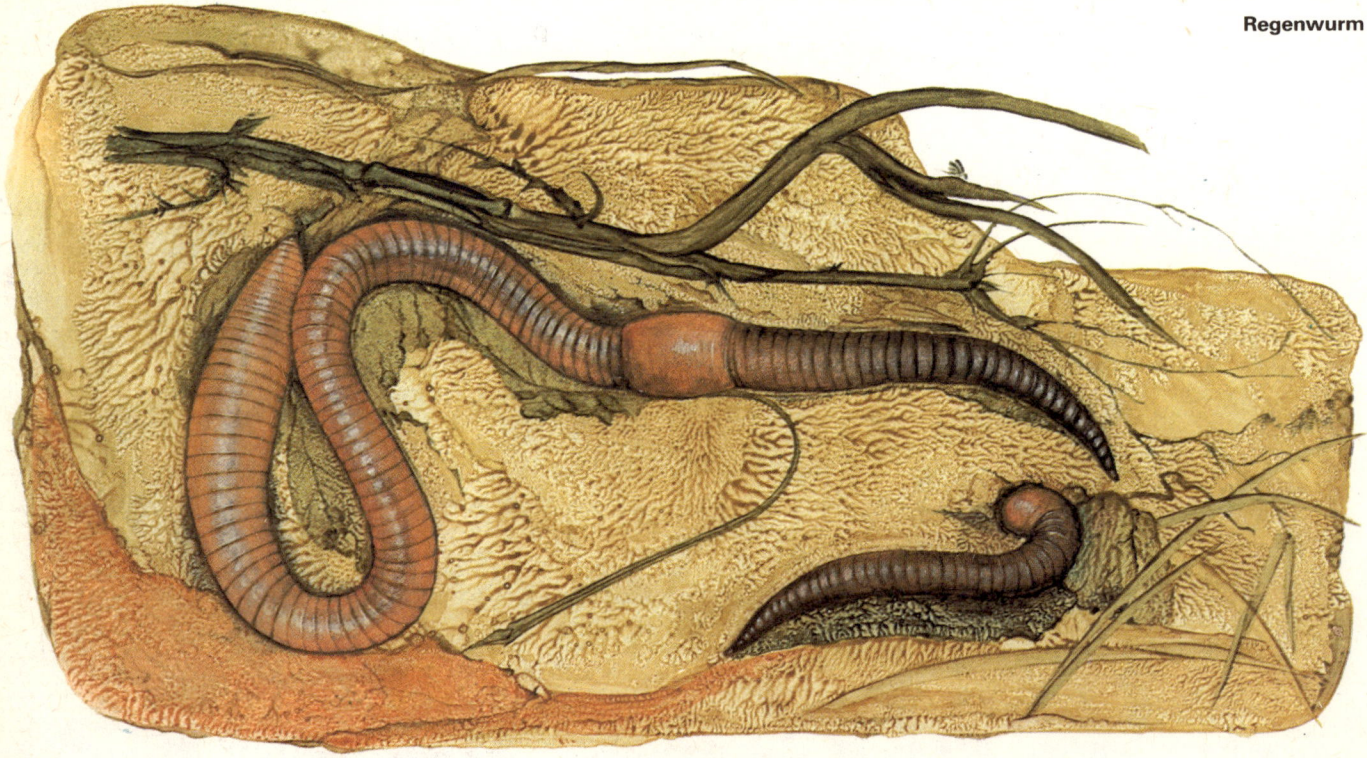

mer leben in großen Mengen in der Erde, die meisten im Wiesenboden, wo es ausreichend Nahrung gibt und wo sie nur wenig gestört werden. Auf einem Acker von 1 Hektar Größe gibt es bis zu 3 Millionen Regenwürmer, das sind rund 1.800 kg. Im Jahr bewegen sie in der beschriebenen Weise rund zehn Tonnen Erdreich, wodurch außerordentlich zur Belüftung des Bodens und zur Erhöhung seines Ertrags beigetragen wird.

## Milchplanarie *Dendrocoelum lacteum*
## Gewächshausplanarie
### *Bipalium kewensis*
Die Planarien können als typische Vertreter des Stammes der Plattwürmer bezeichnet werden. Ihr Körper ist abgeplattet, weich, ungegliedert und ihre Anatomie beweist, daß sie auf einem außerordentlich niedrigen Entwicklungsstand geblieben sind. Die meisten Planarien sind Wassertiere, die namentlich unter schützenden Steinen so-

an der Oberfläche samten an. Die rund zwanzig Paar kurzer, stummeliger Gliedmaßen enden in zwei gebogenen Krallen. Auf dem Kopf befindet sich ein Paar biegsamer Fühler, an deren Basis je ein Auge angeordnet ist. Körper und Gliedmaßen weisen eine feine Ringelung auf. Die Mundöffnung ist abgesehen vom Kieferpaar noch mit einem Paar Mundpapillen ausgerüstet, an denen Wehrdrüsen münden, die ein klebriges Sekret ausscheiden. Dieses

Milchplanarie

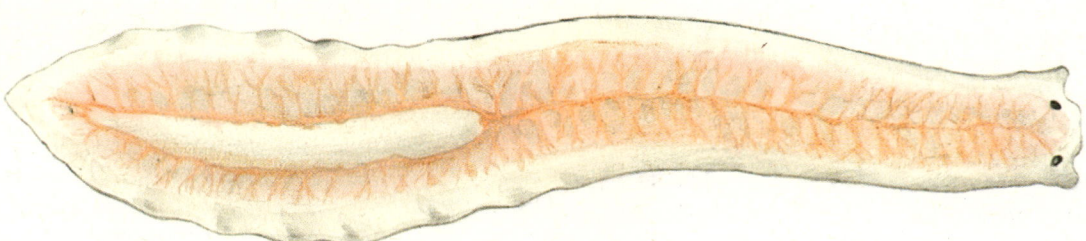

wohl in stehenden als auch in Fließgewässern anzutreffen sind. Die Milchplanarie ist in allen Gewässertypen häufig.

Der feuchte Boden in den Tropen stellt die Heimat einiger Landplanarien dar. Diese sind in der Regel wesentlich größer als ihre im Wasser lebenden Verwandten und mitunter auch bunt gefärbt. Bekannt ist die über die ganze Erde verbreitete, bis zu 15 cm lange Gewächshausplanarie. Ihr wissenschaftlicher Name ist vom ersten Fundort, dem weltberühmten Kew Garden in Großbritannien hergeleitet.

## Kap-Stummelfüßer *Peripatus capensis*
Die Peripatiden, zu deutsch Spaziergänger, gehören zu den interessantesten rezenten Lebewesen. Es handelt sich um Zeugen längst vergangener Zeiten, die lange als Übergangsstufe zwischen Ringelwürmern und Gliederfüßern angesehen wurden. Tatsächlich vereinigen sie eine Reihe von Merkmalen, die an beide Stämme erinnern. Ihr Körper ist wurmartig, kann sich dehnen und zusammenziehen, weshalb sie sich auch wellenförmig windend fortbewegen. Ihre Haut ist trocken und fühlt sich

spielt beim Beutefang eine Rolle. Die Klauenträger, zu denen der Kap-Stummelfüßer gehört, leben nur in den Regenwäldern Südafrikas, Australasiens und Südamerikas. Gegen Trockenheit sind sie völlig ungeschützt und vertrocknen daher doppelt so rasch wie ein Regenwurm und vierzigmal rascher als eine gleichgroße Raupe. Diese geringe Widerstandsfähigkeit ist auf den Bau des Atmungsapparats zurückzuführen, dessen Luftröhren an der Körperoberfläche in zahlreichen großen Öffnungen münden.

Die Klauenträger bringen bis auf wenige Ausnahmen lebendige Junge zur Welt. Die Embryos entwickeln sich in der Gebärmutter des Weibchens 13 Monate lang. Da jedoch jedes Jahr Jungtiere geboren werden, trägt das Weibchen einen Monat lang zwei Embryoserien im Leib, die eine, die sich gerade zu entwickeln beginnt, und die andere, deren Geburt unmittelbar bevorsteht. Noch heute gibt es unter den Wissenschaftlern verschiedene Meinungen über die Einordnung der Klauenträger. Die meisten Forscher neigen jedoch zu der Ansicht, daß es sich um die primitivste Form der Gliederfüßer handelt.

Detail: Kopf des Kap-Stummelfüßers

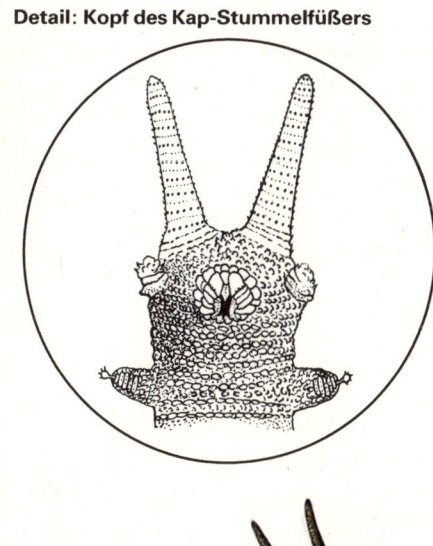

Kap-Stummelfüßer

# Weichtiere: Schnecken

Die Weichtiere (Mollusken) stellen nach den Gliederfüßern den artenreichsten Stamm der Lebewesen dar, was sich in einer ungeheuren Vielfalt der Formen zeigt. Es gibt Arten, die ihren Körper durch Gehäuse der verschiedensten Formen und Farben schützen. Die Schale der Weichtiere wird zwar vom Körper ausgeschieden und gebildet, ist jedoch mit diesem nur an einer Stelle bzw. an wenigen Stellen verbunden. Durch die Ablagerung verschiedener Schichten verdickt sich diese Schale, durch die Ausscheidungen an den Rändern wird sie vergrößert und bei Beschädigungen auch repariert. Es handelt sich jedoch stets nur um eine Abscheidung, die in keiner Weise mit dem Innen- oder Außenskelett anderer Tiere verglichen werden kann. Bei anderen Arten ist das Gehäuse dermaßen reduziert, daß äußerlich keine Spur davon zu sehen ist. Nur in oder unter der Haut gibt es noch hornige oder kalkige Platten. Einige Arten bewegen sich zwar mit Hilfe eines muskulösen Fußes recht rasch vorwärts, die meisten sind jedoch nur sehr langsam. Die überwiegende Mehrzahl der Weichtiere ist ihr ganzes Leben an das Wasser gebunden. Nur einige aus der Ordnung der Lungenschnecken haben sich auf das Leben zu Lande umgestellt. Bei dieser Gruppe hat sich nämlich ein stark durchbluteter Mantelhohlraum als Lungen herausgebildet, so daß sie die atmosphärische Luft atmen können.

Die Weichtiere nehmen die verschiedenste Nahrung auf. Einige Arten filtrieren das Wasser ihrer Umgebung und nutzen so alle aufgefangenen organischen Kleinteile als Nahrung. Andere Arten sind Pflanzenfresser, während sich einige auch auf tierische Nahrung spezialisiert haben. Unter den Weichtieren gibt es Lebewesen, die nur eine Körpergröße von wenigen Millimetern erreichen, aber auch Riesen mit der beachtlichen Dimension bis zu dreißig Metern. Es handelt sich also um eine höchst vielgestaltige und reichhaltige Gruppe. In diesem Abschnitt werden einige ausgewählte Landweichtiere behandelt. Ihre im Meer lebenden Verwandten folgen in einem anderen Kapitel.

**Achatschnecke** *Achatina fulica*
Die größte Landschnecke ist die bis zu 20 cm lange Achatschnecke, die in einigen Teilen der Welt zu einer wahren Plage für die Landwirtschaft geworden ist. In ihrer ursprünglichen Heimat Ostafrika ist sie im großen und ganzen unschädlich. Sie frißt vorwiegend pflanzliches Material, bereichert ihre Speisekarte mitunter aber auch durch Aas. So wie in zahlreichen anderen Fällen, in denen ein Tier oder eine Pflanze in einer anderen Umgebung eingebürgert wurden, ist sie ein gefährlicher Schädling in Plantagen geworden. Bereits 1780 wurde die Echte Achatschnecke auf Mauritius ausgesetzt, und 1847 wurden einige Exemplare in der Umgebung von Kalkutta freigelassen. 1928 wurden sie nach Sarawak gebracht und 1936 auf die Hawaii-Inseln. Ihre Gefräßigkeit war ebenso wie ihre Vermehrungsfähigkeit ungeheuer groß. Alle zwei bis drei Monate legt die Achatschnecke 500 etwa erbsengroße Eier, aus denen nach rund 10 Tagen die Jungen schlüpfen. Da eine befruchtete Schnecke einige Monate ohne weitere Begattung Eier legen kann, reicht ein einziges begattetes Tier, um eine ganze Kolonie zu gründen. So ist diese Schnecke heute praktisch im gesamten indopazifischen Raum zu finden, in Malaysia, Thailand, Indonesien, Vietnam, auf den Philippinen und in China. In Afrika stellt die Achatschnecke in manchen Gegenden ein beliebtes Nahrungsmittel und eine wichtige Eiweißquelle dar. Dort jedoch, wo Übervermehrung eintritt, ist die Erde mit ihnen im wahren Sinn des Wortes übersät. Die afrikanischen Buschbrände sind dann der Hauptfaktor, der in der Regel solchen Übervermehrungen ein Ende bereitet.

Achatschnecke

**Weinbergschnecke**

häufig in der Nähe menschlicher Wohnstätten vorzufinden ist und an Gemüse und Nahrungsmitteln beträchtliche Schäden anrichten kann. Die Große Wegschnecke hingegen ist ein ausgesprochener Waldbewohner. Ihre Farbe ist nicht immer gleich. Manche Exemplare sind rostrot, andere schwarz. Nur der Fußrand ist stets orangefarben. Die Wegschnecken haben, sehr zum Mißfallen der Pilzsammler, eine besondere Vorliebe für Pilze. Die Wegschnecken fressen außer Pilzen, Gemüse und Wurzelknollen auch Aas, Tierlosung und andere Abfälle. Zu dieser Nahrung werden sie durch ihren Geruchssinn aus Entfernungen von mehr als einem Meter geleitet. Dort, wo Schnecken Schaden anrichten, können sie leicht durch Köder angelockt werden, der sie durch intensiven Geruch anzieht. Hierauf beruhen viele Mittel zur Schneckenbekämpfung.

**Weinbergschnecke** *Helix pomatia*
Jenen, denen die Achatschnecke kein geeignetes Nahrungsmittel zu sein scheint, sei gesagt, daß vor allem in Südeuropa Weinbergschnecken eine beliebte Speise darstellen. Diese sind keineswegs nur Feinschmeckern vorbehalten. Stellenweise wurden die Weinbergschnecken sogar dermaßen intensiv gesammelt, daß sie unter Naturschutz gestellt werden mußten. Deshalb wurden Schneckenfarmen errichtet, wo sie planmäßig gezüchtet werden. Ihre Vermehrung erfolgt allerdings nicht so rasch wie bei der Achatschnekke. Das Gelege der Weinbergschnecke umfaßt 20 bis 60 Eier, aus denen die Jungen erst nach einigen Wochen schlüpfen. Im Herbst vergraben sich die Weinbergschnecken in die Erde und verschließen das Gehäuse mit einem kalkigen Deckel. Aus dem Winterschlaf erwachen sie dann wieder im April.

**Große Wegschnecke**

**Große Egelschnecke** *Limax maximus*
**Große Wegschnecke** *Arion rufus*
Die Nacktschnecken werden mitunter als Schnecken ohne Schneckenhaus bezeichnet. Das entspricht nicht ganz den Tatsachen, denn Überreste der Gehäuseschale sind noch im Körper vorzufinden. Sie werden nach verschiedenen anatomischen Merkmalen in Akker- und Wegschnecken eingeteilt. Als Vertreter der Ackerschnecken sei die Große Egelschnecke angeführt, die

**Große Egelschnecke**

21

# Krebstiere

Die Krebstiere (Crustaceen) gehören zum Stamm der Gliederfüßer (Arthropoden), also zu den Tieren, deren Körper und Gliedmaßen in Segmente unterteilt sind. Ähnlich wie andere Gliederfüßer besitzen auch die Krebstiere eine Chitindecke, die überdies bei den meisten von Kalksalzen durchsetzt ist, wodurch eine besondere Festigkeit erreicht wird. Der feste Panzer bildet einerseits ein stabiles Außenskelett, behindert jedoch gleichzeitig das Wachstum des Tieres. Deshalb muß der Panzer von Zeit zu Zeit abgestoßen werden, um einem größeren Platz zu machen. Der gehäutete Körper ist anfangs weich, doch nach einigen Stunden bis Tagen werden in die Haut wiederum Kalkverbindungen eingelagert und es bildet sich ein neuer, fester Panzer. Zu den Krebstieren gehören u. a. Krebse, Krabben und Hummer. Weniger bekannt ist jedoch, daß zur Klasse der Krebstiere eine ungeheuere Menge kleiner Lebewesen gehört, die sich freischwebend im Wasser bewegen und Bestandteile des Planktons sind. Eine Reihe dieser Arten ist als Hauptnahrung verschiedener Fische von großer Bedeutung, andere sind Fischparasiten. Die Vielfalt der Krebstiere ist riesig. Außer mikroskopisch kleinen oder nur einige Millimeter großen Arten finden sich größere, wie z. B. der Hummer, der bis zu 80 cm lang sein kann. Die überwiegende Mehrzahl der Krebstiere sind Bewohner des Meeres, viele leben jedoch auch im Süßwasser und einige Arten haben sich sogar an das Landleben angepaßt.

**Wasserfloh** *Daphnia pulex*
**Hüpferling** *(Cyclops strenuus)*
Wenn jemand mit einem dichten Netz das Wasser eines Teichs oder Tümpels durchsiebt, dann ist es bestimmt ein Hobby-Aquarist, der hier für seine Fische Futter fängt. Nach der Art seiner Beute befragt, würde er antworten, daß er Wasserflöhe fängt. Tatsächlich wird unter diesem Sammelbegriff eine Anzahl winziger Krebstiere verstanden, die fast alle stehenden Gewässer bewohnen. Unser Aquarienliebhaber hat höchstwahrscheinlich in seinem Netz eine ganze Reihe von Arten gefangen, ohne sie näher voneinander zu unterscheiden. Vielleicht wären jedoch gerade für seine Fische Hüpferlinge ein geeigneteres Futter. Das sind gleichfalls kleine Krebstiere, die sich jedoch von den Wasserflöhen durch eine Reihe von Merkmalen unterscheiden. Größenmäßig sind beide so ziemlich gleich (1–4 mm). Für beide ist ein großes Antennenpaar kennzeichnend, für die

Wasserflöhe das zweite, für die Hüpferlinge das erste. Bei den Wasserflöhen dienen diese langen Antennen der Fortbewegung. Mit jedem Schwenken dieser langen Gliedmaßen erfolgt im Wasser eine Aufwärtsbewegung, während, wenn sie in Ruhe bleiben, das Tier sofort zu sinken beginnt. Diese sprung-

**Wasserfloh**

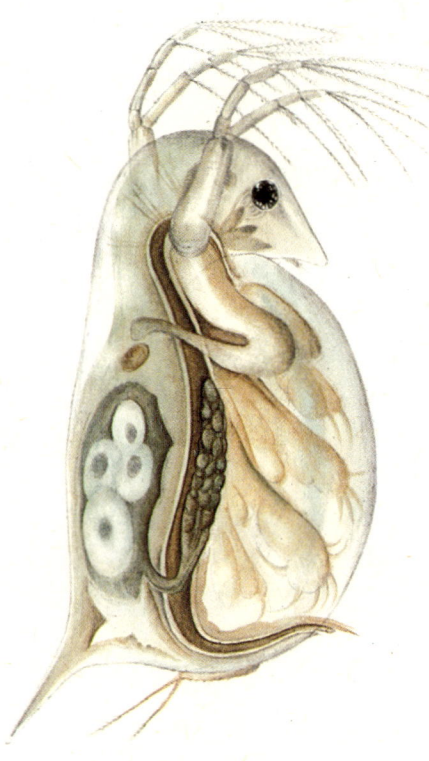

hafte Fortbewegungsart hat zu der Bezeichnung Wasserfloh geführt. Manche Wasserflöhe sind Räuber, die Mehrzahl nährt sich jedoch von winzigen Wasserorganismen, die mit Hilfe der Gliedmaßen zur Mundöffnung gefächelt werden. Wenngleich es sich bei den Wasserflöhen um zweigeschlechtliche Tiere handelt, können die Weibchen auch un-

befruchtete, entwicklungsfähige Eier legen. Diese Art der Fortpflanzung wird als Jungfernzeugung (Parthenogenese) bezeichnet. Solche Eier bilden sich nur im Sommer, unter günstigen Bedingungen, und es entstehen aus ihnen nur Weibchen, so daß die Vermehrung rasch fortschreitet. Deshalb sind dort, wo entsprechende Voraussetzungen gegeben sind, Wasserflöhe in großen Mengen vorhanden. Im Herbst legt das Weibchen größere, dotterreiche Eier, die vom Männchen befruchtet werden. Gleich im Anfangsstadium wird jedoch die Entwicklung des Eies für einige Zeit aufgehalten. Es wird von einer Schutzhülle umgeben, deren Außenschicht von Luftkammern durchdrungen ist. Das Ei schwimmt deshalb an der Wasseroberfläche und kann an verschiedenen Gegenständen haften bleiben, wie z. B. am Gefieder von Wasservögeln, die es so in andere Gewässer verfrachten. Auf diese Weise gelangen die Wasserflöhe von einem Teich in den anderen.

Die Hüpferlinge bewegen sich in der Regel durch heftige Beinbewegungen, wobei die langen Antennen am Körper anliegen. Besonders leicht sind bei den Hüpferlingen die Weibchen zu unterscheiden. Zu beiden Seiten ihres Hinterteils hängen nämlich Eipakete. Die Eier werden stets befruchtet, unter ungünstigen Bedingungen bildet sich jedoch an ihnen eine dicke Chitinschicht und das Ei sinkt zu Boden, wo es die ungeeignete Jahreszeit überdauert. Später schlüpft aus dem Ei eine Larve, die in keiner Hinsicht dem erwachsenen Tier ähnlich sieht. Auch sie ist den Aquarienliebhabern wohlbekannt. Es ist der sog. Nauplius, ein hervorragendes Futter für die Fischbrut. Während die Wasserflöhe nur im Süßwasser leben, finden sich unter den Hüpferlingen auch Arten, die nur das Meer bewohnen. Einige Arten sind zu Schmarotzern geworden und stellen eine ernste Gefahr für die Fischereiwirtschaft dar.

**Seespaltfüßer** *Mysis oculata f. relicta*
In den nördlichen Teilen des Atlantischen Ozeans sowie im Nordmeer kommen im freien Wasser in ungeheuren Mengen etwas über 1 cm große Krebstiere mit durchsichtigem Körper vor. Auf den ersten Blick ähneln sie Garnelen und werden oft auch als solche bezeichnet.
Sie gehören jedoch einer interessanten Krebstiergruppe an, die durch gespaltene Schwimmfüße gekennzeichnet ist. Beachtung verdient die Tatsache, daß sich einige Spaltfüßerarten auch in Bin-

nenseen mit Süßwasser aufhalten. Das Vorhandensein dieser Tiere beweist, daß diese Seen wahrscheinlich während der Eiszeit Meeresteile waren oder wenigstens mit ihnen in Verbindung standen. Auf etwas andere Weise ist der Seespaltfüßer z. B. in die norddeutschen Binnenseen gelangt. Die zurückweichenden Eismassen haben einen Teil des Meeres zurückgestaut, so daß der Wasserspiegel angestiegen ist. Die gestauten Wassermassen sind schließlich in die Binnenseen abgeflossen. Die Spaltfüßer konnten sich hier anpassen und sind schließlich zu Süßwasserformen geworden.

Im Sommer suchen die Spaltfüßer tiefes Wasser auf, während sie im Herbst zur Oberfläche wandern. Ihre Nahrung besteht sowohl aus Pflanzenteilen als auch aus kleinen Lebewesen. Diese werden entweder durch Filtrieren des Wassers gewonnen oder direkt vom Boden aufgenommen.

## Amerikanischer Flußkrebs
*Cambarus affinis*

Es gibt viele Arten Krebse, sie sind jedoch kaum mit anderen Krebstieren zu verwechseln, denn alle besitzen sie kräftige Scheren und einen gestreckten Hinterleib, der an seinem Ende eine dreiteilige Schwimmflosse trägt. Mit Hilfe ihrer Schläge kann sich der Krebs rasch rückwärts bewegen und so einer drohenden Gefahr entgehen. An dem Kopf des Krebses befinden sich zwei Paar Antennen, die wichtige Tastorgane sind, sowie die auf Stielen sitzenden Augen, die ohne eine Körperbewegung einen Rundblick ermöglichen.

Die Paarung der Krebse erfolgt im Herbst. Das Männchen sammelt den Samen in besonderen Samenkapseln, den Spermatophoren, die es an die Bauchseite des Weibchens heftet. Dieses verkriecht sich dann in ein Legeloch, wo etwa 100 Eier gelegt werden, die an den Beinen des Hinterleibs anhaften. Die zur Anheftung der Eier dienende schleimige Masse löst gleichzeitig die Wand der Spermatophoren auf, wodurch die freigewordenen Samenfäden die Eier befruchten. Die Jungkrebse schlüpfen erst im nächsten Jahr. Zunächst hängen sie noch unbeweglich am Leib der Mutter, doch schon nach der ersten Häutung, wenn sie bereits 13—15 mm lang geworden sind, verlassen sie diese endgültig.

Der Amerikanische Flußkrebs ist bunter als seine europäischen Verwandten. 1890 wurde er in Deutschland ausgesetzt und hat sich von hier nach Frankreich ausgebreitet. Er ist, was die Reinheit der Gewässer anbelangt, recht anspruchslos, jedenfalls bescheidener als der europäische Edelkrebs, und auch wesentlich widerstandsfähiger gegen verschiedene Erkrankungen, die in zahlreichen Ländern die Krebsbestände stark verringert haben.

Amerikanischer Flußkrebs

# Spinnentiere

Spinnen, Weberknechte, Skorpione, Afterskorpione, Milben und noch einige weniger bedeutende Gruppen gehören zu den Spinnentieren (Arachniden). Vier Beinpaare dienen zur Fortbewegung, zwei weitere Gliedmaßenpaare dienen der Nahrungsaufnahme. So unterschiedlich wie das Äußere der Spinnentiere ist, so verschieden ist auch ihre Lebensweise. Unter ihnen befinden sich ebenso Räuber wie Parasiten, Tages- wie Nachttiere, Wasser- wie Landbewohner. Außer im ewigen Eis sind sie auf der ganzen Erde anzutreffen.

**Kreuzspinne**

**Spinnen** *Araneae*
Spinnen erregen zwar bei den meisten Menschen unberechtigten Abscheu, doch läßt sich nicht abstreiten, daß ihre Netze perfekte Gebilde sind. Die alten Griechen hielten ihre Schöpfer für ein verwunschenes Mädchen, daß in seiner Eitelkeit vermessen genug war, die Göttin Pallas Athene zu einem Wettstreit im Spinnen herauszufordern. Das Mädchen – Arachne war ihr Name – gewann, wurde jedoch zur Strafe von der Göttin in eine Spinne verwandelt. Daher also der Name der ganzen Klasse

– Arachniden. Eine ganze Reihe von Spinnen baut zwar keine Netze, spinnt jedoch ein feines Gespinst, mit dessen Hilfe die Wohnstätte ausgepolstert wird oder das zum Einweben der Eier dient. Eine andere Art von Fäden wird als Rettungsseil benutzt, und mit Hilfe vom Wind getragener feiner Fäden können die Spinnen sogar fliegen. Es lassen sich auch noch weitere interessante Einzelheiten finden, die alle dazu angetan sind, uns ein besseres Bild von den Spinnen zu vermitteln. Manche Arten sorgen auf beachtliche Weise für ihre Nachkommenschaft, andere sind schön gefärbt oder können sogar ihre Farbe anpassen. Bei anderen ist wiederum das Gemeinschaftsleben der Aufmerksamkeit wert. Einige Arten haben jedoch auch negative Eigenschaften, und wenige können mit ihrem Gift sogar dem Menschen gefährlich werden. Bei den meisten Arten ist ein angeborener Kannibalismus anzutreffen, doch auch dies stellt nicht die Regel dar.

**Kreuzspinne** *Araneus diadematus*
Die Kreuzspinne ist eine der wenigen Spinnen, die bei den Menschen wenigstens etwas Anerkennung gefunden hat, wohl wegen der vielen lästigen Insekten, die sie in ihren großen, senkrecht angebrachten Netzen fängt. Die Kreuzspinne sitzt entweder in der Mitte des Netzes oder lauert in einem Versteck. Sobald eine Bewegung der Fäden anzeigt, daß ein Insekt ins Netz geraten ist, kommt sie gelaufen und umgarnt das Opfer mit weiteren Spinnenfäden, um es dann zu töten, indem sie den die Weichteile auflösenden Giftsaft in seinen Körper spritzt. Die aufgelösten Weichteile werden einfach aufgesaugt.

**Malmignatte**

**Malmignatte**
*Lathrodectes tredecimguttatus*
Ältere Komponisten, vor allem italienische und deutsche, haben eine Reihe ihrer Musikstücke als Tarantella bezeichnet. Es sind leidenschaftliche Tanzmelodien, bei denen das Hauptmotiv mit ausdauernder Eindringlichkeit wiederholt und ununterbrochen beschleunigt wird, um dann wie in völliger Erschöpfung zu enden. Die Namensgebung dieser Musikform hängt mit einer Giftspinne zusammen. Im Mittelmeergebiet leben tatsächlich einige giftige, nicht besonders große Spinnenarten. Die bekannteste ist die Malmignatte, deren Biß in etwa fünf Prozent der Fälle tödlich ist. Gefährlich sind nur die etwa 1 cm großen Weibchen. Schon im Mittelalter wurde die Gefährlichkeit der Malmignatte irrtümlicherweise einer anderen Spinnenart zugeschrieben, der zwar gefährlich aussehenden, jedoch recht ungefährlichen Tarantel aus der Gattung der Wolfsspinnen. Es wurde geglaubt, daß ihr Biß eine krampfartige rasende Tanzsucht hervorruft, die entweder mit der Gesundung oder mit dem Tod des Betroffenen endet. In einem naturkundlichen Lehrbuch von 1643 findet sich sogar eine Abbildung der Tarantel mit der Bildunterschrift „Musica sola mei superest medicina venenni", d. h. Allein die Musik überwindet mein Gift. Gleichzeitig werden drei Notenzeilen der als Heilmittel empfohlenen Musik angeführt.
Die Malmignatte baut Netze und fängt Fluginsekten, die sie mit ihrem Gift tötet. Interessant ist ihre Fortpflanzung. Das erwachsene Männchen webt seine Samenzellen in ein feines Gespinst ein und bringt dieses dem Weibchen. Dieses verwendet den Samenvorrat mitunter einige Monate lang zur Befruchtung seiner Eier. Bei der Übergabe des Samenpakets geschieht es manchmal, daß das Weibchen das viel kleinere Männchen fängt und auffrißt. Deshalb wird die Malmignatte im Volksmund auch häufig als Schwarze Witwe bezeichnet.

**Schwarze Witwe**

**Vogelspinne**

**Vogelspinne** *Avicularia sp.*

Süd- und Mittelamerika ist die Heimat der Vogelspinnen, zu denen die allergrößten Spinnen gehören. Manche Arten aus dem Flußgebiet des Amazonas erreichen eine Körpergröße von rund 15 cm. Mit ausgestreckten Laufbeinen mißt dann so eine Spinne ca. 25 cm. Körper und Beine sind behaart, mitunter so dicht, daß der Eindruck eines Fells entsteht. Tagsüber hält sich die Vogelspinne in einer Höhle oder in einer Felsspalte verborgen, um in der Dämmerung und nachts auf die Jagd zu gehen. Sie baut kein Netz, sondern überfällt das Opfer in jähem Angriff. Ihre Körpergröße ermöglicht es der Vogelspinne, auch Kleinsäuger und Vögel zu erbeuten.

Obwohl die Menschen die Vogelspinnen in der Regel sehr fürchten, sind sie bei weitem nicht so gefährlich, wie sie aussehen. Zwar ist ihr Biß recht unangenehm, das Gift ist jedoch so schwach, daß es für den Menschen keine tatsächliche Gefahr darstellten kann. Das Weibchen legt 500—1000 Eier und verspinnt das ganze Gelege zu einem Kokon. Diesen trägt es ständig zwischen den Vorderbeinen und behütet ihn, bis die Jungen ausgeschlüpft sind. Auch dann hält sich das Weibchen noch einige Tage in der Nähe auf. Danach begeben sich die kleinen Spinnen in die nähere und weitere Umgebung. Jedes Jahr wachsen sie um etwa 1 cm, wobei sie sich anfänglich nur von kleineren Insekten ernähren. Die Vogelspinnen sind langlebig und erreichen ein Alter von 30 Jahren.

**Wasserspinne** *Argyroneta aquatica*

Diese ist die einzige Spinnenart, die ständig unter Wasser lebt. Dort webt sie eine Gespinstglocke, die wie eine Tauchglocke mit Luft gefüllt wird. Die Luft wird in Form von kleinen Bläschen im Pelz des Hinterkörpers hineingeschafft. Hier wohnt die Wasserspinne und lauert auf Beute. Dafür baut sie zwischen den Wasserpflanzen zusätzlich ein richtiges Spinnennetz. Das Wasserspinnenweibchen baut, bevor es seine Eier legt, in der Tauchglocke eine Querbank, auf die die Eier gelegt werden, während sich die Mutter im unteren Teil aufhält, um das Gelege und später auch die Jungen zu behüten.

Für den Winter zieht sich die Wasserspinne meist in ein leeres Schneckenhaus zurück, das mit Luft gefüllt und mittels eines feinen Gespinstvorhanges verschlossen wird. Das auf diese Weise besetzte Schneckenhaus wird durch den Luftinhalt an die Oberfläche getragen und kann so vom Wind an einen anderen Ort getrieben werden.

**Wasserspinne**

25

### Walzenspinne *Solpuga letalis*

Ein behaarter Körper, riesige Greifzangen am Kopf, blitzschnelle und dabei völlig leise Bewegungen — wer würde sich vor einem solchen Tier nicht fürchten? Wer weiß, ob so ein Unhold nicht auch noch giftig ist? Schließlich besagt ja sogar sein wissenschaftlicher Name, daß es tödlich sei. Das alles trifft jedoch nicht zu. Die Walzenspinnen sind überhaupt nicht giftig, wenngleich sie mit ihren senkrecht bewegten Scheren blutige Wunden zuzufügen vermögen. Einige Arten führen ein Nachtleben, andere bevorzugen das helle Sonnenlicht. Die kleinsten Arten haben einen Durchmesser von etwa 8 mm, andere erreichen jedoch Größen bis zu 6 cm. Der Körpergröße entspricht auch die Beute. Große Walzenspinnen vermögen sogar Eidechsen zur Strecke zu bringen.

Holzbock

### Holzbock *Ixodes ricinus*

Die Zecken sind Exo-Parasiten der Wirbeltiere. Mit ihren gezähnten Mundwerkzeugen durchbohren sie die Haut und saugen das Blut der Wirtstiere, wobei die Blutmenge, die sie aufzunehmen vermögen, besonders bei Weibchen ganz erstaunlich groß ist. Bei einem vollgesogenen Weibchen erhöht sich das Körpergewicht bis auf das 230-fache. Die Verdauungsorgane liegen im Hinterleib der Zecken, der sich durch das angesaugte Blut enorm vergrößert. Die Zecken lauern gewöhnlich auf Grashalmen und Zweigen und befallen vorübergehende Warmblüter und Kriechtiere. Wenn sie auf der Haut des Wirtes eine geeignete Stelle mit feiner Haut finden, reißen sie ihre Oberfläche auf und versenken ihre Cheliceren in die Wunde. Durch deren seitliche Spreizung haftet die Zecke fest in der Wunde. Um ein Gerinnen des Blutes zu verhindern, gibt die Zecke ein besonderes Sekret — Ixodin — in die Wunde ab, das zugleich das Schmerzgefühl verringert. Manche Zeckenarten verbleiben ihre ganze Entwicklungszeit über an einem Wirt, andere wechseln die Wirte. Der Holzbock wechselt seinen Wirt in der Regel dreimal. Als Larve saugt er zumeist an Kriechtieren, als Nymphe an Kleinsäugern und als erwachsenes Tier an großen Säugetieren oder Menschen. Zecken können auch einige gefährliche Krankheiten übertragen, so z. B. infektiöse Gehirnhautentzündung oder Fleckfieber.

### Kugelwassermilbe *Hydrachna globosa*

Gleich bunten Kugeln kriechen die Wassermilben an den Pflanzen oder schwimmen im Wasser. Die meisten sind rot, es gibt jedoch auch blaue oder gelbliche Arten, häufig noch mit verschiedenen Zeichnungen verziert. Bei den Männchen ist die Körperform in der Regel anders als bei den Weibchen. Diese legen ihre Eier auf Wasserpflanzen ab, und die daraus schlüpfenden Larven schmarotzen an verschiedenen Wasserinsekten. Erwachsene Wassermilben sind in der Regel etwa 1 mm groß, manche Arten werden jedoch auch größer. Sie ernähren sich von winzigen Krebstieren und anderen Wassertieren.

Hydrologen kennen die Wassermilben sehr gut und studieren mit großem Interesse ihre Biologie. Zahlreiche Arten können nämlich als zuverlässige biologische Anzeiger für die Reinheit der Gewässer angesehen werden.

Kugelwassermilbe

**Gemeiner Weberknecht**

Die Skorpione sind Bewohner tropischer und subtropischer Gegenden, und nur sehr wenige Arten greifen in die gemäßigten Zonen über. Dennoch sind die Skorpione durch ihre Gestalt weithin bekannt. Gefährlich sehen vor allem die für den Menschen völlig unschädlichen Pedipalpen aus, deren Greifklauen den Krebsscheren ähnlich sehen. Am Ende des Hinterleibes haben die Skorpione einen beweglichen Anhang, in dem die Giftdrüse sitzt und der in einen Stachel ausgezogen ist. Das Gift des Karpathenskorpions und seiner in Europa lebenden Verwandten ist nicht besonders gefährlich, während der Stich einiger tropischer Arten für den Menschen tragische Folgen haben kann.

Das Gift des Skorpions ist zwar stark, doch bedient er sich seiner nur in Ausnahmefällen. In der Regel genügen zum Überwinden des Opfers, meist sind es Insekten und Spinnen, die kräftigen Greifzangen. Nur wenn das Beutetier allzu heftig Widerstand leistet, hebt der Skorpion seinen Stachel nach vorn über den Kopf, sucht sorgfältig eine weiche Körperstelle heraus und sticht dann zu.

Interessant ist die Sorge für die Nachkommenschaft. Das Skorpionweibchen bringt lebende Junge zur Welt, die es bis zu ihrer ersten Häutung auf dem Rücken trägt.

**Gemeiner Weberknecht**
*Phalangium opilio*
Ein kugeliger, von überlangen, dünnen Gliedmaßen getragener Leib stellt das untrügliche Merkmal dieser Spinnentiere dar. Auf den ersten Blick scheint es, daß sie zehn Beine haben, doch handelt es sich bei dem vordersten, etwas kürzeren Gliedmaßenpaar um die verlängerten Pedipalpen. Die Weberknechte sitzen häufig an Wänden oder auf Baumstämmen, wo sie tagsüber ruhen, um nach Einbruch der Dunkelheit auf Nahrungssuche zu gehen. Ihre Speisekarte ist recht vielgestaltig – Fliegen, Ameisen, Raupen, Spinnen, Käfer, aber auch Obst. Einige Arten haben sich ausschließlich auf Schnecken spezialisiert.

Jeder weiß, daß ein festgehaltener Weberknecht ein oder auch mehrere Beine abstößt, die sich dann noch einige Zeit hin- und herbewegen. Dadurch soll die Aufmerksamkeit des Feindes auf die abgeworfenen Gliedmaßen gelenkt werden, wodurch dem Tier die Möglichkeit gegeben wird zu fliehen. Interessant ist, daß die Regenerationsfähigkeit der Weberknechte nur gering ist. Die abgeworfenen Beine wachsen nicht nach, so daß häufig Exemplare mit einer unvollständigen Gliedmaßenzahl zu finden sind.

Karpatenskorpion

27

# Hundert- und Tausendfüßer

Ihren Namen tragen die Tiere dieser Klasse wegen ihrer zahlreichen Beinpaare. Bei einigen Arten gibt es zwar auch mehr als hundert Gliedmaßen, bei vielen sind es jedoch wesentlich weniger. Die Hundert- und Tausendfüßer (Chilopoden und Diplopoden) waren früher in einer gemeinsamen Klasse (Myriapoden) zusammengefaßt. Heute ist bekannt, daß sie trotz ihrer äußeren Ähnlichkeit nicht nahe miteinander verwandt sind. Beiden ist jedoch gemeinsam, daß ihre Atmung durch Luftröhren erfolgt, die an der Körperoberfläche münden. Deshalb werden sie gemeinsam an die Spitze eines wichtigen Unterstammes der Gliederfüßer gestellt — der Tracheentiere (Tracheaten).

Die Tausendfüßer sind von den Hundertfüßern sehr leicht zu unterscheiden. Der Körper beider ist zwar in Segmente gegliedert, doch trägt jedes Segment bei den Tausendfüßern zwei Paar Gliedmaßen, während es bei den Hundertfüßern nur ein einziges Paar ist. Die Tausendfüßer besitzen bis auf einige Ausnahmen einen walzenförmigen Körper, die Hundertfüßer hingegen einen abgeplatteten. Die Tausendfüßer

sind Pflanzenfresser, weshalb auch ihre Mundorgane weniger auffällig sind. Die fleischfressenden Hundertfüßer hingegen haben die ersten Gliedmaßen in gewaltige, mit einer starken Klaue versehene Greifzangen umgewandelt, in die eine Giftdrüse mündet. Die Beine bewegen sich in regelmäßiger Folge und erwecken den Eindruck einer von hinten nach vorn fortschreitenden Welle. Die Hundertfüßer bewegen sich bis auf wenige Ausnahmen sehr rasch, was bei der Art ihrer Nahrungsbeschaffung von außerordentlicher Wichtigkeit ist.

**Erdläufer** *Himantarium gabrielis*
Die Familie der Erdläufer umfaßt Hundertfüßer mit langgestrecktem, jedoch dünnem Körper. Sie bewegen sich verhältnismäßig langsam und die Zahl ihrer Gliedmaßenpaare ist recht hoch. Im Mittelmeergebiet leben zwei Arten, die in dieser Hinsicht zweifellos Rekorde inne haben. Beide sind etwa 20 cm lang und weisen eine ungewöhnlich hohe Gliedmaßenzahl auf — die Art *Orya barbarica* hat 125 Paar, die Art *Himantarium gabrielis* sogar 173 Paar Beine. Der Name Hundertfüßer ist hier also mehr als wohlverdient.

**Riesenläufer** *Scolopendra sp.*
Die tropischen und subtropischen Gebiete sind die Heimat der Riesenläufer. Bekannt sind zahlreiche Arten, die vom Laien kaum unterschieden werden können. Manche messen nur wenige Zentimeter, doch erreicht z. B. der Südamerikanische Riesenläufer eine Länge bis zu 27 cm. Der Biß eines so großen Hundertfüßers kann selbst für den Menschen gefährlich sein. Es wurden sogar einige Fälle mit tödlichem Ausgang bekannt.

Die Riesenläufer sorgen in recht eigenartiger Weise für den Nachwuchs. Das Weibchen legt die Eier auf ein Häufchen, das es mit seinem Körper umschlingt. Das Gelege wird regelmäßig beleckt, wodurch ein günstiges Mikroklima entsteht und die Eier vor dem Befall durch Schimmelpilze geschützt werden. Die Jungen, die bereits die volle Gliedmaßenanzahl besitzen, halten sich noch einige Zeit am Schlüpfort auf, wo die Mutter sie vor evtl. Feinden beschützt.

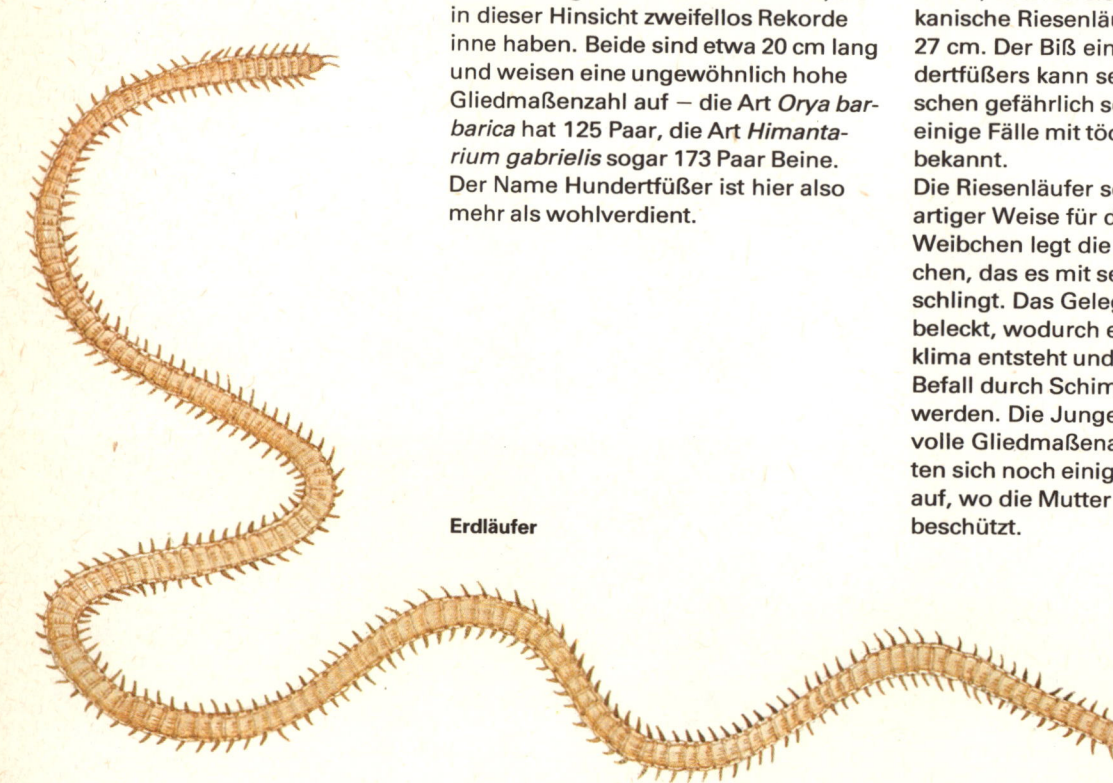

Erdläufer

**Spinnenassel** *Scutigera coleoptrata*
Die Spinnenasseln bilden eine recht eigentümliche Familie. Sie sind vor allem in den Tropen und Subtropen anzutreffen. 15 Paare langer Beine ermöglichen ihre blitzschnellen Bewegungen, so daß man sie kaum fangen kann. Eine sich bewegende Spinnenassel erweckt den Eindruck eines über die Wand huschenden Schattens. Über das Leben der Spinnenassel ist nur wenig bekannt. Im Unterschied zu den anderen Hundertfüßern münden ihre unpaaren Atemschlitze an den Rückenplatten. Ein weiteres Merkmal stellt das zusammengesetzte Auge dar, das an das Auge der Insekten erinnert. Die Spinnenasseln sind gewandte Jäger, die auch höchst flinke Beutetiere leicht zur Strecke bringen. Die langen, dünnen Beine dienen bei der Nahrungsbeschaffung ähnlich wie ein Lasso, das um das Opfer geschlungen wird. Auf diese Weise fangen Spinnenasseln sogar Fliegen.
Die Spinnenasseln gehören zusammen mit den Steinläufern zu jenen Hundertfüßern, bei denen die Jungen mit nur sieben Paar Beinen ausschlüpfen. Erst nach mehrmaliger Häutung ist die vollständige Gliedmaßenzahl — fünfzehn — vorhanden. Insgesamt erfolgen sieben Häutungen, wobei sich nur bei den ersten vier die Anzahl der Segmente und Gliedmaßen vergrößert. Bei den restlichen drei werden nur noch einige weitere Merkmale ausgebildet, und es entwickeln sich die Geschlechtsorgane.

**Spinnenassel**

**Schnurfüßer** *Spirobolus sp.*
Die Schnurfüßer sind typische Nachttiere, die sich tagsüber unter Steinen, Baumrinde oder im Boden versteckt halten. Manche Arten bevorzugen Feuchtluft-Lebensräume, andere wiederum trockene Stellen. Sie ernähren sich wie die meisten Tausendfüßer vor allem von abgestorbenen Pflanzenteilen, so daß sie zur Humusbildung beitragen. Nur einige Arten fressen frische Blätter oder Früchte. Gegen Feinde schützt sie ein fester Panzer, aber auch zahlreiche Wehrdrüsen an den Körperseiten, die ein arteigenes Sekret ausscheiden. Dieses ist bei einigen Arten braun oder gelbbraun, bei anderen wiederum rot oder gelb, mitunter auch farblos. Es riecht höchst unangenehm und veranlaßt wohl jeden Feind, von dem Tier abzulassen. In einigen Fällen wurde darüber hinaus festgestellt, daß das Sekret sogar Blausäure bzw. andere Gifte enthält. In Mexiko benutzen die Eingeborenen das Sekret bestimmter Schnurfüßer als Pfeilspitzengift. Gewöhnlich tritt das Sekret nur aus den Drüsenmündungen heraus, einige tropische Arten können jedoch die Giftflüssigkeit auf eine beachtliche Entfernung verspritzen.
Einige Schnurfüßer legen die Eier einzeln und vergraben sie in die Erde, andere Arten bauen aus mit Speichel vermischter Erde Nester, die mit einem seidigen Gespinst ausgepolstert werden. Häufig umschlingt das Weibchen das Gelege mit seinem Körper, um es zu beschützen. Die Jungen schlüpfen nur mit drei Gliedmaßenpaaren und einigen Gliedmaßenstummeln. Im Laufe der Entwicklung häuten sie sich einige Male, und in regelmäßiger Folge wachsen ihnen weitere Körpersegmente und Beine.

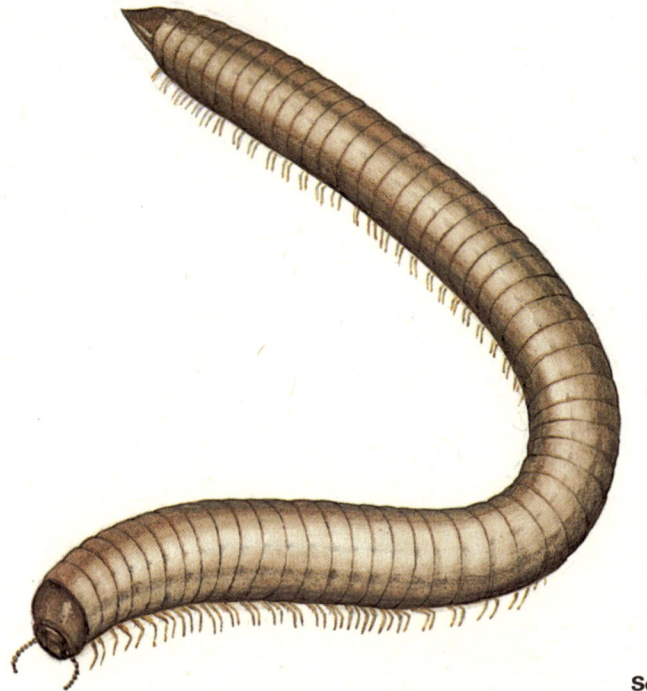

**Schnurfüßer**

# Insekten

Die Insekten (Insecta) stellen die artenreichste Tiergruppe unseres Planeten dar. Die Zahl der Insektenarten wird auf 1,5 bis 2 Millionen geschätzt. Die schützende Körperdecke der Insekten besteht wie bei allen Arthropoden aus Chitin, das als Hauptbestandteil der Haut immer, wenn auch in einer unterschiedlich dicken Schicht, vorhanden ist. Manchmal als dünne Haut, z. B. auf dem Körper der Fliegenlarven, in anderen Fällen jedoch in Form eines festen Panzers wie bei den Deckflügeln der Käfer. Der Chitinpanzer ist in eine Reihe fester Ringe gegliedert, die durch eine dünne Haut verbunden sind. Auf diese Weise wird eine Bewegung ermöglicht. Da das Chitin nicht elastisch ist und den ganzen Körper umschließt, behindert es das Wachstum des Tieres. Deshalb wird im Laufe des Wachstums die schützende Hülle von Zeit zu Zeit abgeworfen. Zuvor beginnt sich unter der alten Schicht eine neue zu bilden, die jedoch noch weich ist und sich erst erhärtet, wenn sie mit der Luft in Berührung kommt.

Die Vielgestaltigkeit der Insektenformen ist ungeheuer. Es gibt flügellose ebenso wie fliegende Arten, solche, die sich an das Leben im Boden, im Wasser oder als Parasit angepaßt haben. Außer mikroskopisch kleinen Arten gibt es auch solche, die mehr als handflächengroß sind.

## Insekten am Wasser

Das Wasser und sein Umfeld gehören zweifellos zu jenen Lebensräumen, in denen die Vielgestaltigkeit der Insektenarten am größten ist. Eine ganze Reihe Arten ist mit ihrer gesamten Entwicklung an das Wasser gebunden. Die Larven einiger Arten leben mitunter einige Jahre im Wasser, während die Imagines — die erwachsenen Insekten — nur solange leben, wie es zur Arterhaltung erforderlich ist. Einige Arten haben nicht nur eine perfekte Anpassung an das Leben im Wasser, sondern auch auf dem Wasser erreicht. Ihr Lebensraum ist die Wasseroberfläche. Wer also in konzentrierter Form möglichst viele, erstaunliche Einrichtungen der Natur kennenlernen will, ist gut beraten, öfters mal in die Nähe von Flüssen, Teichen oder Sümpfen zu gehen.

## Köcherfliegen
### Familie *Trichoptera*

In der Nähe verschiedener Gewässer, ganz gleich ob es sich um Altwasser oder Gebirgsbäche handelt, fliegen kleinen Schmetterlingen ähnliche Insekten umher — die Köcherfliegen. Die Imagines entgehen häufig unserer Aufmerksamkeit, um so mehr fallen uns jedoch ihre Larven auf. Sie leben fast ausschließlich im Wasser, und viele von ihnen bauen kunstvolle Gehäuse, mit denen sie ihren weichen, leicht verletzbaren Körper schützen. Als Baustoff hierzu dienen Sand, Holzsplitter, Tannennadeln oder Gehäuse kleiner Schnecken. Dieses Gehäuse wird mit einem feinen Gewebe ausgepolstert, so daß die Larve wie in einem Federbett ruht. Bei drohender Gefahr versteckt sie sich ganz in ihrem Köcher. Wenn man eine Larve vorsichtig aus ihrem Gehäuse herauszieht und ins freie Wasser entläßt, beginnt sie sofort mit dem Bau einer neuen Unterkunft.

**Köcherfliege und Larve**

**Schlammfliege** *Sialis sp.*
Wenn der Frühling zu Ende geht, kann der aufmerksame Beobachter auf Grashalmen, Bäumen und Steinen in Ufernähe Insekten mit dachartig über den Körper gelegten Flügeln sehen. Es sind die Wasserflor- oder Schlammfliegen, deren Weibchen die Eier auf Pflanzen legen, die über der Wasserfläche hängen. Die ausgeschlüpften Larven fallen dann ins Wasser. Sie sind mit kräftigen Mundwerkzeugen ausgestattet und ernähren sich von anderen Tieren. Im Wasser verbringen sie etwa zwei Jahre, um sich dann an Land zu begeben und sich dort unter Blättern, Moos oder einfach nur in der Erde zu verpuppen. Die Puppe ist beweglich und verläßt etwa nach zwei Wochen ihr Versteck. Sie häutet sich und schlüpft als erwachsene Schlammfliege aus.

**Schlammfliege**

**Steinfliege** *Perla sp.*
**Prachtlibelle** *Calopteryx virgo*
**Königslibelle** *Anax imperator*

Stein- oder Uferfliegen sind meist an
Fließgewässern zu finden. Die Vollkerfe
sitzen meist an der Blattunterseite der
Pflanzen und sind an dem flachen, von
den übereinandergelegten Flügeln be-
deckten Körper zu erkennen. Der Hinterleib trägt zwei Schwanzanhänge. Die
Steinfliegennymphen sind am ehesten
unter Steinen zu finden. Einige Arten
sind räuberisch und ernähren sich vornehmlich von den Nymphen der Eintagsfliegen, andere sind Pflanzenfresser. Charakteristische Raubinsekten
sind Seejungfern und Libellen. Seejungfern sind besonders an Fließgewässern vorzufinden, wo sie in langsam rüttelndem Flug über die Ufer-
pflanzen ziehen. Die Libellen hingegen
sind eher an stehenden Gewässern anzutreffen, was allerdings durchaus
nicht immer der Fall sein muß. Sie begeben sich mitunter auch ziemlich weit
vom Wasser weg, auf Kahlschläge und
Feldfluren. Die Vollkerfe der Libellen
sind nämlich perfekte Flieger, die
Geschwindigkeiten bis zu 90 km/h erreichen. Ihre Beute ergreifen sie im
Flug, wobei sie sich mit den Augen
orientieren. Ihr Auge besteht aus vielen
Einzelaugen (Facetten), deren Anzahl
30 000 erreichen kann. Es kann Bewegungen noch auf eine Entfernung von
mehr als zehn Metern wahrnehmen.
Ebenso räuberisch wie die Imagines in
der Luft sind die Larven der Libellen
und Seejungfern im Wasser.

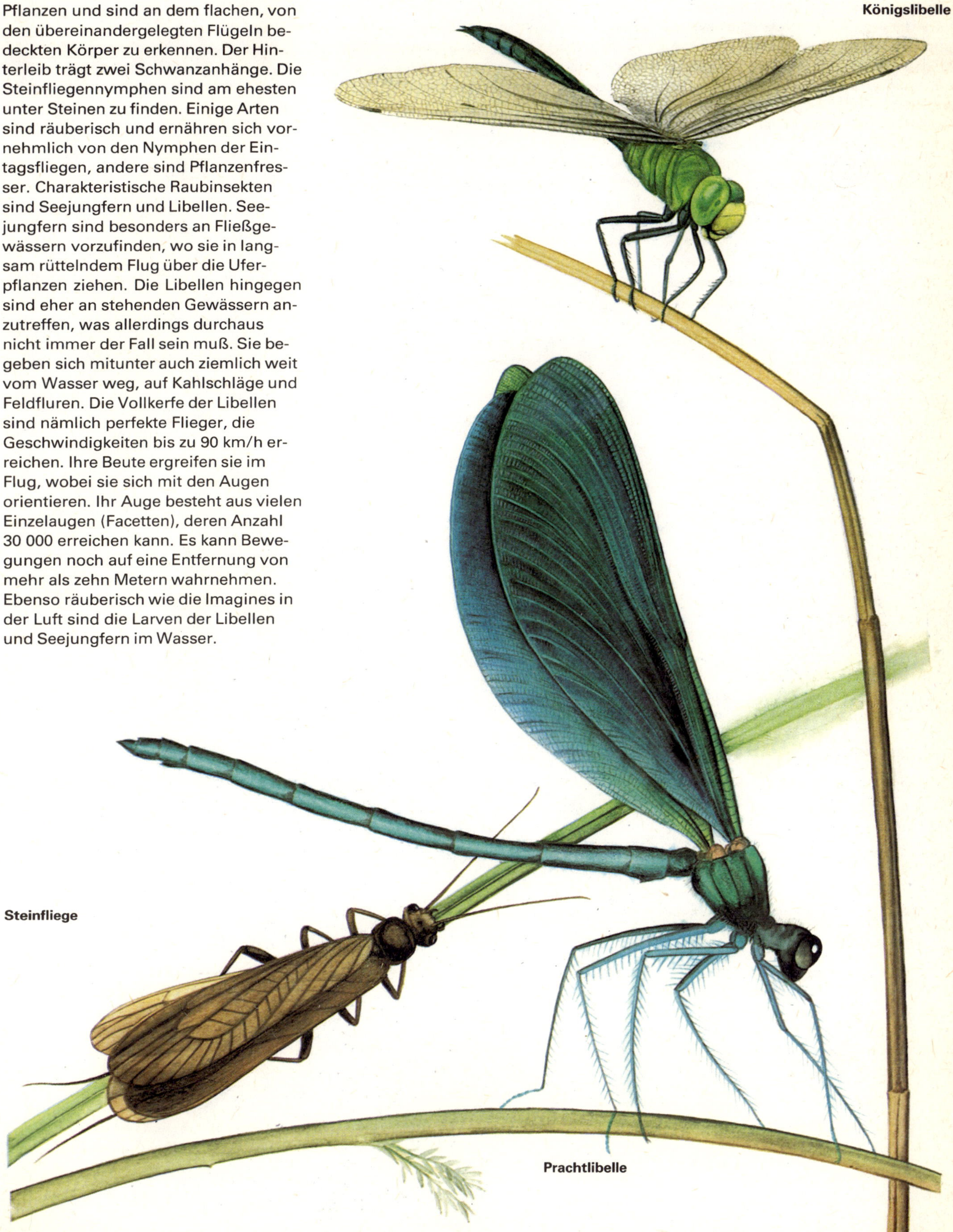

**Königslibelle**

**Steinfliege**

**Prachtlibelle**

**Geradflügler** *Orthoptera*

Früher wurden Insekten mit fressenden Mundwerkzeugen und geraden Flügeln in einer Ordnung zusammengefaßt. Das erste Flügelpaar dieser Arten ist lederartig und schmal, das zweite hingegen gefaltet. Der Verwandlungsprozeß dieser Insekten ist unvollkommen, d. h., daß die aus den Eiern schlüpfenden Jungen bereits den erwachsenen Insekten ähnlich sehen. Sie häuten sich jedoch mehrmals, wobei ihnen nach und nach die Flügel wachsen. Bei der letzten Häutung schlüpft dann das flugfähige, geschlechtsreife Insekt. Zu dieser Gruppe gehören auch die ältesten bekannten Insektenarten, die Schaben, welche bereits im Karbon so ausgesehen haben wie heute.

Nunmehr wird die ganze Gruppe in mehrere Ordnungen geteilt. In die eine

**Großes Grünes Heupferd**
*Tettigonia viridissima*
**Riesenschrecke** *Phyllopora grandis*

Im Spätsommer ertönt von Wiesen, aus Sträuchern und von Bäumen ein tausendfaches Zirpen. Das sind die Heupferde, die dort konzertieren. Sie sind meist in den verschiedensten Schattierungen grün gefärbt. Die Weibchen sind an der am Hinterende befindlichen Legescheide zu erkennen. Mit dieser werden die länglichen Eier tief in die Erde gelegt. Erst im kommenden Jahr schlüpfen aus ihnen die Larven. Laubheuschreckenlarven sind höchst nützlich, da ihre Hauptnahrung aus Blattläusen besteht. Auch die erwachsenen Heupferde sind Fleischfresser, nehmen allerdings in Anbetracht ihrer Körpergröße von mitunter mehr als 6 cm auch größere Insekten auf. Wie kommen jedoch die Zirptöne zustande, die die

**Wanderheuschrecke**
*Schistocerca gregaria*

Die Feldheuschrecken sind von den Laubheuschrecken durch die kurzen Fühler zu unterscheiden. Wie alle Feldheuschrecken sind auch die Wanderheuschrecken ausgesprochene Pflanzenfresser. Sie weisen eine interessante Biologie auf. In ihrem Leben gibt es zwei wesentliche Phasen. Die erste ist die sog. Solitärphase, die zweite wird als Gemeinschaftsphase bezeichnet. Sobald sich mehrere Individuen der Solitärphase zusammenfinden, ändert sich ihr Verhalten, und wenn diese Gemeinschaft wenigstens eine Generation lang dauert, ändern sich auch Gestalt und Farbe. Anfänglich leben sie an einem Ort, später beginnen sie zu wandern. Interessant ist, daß der Übergang zur Wanderphase nur in Gegenden erfolgt, die Halbwüstencharakter haben und nur eine spärliche Vegetation besitzen. Das Leben in Scharen ist hier wegen des Nahrungsmangels mit einer beträchtlichen Bewegungsaktivität verbunden, die eine Veränderung des hormonalen Gleichgewichts hervorruft. Die jungen, noch unbeflügelten Tiere begeben sich auf eine Wanderung, während der sie nach und nach zur vollen Reife gelangen und sich in flugfähige Vollkerfe verwandeln. Die Fortbewegung des Schwarmes erfolgt nun wesentlich rascher, und es können auch große Entfernungen zurückgelegt werden. Aus ihrer afrikanischen Heimat fliegen die Schwärme bis nach Spanien, Kleinasien und über den Iran bis nach Bangladesch und Indien. Aufzeichnungen aus dem Mittelalter zeigen, daß früher Heuschreckenschwärme auch nach Mitteleuropa gelangt sind. Ein solcher Schwarm vernichtet und frißt alles, was ihm in den Weg kommt, binnen einiger Minuten ist die ganze Ernte verschwunden, und es ist durchaus zutreffend, wenn in der Bibel die Heuschreckenschwärme als eine der zehn

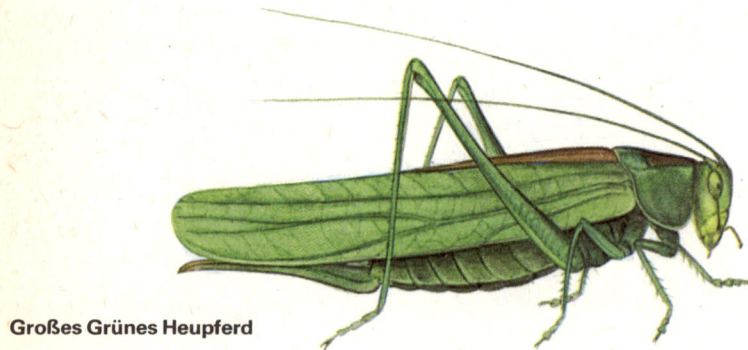

**Großes Grünes Heupferd**

gehören Feld- und Laubheuschrecken, Grillen und Maulwurfsgrillen (Saltatoria), in die andere Küchenschaben (Blattodea), in die dritte schließlich Gespenstschrecken (Phasmida) wie das Wandelnde Blatt und Fangschrecken (Mantodea) wie die Gottesanbeterinnen. Die Vertreter aller dieser Ordnungen sind für den Menschen besonders interessant. Einige sind nur ungebetene Wohnungsgäste, andere Schädlinge, die viele Feldfruchtarten bedrohen, andererseits finden sich unter ihnen auch Arten, die durch die Vertilgung anderer Schädlinge durchaus nützlich sind. Die Grillen sind zwar für den Menschen nicht bedeutend, doch ihr wohltönendes Zirpen ist mitunter recht willkommen, und so werden sie in China auch in Käfigen gehalten. Auch die Gespenstschrecken werden ab und zu im Terrarium gehalten.

Männchen von sich geben. Eine Flügelrippe an der linken Seite ist mit einer Reihe kleiner Zähne versehen. Durch die Bewegung der Flügel streicht das Männchen mit diesen Zähnen an der Kante des rechten Flügels, wodurch der Zirpton entsteht. Das Grüne Heupferd ist ein ausgezeichneter Flieger und wird abends oft vom Licht angezogen.
Die Riesenschrecke lebt in Neuguinea. Sie mißt nahezu 15 cm. Den Männchen dieser Art fehlt jedoch das Stridulationsorgan, weshalb sie kein Zirpen von sich geben können.

**Riesenschrecke**

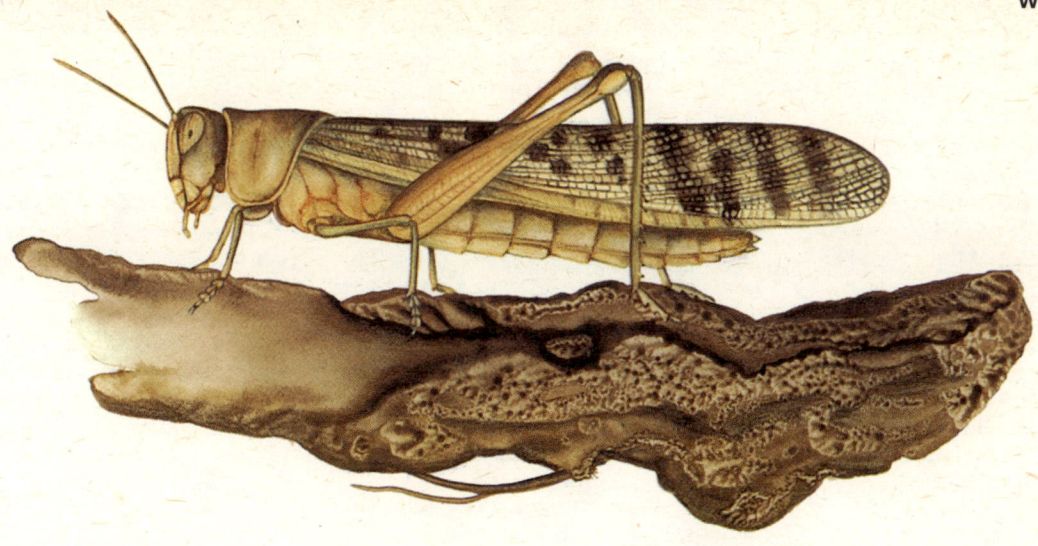

ägyptischen Landplagen bezeichnet werden.

Mit der Bekämpfung und Erforschung der Heuschrecken befassen sich heute zahlreiche Institute auf der ganzen Erde. Am wichtigsten sind nämlich wirksame Maßnahmen an den Orten, wo die Gefahr des Ausbruchs einer Wanderphase besteht.

### Heimchen, Hausgrille
*Gryllus domesticus*
Diese kleinere, hellbraune, auch als Heimchen bekannte Grillenart kommt freilebend in Südeuropa, Nordafrika und Asien vor. In der gemäßigten Zone sucht sie die Wohnungen der Menschen auf, weil es nur dort das ganze Jahr über gleichmäßig warm ist. Zur Verbreitung der Hausgrille haben auch die Vögel-, Schlangen- und Fischzüchter beigetragen, die mit Grillen ihre Tiere füttern. Das einförmige Zirpen der Hausgrillen erklingt am häufigsten aus Kesselhäusern, Bäckereien oder aus Gebäuden mit Zentral- und Fernheizung. Es zirpt allerdings nur das Männchen, wobei die Töne durch das Aneinanderwetzen der Flügel zustande kommen. Das Weibchen ist an der langen

**Hausgrille**

Legescheide zu erkennen. Wenn wir eine Grille ohne Flügel zu Gesicht bekommen, so handelt es sich um eine Larve, denn Grillen haben wie alle anderen Geradflügler eine unvollkommene Verwandlung.

### Maulwurfsgrille
*Gryllotalpa gryllotalpa*
Die Maulwurfsgrille ist eine recht kuriose Insektenart. Aufmerksamkeit erwecken zunächst die kräftigen, schaufelför-

**Maulwurfsgrille**

mig erweiterten Vorderbeine, die tatsächlich an die Grabfüße des Maulwurfs erinnern. Diese Anpassung läßt darauf schließen, daß die Maulwurfsgrille den überwiegenden Teil ihres Lebens unter Tag verbringt, wo sie Gänge gräbt und verschiedene Insekten fängt. Dabei benagt sie auch die Wurzeln der Pflanzen, die ihr im Wege stehen, so daß sie z. B. in Gartenbeeten ein gar nicht gern gesehener Gast ist. Verhältnismäßig häufig, besonders bei Nacht, begibt sie sich jedoch auch an die Erdoberfläche. Sie kann sogar fliegen, wenngleich es nur ein schwerfälliger Flug ist, und wird mitunter vom Licht angezogen. Keineswegs allgemein bekannt ist die Tatsa-

che, daß die Maulwurfsgrillen auch zirpen können, wenngleich die Töne leiser und ausdauernder sind als bei den Heupferden. Wer ihr Zirpen zu erkennen vermag wird feststellen, daß sie bei weitem nicht so selten sind, wie häufig angenommen wird, sondern nur eine verborgene Lebensweise führen. Die Weibchen bauen unterirdische Nester in Form einer Hohlkugel mit glatten, festen Wandungen. An der Oberfläche verrät sich die Neststelle in der

Regel durch den abgestorbenen Pflanzenwuchs, denn die Maulwurfsgrille verzehrt die Wurzeln über dem Nest, um eine Durchwärmung des Bodens und des Nestes durch die Sonnenstrahlen zu ermöglichen. In dieses Nest legt das Weibchen einige hundert Eier, die sorgfältig behütet werden. Die Larven verbleiben zwei Häutungen über im Nest und ziehen erst dann in die weitere Umgebung. Ende September häuten sie sich zum dritten Mal und erreichen eine Länge von etwa 26 mm. Sie überwintern tief in der Erde und beenden im nächsten Frühjahr ihre Verwandlung zu Vollkerfen.

**Hausschabe** *Blatella germanica*
Die große Anzahl verschiedener volkstümlicher Namen, die dieses Insekt trägt, verraten, daß es sich um ein verbreitetes und bekanntes, wenn auch sehr unbeliebtes Tier handelt. Die Hausschabe lebt überall dort, wo es warm ist, also in Bäckereien, Hotels, Labors und sogar in Krankenhäusern. Und überall führt der Mensch gegen diesen lästigen Begleiter einen hartnäckigen, aber nicht gerade erfolgreichen Kampf. Es dauert 2–3 Monate, bevor aus den Eiern die Larven schlüpfen, und weitere 10 Monate, bevor nach mehrmaligem Häuten der erwachsene, beflügelte Vollkerf entsteht. Zunächst schien es, als würden Kontakt-insektizide zu einer wirksamen Bekämpfung der Hausschaben ausreichen, doch bald tauchten immer häufiger Exemplare auf, die gegen diese Stoffe resistent waren. So ist der Mensch gezwungen, zu immer neuen Mitteln, z. B. Organophosphaten, zu greifen. Die Schaben sind besonders daher eine Plage, weil sie nicht nur Allesfresser sind, sondern weil sie mit ihrem Kot auch das entwerten, was sie nicht angefressen haben.

**Amerikanische Großschabe**
*Periplaneta americana*
In der Natur leben die Schaben meist auf der Erde unter Laub und faulenden Pflanzenteilen. Sie sind aber auch unter Baumrinde und Steinen zu finden. Manche Arten haben sich jedoch völlig dem Leben in Wohnungen angepaßt und sind zu lästigen Schädlingen geworden. Mit dem Menschen haben sie sich über die ganze Erde verbreitet und müssen heute als Kosmopoliten bezeichnet werden. Sie sind Allesfresser und halten sich an sämtliche Nahrungsmittel, aber auch an verschiedene andere Stoffe. Sie fressen Bucheinbände ebenso wie Stärke und Leim oder Schuhcreme. Die Amerikanische Großschabe ist vor allem in den Tropen, aber auch in vielen Hafenstädten anzutreffen. Sie ist etwas größer als die allgemein bekannte Hausschabe und unterscheidet sich von dieser dadurch, daß beide Geschlechter gut entwickelte Flügel besitzen. Entgegen ihrer Bezeichnung stammt die Amerikanische Großschabe nicht aus Amerika. Ihre ursprüngliche Heimat war wahrscheinlich Nordafrika.
Die Weibchen der Schaben legen ihre Eier in besonderen Eikapseln, die sie einige Tage am Hinterteil mit sich tragen, um sie an einer geeigneten Stelle abzulegen. Nach etwa 2 Monaten schlüpfen aus den Eiern die Larven.

Diese wachsen verhältnismäßig langsam. Die Entwicklung bis zum Imago kann so einige Jahre dauern. In der Regel werden die Schaben jedoch innerhalb eines Jahres erwachsen. Während dieser Zeit erfolgen 8–12 Häutungen.
Die Schaben sind zwar Ungeziefer, aber sie übertragen wenigstens – soweit bis jetzt bekannt – keine Krankheiten. Für den Naturwissenschaftler sind sie allerdings außerordentlich wichtige Insekten, denn dank zahlreicher fossiler Funde ist bekannt, daß es sich um eine sehr alte Gruppe handelt. Ausgestorbene Arten, die sich von den heutigen in ihrer Gestalt kaum unterscheiden, lebten auf unserem Planeten bereits vor mindestens 300 Millionen Jahren. Die Schaben können also als „lebende" Fossilien bezeichnet werden.

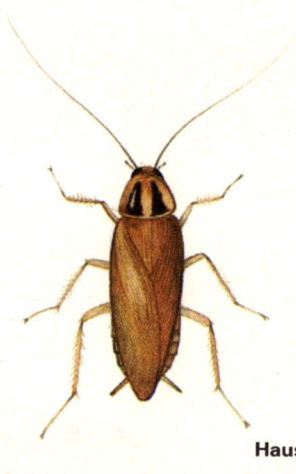

**Hausschabe**

**Gottesanbeterin** *Mantis religiosa*
Die Gottesanbeterin sitzt unbeweglich auf vier Beinen, das vorderste Paar wie zum Gebet gefaltet. Doch wehe dem Insekt, das sich unvorsichtig in die Nähe wagt! Mit einer blitzschnellen Bewegung ergreift die Gottesanbeterin das Beutetier und frißt es unverzüglich auf. Insekten stellen die ausschließliche Nahrung der Gottesanbeterin dar, nur einige große tropische Arten vermögen mitunter wohl auch einen kleinen Vogel oder eine Eidechse zu erlegen. Die Gottesanbeterinnen haben jedoch in der Natur zahlreiche Feinde, vor allen unter Vögeln und Kriechtieren. Ihren einzigen Schutz stellt die Tarnfärbung dar. Ihre grüne, gelbliche oder bräunliche Farbe entspricht oft völlig den Farben ihres Lebensraumes. Zusätzlich ahmen einige Fangschreckenarten durch ihre Gestalt Zweige und Blätter nach. In den Tropenwäldern sind auch Arten zu fin-

den, die mit ihrer bunten Farbenpracht den Eindruck von Blüten erwecken und auf diese Weise Schmetterlinge und andere Insekten anlocken.
Höchst interessant ist die Vermehrung der Gottesanbeterinnen. Da die Gottesanbeterin auf jede Bewegung in ihrer Umgebung wie auf ein Beutetier reagiert, würde das Männchen ihr noch vor der Begattung zum Opfer fallen. Deshalb nähert es sich dem Weibchen sehr langsam, fast unmerklich, was mehrere Stunden dauern kann. Erst wenn es in unmittelbare Nähe gelangt

**Amerikanische Großschabe**

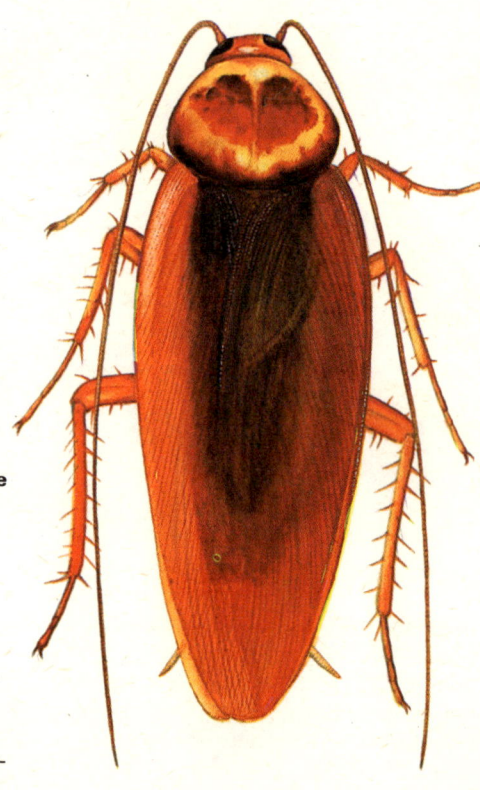

ist, packt es fest zu und vollzieht die Paarung. Doch auch dabei kann es noch vorkommen, daß das Weibchen sich umdreht, dem Männchen den Kopf abbeißt und es zu verzehren beginnt. Dieser Umstand ist allerdings für die Arterhaltung unbedeutend, da das Hinterteil des Männchens die Begattung vollendet und das Weibchen befruchtet, während sein Vorderteil schon als willkommene Eiweißquelle dient. Nach einiger Zeit legt das Weibchen dann

**Gottesanbeterin**

### Wandelndes Blatt
*Phyllum siccifolium*

Die Wandelnden Blätter werden zusammen mit den Stabschrecken zur Ordnung der Gespenstschrecken gezählt. Diese ungewöhnliche Bezeichnung ist auf zwei Umstände zurückzuführen. Vor allem ist ihre Körpergestalt namengebend. Bei den Wandelnden Blättern sind verschiedene Teile des Körpers wie Blattspreiten ausgebildet; die Stabschrecken sehen wie kleine Zweige aus, manchmal glatt, manchmal stachelig, jedoch stets höchst naturgetreu, so daß es schon recht viel Aufmerksamkeit erfordert, sie von wirklichen Zweigen zu unterschieden. Wenn ein solches „Blatt" oder ein solcher „Zweig" plötzlich gestört wird, beginnt er sich jäh hin und her zu bewegen und versucht so den Störenfried zu erschrecken. Das ist der zweite Grund, der zur Bezeichnung Gespenstschrecken geführt hat. Wandelnde Blätter und Stabschrecken sind Bewohner der Tropen und Subtropen. Am häufigsten sind sie in verschiedenen Gebieten des Orients vertreten, doch greift eine Art nach Südeuropa über und ist sogar an warmen Stellen in Deutschland zu Hause.

Die meisten Stabschrecken und Wandelnden Blätter sind Nachttiere, die den Tag über, auf ihre Tarnung vertrauend, im Zweigwerk verbringen. Gegenüber Feinden stellen sie sich mitunter tot. Einige geflügelte Arten sind auch tagaktiv. Sie sind Pflanzenfresser mit einem zum Teil sehr engen Nahrungsspektrum (Stenophagie), d. h. daß sie sich oft nur von einer einzigen oder wenigen Pflanzenarten ernähren.

etwa 100 Eier. Diese werden in eine besondere, schwammige Kapsel, die an der Luft rasch hart wird und trocknet, eingebettet. Jedes Ei liegt in einer selbständigen Kammer und ist auf diese Weise gut vor Trockenheit und Hitze geschützt. Während ihres Lebens baut die Gottesanbeterin etwa 20 solcher Eikapseln. Die Larven schlüpfen gleichzeitig und ähneln zunächst in keiner Weise den Eltern. In den ersten Stunden hängen sie an dünnen, aus dem Hinterteil gelassenen Seidenfäden an der Kapsel, doch schon nach der ersten Häutung verlieren sie die Fähigkeit des Fadenspinnens und machen sich selbständig. Erst nach 12 weiteren Häutungen sind sie erwachsene, flugfähige Insekten. Die Flügel erwachsener Gottesanbeterinnen sind gut entwickelt, und sie können als gewandte Flieger bezeichnet werden, obwohl sie meist nur kurze Strecken fliegen.

**Wandelndes Blatt**

# Zikaden und Wanzen

Bei dieser großen Insektengruppe sind die Mundwerkzeuge in Stechborsten umgewandelt. Mit diesem schnabelartigen Gebilde stechen sie Pflanzen- und Tiergewebe an und saugen aus ihnen Saft oder Blut. Diese Insekten werden als Schnabelkerfe bezeichnet. Sie umfassen eine Reihe selbständiger Ordnungen (u. a. Blattläuse, Blattflöhe, Wolläuse). Viele Arten aus dieser Tiergruppe sind Außenschmarotzer oder Pflanzenschädlinge und können durch ihre Stiche verschiedene ansteckende Krankheiten übertragen.

Die zwei bekanntesten und auffälligsten Ordnungen dieser Insektengruppe sind die Zikaden (Cicadina) und Wanzen (Heteropteren). Sie gehören zu den Insekten mit unvollendeter Verwandlung (Hemimetabolen), in ihrer Entwicklung gibt es also kein Puppenstadium. Die Larven unterscheiden sich jedoch häufig markant von den Vollkerfen, nicht nur durch ihre Körperform und die noch fehlenden Flügel, sondern, besonders bei Wanzen, auch durch ihre Färbung.

**Siebzehnjahr-Zikade**
*Tibicen septemdecim*
**Bergzikade** *Cicadetta montana*
„Beatae sunt cicadae, nam milieres mutae sunt!" — Glücklich sind die Zikaden, denn ihre Weiber sind stumm

Bergzikade

— Xenarhos von Rhodos mag es mit seiner Frau nicht leicht gehabt haben, wenn er in einem seiner Gedichte diesen Seufzer ausstieß. Hingegen scheint er die Zikaden gut gekannt zu haben, was übrigens für einen Bewohner des Mittelmeergebietes selbstverständlich ist. Interessant ist bei den Zikaden die Anordnung der schallerzeugenden Organe. Den Weibchen fehlen sie, sie sind also tatsächlich stumm. Im Vorderteil des Hinterleibes befinden sich zwei kräftige Muskeln, die an einer Platte angreifen und diese in Schwingungen versetzen können. So entsteht der bekannte Gesang der Zikadenmännchen. Bei manchen Arten ist sogar noch eine weitere Platte vorhanden, die die Töne verstärkt. Der Gesang ist auch auf größere Entfernungen zu hören, läßt sich jedoch sehr schwer lokalisieren. Eine singende Zikade zu finden ist außerordentlich schwer, obwohl sie ständig vom gleichen Ort singt. In den meisten Gegenden ihres Verbreitungsgebietes erfreuen sich die Zikaden großer Beliebtheit. Oft werden sie sogar in kleinen Käfigen gehalten, damit ihr Gesang auch daheim genossen werden kann. Sämtliche Zikaden sind Pflanzensauger. Sie stechen verschiedene Pflanzenteile an und saugen den Zellensaft aus. Die Larven mancher Zikaden leben in der Erde und sehen ihren Eltern in keiner Weise ähnlich. Sie besitzen einen großen Kopf und kräftige, zum Graben angepaßte Vordergliedmaßen. In manchen Fällen währt ihre Entwicklung sehr lange, am längsten wahrscheinlich bei der amerikanischen Siebzehnjahr-Zikade. Ihre Weibchen legen ihre Eier auf Zweigen verschiedener Laubbäume ab. Die nach etwa 6 Wochen schlüpfenden Larven lassen sich zu Boden fallen, wo sie sich eingraben und an Wurzeln saugen. Es dauert 17 Jahre, bevor sie die Erde wieder verlassen. Dann erklimmen sie einen Baum und verwandeln sich nach der letzten Häutung in ein erwachsenes Insekt. Die Entwicklungsdauer ist offenbar vom Klima abhängig. In manchen Gegenden verläuft sie rascher und dauert „nur" 13 Jahre.

Die Bergzikade lebt an den sonnigen Hängen Europas. Ihr Gesang, ein feines, langgezogenes Zirpen, läßt sich entfernt mit jenem ihrer südeuropäischen Verwandten vergleichen.

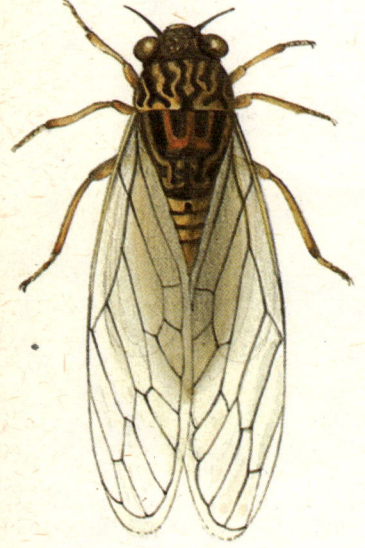

Siebzehnjahr-Zikade

## Blindwanze
### Familie *Miridae*

Es ist einfach, aus der verhältnismäßig großen Zahl der heute bekannten Wanzenarten – es sind rund 50 000 – einen typischen Vertreter herauszunehmen, da sie in ihrem Äußeren alle mehr oder minder gleich aussehen. Obgleich sie auf den ersten Blick etwas den Käfern ähneln, findet sich dennoch eine Reihe von Merkmalen, nach denen sie zuverlässig zu unterscheiden sind. Da ist z. B. das mehr oder weniger große Rückenschildchen (Scutellum) und die Ausbildung der Flügel: das zweite Flügelpaar ist häutig, während das erste Paar als Schutzdecke dient. Die Vorderflügel setzen sich aus einem lederartigen Basalteil und einem häutigen Außenrand zusammen. In der Aufsicht scheint die Wanze aus lauter Dreiecken zusammengesetzt zu sein – eine Struktur, wie sie bei keinem Käfer zu finden ist. Besonders wesentlich sind allerdings die Unterschiede in der Entwicklung von Wanzen und Käfern. Bei den Wanzen ist die Verwandlung unvollkommen, bei den Käfern hingegen vollkommen (Holometabolie), d. h., es ist ein zusätzliches Puppenstadium vorhanden. Manche Wanzen leben räuberisch, die meisten jedoch sind Pflanzensauger. Eine Reihe dieser Insekten müssen als gefährliche Schädlinge bezeichnet werden. Sie stechen nicht nur das Pflanzengewebe an, um den Saft zu saugen, wodurch die Pflanze geschwächt wird, sondern sie übertragen auch Viruskrankheiten. Auf diese Weise verursachen sie Schäden, die in die Millionen gehen. Zahlreiche Wanzen besitzen Stinkdrüsen, aus denen sie bei Störung

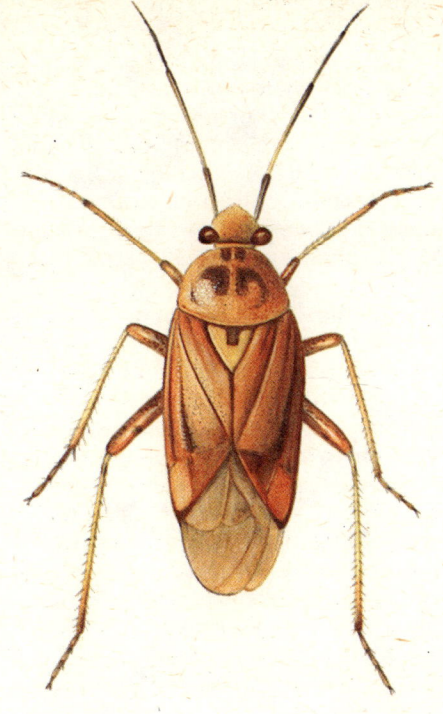

**Blindwanze**

ein widerlich riechendes Sekret absondern. Sie schützen sich auf diese Weise vor Feinden. Tatsächlich fressen viele Vögel Wanzen nur ungern. Manche Wanzen tragen zusätzlich eine markante Warnfärbung, die sie bis zu einem gewissen Grad schützt. Ein Vogel, der einmal eine so gefärbte Wanze aufgenommen hat, wird später alle ähnlich gefärbten Insekten meiden. Doch auch diese chemisch geschützten Arten haben ihre gefährlichen Feinde. Es sind vor allem parasitäre Fliegen- und Wespenarten, deren Larven in den Eiern oder im Körper der Wanzenlarven leben und sie töten, bevor sie erwachsen sind.

## Stabwanze *Ranatra linearis*

Die Wanzen haben wohl von allen Lebensräumen der Erde Besitz ergriffen, von den Grenzen des ewigen Eises bis zu den Tropenwäldern. Auch das Wasser bildet in dieser Beziehung keine Ausnahme. Im Wasser sind höchst interessante Arten zu finden, und es kostet wenig Mühe, sie näher kennenzulernen. In nahezu jedem Tümpel sind Rückenschwimmer oder Teichläufer zu finden. Das Gewirr der Wasserpflanzen und der schlammige Boden stellen die Wohnstätten einiger weiterer Arten dar, die begreiflicherweise nicht so einfach zu sehen sind. Nun von Zeit zu Zeit begeben sie sich in Oberflächennähe, um mit ihrem langen, am Hinterleibsende gelegenen Atemrohr Luft aufzunehmen. Ausnahmsweise geschieht es wohl auch, daß diese in der Nacht umherfliegenden Arten vom Licht angelockt werden.

Eine der sich langsam zwischen den Wasserpflanzen bewegenden Arten ist die dort auf Nahrungssuche befindliche Stabwanze. Ihr Name deutet bereits ihre Gestalt an. Tatsächlich sieht sie einem dünnen Stäbchen ähnlich und entgeht zwischen den Wasserpflanzen leicht der Aufmerksamkeit des Beobachters. Sie ist ein Räuber, vor dem kein Lebewesen entsprechender Körpergröße sicher ist. Auf ihren langen Schreitbeinen bewegt sie sich langsam vorwärts, und ihre an die Gottesanbeterin erinnernden vorderen Fangbeine befinden sich in ständiger Fangbereitschaft. Wehe jedem Opfer, das in ihre Nähe gelangt. Die Stabwanze greift blitzschnell an, ergreift die Beute und saugt sie aus. Die Stabwanze fängt auf

**Stabwanze**

diese Weise verschiedene Wasserinsekten und Krebstiere, vermag jedoch auch Kaulquappen und kleine Fische zu überwältigen.

Das Weibchen der Stabwanze legt seine Eier auf den Blättern von Wasserpflanzen ab. Dort hängen sie wie stengelige Auswüchse, und es dauert etwa 14 Tage, bevor die Larven schlüpfen. Diese gleichen weitgehend erwachsenen Stabwanzen, besitzen jedoch noch kein Atemrohr und keine Flügel. Nach einigen Häutungen wachsen ihnen die Atemrohre und die Flügel. Zum Sommerende wandeln sie sich in Vollkerfe um, die im Schlamm überwintern.

# Schädlinge und Schmarotzer

Die Beziehungen zwischen Insekten und Menschen sind verschiedener Art. Von seinem Standpunkt aus können die Insekten in vier Gruppen eingeteilt werden — wirtschaftlich genutzte, nützliche, schädliche und indifferente. Die wirtschaftlich genutzten stellen für den Menschen Nahrungs- und Rohstofflieferanten dar. Hingewiesen sei in diesem Zusammenhang auf Seide, Honig, Wachs usw. Zur zweiten Gruppe gehören nützliche Insekten, wobei dieser Nutzen verschieden beurteilt werden kann. Typische Vertreter dieser Gruppe sind die sog. Bestäuber, also Bienen, Hummeln sowie einige Fliegen und Schmetterlinge. Zu den nützlichen Insekten gehören auch jene Arten, die solche Tiere oder Pflanzen vertilgen oder schädigen, die vom

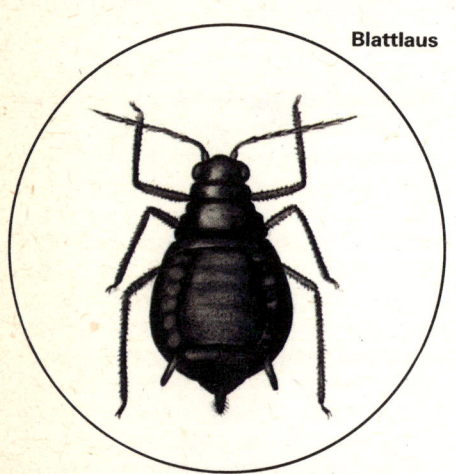

**Blattlaus**

Menschen als schädlich betrachtet werden.

In die Kategorie der „schädlichen" Insekten gehören leider recht viele Arten. Insekten verursachen Schäden in der Land- und Forstwirtschaft, an verschiedenen Vorräten, und es gibt auch Arten, die am Körper oder im Körper von Lebewesen einschließlich des Menschen schmarotzen. Schließlich zählen hierzu Insekten, die verschiedene Krankheiten übertragen. Hier seien nur die Malaria und die Schlafkrankheit genannt, die von stechenden Mücken und Fliegen verbreitet werden.

Mit der Bekämpfung schädlicher Insekten beschäftigt sich heute eine Reihe von Institutionen auf der ganzen Welt. Voraussetzung für einen durchgreifenden Erfolg ist eine eingehende Kenntnis der Lebensweise, Entwicklung und Schädlichkeit in den einzelnen Stadien, der Verbreitung, dem periodischen Auftreten, der natürlichen Feinde usw. Alljährlich werden Milliarden für Aufklärung der Biologie von Schadinsekten ausgegeben.

## Blattlaus *Aphis sp.*

Die Blattläuse schwächen durch das Saugen des Saftes die Pflanzen und gehören deshalb zu den häufigsten Schädlingen in der Landwirtschaft, namentlich wenn sie in größeren Mengen auftreten. Die Entwicklung der Blattläuse ist recht kompliziert und umfaßt mehrere Generationen. Manche haben Flügel, andere sind flügellos. Auch die Ansprüche der Blattläuse sind verschieden. Es gibt Arten, die nur auf einer einzigen Pflanzenart leben, andere suchen im Laufe ihrer Entwicklungsstadien verschiedene Pflanzenarten auf (Wirtswechsel). Zu bestimmten Zeiten vermehren sich die Weibchen parthenogenetisch, also ohne Befruchtung. Ein einziges Weibchen setzt innerhalb eines Tages bis zu 25 Larven ab, die nach bereits 8—10 Tagen selbst wieder zur parthenogenetischen Vermehrung fähig sind. Sehr interessant ist das Zusammenleben von bestimmten Blattläusen mit einigen Ameisenarten. Die Blattläuse sondern aus Röhren an ihrem Hinterleib einen Saft, den sog. Honigtau ab, den die Ameisen zu ihrer Ernährung nutzen. Jede Ameisenkolonie, die Blattläuse „melkt", betreut ihre „Kühe" sehr intensiv und schützt sie vor natürlichen Feinden. Die Ameisen tragen sie sogar an andere geeignete Wirtspflanzen oder lassen sie in ihrem Bau überwintern. In diesem Fall ist die Verhaltensweise der Ameisen einer Haustierhaltung vergleichbar.

## Riesenholzwespe *Urocerus gigas*

Mitunter sind im Sommer auf Lichtungen oder im Wald große gelbschwarze „Wespen" zu sehen, die am Hinterteil ein langes „Anhängsel" tragen. Das ist eine Holzwespe mit der Legescheide. Diese ist mit einer feinen Säge versehen, mit der die Wespe das Holz anbohrt und in die Bohröffnung ihre Eier legt. Aus diesen entwickeln sich fußlose Larven, die lange Gänge bohren, um sich an ihrem Ende zu verpuppen. Die Entwicklung der Larve dauert mindestens ein Jahr, mitunter auch mehrere Jahre. Dem Baum an sich fügen die Holzwespen kaum Schaden zu, das dermaßen durchbohrte Holz ist jedoch minderwertig und für eine anspruchsvollere Bearbeitung ungeeignet.

## Tsetsefliege *Glossina palpalis*

Ende des vorigen Jahrhunderts hat die Schlafkrankheit riesige Gebiete Afrikas entvölkert. Diese gefährliche Krankheit tobte vor allem im Gebiet der großen afrikanischen Seen. Sie wurde von Tsetse- oder Zungenfliegen übertragen, vor allem von der Art *Glossina palpalis*. Andere, in trockeneren Gegenden lebende Arten übertragen ähnliche Krankheiten (z. B. Nagana-Seuche des Rindes) auf Tiere. Diese Krankheiten werden von Urtierchen der Gattung *Trypanosoma* hervorgerufen, die im Blut von Wirbeltieren leben. Auf gesunde Tiere und Menschen werden sie durch den Biß der Tsetsefliege übertra-

**Riesenholzwespe**

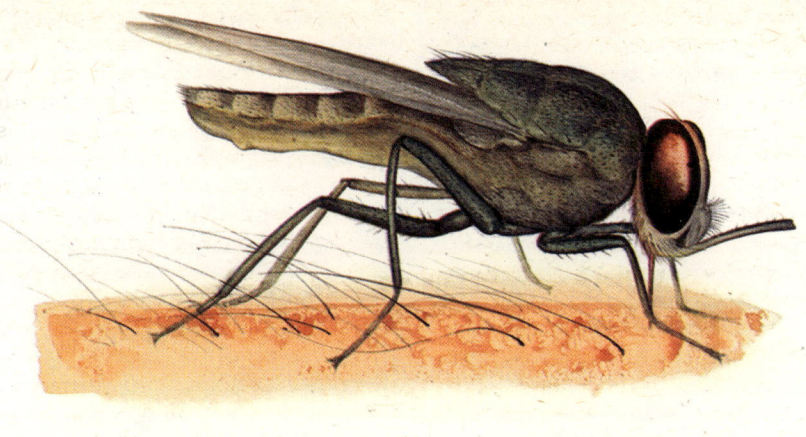

Tsetsefliege

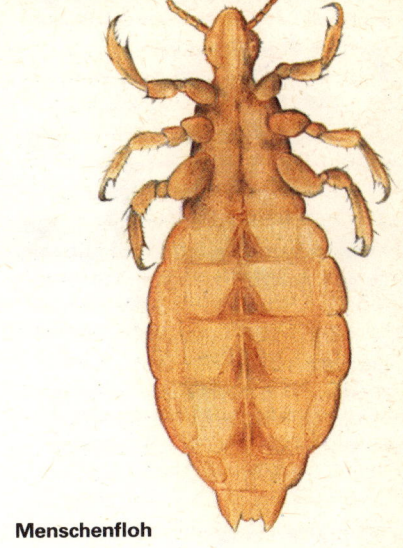

Menschenfloh

gen. Zum Glück sind mittlerweile wirksame Medikamente bekannt, so daß man die Schlafkrankheit, zumindest in der Anfangsphase, erfolgreich behandeln kann.

Für die Entwicklung der Larven sowie der Vollkerfe der Tsetsefliege ist eine hohe Feuchtigkeit notwendig. Alle 14 Tage setzt das Weibchen eine Larve ab, die bereits so weit entwickelt ist, daß sie ohne Nahrungsaufnahme auskommt. Sie vergräbt sich im Sand und wandelt sich innerhalb von 5 Stunden in eine Puppe um. Nach ungefähr einem Monat schlüpft aus der Puppe der Vollkerf. Die Tsetsefliege nimmt die Infektion durch das Blut eines kranken Tieres oder Menschen auf. Die aufgenommenen Trypanosomen machen im Verdauungsapparat und den Speicheldrüsen der Fliege eine ziemlich komplizierte Entwicklung durch, so daß die angesteckte Tsetsefliege die Krankheit erst nach 3—4 Wochen weitergeben kann. Die beim Biß ins Blut eines neuen Wirts gelangten Trypanosomen vermehren sich sehr rasch. Im ersten Stadium der Krankheit stellen sich hohes Fieber und Entzündungen der Lymphdrüsen ein. In diesem Stadium kann der Krankheit noch Einhalt geboten werden. Tragisch ist jedoch das zweite Stadium, wenn die Trypanosomen in die Nervenzentren eingedrungen sind. Es folgen Gehirnhautentzündungen, ein allgemeiner Kräfteverfall und schließlich eine Muskelatrophie. Der Tod tritt durch völlige Entkräftung ein.

## Menschenfloh *Pulex irritans*

Es scheint, daß der Floh erst zum Parasiten des Menschen wurde, nachdem sich dieser den ersten Hund dienstbar gemacht hat. Damals ist wahrscheinlich der Floh vom Hund auf den Menschen übergegangen und hat seine Entwicklungsbedingungen an die Behausungen des Menschen angepaßt. Flöhe schmarotzen nämlich nur an jenen Säugetieren und Vögeln, die ein Nest oder eine Wohnstätte besitzen, in der sie sich regelmäßig aufhalten. Es sind dies unter den Säugern vor allem Nage- und Raubtiere, Insektenfresser und Fledermäuse sowie unter den Vögeln jene Arten, die in Höhlungen nisten. Nicht selten kommt es vor, daß eine Tierart auch ihre eigenen Flöhe hat.

Die Flöhe legen ihre Eier in die Wohnstätten ihrer Wirte oder in die Fußbodenritzen der Wohnung des Menschen. Die geschlüpften Larven ernähren sich von Überresten verschiedener organischer Stoffe. Nach etwa 2 Wochen verpuppen sie sich und können in diesem Stadium auch eine längere Zeit überdauern. Die meisten Floharten, einschließlich des Menschenflohs, sind erschütterungsempfindlich, und Erschütterungen stellen auch die Auslöser zum Schlüpfen der Vollkerfe aus den Puppen dar. Dabei handelt es sich um eine höchst sinnvolle Einrichtung, die gewährleistet, daß dem frisch geschlüpften Floh eine Nahrungsquelle zur Verfügung steht. Ohne Blut zu saugen kann sich nämlich ein Floh nicht vermehren, wenn auch ein erwachsener Floh lange ohne Nahrung auskommt. Beim Menschenfloh können es bis zu 2 Jahre sein.

## Kopf- und Kleiderlaus
*Pediculus humanus*

Läuse waren bereits im Altertum bekannt, und unsere Vorfahren waren von diesen Parasiten schwer geplagt. Darauf kann nach den Flecktyphusepidemien geschlossen werden, die u. a. von der blutsaugenden Laus übertragen werden und die zu den schrecklichsten Seuchen des Mittelalters gehörten. Besonders schlimm sind Fälle extremer Verlausung, die dann zur sog. kavernösen Form übergeht. Da haben sich die Läuse bereits dermaßen vermehrt, daß sie sich unter die Haut des Opfers bohren und dort Hohlräume bilden, die von ihnen ganz ausgefüllt werden. Die Kopflaus bewegt sich mit ihren „Greifhänden" sehr geschickt in den Haaren ihres Wirtes. Im Gegensatz zum Floh können Läuse nur höchstens 1 Woche hungern. Die Eier, die bis zu einem Viertel der Körperlänge haben, sind mit einem kleinen Deckel versehen. Sie werden am Schaft der Haare festgehaftet (sog. Nissen).

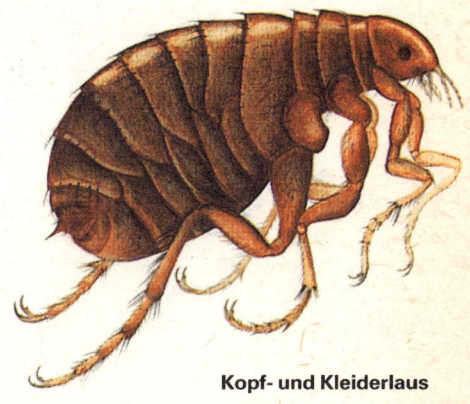

Kopf- und Kleiderlaus

# Käfer

Die Käfer (Coleoptera) gehören zu den Insekten mit vollkommener Verwandlung, d. h. daß ihre Entwicklung aus den Phasen Ei—Larve—Puppe—Vollkerf besteht. Diese Entwicklung kann ein Jahr und mitunter auch noch länger dauern. In der Regel ist sie um so länger, je größer der Käfer ist. Ausgewachsenen Käfern ist keine allzu lange Lebensdauer beschieden, in der Regel sind es nur einige Tage oder Wochen, aber manche leben auch länger als ein Jahr. Die Käfer besitzen zwei Paar Flügel, doch nur das zweite ist zum Fliegen geeignet. Das erste Paar besteht aus harten Chitindecken und dient meist nur zur Stabilisierung des Fluges. Wie überall in der Natur finden sich auch hier Ausnahmen. Bei manchen Käferarten sind die Flügel des zweiten Paares verkümmert und die Deckflügel sind zusammengewachsen, bei anderen sind die Deckflügel weich, verkürzt oder anders abgewandelt. Das ändert jedoch nichts an der Tatsache, daß die Deckflügel ein kennzeichnendes Merkmal der Käfer darstellen, das in dieser Form bei keiner anderen In-

sektengruppe vorkommt. Oft sind Käfer in den Geschlechtern verschieden gestaltet (Dimorphismus). Zwischen Männchen und Weibchen gibt es eine Reihe von Unterschieden in der Form der Fühler, Deckflügelrillung, Entwicklung der Flügel, Anordnung der Gliedmaßen sowie im Körperbau überhaupt. Allgemein gilt, daß die Männchen bizarrer gestaltet und oft auch farbenprächtiger sind als die Weibchen.
Die Entwicklung der Käfer ist ebenso wie ihre Ernährungsweise ungewöhnlich mannigfaltig. Sie sind über die ganze Erde verbreitet, und es gibt kaum ein Festlands- oder Süßwasserbiotop, in dem sie nicht vertreten wären. Am häufigsten und artenreichsten sind sie in den Tropen und in der subtropischen Zone. Gegenwärtig sind etwa 400 000 verschiedene Arten bekannt, alljährlich werden jedoch zahlreiche neue, bisher unbekannte Arten beschrieben, so daß ihre Gesamtzahl wesentlich höher liegt. Unter den Käfern kommen mikroskopisch kleine Arten ebenso vor wie solche, die bis zu 20 cm Körperlänge erreichen.

**Riesenbockkäfer**

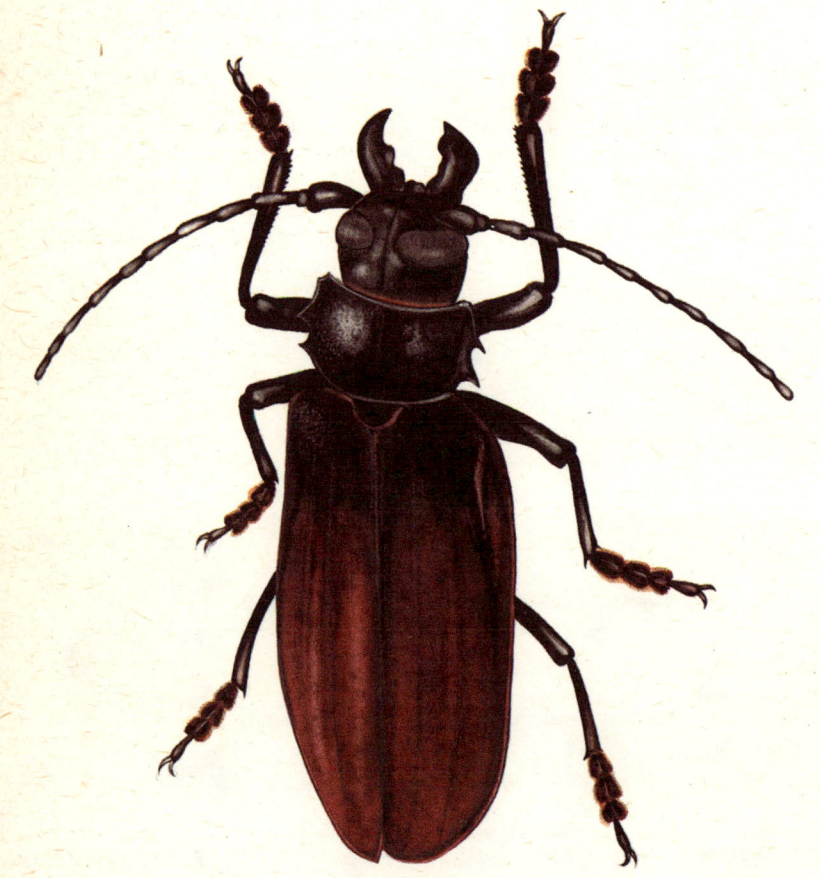

## Riesenbockkäfer *Titanus giganteus*
Der Riesenbockkäfer ist der größte Käfer der Welt. Seine Körperlänge kann ohne die für alle Bockkäfer kennzeichnenden langen Fühler bis zu 20 cm erreichen. Den Riesenbockkäfer hat Linné nach einem einzigen Exemplar beschrieben, das tot im Amazonas gefunden wurde. Im Laufe der weiteren Jahre fanden sich weitere Exemplare unter den selben Umständen entweder im Amazonas oder im Oiapaque. So gehört der Riesenbockkäfer zu den gesuchtesten Raritäten, und Sammler bezahlen für ihn je nach Größe und Erhaltung beträchtliche Summen. Bis 1950 waren in den Sammlungen der Museen rund 40 Exemplare vorhanden, doch kein Europäer hatte bis dahin diesen Giganten unter den Käfern lebend zu Gesicht bekommen.
Dies ist erst Dr. Paul A. Zahl gelungen, der im Oktober 1957 im Büro einer Ölraffinerie in Manaus (Brasilien) ein Exemplar fing. Später gelang es ihm, von den Eingeborenen noch weitere 15 Exemplare zu bekommen, also mehr, als bisher alle entomologischen Sammlungen in den Vereinigten Staaten zusammen enthielten. 1972 fand eine brasilianisch-amerikanische Expedition eine weitere Anzahl und konnte gleichzeitig auch etwas über die Biologie dieser Art erfahren. Dennoch sind unsere Kenntnisse über diesen Käfer weiterhin recht lückenhaft.

## Herkuleskäfer *Dynastes hercules*
Im tropischen Mittelamerika sowie im Norden des südamerikanischen Kontinents lebt der Herkuleskäfer. Die Männchen tragen an Kopf und Schild lange Hörner. Wenn sie den Kopf bewegen, schließen und öffnen sich diese wie Zangen. Die Länge dieses Käfers (mit Zangen) erreicht rund 17 cm. Die Weibchen des Herkuleskäfers besitzen diese Hörner nicht und sind wesentlich kleiner. Die Männchen halten sich angeblich im Flug mit diesen Ausläufern an dünnen Zweigen fest und rotieren fliegend um diese herum. So locken sie in der Paarungszeit die Weibchen an. Die Herkuleskäfer-Larven leben im Humus.

## Hirschkäfer *Lucanus cervus*
Die meisten Käfer leben in den Tropen. Doch auch in der gemäßigten Zone sind große, attraktive Arten zu finden, wie z. B. in Europa der Hirschkäfer. Das Männchen trägt gewaltige, stark vergrößerte Mundwerkzeuge und mißt mit diesen bis zu 8 cm. Die Weibchen sind kleiner und besitzen keine Zangen. Durch ihre Lebensweise sind die Hirschkäfer an hohle Eichen gebunden.

Mit dem Rückgang der Eichen in unseren Forsten ist auch der Hirschkäfer seltener geworden. Häufiger ist er noch in Südeuropa anzutreffen. Die Männchen tragen untereinander Kämpfe um den Besitz der Weibchen aus, wobei die Zangen als Waffen eingesetzt werden. Männchen mit starken Zangen verteidigen ihr Territorium oft, ohne kämpfen zu müssen. Das Weibchen legt die Eier in den Mulm hohler Eichen. In der Regel stirbt es unmittelbar nach dem Legen der Eier.

Es dauert in der Regel 4—5 Jahre, bevor die Hirschkäferlarve eine Größe von etwa 10 cm erreicht. Dann verpuppt sie sich. Schon in diesem Stadium ist zu erkennen, ob aus der Puppe ein Männchen oder ein Weibchen ausschlüpfen wird. Die Puppen der Männchen lassen auf der Bauchseite deutlich die Umrisse der gewaltigen Zangen erkennen. Erst nach weiteren 3 Monaten schlüpfen aus den Puppen die Vollkerfe — erwachsene Käfer. Sie ernähren sich vom Saft, der aus Baumrindenwunden fließt, leben jedoch nur noch kurze Zeit nach der Paarung weiter.

**Goliathkäfer** *Goliathus sp.*
Die Goliathkäfer bewohnen die oberen Baumzonen der tropischen Urwälder West- und Mittelafrikas. Sie fliegen in der Mittagszeit in den Baumkronen von einer Blüte zur anderen. Am Boden sind sie nur selten und in der Regel nur als frisch geschlüpfte Exemplare anzutreffen. Die Larven der Goliathkäfer halten sich während ihrer Entwicklung in faulendem Holz auf. Unmittelbar nach dem Schlüpfen sind sie am schönsten. Ihre Deckflügel sind mit feinen, samtartigen Härchen bedeckt, die außerordentlich zart sind und bei jeder Berüh-

rung abgestreift werden. Deshalb sind auch unbeschädigte Goliathkäfer ausgesprochene Sammlerraritäten. Der erste Goliathkäfer wurde 1770 nach Europa gebracht und erweckte bei zahlreichen Sammlern Aufmerksamkeit. Für einzelne Exemplare wurden damals Riesensummen bezahlt. Es gibt mehrere Arten Goliathkäfer. Ihre Größe schwankt zwischen 7,5 und 12 cm. Manche Arten sind zumindest in bestimmten Jahreszeiten häufig, andere stellen ausgesprochene Seltenheiten dar.

**Herkuleskäfer**

Goliathkäfer

# Lebensweisen verschiedener Käfer

Beim ungeheuren Artenreichtum der Käfer nimmt es nicht wunder, daß bei ihnen auch die verschiedensten Lebensweisen vorkommen. Jeder Biotop hat zu Anpassungen der Körperform, der Vermehrungsart sowie der Entwicklungsdauer geführt. Mit dem Studium der Lebensweise der Käfer beschäftigen sich nicht nur zahlreiche Wissenschaftler, sondern auch eine ganze Reihe von Amateuren.

**Heiliger Pillendreher** *Scarabeus sacer*
Von diesem Käfer, der den alten Ägyptern heilig war, hat wohl schon jeder gehört. Er wurde als Symbol der Wiedergeburt, als Ebenbild des Lichtes und der Sonne, als Verkörperung von Kraft und Mut verehrt. Die Menschen bildeten ihn in vielfacher Form nach. Als Amulett, um sein Bild stets bei sich tragen zu können, aber auch in riesigen Dimensionen als Symbol in Tempeln und auf Begräbnisstätten.
Der Skarabäus ist am besten wohl dadurch bekannt, daß er eine Kugel aus Mist vor sich herrollt. Der Pillendreher gehört zu den Käfern, die sich vom Kot anderer Tiere ernähren, vorwiegend großer Pflanzenfresser. Aus diesem Kot formt er eine Kugel, die er mit Hilfe der Hinterbeine an eine geeignete Stelle rollt, wo er sie eingräbt, um Nahrungsvorsorge für seine Brut zu treffen. In der Vermehrungszeit sorgen beide Eltern für die Nachkommenschaft. Einer bringt zunächst ein Dungstück auf sei-

**Heiliger Pillendreher**

nem schaufelförmig erweiterten Kopfrand und formt daraus mit Hilfe der fingerartigen Ausläufer der Vorderbeine eine kleine, weiche Kugel. Diese wird nun von beiden Eltern weitergerollt und durch immer weitere Stücke zu einer großen Dungkugel gedreht. Diese Kugel wird als Vorratskammer für die Nachkommenschaft dienen. Sie besteht aus feinerem Kot als die Nahrungspillen. Wenn die Kugel genügend groß ist, graben die Käfer eine unterirdische Kammer, in der sie untergebracht wird. Auf die höchste Stelle der Kugel legt das Weibchen ein einziges Ei, worauf die Kammer verschlossen wird. Der Dung ist unter der Erde gegen Austrocknen geschützt und bleibt deshalb weich. Für die Larve, die aus dem Ei schlüpft, ist also genügend Nahrung vorhanden, und sie kann ungestört wachsen. Nach einigen Monaten, wenn sie den Nahrungsvorrat aufgebraucht hat, verpuppt sie sich. Zur Regenzeit, wenn der Boden weich geworden ist und eine reichliche Menge Frischgras letztlich zu genügend Pflanzenfresserkot führt, schlüpfen die Pillendreher, und der ganze Zyklus, der wohl als ein kleines Wunder der Natur bezeichnet werden kann, beginnt aufs Neue.

**Totengräber** *Necrophorus sp.*
Es gibt verschiedene Arten Totengräber. Die meisten sind rotgelb gefärbt, manche Arten sind jedoch auch ganz schwarz. Bei allen hat sich eine besondere Art der Brutpflege herausgebildet. Auf einer kleinen Tierleiche finden sich, angezogen vom Aasgeruch, die Käfer zusammen. Das kräftigste Weibchen verjagt alle anderen und untergräbt zusammen mit einem Männchen die Lei-

che, bis diese unter die Erde sinkt. Dann formen sie den faulenden Körper zu einer Kugel und graben um ihn herum einen Hohlraum aus (Krypta). Den Kadaver durchsetzen sie mit Verdauungssäften, die das Gewebe verflüssigen. Die Totengräber können die Nahrung nämlich nicht zerbeißen, sondern nur aufsaugen. Außer der Nahrungskammer graben die Käfer noch einen Gang, an dessen Wänden das Weibchen einzeln seine Eier ablegt. Ihre Zahl ist nicht besonders hoch, denn um eine größere Anzahl Larven könnte sich das Weibchen kaum kümmern. Nach 5 Tagen schlüpfen die Larven. In dieser Zeit versetzt das Weibchen den Nahrungsballen weiter mit Magensäften und sorgt so für genügend Nahrung für die Nachkommenschaft. Die ausgeschlüpften Larven kriechen durch den Gang in die Nahrungskammer und warten auf die Mutter. Sobald sie diese spüren, richten sie sich auf und machen durch heftige Beinbewegungen auf sich aufmerksam. Daraufhin füttert die Mutter eine Larve nach der anderen mit einer braunen Flüssigkeit aus ihrem Mund. So versorgt sie die Larven bis zur zweiten Häutung. Diese erfolgt stets nach 12 Stunden. Danach bohren sich die Larven in den Nahrungsballen ein und sorgen für sich selbst. Die Mutter hat ihre Aufgabe erfüllt und stirbt. Die Larven bleiben zunächst dicht beisammen, da so eine größere Menge Magensäfte die Nahrung aufbereitet und stets genügend Futter vorhanden ist. Nach 6 Tagen endet die dritte larvale Phase, die Larven kriechen in den Boden und verwandeln sich zu Puppen, aus denen nach etwa 2 Wochen erwachsene Totengräber schlüpfen.

**Totengräber**

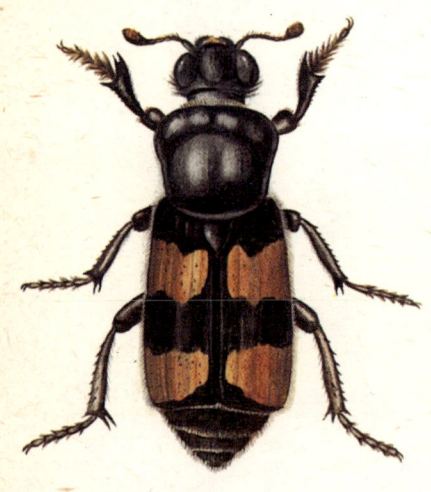

## Kartoffelkäfer

*Leptinotarsa decemlineata*

Dem auffällig gefärbten Kartoffelkäfer haben die zehn dunklen Streifen auf dem gelben Grund der Deckflügel zu seinem wissenschaftlichen Namen verholfen. Auch seine Larven zählen mit ihrer orangeroten Grundfarbe, dem schwarzen Kopf und zwei Reihen schwarzer Flecken an den Seiten zu den schönsten Käferlarven. Dieser hübsche Käfer ist jedoch ein durchaus ernst zu nehmender Schädling an Kartoffelpflanzen. Das war nicht immer so. Früher lebte der Kartoffelkäfer nur in den Rocky Mountains Nordamerikas, wo er sich nur von dem Nachtschattengewächs „Buffalo-Bur" ernährte. 1850 legten die Siedler erste Kartoffelfelder im Westen Nordamerikas an. Neun Jahre später wurde in Nebraska erstmals festgestellt, daß sich der bunte Käfer neben seiner ursprünglichen Nahrungspflanze auch von den Blättern der Kartoffelstauden ernährt. Der Schaden war ungeheuer, die Ernte völlig vernichtet. Die Schädlinge verbreiteten sich rasch von einem Feld zum anderen. 1864 tauchten sie in Illinois auf, 1869 in Ohio und 1874 an der Ostküste der Vereinigten Staaten. Hier stellte der Ozean eine Barriere für seine weitere Ausbreitung dar. Doch nicht für allzu lange Zeit. 1922 tauchte der Kartoffelkäfer bereits massenhaft an der europäischen Küste auf − in Frankreich. Einzelne Käfer wurden in Europa bereits früher gefunden. In den folgenden Jahren nahm der Käfer in Europa stark zu. Zwischen 1946 bis 1949 verursachte er in verschiedenen Ländern Europas Schäden, die mit allen Mitteln bekämpft werden mußten. Heute kommt der Kartoffelkäfer nur noch vereinzelt vor, da jede Massenvermehrung sofort lokalisiert und verhindert wird.

**Alpenbock**

## Alpenbock *Rosalia alpina*

Die Bockkäfer fallen durch ihre langen Fühler auf, die meist längs des Körpers nach hinten getragen werden. Sie stellen oft ein dermaßen markantes Merkmal dar, daß diese Käferfamilie recht gut zu erkennen ist. Unter Käfersammlern gehören Bockkäfer seit jeher zu den gesuchtesten Vertretern. Die Larven vieler Bockkäfer leben im Holz. Die einzelnen Arten fressen verschieden umfangreiche Gänge aus. Manche bevorzugen totes, andere hingegen lebendes Holz. Daher können die Bockkäfer unter bestimmten Umständen auch zu ernsten Schädlingen der Forstwirtschaft werden. Einer der schönsten europäischen Bockkäfer ist der Alpenbock, der vereinzelt in Buchenwäldern des Alpenvorlandes, der Karpaten und Beskiden vorkommt. Eine isolierte Fortpflanzungsgemeinschaft lebt auch im Schwäbischen Jura. Überall steht er unter strengem Naturschutz. Es wäre allerdings sinnlos, den Käfer schützen zu wollen, wenn nicht die alten Buchen erhalten blieben, in denen die Larven ihre Entwicklung durchmachen.

## Gelbrandkäfer *Dytiscus marginalis*

In stehenden Gewässern mit dichtem Pflanzenwuchs ist ein verhältnismäßig großer Käfer zu finden, dessen Hinter-

beine in Ruder umgewandelt sind. Es ist der Gelbrandkäfer, ein schnellschwimmendes Raubinsekt, dem das Wasser zum ureigensten Element geworden ist. Er besitzt als erwachsenes Tier jedoch keine Kiemen zur Aufnahme des Sauerstoffes aus dem Wasser, sondern atmet durch Luftröhren. Deshalb muß er von Zeit zu Zeit auftauchen, um Luftsauerstoff aufzunehmen. Dazu nähert er sich mit dem Hinterleibsende dem Wasserspiegel und nimmt die Luft in eine besondere Kammer zwischen Hinterteil und Deckflügeln auf, wodurch er wiederum die Möglichkeit erhält, einige Zeit unter Wasser zu bleiben.

Im Vorfrühling, wenn gerade Eis und Schnee geschmolzen sind, beginnt die Paarungszeit der Gelbrandkäfer. Das Männchen ergreift das Weibchen von oben und saugt sich an ihm mit Hilfe von Saugballen an den Vorderfüßen fest. So schwimmen sie gemeinsam bis zu einigen Tagen. Das Weibchen legt die Eier einzeln in Wasserpflanzen, die es mit seiner Legescheide anbohrt. Die Zahl der Eier ist mit 500−1000 verhältnismäßig hoch. Nach etwa 2 Monaten schlüpfen die räuberischen Larven, die an dem massigen Kopf mit den kräftigen Mundwerkzeugen zu erkennen sind.

**Kartoffelkäfer**

**Gelbrandkäfer**

43

# Insektenstaaten

Nicht nur der Mensch und viele höhere Wirbeltiere haben die höchste Stufe des Zusammenlebens in einer Gemeinschaft — ein soziales Verhältnis zu den Artgenossen — erreicht, sondern auch bei den Insekten existieren solche sozial organisierten Staaten.
Bei sämtlichen Arten der sozialen Insekten haben sich im Laufe der Entwicklung Kasten herausgebildet, deren Angehörige ganz bestimmte Aufgaben wahrnehmen. Oberhaupt und Mittelpunkt eines jeden Staates ist die Königin, die gehegt und geschützt wird. Ein wichtiges Glied des Staates sind die Arbeiterinnen, die das Nest erweitern und erhalten sowie die Larven ernähren. Bei manchen Arten gibt es auch eine eigene Kriegerkaste, denen die Bewachung der Gemeinschaft obliegt. Organisierte Staatengebilde sind bei zwei Insektengruppen der Hautflügler sowie bei den Termiten zu finden.

### Blattschneiderameise *Atta cephalotes*
Die Blattschneiderameisen haben eine ungewöhnliche Ernährungsweise entwickelt. Sie benagen Pilze, die sie in ihren Bauen sorgfältig züchten. In den riesigen unterirdischen Nestern führen kraterförmige Ausgänge an die Oberfläche. Aus den Nestern kommen in Reihen Arbeiterinnen, die auf Bäume klettern, Blatteile abbeißen und sie zurück ins Nest tragen. Andere Arbeiterinnen verarbeiten diese Blattschnitten im Nest zu einem Brei, der als Nährboden für bestimmte Pilze dient. Ein weiterer Arbeiterinnentyp erntet die Fruchtkörper der Pilze, die für alle als Nahrung dienen. Wenn eine junge Königin zu ihrem Hochzeitsflug ausfliegt, nimmt sie einen Teil der Pilzfäden in der Untermundhöhlung mit. Wenn sie dann eine neue Kolonie gründet, frißt sie die zuerst gelegten Eier auf und züchtet auf

Blattschneiderameise

dem Kot zunächst den Pilz heran. Wenn der Vorrat an Pilzmyzel ausreichend groß ist, zieht sie die ersten Larven auf, die sie ständig mit ihren Eiern füttert und die als Arbeiterinnen zunächst wie „Gärtner" den Pilz pflegen. Erst später schlüpfen Arbeiterinnen, die auch Blatteile einbringen, worauf die ganze Kolonie sich auf die oben erklärte Weise von den Pilzen, die in den angelegten Pilzgärten wachsen, zu ernähren beginnt.

### Termiten *Isoptera*
Obwohl die Termiten manchmal auch als Weiße Ameisen bezeichnet werden, haben sie mit den Hautflüglern nichts Gemeinsames. Die Termiten sind Verwandte der Schaben und gehören zusammen mit diesen zu den ältesten Insekten überhaupt. Sie lebten auf der Erde bereits vor mindestens 250 Mill. Jahren. Oberhaupt des Termitenstaates sind die Königin und der König. Bei manchen Arten leben sie gemeinsam

mit den übrigen Kasten, bei anderen in einer besonderen Kammer inmitten des Nestes. Eine wichtige Kaste sind die Arbeiter. Während die Arbeiterinnen der Ameisen nur vermehrungsunfähige Weibchen sind, bestehen die Arbeiter bei den Termiten aus unfruchtbaren Individuen beider Geschlechter. Ebenso ist es bei einer weiteren oft vorhandenen Kaste, den Soldaten. Weder Arbeiter noch Soldaten können selbständig leben. Die Soldaten sind nicht einmal fähig, sich selbst zu ernähren, und müssen von den Arbeitern gefüttert werden. Eine weitere Kaste bilden die Ersatzmännchen und -weibchen, die erst vermehrungsfähig werden, wenn die Königin und ihr Männchen umkommen oder keine Nachkommen mehr hervorbringen. Der Termitenbau stellt ein kompliziertes System von Kammern und Gängen dar, von denen manche zu Gärten erweitert sind, in denen Pilze gezüchtet werden.

### Honigbiene *Apis mellifera*
Zu den für den Menschen bedeutendsten sozialen Insektengruppen zählen die Bienen. Ursprünglich lebte die Honigbiene frei in den Wäldern und baute ihre Nester in hohlen Bäumen oder Felsspalten. Durch Züchtung ist sie jedoch zum Leben in Bienenstöcken übergegangen, die vom Menschen bereitgestellt wurden, sie ist zum Haustier geworden.
Im Nest jedes Bienenvolkes leben drei Kasten. Vor allem ist es die eierlegende Königin, weiter die Arbeitsbienen und zu einer bestimmten Jahreszeit die Männchen oder Drohnen. Jede Arbeiterin versieht während ihres kurzen Lebens — es dauert etwa einen Monat — mehrere Funktionen. Die ersten drei Tage nach dem Ausschlüpfen reinigt

Termite — Soldat und Königin

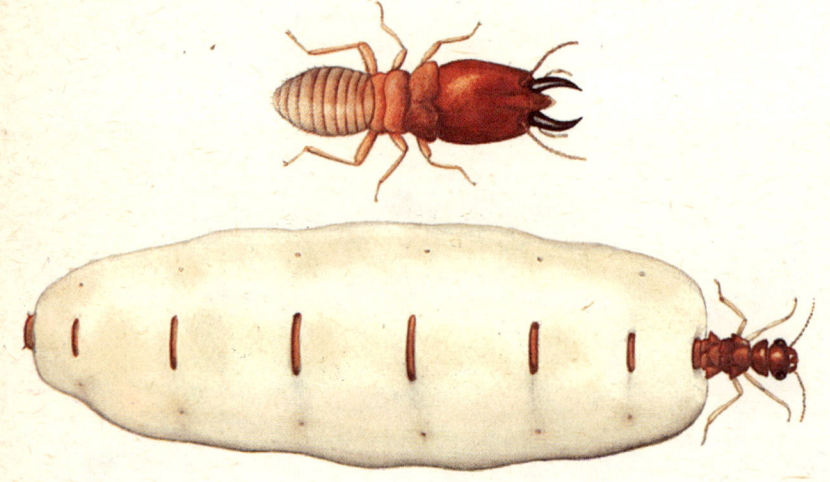

sie die Waben und bereitet sie für die Eiablage vor. Ungefähr zehn weitere Tage hat sie sich dann um die Ernährung der Larven zu kümmern, die mit dem Sekret der Schlunddrüsen gefüttert werden. Während dieser Zeit entwickeln sich die Wachsdrüsen, und die Arbeiterin beginnt, Waben zu bauen und auszubessern. Sie übernimmt auch den herbeigeschafften Pollen und Nektar und verarbeitet diese weiter. Nach dem zwölften Tag fliegt sie aus, um Pollen, Wasser und Honigtau einzusammeln, die für das Leben des Bienenvolkes unentbehrlich sind. In der Zeit, wenn im Nest, in besonderen Zellen, neue Königinnen schlüpfen, verläßt die alte Königin mit einem Teil der jungen Arbeiterinnen den Bienenstock. Die Bienen schwärmen. Der ganze Schwarm läßt sich irgendwo auf einem Zweig nieder und entsendet Kundschafterinnen, deren Aufgabe es ist, eine geeignete Stelle für die Gründung eines neuen Nestes ausfindig zu ma-

chen. Sobald sie dies gefunden haben, führen sie den ganzen Schwarm dahin. Im alten Bienenstock sind inzwischen die neuen Königinnen ausgeschlüpft. Eine von ihnen, die erstgeborene, tötet mit Hilfe der Arbeiterinnen mit dem Stachel die anderen Königinnen und begibt sich mit den Männchen, den Drohnen, auf den Hochzeitsflug. Sobald sie befruchtet ist, kehrt sie in den Bienenstock zurück. Die Arbeiterinnen verjagen oder töten dann alle Drohnen. Das Leben der Königin dauert wesentlich länger, als das der Arbeiterinnen, im Schnitt etwa vier Jahre.
Interessant ist die Art und Weise der Nachrichtenübermittlung hinsichtlich der Nahrungsquellen. Die Arbeiterin, die eine Nahrungsquelle ausfindig gemacht hat, kehrt zum Bienenstock zurück und „tanzt" am Flugloch oder an der Bienenstockwand. Nach der Form der dabei beschriebenen Kurven, der Geschwindigkeit des Tanzes und der Richtung erkennen die übrigen Bienen

Honigbiene

mit Speichel und baut ein kleines Dach, unter dem es an einen Stiel mit der Öffnung nach unten gerichtet sechseckige Waben hängt. Später wird die ganze Konstruktion in ein kugeliges Gehäuse eingeschlossen. In die Waben dieser Nester legt das Weibchen die

Wespe und Nest

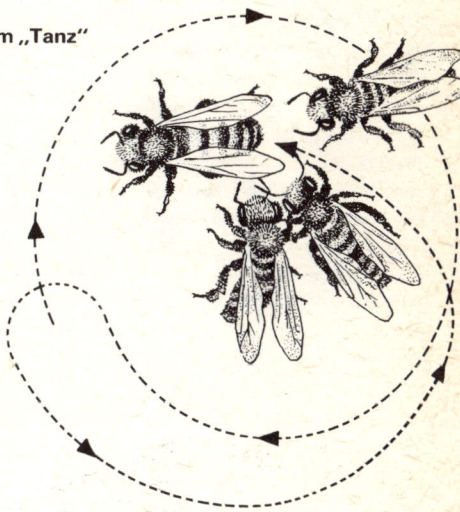

Bewegung der Biene beim „Tanz"

Lage und Entfernung der Nahrungsquelle. Als Orientierungspunkt dient dabei der Stand der Sonne.

### Wespe *Vespa vulgaris*
Die Wespen leben gemeinschaftlich in Nestern aus Papiermasse. Manche Arten bauen nur kleine Nester, andere errichten kugelige Bauwerke in der Größe eines menschlichen Kopfes. Im Unterschied zu den Honigbienen, bei denen das ganze Bienenvolk überwintert, bleibt bei den Wespen nur das Weibchen übrig. Dieses sucht im Frühjahr einen geeigneten Platz für das neue Nest und beginnt dieses zu bauen. Mit den Mundwerkzeugen schabt es Holz ab, vermischt die Späne

ersten Eier und zieht die ersten Larven groß, die es selbst füttert. Wenn die ersten Arbeiterinnen ausschlüpfen, übernehmen sie die Arbeit der Königin und bauen weitere Etagen des Nestes. Jede hängt mit einem Stiel an der darüberliegenden Etage. Während die Königin sich selbst und die ersten Larven mit Nektar ernährt hat, ändert sich jetzt die Zusammensetzung der Nahrung. Die Wespen erbeuten Insekten und Larven. Die häufigste Nahrung sind Fliegen und Raupen. Die Innenteile des Nestes werden von den Arbeiterinnen dauernd zerlegt, die Papiermasse wird wiedergekäut und mit dem gleichen Baustoff das Nest erweitert und vergrößert.

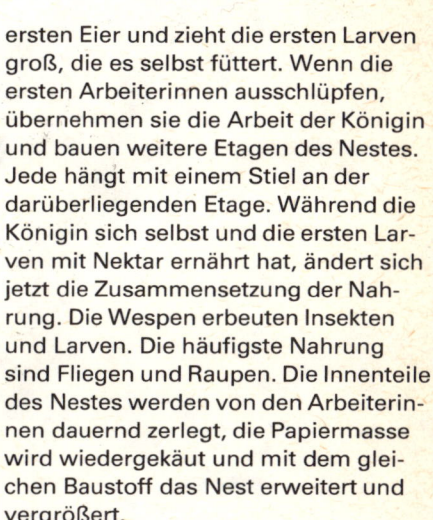

# Schmetterlinge

Die Schmetterlinge (Lepidoptera) stellen eine große Insektenordnung mit charakteristischem Körperbau dar. Die Schmetterlinge sind Insekten mit vollkommener Umwandlung. In ihrer Entwicklung liegt ein Ruhestadium — die Puppe. Die Schmetterlingslarven werden als Raupen bezeichnet. Während die Raupen gut entwickelte Freßwerkzeuge besitzen, sind die Kiefer erwachsener Schmetterlinge in einen Saugrüssel umgewandelt. In Ruhestellung ist dieser stets spiralig unter dem Kopf eingerollt. Augenfällig sind die oft bunt gefärbten Flügel der Schmetterlinge. Sie sind häutig und meist vollständig von kleinen Schuppen bedeckt. Die schönen Farben der Schmetterlingsflügel können drei verschiedene Ursachen haben. Entweder handelt es sich um farbige Pigmente oder um sog. Interferenzfarben, die durch Lichtbrechung in den dünnen Schuppenschichten entstehen. Als dritte Möglichkeit besteht schließlich ein Zusammenwirken der beiden erwähnten Farbentstehungsweisen.

Schmetterlinge sind von den kalten Tundren in Polnähe, wo vor allem Kleinschmetterlinge leben, bis zu den Tropen, wo ihr Arten- und Farbreichtum am größten ist, anzutreffen. Die Schmetterlinge haben von allen Biotopen Besitz ergriffen — sogar vom Wasser, wenn auch nur im Raupenstadium. Die Zahl der Arten ist wesentlich geringer als jene der Käfer und erreicht „nur" etwa 100 000.

**Atlasspinner** *Attacus atlas*
Der große Wunsch jedes Sammlers exotischer Schmetterlinge ist es, auch große und prächtig gefärbte Arten zu besitzen. Und das möglichst in unbeschädigtem Zustand. Es ist jedoch recht schwer, einen großen Falter einzufangen, ohne daß seine Flügelschuppen Schaden nehmen. Mit der Zeit werden auch die Flügel jener Exemplare beschädigt, die frei umherfliegen. Deshalb entscheiden sich zahlreiche Sammler lieber dafür, die Schmetterlinge zu Hause aus Eiern oder Raupen zu züchten. Sehr häufig geschieht das bei den Augenspinnern, zu denen stattliche Schmetterlinge mit großen Flügeln gehören, die in der Regel große Augenmuster zieren. Die schönsten und größten Vertreter dieser Familie entstammen der Gattung Attacus. So weist z. B. der Atlasspinner eine Spannweite bis zu 24 cm auf und gilt als derzeit größter Schmetterling. Der Edwards-Attacus ist nur ein wenig kleiner. Er mißt 17—19 cm, ist dafür aber viel farbenprächtiger. Die Atlasfalter leben in Südostasien und ihre großen, mehr als 10 cm langen Raupen richten mitunter beträchtliche Schäden an verschiedenen Kulturpflanzen an, besonders an Chinin-, Zitronen-, Tee- und Kaffeebäumen.

**Monarchfalter** *Danaus plexippus*
Einige Schmetterlingsarten haben einen Gemeinschaftstrieb, der zur Bildung von Gruppen und Schwärmen führt. Mitunter begeben sich solche Schwärme gemeinsam auf die Reise und überwinden beachtliche Entfernungen. Oft handelt es sich um Einwegzüge, manchmal jedoch um regelmäßige Wanderungen, ähnlich wie bei den Zugvögeln.

Die wohl bekannteste Wanderart ist der amerikanische Monarchfalter. Sein Sommer-Verbreitungsgebiet umfaßt Nordamerika zwischen dem Hudson im Osten und Alaska im Westen. Zu Herbstbeginn gesellen sich die Falter und ziehen in Schwärmen weit in den Süden. Kanada verlassen sie in der Regel im September und befinden sich Anfang November bereits am Golf von Mexiko. Zu Zehntausenden lassen sie sich auf bestimmten, jedes Jahr erneut aufgesuchten Bäumen nieder, wo sie regungslos den ganzen Winter lang verbleiben. Im Frühling wacht die ganze Schar auf, und nach und nach fliegen alle wieder zurück in den Norden. Der Rückzug beginnt im März und endet im Mai. Spätestens Anfang Juni befinden sich die Schmetterlinge wieder in ihren nördlichen Sommerquartieren, wo sie nach der Eiablage sterben.

**Atlasspinner**

**Monarchfalter**

## Kerguelen-Falter

*Pringleophaga kerguelensis*
Charakteristisch für die Schmetterlinge
sind ihre Flügel. Es gibt jedoch auch
Fälle, wo diese verkümmert sind bzw.
überhaupt nicht ausgebildet werden.
Solche Schmetterlinge entsprechen
dann nicht mehr allgemeinen Vorstel-
lungen von einem Falter, und der Laie
erkennt sie nicht als Schmetterlinge.
Mitunter kommt es vor, daß die Rück-
bildung der Flügel nur ein Geschlecht
betrifft — die Weibchen. Bei manchen
Arten ist diese Reduktion so weit ge-
gangen, daß auch die Beine verschwunden sind und der ganze Körper
in einer Kapsel eingeschlossen ist. Das
ist bei einigen Sackspinnern der Fall,
deren Weibchen mehr oder minder
Raupen ähnlich sehen. Bei den Span-
nern sind flügellose Weibchen bei meh-

reren Arten anzutreffen. Die Flügello-
sigkeit oder genauer gesagt Kurzflüge-
ligkeit steht jedoch als Ausnahmefall
da. Weit im südlichen Indischen Ozean,

## Apollofalter *Parnassius apollo*

Die Ritterfalter sind meist Bewohner
der Berge. Sie sind nicht allzu gefärbt,
ihre Flügel sind meist weiß mit schwarzen oder roten Flecken, sind aber dennoch außerordentlich schön. Die meisten Arten sind selten, manche stellen
sogar ausgesprochene entomologische
Raritäten dar.
Der Apollofalter lebt in den Bergen Europas, von den Pyrenäen über die Karpaten bis zum Balkan und im Norden
bis nach Skandinavien. Im Unterschied
zu seinen Verwandten kommt er aber
auch in tieferen Lagen vor. Da er in den
rauhen Umweltbedingungen hoher Gebirge lebt, hat ihn die Natur auch entsprechend ausgestattet. Sein Körper ist
mit langen Haaren bedeckt, mit einem
wirklichen Pelz. Die Raupen des Apollofalters sind auf Steinbrech, Hauswurz
und Mauerpfeffer zu finden. Sie wachsen nur langsam und benötigen zu ihrer Entwicklung zwei Jahre. Vor dem
Verpuppen spinnen sie einen Kokon,

**Kerguelen-Falter**

**Apollofalter**

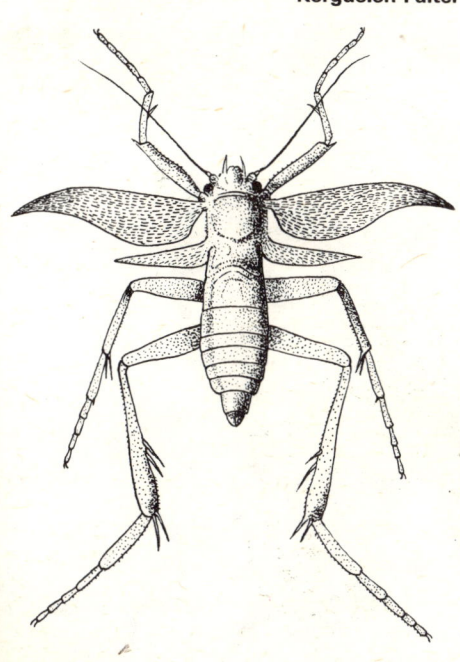

fast bei 50° südlicher Breite, liegen die
Kerguelen-Inseln. Hier wehen nahezu
ununterbrochen heftige Winde, die jedes fliegende Insekt ins Meer treiben
würden. Es leben hier jedoch zwei
Schmetterlingsarten, die sich an die
rauhen Naturbedingungen der Kergue-
len angepaßt haben. Ihre Flügel haben
sich zurückentwickelt, so daß diese
Schmetterlinge nicht fliegen können,
sondern sich mit Hilfe ihrer kräftigen
Beine nur kriechend fortbewegen. Es
handelt sich um keine großen Schmetterlinge. Sie gehören der Familie der
Motten an und können als einzigartiges
Beispiel dafür dienen, wie die Natur
auch unter widrigsten Lebensbedingungen stets eine Lösung findet.

der die Puppe gut gegen die Kälte
schützt. Ungewöhnlich ist auch die
Flugweise des Apollofalters. Er fliegt
meist rüttelnd, kann jedoch auch mit
unbeweglich ausgebreiteten Flügeln
segeln und sich von der Luftströmung
tragen lassen. Diese Flugtechnik ist
zwar häufig bei Vögeln anzutreffen,
stellt im Insektenreich jedoch eine Ku-
riosität dar. Die Apollofalter sind seit
jeher ein begehrtes Sammelobjekt. An
zahlreichen Stellen wurden sie daher
leider schon ausgerottet, zumal sie nur
langsam fliegen und daher leicht zu
fangen sind. In vielen europäischen
Ländern steht der Apollofalter daher
heute unter Naturschutz.

**Seidenspinner** *Bombyx mori*
Die Seidenproduktion hat eine außerordentlich alte Tradition. Die ersten Nachrichten darüber stammen aus China und wurden um 2700 v. u. Z. niedergeschrieben. Obwohl für die Seidengewinnung mehrere Schmetterlingsarten gezüchtet werden, bleibt der Seidenspinner dennoch der wichtigste. Es ist ein reines Haustier, das in der freien Natur nicht vorkommt. Fachleute nehmen an, daß er aus der in Ostasien lebenden Art *Theophila mandarina* gezüchtet wurde. Der Seidenspinner ist völlig auf die Fürsorge des Menschen angewiesen. Der erwachsene Falter lebt nur etwa 3 Tage und nimmt keinerlei Nahrung auf. Das Weibchen legt allerdings 300—400 Eier, die nach einem langen Ruhestadium — in der Regel sind es 10 Monate — zu Raupen werden. Diese ernähren sich von Maulbeerblättern und wachsen außerordentlich rasch. Nach etwa 35 Tagen sind sie von den ursprünglichen 3 mm auf eine Länge von 9 cm angewachsen. Dann verpuppen sie sich und umspinnen sich mit einem seidenen Kokon. Nach 10 Tagen werden die Kokons eingesammelt, sortiert und die Puppen abgetötet. In warmem Wasser wird der Klebstoff aufgelöst, mit denen die Fasern zusammengehalten wurden, und die Faser vom Kokon abgespult. Zur Gewinnung von 1 kg Rohseide sind mehr als 3000 Kokons erforderlich. Die Produktion synthetischer Fasern hat zwar die Seidenzucht etwas in den Hintergrund gedrängt, Naturseide hat jedoch nichts von ihrer Anziehungskraft eingebüßt. In zahlreichen Ländern gehört ihre Produktion zu den wichtigen Industriezweigen.

**Brauner Bär** *Arctia caja*
Die Braunen Bären sind schöne, farbige Nachtschmetterlinge, deren Vorderflügel in der Regel anders gefärbt sind als die Hinterflügel. Wenn ein Brauner Bär z. B. im Gras sitzt, kann er kaum von seiner Umgebung unterschieden werden, da Farbe und Zeichnung der Vorderflügel völlig mit der Umgebung verschmelzen. Sobald er allerdings zu fliegen beginnt, erschreckt uns die auffällige rotgelbe Farbe der Hinterflügel. Sobald er sich erneut niederläßt, wird er wiederum „unsichtbar". Die rote Flügelfarbe soll also einen Feind erschrekken und einschüchtern, damit er die weitere Verfolgung aufgibt.
Die Raupen des Braunen Bären sind mit langen Haaren bedeckt, die auf dem Rücken schwarz und an den Seiten rostrot sind. Sie leben auf den verschiedensten Pflanzen. Im Herbst verpuppen sie sich und umspinnen sich mit einem Kokon, in den auch die Haare einbezogen werden.

**Schwalbenschwanz** *Papilio machaon*
Der Schwalbenschwanz zählt zu den schönsten Schmetterlingen. Er ist von den Niederungen bis ins Hochgebirge über die ganze Welt verbreitet. Sowohl in Europa, als auch in Asien und Nordamerika ist er verhältnismäßig häufig. Sein Flug ist sehr rasch, und es ist daher schwer, ihn einzufangen. Eher ist seine Raupe zu finden. Diese hält sich auf verschiedenen Doldengewächsen wie Kümmel, Fenchel oder Karotten auf. Ihr Jugendkleid ist schwarz, später nimmt sie aber eine recht bunte Färbung an. Jedes ihrer Körperglieder trägt auf gelbgrünem Grund einen schwarzen Streifen mit roten Punkten. Wenn wir die Raupe berühren, schiebt sie aus dem Hinterkopf eine Nackengabel hervor, die mit einer Drüse verbunden ist. Ihr Sekret verbreitet einen intensiven Geruch nach Ananas oder Fenchel. Dieser Geruch sowie das Ausstrecken der Gabel sollen zur Einschüchterung von Feinden dienen.

**Schwalbenschwanz**

**Seidenspinner**

Totenkopfschwärmer

## Totenkopfschwärmer
### *Acherontia atropos*

Der Totenkopfschwärmer ist ein außerordentlich bekannter, wenn auch nicht allzu häufiger Nachtfalter. Zu seiner „Berühmtheit" hat zweifellos die Zeichnung an der Oberseite seines Rumpfes beigetragen, die an einen Totenkopf erinnert. Der Totenkopfschwärmer ist ein Bewohner der südlichen Teile Europas und Asiens. Sehr unregelmäßig kommt er auch nach Mitteleuropa und sogar noch weiter nach Norden. Manchmal taucht er im Juni auf, ein anderes Mal erst im Herbst. Die zu Sommerbeginn eintreffenden Weibchen legen ihre Eier in der Regel auf Kartoffelstauden, Bocksdorn oder Stechapfel, ausnahmsweise wohl auch auf Spindelbäume oder Jasmin. Aus den Eiern schlüpfen rasch wachsende Raupen. Diese sind grün mit blauen Streifen und erreichen eine Länge bis zu 15 cm. Sie verpuppen sich in der Erde. Unter unseren klimatischen Bedingungen erfrieren jedoch

die meisten Puppen im Winter. Außerdem sind sie höchst empfindlich gegen jegliche Störungen.
Der Totenkopfschwärmer hat einen kurzen Rüssel und kann daher keinen Nektar aus den Blüten saugen. Seine süße Nahrung besorgt er sich deshalb auf andere Weise. Gelegentlich dringt er in Bienenstöcke ein und saugt den Honig. Die Bienen töten ihn in der Regel. Da sie jedoch außerstande sind, einen so großen Körper aus dem Bienenstock zu beseitigen, mauern sie ihn in Wachs ein. Wenn man einen Totenkopfschwärmer fängt, hört man, daß er einen verhältnismäßig lauten Pfeifton von sich gibt. Seine Schallorgane funktionieren ähnlich wie eine Pfeife.

## Blutströpfchen *Zygaena filipendulae*
Wer im Sommer über eine Wiese wandert, kann auf den Blüten auffällige, bunte Schmetterlinge mit verdickten Fühlern sehen. In der Regel sind sie schwarz und rot gefärbt. Sie fliegen recht langsam und lassen sich mit der bloßen Hand fangen. Das sind Blutströpfchen. Ihre Raupen sind meist auf Pflanzen mit Schmetterlingsblüten zu finden, die Puppen an Grashalmen. Letztere haben Spindelform und sehen aus, als wären sie in glattes Papier eingerollt. Die Blutströpfchen leben in der Regel in Kolonien, häufig einige hundert Jahr für Jahr auf der gleichen Wiese und meist mehrere auf jeder Blüte. Die Blutströpfchen fallen jedoch wegen ihres langsamen Fluges nur allzu leicht Feinden zum Opfer. Sie besitzen jedoch ein hervorragendes Schutzmittel. Jeder Vogel, der ein einziges Mal ein Blutströpfchen gefangen hat, tut es bestimmt nicht wieder, zumal ihn ja auch die Farbe warnt. Die Blutströpfchen scheiden nämlich aus einer Hinterkopfdrüse ein gelbliches Sekret aus, das Histamin und Zyanwasserstoff enthält. Es kann daher nicht

verwunderlich sein, daß die Vögel diesen nicht nur höchst übelschmeckenden, sondern auch giftigen Bissen niemals mehr zu fressen versuchen.

## Hornissenschwärmer *Sesia apiformis*
Im Insektenreich sind einige Fälle zu finden, wo verschiedene Arten leblose Gegenstände oder auch eine andere Tierart nachzuahmen versuchen. Dieses Verhalten wird als Mimikry oder Mimese und Mimetismus bezeichnet, je nachdem ob das Tier durch seine Auffälligkeit versucht, giftige oder schlecht schmeckende Tiere nachzuahmen oder durch Gestalt und Farbe versucht, sich seiner toten Umgebung anzupassen.
Ein Beispiel für eine Tarnmaßnahme besonderer Art liefert der Hornissenschwärmer. In Gestalt, Farbe und Größe ahmt er eine Hornisse nach, wodurch Vögel von einem Angriff abgehalten werden sollen, da sie Hornissen sorgfältig aus dem Wege gehen. Diese Tarnungstheorie hat eine ganze Reihe Befürworter, es gibt jedoch auch Gegner. Um einen Beweis dafür zu erbringen, ob für die Vögel Hornissenschwärmer tatsächlich nicht von Hornissen zu unterscheiden sind, wurde ein interessanter Versuch durchgeführt. Hornissenschwärmer wurden gemeinsam mit Hornissen einerseits Vögeln angeboten, die sich von Hautflüglern nähren

Hornissenschwärmer

sowie andererseits Vögeln, die Hornissen niemals aufnehmen. In der ersten Gruppe irrten sich die Vögel nur in einem einzigen Fall, während die Vögel der zweiten Gruppe sorgfältig alle Schwärmer ausklaubten, die Hornissen jedoch unberührt ließen. Der Versuch erbrachte also den Beweis, daß Vögel Hornissenschwärmer von Hornissen zuverlässig zu unterscheiden wissen, und daß deshalb die Tarnung kaum sinnvoll erscheint. Doch das Problem ist noch bei weitem nicht gelöst.
Wer einen Hornissenschwärmer sehen möchte, suche dort, wo Pappeln, Espen oder Weiden wachsen. Seine Raupe bohrt im Unterteil des Stammes einen Gang aus und verpuppt sich tief im Holz.

**Blutströpfchen**

# Das Leben im Meer

Die Meere und Ozeane bedecken 361 Mill. Quadratkilometer, das sind rund 71 % der Erdoberfläche. Wenn man die durchschnittliche Tiefe der Weltmeere zugrundelegt, ergibt sich ein „Lebensraum" von rund 1370 Milliarden Kubikmetern Wasser. Daraus könnte man schließen, daß im Meer der größere Teil aller Tiere lebt. Das trifft aber nur hinsichtlich der Stückzahl zu. Was die Zahl der Arten betrifft, gelangen wir zu einem überraschenden Ergebnis: Nur ein Fünftel der heute bekannten Tierarten lebt im Meer. Das kommt wohl daher, daß es im Meer wesentlich weniger Barrieren gibt, die zur Trennung von Arten geführt und damit ihre Entstehung herbeigeführt haben.

Im Meer ist das Leben entstanden, und es war lange Zeit hindurch nur auf dieses Element beschränkt. Erst nach sehr langer Zeit ist es auch in das Süßwasser und von hier aus auf das Festland vorgedrungen. Im Meer wohnt bis heute eine große Anzahl von Organismen, die veranschaulichen, welche Wege die Entwicklung der einzelnen Formen eingeschlagen hat, und es hat sich hier eine große Zahl von Lebewesen erhalten, die als „lebende Fossilien" bezeichnet werden können.

Seeanemone

Seeigel

**Die Meeresforscher beschäftigen sich in zunehmenden Maße mit Fragen der Ökologie. Das Leben der Meere stellt nämlich mögliche zukünftige Nahrungsreserven für die immer stärker wachsende Menschheit dar, und auch Rohstoffe — nicht nur Erdöl — werden zukünftig vom Meeresboden gefordert.**

**Seeanemone** *Metridium senile*
Seeanemonen sind von der Gezeitenzone bis in die größten Meerestiefen zu finden. Es sind in der Regel große, bunte Hohltiere, die an verschiedenen festen Gegenständen angehaftet leben. Sie bewohnen vor allem die warmen Meere, wo sie auch am artenreichsten sind. Ihre festsitzende Lebensweise bedeutet jedoch nicht, daß sich die Seeanemonen überhaupt nicht fortbewegen könnten. Sie kommen durch langsame Gleitbewegungen ihrer Saugscheibe am Fuß voran. Manche Arten können sich auch durch Gasproduktion aufblasen, von der Unterlage lösen und dann treiben lassen.

Der Körperhohlraum der Seeanemonen ist im wesentlichen ein großer Magen. Rund um die Mundöffnung sind Fangarme angeordnet, wodurch das ganze Tier an eine Blüte erinnert. So ist auch sein deutscher Name zu deuten. Die Tentakel stellen sinnvolle Einrichtungen zur Nahrungsbeschaffung dar. Ihre Zahl erreicht einige hundert, und alle sind sie an der Spitze mit kleinen Öffnungen versehen. Beim schnellen Zusammenziehen können die Seeanemonen so das in der Verdauungshöhle vorhandene Wasser schnell auslassen. Zur Jagd und Verteidigung sind die Fangarme mit Batterien von Nesselzellen ausgestattet, die bei Berührung ähnlich wirken wie Brennesseln. Diese Nesselarme fangen und lähmen die Beute, die in die Körperhöhlung gezogen wird. Diese enthält keine Verdauungssäfte, doch die Magenwände berühren die Beute mit Verdauungszellen, die Nahrungsteile aufnehmen können und sie auflösen. Eine satte Seeanemone zieht sich bei der Verdauung zu einem kugeligen Gebilde zusammen und verharrt in dieser Form mitunter einige Wochen lang. Seeanemonen werden häufig in Meeresaquarien gehalten. Sie sind anspruchslos, und zahlreiche Arten vertragen auch ungünstigere Lebensbedingungen. Ihre Lebenserwartung ist beträchtlich. Sie können ein Alter von hundert Jahren erreichen.

**Seeigel** *Echinus sp.*
Die Seeigel gleichen Kugeln, die auf der ganzen Oberfläche mit Stacheln bedeckt sind. Diese können schütter, dicht, lang oder kurz sein, bleiben jedoch stets beweglich, da sie auf halbkugeligen Höckern des inneren Kalkpanzers der Seeigel aufsitzen. Die Bewegung der Stacheln geschieht mittels Muskeln. Der Kalkpanzer hat zahlreiche Öffnungen, durch die das Tier seine mit Saugwarzen versehenen Saugfüßchen hervorstrecken kann, die sowohl der

**Seemaus**

**Pfeilwurm** *Sagitta sp.*
In den Meeren treibt passiv schwebend
eine ungeheuere Menge von Organismen. In ihrer Gesamtheit werden sie als
Plankton bezeichnet. Darunter finden
sich kleine, 4—20 cm lange, transparente Tiere, deren Körperform etwa der
eines Pfeiles entspricht. Anders als bei
den Fischen befinden sich die Flossen
an den Körperseiten. In manchen Jahreszeiten sind die Pfeilwürmer in riesigen Mengen anzutreffen. Ihre Fortbewegung erfolgt freischwimmend im
Meer durch zappelnde Bewegungen.
Im Laufe eines Tages wandern sie von
der Oberfläche in die Tiefe und wieder
zurück. Frühmorgens und am Abend
halten sie sich in Oberflächennähe auf,
tagsüber bevorzugen sie größere Tiefen, wo ihre transparenten Leiber weniger dem Licht ausgesetzt sind. Die Pfeilwürmer ernähren sich von kleineren
Tieren. Wenn eine Beute in ihre Nähe
gelangt, schießen sie geschwind vorwärts und überwinden dabei mit einem
einzigen Satz ein Mehrfaches ihrer Körperlänge. Die Beute packen sie mit
scharfen, säbelförmig gekrümmten
Kieferborsten. Sie fressen alles, einschließlich der eigenen Artgenossen.
Unter der Heringsbrut können sie
große Schäden anrichten.
Die Verbreitung der einzelnen Pfeilwurmarten ist außerordentlich interessant. In verschiedenen Teilen der
Weltmeere sind unterschiedliche Arten
anzutreffen, und die Abgrenzungen
zwischen den Verbreitungsgebieten
scheinen scharf gezogen zu sein.
Den Biologen geben die Pfeilwürmer so manches Rätsel auf, denn ihre
verwandtschaftlichen Beziehungen zu
anderen Tierstämmen sind noch nicht
geklärt.

Fortbewegung, als auch dem Festhalten an der Unterlage dienen. Diese
Funktion versehen sie so gut, daß sie
sich nur schwer loslösen lassen. Zwischen den Stacheln sind über den ganzen Körper, vor allem aber um die
Mundöffnung an der Unterseite, die auf
kleinen Trägern sitzenden Greif- und
Tastorgane verstreut. Diese befinden
sich in unaufhörlicher Bewegung, säubern die Oberfläche von zwischen den
Stacheln haftenden Verunreinigungen
und befördern alles Eßbare zur Mundöffnung. Die meisten Seeigel ernähren
sich von Pflanzenteilen, einige Arten
nehmen allerdings auch kleine Lebewesen auf.
Bei Aufenthalten am Meer sind Seeigel
häufig anzutreffen. Beim Baden ist allerdings Vorsicht geboten. Wer auf
einen Seeigel tritt, kann sich unangenehme Verletzungen zuziehen,
da die Stacheln leicht abbrechen und
sich die Wunden schnell entzünden
können.

**Seemaus** *Aphrodite aculeata*
Die Seemaus kann zweifellos als der
schönste Vertreter des im Ganzen farblich recht eintönigen Stammes der Gliederwürmer (Anneliden) angesprochen
werden. Sie ist in allen europäischen
Meeren anzutreffen und hält sich in weniger tiefen Gewässern zwischen Steinen auf. Normalerweise ist sie so tief in
den Sand eingegraben, daß nur der
hintere Teil ins Wasser ragt. Wenn man
die an der Körperoberfläche anhaftenden Partikel abspült, schillert die Seemaus in allen Regenbogenfarben. Zu
beiden Seiten des Körpers befinden
sich an jedem Körperglied blattförmige Anhänge (sog. Parapodien), die

dicht beborstet sind. Diese Borsten
schillern in leuchtenden Farben, die
sich bei jeder Bewegung des Tieres verändern. Die Rückenborsten entbehren
dieser Farbenpracht, sie sind eintönig
grau oder braun. Wer jedoch einmal
eine Seemaus fangen sollte, muß beachten, daß diese hübschen Stacheln
leicht abbrechen und, wenn sie in die
Haut eindringen, unangenehme Entzündungen hervorrufen. Den Kabeljaus
und kleinen Haien machen sie hingegen nichts aus — die Seemaus gehört
zu ihren gewohnten Beutetieren. Es ist
ja schließlich auch ein Happen, der sich
lohnt, denn sie ist knapp 20 cm lang
und 4 cm breit. Unserer Vorstellung
von „Würmern" entspricht sie nicht,
denn wenn wir sie näher betrachten,
finden wir am Kopf drei Fühler und
deutlich sichtbare Augen.

**Pfeilwurm**

# Weichtiere im Meer

Der größte Teil der Weichtiere (Mollusken) ist durch ihre Lebensweise an das Meer gebunden. Sie besitzen keinen äußerlich gegliederten Körper, und nur bei den höher entwickelten Klassen sind der Kopf, der Eingeweidesack und der stark muskulöse Fuß zu unterscheiden. Als typisches Merkmal kann der weiche, muskulöse Körper bezeichnet werden. Als Schutz dient ihnen ein weicher, von Drüsen durchsetzter Mantel, aus dem die Schale entsteht. Je nach der Form des Mantels kann auch die Schale eine verschiedene Form haben. Wenn der Mantel sackartig ist, pflegt die Schale in Röhrenform ausgebildet zu sein, die in der Regel noch spiralig gewunden ist, wie bei den Schnecken. Bei den Muscheln besteht das Gehäuse aus zwei „Klappen". Die Gehäuseform ist verschieden, und es gibt auch Weichtiere ohne Gehäuse. Die höchstentwickelten Weichtiere sind die Kopffüßer.
Als Beispiel kann der Krake angeführt werden. Sein Kopf ist deutlich vom sackartigen Körper abgesetzt. An der Mundöffnung befinden sich 8 Arme mit Saugwarzen. Das Große Perlboot, ein anderer Kopffüßer, besitzt eine größere Anzahl von Fangarmen ohne Saugwarzen.
Die Weichtiere stellen eine höchst urtümliche Tiergruppe dar. Ihr Ursprung reicht bis in die ältesten geologischen Perioden der Erdgeschichte zurück. Damals wimmelten die Meere von einem ungeheurem Artenreichtum. Zahlreiche ausgestorbene Weichtiere sind deshalb zu wichtigen Erkennungsmerkmalen für die Altersbestimmung geologischer Formationen geworden.

Mördermuschel

**Wellhornschnecke** *Buccinum undatum*
Die Wellhornschnecke gehört zu den häufigsten Schnecken der Nordsee. Sie hält sich vor allem dort auf, wo es sandigen Meeresgrund gibt. Sie gehört zu den fleischfressenden Weichtieren, die Gehäuse anderer Weichtiere durchbohren und sich von deren Weichteilen ernähren. Die Fischer stellen der Wellhornschnecke intensiv nach. Einerseits wegen ihres schmackhaften Fleisches, andererseits, weil sie einen hervorragenden Köder für den Fischfang mit der Angel abgibt, und schließlich, um sich eines Konkurrenten zu entledigen, der ebenfalls eßbare Schnecken und Muscheln jagt. Meist wird sie in Reusen gefangen, auf deren Boden Fleischstükke gelegt werden. Die Körbe werden in Ufernähe in eine Tiefe von etwa 20 m versenkt und die Schnecken, die sich vom Köder anlocken ließen, täglich eingesammelt. Wer die Nordseeküste besucht hat, wird vielleicht unter dem Strandgut die leeren Eiballen der Wellhornschnecke gefunden haben, die meist an einem Stück Holz kleben. Die einzelnen Eier sind gelb, etwa erbsengroß und ledrig. Die Leute von der Küste nennen sie Meerseife, weil sie die Schiffer mitunter zum Händewaschen nehmen.

**Mördermuschel** *Tridacna gigas*
Ein wahrer Riese unter den Weichtieren ist die Mördermuschel. Ihr Körper ist zwar nicht außergewöhnlich groß — das Tier an sich wiegt etwa 10 kg, doch das den weichen Körper schützende Gehäuse ist von beachtlichem Ausmaß. Es erreicht eine Länge von 130 cm und das unglaubliche Gewicht von 500 kg. Es hat erhabene, häufig schuppenartige Rippen, deren Enden wie riesige Zähne ineinander übergreifen. Die Mördermuschel ist in den Korallenriffen des Indischen und des Pazifischen Ozeans zu finden. Die Bewohner der Koralleninseln stellen ihr mitunter nach, da die kräftigen Schließmuskeln sehr schmackhaft sein sollen. Die Jagd kann allerdings für den unvorsichtigen Taucher auch schlecht ausgehen. Wenn er nämlich mit der Hand oder mit dem Fuß unvorsichtig einen weichen Körperteil im Inneren der geöffneten Muschel berührt, schließt sich diese und es gibt kein Entrinnen mehr.
Die Muscheln des Tieres sind gesuchte Museumsexponate. Früher wurden sie noch für praktische Zwecke verwendet. In zahlreichen Kirchen, sogar in Europa, dienen die Schalenhälften der Mördermuschel als Weih- und Taufbecken.

Wellhornschnecke

**Europäische Auster** *Ostrea edulis*
**Gemeine Miesmuschel** *Mytilus edulis*
Austern und Miesmuscheln zählen zu
den Weichtieren, die am häufigsten auf
dem Speisezettel des Menschen stehen. Wegen der großen Nachfrage werden beide Tierarten auf Muschelbänken
von Fischern intensiv gepflegt, ja zum
Teil richtiggehend gezüchtet.
Austern wurden schon in vorgeschicht-
licher Zeit gegessen. Auch die alten Römer schätzten sie als Leckerbissen und
brachten sie von den Britischen Inseln
nach Rom. Da die natürlichen Fundstellen längst nicht mehr die Nachfrage
befriedigen, werden die Austern in besonderen Anlagen, sog. Austernbän-
ken, gezüchtet. Bei der Vermehrung der
Austern gibt es eine erwähnenswerte
Besonderheit. Sie sind nicht getrennt
geschlechtlich, sondern verwandeln
sich innerhalb einer Fortpflanzungspe-
riode von Männchen zu Weibchen. In
kühlen Meeren erfolgt diese Umwandlung einmal im Jahr, in wärmeren Meeren jedoch mehrmals. Das Gelege ist
sehr groß. Ein einziges Austernweib-
chen legt im Laufe eines Jahres bis zu
3 Mill. Eier ab. Aus den Eiern schlüpfen
frei schwimmende Larven, die sich an
festen Gegenständen anheften und zu
erwachsenen Austern werden.
Die Miesmuschel ist in den europäischen Meeren häufiger als die Auster,
da sie weniger salzhaltiges Wasser bevorzugt. Sie verankert sich an Gegenständen im Meer oder am Grund mit
Hilfe der sog. Bysus-Fasern. Auch die
Miesmuschel wird künstlich gezüchtet.
Ihr Konsum wird allein in Europa auf
100 000 Tonnen jährlich geschätzt.

Gemeine Miesmuschel

Europäische Auster

**Papierboot** *Argonauta argo*
**Gemeines Perlboot** *Nautilus pompilius*
Das Papierboot gehört zu den Kopffüßern, den Weichtieren mit dem höchstentwickelten Körperbau. Das Männchen sieht einem Kraken ähnlich, das
Weibchen ist wesentlich größer. Aus
einem von den erweiterten Armen ausgeschiedenen Sekret wird ein schönes,
papierdünnes Gehäuse aufgebaut. Dieses Gehäuse wird von den Armen gehalten. In dieses werden auch die Eier
gelegt und solange gehegt, bis die Jungen schlüpfen. Junge Weibchen besitzen noch kein Gehäuse, sondern bilden
es erst später. Die Fortpflanzung bei
den Papierbooten ist äußerst interessant. Beim Männchen konzentrieren
sich die Geschlechtszellen in einem
eigens hierfür umgewandelten Arm.
Dieser löst sich vom Körper und sucht
freischwimmend im Meer ein Weibchen, dringt dann in seine Mantelhöh-
lung ein und übergibt die Spermien an
der Geschlechtsöffnung des Weibchens.

Das Gemeine Perlboot gehört zu den
primitiveren Kopffüßern. Mit Recht
wird es als „lebendes Fossil" bezeichnet. Die Perlboote sind die einzigen
Nachfahren der Ammoniten, die einst
die Meere des Paläozoikums und Meso-
zoikums bevölkerten. Es lebt in den Tiefen des Indischen Ozeans, wo eine kon-
stante Wassertemperatur herrscht, entfernt von der Oberfläche des Meeres.
Wahrscheinlich ist es diesen konstan-
ten Lebensbedingungen zu verdanken,
daß sich die Perlboote bis heute erhalten konnten. Perlboote sind die einzigen Kopffüßer mit einem außengewun-
denen Gehäuse. Dieses ist in Kammern
gegliedert, die mit Stickstoff gefüllt
sind. Das Tier selbst sitzt in der größten, also letzten Kammer mit einem langen Muskel an der Gehäusemitte fest.
Um die Mundöffnung liegen bis zu 90
kurze Fangarme, die im Unterschied zu
anderen Kopffüßern keine Saugwarzen
besitzen.

Gemeines Perlboot

Papierboot

# Krebstiere im Meer

Krebstiere (Crustaceen) wurden bereits kurz in dem Kapitel über Wasserflöhe und Süßwasserkrebse behandelt. Dort wurde schon erwähnt, daß zu den im Meer lebenden Krebstieren zahlreiche interessante und für den Menschen mitunter recht wichtige Arten gehören. Die Meereskrebstiere werden oft als „Meeresfrüchte" bezeichnet, die bekanntesten sind Hummer, Langusten und Krabben sowie von den kleineren Arten jene, die unter der Bezeichnung Krevetten zusammengefaßt werden. Die meisten sind den Urlaubern gut bekannt, doch wissen die wenigsten etwas über ihre Lebensgewohnheiten. Dabei gibt es gerade in dieser Hinsicht viel Interessantes.

zweite, gewaltig entwickelte Schere, die mit einigen unregelmäßigen, jedoch kräftigen Zähnen versehen ist, zum Aufknacken der Schale des Opfers dient. Die Aufnahme von Fleischstükken wird wiederum mit der linken Schere vorgenommen. Das Hummerweibchen legt jedes Jahr eine große Anzahl Eier, die an der Unterseite des Hinterleibs befestigt werden. Nach etwa einem Jahr schlüpfen die Larven aus, die sich freischwimmend im Meer bewegen und sich viermal häuten. Erst nach der letzten Häutung nehmen sie die Gestalt erwachsener Hummer an und lassen sich auf dem Grund nieder. Das Wachstum der Hummer geht nur langsam vor sich. Ein etwa halbkilo-

## Nordseegarnele *Crangon crangon*

Unter der Bezeichnung „Krabben" werden kleine Krebstiere gehandelt, für die ein verhältnismäßig weicher, seitlich abgeplatteter Körper kennzeichnend ist. Es handelt sich um Bewohner küstennaher Gewässer, die auch zu den häufigsten Krebstieren in Meeresaquarien zählen. Sie sind meist blaß gefärbt oder halbtransparent und erreichen eine Größe von 5—8 cm. Die Nordseegarnele kommt in der Nordsee sowie an der Westküste Großbritanniens vor. Sie wird in großen Mengen in Schleppnetzen und Reusen gefangen. Manche Fischer fangen so große Garnelenmengen, daß es ausgeschlossen ist, sie allein für den Menschen zu verarbeiten.

Europäischer Hummer

## Europäischer Hummer
*Homarus vulgaris*

Die ursprüngliche Heimat der Hummer ist der Festlandsockel des Atlantischen Ozeans, der vor der englischen und norwegischen Küste in die Tiefen des Meeres zieht. Wesentlich seltener kommt der Hummer an der Küste Westeuropas und im Mittelmeer vor. Die verwandte und ebenso begehrte Art, der Amerikanische Hummer, lebt an der nordamerikanischen Küste.
Ein auffälliges Kennzeichen des Hummers sind die unterschiedlich großen Scheren. Dies ist allerdings eine sehr sinnvolle Anpassung, denn die Scheren versehen unterschiedliche Aufgaben. Mit der linken, schlankeren und mit regelmäßigen Zähnen und zahlreichen Tastborsten versehenen Schere hält der Hummer seine Beute — am häufigsten Weichtiere — fest, während die

schwerer Hummer ist 6—7 Jahre alt. Früher wurden mitunter bis zu 80 cm lange Exemplare gefangen, heute stellen Tiere mit einer Körperlänge von mehr als 60 cm bereits eine Seltenheit dar.

Sie werden deshalb gekocht, getrocknet und zu Schrot gemahlen, der ein hochwertiges Eiweißfutter für das Vieh ergibt.

Nordseegarnele

54

zen. Um sich besser im spiraligen Gehäuse halten zu können, ist das letzte Glied des Hinterleibs verkleinert und speziell gestaltet. Hiermit wird der Körper im Gehäuse festgeklemmt. Das Gehäuse dient nicht nur als Schutz des weichen Hinterteils, sondern auch als Zufluchtsstätte für das ganze Tier bei drohender Gefahr. Bei vielen Arten ist eine Schere so ausgebildet, daß er das Gehäuse vollständig zu verschließen vermag. Wenn dem Einsiedlerkrebs sein Gehäuse zu klein wird, sucht er ein neues, größeres und zieht um.

Eine Reihe von Arten trägt auf ihrem Gehäuse eine oder mehrere Seeanemonen. Bei manchen Arten mag es sich dabei um eine zufällige Erscheinung handeln, in anderen Fällen nimmt der Krebs seine Seeanemone auf die neue Behausung mit. Diese kann allerdings ebensogut woanders leben. Die ausgeprägteste Beziehung besteht zwischen dem Einsiedlerkrebs und der Einsiedlerseerose *Calliactis parasitica*. Diese verzehrt die Nahrungsüberreste des Einsiedlerkrebses, und ihn schützen die nesselnden Fangarme der Seeanemone vor Feinden. Die Gemeinschaft der beiden ist dermaßen eng, daß einer ohne den anderen nicht leben kann. Solche Lebensgemeinschaften mit gegenseitigem Nutzen nennt man Symbiose.

**Strandkrabbe**

**Strandkrabbe** *Carcinus maenas*
Die Standkrabbe ist an allen europäischen Küsten vorzufinden, sowohl im reinen Wasser des freien Ufers als auch in den stark verunreinigten Hafengewässern. Bei Ebbe bleiben immer viele Tiere am Ufer. Sie suchen entweder unter Steinen Zuflucht oder graben sich mit Hilfe der Hinterbeine in den Sand, so daß nur die gestielten Augen heraussehen. Mitunter laufen sie jedoch auch lebhaft hin und her. Sie bewegen sich nicht nur vor- sondern auch seitwärts. Wenn sie sich bedroht fühlen, strecken sie die Scheren aus und erzeugen durch rasches Öffnen und Schließen ein klapperndes Geräusch. Da die Strandkrabbe überall recht zahlreich ist, wird sie häufig eingesammelt und gegessen. Die Männchen der Strandkrabben sind von den Weibchen gut zu unterscheiden. Es genügt ein Blick von der Bauchseite her auf den umgeschlagenen Hinterleib.
Bei den Männchen ist dieser schmal, bei den Weibchen hingegen breit. Die Beine des zweiten und fünften Hinterleibsgliedes sind umgewandelt und dienen zum Transport der Eier. Die frisch geschlüpften Larven gleichen in keiner Weise ihren Eltern. Sie werden als Zoea bezeichnet. An Kopf und Rücken haben sie lange Stacheln, die ihnen das Schweben im Wasser ermöglichen. Als zweites Larvenstadium, das gleichfalls im Wasser schwebt, folgt das Megalopstadium, das sich durch große Augen auszeichnet. Beide Larvenarten dienen zur Ausbreitung der Art zu neuen Standorten.

**Einsiedlerkrebs** *Eupagurus bernhardus*
Eine interessante Krebstiergruppe bilden die Einsiedlerkrebse. Ihr weicher Hinterleib ist ungleich gebaut, seine Gliedmaßen nur linksseitig stark entwickelt. Auch der Kopfrumpf ist hinten weich, und die beiden letzten Rumpfbeinpaare sind umgewandelt. Sie dienen zum Festhalten in leeren Schnekkengehäusen. In solche kriecht der Krebs, um seinen Hinterleib zu schüt-

**Einsiedlerkrebs**

# Haie und Rochen

Haie und Rochen gehören zur Klasse der Knorpelfische (Chondrichthyes), das sind Fische, bei denen das ganze Innenskelett aus Knorpel aufgebaut ist. Hingegen sind die Hautschuppen aus Knochengewebe gebildet. Das Berühren der Hai- oder Rochenhaut erweckt den Eindruck von Sandpapier. Bei zahlreichen Arten ragen aus der Haut kleine spitze „Zähne" hervor, die ein charakteristisches Merkmal der Knorpelfische darstellen. Die Spitzen dieser Hautzähne bestehen tatsächlich aus Zahnbein und tragen überdies noch eine Decke aus Zahnschmelz, ebenso wie richtige Zähne. Der in der Haut verankerte Unterteil der Schuppen ist flach und wird aus Knochen gebildet. Auch die gefürchteten Haifischzähne sind gleichen Ursprungs — es handelt sich um umgewandelte Hautzähne. Wohl jedem sind Haie und Rochen von Abbildungen her bekannt. Es gibt jedoch Haie, deren Körperbau weitgehend jenem der Rochen ähnelt und umgekehrt Rochen, die wie Haie aussehen. Nur die Kiemenspalte ermöglicht eine einwandfreie Unterscheidung. Bei den Haien befindet sich die Kiemenspalte an den Seiten des Vorderkörpers, hinter dem Kopf, bei den Rochen auf der Unterseite, tiefer als die Brustflossen.

**Riesenmanta** *Manta birostris*
Der größte aller Rochen ist der Riesenmanta oder Teufelsrochen. Er erreicht eine Spannweite der Vorderflossen bis zu 7 m und ein Körpergewicht von 2 Tonnen. Auf dem Kopf trägt er zwei flossenartige Gebilde, die sich gewöhnlich in waagerechter Stellung befinden, jedoch außerordentlich beweglich sind. Wie die meisten Rochen haben die Mantas einen scheibenförmig abgeplatteten Körper und ein steifes Rückgrat, das keinerlei Seitenbewegungen ermöglicht. Zur Fortbewegung dienen die riesigen Brustflossen, die mit dem abgeplatteten Körper verschmolzen sind und sozusagen „Flügel" bilden. Die Schwimmbewegungen der Mantas erinnern tatsächlich etwas an den Vogelflug. Im Unterschied zu den meisten Rochen ist der Manta ein Bewohner des offenen Meeres. In der Regel hält er sich in der Nähe von Krebstier- oder Kleinfischschwärmen auf, die ihm als Nahrung dienen. Sein riesiges Maul ist also für Menschen oder größere Tiere keineswegs gefährlich. Er schwimmt mit weit aufgesperrtem Rachen und nimmt seine Beutetiere wie in einen Sack auf. Der Kiemensack bildet einen Korb, der die Nahrung gleichsam aus dem Wasser filtriert.

Bei den Männchen ist der hintere Teil der Afterflosse in das Begattungsorgan umgewandelt, es erfolgt also bei den Rochen, ebenso wie bei den Haien, eine innere Befruchtung. Wie viele andere im freien Meer lebende Knorpelfische ist der Riesenmanta lebendgebärend, und es wird jeweils nur ein einziges Junges zur Welt gebracht. Das Ei wird nämlich nicht abgelegt wie bei anderen Knorpelfischen, sondern verbleibt im Mutterleib, wo es sich entwickelt, bis schließlich das Junge ausschlüpft. Die Eierstöcke sind zu einer Aussackung erweitert, in denen das geschlüpfte Junge mit Hilfe seines Dottersackes festhängt. Durch dieses Organ nimmt es die Nährstoffe aus dem Mutterleib auf. Es bildet sich also bei den Mantas eine Art unechter Mutterkuchen heraus. Ansonsten ist über die Lebensweise dieser Fische verhältnismäßig wenig bekannt. Eine systematische Beobachtung ist im freien Meer ausgeschlossen, und für eine Aquarienhaltung sind die Tiere durch ihre Größe sowie die Nahrungsspezialisierung ungeeignet. Es muß also mit der Auswertung gelegentlicher Beobachtungen und dem Studium frisch erlegter Exemplare Vorlieb genommen werden.

Riesenmanta

Blauhai

### Kleinfleckiger Katzenhai
*Scyliorhinus caniculus*

In den Küstengewässern von Senegal bis Norwegen leben die Kleinfleckigen Katzenhaie. Sie sind die häufigsten Haie des Mittelmeeres und werden oft in Meeresaquarien gezeigt. Dieser Hai erreicht nämlich nur in Ausnahmefällen eine Körperlänge von etwa 1 m. Die braune Rückenfarbe mit den dunklen, über den ganzen Körper verstreuten Flecken und dem hellen Bauch lassen erkennen, daß es sich um einen Bewohner des Meeresgrundes handelt. Dort jagt er vor allem nach Krebs- und Weichtieren sowie anderen wirbellosen Meeresbewohnern und erbeutet mitunter auch kleinere Fische. Die Katzenhaie sind eierlegend. Das Weibchen legt 18—20 Eier, die in 4—6 cm langen hornigen, rechteckigen Kapseln untergebracht sind. An jeder der vier Ecken befindet sich ein langer weicher Faden. Bei der Eiablage schwimmt das Weibchen zwischen Tang und Schwämmen umher, und die langen Kapselfäden bleiben an diesen haften. Dann schnurren sie spiralig bis auf 15 cm zusammen, so daß jedes Ei an seinem Tang wie in einer weichen Wiege hängt. Die jungen Katzenhaie schlüpfen nach etwa 9 Monaten aus den Eiern. Die Eikapseln sind durchsichtig, so daß die Entwicklung des Keimlings gut verfolgt werden kann. Die frisch geschlüpften Jungen sind 9—10 cm lang und im Unterschied zu den Eltern quergestreift.

### Blauhai *Prionace glauca*

Der Blauhai gehört zu den Arten, die in der Regel als menschenfressend bezeichnet werden. Wenngleich ihre Nahrung normalerweise aus Fischen und Kopffüßern besteht, kann es in seltenen Fällen vorkommen, daß auch Menschen angegriffen werden. Häufiger greifen sie Meeressäuger, z. B. Delphine, an. Der Blauhai gehört zu den größten Haiarten. Er kann eine Länge von 6 m erreichen, obwohl er normalerweise nur eine Körperlänge von etwa 3 m hat. Die Heimat des Blauhais sind alle Meere der Tropen, Subtropen und der gemäßigten Zone. Während er im Mittelmeer verhältnismäßig oft anzutreffen ist, kommt er in der Nordsee nur vereinzelt vor. Am liebsten hält er sich in der Nähe großer Fischschwärme auf, vor allem von Heringen, Makrelen und Thunfischen. Häufig ziehen die Haie in ganzen Schulen hinter den Schwärmen her. Die Fischer sind den Haien keinesfalls wohlgesinnt. Diese zerreißen nämlich oft die mit Fischen gefüllten Netze, um leicht an Nahrung heranzukommen. Auch die Walfänger haben mit Haien schlechte Erfahrungen. Haischulen versammeln sich nämlich um erlegte Wale und reißen aus ihren Körpern große Fleischstücke heraus.

Kleinfleckiger Katzenhai

# Salzwasser-Speisefische

Die Bedeutung der Hochseefischerei nimmt ständig zu. Die Fische stellen einen bedeutenden Nahrungsfaktor dar. Nach statistischen Angaben der Ernährungs- und Landwirtschaftsorganisation der Vereinten Nationen (FAO) erreicht das Jahresaufkommen der Hochseefischerei rund 50 Mill. Tonnen Fisch und etwa 4,5 Mill. Tonnen andere Meerestiere. Die ergiebigsten Fangplätze befinden sich auf der nördlichen Halbkugel. Ein wichtiges Fanggerät der Hochseefischerei stellen Netze dar.

ordentlich schmackhaft, und deshalb werden sie intensiv befischt. Dabei müssen jedoch zahlreiche Schwierigkeiten überwunden werden. Die Thunfische befinden sich in ständiger Bewegung, und deshalb müssen die Schwärme zunächst geortet werden. Da sie sich jedoch meist in geringen Tiefen bewegen, kann dies von Flugzeugen aus geschehen. Mit Netzen werden Thunfische nur selten gefangen, zumeist erfolgt der Einsatz verschiedener Angelgeräte, wobei allerdings das

geren Tiefen. Normalerweise hält er sich in einer Tiefe von 40—250 m bei einer Temperatur von 0—16 °C auf, wobei das Optimum etwa bei 2—7 °C liegt. Diese Tatsache stellt wohl auch die Ursache der wechselhaften Fangerfolge dar. Es genügt ein etwas wärmerer Sommer, und die Fische ziehen weiter nach Norden, wo sie nicht erwartet werden. Die häufigste Fangmethode sind Schleppnetze, nicht selten werden jedoch auch ähnlich wie beim Thunfisch Langleinen eingesetzt.

Großaugen-Thunfisch

Kabeljau

### Weißer Heilbutt
*Hippoglossus hippoglossus*
Zur Ordnung der Plattfische gehören Schollen, Butte und Seezungen. Ihr Körperbau weist eine Reihe recht ungewöhnlicher Erscheinungen auf. Die Augen dieser Fische befinden sich nur an einer Körperseite. Die abgeflachte und verbreiterte Unterseite ist dem Boden zugewandt, und die Schwimmbewegungen kommen durch Rücken- und Afterflosse zustande. Die Larven sind jedoch von normaler Gestalt, und erst während der weiteren Entwicklung wird der Körper asymmetrisch und ein Auge wandert auf die Oberseite. Die Plattfische sind typische Bewohner des Meeresgrundes. Ihr Fleisch ist recht schmackhaft, und deshalb werden sie ständig befischt. Dabei gilt der weiße Heilbutt als einer der erlesensten Meeresfische. Sein Fleisch ist fett, und seine Leber enthält 200mal mehr Vitamin B als die Dorschleber. Der Heilbutt erreicht eine Länge von mehr als 4 m und ein Körpergewicht um 300 kg. In der Regel werden jedoch wesentlich kleinere Exemplare gefangen, etwa von 1 m Länge. Die jährliche Fangquote bewegt sich von 20—50 Tausend Tonnen. In Europa sind die ergiebigsten Fanggründe für Heilbutte an der isländischen und norwegischen Küste. Als Fangmethoden gelangen Schleppnetze und Langleinen zum Einsatz.

Schleppnetze, Trawl genannt, werden zum Befischen von Arten eingesetzt, die sich am Meeresgrund aufhalten, während freischwimmende Fische in Ringnetzen gefangen werden. In flachen, ufernahen Gewässern dienen Treibnetze, sog. Fleets, der Küstenfischerei. Einige Raubfische, vor allem Thunfische, Pfeilhechte, Lachse und Haie, werden geangelt. Auf den Grund werden Langleinen gelegt, an denen zahlreiche Schnüre mit Haken und Ködern befestigt sind. Der heutige Fischfang bedient sich moderner technischer Geräte, z. B. sog. Fischlupen, zur Ortung von Kabeljau- oder Heringsschwärmen.

### Großaugen-Thunfisch *Thunnus obesus*
### Kabeljau *Gadus morrhua*
Die Thunfische gehören zu den größten Fischarten. Nach zuverlässigen Quellen können sie ein Körpergewicht von 600 kg erreichen. Ihr Fleisch ist außer-

Abhaken großer Exemplare recht beschwerlich ist. Bei modernsten Angeln werden die Fische nach dem Anbeißen durch elektrischen Strom betäubt. Der Kabeljau steht hinsichtlich des Fangaufkommens der Hochseefischerei an zweiter Stelle hinter dem Hering. Er bewohnt kühlere Gewässer in gerin-

Weißer Heilbutt

### Atlantischer Fächerfisch
*Histiophorus albicans*

Der Atlantische Fächerfisch ist wegen zweier Spezialisierungen interessant. Zum einen ist es der stark verlängerte Oberkiefer, der wie ein Schwert aussieht. Eine ähnliche Einrichtung ist auch bei den verwandten Schwertfischen vorhanden. Darüber hinaus besitzt der Atlantische Fächerfisch zusätzlich eine stark vergrößerte, sich fast über die ganze Rückenseite ziehende Rückenflosse. Von dem Schwert der Schwert- und Fächerfische ist bekannt, daß es als Verteidigungs- und Angriffswaffe dient. Welche Rolle es bei der Jagd nach Beute spielt, ist bislang unbekannt. Der Fächerfisch wird besonders von den Sportanglern geschätzt. Er wird geangelt und ist als Speisefisch sehr begehrt.

### Mittelmeer-Muräne *Muraena helena*

Die alten Römer bauten bereits um 900 v. u. Z. Behälter für die Fischzucht. Am häufigsten hielten sie Muränen, deren Fleisch außerordentlich schmackhaft und zart ist.

Diese sind ganz ungewöhnliche Raubfische. Tagsüber halten sie sich in Felsspalten oder Korallenriffen verborgen, um sich nach dem Dunkelwerden auf Beutefang zu begeben. In ihrer Gaumenschleimhaut sowie an der Basis ihrer kräftigen Zähne besitzen sie Giftdrüsen, deren Inhalt bei einem Biß in die Wunde dringt. Hinsichtlich des Giftigkeitsgrades der Muränen gibt es verschiedene Meinungen. Fünf der heute bekannten 120 Arten sollen angeblich derartig giftig sein, daß sie auch für den Menschen eine tödliche Gefahr darstellen. Für die Meeresfischerei sind einige asiatische Muränenarten wichtig. Alljährlich werden an den Küsten Asiens etwa 50 000 Tonnen gefangen, davon mehr als die Hälfte in Japan.

### Rotbarsch *Sebastes marinus*

In den nördlichen Teilen des Atlantischen Ozeans lebt ein hübsch gefärbter Fisch — der Rotbarsch. Er ist von beachtlicher wirtschaftlicher Bedeutung, obwohl er nur sehr langsam wächst. Der Rotbarsch ist lebendgebährend. An ihren Laichplätzen setzen die Weibchen 5—8 mm lange Larven ab, die in den ersten Lebensjahren jährlich etwa 5 cm, später dann nur noch 1 cm zunehmen. Die fischbaren Rotbarsche weisen in der Regel ein Körpergewicht von etwa 2 kg auf, d. h. daß sie etwa 20 Jahre alt sind.

# Ungewöhnliche Salzwasserfische

Heute sind etwa 21 000 Fischarten bekannt, unter denen Lebewesen der verschiedensten Gestalt, Farbe, Größe und Lebensgewohnheiten zu finden sind. Der größte Meeresfisch ist der eine Länge von nahezu 20 m erreichende Riesenhai, der kleinste Fisch und zugleich das kleinste Wirbeltier ist eine philippinische Zwerggrundel, die erwachsen nur 7,5—11,5 mm mißt.
Die meisten Fische besitzen einen hydrodynamisch höchst vorteilhaften Körperbau, doch es gibt auch solche

**Seepferdchen**

### Seepferdchen
*Hippocampus hippocampus*
Der pferdeähnliche Kopf, ein Greifschwanz, Augen, die unabhängig voneinander bewegt werden können, ein Brutbeutel ähnlich wie bei Känguruhs und eine kräftige Panzerung aus Knochenschilden machen das Seepferdchen zu einem der bizarrsten Bewohner des Meeres. Das Seepferdchen schwimmt immer in aufrechter Haltung. Von den Flossen sind nur kleine Brustflossen und die Rückenflosse entwickelt, die hauptsächlich der Fortbewegung dient. Wenn das Seepferdchen schnell vorwärts schwimmt, bewegt es seine Rückenflosse bis zu 35mal in der Sekunde. Die Schwanzflosse hat sich nicht entwickelt, und der Schwanz ist zu einem Greiforgan umfunktioniert, mit dem sich das Seepferdchen an den Blättern von Seegräsern festhält. Seine Nahrung bilden verschiedene kleine Lebewesen, vor allem kleine Krebse und winzige Fische. Da seine Mundöffnung nur klein ist, kann es größere Beutestücke nicht fassen. Mitunter wird die Beute mit Hilfe der röhrenförmigen Schnauze aus einer Entfernung bis zu 3 cm in den Mund aufgesaugt. Bei seinen Beutezügen jagt das Seepferdchen nach seinem Gesichtssinn, wobei ihm zugute kommt, daß die Augen unabhängig voneinander bewegt werden können, also evtl. gleichzeitig ein Auge nach oben und das andere nach hinten schauen kann. So ungewöhnlich das Erscheinungsbild dieses Fisches ist, so

ungewöhnlich ist auch seine Brutfürsorge. Bei den Männchen bildet sich am Bauch ein Beutel, in den das Weibchen die Eier ablegt. Der zunächst weit geöffnete Brutsack schließt sich nach Aufnahme des Geleges bis auf eine winzige Öffnung, und seine Innenwände verwandeln sich in schwammiges Gewebe, das stark mit haarfeinen Adern durchzogen ist. Dieses Gewebe sorgt für die Ernährung der Eier, ähnlich wie der Mutterkuchen der Säugetiere. Nach 4—5 Wochen schlüpfen die vollständig entwickelten Jungen. Jedes Junge wird unter krampfhaftem Zittern aus dem Brutbeutel getrieben, und nach jedem „Gebärakt" ist das Männchen sichtlich erschöpft. Das ist eine weitere Besonderheit im Tierreich — „Geburtswehen" des Vaters.

### Wimpelfisch *Heniochus acuminatus*
Die Wimpelfische sind Bewohner der Korallenriffe des Indischen und Pazifischen Ozeans, vom Roten Meer bis Hawaii. In der Regel schwimmen sie paarweise oder in kleinen Schwärmen umher. Aufgescheucht flüchten sie in Felsspalten und Hohlräume. Dort verspreizen sie sich mit Hilfe der Rücken- und Afterflosse so, daß es praktisch ausgeschlossen ist, sie hervorzuziehen. Junge Wimpelfische umkreisen mit Vorliebe große Fische, die sie an Hüften, Kopf, Flossen und Kiemen von Parasiten befreien. Sie verhalten sich also ebenso wie manche Lippfische, die systematisch große Fische säubern.

mit völlig abweichender Form als Anpassung an ihre Lebensweise. Hierzu gehören z. B. die Plattfische oder Tiefseefische mit bizarren Formen. Über interessante Erscheinungen bei der Fortpflanzung der Fische ließen sich ganze Bücher schreiben. Es gibt Arten, die eine sorgsame Brutpflege betreiben und ihre Brut sogar in der Mundhöhle umhertragen. Andere hingegen kümmern sich überhaupt nicht um den Nachwuchs.

**Wimpelfisch**

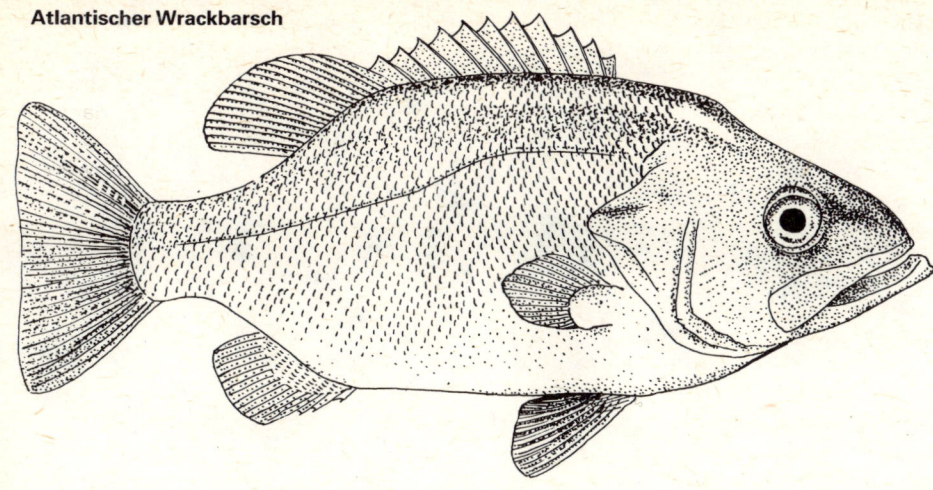

**Atlantischer Wrackbarsch**

## Atlantischer Wrackbarsch
*Polyprion americanus*

Unter den Barschen gibt es neben kleinen, kaum 4 cm langen Arten, die zu den beliebten Aquarienfischen gehören, ebenso große Meeres- und Süßwasserarten. Diese sind wiederum den Fischern wohlbekannt. Zu den größten Barschen gehören Schrift- und Wrackbarsche, die Längen von mehr als 2 m und ein Körpergewicht von über 60 kg erreichen können. Besonders große Exemplare sind recht aggressiv. Ihr Maul ist zwar groß, doch ihre in breiten Reihen in den Kiefern stehenden Zähne sind verhältnismäßig klein. Der Wrackbarsch trägt sogar auf der Zunge Zähne. Die Hauptnahrung der Wrack-

barsche bilden kleine Fische und Krebstiere, besonders Entenmuscheln. Zahlreiche Beobachtungen haben gezeigt, daß die Wrackbarsche mit Vorliebe Stellen aufsuchen, wo in großer Anzahl Entenmuscheln vorhanden sind, wie z. B. Wracks, Trümmer verschiedener hölzerner Konstruktionen, Treibholz u. dgl.

Die Schriftbarsche sind Bewohner warmer Meere und halten sich mit Vorliebe zwischen Korallenriffen auf. Einige Arten kommen aber auch im Atlantischen Ozean und im Mittelmeer vor und sind gelegentlich auch an der norwegischen Küste und im Nordmeer anzutreffen. Das Fleisch der Barsche ist äußerst schmackhaft.

## Clownfisch *Amphitrion percula*

In den indopazifischen Gewässern leben zwischen den Korallenriffen kleine, bunte Fische, die mit ruckartigen wiegenden Bewegungen schwimmen. Wegen ihrer farblichen Vielgestaltigkeit und wegen der eigentümlichen Bewegungen werden sie auch als Clownfische bezeichnet. Es gibt eine ganze Reihe verschiedener Arten, allen ist jedoch ein recht interessantes Verhalten gemeinsam, ihre enge Gemeinschaft mit Seeanemonen der Gattung *Stoichactia*. Es handelt sich um eine Symbiose, die beiden Partnern Nutzen bringt. Der Clownfisch entfernt sich niemals von seiner Anemone und flüchtet bei Gefahr rasch zwischen die nesselnden Fangarme. Die Seeanemone betäubt und tötet normalerweise unverzüglich jeden anderen Fisch, der in ihre Nähe kommt, läßt jedoch ihren Untermieter ungeschoren. Dieser ist nämlich auf seiner Haut geschützt durch eine besondere Schleimschicht. Für die Seeanemone ergibt sich aus diesem Zusammenleben auch ein Nutzen. Der Clownfisch bringt nämlich von Zeit zu Zeit einen Teil seiner Beute mit „nach Hause" und trägt so zur Ernährung der Anemone bei. In Abhängigkeit von ihrer Größe beherbergt manche Seeanemone auch mehrere Untermieter. Gewöhnlich leben dann ein größeres Clownfischweibchen mit einigen kleineren Männchen zusammen. Clownfische werden häufig in Meeresaquarien gehalten. Dies kann zwar auch ohne Seeanemonen erfolgen, die Fische gedeihen jedoch wesentlich besser, wenn sie ihre Anemonen haben. Die Clownfische lassen sich dann sogar als eine von wenigen Arten im Aquarium vermehren.

**Clownfisch**

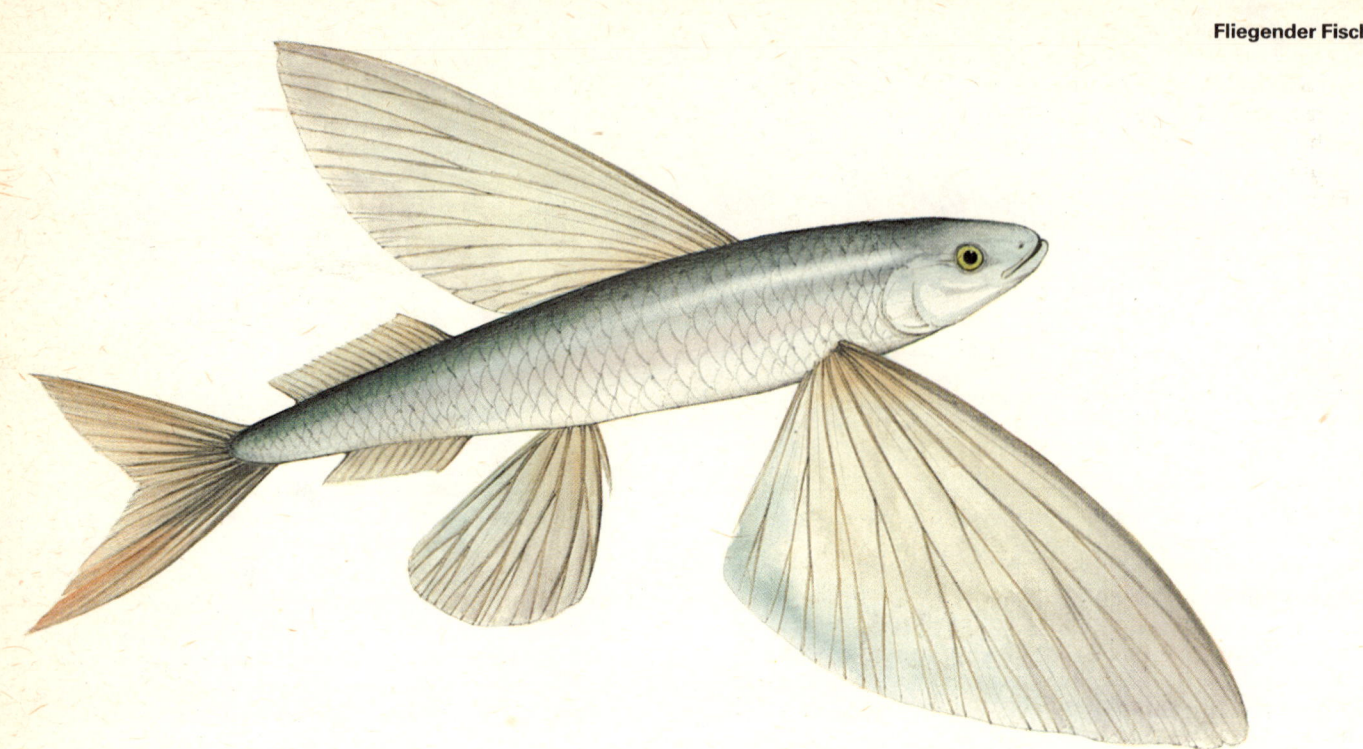

**Fliegender Fisch** *Exocoetus volitans*
Die Fliegenden Fische sind leicht an den auffällig verlängerten Brustflossen zu erkennen, die wie Tragflächen ausgebreitet werden können. Es handelt sich bei ihnen jedoch um keinen aktiven Flug, sondern vielmehr um einen Gleitflug. Dennoch besitzen sie einen „Motor", der ihnen das Gleitfliegen ermöglicht, wenn sie in der Luft größere Entfernungen überwinden wollen. Sobald sie sich zum Fliegen anschicken, schwimmen sie mit zunehmender Geschwindigkeit unter der Wasseroberfläche dahin, bis die zum Gleitflug erforderliche Beschleunigung erreicht ist. Dann springen sie aus dem Wasser, breiten die langen Brustflossen aus und segeln, häufig noch von der Luftströmung unterstützt, in einer Höhe von etwa 1 m über der Wasserfläche dahin. Die Weite dieser Sprünge ist verschieden, bewegt sich jedoch in der Regel zwischen 40 und 50 m. Wenn sie noch weiter fliegen wollen, bedienen sie sich ihres „Motors". Als solcher kann die bei allen Fliegenden Fischen asymmetrische Schwanzflosse bezeichnet werden, deren unterer Teil größer ist, als der obere. Den unteren Teil dieser Schwanzflosse taucht der Fisch ins Wasser und erreicht durch ihr rasches Hin- und Herschlagen wiederum die zum Flug erforderliche Beschleunigung. Die Fliegenden Fische erreichen auf diese Art eine Geschwindigkeit von 50–55 km/h. Der ganze Lande-Start-

Prozeß kann drei- bis viermal wiederholt werden, wodurch Entfernungen von 200 m überwunden werden können.
Die Fliegenden Fische legen ihre Eier in Tang und Algen ab. Die Brut unterscheidet sich noch in keiner Weise von anderen Fischen, ihre Brustflossen sind noch nicht größer. Die 2–5 cm großen Jungfische haben jedoch bereits erweiterte, runde Brustflossen und schwimmen in Oberflächennähe. Erst wenn sie 8 cm lang geworden sind, verlängern sich die Flossen, und die Fliegenden Fische wagen ihre ersten Gleitsprünge.

**Grunion beim Laichen**

**Grunion** *Leurestes tenuis*
Der Grunion ist ein recht unauffälliger, etwa 15 cm langer Fisch, der kaum besondere Aufmerksamkeit finden würde, wenn er nicht eine sehr ungewöhnliche Fortpflanzungsart hätte. In der Laichzeit gesellen sich ungeheure Schwärme von vielen Tausenden Fischen zusammen. Die Tiere laichen nur bei Nacht während der Springfluten zwischen März und August. In diesen Voll- oder Neumondnächten lassen sich die Grunions in Scharen an Land tragen, um hier ihre Eier abzulegen. Jedes Weibchen gräbt sich mit dem Schwanz bis an die Brustflossen in den Sand. Ein oder zwei Männchen legen sich mit gekrümmten Körpern um das eingegrabene Weibchen, das sich schnell hin und her bewegt und dabei die Eier ablegt,

die unverzüglich von den Männchen befruchtet werden. Das alles geschieht im Sand, außerhalb des Wassers, in der kurzen Zeit zwischen zwei Wellen. Schon die nächste Flutwelle spült die Grunions zurück in ihr angestammtes Element. Nach der Springflut verrät nichts mehr, daß das Ufer von Tausenden Fischen aufgesucht wurde. Die Eier entwickeln sich inzwischen im Sand, eingegraben in eine Tiefe von etwa 5 cm. Die nach 14 Tagen kommende nächste Springflut spült sie heraus und ruft gleichzeitig auch das Schlüpfen der Jungen hervor, die von den Wellen ins Meer getragen werden. Die jungen Grunions wachsen außerordentlich schnell. Bereits nach einem Jahr sind sie erwachsen und vermehrungsfähig. Ihre Lebenserwartung ist mit höchstens 3−4 Jahren jedoch kurz.

**Kaiserschnapper**

### Kaiserschnapper *Lutianus sebae*

Die große Raubfischfamilie der Schnapper bewohnt alle tropischen Meere. Manche Arten erreichen eine Körperlänge von mehr als 1 m, und in zahlreichen Tropenländern stellen sie den Hauptanteil des Fischfangs dar. Sie halten sich meist in größeren Tiefen in Grundnähe auf, schließen sich zu kleineren Schwärmen zusammen und jagen Fische sowie Krebstiere. Manche Arten dringen auch in Lagunen, das Brackwasser der Mangrovebestände und Fluttümpel vor. Die Familie umfaßt Arten, die erwachsen gelb oder rot und häufig auch mit verschiedenen Streifen verziert sind. Die Jungen sind bei einigen Arten anders gefärbt als erwachsene Exemplare, wie z. B. beim Kaiserschnapper. Junge Tiere tragen auf dem weißen Leib rußschwarze Streifen. Sie halten sich in flacheren Gewässern auf und gehen erst später in tieferes Wasser über, wobei sich gleichzeitig ihre Farbe wandelt. Die schwarzen Streifen werden braun, später rotbraun, und sind bei erwachsenen Fischen schließlich mahagonifarben. Bei Erregung ändert sich die weiße Grundfarbe in Lachsrosa.

Die Schnapper sind auch beliebte Aquarienfische, die besonders für Anfänger geeignet sind, die ein Meeresaquarium anlegen.

### Igelfisch *Diodon hystrix*

Die Igelfische erinnern wegen ihres mit aufrichtbaren Stacheln versehenen Körpers an einen Igel oder an ein Stachelschwein. Im Fischreich stellen sie eine einzigartige Erscheinung dar. Sie können nämlich ihren Körperumfang durch Schlucken von Wasser zu einer Kugel vergrößern. Ein solcher Igelfisch sieht dann recht lustig aus, etwa wie ein stacheliger Fußball mit Mopskopf und Fischschwänzchen. Die Igelfische besitzen ähnlich wie ihre nahen Verwandten, die Kugelfische, eine besondere Ausstülpung des Darmes, die schnell mit Wasser gefüllt werden kann, wodurch sich der Körperumfang um ein Vielfaches vergrößert. Zu diesem Zweck ist auch die Bauchhaut entsprechend dehnbar. In der Regel ist diese Blase jedoch nur wenig gefüllt. Nur wenn der Igelfisch bedroht oder erregt ist, wird die Blase mit einer derartigen Wassermenge gefüllt, daß sich sein Leib kugelig aufbläst und sich die über den ganzen Körper verteilten Stacheln aufstellen. Ein Feind vermeidet es dann in der Regel, das Tier anzugreifen. Nach Abklingen der Erregung wird das Wasser durch die Kiemen abgelassen. Wenn ein Igelfisch aus dem Wasser genommen wird, füllt er seine Blase mit Luft, die ebenso abgelassen werden kann wie das Wasser. Igelfische werden häufig in Meeresaquarien gehalten. Sie sind Allesfresser und können mit ihren kräftigen Kiefern auch starke Schneckenhäuser mühelos knacken.

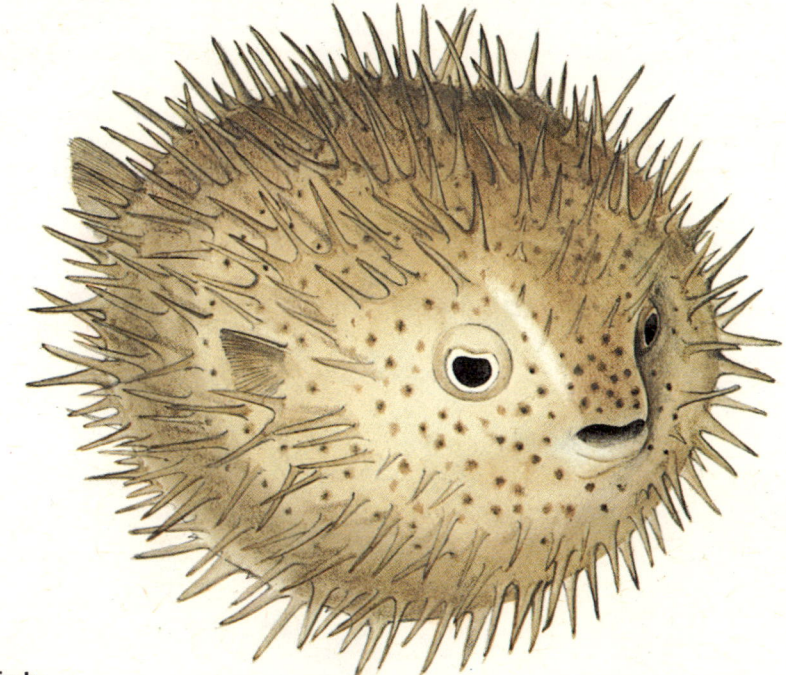

**Igelfisch**

# Süßwasserfische

Alle bisher besprochenen Fische leben im Salzwasser. Nach ihrer Ökologie gegliedert, d. h. nach ihrer Beziehung zur Umwelt, würde der Salzgehalt des Wassers die Schlüsselrolle spielen. Danach sind vier große Gruppen zu unterscheiden:

1. Meeresfische, die ihr ganzes Leben im salzigen Meereswasser verbringen und im Süßwasser sehr rasch zugrunde gehen;
2. Wanderfische, die im Meer leben, sich ernähren und dort aufwachsen, sich jedoch im Süßwasser vermehren. Zu den Wanderfischen gehört auch der Aal, der als einzige Ausnahme im Süßwasser lebt, sich jedoch im Meer vermehrt;
3. Strichfische, die an mündungsnahen Stellen im Meer leben, im Winter und zur Laichzeit jedoch in die Unterläufe der Flüsse ziehen. Mitunter verbringen sie auch ihr ganzes Leben im Süßwasser;
4. Süßwasserfische, die ständig im Süßwasser leben und die in der Regel weder im Meeres-, noch im Brackwasser zu finden sind.

Doch von jeder Regel gibt es in der Natur eine Ausnahme. Einige afrikanische und kleinasiatischen Vieraugen leben im Süßwasser, obwohl sich in diesem zur Trockenzeit die Salzkonzentration dermaßen erhöht, daß es dem Brackwasser entspricht.

**Amerikanischer Schlammfisch**

### Amerikanische Süßwasserfische
### Amerikanischer Schlammfisch
*Amia calva*

In vergangenen Entwicklungsepochen unserer Erde, in der Zeit des Jura und der Kreide, war eine Ordnung verbreitet, von der heute nur noch eine einzige Art lebt. Es waren die Kahlhechte, von denen nur der Amerikanische Schlammfisch übriggeblieben ist. Seine Heimat sind die stehenden oder langsam fließenden Gewässer östlich der Rocky Mountains. Kaum hat sich hier im Frühling das seichte Wasser auf etwa 16 °C erwärmt, tauchen die Schlammfische auf. An ausgewählten Plätzen entfernen die Männchen alle Pflanzen und die deckende Schlammschicht, wodurch sie das dichte Wurzelgewirr freilegen, das als Nestmatte benutzt wird. Häufig liegt ein Nest neben dem anderen, so daß ganze Nestkolonien entstehen. Jedes Männchen behütet sein Nest vor den anderen. Zu dem auf diese Weise vorbereiteten Nest kommt nun das Weibchen. Das Männchen schwimmt ihm mit geöffnetem Maul entgegen, ergreift es an der Schnauze und zieht es zu seinem Nest. Dort legt das Weibchen seine Eier ab. Mitunter legen auch mehrere Weibchen ihre Eier in ein Nest, es kommt jedoch ebenso vor, daß ein Weibchen seine Eier in mehrere Nester ablegt. Dann verschwindet das Weibchen wieder, während das Männchen die Brutpflege übernimmt und Feinde verjagt.

Nach 8—10 Tagen schlüpfen die Jungen, die sich zunächst am Nestrand aufhalten. Wenn sie eine Länge von etwa 9 mm erreicht und nahezu ihren ganzen Dottervorrat aufgebraucht haben, schwimmen sie im Nest wie eine schwarze Wolke herum. Nach etwa 9 Tagen verlassen sie das Versteck, und der Vater führt die ganze dichte Schar unter seinem Leib durch das Wasser.

**Arapaima** *Arapaima gigas*

Der Arapaima wird häufig als der größte Süßwasserfisch überhaupt angesehen. Die Indianer behaupten zwar, daß er eine Länge von 4,5 m und ein Körpergewicht von 200 kg erreichen kann, doch der größte nachweisbar gefangene Arapaima maß 210 cm und wog 123 kg.

Eine Besonderheit des Arapaimas ist seine große Schwimmblase, die es ihm ermöglicht, auch atmosphärische Luft zu atmen. Diese Schwimmblase ist mit Zellen ausgekleidet, die an das Lungengewebe erinnern, und durch einen besonderen Kanal mit der Mund- und Kiemenhöhle verbunden. Die Arapaimas leben im flachen Wasser und nehmen regelmäßig Luft in ihre Schwimmblase auf. Ihre Hauptnahrung stellen Fische dar. In Arapaima-Mägen wurden jedoch auch Wasserschnecken, Krebse, Pflanzenteile, Schlangen, Schildkröten, Frösche u. a. gefunden. Die jungen Arapaimas ernähren sich nur von Plankton.

**Arapaima**

Die Vermehrung des Arapaimas erfolgt von Dezember bis Mai. Nur zu dieser Zeit sind die Männchen leicht von den Weibchen zu unterscheiden. Diese sind ganz braun, während die Männchen einen schwarzen Kopf und einen rötlichen Schwanz haben. Jedes Weibchen legt in mehreren Schüben rund 180 000 Eier in einige vom Männchen in den sandigen Boden gegrabene Nester. Nach 5 Tagen schlüpfen die Jungen, die eine Länge von etwa 12 mm haben. Sie sind schwarz und halten sich ständig um den Kopf des Vaters auf, weshalb sie kaum zu sehen sind. Das Weibchen hält sich in der Nähe auf, um den Vater mit der Brut vor Feinden zu schützen.

Flußgebiet des Mississippi recht häufig vor und wurde sowohl wegen des Fleisches als auch wegen der Eier, die einen hervorragenden Kaviar abgeben, intensiv befischt. Unvernünftig hohe Fangraten, Raubfischerei, die Verunreinigung der Gewässer sowie der Bau von die Wanderung behindernden Wehren und Dämmen haben bewirkt, daß der Löffelstör heute zu den seltenen Fischen gehört. Im nördlichen Flußgebiet des Mississippi ist er vom Aussterben bedroht, in den Großen Seen ist er wahrscheinlich schon ganz ausgestorben. Bis zu einem gewissen Grad kann der Löffelstör als „fehlendes Glied" zwischen zwei urtümlichen Fischgruppen betrachtet werden. Ob-

figste ist der Schlanke Knochenhecht, der in stillen Gewässern südlich des Gebiets der Großen Seen zu Hause ist. Dort liegt der Knochenhecht zwischen dichten Wasserpflanzen regungslos auf der Lauer. An die Beute pirscht er sich außerordentlich langsam heran und stürzt sich mit einem jähen Schnappen von der Seite her auf sie. Seine Hauptnahrung sind Fische, er nimmt jedoch auch alle anderen Lebewesen gern als Beute auf. Mit seinen langen Kiefern kann er auch mehrere Fische gleichzeitig aus einem Schwarm fangen. Berichte über die ungeheuere Gefräßigkeit der Knochenhechte sind übertrieben, denn sie verbrauchen verhältnismäßig wenig Nahrung, fressen jedoch unre-

**Amerikanischer Löffelstör**

**Schlanker Knochenhecht**

### Amerikanischer Löffelstör
*Polyodos spathula*
Das Flußgebiet des Mississippi und das Gebiet der Großen Seen sind die Heimat eines beachtenswerten Fisches – des Löffel- oder Schaufelstörs. Die Schnauze dieses Fisches ist zu einem breiten Blatt verlängert, das in seiner Form an ein Paddel erinnert. Diese Schnauzenverlängerung entspricht einem Drittel bis der Hälfte der Körperlänge. Der Fisch schwimmt mit weit aufgesperrtem Maul nahe der Oberfläche, wo es genügend Plankton gibt, und nimmt dieses in großen Mengen auf. Die dichten Kiemenstäbchen dienen als wirkungsvolles Sieb. Der Verbrauch des Löffelstörs an Plankton ist riesig. Der Löffelstör erreicht eine Länge bis zu 2 m und ein Körpergewicht von 80 kg.
Der Löffelstör kam früher im gesamten

wohl dieser Fisch zweifellos zu den Stören gehört, sind einige Merkmale vorhanden, die sonst nur den Haien eigen sind. Es kann also vorausgesetzt werden, daß seine Vorfahren seinerzeit am Anfang der Entwicklungsreihe der Störe gestanden haben, die sich vor rund hundert Mill. Jahren zu entwickeln begannen.

### Schlanker Knochenhecht
*Lepisosteus osseus*
Ein ähnliches „lebendes Fossil" wie der Löffelstör ist auch der Knochenhecht. Er gehört einer urtümlichen Fischordnung an, die im Mesozoikum, also vor 70 bis 220 Mill. Jahren, ihre höchste Blüte erreichte. Heute ist von der Ordnung der Knochenhechte eine einzige Familie übrig geblieben, die sieben in den nord- und mittelamerikanischen Flüssen lebende Arten umfaßt. Die häu-

gelmäßig, da ihre Verdauung langsam verläuft. Es dauert 24 Stunden, ehe ein Knochenhecht seine Beute verdaut hat, was im Vergleich zu anderen Raubfischen eine verhältnismäßig lange Zeit darstellt. Trotzdem sind die Knochenhechte die am schnellsten heranwachsenden Fische. Die am Frühlingsende aus den Eiern schlüpfenden Larven sind etwa 7 mm lang. Ihre tägliche Längenzunahme beträgt bis zu 2,5 mm, und am Jahresende haben die Knochenhechte bereits eine Länge von etwa 20 cm erreicht. Dann verlangsamt sich jedoch das Wachstum, und die jährliche Zuwachsrate beträgt nur noch rund 2,5 cm. Das Wachstum hält bis zu einer Gesamtlänge von 1,5 m an. Da sich die Knochenhechte nur wenig bewegen, kann ein großer Anteil der aus der Nahrung stammenden Energie für das Wachstum aufgewendet werden.

# Süßwasser-Raubfische

**Piranha** *Serrasalmus piraya*
Der Piranha oder Karibenfisch wird als der aggressivste Raubfisch angesehen. Über seine Unersättlichkeit und Aggressivität gibt es die abenteuerlichsten Geschichten, die wohl sehr übertrieben sind. Das soll allerdings nicht bedeuten, daß die Piranhas nicht gefährlich wären. Von den insgesamt 18 bekannten Arten können jedoch unter bestimmten Umständen höchstens vier auch für den Menschen gefährlich werden. Als angriffslustigste und gefährlichste Art wird *Serrasalmus piraya* betrachtet, der den Fluß São Francisco in Ostbrasilien bewohnt. Er erreicht eine Länge von rund 40 cm und gehört somit zu den größten Scheibensalmlern. Die großen und scharfen Zähne beider Kiefer passen genau ineinander und

Brutzeit, wenn sie das Gelege behüten, angriffslustiger sind. Die Piranhas sind Fische, die gemeinsam jagen. An manchen Stellen gesellen sich bis mehrere tausend Piranhas zusammen, so daß es im Wasser von ihnen nur so wimmelt. Die Hauptnahrung der Piranhas stellen Fische anderer Arten dar, doch manchmal fallen sie sich auch gegenseitig an. Im Orinoko-Delta spielen die Piranhas angeblich auch eine wichtige Rolle in den Lebensgewohnheiten der Eingeborenen. In der Überschwemmungszeit sind dort Begräbnisse in der Erde viele Monate lang ausgeschlossen. Die Indianer hängen deshalb ihre Leichen ins Wasser, wo sie die hier „Caribe" oder „Kannibale" genannten Piranhas dermaßen entfleischen, daß nur das Skelett übrigbleibt. Dieses wird getrocknet,

halbkugel der Erde vor. Sie bewohnen fließende und stehende Gewässer, in denen dichter Pflanzenwuchs genügend Verstecke bietet. Am geeignetsten für die Vermehrung der Hechte sind Stellen, wo die Flüsse im Frühjahr über ihre Ufer treten und die umliegenden Wiesen überschwemmen. Das Weibchen legt auf die Pflanzen eine riesige Menge von Eiern. Bei größeren Exemplaren sind es bis zu einer Million. Da die Eier stark klebrig sind, kann es geschehen, daß sie an den Federn von Wasservögeln, z. B. Enten, haften bleiben, und daß auf diese Weise Hechte auf einmal in Gewässern auftauchen, in denen sie bisher nicht vorgekommen sind.

Die größte der bekannten Hechtarten ist der Nordamerikanische Hecht. Seine Heimat ist das Gebiet der Großen Seen in Nordamerika. Er erreicht eine Länge bis zu 2 m, und es wurden bereits Exemplare mit einem Körpergewicht von 50 kg gefangen. Diese Art stellt seit jeher eine beliebte Beute der Angler dar und wurde intensiv befischt. Daher sind die Bestände in der freien Natur wesentlich zurückgegangen. Heute ist es bereits schwer geworden, ein so großes Exemplar zu fangen, denn es handelt sich dann natürlich um Fische mit einem hohen Alter. Heute werden schon Exemplare von etwa 20 kg als kapital betrachtet. Der Rekord der letzten Jahre ist ein Nordamerikanischer Hecht von 31,3 kg Gewicht. Wenn von der Voraussetzung einer jährlichen Gewichtszunahme von etwa 1 kg ausgegangen wird, ist klar, daß bei der jetzigen intensiven Befischung die Hechte kaum noch ein Alter erreichen, das ein so hohes Körpergewicht ergeben würde, wie dies früher der Fall war. Für 1 kg Gewichtszunahme muß der Hecht 3—5 kg Fisch fressen. Die amerikanischen Angler fangen die meisten Hechte im Winter. Als Köder dienen Fische, die ein großer Schwimmer in den oberen Wasserschichten hält.

**Piranha**

können ernsthafte Verletzungen herbeiführen. Bekannt sind Fälle abgebissener Finger. Auch Fleischstücke können wie mit einem Rasiermesser aus dem Körper herausgeschnitten werden. Interessant ist, daß dieselbe Art an bestimmten Stellen ungewöhnlich aggressiv ist, anderenorts jedoch völlig ungefährlich. Dies wird dadurch erklärt, daß die Männchen besonders in der

gefärbt und geschmückt und bekommt seinen Platz auf der auf Pfählen über dem Wasser liegenden Begräbnisstätte.

### Nordamerikanischer Hecht
*Esox masquinongy*
Die Hechte sind eine besonders allen Sportanglern bekannte Familie. Hechte kommen ausschließlich auf der Nord-

**Nordamerikanischer Hecht**

Flußbarsch

Beute stellen kleinere Lebewesen und Fischbrut dar. An den Eigelegen anderer Fische können sie beträchtlichen Schaden anrichten. Sonnenbarsche werden häufig in Aquarien gezüchtet und leider auch ausgesetzt, was dazu führte, daß sie sich auch in Europa ausbreiteten. Stellenweise sind ganze Fortpflanzungsgemeinschaften heimisch geworden und gedeihen ausgezeichnet. Wenn sie jedoch in Fischteiche gelangen, bedrohen sie die Brut, weshalb sie von Anglern nicht gern gesehen sind.

Interessant ist die Vermehrung der Sonnenbarsche. Das Männchen bereitet im sandigen Boden des Grundes

**Flußbarsch** *Perca fluviatilis*
Der Flußbarsch ist einer der buntesten Vertreter in den Süßwassern der Nordhalbkugel. Am besten gedeiht er in langsam fließenden oder stehenden Gewässern, er dringt jedoch auch in kühle Forellenbäche vor, wo er dann allerdings langsamer wächst. Die Angler fangen am häufigsten Exemplare von rund 0,5 kg, unter günstigen Bedingungen sind jedoch auch 2 und sogar 4 kg schwere Stücke anzutreffen. Interessant ist, daß sich die Flußbarsche bis zu einer Körperlänge von 15 cm zum überwiegenden Teil von wirbellosen Lebewesen ernähren. Erst später beginnen sie auch Fische zu jagen, nicht selten auch Junge der eigenen Art. Wie alle räuberischen Fische besitzen auch die Flußbarsche ein hervorragendes Fleisch, das sich geschmacksmäßig in jeder Hinsicht mit Lachs messen kann. Einen Nachteil des Flußbarsches stellen jedoch die kleinen, rauhen Schuppen dar, die sich recht schwer entfernen lassen.

Glasaugenbarsch

**Gemeiner Sonnenbarsch**
*Lepomis gibbosus*
Der Sonnenbarsch lebt in Nordamerika, von den Großen Seen bis nach Texas und Florida, und bevorzugt reine, kühle Gewässer mit sandigen Böden. Zumeist bilden die Fische Schwärme. Ihre

eine Mulde vor, in die das Weibchen die Eier ablegt. Das Männchen bewacht diese und führt die Brut einige Zeit lang als kleinen Schwarm.

**Glasaugenbarsch** *Stizostedion vitreum*
Der Glasaugenbarsch ist ein naher Verwandter des europäischen Zanders. Seine Heimat sind die tiefen, reinen Gewässer Nordamerikas von den Großen Seen und vom Oberlauf des Mississippi südlich bis Georgia und Alabama sowie im Osten bis nach Pennsylvania. Auf den ersten Blick fallen bei diesem interessanten Fisch die Augen auf. Sie sind groß und äußerst durchsichtig wie Glas. Daher hat der Fisch auch seinen Namen.
Der Glasaugenbarsch lebt räuberisch und erreicht eine Länge von nahezu 1 m sowie ein Körpergewicht von 9 kg. Er ist also der größte aller Süßwasserbarsche.
Der Glasaugenbarsch erfreut sich bei den Sportanglern großer Beliebtheit, weil er ein höchst schmackhaftes Fleisch ohne kleine Gräten besitzt und das Fett nicht im Muskelgewebe, sondern um die Innereien, vor allem um die Därme, abgelagert wird.

Gemeiner Sonnenbarsch

# Lachse und Welse

**Atlantischer Lachs** *Salmo salar*
Der Lachs ist ein ausgesprochener Wanderfisch, der seine Jugendzeit in den Oberläufen der Flüsse verbringt. Von dort zieht er ins Meer, wo er verhältnismäßig rasch aufwächst, um wiederum an die Stelle seiner Geburt zurückzukehren. Im Meer verbleibt er 1—3 Jahre. Während dieser Zeit sammelt sich in seinem Körper eine große Fettreserve an, die das Muskelgewebe orangerot färbt. Das Gewicht der Lachse erreicht zu dieser Zeit 8—13 kg. Ausnahmsweise werden auch größere Stücke gefangen. Den Rekord hält ein Männchen, das 36 kg wog. Auf dem Weg vom Meer nehmen die Lachse nahezu keine Nahrung zu sich. Dadurch wird das Fett aufgezehrt, und das Fleisch verliert seine orangerote Farbe. Dafür ändert sich das farbliche Erscheinungsbild der Lachse. So lange diese im Meer leben, sind sie silbrig, sog. Blanklachse. Während ihres Aufstieges zu den Laichplätzen färben sich die Rücken der Männchen braun, die Seiten werden bläulich und der Bauch rot. Zusätzlich ist der ganze Körper mit purpurfarbenen Flecken übersät. Die jungen Lachse, die dort schlüpfen, wo auch ihre Eltern, Großeltern und ganze Generationen vorher zur Welt kamen, leben 1—2, in Nordeuropa bis zu 5 Jahre in den Flüssen. Dann ziehen sie flußabwärts ins Meer, und der ganze Kreislauf beginnt aufs neue.

**Regenbogenforelle** *Salmo gairdneri*
Mit Regenbogenforellen wurden nahezu alle Wildgewässer der Erde besetzt,

und meist sind sie recht schnell heimisch geworden. Ursprünglich waren sie im Westen der Vereinigten Staaten von Südkarolina bis Alaska zu Hause. Hier leben sie sowohl standorttreu als auch als Wanderformen. Für die Beliebtheit der Regenbogenforelle und den sich daraus ergebenden Besatz der Wildgewässer gibt es einige Gründe. Vor allem ist es ihre größere Widerstandsfähigkeit gegen die Verschmutzung der Gewässer. Die Regenbogenforelle gedeiht auch dort, wo die Europäische Forelle keine annehmbaren Lebensbedingungen mehr findet. Auch kann die Regenbogenforelle höhere Wassertemperaturen ertragen. Sie lebt selbst dort, wo die Sommertemperaturen über 20 °C ansteigen. Dazu kommt, daß sie wesentlich rascher wächst. Bereits nach 2 Jahren erreicht sie eine Länge von 25 cm, während die Europäische Forelle dazu ein Jahr länger

braucht. Den Sportanglern bietet die Regenbogenforelle noch einen weiteren Vorteil. Sie ist nicht so vorsichtig wie die Europäische Forelle und nimmt jeden natürlichen oder künstlichen Köder zu jeder Jahreszeit auf.

**Europäische Äsche**
*Thymallus thymallus*
Die große Rückenflosse stellt ein zuverlässiges Erkennungsmerkmal aller Äschen dar. In Anbetracht ihrer großen Schuppen klingt es fast unwahrscheinlich, daß sie zur Verwandtschaft der Forelle und des Lachses gehört. Dies verrät jedoch eindeutig die kleine Fettflosse zwischen Rücken- und Schwanzflosse. Die Äsche bewohnt ganz Europa mit Ausnahme Südfrankreichs und Spaniens. Sie bevorzugt reine, rasch dahinfließende Gewässer, wobei sie etwas höhere Temperaturen bevorzugt als die Forellen. So ist sie dort vorzufinden, wo für Forellen keine geeigneten Bedingungen mehr gegeben sind. Für bestimmte Streckenabschnitte der Wasserläufe ist sie so charakteristisch, daß diese als Äschenzone bezeichnet werden. Die Äschen leben in Schwärmen und suchen ihre Nahrung, vor allem Larven von Stein- und Eintagsfliegen, in Bodennähe. Sie steigen jedoch auch zur Wasseroberfläche auf und springen sogar aus dem Wasser, um ein Insekt zu fangen. Äschen sind nur sehr schwer zu angeln.

## Gewöhnlicher Katzenwels
*Ictalurus nebulosus*

Ende des vorigen Jahrhunderts wurde aus Amerika der Zwerg- oder Katzenwels nach Europa gebracht, da man annahm, daß er der Fischerei Nutzen bringen könnte. Die Zwergwelse sind nämlich recht anspruchslos und erreichen in ihrer Heimat ein Körpergewicht von 1,5 kg. Dieser Versuch erfüllte jedoch nicht die Erwartungen. Es zeigte sich nämlich, daß die Fische hier nicht so lange leben, wie in ihrer ursprünglichen Heimat und daher kein entsprechend hohes Gewicht erreichen. Sogar pfundschwere Katzenwelse stellen schon eine Seltenheit dar. Was die Einbürgerung anbelangt ist der Versuch im großen ganzen gelungen. Der Katzenwels ist zum verbreiteten Bewohner zahlreicher europäischer Flüsse geworden. In manchen Altwassern, wo entsprechende Bedingungen gegeben sind, kann er sogar zum häufigsten Fisch werden.

## Rückenschwimmender Kongowels
*Synodontis nigriventris*

Im Flußbecken des Zaire lebt ein Wels, dessen Verhaltensweise durchaus Beachtung verdient. Er erreicht nur eine Körperlänge von 6 cm und wurde auch

als Aquarienfisch nach Europa gebracht. Er erfreut sich, besonders wegen seiner Gewohnheit, auf dem Rücken zu schwimmen, großer Beliebtheit. Wegen dieser Verhaltensweise ist auch seine Färbung umgekehrt. Rücken und Seiten sind hellgrau oder cremefarben mit dunklen Flecken, der Bauch, der normalerweise bei anderen Fischen die hellste Körperseite darstellt, ist beim Rückenschwimmenden Kongowels schwarz. Während sich andere Angehörige der Ordnung eher in Grundnähe halten, schwimmt diese Art in der Nähe der Oberfläche und findet ihre Nahrung an der Unterseite der Schwimmblätter von Wasserpflanzen.

Rückenschwimmender Kongowels

Flußwels

**Flußwels** *Silurus glanis*

Langsam fließende und stehende Gewässer Europas und Asiens sind die Heimat der Flußwelse. Sie halten sich in größeren Tiefen auf, und da sie sich erst nach Einbruch der Dunkelheit auf Nahrungssuche begeben, sind sie nur selten zu sehen. Nur vor Gewittern kommen sie auch bei Tag einmal an die Oberfläche. Zu Sommerbeginn, wenn das Wasser eine Temperatur von etwa 19 °C erreicht, beginnt die Paarungszeit der Welse. Die Männchen säubern den für die Nestanlage ausgewählten Platz und umsäumen ihn mit verschiedenen Wasserpflanzen, so daß ein regelrechter Wall entsteht. In diesen legen ein oder mehrere Weibchen ihren Laich, der vom Männchen befruchtet wird. Ein einziges Weibchen legt mehrere hundert, mitunter aber auch tausend Eier. Das Männchen hält beim Nest Wache, solange die Jungen nicht geschlüpft sind. Diese sind ganz schwarz und sehen Kaulquappen ähnlich. Sie sind lichtscheu und halten sich tagsüber verborgen. Sie nehmen tierische Nahrung auf und wachsen verhältnismäßig rasch. Die erwachsenen Exemplare erreichen beachtliche Ausmaße. Bekannt sind bis zu 5 m lange Exemplare mit einem Körpergewicht von 300 kg. Diese stellen allerdings in Europa eine Seltenheit dar. In Mitteleuropa erreichen die Welse in der Regel kaum mehr als 100 kg.

# Die Karpfen und ihre Verwandten

**Karpfen** *Cyprinus carpio*
Der Karpfen stellt wohl die bekannteste und wirtschaftlich wichtigste Fischart Europas dar. Seine Zuchtformen gehen zweifellos auf den wilden Donaukarpfen zurück, der bereits in der Steinzeit dem Menschen als Nahrung diente. Wann er domestiziert oder zumindestens erstmals in Gefangenschaft gehalten wurde, läßt sich nicht genau feststellen. Wahrscheinlich war es das Verdienst der Römer, die diesen Fisch in ihren Ansiedlungen in Pannonien kennenlernten. Die Verbreitung der Karpfenzucht erfolgte zweifellos durch das Christentum. Der Karpfen war nämlich eine der Fastenspeisen, und so wurden bei den Klöstern Karpfenteiche angelegt, deren Aufgabe es war, Vorräte frischen Fischfleisches bereitzuhalten. Es gab ja damals mehr als hundert Fastentage im Jahr. Das zweite Zentrum der Karpfenzucht war China, wo sich Aufzeichnungen über die Karpfenzucht aus dem 3. Jh. v. u. Z. fanden. Aus diesen zwei Zentren breitete sich die Karpfenzucht über die ganze Welt aus. Interessant ist, daß in den Vereinigten Staaten der Karpfen keineswegs beliebt ist, sondern sogar als Schädling angesehen wird.
Durch langjährige Zucht ist es gelungen, einige Karpfenrassen hervorzubringen, die besonders vorteilhafte Eigenschaften aufweisen. In diesem Zusammenhang sind vor allem der Spiegelkarpfen, der nur an den Seiten Schuppen trägt, und der völlig schuppenlose Lederkarpfen zu erwähnen. Vermarktet werden in der Regel Fische mit einem Körpergewicht von 1–2 kg, also Karpfen im dritten Lebensjahr.

**Bitterling** *Rhodeus amarus*
Der Bitterling ist ein kleiner, bunter Fisch, der in ganz Mitteleuropa verbreitet ist. Die Artbezeichnung verrät, daß sein Fleisch unangenehm bitter schmeckt. Außerdem ist auch durch die geringe Größe (8–9 cm) dieses Fisches keine Voraussetzung für eine wirtschaftliche Nutzung gegeben. Dennoch wird der Bitterling in allen tierkundlichen Lehrbüchern erwähnt. Der Grund hierfür ist in der ungewöhnlichen Vermehrungsweise zu suchen, die an die Anwesenheit der Malermuschel gebunden ist.
In der Laichzeit legt das Weibchen mit einer langen Legeröhre den Laich in die Mantelhöhle dieser Muschel ab. Gleichzeitig gibt das Männchen über der Atmungsöffnung der Muschel seinen Samen ab, wodurch die Eier befruchtet werden. Die Fischbrut verbleibt etwa 14 Tage in der Muschel, solange bis der Dottervorrat aufgebraucht ist. In dieser Zeit ist die Brut recht unbeweglich, und es würden ihr mancherlei Gefahren drohen. Da bietet eben die Muschel zuverlässigen Schutz. Nach Aufbrauchen des Dottersackes verlassen die kleinen Bitterlinge die Muschel und begeben sich auf die Nahrungssuche. Die Bitterlinge pflanzen sich zweimal im Jahr fort. Zunächst im März oder April und noch einmal im August. In besonders günstigen Lebensräumen treten häufig Übervermehrungen auf. Erwachsene Bitterlinge gehören zu den häufigen Wirten von Muschellarven, die einige Zeit in ihren Kiemen oder an ihrer Haut schmarotzen.

70

## Schleie *Tinca tinca*

Die Schleie ist ein charakteristischer Fisch ruhiger, mit Wasserpflanzen bewachsener stehender Gewässer. Sie ist vor allem an ihrer glatten schleimigen Körperoberfläche zu erkennen. Ihre Schuppen sind nämlich sehr klein und liegen meist unter der Haut. Bei der Zubereitung in der Küche wird sie deshalb mitunter enthäutet. Das Fleisch der Schleien ist außerordentlich schmackhaft. In manchen Ländern erfreut sich die Schleie sogar größerer Beliebtheit als der Karpfen und konkurriert mit der Regenbogenforelle. In der Teichwirtschaft werden die Schleien in der Regel gemeinsam mit Karpfen gehalten. Im Unterschied zu diesen nehmen sie auch tierische Nahrung auf, so daß kaum eine Nahrungskonkurrenz besteht. Die Schleien laichen später als die Karpfen (Juni oder Juli), wenn das Wasser bereits wärmer ist. Die jungen Schleien wachsen ziemlich langsam. Schleien wurden auch außerhalb Europas eingebürgert.

## Elritze *Phoxinus phoxinus*

Wer im Mai in einem sauberen, kühleren und sauerstoffreichen Wasserlauf oder in einem kleinen Bach angelt, fängt mit großer Wahrscheinlichkeit einen kleinen, etwa 6 cm langen Fisch, der sich von seiner Färbung her mit exotischen Aquarienfischen vergleichen läßt. Es ist die Elritze, im Hochzeitskleid der bunteste karpfenartige Fisch. Doch auch außerhalb der Laichzeit büßt sie nur wenig von ihrer Farbenpracht ein. Nur die Männchen verlieren die intensive Rotfärbung des Bauches und den weißen Laichausschlag am Kopf. Die Elritzen leben in

Schwärmen, die ständig in Bewegung sind. Einmal streben sie zur Oberfläche, ein anderes Mal tauchen sie in die Tiefe, stets bereit, nach allen Richtungen hin zu zerstieben, wenn eine Gefahr droht, um sich jedoch kurz darauf wieder zu einem Schwarm zu vereinigen. In Forellengewässern ist die Elritze gern gesehen, denn sie stellt eine willkommene Beute der Forellen dar.

## Brachsen *Abramis brama*

Der hohe, seitlich abgeplattete Körper und der vorstülpbare, an der Unterseite des Kopfes sitzende Mund prägen das Erscheinungsbild dieses Fisches und verraten gleichzeitig, daß er in größeren Tiefen lebt, wo er im Schlamm seine Nahrung sucht. Diese besteht vor allem aus wirbellosen Bodentieren. Der vorstülpbare Mund macht auch die Nahrungssuche in tieferen Schlammschichten möglich. Die Brachsen leben in Gemeinschaften. Je nach der Temperatur ziehen sie im Mai oder Juni ins seichte Wasser, um dort gemeinschaftlich zu laichen. Am Kopf und an den Seiten der Männchen zeigt sich in dieser Zeit der sog. Laichausschlag. Die Weibchen legen auf Wasserpflanzen unter der Oberfläche eine große Menge Eier, mitunter bis zu 300 000 Stück. Die Brut verbleibt einige Zeit im seichten Wasser und ernährt sich vom Plankton. Erst später suchen die jungen Brachsen ihre Nahrung auf dem Grund. Die hohe Fruchtbarkeit und Anpassungsfähigkeit der Fische führt mitunter zu Übervermehrungen. In solchen Fortpflanzungsgemeinschaften, in denen das natürliche Gleichgewicht gestört ist, kommen dann verkümmerte, schlecht entwickelte Exemplare vor.

Schleie

Elritze

Brachsen

71

# Ungewöhnliche Süßwasserfische

### Großer Zitteraal
*Electrophorus elektricus*

Es gibt einige Fischarten, die Elektrizität erzeugen können. Am bekanntesten ist zweifellos der Zitteraal. Trotz seines Namens steht er in keinerlei Verwandtschaftsverhältnis zu den Aalen, sondern gehört zur Ordnung der Karpfenfische. Sämtliche inneren Organe befinden sich unmittelbar hinter dem Kopf, der Rest des langen Körpers birgt die elektrischen Organe, die aus fünf- bis sechstausend batterieartig angeordneten Muskelplatten bestehen. Das elektrische Organ besteht aus drei Teilen, zwei kleinen „Batterien" und einer großen „Hauptbatterie". An der Kopfseite befindet sich der positive Pol, an der Schwanzseite der negative. Die große „Batterie" wird nur von Zeit zu Zeit eingesetzt. Wenn der Zitteraal in Bewegung ist, entsendet die kleine „Schwanzbatterie" 20 bis 50 elektrische Impulse in der Sekunde. Diese dienen zur Orientierung im Wasser. Die zweite kleine „Batterie" dient zum Entladen der großen, die in Serien drei bis sechs Stromstöße, die jeweils nur fünf tausendstel Sekunden dauern, Energie abgibt. Die Hochspannungsentladungen betäuben oder töten das Opfer. Ein rund 2 m langer, erwachsener Zitteraal gibt bei einer Entladung einen elektrischen Strom von etwa 600 V Stromstärke und fast 2 Ampere Stromspannung ab.

Australischer Hechtling

### Australischer Hechtling
*Galaxias attenuatus*

Bei Untersuchungen zur Naturgeschichte verschiedener Kontinente und der Entwicklung ihrer Tierwelt überrascht das Vorkommen verwandter Arten an Stellen, die voneinander durch riesige Entfernungen getrennt sind. Diese Tatsache versucht die Wegnersche Theorie der Kontinentaldrift zu erklären, nach der Südamerika, Südafrika, Australien und Neuseeland einst einen zusammenhängenden Erdteil bildeten. In der Natur gibt es zahlreiche Anhaltspunkte, die für diese Theorie sprechen. Einer davon ist die Verbreitung der forellenähnlichen Hechtlinge. Acht Arten leben auf Neuseeland, zwölf in Australien, zwei in Tasmanien, eine in Südafrika und sieben im Süden von Chile. Nur eine einzige Art, der Australische Hechtling, kommt außer auf Neu-

seeland und Australien auch in Chile vor.

### Elefantenfisch *Gnathonemus petersi*

Der Elefantenfisch stellt eine weitere Art mit einem elektrischen Organ dar. Dieses vermag jedoch nur geringe Entladungen abzugeben, die nicht direkt der Nahrungsbeschaffung dienen und außerstande sind, zu töten oder zu betäuben. Der Elefantenfisch baut jedoch ein elektrisch geladenes Feld auf, mit dessen Hilfe er sich im Raum orientiert und die evtl. Beute ortet. Dieses elektrische Feld grenzt zugleich sein Revier ein. Die Elefantenfische besitzen vier elektrische Organe, von denen sich je ein Paar auf dem Rücken und auf dem Bauch befindet. Voneinander werden sie durch ein Isolationsgewebe getrennt. Jedes Organ ist aus 120 bis 200 Muskelplatten, die elektrischen Strom erzeugen, zusammengesetzt. Diese sind so klein, daß ihre Dicke nur ein Hundertstel Millimeter beträgt. Die Elefantenfische waren schon den alten Ägyptern bekannt, die einige Arten sogar als heilig verehrten. Diese Fische besitzen ein Gehirn, daß verhältnismäßig größer ist, als das des Menschen. Die Größenverhältnisse der einzelnen Gehirnteile zueinander sind allerdings völlig verschieden. Bei den Säugetieren, einschließlich dem Menschen, ist das Vorderhirn vergrößert, bei den Elefantenfischen hingegen das Kleinhirn.

Elefantenfisch

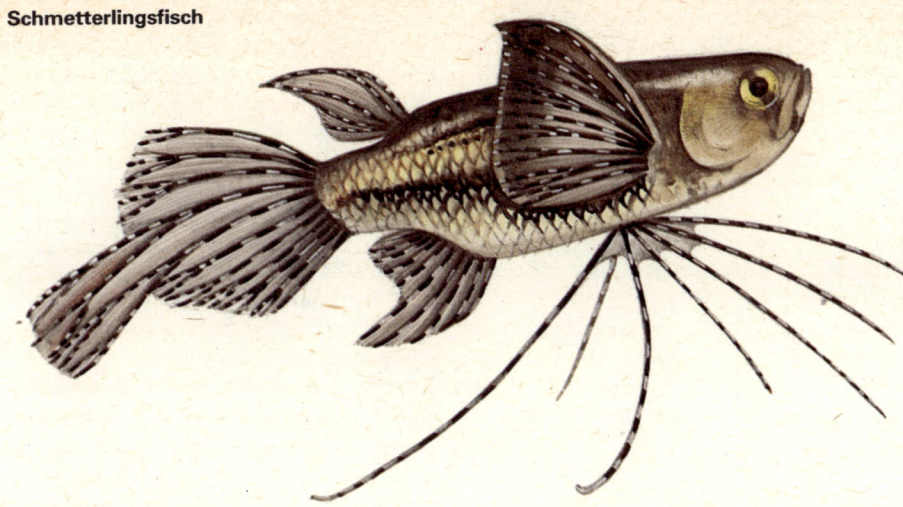

**Schmetterlingsfisch**

## Schmetterlingsfisch
*Pantodon buchholzi*
Einige kleine Abschnitte des Flußgebietes von Zaire und Niger sind die Heimat des Schmetterlingsfisches. Er bevorzugt stehende Gewässer und blinde Flußarme. Dicht unter dem Wasserspiegel lauert er, die Brustflossen wie Flügel ausgebreitet, auf seine Beute. Diese besteht fast ausschließlich aus Insekten. Er liest sie von der Oberfläche auf, kann jedoch auch aus dem Wasser springen, um sie zu fangen. Seine Sprünge können dabei bis zu 2 m weit sein, da er in der Luft kürzere Entfernungen mit Hilfe seiner flügelartigen Flossen im Gleitflug zurücklegen kann. Wie eindeutig nachgewiesen wurde, ist der Flug des Schmetterlingsfisches nicht aktiv, obwohl dies seine Muskulatur durchaus ermöglichen würde. Die Flossen vermag er zwar nicht seitlich anzulegen wie andere Fische, doch er kann sich mit ihnen hinauf und herunter bewegen.
Mit seiner ganzen Lebensweise ist der Schmetterlingsfisch an die Wasseroberfläche gebunden. Sogar sein Laich schwimmt an der Oberfläche. Die nach drei Tagen schlüpfende Brut ist sehr klein und nährt sich von Anfang an von kleinen Insekten, die auf die Wasserfläche fallen.

## Koboldkärpfling *Gambusia affinis*
Der Koboldkärpfling gehört zu den le-

**Koboldkärpfling**

bendgebährenden Vieraugen, einer Kleinfischgruppe, die sich bei den Aquarienliebhabern sehr großer Beliebtheit erfreut. Die ursprüngliche Heimat dieser kleinen, jedoch ausgesprochen räuberischen Art sind die Südstaaten der USA von Osttexas bis Alabama. Der Koboldkärpfling ist ein außerordentlich widerstandsfähiger Fisch, der ohne Schwierigkeiten einen Temperaturrückgang bis auf 3 oder 4 °C verträgt, sich aber auch in Wasser wohlfühlt, das eine Temperatur von 30 °C aufweist. Die Wasserqualität und sein Sauerstoffgehalt scheinen für das Leben der Koboldkärpflinge keine ausschlaggebende Bedeutung zu haben. Diese Tatsache ist ein Grund dafür gewesen, daß der Mensch diesen kleinen Fisch als Helfer im Kampf gegen die Malaria herangezogen hat. Es ist bekannt, daß diese Krankheit von Mücken übertragen wird. Gerade der Koboldkärpfling ist jedoch ein erbitterter Verfolger von Mückenlarven. Deshalb wur-

den diese Fische in den malariaverseuchten Gebieten Südeuropas ausgesetzt. Täglich vertilgen sie eine große Menge Larven und tragen auf diese Weise tatsächlich wirksam zur Linderung der Mückenplage bei. So verdienstvoll diese Tätigkeit ist, so nachteilig wirken sich die Einbürgerungen auf anderem Gebiet aus. Die Koboldkärpflinge haben sich in ihren neuen Heimstätten gut eingelebt und verzehren nun außer Mückenlarven auch Laich und Brut anderer Fischarten. An einigen Stellen haben sie die ursprünglichen südeuropäischen Fischarten bereits ausgerottet.

## Australischer Lungenfisch
*Neoceratodus forsteri*
Die Lungenfische sind urtümliche Fische, gleichsam „lebende Fossilien", die anschaulich darlegen, wie die Entwicklung im Tierreich verlief. Ihre Vorfahren lebten auf unserer Erde bereits vor 350 Mill. Jahren. Lungenfische sind sowohl in Südamerika als auch in Afrika und Australien anzutreffen. In bestimmter Hinsicht kann der Australische Lungenfisch als die interessanteste aller bekannten Arten bezeichnet werden. Er kann noch über Kiemen atmen, hat jedoch zusätzlich einen besonderen Sack entwickelt (gleichsam eine primitive Lunge), mit dem er direkt atmosphärischen Sauerstoff atmen kann. Bei den amerikanischen und afrikanischen Lungenfischen sind bereits zwei Lungensäcke vorhanden. Die paarigen Flossen des Australischen Lungenfisches sind völlig anders beschaffen als bei anderen Fischarten. Schulter und Beckenbereich sind knorpelig, ebenso wie das ganze Flossenskelett. An die Flossenachse schließen beiderseitig die Flossenstrahlen an. Auf diesen eigenartigen Flossen kann sich der Australische Lungenfisch auch an Land bewegen. Sein Lebensraum sind die schlammigen, im Sommer teils austrocknenden Flußläufe des Bennet und Mary in Queensland. Die Lungensäcke ermöglichen den Tieren das Übersommern in einer Zeit, wo das Wasser kaum noch Sauerstoff enthält.

**Australischer Lungenfisch**

# Lurche, zu Lande und zu Wasser

Die heute lebenden Lurche (Amphibien) stellen nur einen Bruchteil der Gruppe dar, die im Karbon, also vor etwa 270 bis 350 Mill. Jahren, ihren Höhepunkt erreichte. Wenn wir die heute lebenden Vertreter der Lurche miteinander vergleichen, lassen sich diese in drei von der Entstehung her eigenständige Gruppen einteilen. Die Schwanzlurche sind von eidechsenartiger Gestalt, mit langem Schwanz und mit zwei kurzen Gliedmaßenpaaren. Die Froschlurche sind schwanzlos und mit längeren Hintergliedmaßen. Eine dritte Gruppe bilden die Blindwühlen mit schlangenartigem Körperbau und fehlenden Gliedmaßen. Alle besitzen eine von zahlreichen Drüsen durchsetzte glatte Haut, der eine große Bedeutung als Atmungsorgan zukommt. Mit Ausnahme einiger Blindwühlen machen die Lurche ein larvales Stadium durch, in dem sie auf Kiemenatmung angewiesen sind.

molchartigen Kopf und besitzen Innenkiemen, deren Öffnungen an beiden Seiten des Kopfes sitzen. Weiterhin sind sie mit einem Ruderschwanz ausgestattet, der zur Fortbewegung im Wasser dient, in das sie sich unmittelbar nach der Geburt begeben. Gegen Ende ihrer larvalen Entwicklung verschwindet der Schwanz, die Kiemenöffnungen verschließen sich, und die jungen Blindwühlen beginnen über Lungen zu atmen. Sie kriechen an Land, wo sie ihr weiteres Leben eingewühlt in der Erde verbringen. Einige Arten leben allerdings ständig im Wasser.

### Gefleckter Furchenmolch
*Necturus maculosus*

Als weiteres Beispiel soll der von Südkanada bis zum Mexikanischen Golf verbreitete Gefleckte Furchenmolch angeführt werden. Es sind langsame, schwerfällige Geschöpfe, die eingefangen Bell- und Schnarrtöne von sich geben. Die Furchenmolche sind Nachttiere, die sich tagsüber unter Steinen verborgen halten oder in den Schlamm bohren. Im Halbdunkel des Bodenpflanzengewirrs jagen sie Würmer, Insektenlarven, Kleinkrebse und -fische auch bei Tage. Den Winter verbringen

**Ringelwühle**

**Gefleckter Furchenmolch**

sie schlafend, noch vor Beginn des Winterschlafes erfolgt die Paarung. Die Eier werden jedoch erst im nächsten Frühjahr gelegt. Das Weibchen behütet mitunter nur wenige, in Ausnahmefällen jedoch über 800 Eier umfassende Gelege, bis die Jungen geschlüpft sind.

**Axolotl** *Ambystoma mexicanum*

Der Axolotl ist ein beliebtes Aquarientier, das oft für Forschungszwecke gezüchtet wird. Freilebend kommt dieser Querzahnmolch nur im Xochilmilco-See, nahe von Mexiko-City vor. Seine Vermehrung erfolgt in larvalem Zustand (Neotonie). Es gelingt jedoch, Axolotl zu züchten, wenn dem Futter Schilddrüsenhormone beigemengt werden.

**Ringelwühle** *Siphonops annulatus*

Die Ringelwühle ist eine vor allem in Südamerika verbreitete Blindwühle. Nur ausnahmsweise kommt sie an der Erdoberfläche vor. Männchen und Weibchen unterscheiden sich kaum voneinander. Das Begattungsorgan der Männchen kann aus der Kloake ausgestülpt werden, so daß bei den Blindwühlen im Unterschied zu anderen Lurchen eine innere Befruchtung erfolgt. Das Weibchen legt dann eine geringe Anzahl verhältnismäßig großer Eier, rollt seinen Körper um das Gelege und verharrt in dieser Stellung, bis die Larven ausgeschlüpft sind. Diese gleichen ihren Eltern in keiner Weise. Ihre Augen sind normal entwickelt, sie haben einen

**Axolotl**

**Bergmolch**

## Bergmolch *Triturus alpestris*

Die Molche unterscheiden sich von den mit ihnen verwandten Salamandern vor allem durch den seitlich abgeplatteten Schwanz. Die meiste Zeit ihres Lebens verbringen die Molche an Land, kehren jedoch zur Fortpflanzungszeit ins Wasser zurück. Den Männchen wachsen in dieser Zeit oft bunte häutige Rückenkämme. Manche Arten verlassen das Wasser sehr bald wieder, andere verbleiben länger darin. Der Bergmolch ist in West- und Mitteleuropa zu Hause. Von seinen Wohnstätten, sauberen stehenden Gewässern, ergreift er bereits im April Besitz und verläßt sie von allen Molchen als letzter erst im August. In dieser Zeit haben die Männchen bereits ihre Rückenkämme verloren, die Haut wird rauh, und sie verbringen die Zeit versteckt unter Steinen, Baumstrünken oder anderen feuchten Stellen, mitunter sogar weitab vom Wasser. Der saisonbedingte Geschlechtsunterschied zwischen Molchmännchen ist so enorm, daß man die im Frühjahr beobachteten Molche für eine andere Art halten könnte, wenn man sie im Herbst, diesmal an Land, wiedersieht.

## Feuersalamander *Salamandra salamandra*

Der Feuersalamander ist durch seine Färbung wohl der auffallendste aller europäischen Lurche. Während die im östlichen Teil des Verbreitungsgebietes lebenden Fortpflanzungsgemeinschaften auf dem schwarz glänzenden Kör-

per unregelmäßige orangegelbe Flecke zeigen, ist bei den Tieren aus dem westlichen Teil des Verbreitungsgebietes diese Fleckung zu Längsstreifen verschmolzen. Die Salamander sind Nachttiere, die am Tag höchstens bei Regen ihre Verstecke verlassen, um nach Schnecken und Würmern zu jagen. Im Unterschied zu den Molchen erfolgt die Paarung der Salamander an Land. Das Weibchen legt bereits lebende Larven, also keine Eier, ins Wasser ab.

## Japanischer Riesensalamander *Megalobatrachus japonicus*

Der Japanische Riesensalamander ist der größte aller Lurche. Er erreicht eine Länge von rund 1,5 m. Seine Heimat sind die Gebirgsbäche Japans. Im August und September ziehen die Weibchen zu ihren Laichplätzen und legen dort in ausgegrabene Mulden etwa 500 Eier ab. Erst dann kommen die Männ-

**Feuersalamander**

chen, die die Eier befruchten und in ihre Obhut nehmen. Nach 8–10 Wochen schlüpfen aus den Eiern Larven, die freischwimmend im Wasser leben. Erst nachdem sie eine Länge von 20–25 cm erreicht haben, verschwinden ihre Außenkiemen, und sie gehen zum Leben am Boden der Fließgewässer über.

**Japanischer Riesensalamander**

# Frösche und Kröten

Unter den Lurchen stehen die Frösche und Kröten auf der höchsten Entwicklungsstufe. Es ist beachtlich, daß diese Ordnung trotz der Vielzahl ihrer Arten — es sind mehr als tausend — einen einheitlichen Körperbau bewahrt hat, der vor allem durch die verlängerten Hintergliedmaßen gekennzeichnet ist. Diese sind es auch, die der Mehrzahl der Frösche ihre charakteristische Fortbewegungsweise ermöglichen — das Springen. Die Frösche haben auch von allen Lurchen den höchsten Anpassungsgrad an das Leben an Land erreicht. Es gibt nur einige wenige Arten, die ihr ganzes Leben im Wasser verbringen. Die Mehrzahl hält sich außerhalb der Fortpflanzungszeit ständig auf dem Land auf, wenn auch mit Vorliebe an feuchten Stellen, oder kommt erst in der Dämmerung, wenn die Luftfeuchtigkeit ansteigt, aus ihren Verstecken. Es gibt jedoch auch Arten, die sich vom feuchten Element völlig gelöst haben und bei denen selbst die Vermehrung an Land erfolgt. Die Frösche haben wohl, mit Ausnahme der Meere, alle Biotope besiedelt. Im Norden kommen sie stellenweise noch nördlich des Polarkreises vor, im Süden Amerikas sind sie bis nach Patagonien zu finden. Nur auf den Gipfeln der Hochgebirge, in den Wüsten sowie auf einigen Inseln im Pazifik sucht man vergeblich nach Froschlurchen. Eine ganze Reihe von Arten hat sich an das Baumleben angepaßt, und bei manchen haben sich sogar die stark vergrößerten Schwimmhäute an den langen Zehen in eine Art Fallschirm umgewandelt, der die Überwindung kleinerer Entfernungen von Baum zu Baum im Gleitflug ermöglicht. Andere Arten sind nahezu dauernd in der Erde vergraben oder leben in Termitenbauten, wo für sie der Tisch stets reich gedeckt ist. Die Haut der Frösche ist glatt, warzig oder sogar dornig. Viele Froscharten können ihre Farbe verändern und sich durch eine Tarnfärbung der Umgebung anpassen. Die Haut der Frösche sondert ein Sekret ab, das starke Schleimhautreizungen, besonders in der Mundhöhle, hervorruft. Diese Einrichtung schützt die Frösche vor so manchem Feind. Wessentlich intensiver wirkt das Sekret einiger Arten jedoch, wenn es ins Blut gelangt. Eine verhältnismäßig kleine Menge kann den Tod herbeiführen. Dashalb wird das Sekret dieser Frösche in Südamerika als Pfeilgift verwendet.

### Laubfrosch *Hyla arborea*
Die Laubfrösche sind Baumbewohner und halten sich oft hoch in den Laubkronen auf. Dafür sind sie auch gut ausgestattet. An den Zehenenden haben sie nämlich ballen- oder saugnapfförmige Haftscheiben, mit denen sie sich selbst an glatten Blättern festhalten können. Die meisten Laubfroscharten sind in den Tropen daheim, der größte Artenreichtum herrscht in Südamerika und in Australien. In den gemäßigten Zonen der Alten Welt kommt nur eine einzige Art vor, unser mitteleuropäischer Laubfrosch. Er ist vor allem in wärmeren Niederungen anzutreffen, steigt jedoch stellenweise bis ins Gebirge empor. Im Frühjahr zur Vermehrungszeit ziehen die Laubfrösche zu ihren Laichgewässern, von wo dann am Abend das laute, durch die kehlständige Schallblase verstärkte Quaken der Männchen erschallt. Niemand würde für möglich halten, daß ein so kleiner Frosch so laute Töne von sich geben kann. So gut die Laubfrösche zu hören sind, so schwer sind sie zu sehen. Sie können sich nämlich durch Farbwechsel so an ihre Umgebung anpassen, daß sie im Blattwerk der Bäume und Sträucher praktisch unsichtbar sind. Je nach der umgebenden Farbe kann der Laubfrosch grün, bräunlich, gelbgrün, ja sogar blaugrün sein. Zur eigentlichen Vermehrung begeben sich die Laubfrösche ins Wasser, wo das Weibchen seine Eipakete auf dem Boden ablegt. Nach einigen Tagen schlüpfen aus den Eiern lebhafte, goldglänzende Kaulquappen, die sich innerhalb von 2 Monaten zu kleinen Laubfröschen umwandeln. Ihre weitere Entwicklung verläuft jedoch langsam, und sie erreichen erst mit 4 Jahren die Geschlechtsreife.

**Laubfrosch**

**Ochsenfrosch**

**Wechselkröte** *Bufo viridis*
Von der Wechselkröte kann man mit vollem Recht behaupten, daß sie zu den farblich schönsten Froschlurchen zählt. Es sind wohl kaum zwei völlig farbgleiche Exemplare zu finden. Das Verbreitungsgebiet der Wechselkröte reicht von Nordafrika über ganz Europa bis nach Mittelasien, wobei sie ebenso an Trockenstellen, wie z. B. in der Steppe, vorzufinden ist wie in

**Ochsenfrosch** *Rana catesbeiana*
Dies ist der größte nordamerikanische Frosch. Erwachsene Exemplare erreichen eine Körperlänge bis zu 20 cm. Lieblingsaufenthaltsorte der Ochsenfrösche sind Teiche, Sümpfe und langsam fließende Gewässer. Dort liegen sie im Wasser oder am Ufer und lauern auf vorbeikommende Insekten, Larven, Würmer, Spinnen, Krebs- oder Weichtiere. Der Ochsenfrosch kann jedoch auch größere Tiere erbeuten. Aus Magenresten geht hervor, daß auch Frösche, kleine Schildkröten, Alligatorenjunge und sogar Schlangen, einschließlich der giftigen Arten, zu seiner Nahrung gehören. Besonders große Exemplare fangen mitunter auch Mäuse oder junge Enten.
Die Artbezeichnung des Ochsenfrosches ist von seinen Lautäußerungen hergeleitet. Während der Paarungszeit lassen die Männchen dumpfe, weithin tönende Brüllaute erschallen, die sie drei- oder viermal in wenigen Sekunden wiederholen, um nach einer etwa 5 Minuten langen Ruhepause erneut zu beginnen. Das Weibchen legt bis zu 25 000 Eier, die zwischen den Wasserpflanzen an die Olerfläche schwimmen. Etwa nach 1 Woche schlüpfen die Kaulquappen aus. Ihre weitere Entwicklung verläuft dann allerdings wesentlich langsamer und kann mitunter 2 Jahre dauern.

**Rotbauchunke** *Bombina bombina*
Die Gattung der Unken umfaßt vier Arten, die nur in der Alten Welt zu Hause sind. Es handelt sich, wenigstens von oben aus betrachtet, um kleine unauffällige Froschlurche. Ihr Rücken ist grau oder graugrün und stellt eine ausgezeichnete Tarnfärbung für das auf der Wasseroberfläche schwimmende oder im Ufersumpf sitzende Tier dar. Werden sie erschreckt, nehmen die Unken jedoch die sog. Kahnstellung ein, bei der die rotgelben Flecken der Bauchseite als Warnfarbe zur Geltung kommen. Dazu heben sie den Kopf, biegen den Rücken durch und verschränken die Gliedmaßen über dem Körper. Mitunter wirft sich die Unke sogar schnell auf den Rücken und erschreckt so den Feind mit den orangefarbenen Bauchflecken. Gleichzeitig scheidet sie aus der höckrigen Haut ein weißliches Giftsekret aus, das auf den Schleimhäuten des Feindes eine starke Reizung hervorruft.
Im Frühjahr, wenn die Unken ihre Winterquartiere verlassen, versammeln sie sich an den Tümpeln. Da die Paarung praktisch den ganzen Sommer dauert, sind sie nahezu ständig im Wasser zu finden. Die Männchen lassen ein melodisches, verhältnismäßig leises Unkenhören. Oft gesellen sich die Tiere zu großen Gemeinschaften, und es scheint, als würde ihre monotone Stimme von überall her erklingen. Ihre Urheber bleiben jedoch wegen ihrer Tarnfärbung meist unsichtbar.

**Wechselkröte**

Wassernähe. Zur Paarungszeit, also im Frühjahr, ziehen die Wechselkröten von weit her zu den Laichgewässern, wo sie ihre Eier ablegen. Die Wechselkröten halten sich im Wasser wesentlich länger auf als andere Krötenarten; mitunter über 1 Monat. In dieser Zeit sind dann die hellen trillernden Stimmen der Männchen zu vernehmen.
Die Wechselkröte begibt sich erst nach Einbruch der Dunkelheit auf die Nahrungssuche. Obwohl der Bau ihrer Hintergliedmaßen durchaus Sprünge erlaubt, bewegt sie sich meist langsam kriechend vorwärts. Ihre Beute sind Insekten, Würmer und Schnecken, und deshalb ist sie ein außerordentlich nützliches Tier. Die Wechselkröte jagt ausschließlich in Bewegung befindliche Beutetiere, da ihre Augen nur auf Bewegungen ansprechen. Ende September, Anfang Oktober kriechen die Wechselkröten in Erdlöcher, Felsspalten und ähnliche Verstecke, in der Regel weit entfernt vom Wasser. Mitunter sind sie an Stellen zu finden, wo es ganz unwahrscheinlich erscheint, daß sie überhaupt hingelangt sind, z. B. in hohlen Bäumen.

**Rotbauchunke**

77

# Kriechtiere

Die heute lebenden Kriechtiere (Reptilien) stellen nur einen sehr kleinen Überrest einer in früheren Erdzeitaltern außerordentlich reichen und vielgestaltigen Gruppe dar, die einst nicht nur das Festland, sondern auch alle Meere unseres Planeten bevölkerte. Die Kriechtiere sind im Karbon entstanden, also vor rund 200 bis 250 Mill. Jahren, und ihr „goldenes" Zeitalter währte bis vor etwa 60 Mill. Jahren. Dann wurden sie von den Klassen der Vögel und Säugetiere verdrängt und sind bis auf vier bis heute erhaltene Gruppen ausgestorben.

schen Zeitalter der Erde ihre Blütezeit erlebt. Deshalb sind auch so viele Formen zu finden, die sich in ihrem Äußeren mitunter wesentlich voneinander unterscheiden, wenngleich ihre grundlegenden, für die Beurteilung des entwicklungsmäßigen Verwandtschaftsgrades wesentlichen anatomischen Merkmale gleich sind. Die Mehrzahl der Kriechtiere ernährt sich von tierischer Kost, Ausnahmen bilden nur einige Schildkröten und Leguane. Doch auch diese vorwiegend pflanzenfressenden Kriechtiere verschmähen Fleisch nicht grundsätzlich. Gegenwärtig sind etwa 6000 lebende Kriechtierarten bekannt. Das sind jene, die imstande waren, sich gegen die Konkurrenz höherer Wirbeltiere über Millionen von Jahren durchzusetzen.

Schädels. Am Scheitel befindet sich eine Öffnung, über der das dritte Auge, das sog. Parietalauge, angeordnet ist. Dieses weist sowohl eine Linse als auch eine Netzhaut auf, es fehlt jedoch die Regenbogenhaut. Bei alten Tieren ist die Kopfhaut verdickt und das Auge verdeckt, so daß das Licht nicht zum Gehirn gelangt.

Die Brückenechse war früher in ganz Neuseeland recht häufig, heute kommt sie nur auf einigen Felseninseln an der nordöstlichen Küste der Nordinsel und in der Cookstraße zwischen der Nord- und Südinsel vor. Dank der strengen Schutzmaßnahmen seitens der Regierung nehmen die Bestände in den letzten Jahren wieder zu. Die Brückenechsen graben keine eigenen Baue, sondern bewohnen in der Regel die Erdhöhlen der Sturmvögel. Nicht selten kommt es vor, daß Brückenechse und Sturmvogel gemeinsam in einem Bau hausen. Die Brückenechsen vermehren sich durch Eier. Die Paarung erfolgt im Januar, aber erst im Oktober oder Dezember legt das Weibchen in flache Erdlöcher 5—15 Eier ab. Die Entwicklung der Embryos verläuft sehr langsam; die Jungen schlüpfen erst nach 12—15 Monaten.

**Brückenechse**

Die älteste noch lebende Ordnung ist durch eine einzige Art, die Brückenechse, vertreten. Weitere Ordnungen bilden Schildkröten, Krokodile und Schuppenkriechtiere, zu denen die Echsen, Chamäleons und Schlangen gehören. Vielleicht wird den einen oder anderen Leser überraschen, daß zwischen Eidechsen und Schlangen eine so enge verwandtschaftliche Beziehung besteht. Die Schuppenkriechtiere sind jedoch die einzige Kriechtiergruppe, die im gegenwärtigen geologischen Zeitalter der Erde ihre Blütezeit.

**Brückenechse** *Sphenodon punctatus*
Die Brückenechse ist der einzige lebende Vertreter der Urschuppensaurier, primitiver Kriechtiere, die vor rund 170 Mill. Jahren in vielen Arten über unsere Erde verbreitet waren. Ihr Körperbau weist eine Reihe interessanter Merkmale auf. So ist z. B. ihre Wirbelsäule aus endständig ausgebuchteten Wirbeln aufgebaut, und an den Rippen befinden sich hakenförmige Ausläufer, an denen die Muskeln ansitzen. Ungemein interessant ist der Bau des massiven

### Mississippi-Alligator
*Alligator mississippiensis*
Alligatoren sind die amerikanischen Vertreter der Krokodile. Sie bewohnen den Südosten der Vereinigten Staaten. Am zahlreichsten waren sie früher im Flußgebiet des Mississippi. Wegen ihrer Haut wurden die Alligatoren allerdings so stark bejagt, daß sie an zahlreichen Stellen völlig ausgerottet wurden. Wo sie noch vorkommen, stehen sie daher unter strengem Schutz.
Zur Paarungszeit lassen die Männchen ein dumpfes Brüllen vernehmen. Noch mehr Anziehungskraft übt auf die Weibchen allerdings das Sekret der an Hals und Kloake sitzenden Duftdrüsen aus. Nach der Begattung baut das Weibchen ein Nest, indem es einen großen Haufen faulender Pflanzen zusammenträgt. In dieses werden die Eier gelegt und bewacht, bis die Jungen ausschlüpfen. Diese geben dabei pfeifende und quäkende Töne von sich. Daraufhin beseitigt das Weibchen die Pflanzenschicht und macht dadurch den Jungen den Weg ins Wasser frei.

**Mississippi-Alligator**

**Komodo-Waran**

**Komodo-Waran** *Varanus komodoensis*
Der größte Waran und zugleich der größte Angehörige der Ordnung der eigentlichen Schuppenkriechtiere ist der Komodo-Waran. Seine Heimat sind die Inseln Komodo, Rintja, Padar und Flores im Archipel von Indonesien. Er kann eine Körperlänge von 3,5 m und ein Gewicht von 150 kg erreichen. Die Europäer haben diesen Riesen erst 1912 entdeckt, die Eingeborenen der Sundainseln kannten ihn jedoch sehr gut. Nach ihren Berichten können die Warane auch dem Menschen gefährlich werden. Es sind jedoch nur zwei Fälle bekannt, in denen ein Waran Menschen angriff. Einmal verfolgte ein Tier drei Jungen und tötete einen von ihnen, im zweiten Fall wurde ein Mann angegriffen, der einen erlegten Hirsch auf dem Rücken trug. Dabei bildete wahrscheinlich jedoch das Wild den Angriffsgrund, da die Warane mit Vorliebe Fallwild aufnehmen. Wer Warane beobachten oder fotografieren will, legt in der Regel einen erlegten Hirsch oder ein Schwein als Köder aus, woraufhin sich die Warane alsbald in großer Zahl zum Fressen einfinden.

**Ostafrikanisches Dreihornchamäleon**
*Chamaeleo jacksonii*
Die Chamäleons fesseln die Aufmerksamkeit der Beobachter gleich durch mehrere Besonderheiten. Die Füße sind greifzangenähnlich umgewandelt, die ein sicheres Festhalten und Fortbewegen in den Zweigen gewährleisten. Die Chamäleons haben große, hervorstehende Augen, die beschuppten, ringförmigen Lider sind verwachsen und lassen nur eine kleine runde Öffnung für die Pupille frei. Diese Augen können unabhängig voneinander bewegt werden. Das Chamäleon kann also evtl. mit einem Auge nach vorn und mit dem anderen zugleich nach hinten blicken. Bekannt ist das Farbwechselvermögen, das eine wesentlich schnellere Farbänderung möglich macht, als bei anderen Tieren, die gleichfalls diese Eigenschaft besitzen. Höchst interessant ist auch die Art und

**Ostafrikanisches Dreihornchamäleon**

Weise der Beuteaufnahme. Das Chamäleon läßt die Zunge bis zu einer Entfernung in Körperlänge vorschnellen. Bei manchen Arten ist die Zunge am Ende klebrig und mit einer Greifvorrichtung versehen. Manche Chamäleonarten tragen bizarre Auswüchse wie z. B. Helme und Hörner am Kopf. Das in Ostafrika lebende Dreihornchamäleon trägt sogar drei solcher Hörner am Vorderkopf.

**Gila-Krustentier** *Heloderma suspectum*
Nur zwei der 3000 bekannten Eidechsenarten sind giftig — das Gila-Krustentier und die Skorpion-Krustenechse. Sie sehen einander recht ähnlich und wohnen in den Wüstengebieten des Südwestens der Vereinigten Staaten und den angrenzenden Gebieten Mexikos. Der Name des Gila-Krustentiers ist vom Gila-Becken in Arizona hergeleitet, wo es besonders häufig ist. Es kann bis zu 80 cm lang werden. Im Unterschied zu den Schlangen befindet sich der Giftzahn dieser Echsen im Unterkiefer. Das Gift dringt nur dann in die Wunde ein, wenn die Echse, nachdem sie sich festgebissen hat, die Kiefer hin und her bewegt. Das Gift ist hochwirksam, und es sind — wenngleich sehr selten — Fälle eines tödlichen Bisses auch bei Menschen bekannt. Die Krustentiere sind nämlich recht ruhige Geschöpfe und beißen nur bei starker Reizung.

**Gila-Krustentier**

# Echsen verschiedener Formen und Farben

**Perleidechse**

**Mauereidechse**

**Perleidechse** *Lacerta lepida*
Ihre Heimat ist Südfrankreich, die Iberische Halbinsel und Nordafrika. Dort lebt sie an strauchbewachsenen Stellen und sucht mit besonderer Vorliebe Olivenhaine auf. Sie versteht sich geschickt auf das Klettern und rettet sich vor Feinden auch einmal auf einen Baum, wenn sie nicht mehr ihren Bau erreichen kann. In der Regel erreicht sie eine Körperlänge von 60–70 cm, wovon etwa zwei Drittel auf den Schwanz entfallen. Auf der Iberischen Halbinsel wurden jedoch auch schon größere Exemplare festgestellt. Das größte bekannte Tier war ein Weibchen, das von der Nase bis zur Schwanzspitze 90 cm maß. Die Männchen pflegen kleiner zu sein, ihr Kopf ist jedoch robuster und die Schwanzwurzel kräftiger aufgetrieben. Die Perleidechse ist ein sehr schneller Läufer. Das geht u. a. auch aus einer Begebenheit hervor, die sich in Südfrankreich zugetragen hat. Ein Fotograf wollte eine Perleidechse aufnehmen, und da er ihre Schnelligkeit kannte, brachte er sie in die Mitte eines Fußballplatzes, um dort seine Bilder zu schießen. Dem sahen einige Sportler zu, die gerade auf dem Platz trainierten. Die Echse versuchte natürlich zu entkommen und floh so rasch, daß es einem der zusehenden Sprinter erst am Rande des Platzes gelang, das Tier einzuholen.

**Mauereidechse** *Lacerta muralis*
Die Mauereidechse ist die wohl häufigste im Mittelmeergebiet lebende Art, die auch nach West- und Mitteleuropa übergreift. Die Weibchen haben eine weißliche Bauchseite, bei den Männchen ist diese hingegen rot mit eingesprengten blauen Flecken. Die Bezeichnung Mauereidechse ist für den Lebensraum sehr zutreffend. Sie klettert ausgezeichnet und versteht sich mit den langen, scharfen Krallen geschickt am rauhen Mauerwerk festzuhalten, so daß sie spielend auch an senkrechten Mauern hoch läuft. Ihre bevorzugten Standorte sind Weinberge und Gärten Südeuropas.

**Smaragdeidechse** *Lacerta viridis*
Die Smaragdeidechse lebt in Südeuropa, wobei ihr Verbreitungsgebiet ostwärts bis in die Ukraine und nördlich bis in die wärmeren Gebiete Mitteleuropas reicht. Auf den Kanal-Inseln ist sie noch anzutreffen, in Großbritannien jedoch nicht mehr. Versuche, sie z. B. in Südengland einzubürgern, wo subtropische Pflanzen gut gedeihen, sind durchweg fehlgeschlagen.
In Mitteleuropa wurde die Smaragdeidechse an vielen Stellen ausgerottet, die Restvorkommen stehen unter Naturschutz.

**Smaragdeidechse**

## Tüpfelskink *Eumeces schneideri*

Die Skinke sehen wie langschwänzige Eidechsen mit glatten kleinen Schuppen aus. Ihre Gliedmaßen sind schwach, mitunter verkümmert bzw. völlig zurückgebildet. Sie kommen ebenso im feuchten Humus der Urwälder als auch im Wüstensand vor. Manche Arten der Sandwüsten werden auch als „Sandfische" bezeichnet. Nicht völlig zu Unrecht, denn sie bewegen sich dermaßen flink im lockeren Sand, als ob sie schwimmen würden. Zu den häufigeren Arten gehört z. B. der in Nordafrika und Mittelasien lebende langbeinige Tüpfelskink.

Scheltopusik

Tüpfelskink

## Scheltopusik *Ophisaurus apodus*

Auf den ersten Blick gleicht der Scheltopusik einer Schlange, gehört ober dennoch zu den Eidechsen. Seine nächsten Verwandten sind die Warane. Der Scheltopusik, auch Panzerschleiche genannt, hat unter den Schuppen Knochenplättchen, die seinen Körper wie ein Panzer umschließen. Um eine Ausdehnung des Leibes z. B. beim Atmen oder bei der Nahrungsaufnahme zu ermöglichen, befinden sich an den Flanken Hautfalten, die eine dehnbare Rinne bilden. Diese Einrichtung verhindert, daß der durchgehende Knochenpanzer Nachteile mit sich bringt. Der Scheltopusik ist in Südeuropa und Südwestasien zu Hause.

Texas-Krötenechse

## Texas-Krötenechse
*Phrynosoma coronatum*

Die wohl sonderbarsten Vertreter der Familie der Leguane sind die Krötenechsen. Sie haben einen kurzen, dicken, froschähnlichen Leib, einen runden Kopf mit breitem Maul und einen kurzen Schwanz. Der Körper ist mit dornartigen Schuppenbildungen versehen. Die Krötenechsen sind tagsüber aktiv, bewegen sich verhältnismäßig langsam und ernähren sich deshalb hauptsächlich von Wüstenkäfern und Ameisen. Sie gebären lebende Junge. Ein Wurf umfaßt in der Regel 6—12 Jungtiere, die ihren Eltern schon sehr ähneln. Nur ihre Dornen sind noch nicht entwickelt, werden jedoch bereits durch scharfe Hauthöcker angedeutet.

## Rotkehlanolis *Anolis carolinensis*

Die größte Gruppe der Leguan-Familie stellen die Anolis dar. Sie verfügen, ähnlich wie die Chamäleons, über ein beachtliches Farbwechselvermögen und werden deshalb häufig als amerikanische Chamäleons bezeichnet, wenngleich sie zu den echten Chamäleons in keiner verwandtschaftlichen Beziehung stehen. Die Anolis sind Baumtiere. Jedes Männchen verteidigt sein Revier gegenüber anderen Männchen, die ihm dieses streitig machen, durch Aufstellen seines roten Kehlwulstes. Wenn das erfolglos bleibt, kommt es zum Kampf. Der Sieger behält seine grüne Farbe bei, während sich der Verlierer braun verfärbt und das Feld räumt.

Rotkehlanolis

# Schlangen

Schlangen (Serpentes) sind Kriechtiere ohne Gliedmaßen, aber auch unter den Echsen gibt es Arten, die keine Beine besitzen. Da die Gliedmaßen zurückgebildet sind, erübrigt sich eine Differenzierung der Wirbelsäule und es genügt eine Gliederung in zwei Abschnitte — Rumpf und Schwanz. Sämtliche Rumpfwirbel tragen bewegliche Rippen, deren freie Enden an den Bauchschienen angeheftet sind. Durch Zusammenziehen der Hautmuskeln wird die Bewegung, das Kriechen der Schlange, bewirkt. Die bewegliche Verbindung der Kieferknochen sowie einiger anderer Schädelknochen ermöglicht das Ergreifen und Verschlucken großer Beutestücke. Die einzelnen Knochen sind miteinander durch stark

dehnbare Bänder verbunden. Zahlreiche Schlangen haben im Oberkiefer Giftzähne. Diese sitzen bei manchen Arten weit vorn, bei anderen hinten im Oberkiefer. Die Giftzähne sind größer als die gewöhnlichen Zähne und haben einen Giftkanal oder eine Giftrinne, durch die das Sekret in den Körper des Opfers gelangt. In einigen Fällen ist sowohl ein Giftkanal als auch eine -rinne vorhanden. Das Mittelohr ist im Unterschied zu den meisten Echsen reduziert, so daß die Schlangen nichts hören. Sie können auch nicht die Augen schließen. Die Lider sind verwachsen und durchsichtig. Die alte Haut streifen die Schlangen von Zeit zu Zeit ab. Beim Häuten werden auch die zusammengewächsenen Augenlider abgestreift.

## Riesenschlangen

Die größten Schlangen gehören der Familie der Riesenschlangen an. Bei zahlreichen Vertretern dieser Gruppe sind am Skelett noch Überreste der Beckenknochen und der Hinterbeine zu finden. Diese Schlangen sind nicht giftig, sondern töten ihre Opfer durch Erdrücken. Sie beißen sich fest und umschlingen die Beute mit ihrem Körper. Die auf diese Weise getötete Beute wird von der Riesenschlange im ganzen verschlungen. Die bekanntesten Riesenschlangen sind Boas und Pythons. Sie unterscheiden sich, abgesehen von anderen Merkmalen, besonders durch ihre Fortpflanzungsart. Während Boa-Schlangen lebendgebährend sind, legen die Pythons Eier.

### Anakonda *Eunectes murinus*
Wohl keine Schlangenart ist so sehr von Legenden und abenteuerlichen Erzählungen umwoben wie die Anakonda. Über ihre Größe wurde schon viel geschrieben, ebenso darüber, daß sie einen Menschen verschlingen könne. Reisende und Indianer behaupten, Anakondas von 12 m Länge gesehen zu haben. Das größte bisher nachweisbar bekannte Exemplar maß jedoch „nur" 9,40 m. Der New Yorker Zoo wollte den Meinungsverschiedenheiten um die Körperlänge der Anakondas ein Ende bereiten und hat deshalb eine Fangprämie von 5000 Dollar für ein über 10 m langes Exemplar ausgeschrieben. Bis heute hat sich jedoch noch niemand für die Auszahlung dieses Betrages gemeldet. Dennoch ist die Anakonda zweifellos ein Riese unter den Schlangen. Ein 8 m langes Tier wiegt mehr als 150 kg. Bisher wurden einwandfrei nur zwei Fälle eines Überfalles auf Menschen bekannt. Besonders die Behauptung, daß Anakondas ihre Opfer verschlingen und dann wieder ausspeien, ist in keiner Weise belegt. Die Anakondas gebären, wie alle Boa-Schlangen, lebende Junge. Der Wurf umfaßt 20—40, mitunter jedoch auch mehr als 100 Junge. Jedes mißt rund 80 cm.

### Abgottschlange *Boa constrictor*
Die Abgott- oder Königsschlange bewohnt die bewaldeten und strauchbewachsenen Gegenden Süd- und Mittelamerikas. Sie hält sich vornehmlich zu ebener Erde auf, nur junge Tiere klettern gern. Eine erwachsene Abgottschlange erreicht eine Länge von etwa 5 m und ernährt sich vorwiegend von kleineren Wirbeltieren. Nur ausnahmsweise fallen ihr auch junge Huftiere zum Opfer. Boas sind allgemein recht friedfertige Schlangen, die ohne Anlaß

Anakonda

**Abgottschlange**

Felsenpython, der eine Länge von 6 m erreichen kann, obwohl die meisten Exemplare nur etwa 4 m lang werden. Dem Felsenpython wird leider fast überall stark nachgestellt. Nur in einigen westafrikanischen Ländern wird er als heilig verehrt und geschützt. Heute steht der Felsenpython auf der Liste der vom Aussterben bedrohten Tiere und

niemals Menschen angreifen. Die Eingeborenen wissen das sehr gut und haben deshalb keine Angst vor ihnen. Die Boas statten übrigens gern Hühnerställen Besuche ab, wo sie es vor allem auf Ratten abgesehen haben. Kleine Exemplare werden von den Indianern gezähmt und als Haustiere gehalten, die lästige Nagetiere vertilgen. Zahme Schlangen genießen vollen Schutz, und niemand darf ihnen etwas zuleide tun.

**Felsenpython** *Python sebae*
Südlich der Sahara lebt die bekannteste der afrikanischen Riesenschlangen, der

**Netzphyton** *Python reticulatus*
Die feuchten Gegenden Südostasiens sind die Heimat der längsten Schlange der Erde – des Netzphytons. Sie erreicht aber nicht das Körpergewicht der Anakonda. Das längste bisher bekannte Exemplar mißt 9,75 m. Eine so große Schlange kann auch verhältnismäßig große Beutetiere verschlingen. Bekannt

**Felsenpython**

ist unter Naturschutz gestellt. Die Einhaltung der Schutzmaßnahmen ist jedoch nur schwer zu kontrollieren.
Die Phytonschlangen legen im Unterschied zu den Boas Eier. Das Weibchen legt sie in eine sorgsam ausgewählte Höhle und rollt seinen Körper um das Gelege. Die Eier werden auf diese Weise nicht nur vor Feinden geschützt, sondern auch auf der für die Entwicklung der Jungen günstigsten Temperatur gehalten.

sind Fälle, in denen Netzphytons ein ganzes Schwein oder einen Sambara-Hirsch heruntergewürgt haben.
Auch der Netzphyton umschlingt sein Gelege mit dem Körper und verbleibt bei ihm, bis die Jungen nach 2–3 Monaten ausschlüpfen. Nur ab und zu entfernt sich das Weibchen vom Nest, um zu trinken. Bei ihrer Geburt messen die Jungen etwa 60–70 cm und wachsen in den ersten Lebensjahren außerordentlich rasch.

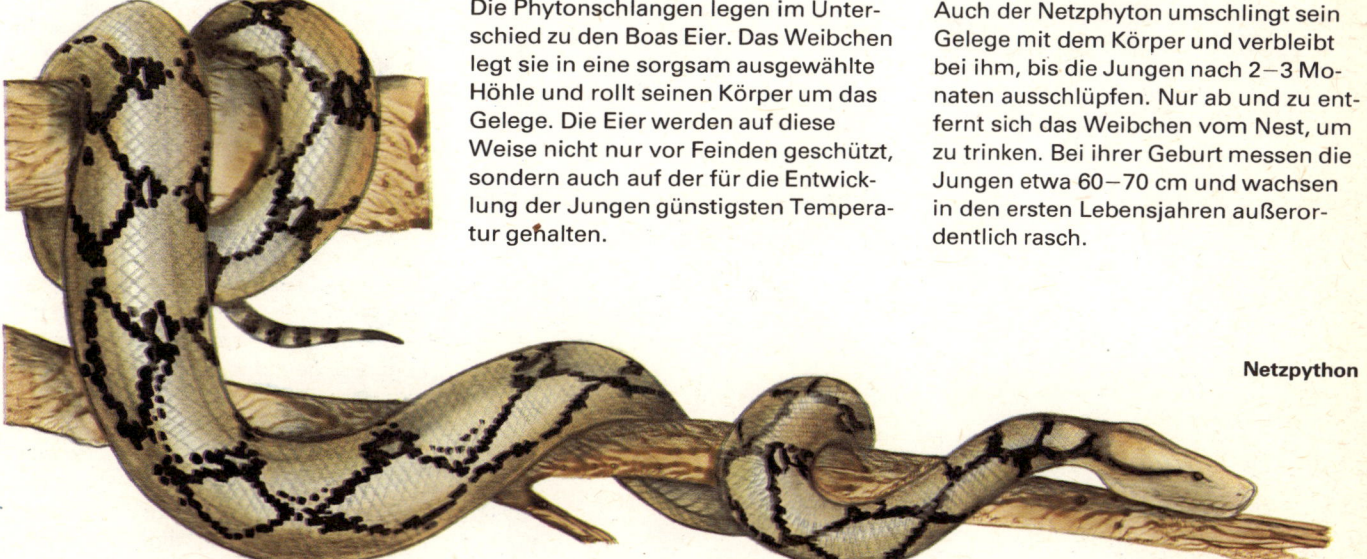

**Netzpython**

# Ottern und Klapperschlangen

Bei Ottern und Klapperschlangen befinden sich die hohlen Giftzähne im Vorderteil des Oberkiefers. In den Zahn mündet eine Giftdrüse, und das Gift wird beim Biß durch eine Öffnung an der Vorderseite des Zahnes eingespritzt. Es enthält vornehmlich Stoffe, die das Blut zerstören oder gerinnen lassen. Die Ottern bewohnen nur die Alte Welt, also Europa, Asien und Afrika. Die Klapperschlangen hingegen sind vor allem auf dem amerikanischen Kontinent zu Hause, doch sind einige Arten auch in Asien vorzufinden. Die meisten Ottern und Klapperschlangen sind lebendgebährend, aus beiden Gruppen sind jedoch auch Arten bekannt, die Eier legen.

**Kreuzotter**

### Kreuzotter *Vipera berus*

Das Verbreitungsgebiet dieser häufigsten europäischen Giftschlange ist außerordentlich groß. Sie ist eines der wenigen Kriechtiere, die auch noch nördlich des Polarkreises zu finden sind. Die kalte Jahreszeit verbringt die Kreuzotter schlafend. Sobald die Temperatur unter 9 °C sinkt, begibt sie sich nicht mehr an die Erdoberfläche und fällt in einen Winterschlaf. Daraus erwacht sie erst im Frühjahr, wenn die Außentemperatur wieder wenigstens 8 °C erreicht hat. Die Paarungszeit der Kreuzottern dauert von Ende März bis Mai. Die Männchen tragen erbitterte Kämpfe um den Besitz ihrer Reviere aus. Die Kreuzotter ist eine der wenigen Schlangenarten, bei denen oft schon aufgrund der Färbung das Geschlecht zu unterscheiden ist. Hellere Exemplare mit schwarzer Zeichnung sind Männchen, bräunliche oder rostrote mit dunkelbrauner oder rotbrauner Zeichnung sind Weibchen. Die farbliche Veränderlichkeit ist jedoch beträchtlich, und an manchen Stellen, besonders in Moorgebieten, sind auch völlig schwarze Exemplare anzutreffen.

Die Kreuzotter ist ovovivipar, d. h. daß die Eier im Mutterleib verbleiben, bis sich die Embryonen voll entwickelt haben. Die jungen Kreuzottern kommen mit einer dünnen Hüllhaut zur Welt, der sie sich durch ruckartige Körperbewegungen entledigen. Die Geburt erfolgt im August oder September. Die meist 10 Jungen sind etwa 15 cm lang.

### Prärieklapperschlange
*Crotalus viridis*

Die Klapperschlangen sind nah mit den Vipern verwandt, unterscheiden sich von diesen jedoch durch ein besonderes, hinter den Nasenöffnungen sitzendes Organ. Es handelt sich um eine Grube, die von einer mit zahlreichen Sinneszellen durchsetzten Membrane überzogen ist. Versuche ergaben, daß dieses Grubenorgan selbst über größere Entfernung Wärmestrahlung wahrnehmen kann und dem sicheren Auffinden von Beutetieren, selbst wenn sie unter Sand versteckt sind, dient. Die Klapper, mit der diese Schlangen das für sie kennzeichnende Geräusch hervorrufen, besteht aus ineinandergreifenden Hornringen am Schwanzende. Diese sind lose miteinander verbunden und verursachen bei seitlichen Bewegungen des Schwanzes ein rasselndes Geräusch. Die Klapper wird nicht mit gehäutet, sondern es entsteht vielmehr bei jeder Häutung ein neuer Ring. Da die Ringe jedoch bei älteren Tieren häufig abbrechen, stellen sie kein zuverlässiges Altersmerkmal dar. In der Regel sind acht Ringe vorhanden, und es ist interessant, daß diese Anzahl die optimale „Bestückung" zu sein scheint, bei der das Klappern am lautesten erklingt. Sowohl die Menge des produzierten Giftes als auch seine Wirkung können bei ein und derselben Art in Abhängigkeit von den Umweltbedingungen verschieden sein. So sind z. B. die Prärieklapperschlangen dreimal so giftig wie ihre Artgenossen aus Kalifornien, jedoch nur etwa halb so giftig wie die gleiche Art im Grand Cañon.

**Detail des Schwanzes**

**Prärieklapperschlange**

## Diamantklapperschlange
*Crotalus adamanteus*

Nach ihrer Färbung können einige Typen von Klapperschlangen unterschieden werden. Drei der nordamerikanischen Arten tragen schwarze, mit hellen Flecken umrahmte Rauten auf dem Rücken. Die Diamantklapperschlange ist die größte von ihnen, sie kann eine Länge von 2,5 m und ein Körpergewicht von 10 kg erreichen. Ihre Giftzähne sind bis zu 3 cm lang, und die Giftmenge, die sie einspritzen kann, ist be-

fehlt. Es sind stark giftige und auch für den Menschen gefährliche Schlangen. Obwohl sie nicht angriffslustig sind, sterben alljährlich an ihren Bissen mehrere Menschen. Es sind Nachttiere, die tagsüber zusammengerollt im Gras oder Dickicht liegen. Da sie aber auch häufig in Plantagen vorkommen, trifft der Mensch mit ihnen verhältnismäßig oft zusammen.
Die Lanzenotter gilt als die gefährlichste klapperlose Viper. Ihr Gift ist außerordentlich stark und kann innerhalb

Diamantklapperschlange

weniger Minuten den Tod eines Menschen herbeiführen. Es wirkt so stark zersetzend, daß die Umgebung der Bißstelle rasch schwarz wird, die Augen blutunterlaufen und der Gebissene aus Mund, Nase und Ohren blutet.

## Wassermokassinschlange
*Agkistrodon piscivorus*

Im östlichen und mittleren Teil der Vereinigten Staaten sowie in Mittel- und Südostasien leben die Dreieckskopfottern, Verwandte der Klapperschlangen, jedoch ohne Klapper. Der größte Vertreter dieser Gattung ist die bis zu 1,5 m lange nordamerikanische Wassermokassinschlange. Ihre Hauptnahrung stellen Fische dar, die auch ohne vorheriges Zerbeißen verschlungen werden. Frösche und Kleinsäuger, die als Gelegenheitsbeute die Speisekarte ergänzen, werden jedoch vor dem Fressen durch das Gift der Wassermokassinschlange getötet. Diese Art ist stark giftig, aber glücklicherweise nicht angriffslustig. Die lebendgeborenen Jungen sind etwa 15 cm lang, ihre Giftdrüsen produzieren bereits unmittelbar nach der Geburt ein wirksames Sekret. Die Jungen sind wesentlich bunter als erwachsene Exemplare.

Lanzenotter

trächtlich. Die Diamantklapperschlange gehört zweifellos zu den gefährlichsten Schlangen Nordamerikas, ist darüber hinaus recht angriffslustig und soll mitunter den Störenfried sogar verfolgen. Die Klapperschlangen sind ideal an das Leben in Trockengebieten angepaßt, da ihr Körper fast keine Flüssigkeit abgibt. Der einzige Wasserverlust entsteht beim Atmen, wodurch der Wasserbedarf zehnmal geringer ist, als jener eines gleichschweren Säugetieres. Dennoch kann nicht behauptet werden, daß die Klapperschlangen wasserscheu sind, denn es wurde sogar beobachtet, daß sie baden. Zum Trinken saugen sie das Wasser mit Hilfe des Maules auf.

## Lanzenotter *Bothrops atrox*
In Süd- und Mittelamerika sind nahe Verwandte der Klapperschlangen zu Hause, denen allerdings die Klapper

Wassermokassinschlange

# Farbenprächtige Schlangen

Es gibt sehr viele Schlangen, deren Farbgebung ganz unauffällig ist und die deshalb leicht der Aufmerksamkeit der Menschen entgehen. Diese sind zwar mitunter schön gefärbt, doch von ihrer Umgebung kaum zu unterscheiden. Ihre Tarnfärbung ist also durchaus wirksam. Dies ist z. B. bei verschiedenen grünen Baumschlangen der Fall. Oft finden sich jedoch auch Schlangen, deren Körper verschiedenste farbige Punkte und Streifen aufweist, die mitunter zu regelmäßigen Mustern angeordnet sind. Außer Blau gibt es kaum eine Farbe, die im Schlangenreich nicht

amerikas. Sie ist nachts aktiv, den Tag verbringt sie in unterirdischen Bauen oder anderen Verstecken. Um so erstaunlicher ist deshalb ihre auffällige Musterung. Die Korallenschlange ernährt sich von Schlangen, Eidechsen und Kleinsäugern. Die Größe der Beutetiere hängt mit der Größe der Schlange zusammen, welche eine Länge von 60—70 cm erreichen kann. Die Korallenschlange besitzt ein außerordentlich wirksames Gift. Für den Menschen verläuft der Biß in der Regel innerhalb von 24 Stunden tödlich. Zum Glück handelt es sich aber um friedfer-

Nordmexiko, Florida, Carolina, Texas, Südohio sowie aus dem Mississippi-Tal bekannt. Hinsichtlich ihrer Biologie unterscheidet sie sich nur wenig von den etwa fünfzig weiteren Korallenschlangenarten, die vor allem in Südamerika beheimatet sind.
Die Korallenschlangen vermehren sich durch Eier. Das Weibchen legt sie in die Erde oder andere feuchte Verstecke. Nach 3 Monaten schlüpfen die etwa 5 cm langen Jungen aus, deren Färbung völlig mit der der Eltern übereinstimmt, nur sind sie etwas heller. Bei den Neugeborenen ist die Giftdrüse be-

**Harlekin-Korallenschlange**

**Gewöhnliche Korallenschlange**

anzutreffen wäre. Die Haut der Schlangen ist samtartig glänzend, häufig sogar opalisierend. Die Jungen sind in der Regel bunter als die Eltern, mit zunehmendem Alter läßt ihre Farbenpracht jedoch nach.

### Gewöhnliche Korallenschlange
*Micrurus corallinus*
Es gibt eine ganze Reihe von Schlangen, bei denen Farben in regelmäßigen Querstreifen angeordnet sind. So gefärbte Schlangen zählen mit zu den farbenprächtigsten Arten des Tierreiches überhaupt. Dies gilt besonders für die Korallenschlangen. Die Gewöhnliche Korallenschlange ist ein Bewohner der trockeneren Urwälder im Norden Süd-

tige, langsame und wenig bißfreudige Schlangen. Ihre Giftzähne sind nur kurz, so daß dem Menschen eine dickere Kleidung und festes Schuhwerk meist ausreichenden Schutz bieten. Die Gefahr ist daher verhältnismäßig gering, und die meisten Unglücksfälle wurden von leichtsinnigen Menschen selbst verschuldet, die die hübsche Schlange in die Hand nehmen, um sie näher zu betrachten.

### Harlekin-Korallenschlange
*Micrurus fulvius*
Zwei Korallenschlangenarten haben ein Verbreitungsgebiet, das bis in den Süden der Vereinigten Staaten reicht. Die Harlekin-Korallenschlange ist von

**Kettennatter**

reits voll entwickelt und ihr Biß kann bereits gefährlich sein. Die Giftmenge ist jedoch noch gering. Ihre erste Nahrung stellen Insekten dar, doch bald schon beginnen sie Eidechsen und Schlangen zu jagen.

Giftschlangen greifen in der Regel an, wenn sie plötzlich gestört oder gereizt werden. Die Harlekin-Korallenschlange tut das normalerweise nicht, sondern reagiert auf eine eigentümliche Weise, die wohl zur Einschüchterung des Störenfriedes dienen soll. Sie versteckt den Kopf unter dem Körper und windet sich von einer Seite auf die andere.

**Kettennatter** *Lampropeltis getulus*
Die Kettennattern sind ungiftige nordamerikanische Schlangen aus der Gattung der Königsnattern. Beachtlich ist, daß sie sich auch von anderen Schlangenarten, z. T. höchst giftigen, ernähren. Sie sind gegen Schlangengifte völlig immun. Manche Arten sind außerordentlich bunt gefärbt und ahmen die Färbung von Korallenschlangen nach. Am aktivsten sind die Kettennattern nachmittags und abends. Es ist nicht

so, daß sie anderen Schlangen direkt nachstellen würden. Diese stellen auch nicht ihre Hauptnahrung dar, denn sie vertilgen vor allem zahlreiche Mäuse, Frösche und Eidechsen. Wenn sie jedoch auf eine Schlange stoßen, fassen sie diese am Kopf, winden sich um sie und erdrücken sie. Die tote Schlange verschlingen sie dann. Da eine Kettennatter bis zu 2 m lang sein kann, fallen ihr auch laufend Klapperschlangen zum Opfer.

Die Paarung der Kettennatter erfolgt im Frühjahr. Im Sommer legt dann das Weibchen 10—30 Eier. Mitunter verbleibt es noch einige Tage bei dem Gelege, meist verläßt es dieses jedoch bald. Nach 4—6 Wochen schlüpfen die rund 12 cm großen Jungen aus. Im Unterschied zu den Korallenschlangen sind die Jungen noch bunter als ihre Eltern.

Die Königsnattern, und besonders die Kettennatter, sind überall, wo sie vorkommen, gern gesehen. Wegen der von ihnen vertilgten Mäuse und Giftschlangen genießen sie überall weitgehenden Schutz.

**Gewöhnlicher Plattschwanz**
*Laticauda laticaudata*
Die recht eigentümliche Familie der Seeschlangen verdient ihren Namen ganz zu Recht. Alle hierher gehörenden Arten sind hervorragende Schwimmer und bewohnen in den meisten Fällen die tropischen Meere. Manche sind so gut an das Leben im Wasser angepaßt, daß sie dieses nie verlassen. Der Gewöhnliche Plattschwanz gehört jedoch zu den Arten, die durch ihre Fortpflanzung an das Festland gebunden sind. Das Weibchen legt hier seine Eier im Sand ab, um danach unverzüglich wieder ins Wasser zurückzukehren. An manchen Stellen sind die Plattschwänze recht häufig. Sie schließen sich zu großen Schwärmen zusammen, die einige hundert und mitunter sogar tausend Tiere umfassen. Auf ihren Meereswanderungen legen die Seeschlangen oft große Entfernungen zurück. So sind sie im Indischen Ozean und im Pazifik von Madagaskar bis nach Kalifornien zu finden. Ihre Hauptnahrung stellen Fische dar. Die Seeschlangen sind sehr giftig. Ihr Gift ist sogar wirksamer als das der Kobra. Sie sind jedoch recht friedfertig und beißen in der Regel nur, wenn sie in die Hand genommen werden. Den Fischern sind sie jedoch gut bekannt, und diese lassen größte Vorsicht walten, wenn eine Seeschlange in ihr Netz geraten ist. In manchen Gegenden werden die Plattschwänze, ebenso wie andere Seeschlangen, gefangen, geräuchert und gegessen.

**Gewöhnlicher Plattschwanz**

# Kobras, Mambas und andere

Die Giftschlangen gehören keiner einheitlichen Gruppe an, obwohl tatsächlich einige Familien ausschließlich giftige, andere hingegen ungiftige Arten umfassen. Doch gibt es z. B. unter den Nattern sowohl völlig harmlose als auch höchst gefährliche Schlangenarten. Wir haben bereits gehört, daß die Giftzähne der Ottern hohl sind und einer Injektionsnadel gleichen. Bei den giftigen Nattern, Kobras und Korallenschlangen weisen die Giftzähne an der Vorderseite eine Rinne und bei manchen Arten zusätzlich noch einen Giftkanal auf. Das Gift dieser furchenzähnigen Schlangen ist ein Nervengift, das außerdem die roten Blutkörperchen

zersetzt und die Blutgerinnung verlangsamt, wodurch eine Verteilung des Giftes im ganzen Körper begünstigt wird. Zu diesen furchenzähnigen Schlangen gehören die allergefährlichsten Arten.

**Königskobra** *Ophiophagus hannah*
Die Königskobra ist die größte Giftschlange der Welt. Sie erreicht eine Körperlänge bis zu 5,5 m. Ihre Heimat ist Südostasien von Indien bis zu den Philippinen. Infolge ihrer Körpergröße verfügt die Königskobra über eine große Menge Gift, das überdies außerordentlich wirksam ist. Wenn man nicht ein entsprechendes Serum verabreicht, stirbt ein Gebissener innerhalb einiger Stunden. Es ist sogar ein Fall bekannt, in dem ein Elefant starb, der von einer Königskobra in den Rüssel gebissen wurde.
Die Königskobra ist besonders während der Fortpflanzungszeit gefährlich. Sie gibt dann bei Annäherung ein eigentümliches Pfeifen von sich. Die

**Königskobra**

Weibchen bauen aus zusammengetragenem Material ein Nest. In dessen unterem Teil befindet sich eine Kammer mit dem Gelege, im oberen Bereich liegt das Weibchen und hält Wache. In Nestnähe hält sich auch das Männchen auf. Während dieser Nestwache sind die Kobras angriffslustiger denn je, und in dieser Zeit kommt es auch zu den meisten Unfällen. Dennoch suchen die Eingeborenen die Kobranester und töten die Schlangen. Die Eier der Königs-

kobra werden nämlich als besondere Delikatesse geschätzt und auch ihr Fleisch wird gern gegessen. Die Nahrung der Königskobra besteht vorwiegend aus Schlangen. Sie ist jedoch nicht wie die Königsnattern gegen das Gift der Schlangen immun und bevorzugt deshalb ungiftige Arten.

**Speikobra** *Naja nigricollis*
Die bekanntesten Kobras gehören der Gattung Naja an. Dieser wissenschaftliche Name ist von dem Wort „naga" aus dem indischen Sanskrit abgeleitet, das Schlange bedeutet. Dennoch sind Kobras natürlich nicht nur in Asien verbreitet, vielmehr ist Afrika von wesentlich mehr Kobraarten besiedelt. Davon können einige Arten ihr Gift über einige Meter weit schleudern. Die bekannteste dieser gefährlichen Schlangen ist die Speikobra. Auf der Vorderseite ihrer Giftzähne ist von der Giftrinne nur eine kleine Öffnung vorhanden, durch die das Gift gezielt verspritzt werden kann. Gelangt das Gift in die Augen, führt es zu starken Schmerzen und sogar zu zeitweiliger Erblindung. Wenn die Schlange zubeißt, verankert sie ihre Zähne fest im Körper ihres Opfers und preßt das Gift durch Kaubewegungen in die Wunde. Das Ausmaß der Vergiftung hängt also davon ab, wie lange der Biß andauerte und wieviel Gift in die Wunde gelangte. Bei Menschen ist außerdem der Gesundheitszustand von großer Bedeutung. Todesfälle treten am ehesten bei Kindern, älteren Menschen und Herzkranken auf.

**Speikobra**

**Äskulapnatter**

**Schwarze Mamba**

auf das Klettern und jagt bisweilen in den Bäumen Vögel oder deren Nestlinge. Ihre Hauptnahrung bilden jedoch Nagetiere. Die Vermehrung erfolgt am Ende des Frühjahrs. Das Gelege der Äskulapnatter ist verhältnismäßig klein. In der Regel sind es 5 Eier, die in Baumhöhlungen oder Erdlöchern gelegt werden.

**Eierschlange** *Dasypeltis scabra*
Einige in Afrika und Indien lebende Schlangenarten ernähren sich ausschließlich von Eiern und sind für die Aufnahme dieser ungewöhnlichen Nahrung besonders ausgerüstet. Die Schlange nimmt die Eier mit Hilfe ihres Geruchssinnes wahr, verdorbene oder unbefruchtete Eier läßt sie unberührt. Die Kiefer der Eierschlangen sind nahezu zahnlos, doch befindet sich im Mund ein klebriges Gewebe, das ein Weggleiten der Eier verhindert. Zum Fressen öffnet die Schlange weit die Kiefer und stülpt sie über das Ei, das nun ganz geschluckt wird. Im hinteren Teil des Schlunds befindet sich eine weitere spezielle Einrichtung. Die unteren Wirbelfortsätze sind scharfkantig und reichen bis in den Schlund hinein, wo sie die Eischale wie eine Säge zerschneiden. Es gibt 17 oder 18 derartige „Zähne''. Ihnen folgen breitflächige Wirbelfortsätze, die die Eierschalen zerdrücken und weitere 6 oder 7 stumpfe Fortsätze, die das zerdrückte Ei mit den Schalen zu einem Zylinder formen und den flüssigen Inhalt herauspressen. Dieser wird verdaut, während die Eierschalenreste wieder ausgewürgt werden.

**Äskulapnatter** *Elaphe longissima*
Südeuropa ist zweifellos die ursprüngliche Heimat der Äskulapnatter, sie hat sich jedoch von hier aus weit nach Norden verbreitet, wenn dies auch stellenweise nicht auf ganz natürliche Weise geschehen ist. Man nimmt an, daß sie mancherorts von den Römern ausgesetzt wurde, denn Äskulapnattern kommen vor allem dort vor, wo es römische Siedlungen gegeben hat. In manchen dieser römischen Siedlungen hat es zweifellos auch Bäder gegeben, in denen Prediger des Gottes Äskulap tätig waren, dem diese Schlangen geweiht waren. An einigen Orten sind sie dermaßen häufig, wie z. B. um Schlangenbad im Taunus, daß deren Namensgebung darauf beruht.
Die Äskulapnatter ist meist auf trockenen, strauchbestandenen Hängen vorzufinden. Sie versteht sich geschickt

**Schwarze Mamba**
*Dendroaspis polylepis*
Es gibt wohl kaum jemanden, der nicht schon von der Schwarzen Mamba, der gefürchtetsten Schlange Afrikas, gehört hätte. Von ihrer Angriffslust werden wahre Schauermärchen erzählt. Tatsache ist, daß die Schwarze Mamba im Vergleich zu anderen Schlangen viel beweglicher ist und auf kurze Entfernungen eine wesentlich höhere Geschwindigkeit erreicht. Ihr Gift ist außerordentlich wirksam, und gebissene Menschen sterben, sofern ihnen nicht sofort ein entsprechendes Serum verabreicht wird. Nach der Königskobra ist die Schwarze Mamba die zweitgrößte Giftschlange der Erde. Sie erreicht eine Länge von 4 m. Im Unterschied zu ihrer Verwandten, der Grünen Mamba, lebt die Schwarze Mamba bevorzugt in offenen Landschaften. Auf Bäume klettert sie nur selten. Ihr beliebtester Aufenthaltsort sind alte Termitenbauten. Dort sonnt sie sich und lauert auf Beute. Sie schlägt vor allem Vögel, aber auch Kleinsäuger, Eidechsen und mitunter sogar Schlangen. Außer den Giftzähnen besitzt die Mamba noch eine Reihe langer Zähne im Unterkiefer. Diese stellen eine Anpassung an die Jagd auf Vögel dar. Kurze Zähne würden nämlich nur schwer das Federkleid durchdringen. Ähnlich lange Zähne sind auch bei anderen Schlangen vorzufinden, die vorwiegend von Vögeln leben.

**Eierschlange**

# Schildkröten

Die Schildkröten (Testudines) sind außerordentlich interessante Tiere, die auf unserem Planeten bereits vor 200 Mill. Jahren lebten. Sie gehören somit zu den ältesten Kriechtieren. Im Laufe der Zeit hat sich bei ihnen ein eigentümlicher passiver Schutz herausgebildet – der Panzer. Dieser besteht aus zwei Teilen, dem in der Regel hochgewölbten Rückenpanzer und dem platten Bauchpanzer, dem Plastron. Beide Teile sind entweder fest verwachsen oder durch ein elastisches Band verbunden. Das Skelett der Schildkröten besitzt eine Reihe anatomischer Besonderheiten. Im Gegensatz zu allen anderen Tieren sind die Schulterblätter unter den mit den Panzerknochen verwachsenden Rippen angeordnet. Wie bei allen Reptilien sitzen die Gliedmaßen nicht unter dem Rumpf, sondern seitlich davon. Die meisten Schildkröten können Füße und Kopf in den Panzer zurückziehen. Diese langsamen und schwerfälligen Geschöpfe sind für ihre hohe Lebenserwartung bekannt. Die wohl älteste Schildkröte war ein Exemplar, das 1777 die Eingeborenen der Insel Tonga Kapitän Cook verehrten. Sie starb erst 1966 eines natürlichen Todes, d. h. daß sie über 189 Jahre alt geworden war.

### Griechische Landschildkröte
*Testudo hermanni*
In Südeuropa trifft man auf zwei Arten von Landschildkröten, die häufig verwechselt werden. Das ganze wird dadurch noch verworrener, weil die Tierkundler das Adjektiv „griechisch" der Art Testudo hermanni zugeordnet haben, da die wissenschaftliche Bezeichnung *graeca* schon für die zuvor von der Iberischen Halbinsel beschriebene Maurische Landschildkröte vergeben war. Früher kamen diese beiden Arten

Griechische Landschildkröte

recht häufig vor und sind auch heute noch stellenweise anzutreffen. Leider sterben zahlreiche Schildkröten durch die Schuld unerfahrener Urlauber und Terraristen, die von der Ferienreise eine Schildkröte als Souvenir oder Spielzeug mit nach Hause nehmen. Die Terrarienfreunde interessieren sich vorwiegend für junge kleine Schildkröten. Alljährlich werden aus den Mittelmeerländern große Mengen von ihnen ausgeführt. In einem einzigen Jahr wurden laut amtlichen Angaben allein aus Jugoslawien zwei Mill. Schildkröten in die Bundesrepublik exportiert. Mit der wachsenden Urlauberzahl und der sich daraus ergebenden Bedrohung der Schildkröten werden deshalb auch Maßnahmen zu ihrem Schutz ergriffen werden müssen. Die Maurische Landschildkröte steht heute sowohl in Spanien als auch in Nordafrika unter Naturschutz.

### Carolina-Dosenschildkröte
*Terrapene carolina*
So wie sich in Europa die Griechische Landschildkröte allgemeiner Beliebtheit erfreut, so ist das in den Vereinigten Staaten und in Südkanada für die Carolina-Dosenschildkröte der Fall. Ihren Namen verdankt sie dem besonderen Bau des Bauchpanzers, der durch ein Quergelenk in zwei Teile geteilt ist. Diese Vorder- und Hinterlappen lassen sich hochklappen, wodurch der Panzer wie eine Dose verschlossen werden kann. Die Carolina-Dosenschildkröte hält sich an trockenen Stellen auf, weicht jedoch auch feuchten Orten nicht völlig aus. Aktiv wird sie meist erst in der Dämmerung. Tagsüber hält sie sich irgendwo im Schatten verborgen oder ist in der Erde eingegraben. Ihre Nahrung besteht sowohl aus pflanzlicher als auch aus tierischer Kost, bevorzugt werden jedoch Pilze und Waldfrüchte, und gern wird auch Aas aufgenommen. Angeblich vertilgt sie auch Insekten, weshalb sie häufig im Haus gehalten wird.
Die Vermehrung der Dosenschildkröten beginnt bald im Frühjahr, gleich nachdem die Tiere aus dem Winterschlaf aufgewacht sind. Zu Sommerbeginn legt das Weibchen 4–5 Eier in eine im Boden ausgescharrte Grube. Manche Jungen schlüpfen noch im gleichen Herbst, manche Eier überwintern jedoch, und die Jungen schlüpfen erst im nächsten Frühjahr. Bei den Männchen ist die Regenbogenhaut des Auges rot, bei den Weibchen hingegen grauweiß.

### Carolina-Dosenschildkröte

**Zierschildkröte** *Chrysemys picta*

Der Süden Nordamerikas ist die Heimat zweier Schildkrötenarten, deren Junge häufig in den Tierhandlungen angeboten werden. Es sind dies die Zierschildkröte und die Schmuckschildkröte. Beide Arten sind Wassertiere. Die buntfarbigen Jungen haben nach dem Schlüpfen eine Größe von etwa 2,5 cm und ihr Panzer ist nahezu kreisrund. Sie sehen wie eine Münze aus. Alljährlich werden Tausende eingefangen, die meisten sterben jedoch in den Terrarien unerfahrener Besitzer. Diese Schildkröten sind hinsichtlich der Nahrung keineswegs wählerisch, brauchen jedoch eine verhältnismäßig hohe Temperatur und reichlich Sonnenlicht. Dieses muß im Winter durch Höhensonne ersetzt werden. Eine weitere Enttäuschung tritt – falls die Tiere überleben – mit fortschreitendem Alter ein. Bereits nach 2–3 Jahren erreichen diese Schildkröten eine Größe von etwa 8 cm und verlieren langsam ihre bunten Farben. Dann beginnen sie auch größere Beutetiere, wie z. B. Fische zu jagen. Erwachsene Exemplare sind rund 30

**Zierschildkröte**

men. Die Lederschildkröten ernähren sich von Fischen, Fröschen, Krebstieren und Insekten. Nahezu alle Lederschildkrötenarten sind auf der nördlichen Erdhalbkugel zu Hause. Die einzige Ausnahme stellt die Afrikanische Weichschildkröte dar, die südlich der Sahara vorkommt. Sie erreicht eine beachtliche Größe, Exemplare mit rund 1 m Durchmesser bilden keine ungewöhnliche Ausnahme.

ten, die in Asien, Afrika und Amerika verbreitet sind. Die bekannteste neuweltliche Art ist die in den Gewässern von Südkanada bis Mexiko lebende Florida-Weichschildkröte. Sie begibt sich häufig an Land, entfernt sich jedoch niemals weit vom Wasser. Oft liegt sie dicht unter dem Wasserspiegel, so daß nur die Nasenspitze mit den Nasenlöchern herausragt. Diese Art ernährt sich vorwiegend von Fischen und Fröschen, doch können große Exemplare durchaus auch einen kleineren Wasservogel zur Strecke bringen. Ihre scharfen Kiefer besitzen eine gewaltige Schließkraft. Manche alte Tiere jagen mit Vorliebe Weichtiere und knacken deren Gehäuse und Schalen. Ihre Eier legen die Florida-Weichschildkröten am Ufer ab. Die Weibchen verscharren sie im Sand. Je nach der Witterung der betreffenden Gegend schlüpfen die Jungen nach 40–60 Tagen aus. Zunächst halten sie sich im seichten Uferwasser auf. Sie zeichnen sich durch ihre Angriffslust und Bissigkeit aus. Von den Eltern unterscheiden sie sich durch die Färbung des Weichpanzers, der schöne Fleckenverzierungen trägt. Diese sind bei Jungtieren wesentlich ausgeprägter als bei älteren Exemplaren. Erwachsene Florida-Weichschildkröten erreichen eine Größe von etwa 40 cm.

**Afrikanische Weichschildkröte**

cm groß, und die anfänglich bunte Färbung des Panzers ist völlig einem Grünbraun gewichen.

**Afrikanische Weichschildkröte**
*Trionyx triunguis*

Der Knochenpanzer der Schildkröten ist meist mit Hornplatten bedeckt. Es gibt jedoch auch Arten, bei denen der Panzer von einer dicken Lederhaut umhüllt ist. Das ist bei Vertretern aus der Familie der Lederschildkröten der Fall. Es sind Wassertiere, die weitgehend dem Leben im feuchten Element angepaßt sind. Sie können 10–15 Stunden unter Wasser bleiben. Ihr Rachen ist nämlich mit einer stark durchbluteten Schleimhaut versehen, über die sie den im Wasser gelösten Sauerstoff aufneh-

**Florida-Weichschildkröte**
*Trionyx ferox*

Die Gattung der Dreiklauen-Weichschildkröten umfaßt insgesamt 14 Ar-

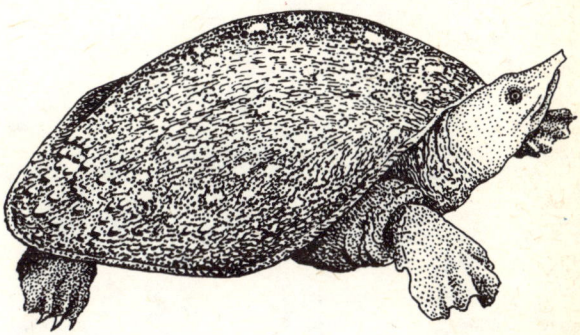

**Florida-Weichschildkröte**

# Räuberische und Meeres-Schildkröten

**Alligator-Schnappschildkröte**

men. Zum ersten Mal bekam ich sie vor drei Jahren zu Gesicht. Ich schoß eine Ente. Die trieb auf dem Wasser, doch bevor ich sie erreichte, zog sie etwas unter das Wasser, und weg war sie. Dann kam eine Ente mit ihren Jungen gezogen. Eines nach dem anderen zog die Schildkröte hinab, bis sie auch die Alte bekam. Sie vertreibt jede Ente, und deshalb hab' ich schon oft Schnurfallen gelegt. Ein paar kleinere Schildkröten hab' ich auch wirklich gefangen, eine hatte vier Kilo, und sie waren alle sehr gut. Bosikado hatte ich schon dreimal am Haken, doch jedes Mal hat sie mir, als ich sie zum Boot zog, die dicksten Schnüre zerbissen und ist wieder untergetaucht. Ihr Rücken ist so breit wie mein Kanu; die ganze Breitseite hat sie zerschunden und das Boot fast zum Kentern gebracht. Wie der leibhaftige Teufel hat sie ausgesehen. Mir ist ganz bang geworden!'' Diese Schilderung ist keineswegs übertrieben. Und noch ein Detail aus der Lebensweise der Geier-Schnappschildkröte ist interessant — sie liegt am Grund und lauert mit aufgesperrtem Maul auf Beute. An ihrer Zunge windet und krümmt sich ein wurmförmiger Ansatz und lockt so die Fische der Schildkröte direkt ins Maul. Sie braucht dann nichts weiter zu tun, als schnell die Kiefer zuzuklappen.

## Alligator-Schnappschildkröte
*Chelydra serpentina*
Die Familie der Alligatorschildkröten enthält nur zwei Arten, die beide in Amerika beheimatet sind. Die bekanntere und weiter verbreitete Art ist die Alligator-Schnappschildkröte, die stehende oder langsam fließende Gewässer von Südkanada bis Ekuador bewohnt, wobei sie Stellen mit Schlammböden bevorzugt. Die Alligator-Schnappschildkröte kann eine Länge von fast 1 m und ein Körpergewicht von etwa 30 kg erreichen. Ihre gewaltigen Kiefer enden in einem scharfen hakigen Ausläufer, der einem Vogelschnabel ähnlich sieht. Als Beute nimmt sie alles, was sie zu überwältigen vermag: Fische, Amphibien, Vögel sowie Säugetiere, mitunter sogar ziemlich große Tiere. Die Schnappschildkröte zieht ihre Opfer unter das Wasser, wo sie sie zerreißt und verzehrt. Mitunter sind Schnappschildkröten auch an Land anzutreffen. Das sind dann meist Weibchen, die geeignete Stellen zur Eiablage suchen. Dabei begeben sie sich sogar recht weit vom Ufer weg. In eine sorgfältig ausgescharrte Grube legen sie 20—40 Eier und kehren dann wieder ins Wasser zurück. Nach etwa 10 Wochen schlüpfen die Jungen aus, die, von einem untrüglichen Instinkt geleitet, den kürzesten Weg zum Wasser einschlagen.

## Geier-Schnappschildkröte
*Macroclemys temmincki*
Die zweite Schnappschildkrötenart ist die Geier-Schnappschildkröte. Sie sieht der Alligator-Schnappschildkröte recht ähnlich, kann jedoch eine Länge bis zu 140 cm erreichen und ist auch dementsprechend schwerer. Bekannt sind Exemplare mit einem Körpergewicht von 100 kg. An dieser Stelle sei kurz ein guter Kenner der amerikanischen Natur, E. T. Seton, zitiert, der über die Geier-Schnappschildkröte mit den Worten von Quonaba, einem indianischen Freund des Trappers Rolf, folgendes schreibt: „Das ist Bosikado. Ich kenne sie gut, und sie mich auch. Schon lange kämpfen wir miteinander. Aber einmal werde ich sie doch bekom-

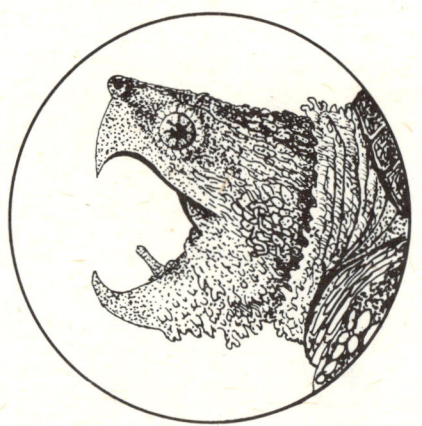

**Geier-Schnappschildkröte**

**Fransenschildkröte**

**Suppenschildkröte** *Chelonia mydas*
Die Meeresschildkröten haben ihre Vordergliedmaßen in flossenartige Ruder umgewandelt. Die Suppenschildkröte, die ihr ganzes Leben im Wasser verbringt, zählt dazu. Nur zur Eiablage begibt sich das Weibchen an Land. Die Suppenschildkröte erreicht eine Länge von 1,5 m und ein Körpergewicht bis zu 150 kg. Sie schwimmt ausgezeichnet und bewegt sich im Wasser so gewandt, wie es bei einem so großen Lebewesen nicht zu erwarten wäre, das ja noch den schweren Panzer mit sich trägt. Der Lebensraum der Suppenschildkröte sind die warmen Meere. Zu bestimmten, gebietsmäßig unterschiedlichen Zeiten verlassen die Weibchen das Meer und schwimmen dem Festland zu, wo sie ihre Eier ablegen. Die Eiablagestellen bleiben über Generationen hinweg die gleichen. Hierher kommen die Weibchen in der Nacht, graben ein Loch im Sand und legen die Eier hinein. Jedes Weibchen legt etwa 200 Eier und kehrt dann wieder ins Meer zurück. Dort, wo die Schildkröten nicht unter Naturschutz stehen, werden die Eier eingesammelt und verkauft. Die „Jahresernte" an Schildkröteneiern beträgt rund zwei Mill. Stück.
Alle Meeresschildkröten sind Fleischfresser, nur die Suppenschildkröte bildet eine Ausnahme. Ihre überwiegende Kost bilden Meeresalgen der Gattungen *Zostera* und *Thalassia*. Die Kiefer der Suppenschildkröte sind nicht hakenförmig, sondern gerade und mit kleinen Zähnen versehen.

**Fransenschildkröte**
*Chelus fimbriatus*
Diese ist eine der eigenartigsten Schildkröten überhaupt. Sie lebt in den nördlichen Teilen Südamerikas und hält sich in seichten Gewässern auf. Dabei liegt sie am Grund und streckt den langen Hals nach oben, so daß nur die Nase mit den Nasenlöchern aus dem Wasser schaut. Der Panzer der Fransenschildkröte ist immer stark mit Algen bewachsen, wodurch das Tier gut getarnt ist. Außerdem sind der lange Hals und die Gliedmaßen mit Hautauswüchsen bedeckt, die ebenfalls zur Tarnung beitragen. Nach einigen Beobachtungen zu schließen, dienen diese Hautauswüchse gleichzeitig zum Anlocken von Fischen. Die Fransenschildkröte gehört zu den kleineren Arten. Ihre Länge beträgt etwa 40 cm. Der nahezu körperlange Hals kann ganz in den Panzer eingezogen werden, wobei er S-förmig zusammengelegt wird und der Kopf seitlich zu liegen kommt.
Sehr interessant ist auch die Art und Weise, wie diese fleischfressende Schildkröte an ihre Beute gelangt. Wenn ein Fisch in ihre Nähe kommt, reißt sie plötzlich den Rachen auf, wodurch ein intensiver Sog entsteht. Der Fisch wird dabei mit dem Wasserstrom in das Maul der Schildkröte gezogen. Die im Unterschied zu anderen Schildkröten weichen Kiefer haben die Funktion eines Fischnetzes.

**Suppenschildkröte**

# Vielgestaltige Vogelwelt — Wasservögel

Die Vögel (Aves) faszinierten seit jeher den Menschen. Nicht nur wegen der Buntheit ihres Federkleides und dem wohlklingenden Gesang, sondern vor allem durch die Fähigkeit zu fliegen. Neben den Insekten, unter denen gleichfalls hervorragende Flieger zu finden sind, haben unter den Wirbeltieren außer den Vögeln nur einige Fische, unter den Kriechtieren die Flugdrachen und unter den Säugetieren die Fledermäuse, einige Beuteltiere und Nagetiere die Fähigkeit zu fliegen oder gleiten entwickelt. Daher sind die Vögel die großen Meister des Fliegens. Einige Knochen ihres Skeletts sind hohl, sozusagen in Leichtbauweise, konstruiert. Ein Teil der Wirbel ist mit dem Brust- und Kreuzbein verwachsen, wodurch das Skelett wesentlich gefestigt wird. Die wichtigste Anpassung an das Fliegen stellt das breite Brustbein, das Sternum, dar, dessen gewaltiger kielförmiger Kamm die Ansatzfläche für starke Muskeln bildet, die beim Fliegen die zu Flügeln umgewandelten Vordergliedmaßen bewegen. Einige Vögel haben sekundär die Fähigkeit zu fliegen wieder verloren, ihre Flügel und Flugmuskeln haben sich zurückentwikkelt und auch der Knochenkamm des Brustbeines ist verschwunden.

### Eistaucher *Gavia immer*
Für jeden, der die Landschaft des Nordens kennt, sind die Seetaucher zu einem lebenden Symbol der wilden und bezaubernden Natur geworden.
Sie sind die einzigen Vögel, deren Füße am Rumpf weit hinten eingelenkt sind und sozusagen ein in der verlängerten Körperachse liegendes Antriebsorgan bilden. Das ist zwar für die Fortbewegung im Wasser sehr vorteilhaft, doch zu Lande sind die Seetaucher nahezu hilflos, da sie sich nicht aufrichten können. Zur Jagd tauchen sie nur 30—40 Sekunden, wenn eine Gefahr droht, können sie aber auch einige Minuten im Wasser bleiben. Von den vier bekannten Seetaucherarten ist der Eistaucher die größte und schönste. Er lebt in Nordamerika sowie auf Island und Grönland. Wer einmal das weithin klingende Geheul der Eistaucher oder ihr laut lachendes Rufen gehört hat, wird diese Lautkulisse der nordischen Landschaft als dauernden Eindruck behalten.

### Haubentaucher *Podiceps cristatus*
Die praktisch über die ganze Welt verbreiteten beweglichen und anmutigen Schwimmvögel, die wie Korken auf der Wasserfläche treiben und sich hervorragend auf das Tauchen verstehen, gehören zur Familie der Lappentaucher. Sie ernähren sich von kleinen Fischen, Insekten, Larven, Krebsen und anderen Wassertieren. Sie kröpfen auch eine beachtliche Menge eigener Federn. Sogar im Mageninhalt der Jungvögel sind winzige Federn der Eltern zu finden. Diese Erscheinung konnte bisher nicht zufriedenstellend geklärt werden. Die meisten Forscher setzen voraus, daß die Federn die scharfen Fischknochen solange im Magen zurückhalten, bis diese genügend erweicht sind, um im Verdauungstrakt keinen Schaden anzurichten. Die Jungvögel der Haubentau-

**Eistaucher**

**Haubentaucher**

cher sind häufig längsgestreift und werden von den Eltern auf dem Rücken über die Wasserfläche befördert.

### Papageitaucher *Fratercula arctica*
Wegen seines großen, bunten Schnabels und seines komischen wiegenden Ganges wird der Papageitaucher oder Lund als Clown unter den Alken bezeichnet.
Die Papageitaucher nisten in Kolonien und graben im grasbewachsenen Ufer lange Röhren, die in einer kugelförmigen Brutkammer enden. Das Weibchen bebrütet das einzige Ei auf eine recht ungewöhnliche Weise. Es brütet es nämlich unter einem Flügel. Beide Eltern füttern das Junge etwa 40 Tage. Morgens und abends wird es mit kleinen Fischen im wahrsten Sinne des Wortes vollgestopft. Nach rund 6 Wochen verlassen die Eltern das Junge, das nach einer weiteren Woche die Röhre verläßt und auf das Meer fliegt.

## Wanderalbatros

*Diomedea exulans*

Der bekannteste Albatros – es gibt insgesamt 13 Arten – ist der Wanderalbatros. Seine Spannweite von mehr als 3 m ist die größte unter allen Vögeln. Die Albatrosse nisten in Kolonien, in der Regel auf angestammten Brutinseln. Beide Eltern bebrüten abwechselnd das einzige Ei 77–82 Tage lang. Das Junge wird 8 Monate gefüttert und ist erst nach 7 Jahren erwachsen.

## Meerespelikan

*Pelecanus occidentalis*

Die Pelikane sind außerordentlich gesellige Vögel, und die Organisation ihrer Gemeinschaft ist nahezu militärisch straff. Gemeinsam jagen sie nach Beute, gemeinsam ruhen sie auch. Beim Ruhen haben alle die Köpfe in die gleiche Richtung gewandt, beim Fliegen in einer langen Reihe oder in V-Formation sind alle Bewegungen perfekt koordiniert. Ihre Schwingen bewegen sich völlig synchron, manchmal gleichzeitig, öfters jedoch in regelmäßiger Folge. Außer dem Meerespelikan, der

**Wanderalbatros**

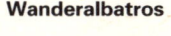

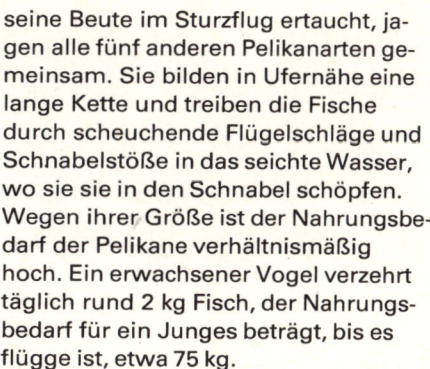

**Meerespelikan**

seine Beute im Sturzflug ertaucht, jagen alle fünf anderen Pelikanarten gemeinsam. Sie bilden in Ufernähe eine lange Kette und treiben die Fische durch scheuchende Flügelschläge und Schnabelstöße in das seichte Wasser, wo sie sie in den Schnabel schöpfen. Wegen ihrer Größe ist der Nahrungsbedarf der Pelikane verhältnismäßig hoch. Ein erwachsener Vogel verzehrt täglich rund 2 kg Fisch, der Nahrungsbedarf für ein Junges beträgt, bis es flügge ist, etwa 75 kg.

**Raubseeschwalbe** *Hydroprogne caspia*

Die Raubseeschwalbe ist die größte Art der Unterfamilie der Seeschwalben. Ihre Nistkolonien sind verstreut auf allen Kontinenten zu finden. Bemerkenswert ist die Jagdweise aller Seeschwalben. Sie streichen über der Wasserfläche dahin, halten beim Eräugen der Beute inne und rütteln einige Sekunden lang an einer Stelle, um gleich darauf im Stoßflug ins Wasser zu stürzen, um den Fisch mit dem Schnabel zu ergreifen.

**Papageitaucher**

**Raubseeschwalbe**

**Kanadagans** *Branta canadensis*
Die Kanadagans war einst das meist
verfolgte Federwild der amerikanischen Jäger. Ebenso wie die Wildgans
in Europa wurde in Amerika die Kanadagans als Haustier gehalten. Aus der
Gefangenschaft entwichene Exemplare
haben selbst im Süden, weit entfernt
von ihrem ursprünglichen Verbreitungsgebiet, verhältnismäßig große
Gemeinschaften gebildet. Ebenso ver-
wilderten Kanadagänse, die verschie-
dentlich nach Europa gebracht wurden.
So bestehen z. B. in England, Dänemark
und Oberbayern Brutkolonien. Die Kanadagänse nisten an Seen und Prärie-
sümpfen sowie in Feuchtgebieten der
Tundren und Wälder.

**Krickente** *Anas crecca*
Die Krickente ist der kleinste europäische Entenvogel und gilt als Meister-
flieger. Im Unterschied zu anderen Enten versteht sie sich sogar auf den Zickzackflug und erreicht eine Flugge-
schwindigkeit von 100 km/h. Meist findet man sie in größeren Gruppen an
den Ufern stark bewachsener Gewässer. Während die westeuropäischen
Fortpflanzungsgemeinschaften der
Krickenten mehr oder weniger standorttreu sind, ziehen die nord- und
osteuropäischen Populationen nach
Süden, sogar bis in die afrikanischen
Länder Nigeria, Sudan und Kenia. Die
nordamerikanischen Fortpflanzungsgemeinschaften überwintern in Mittelamerika.

**Brautente** *Aix sponsa*
Die Brautente ist an Seen und Fließgewässern überall dort zu finden, wo es
Wälder gibt. Sie nistet nämlich in hohlen Bäumen und nimmt häufig auch
von den Höhlen von Spechten und
Eichhörnchen Besitz. Dem einmal ausgewählten Nistplatz hält dann ein Paar
jahrelang die Treue. Die Nisthöhlen lie-

gen oft hoch über dem Boden, so daß
die nach einer Brutzeit von etwa 25
Tagen schlüpfenden Jungen nach dem
Flüggewerden einen Gleitflug zur Erde
wagen müssen.

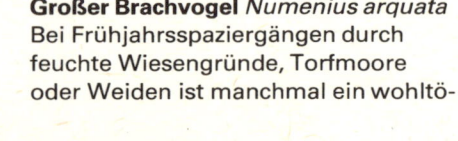

**Kanadagans**

**Großer Brachvogel** *Numenius arquata*
Bei Frühjahrsspaziergängen durch
feuchte Wiesengründe, Torfmoore
oder Weiden ist manchmal ein wohltö-

**Krickente**

**Brautente**

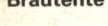

nender Flötenruf und ein angenehmes
Getriller zu vernehmen. Dieser stammt
von einem etwa einen halben Meter
großen Vogel mit abwärtsgekrümm-
tem Schnabel – dem Großen Brachvogel. Das Männchen erhebt sich während der Balz mit klangvollem, an-
schwellendem Pfeifen in die Lüfte, um
gleich darauf mit einem langen Trillern
wieder zum Boden zu gleiten. Das Nest
der Brachvögel ist geschickt zwischen
Grasbüscheln versteckt. Die Jungen
schlüpfen mit einem geraden Schnabel. Erst nach 3 Wochen nimmt er seine
gekrümmte Gestalt an, die für alle
Brachvögel kennzeichnend ist.

**Großer Brachvogel**

**Purpurreiher** *Ardea purpurea*
An seichten Gewässern und Seen mit Schilf- und Rohrkolbendickichten ist ein prächtiger Vogel aus der Familie der Reiher anzutreffen. Die langen Zehen zeigen, daß er sich ausgezeichnet in den Schilfflächen fortzubewegen versteht. Wenn sie gestört werden, nehmen die Reiher eine eigentümliche Pfahlstellung mit hochgerecktem Hals und Kopf ein, so daß sie kaum von den sie umgebenden Schilfhalmen zu unterscheiden sind. Nahezu sämtliche Reiherarten nisten in Kolonien oder kleinen Gruppen. Die Nester werden dort errichtet, wo das Schilf am dichte-

**Waldstorch**

sten ist. In ihrer Umgebung werden allerdings durch Niedertreten der Halme und Rohrkolben Ruheplätze eingerichtet, an denen die Reiher mit ihren Jungen beim Ausführen rasten.

**Waldstorch** *Jabiru mycteria*
Der größte Storch der Neuen Welt und zugleich einer der größten fliegenden Vögel ist der amerikanische Waldstorch. Von Mexiko bis Argentinien ist er überall zu Hause, wo es weitläufige Sümpfe, Moore und reichverzweigte Flußarme gibt. Der bis zu 1,5 m hohe Waldstorch watet durch die Tümpel und fängt Fische, Weichtiere, Reptilien sowie verschiedene Kleinsäuger. Im Unterschied zu seinem altweltlichen Verwandten, dem Marabu, nimmt er kein Aas auf. Ihre riesigen, aus Zweigen gebauten Horste errichten die Waldstörche auf hohen Bäumen.

# Greifvögel

Obwohl die Ordnung der Greifvögel (Accipitres) über dreihundert Arten umfaßt, ist ihr äußeres Erscheinungsbild recht ähnlich, so daß man einen Greifvogel mit den Angehörigen einer anderen Ordnung kaum verwechseln kann. Die Greifvögel ernähren sich von anderen Lebewesen. An diese Ernährungsweise sind sie durch einen kräftigen Schnabel mit scharfen Oberkieferkanten und starke, scharfe Krallen angepaßt. Die meisten Greifvögel nehmen Vögel und Säugetiere als Beute, es findet sich jedoch auch eine ganze Reihe enger spezialisierter Arten. Mit wenigen Ausnahmen sind die Greifvögel außerordentlich flugtüchtig. Manche können stundenlang hoch in der Luft kreisen, andere bewegen sich in schnellem Zickzackflug zwischen den Bäumen, und wieder andere rütteln in der Luft an einer Stelle, um sich plötzlich im Sturzflug auf ein entdecktes Opfer zu stürzen.

Das Gelege sämtlicher Greifvögel ist verhältnismäßig klein, viele legen nur 1 oder 2 Eier. Außerdem ist die Nesthockerzeit der Jungvögel verhältnismäßig lang, so daß die Reproduktionsfähigkeit der Greifvögel nur gering ist. Zahlreiche Greifvögel sind heute entweder als Folge rücksichtsloser Verfolgung durch den Menschen oder durch die Zerstörung ihres angestammten Lebensraumes vom Aussterben bedroht.

Kalifornischer Kondor

## Kalifornischer Kondor
*Gymnogyps californianus*

Noch vor 150 Jahren war dieser größte nordamerikanische Vogel im Gebiet zwischen Washington und Unterkalifornien recht häufig. Heute stellt er eine der größten Seltenheiten des Vogelreiches dar. Die schwerwiegendste Gefahr für diese aasfressenden Vögel waren mit Strychnin vergiftete Köder, mit denen Farmer gegen Wölfe und Kojoten vorgingen. Ihre Vermehrung erfolgt nur sehr langsam, da die Weibchen nur ein einziges Ei legen, das 55−65 Tage bebrütet wird. Die Jungvögel wachsen nur sehr langsam heran und sind erst im Alter von 6 oder 7 Jahren vermehrungsfähig. Die durch Massenvergiftungen herbeigeführten Bestandsreduktionen konnten deshalb bis heute nicht ausgeglichen werden. 1960 wurde die Zahl der Kalifornischen Kondore auf 60−65 Stück geschätzt, fünf Jahre später wurden nur noch 38 Stück gezählt. Es sieht also leider so aus, als wäre diese eindrucksvolle Art trotz intensiven Schutzes zum Aussterben verurteilt.

## Bartgeier *Gypaetus barbatus*

Das Verbreitungsgebiet dieses größten Vogels der Alten Welt reichte von den Pyrenäen über die Alpen und die Balkanhalbinsel bis nach Afrika. Heute lebt er in Nordwest-, Ost- und Südafrika und hat sich über Kleinasien bis nach Zentralasien ausgebreitet. In Europa wurden die Bartgeier bereits im vorigen Jahrhundert fast vollständig ausgerottet. Nur ein kleiner Rest lebt noch in den Balkangebirgen und den Pyrenäen. Die Bartgeier ernähren sich in erster Linie von Aas. Die großen Knochen zerkleinern sie, indem sie diese hoch in die Luft tragen und auf einen Felsen niederfallen lassen. Der Knochen zersplittert beim Aufschlagen auf den Stein, und der Geier gelangt leicht an das begehrte Mark. In gleicher Weise gelangen die Geier auch an das Fleisch von Schildkröten, gegen deren Panzer ihr Schnabel machtlos wäre.

Bartgeier

## Weißkopfseeadler
*Haliaetus leucocephalus*

Der Weißkopfseeadler ist das Wappentier der Vereinigten Staaten. Vor Zeiten bevölkerte er den ganzen Kontinent, heute leben nur noch wenige Tiere in Florida und Alaska. Durch seine Lebensweise ist er an das Wasser gebunden, denn Fische stellen seine wichtigsten Beutetiere dar, obwohl er mitunter auch kleinere Säugetiere schlägt und sogar Fälle bekannt sind, wo Weißkopfseeadler die Jungen großer Huftiere angefallen und getötet haben. Der Weißkopfseeadler greift häufig den ebenfalls dem Fischfang nachgehenden Fischadler an und zwingt ihn, seine Beute fallen zu lassen. Dieser fliegt er im Sturzflug nach und fängt sie, noch bevor sie auf das Wasser schlägt, auf. Ihre Horste bauen die Weißkopfseeadler auf hohen Bäumen, wobei die Paare ihre Nistbäume jahrelang, mitunter das ganze Leben lang behalten.

## Habicht *Accipiter gentilis*
Eine ganze Reihe von Greifvögeln ist für das Abrichten zur Beizjagd geeignet. Hierzu zählt der Habicht. Seine Art

Weißkopfseeadler

Habicht

zu jagen unterscheidet sich von der offenen Jagd der Falken, denn er schlägt sein Opfer in der Regel in unübersichtlichem Gelände und seine Angriffe kommen blitzschnell und überraschend. Er wagt sich auch an größere Beutetiere wie z. B. Hasen heran. Ein richtig abgerichteter Habicht kann sogar noch größere Tiere erbeuten.
Während ihres ersten Lebensjahres sind die Jungvögel völlig anders gefärbt als ihre Eltern. Ihre Brust ist dunkel längsgesprenkelt und ihr Rücken ist braun gefärbt. Der Habicht hat ein sehr großes Verbreitungsgebiet, das Europa und die gemäßigten Zonen Asiens umfaßt. Gelegentlich tritt er auch in Nordamerika auf.

## Buntfalke *Falco sparverius*
Die häufigste Falkenart Nordamerikas ist der Buntfalke, der vornehmlich kleine Nagetiere und große Insekten, z. B. Feldheuschrecken, fängt. Er ist deshalb wie alle anderen Falken außerordentlich nützlich.

Buntfalke

# Hühnervögel

Auf den ersten Blick sind sämtliche Hühnervögel (Galli) durch einen kurzen, kräftigen Schnabel und starke, zum Scharren geeignete Läufe gekennzeichnet. Das Scharren nach Bodentieren und Pflanzensamen ist allen Angehörigen dieser Ordnung eigen. Ein weiteres Merkmal der Ordnung ist die geschlechtsabhängige Ausbildung des Federkleides. Jeder weiß, daß sich das Federkleid einer Henne nicht mit dem farbenprächtigen Gefieder des Hahnes vergleichen läßt. So ist es bei der überwiegenden Mehrzahl der Hühnervögel. Die Hühnervögel sind in ihrer Lebensweise an die ebene Erde gebunden. Hier suchen sie nach Nahrung, hier nisten und brüten sie meist auch. Eine Reihe von Arten begibt sich allerdings zum Schlafen in die Zweige der Bäume, weil sie dort sicherer vor Feinden sind. Die Hühnervögel fliegen nur schlecht, und wenn sie die Wahl haben, fliehen sie zu Fuß. Falls sie dennoch fliegen, erscheint ihr Flug unkontrolliert und schwerfällig. Die Flugmuskeln sind zwar gut entwickelt, bestehen jedoch aus weißem Muskelgewebe, das schnell ermüdet. Nahezu sämtliche Hühnervögel, vor allem Fasan, Rebhuhn, Birkhuhn oder wilde Truthühner, werden vom Menschen gejagt.

## Pfau *Pavo cristatus*

In den Dschungeln Südindiens und Ceylons lebt ein großer Hühnervogel, der von alters her halbzahm an den Herrscherhöfen gehalten wurde. Der Hahn hat in prächtigen metallischen Farben glänzende Oberschwanzfedern, die an ihren Enden regenbogenfarbene Augen zeigen. Während der Balz werden diese hochgefächert und bilden dann das eindrucksvolle Rad. So schön der Pfau aussieht, so mißtönend ist seine Stimme, die weithin klingt, wenn die Vögel zum Schlafen auf die Bäume fliegen.

## Weißkehlwachtel *Colinus virginianus*

Die Weißkehlwachtel, auch Virginianische Zwergwachtel genannt, stellt ein beliebtes Federwild der amerikanischen Jäger dar. Sie lebt paarweise. In das Bodennest legt die Henne bis zu 15 Eier. Die Küken schlüpfen nach etwa 3 Wochen aus, und der Hahn beteiligt sich an ihrer Aufzucht. Bis zum nächsten Frühjahr bleibt die Familie beisammen, und häufig vereinen sich mehrere

**Weißkehlwachtel**

Familien zu einer Großgruppe, die gemeinsam den Winter verbringt. Für die Nacht schart sich die Gruppe, die oft um hundert Vögel zählt, zu einem Haufen, in dem alle den Kopf nach außen und den Schwanz nach innen gekehrt haben. So kann sich kein Feind unbemerkt heranschleichen und die Schar kann im Notfall nach allen Seiten fliehen, ohne sich gegenseitig zu behindern.

**Pfau**

**Rebhuhn** *Perdix perdix*

Das Rebhuhn war einst ein Bewohner der europäischen Steppen, hat sich jedoch auch ausgezeichnet an die „Kultursteppen" mit ihren Getreidefeldern angepaßt. Es bevorzugt Gegenden mit leichten Böden, auf denen niedrige Gebüsche ausreichend viel Verstecke bieten. Die moderne Großflächenwirtschaft schmälert seinen Lebensraum in starkem Maße. Ebenso führt die zunehmende Verwendung chemischer Stoffe in der Landwirtschaft zu einem Rückgang dieses früher besonders häufigen Federwilds. Noch vor nicht allzu langer Zeit wurden alljährlich viele Millionen Stück erlegt. Heute ist der Abschuß in vielen Ländern stark eingeschränkt bzw. völlig untersagt. Langsam aber sicher verschwindet das Rebhuhn aus unseren Feldfluren.

Schon früh im Jahr erklingt das laute Rufen der sich gegenseitig verjagenden Hähne. In dieser Zeit werden die Ehen geschlossen, die dann den ganzen Sommer über fortbestehen. Ende April oder Anfang Mai legt die Henne in das flache Bodennest 10—15 Eier, die dann 23—25 Tage bebrütet werden. Wenn Anfang Juni die Küken ausschlüpfen, werden sie von beiden Eltern geführt. Sie wachsen verhältnismäßig rasch und können nach knapp 3 Wochen bereits fliegen. Im Herbst schließen sich die Familien zu ganzen Völkern zusammen, die gemeinsam den Winter überdauern. Das Rebhuhn wurde als Jagdwild auch in anderen Teilen der Welt ausgesetzt. Am besten hat es sich wohl im amerikanischen Mittleren Westen akklimatisiert.

**Wildtruthuhn**

*Meleagris gallopavo*

Amerika hat der Menschheit verhältnismäßig wenig Haustiere gegeben, eines der wichtigsten, das besonders in letzter Zeit immer mehr Bedeutung gewinnt, ist das Truthuhn. Die spanischen Eroberer lernten das Truthuhn als Haustier der mexikanischen Indianer zu Beginn des 16. Jh. kennen. Es ist nicht bekannt, wann die ersten Tiere nach Europa gebracht wurden, es muß jedoch verhältnismäßig früh geschehen sein, denn das Truthuhn tauchte als Leckerbissen bereits auf der Tafel Heinrichs VII. auf, und seit der Regierungszeit Jakobs I. wurde es zum allgemein üblichen Festtagsgericht. Seine Beliebtheit, namentlich in den englischsprechenden Ländern der Welt, war so groß, daß Benjamin Franklin sogar durchsetzen wollte, das Truthuhn anstatt des Weißkopfseeadlers als Nationalsymbol der Vereinigten Staaten einzuführen.

Die Truthühner sind Waldvögel, die lichte Bestände bevorzugen. Früher waren sie im gesamten Verbreitungsgebiet von Maine bis Süddakota und Mexiko recht häufig. Sie wurden jedoch dermaßen intensiv bejagt, daß sie an zahlreichen Stellen bereits ausgerottet sind.

Das Haustruthuhn unterscheidet sich kaum von seinen wildlebenden Vorfahren. Durch selektive Zuchtwahl wurde jedoch außer den wildfarbenen „Bronze-Truthühnern" auch eine weiße Art gezüchtet. Sie ist zwar etwas kleiner, besitzt jedoch eine Reihe von Eigenschaften, die sich sowohl auf ihre Haltung als auch auf die Verwertung ihres Fleisches günstig auswirken.

Rebhuhn

# Sperlingsvögel

**Blauhäher** *Cyanocitta cristata*
Ein Teil Nordamerikas östlich der Rocky Mountains ist die ursprüngliche Heimat des Blauhähers. Dieser auffällige und bekannte Vogel bewohnt parkartige Wälder und hält sich auch gern in der Nähe des Menschen auf. Die Häher sind außerordentlich wachsam und warnen vor drohender Gefahr durch lautes Geschrei. Der Jäger kann sicher sein, daß er keinen Erfolg haben wird, sobald ihn ein Häher erblickt und den ganzen Wald lauthals von seiner Anwesenheit in Kenntnis setzt.

**Eichelhäher** *Garrulus glandarius*
Nahezu alles, was vom Blauhäher gesagt wurde, trifft auch auf seinen europäischen und asiatischen Vetter, den Eichelhäher, zu. Letzterer ist jedoch etwas größer und nicht ganz so farbenprächtig. Er hat aber blaue, schwarzgebänderte Flügeldeckfedern, die seit alters her die Hüte der europäischen Jäger schmücken. Der Eichelhäher ist ein Gemischtköstler, der gern auch tierische Nahrung aufnimmt. Zu drei Vierteln besteht seine Speisekarte allerdings aus pflanzlicher Nahrung. Mit den Lebensgewohnheiten des Eichelhähers hängt die Ausweitung und Erneuerung der Eichenwälder zusammen. Im Herbst bilden nämlich Eicheln die Haupt- und Lieblingsnahrung der Häher. Diese werden in großer Zahl in verschiedene Erdverstecke gebracht, von denen dann später aber nur wenige wiedergefunden werden. Dieses Verhalten kann als klassisches Beispiel für eine Verbreitungsweise von Pflanzen in der Natur bezeichnet werden. Wenn Junge des Eichelhähers aus dem Nest genommen und daheim aufgezogen werden, gewöhnen sie sich schnell ein und werden nicht nur zahm, sondern sind auch sehr gelehrig. Auch in freier Wildbahn ahmen sie verschiedene Geräusche nach. Junge, in Gefangenschaft gehaltene Häher können ganze Melodien pfeifen lernen und sogar die menschliche Stimme nachahmen. „Sprechende" Häher sind der Stolz ihrer Besitzer. So wie alle anderen Rabenvögel hat auch der Eichelhäher eine ausgesprochene Vorliebe für glänzende Gegenstände, die er gern an sich nimmt und in die verschiedensten Verstecke bringt.

**Großer Paradiesvogel** *Paradisea apoda*
Die ersten Nachrichten über diese Prachtvögel gelangten 1522 nach Europa. Zwei Bälge hatten die Seeleute Magelläns von ihrer Weltumseglung als Geschenk des batschanischen Sultans für den spanischen König mitgebracht.

**Blauhäher**

Im 16. und 17. Jh. brachten Seefahrer weitere Bälge, die sie von den Eingeborenen auf Neuguinea bzw. in Nordostaustralien oder auf einer der kleinen umliegenden Inseln erworben hatten. Die Eingeborenen verarbeiteten die Bälge und schnitten dabei die Füße ab. Das führte zu den Phantasiegeschichten, daß diese Vögel ununterbrochen der Sonne entgegen fliegen und daß das Weibchen sein Ei in eine Rückenkuhle des unter ihm dahinfliegenden Männchens legt. Ende des vorigen Jahrhunderts wurden die Federn der Paradiesvögel zum Modeschmuck, der besonders auf Damenhüten nicht fehlen durfte. Zwischen 1880 und 1890 wurden dafür aus Neuguinea jählich 50 000 Paradiesvogelbälge exportiert. Einige Paradiesvogelarten wurden so fast völlig ausgerottet. Nur die Launenhaftigkeit der Mode rettete sie vor dem Aussterben. Heute genießen alle Paradiesvogelarten weitgehenden Schutz.

**Wanderdrossel** *Turdus migratorius*
Was für die Europäer die Schwalbe bedeutet, ist für die Amerikaner die Wanderdrossel. Ihre Rückkehr zu den Nistplätzen verkündet den Frühling. Die Wanderdrossel brütet in ganz Nordamerika, von der Waldgrenze bis zu den Südstaaten, und zieht im Winter südwärts an die Küste des Golfs von Mexiko und nach Mittelamerika.

**Eichelhäher**

**Wanderdrossel**

**Haubenmeise** *Parus cristatus*
In der Regel vereinen sich mehrere Meisenarten zu Schwärmen, denen sich häufig auch noch Kleiber und Baumläufer zugesellen. In den Nadel-

**Haubenmeise**

wäldern Europas und Westsibiriens wird dabei bestimmt nicht die Hauben- meise fehlen, die zuverlässig an ihrem Schopf zu erkennen ist.

**Großer Paradiesvogel**

103

**Girlitz** *Serinus serinus*
**Kanarienvogel** *Serinus canaria*
Die ursprüngliche Heimat des Girlitz
sind die Mittelmeerländer. Aus bisher
ungeklärten Gründen begann der Girlitz zu Beginn des vorigen Jahrhunderts
sein Verbreitungsgebiet weiter nach
Norden auszudehnen und besiedelte
ganz Mitteleuropa. Er drang sogar bis
nach Schweden und an den Finnischen
Meerbusen vor. Als Wissenschaftler die
näheren Umstände dieser Ausbreitung
prüften, stellten sie zu ihrem Erstaunen
fest, daß eine der wichtigen Voraussetzungen Telegrafendrähte sind, von
denen die Girlitze am häufigsten
singen.
Ein naher Verwandter des Girlitz ist der
auf den Kanarischen Inseln, mit Ausnahme von Fuerteventura und Lanzaro-
te, auf Madeira sowie auf den Azoren
beheimatete Kanarienvogel. Er unterscheidet sich vom Girlitz sowohl durch
die Größe als auch durch die dunklere
Färbung. Als die Spanier 1478 die Kanarischen Inseln eroberten, stellten sie
u. a. fest, daß die Eingeborenen diese
Vögel züchteten. Der Gesang der Kanarienvögel — wie sie genannt wurden
— gefiel ihnen so gut, daß sie sie in
großen Mengen nach Europa brachten.
Bald war die Zucht dieser Vögel allgemein verbreitet. Eine Reihe unterschiedlicher Formen wurde hervorgebracht und sogar ihr Gesang vervoll-
kommnet. Am häufigsten sind zwar
gelbe Kanarienvögel anzutreffen, es
gibt jedoch auch andere Farbtönungen.
Am wertvollsten sind die roten, die
durch Einkreuzungen mit dem amerikanischen Feuerzeisig entstanden sind.
Mischlinge von Kanarienvögeln mit
verschiedenen verwandten Arten wurden schon seit jeher als Käfigvögel gehalten. Der heutige Zucht-Kanarienvo-
gel sieht seinen wilden Vorfahren überhaupt nicht mehr ähnlich.

**Kanarienvogel**

**Blutkardinal** *Richmondena cardinalis*
Der Blutkardinal ist ein recht auffälliger
Vogel mit einem markanten Schopf. Er
kommt in allen warmen Gegenden des
nordamerikanischen Ostens vor und
hat sich südwärts über ganz Mexiko bis
nach Honduras ausgebreitet. Er ist allgemein gern gesehen, nicht nur wegen
seines prächtigen Federkleides, sondern auch wegen seines an die Nachtigall erinnernden Gesanges. Deswegen
wird er auch häufig als Käfigvogel gehalten. Die Amerikaner haben ihn sogar
auf Hawaii ausgesetzt. Gegenwärtig
verschiebt sich das Brutareal des Blut-
kardinals nordwärts. So kommt er
heute z. B. laufend im Bundesstaat New
York vor, wo er früher völlig unbekannt
war.
Im Sommer leben die Kardinäle in
Paaren. Das Weibchen besitzt kein so
strahlend rotes Federkleid, sondern ist
mehr bräunlich gefärbt. Im Herbst und
Winter gesellen sich die Kardinäle zu
kleinen Schwärmen zusammen, die
durch die Landschaft ziehen und nach
Nahrung suchen. Sie ernähren sich vor
allem von Samen verschiedener Pflanzen, und ihr kräftiger Schnabel kann
auch die harten Maiskörner knacken.
Während der Nistzeit nimmt der Kardi-
nal, ebenso wie andere Samenfresser,
auch Insekten auf, mit denen die Jungen gefüttert werden. Diese ähneln, sobald sie flügge geworden sind, den Eltern, sind jedoch an den noch dunklen
Schnäbeln zu erkennen. Außerdem
fehlt ihnen noch die schwarze Kopf-
zeichnung.

**Girlitz**

**Blutkardinal**

**Rauchschwalbe** *Hirundo rustica*
Schwalbennester sind an den Häusern, in Ställen sowie in Räumen zu finden. Sie sind aus Lehm, der mit Speichel versetzt wurde, gebaut. Auf die Erde begeben sich die Schwalben nur zur Aufnahme von Baustoffen für das Nest. Sonst verbringen sie die ganze Zeit in der Luft oder ruhen auf dünnen Ästen oder Telegrafendrähten aus. Ihre Nahrung besteht ausschließlich aus Insekten, die grundsätzlich im Flug erbeutet werden. Im Flug nehmen die Schwalben auch Wasser in den Schnabel auf. Die Winterquartiere der Schwalben befinden sich in Südafrika. Im Frühjahr kehren die Vögel wiederum an ihren alten Nistplatz zurück, wobei das vorjährige Nest nur ausgebessert wird. Junge, im Vorjahr geborene Schwalben bauen ein neues Nest, zu dem sie dann auch Zeit ihres Lebens zurückkehren.

**Mönchsgrasmücke** *Sylvia atricapilla*
So einförmig meist das Federkleid der Grasmücken ist, so große Unterschiede bestehen in ihrem Gesang. Nach diesem läßt sich zuverlässig die Art ansprechen, ohne daß man den Vogel sehen muß. Der Mönchsgrasmücke gebührt zu Recht der Ruf eines meisterhaften Sängers. Ihr Gesang ist melodisch, kräftig, etwas flötenartig und erinnert an den der Nachtigall. Unter Vogelfreunden wird die Mönchsgrasmücke daher als zweitbester Sänger geschätzt.

bel, der mit ruckweisen Bewegungen den Stamm eines Baumes spiralig emporklettert und mit der Schnabelspitze jeden Rindenriß absucht — das ist der Baumläufer. Seine Färbung unterscheidet sich kaum von der Baumrinde. Jeder Stamm wird systematisch untersucht, und oben angelangt läßt er sich zum Fuß des nächsten Baumes herabtrudeln, um erneut mit dem Aufstieg zu beginnen. Dabei läßt er ununterbrochen sein zartes, hohes Piepen erklingen. Nur im Frühling ist sein eindrucksvolles, aus hohen Tönen zusammengesetztes Lied zu hören.

**Gartenbaumläufer**
*Certhia brachydactyla*
Ein unauffälliger, kleiner Vogel mit einem langen, leicht gebogenen Schna-

**Mönchsgrasmücke**

**Gartenbaumläufer**

105

# Interessante Verwandtschaften

Unsere Kenntnisse von der Entwicklung und den stammesgeschichtlichen Verwandtschaftsbeziehungen zwischen den Wirbeltieren beruhen sehr häufig auf Fossilien. Diese sind jedoch von Vögeln wesentlich seltener als von anderen Wirbeltieren zu finden. Dies beruht darauf, daß das Skelett der Vögel viel spröder ist und der Vogelkörper rascher zerfällt. So ist es nur selten geschehen, daß vollständige Vogelkörper in Anschwemmungen und Sedimente, die häufigsten Einbettungsmaterialien von Versteinerungen, gelangten. Das ist auch der Grund für die verhältnismäßig geringe Kenntnis der entwicklungsgeschichtlichen Zusammenhänge im Vogelreich und einige Unsicherheiten bei der Einordnung mancher Vogelfamilien. Häufig ist man gezwungen, von äußeren Merkmalen der heute lebenden Arten auszugehen, ohne genau zu wissen, ob die als wichtig angesehenen Merkmale nicht nur Anpassungen an eine bestimmte Lebensweise darstellen und damit kein Beweis für entwicklungsmäßige Zusammenhänge sind. Wir setzen z. B. voraus, daß die Papageien wenigstens entfernt mit Tauben und Kuckucken verwandt sind, die Trogons hingegen zwar einige Merkmale aufweisen, die denen bei Papageien und Nachtschwalben ähnlich sind, ebenso aber Merkmale haben, die an die Spechte erinnern. Die Tukane, die rein äußerlich an die Nashornvögel erinnern, weisen hingegen andere Merkmale auf, die den Schluß zulassen, daß sie mit den Spechten in eine Ordnung gehören. Es ist also mitunter recht schwierig, einzelne Vogelordnungen richtig in ein System einzuordnen, und es scheint, daß die wahren Zusammenhänge dieser interessanten Verwandtschaft noch nicht endgültig geklärt sind.

**Ringeltaube** *Columba palumbus*
Die Ringeltaube ist ein reiner Waldbewohner. Im Laubwald ist sie jedoch genauso zu Hause wie im Nadelwald, im Tiefland kommt sie ebenso vor wie in den Bergen. Sie scheut nicht die Nähe des Menschen, ist jedoch auch dort zu finden, wo es weit und breit keine Menschen gibt. Mitunter sind die Ringeltauben auch in den Parkanlagen der großen Städte anzutreffen. Ihr Verbreitungsgebiet ist außerordentlich groß — es umfaßt ganz Europa, West- und Südasien und Norafrika. In den nördlicheren Gegenden ist sie ein Zugvogel, der bereits im März in sein Brutgebiet zurückkehrt, um im September und Oktober wieder südwärts, in die Winterquartiere zu ziehen.

Wie alle Tauben baut auch die Ringeltaube aus ein paar Zweigen ein sehr einfaches Nest, in das in der Regel 2 weiße Eier gelegt werden. Diese verhältnismäßig geringe Vermehrungsfähigkeit wird dadurch ausgeglichen, daß die Ringeltauben zwei und mitunter sogar drei Bruten im Jahr aufziehen. Im Herbst schließen sich die Tauben zu großen Schwärmen zusammen und ziehen durch die Landschaft, wo ihnen ein reiches Angebot verschiedenster Samen als Nahrung dient. Die Lieblingsnahrung der Ringeltauben sind Eicheln und Samen von Laubbäumen, doch auch die Kulturfelder bieten ein derart reiches Angebot, daß ihre Kröpfe schnell prall mit Getreide gefüllt sind.

**Graupapagei** *Psittacus erithacus*
Es heißt, daß der älteste ausgestopfte Vogel ein Graupapagei war, der zur Zeit Karls II. gelebt hat, und sein ganzes Leben den Herzog von Lennox und Richmond begleitet haben soll. Fest steht, daß der Graupapagei, auch Jako genannt, bereits zur Zeit der Tudors gehalten wurde. Auch Heinrich VIII. hat einen solchen Papagei besessen. Zur weiteren Bekanntheit gelangte der Graupapagei durch den Schriftsteller Stevenson. Sein Long John Silver aus der „Schatzinsel" trug ständig einen Graupapageien auf der Schulter. Gerade wegen seiner Fähigkeit, perfekt die menschliche Stimme nachzuahmen, die bei ihm wohl am höchsten entwickelt ist, hat der Graupapagei die Zuneigung vieler Vogelliebhaber errungen und stellt mit großem Abstand die begehrteste Papageienart dar. Alte, in Gefangenschaft geratene Vögel werden nie ganz zahm, hingegen gibt es keinen angenehmeren Gesellschafter als einen jung gezähmten Jako. Erfahrene Vogelzüchter verstehen sich durchaus darauf, alte Vögel von jungen zu unterscheiden. Junge Graupapageien haben ein dunkles Auge, während die Regenbogenhaut erwachsener Exemplare elfenbeinfarben ist.

**Ringeltaube**

Graupapagei

## Wellensittich

*Melopsittacus undulatus*

Der Wellensittich ist ebenso ein Symbol Australiens wie das Känguruh. Wenn man alle als Käfigvögel gehaltenen Wellensittiche zählen würde, wäre der Wellensittich wohl die meistverbreitetste Papageienart der Welt. In Gefangenschaft geriet er 1840, als John Gold einige Exemplare von einer Australienreise nach England brachte. Die Grundfarbe der wilden Wellensittiche ist grün. Es gibt jedoch verschiedene Farbrassen, vor allem gelb und blau. Die Züchter haben diese Formen zielstrebig weitergezüchtet und eine ganze Reihe weiterer Varianten hervorgebracht. Die Zahl der in Gefangenschaft lebenden Wellensittiche wird von Jahr zu Jahr größer. Sie sind auch höchst angenehme Stubengenossen. Ihre Stimme ist wesentlich feiner, als jene der Papageien. Obwohl der Wellensittich zu den kleinsten Papageien gehört, erlernt er verhältnismäßig leicht die menschliche Sprache nachzuahmen. Voraussetzung ist allerdings, daß der Jungvogel anstatt von den Eltern vom Menschen gefüttert wird. Außerdem ist es hierfür erforderlich, den Wellensittich einzeln zu halten, damit er nicht mit Artgenossen in Kontakt kommt. Durch geduldiges Wiederholen der zu erlernenden Wörter wird erreicht, daß der Vogel „spricht''.

Wellensittich

ten ihn niemals. Sie fingen jedoch lebende Quetzale, rissen ihnen die langen Schwanzfedern aus und ließen sie dann wieder frei. Der Stammgott der Azteken war Huitzilopochtli in Gestalt einer Schlange mit Flügeln aus Quetzalfedern. Noch heute stellt der Quetzal ein Sinnbild der Freiheit dar und ist das Wappentier von Guatemala.

Wie alle Trogons ist der Quetzal ein Höhlenbrüter. Wenn das Männchen das Weibchen beim Brutgeschäft ablöst, muß es darauf achten, nicht die langen, zarten Schwanzfedern zu beschädigen, die in der engen Bruthöhle leicht brechen könnten. Wie die Beobachtung freilebender Vögel gezeigt hat, sitzt das Männchen stets mit dem Schnabel zur Höhlenöffnung gewandt, wobei die langen Schwanzfedern allerdings nicht hineingenommen, sondern über den Rücken gebogen werden und so aus der Höhle herausragen.

**Fischertukan** *Ramphastos sulfuratus*
Ein riesiger, oft buntgefärbter Schnabel ist eines der auffälligsten Kennzeichen der Tukane. Das Bild dieser Vögel prägt sich wohl jedem ins Gedächtnis ein, der sie einmal gesehen hat. Wenn der Schnabel auch oft ebenso lang ist wie der ganze Körper, ist er sehr leicht, denn unter der harten Oberschicht befinden sich nur lockere Hornwaben, die gleichzeitig Gewähr für Festigkeit und ein geringes Gewicht bieten. Die eigentliche Funktion dieser kuriosen Schnäbel ist unbekannt. Möglicherweise kommt ihnen eine Rolle für die Arterkennung bei der Paarbildung zu, denn während das Federkleid der einzelnen Arten kaum Unterschiede aufweist, gibt es am Schnabel markante Farbunterschiede. Den buntesten Schnabel hat der Fischertukan. Die Lernfähigkeit der Tukane entspricht etwa jener der Rabenvögel. In ihrer südamerikanischen Heimat nehmen eingeborene Kinder häufig die in hohlen Bäumen befindlichen Nester aus und zähmen die Jungen. Die Nestjungen sehen ihren Eltern noch in keiner Weise ähnlich. Ihre Schnäbel sind kurz und breit, der Unterkiefer ragt über die Spitze des Oberkiefers heraus. Mit der Zeit nimmt der Schnabel jedoch die Proportionen wie bei erwachsenen Tieren an. Noch einige Monate nach dem Ausfliegen sind jedoch die Jungvögel von den Alten zu unterscheiden, denn der Schnabel ist immer noch etwas kürzer.
Die Hauptnahrung der Tukane stellen Früchte dar, obwohl sie mitunter auch tierische Nahrung wie z. B. Nestvögel, Eidechsen oder Baumfrösche aufnehmen.

**Quetzal** *Pharomachrus mocinno*
„Nach einer kurzen Weile gewahrten wir, wie sich durch die Hauptstraße der kaiserliche Aufzug bewegte. Voran schritten drei Würdenträger mit goldenen Stäben in der Hand. Hinter ihnen wiegte sich, inmitten einer Schar von Edelleuten, auf den Schultern einiger getragen, die goldglänzende Sänfte des Kaisers. Sein Haupt lag im Schatten eines von vier Kaziken getragenen Baldachins, der aus Federn gefertigt, mit Silber geziert und mit Perlen- und Smaragden übersät war." So beschrieb Fernando Cortez, der spanische Konquistador, sein Zusammentreffen mit dem Azteken-Herrscher Montezuma. Die grünen Federn des Baldachins und der kaiserliche Mäntel stammten von einem der schönsten Vögel der Welt, dem Quetzal. Azteken und Majas verehrten ihn als Gott der Lüfte und töteten

**Fischertukan**

**Hyazinthara**

## Hyazinthara
*Anodorhynchus hyacinthinus*
Die Aras zählen zu den größten Papageien. Ihr massiver Schnabel ist halb so groß wie der ganze Kopf und der stufige Schwanz ist überkörperlang. Das sind auch die zuverlässigen Unterscheidungsmerkmale der Art. Obwohl der Hyazinthara kein so buntes Federkleid aufzuweisen hat wie andere Aras, gehört er trotzdem zu den schönsten. Die Xavanti-Indianer hielten die Hyazintharas seit jeher in ihren Dörfern und rissen ihnen regelmäßig die Federn aus. Sie dienten zur Anfertigung von Verzierungen für Festmäntel. Das war wesentlich einfacher, als Vögel zu erlegen, abgesehen davon, daß so für eine regelmäßige Erneuerung gesorgt war. Über das Leben des Hyazinthara in freier Wildbahn ist nur sehr wenig bekannt. Die meisten Erkenntnisse haben wir von Vögeln, die in Gefangenschaft gehalten wurden. Es ist sogar ungewiß, wovon sich die Vögel ernähren. Man nimmt an, daß sie vorwiegend Samen und Früchte verschiedener Bäume aufnehmen. Der äußerst kräftige Schnabel des Hyazinthara vermag spielend auch harte Nußschalen zu knacken.

109

# Eulen

Das auffallendste Merkmal der Eulen sind wohl die großen, nach vorn blickenden Augen, die uns aus dem fächerartig befiederten Gesicht entgegensehen. Der große Kopf sitzt auf einem kurzem Hals, die Anordnung der zwei oberen Halswirbel ermöglicht den Eulen jedoch, den Kopf um 270° zu drehen. Die Federn der Eulen sind weich, weshalb auch ihr Flug still, fast unhörbar ist.

Die Eulen ernähren sich von tierischer Nahrung, zu deren Fang ihnen der kräftige, gebogene Schnabel sowie die kräftigen, mit langen scharfen Krallen bewährten Fänge dienen. Das hervorragende Greifvermögen der Fänge wird durch eine wendefähige vierte Zehe begünstigt. Bei der Jagd orientieren sich die Eulen mit Hilfe des Gesichtssinnes und des Gehörs. Es ist falsch, daß die Eulen tagblind sind, in der Nacht ist jedoch die Sicht des Eulenauges wesentlich besser als die des menschlichen Auges. Das kommt daher, weil die Eulen in der Netzhaut des Auges wesentlich mehr lichtempfindliche Zellen besitzen als andere Vögel. Die Eulen müssen ihre oftmals sehr kleine Beute auch auf große Entfernung unterscheiden können. Sie sind deshalb weitsichtig. Die Ohren der Eulen sind auf den ersten Blick nicht zu sehen. Sie sind im Federkleid unter einem aufrichtbaren Hautwall verdeckt, der die Ohrmuscheln ersetzt. Die Ohren der Eule können in Verbindung mit dem Federteller des Gesichts Schallwellen ähnlich wie ein Parabolspiegel auffangen.

Schleiereule

Kanincheneule

**Schleiereule** *Tyto alba*
Die angestammten Brutstellen der Schleiereulen waren hohle Bäume und Felsspalten, heute ist sie jedoch von allen Eulenarten am besten an die Nähe des Menschen gewöhnt. Sie brütet in wenig genutzten Gemäuern, z. B. in Kirchtürmen und Ruinen, wobei sie zweifellos einen beträchtlichen Anteil zu den Spukgeschichten von dort angeblich umgehenden Gespenstern beigetragen hat. Manche ihrer Lautäußerungen erinnern nämlich an menschliches Keuchen oder Schnarchen.
Die Schleiereule ist nahezu über die ganze Welt verbreitet. Sie lebt in einer wahrscheinlich das ganze Leben währenden Dauerehe und nistet ständig an der gleichen Stelle. Erwachsene Eulen sind standorttreu, junge Vögel legen hingegen manchmal oft große Entfernungen zurück. Die Schleiereule ist äußerst nützlich, denn sie vertilgt eine große Menge von Nagetieren, vor allem Mäuse, die rund 70 % ihrer Nahrung ausmachen.

**Kanincheneule** *Speotyto cunicularia*
Eine sehr interessante Art ist die kleine, hochbeinige Kanincheneule, die die offenen Ebenen des amerikanischen Kontinents bewohnt, wo sie von Florida bis in den Westen der Vereinigten Staaten und von dort weiter südwärts über Mittelamerika bis nach Feuerland verbreitet ist. Manchmal gräbt sie ihre Erdhöh-

Waldkauz

le selbst, häufiger bezieht sie jedoch die Bauten verschiedener Nagetiere, in Nordamarika z. B. der Präriehunde. Es ist interessant, daß in solchen Bauten drei Mieter gleichzeitig hausen können – Präriehund, Klapperschlange und Kanincheneule, wobei zwischen ihnen Eintracht zu herrschen scheint. Wer durch die Prärie reitet, kann diese seltsamen Vögel dort, wo sie häufig vor-

**Amerikanischer Uhu**

kommen, in der Regel auf einer etwas erhöhten Stelle, vor ihren Behausungen sitzen sehen. Die Kanincheneulen sind ausgesprochene Bodenvögel und laufen recht geschickt.
Sie jagen abends, wenn es dunkel wird, Kleinsäuger, Amphibien und Insekten, vor allem Heuschrecken. Dabei fliegen sie niedrig über dem Boden und halten nach Beute Ausschau. Von Zeit zu Zeit gehen sie rüttelnd ein paar Meter tiefer, um dann, wenn sie ihrer Beute sicher sind, im Sturzflug das Opfer zu überfallen.

**Waldkauz** *Strix aluco*
Der Waldkauz ist ein Waldbewohner, der jedoch auch in großen Parkanlagen und Gärten vorkommt. Tagsüber sitzt er gewöhnlich an einen Baumstamm geschmiegt oder hält sich in einer Höhle verborgen. Sobald es dunkel wird, begibt er sich auf die Jagd. Leise streicht er durch sein Revier, sucht seine Lieblingsbäume auf oder setzt sich an eine andere erhöhte Stelle, von der er nach Beute ausspäht. Seine Hauptnahrung sind Nagetiere, doch fehlen auch Vögel, Amphibientiere und

Insekten nicht auf seiner Speisekarte. Am liebsten nisten die Waldkäuze in Baumhöhlen, mitunter jedoch zur Not auch am Boden in der Nähe eines Baumes. Das Brutgeschäft erledigt das Weibchen allein, das Männchen hält sich jedoch in der Nähe auf und schafft Nahrung heran. Da das Weibchen in der Regel mit dem Brüten beginnt, sobald das erste Ei gelegt ist, schlüpfen die Jungen nicht gleichzeitig aus. In einem Nest sind deshalb gleichzeitig weiße Dunenjunge zusammen mit Jungvögeln zu finden, deren Federkleid bereits die kenzeichnende graue Färbung annimmt.

**Amerikanischer Uhu** *Bubo virginianus*
Die Stimme dieses Uhus ist kräftig, laut und melodisch, wobei die der Weib-

chen tiefer klingt, als die der Männchen. Am häufigsten sind sie am Frühlingsbeginn zu hören, später verhalten sie sich recht still. Der Amerikanische Uhu ist in allen Waldgebieten zu Hause. Nachts begibt er sich auf die Jagd und sucht Waldränder und Lichtungen nach Beute ab. Aufgrund seiner Größe vermag er auch eine Ente oder einen Hasen zu schlagen, wenn auch Kleinsäuger seine Hauptnahrung sind.

**Schnee-Eule** *Nyctea scandiaca*
Die Schnee-Eule ist wohl die auffallendste und schönste Art unter den Eulen. Ihre Lebensgewohnheiten weichen von der anderer Arten der Familie etwas ab. Das liegt daran, daß sie zirkumpolar in den kahlen Tundren lebt, wo es in dem Gebiet nördlich des Polarkreises ein halbes Jahr dunkel ist, das andere halbe Jahr dann wiederum der ununterbrochene Polartag herrscht. Die Schnee-Eule muß daher auch bei Tageslicht jagen. Überdies bietet die kahle, baumlose Tundra keine Nistbäume. Es bleibt ihr daher nichts anderes übrig, als auf dem Boden zu nisten. In der Regel liegen die Nester auf kleinen Anhöhen, die einen guten Rundblick ermöglichen. Eine weitere für diese Art typische und sonst bei den Eulen ungewöhnliche Erscheinung ist ein geschlechtsbedingter Färbungsunterschied. Das Männchen ist normalerweise nahezu reinweiß, während das Federkleid des Weibchens an Brust, Rükken und Flügeln eine dunkle Querwellung aufweist.

**Schnee-Eule**

# Flugunfähige Vögel und Flugakrobaten

Es ist sehr wahrscheinlich, daß die Vorfahren der Vögel Bodenbewohner waren, die mit Hilfe der Hintergliedmaßen auf die Bäume kletterten, während sie die befiederten Vordergliedmaßen ausbreiteten und zum Gleitflug nutzen konnten. Nach und nach vervollkommneten sich dann ihre Flugfähigkeiten, bis sie schließlich zum aktiven Fliegen übergingen. Doch auch heute gibt es noch Vögel, die nicht fliegen. Sie werden in zwei Gruppen eingeteilt. Zu der einen gehören Vögel, die am Brustbein keinen entsprechend entwickelten Knochenkamm zum Ansatz der Flugmuskulatur besitzen, die zweite enthält Arten, deren Flugfähigkeit sekundär verloren ging. Das sind vor allem einige Inselformen der Rallen, Kormorane, Enten und Papageien.

Die brustkammlosen Vögel werden in der Regel in eine besondere Unterklasse zusammengefaßt, wenn auch eingehende Studien ergeben haben, daß zwischen ihnen wahrscheinlich keine verwandtschaftlichen Beziehungen bestehen, wie man früher annahm. Meist sind es Vögel von gewaltiger Körpergröße, wie etwa die Strauße.

Unter den flugkundigen Vögeln sind gute und schlechte Flieger zu finden. Manche können stundenlang segeln, indem sie den Auftrieb von Wärmeströmungen nutzen, andere wagen keine größeren Entfernungen zurückzulegen. Es gibt jedoch auch Vögel, für die die Luft zum ureigensten Element geworden ist und die im Fluge sogar schlafen können. Andere können als wahre „Kunstflieger" bezeichnet werden, die sich sogar darauf verstehen, rück- und seitwärts zu fliegen oder in der Luft stehenzubleiben. Während die flugungewandten Arten meist größer sind, findet man unter den „Kunstfliegern" vorwiegend kleinere Vögel.

### Streifenkiwi *Apteryx australis*

Die Heimat des Kiwis, eines der interessantesten Vögel, sind die Urwäldr Neuseelands. Hier verbringt der Kiwi in Erdlöchern unter den Wurzeln der Bäume schlafend den Tag, um sich bei Nacht auf die Nahrungssuche zu begeben. Der Kiwi nimmt seine Beute, meist Regenwürmer und Insektenlarven, mittels des Geruchssinnes wahr. Während der Trockenzeit, wenn die Bodenkruste zu hart ist, um nach Tieren zu suchen, dienen ihm verschiedene Früchte und Blätter als Nahrung.

Streifenkiwi

Das Gelege des Kiwis besteht aus 1 oder 2, hinsichtlich der Körpermaße des Vogels sehr großen Eiern, die rund 0,5 kg wiegen. Das entspricht einem Viertel bis einem Fünftel des Gewichts des Weibchens. Die Brutzeit dauert 75–80 Tage.

### Strauß *Struthio camelus*

Der Strauß ist der größte lebende Vogel. Erwachsene Straußenhähne erreichen eine Höhe von 2,5 m und ein Körpergewicht von mehr als 100 kg. Ein Straußenei wiegt rund 1,5 kg. Der Strauß lebt in der offenen Savannenlandschaft Südafrikas und kam früher auch in Kleinasien und Arabien vor. Dort wurde er jedoch ausgerottet. Der Hahn unterscheidet sich von der Henne durch die Färbung des Federkleides. Die Hähne sind schwarz, nur die Schwanz- und Flügelfedern sind weiß. Die Straußenhennen hingegen tragen ein graubraunes Federkleid. Bei manchen Straußenvogelarten brütet nur das Männchen und führt auch allein die Jungen, beim Strauß hingegen teilen sich die Eltern die Fürsorge um die Nachkommenschaft.

### Emu *Dromaius novaehollandiae*

Die offenen halbtrockenen Ebenen Australiens sind die Heimat des zweitgrößten Vogels, des Emus, der ebenso wie das Känguruh ein Wahrzeichen Australiens darstellt. In der Brutzeit, in der übrigens der Emuhahn für das Be-

Strauß

Emu

im Fluge eine liegende Acht und schwirren dabei so rasch, daß unser Auge die Flügel nur als verschwommene Linien wahrnimmt. Die Farben des Kolibris sind sehr bunt und ändern sich mit jeder Bewegung des Vogels. Dies beruht auf der Lichtbrechung in durchsichtigen Zellen der Federn, die über einem schwarzen Pigment angeordnet sind.

**Alpensegler** *Apus melba*
Wenn man ein Beispiel für einen perfekt stromlinienförmigen Körperbau anführen sollte, ist wohl der Alpensegler am geeignetsten. Er kann als voll-

Alpensegler

brüten der Eier sorgt, sind die Emus nur selten zu sehen. Der Hahn verläßt die ganze, 8 Wochen währende, Brutzeit nicht das Gelege. Außerhalb der Nistzeit gesellen sich die Emus zu kleinen Gruppen zusammen, die gemeinsam durch die Gegend ziehen. Sie ernähren sich von verschiedenen Früchten und Samen, Blättern, Gras und Insekten. Wer zum erste Mal die Stimme eines

Emus hört, kann kaum glauben, daß es sich um einen Vogel handelt. Dabei sind die Lautäußerungen von Hahn und Henne verschieden. Bei ersterem sind es wiederholte Kehltöne, während die Henne ein laut polterndes Brüllen vernehmen läßt.

**Rubinkehlkolibri**
*Archilochus colubris*
Die Neue Welt ist die Heimat phantastischer Vögel. Es sind die Flugkünstler aus der Kolibrifamilie, die oft auch als fliegende Edelsteine bezeichnet werden. Der Begriff Kolibri ist häufig mit der Vorstellung von winzigen Vögeln verbunden. Das trifft auch meist zu, jedoch erreichen einige Arten immerhin mehr als Sperlingsgröße. Mit ihrem außerordentlichen Flugvermögen und ihren Nahrungsansprüchen haben sich die Kolibris eine Nahrungsquelle erschlossen, die andere Vögel unbeachtet gelassen haben – den Nektar der Blumen. Diesen teilen sie sich mit den Insekten, mit denen sie auch eine ähnliche Flugtechnik gemeinsam haben. Sie beschreiben mit den Flügelspitzen

kommener Flugkünstler angesprochen werden. Er erreicht Spitzengeschwindigkeiten von 160 km/h, sein asiatischer Verwandter, der Stachelschwanzsegler sogar rund 300 km/h. Der Segler ernährt sich ausschließlich von Insekten, die er oft in großer Höhe im Flug erbeutet. Die Alpensegler begeben sich nie auf den Boden. Alle vier Zehen sind nach vorn gerichtet und der Fuß stellt somit eine ideale Einrichtung zum Anhängen an steile Felswände dar, wo die Segler meist auch ihre Nester bauen. Abgesehen von der Brutzeit verbringt der Segler den überwiegenden Teil seines Lebens in der Luft. In der Luft erfolgt die Paarung und er schläft während der Nacht sogar im Flug.

**Rubinkehlkolibri**

# Erstaunliche Anpassungen im Vogelreich

**Buschhuhn** *Alectura lathami*
Australien ist ein Kontinent, der zahlreiche Überraschungen bietet. Deshalb ist es kaum verwunderlich, daß gerade hier Vögel leben, die sich nicht mit dem Bebrüten ihrer Eier abgeben. Sie legen die Eier an Stellen, wo eine optimale Brutwärme gewährleistet ist, und kümmern sich weiter nicht mehr um das Gelege. Für alle Großfußhühner — und die Buschhühner gehören zu dieser Familie — sind die kräftig entwickelten Füße kennzeichnend. Manche Arten scharren im Wald Erdreich und Laub zu einem großen Haufen zusammen, in den dann die Henne ihre weißen Eier legt. Die faulenden Pflanzenteile entwickeln Wärme, die zum Ausbrüten der Eier reicht. Auf ähnliche Weise verfährt das Inselgrabhuhn, während einige Arten auf den Salomoninseln ihre Eier in die von Vulkandämpfen erwärmte Erde eingraben. Auch von der Sonne stark erwärmte, mit Erde gefüllte Felsspalten dienen dem gleichen Zweck. Die außerhalb der Tropen lebenden Großfußhühner haben da mit ihrem Gelege etwas mehr Arbeit, denn sie scharren in Abhängigkeit vom Wetter ihre Laubhaufen um und kontrollieren mit der Zunge sorgsam die Innentemperatur.

**Philippinische Graurumpfsalangane** *Collocalia inexpectata*
Im indoaustralischen Gebiet leben einige Salanganearten. Dies sind Verwandte der Segler, die ihre schalenförmigen Nester an steile Felswände oder Baumstämme anheften. Zum Nestbau benutzen sie, wesentlich mehr als andere Arten, fast ausschließlich Speichel. Der aus besonderen Drüsen stammende Speichel erhärtet an der Luft zu einer elastischen Masse. Seit Jahrhunderten wurden die Salanganenester bereits in der asiatischen Küche verwendet. Es wurden daraus Suppen und verschiedene Gerichte bereitet. Die wertvollsten Nester stammen von den Kalksteinfelsen an der Küste Indochinas. Bis heute werden dort noch jährlich an die 20 000 kg Nester der in riesigen Kolonien lebenden Salanganen eingesammelt. Wenn ihr Nest zerstört wird, bauen die Vögel unverzüglich ein ebenso hochwertiges. Erst beim dritten Nestbau verwenden die Salanganen behelfsmäßig auch andere Baustoffe. Die beiden ersten Nester gelangen in unverändertem Zustand in den Handel, aus den dritten werden die Beimengungen entfernt, und die harte, eiweißreiche Masse wird von den chinesischen Kaufleuten als „Drachenzähne" in den Handel gebracht. Interessant ist auch, daß sich die Salanganen in der Dunkelheit ihrer Bruthöhlen — ähnlich wie Fledermäuse — mit Hilfe von Ultraschall-Tönen orientieren.

**Philippinische Graurumpfsalangane**

**Buschhuhn**

**Leierschwanz** *Menura superba*
In den Gebirgsurwäldern Australiens lebt ein legendärer Vogel, dessen Balztanz zu beobachten bisher nur wenigen vergönnt war. Der Leierschwanz gehört nämlich zu den außerordentlich scheuen Vögeln. Im Herbst besetzt jeder Hahn ein bestimmtes Revier, in dem er einige Laubhaufen zusammenscharrt, die ihm als Tanzplatz dienen. Zunächst singt er kürzere Zeit auf einem nahen Baum, um dann auf den Blätterhaufen herabzufliegen. Dort setzt er sein lautes und eindringliches Lied fort. Nach einigen Minuten breitet er seinen Schwanz aus und klappt die langen Steuerfedern wie einen Schleier über den Kopf. Unter ihm halb verborgen tanzt er zu seinem in immer höheren Tönen perlendem Lied, bis er jäh verstummt. Nun hat er den Schwanz wieder zurückgelegt und fliegt zu einem weiteren Tanzplatz, wo er sein Schauspiel wiederholt.

**Rennkuckuck** *Geococcyx californianus*
**Kuckuck** *Cuculus canorus*
Der Name Kuckuck ist mit einem Vogel verbunden, der seine Eier in fremde Nester legt. Dies ist jedoch nicht nur eine Eigenschaft der Kuckucke, denn Vögel anderer Ordnungen verhalten sich ebenso, und andererseits gibt es zahlreiche Kuckucksarten, die ihre Nachkommenschaft in eigenen Nestern aufziehen. Hierzu zählt z. B. der amerikanische Rennkuckuck, der in den Wüstengebieten des Nordwestens der Vereinigten Staaten recht häufig vorkommt. Sein Nest, mit einem aus zwei Eiern bestehendem Gelege, legt er oft in Kakteenbeständen an.
Der europäische Kuckuck stellt hingegen das Schulbeispiel eines Brutschmarotzers dar. Die Eier unterschiedlicher Kuckucksweibchen sind verschieden gefärbt, weshalb sich jedes eine Vogelart mit einem farbgleichen Gelege als Wirt aussucht, in deren Nest es ein Ei legt. Der junge Kuckuck wirft sofort seine Nistgeschwister aus dem Nest und entledigt sich auf diese Weise seiner Nahrungskonkurrenten. Nur deshalb kann er von seinen wesentlich kleineren Wirtseltern in ausreichendem Maße gefüttert werden. Erwachsene Kuckucksweibchen legen ihre Eier in der Regel in die Nester jener Arten, von denen sie selbst aufgezogen wurden.

Rennkuckuck

Kuckuck

Leierschwanz

# Kloaken- und Beuteltiere

Die eigentümlichsten und zugleich primitivsten Säugetiere sind die in Australien, Tasmanien und auf Neuguinea lebenden Kloakentiere (Monotremata). Ihre Existenz verdanken sie einer viele Jahrmillionen dauernden Isolierung der australischen Welt vom übrigen Festland. Von allen anderen Säugetieren unterscheiden sie sich durch eine erstaunliche Besonderheit — die Weibchen gebären keine lebenden Jungen, sondern legen Eier. Die aus ihnen ausschlüpfenden Jungen werden jedoch genauso mit Muttermilch gesäugt, wie die Jungen anderer Säugetiere. Gegenwärtig leben nur noch zwei recht unterschiedliche Familien — Schnabeltiere und Ameisenigel — auf der Erde.

**Schnabeltier** *Ornithorhynchus anatinus*
Das Schnabeltier verdankt seinen Namen der Tatsache, daß seine Kiefern mit Hornplatten versehen sind, die einem Entenschnabel ähnlich sehen. Sein ganzer Körperbau zeugt von einer perfekten Anpassung an das Leben im Wasser. Der Schwanz ist ähnlich wie beim Biber abgeflacht, jedoch behaart, die Finger der Gliedmaßen sind durch Schwimmhäute verbunden, und Gehör sowie Augenöffnungen liegen in Hautfalten, die beim Tauchen geschlossen werden können. In den Uferböschungen der Flüsse und Bäche gräbt das Schnabeltier Erdröhren aus, in denen in der Regel 2 Eier in ein mit Laub ausgebettetes Nest gelegt werden. Die etwa nach 2 Wochen schlüpfenden Jungen lecken die Milch von Drüsenfeldern am Bauch des Muttertieres ab. Erst nach 11 Tagen öffnen sie die Augen und verlassen nach weiteren 6 Wochen den Bau.

**Kurzschnabel-Ameisenigel**
*Tachyglossus aculeatus*
Der Kurzschnabel-Ameisenigel ist der nächste lebende Verwandte des Schnabeltiers, auch wenn sich die beiden auf den ersten Blick recht stark unterscheiden. Der Rücken ist mit starken, spitzen Stacheln, der Bauch und der Kopf mit schütteren Haaren bedeckt. Die kräftigen Krallen der Vordergliedmaßen dienen zum Graben, eine lange, flache Kralle am zweiten Glied des Hinterfußes ist in erster Linie zum Reinigen des Stachelkleides bestimmt. Die Mundöffnung der langen, röhrenförmigen Schnauze ist nur klein. Mit der klebrigen, wurmförmigen Zunge werden Ameisen und Termiten aufgenommen. Da dem Kurzschnabel-Ameisenigel die

Kurzschnabel-Ameisenigel

Zähne fehlen, schluckt er auch eine größere Menge von Sandkörnern und kleinen Steinen, die im Magen die Nahrung zerreiben helfen. Das aus 1 oder 2 Eiern bestehende Gelege wird in einem Bauchbeutel getragen, der sich zur Fortpflanzungszeit bei den weiblichen Tieren herausbildet.

Schnabeltier

## Beuteltiere *Marsupialia*

Die Beuteltiere waren einst über die ganze Erde verbreitet. Heute sind sie außer in Australien und den benachbarten Inseln nur noch in Süd- und Nordamerika zu finden. Die Ordnung der Beuteltiere hat sich hier ohne Konkurrenz höher entwickelter Säuger zu einem sehr großen Formenreichtum entfaltet und an die verschiedensten Lebens- und Ernährungsbedingungen angepaßt. Beuteltiere gibt es sowohl im Urwald als auch in der offenen Halbsteppe, es gibt Arten, die in der Erde leben, während andere die Baumkronen bewohnen und mit Hilfe einer die Gliedmaßen verbindenden Hautfalte im Gleitflug von Baum zu Baum gelangen können. Unter den Beuteltieren

sind Fleisch- und Pflanzenfresser, aber auch hochspezialisierte Arten, die sich z. B. nur vom Blütennektar ernähren, zu finden. Die größten Beuteltiere messen über 2 m, die kleinsten sind kaum mäusegroß. Die Bezeichnung Beuteltier ist von dem charakteristischen Merkmal des Bauchbeutels abgeleitet, dem Marsupium, einer Hauttasche der Weibchen, in der die Jungen heranwachsen. Diese ist jedoch nicht bei allen Beuteltieren gleich entwickelt und fehlt sogar bei einigen Arten. Die Anzahl der Jungen und deshalb auch die Zitzenzahl ist von Art zu Art verschieden. Diese schwankt von 2 bis zu 26. Einige Arten gebären sogar regelmäßig eine höhere Zahl an Jungen, als Zitzen vorhanden sind, so daß nur die kräftigsten einen Platz an der lebensspendenden Nahrungsquelle erringen.

## Virginisches Nordopossum
*Didelphis marsupialis virginiana*

Das Opossum ist die häufigste Beuteltierart der südamerikanischen Wälder. Es ist etwa katzengroß und bewegt sich bedächtig in den Zweigen der Bäume, wobei ihm als „fünftes Gliedmaß" der unbehaarte schuppige Greifschwanz als perfekte Kletterhilfe dient. Es kann sogar daran hängen, falls es alle vier Gliedmaßen benötigt. Die Vorderpfoten erinnern auffallend an die menschliche Hand, und das Tier kann damit geschickt seine Beutetiere fangen und festhalten. Das Opossum bedient sich einer seltsamen passiven Schutzmaßnahme, dem Totstellen. Dies ist zwar bei den Insekten recht häufig, bei den Säugetieren stellt es jedoch eine Aus-

**Virginisches Nordopossum**

nahmeerscheinung dar. Das Opossum liegt dann mit geöffnetem Maul völlig regungslos da, sein Atem ist nicht wahrzunehmen, und jeder ist überzeugt, daß es sich um einen Kadaver handelt. Sowie jedoch die Aufmerksamkeit des Feindes nachgelassen hat, rettet sich das totgeglaubte Tier durch eine blitzschnelle Flucht. Die Wurfgröße ist mit bis zu 18 beim Opossum außerordentlich hoch. Einige Junge kommen jedoch um, da sie nicht an die Zitzen gelangen. In der Regel werden etwa 6 Junge großgezogen, die nach ungefähr 2 Wochen den Beutel des Muttertieres verlassen.

Die Unterart des nördlichen Verbreitungsgebietes zeichnet sich durch ein prächtiges Fell aus. Die außerordentlich dichte Unterwolle wird von langen grauen Grannenhaaren überdeckt. Wegen dieses Felles wird das Opossum leider intensiv gejagt.

## Großer Kaninchen-Nasenbeutler
*Macrotis lagotis*

Der australische Große Kaninchen-Nasenbeutler ist zweifellos der beeindruckendste Vertreter dieser Familie. Er lebt ständig unter der Erde. In freier Wildbahn verraten nur kegelförmige Erdlöcher die Anwesenheit dieses Allesfressers. Sie werden bei der Nahrungssuche ausgehöhlt. Der Fortbewegung unter der Erde sind nicht nur die Gliedmaßen angepaßt, sondern auch der nach hinten offene Beutel, in den so keine Fremdkörper eindringen können. Der Kaninchen-Nasenbeutler ist heute in vielen Gebieten Australiens dem Aussterben nahe, da er von weißen und eingeborenen Jägern wegen seines schönen Pelzes erbarmungslos verfolgt wurde.

**Großer Kaninchen-Nasenbeutler**

**Koala**

## Koala *Phascolarctos cinereus*

Der Koala ist zweifellos das bekannteste Tier Australiens, dessen Abbild als „Teddybär" die Kinderherzen in aller Welt gewonnen hat. Am Boden ist er nur selten anzutreffen, da sein Element die Baumkronen sind. Tagsüber schläft er zusammengerollt in einer Astgabel, nachts begibt er sich auf die Nahrungssuche. Er ernährt sich ausschließlich von Blättern und Sprößlingen bestimmter Eukalyptusarten, was noch dazu rassenbedingt unterschiedlich ist. So nehmen z. B. die Koalas der Ostküste nur die Blätter zweier Eukalyptusbaumarten zu sich, während die Koalas in Victoria sich ausschließlich von einer dritten Art ernähren. Dazu kommt noch, daß die Blätter nur bis zu einem bestimmten Alter aufgenommen werden, da diese später giftig sein können.
Die Koalas leben als Einzelgänger oder in kleinen Gruppen. In der Fortpflanzungszeit sammeln die Bärenmännchen einen kleinen Harem um sich, den sie eifersüchtig hüten. Nach einer Tragzeit von 25—35 Tagen wird ein einziges Junges geboren, das etwa 6 Monate im Beutel verbleibt und sich dann noch weitere 6 Monate meist am Rük-

kenfell der Mutter festhält. Da die Koalas erst nach 4 Jahren voll erwachsen sind, verläuft die Vermehrung dieser Art recht langsam. Vor rund 100 Jahren hat es in Australien noch Millionen von Koalas gegeben, heute sind es nur noch einige Tausend. Dieser katastrophale Rückgang der Bestände wurde vor allem durch zwei Epidemien in den Jahren 1887—1889 und 1900—1903 bewirkt, die einen wesentlichen Teil der Fortpflanzungsgemeinschaft dahinrafften. Doch auch der Mensch hat seinen Teil zur Gefährdung der Koalas beigetragen. Die wehrlosen Tiere wurden rücksichtslos gejagt. In den zwanziger Jahren wurden jährlich in Australien rund 200 000 Koalafelle verkauft und ca. weitere 2 Mill. Stück außer Landes gebracht. Heute steht der Koala auf der Liste der vom Aussterben bedrohten Tiere und genießt strengen Schutz. Wegen der großen Beliebtheit der Koalas haben sich zahlreiche Zoos um deren Zucht bemüht. Trotz beträchtlicher Anstrengungen ist es allerdings nicht gelungen, sie an eine Ersatznahrung zu gewöhnen, so daß ihre Zucht außerhalb Australiens praktisch ausgeschlossen ist.

## Goodfellow-Baumkänguruh
*Dendrolagus goodfellowi*

So mancher schüttelt wohl den Kopf, wenn er die Bezeichnung Baumkänguruh hört, da die Vorstellung eines asthockenden Känguruhs sehr vom allgemein verbreiteten Bild abweicht. Trotzdem gibt es Känguruharten, die zu einem Leben auf den Bäumen des Urwalds übergegangen sind. Ihre Heimat ist Neuguinea mit den umliegenden Inseln sowie ein Teil des nördlichen Queensland. Die Baumkänguruhs verbringen zwar einen Teil des Tages auf dem Boden, ziehen sich jedoch zum Schlafen stets auf die Bäume zurück. Da schlafen sie dann sitzend, den Kopf zwischen die Oberschenkel gelegt. Sie ernähren sich von Blättern, Obst und Früchten verschiedener Urwaldbäume, wobei sie ihre Speisekarte mitunter auch mit tierischer Kost ergänzen. So nehmen sie z. B. auch Insekten und deren Larven auf. Wenn sie ungestört sind, klettern die Baumkänguruhs stets schwanzabwärts zu Boden, sind sie jedoch aufgestört, springen sie aus beträchtlichen Höhen von den Bäumen und retten sich ins Unterholz. Augenzeugen berichten, daß sie noch aus einer Höhe von 15 m herunterspringen. Die Baumkänguruhs leben in Verbänden, die stets aus einem Männchen und einigen Weibchen bestehen. Die Biologie der Baumkänguruhs ist noch recht unerforscht, denn die Beobachtung in freier Wildbahn ist wegen ihres unzugänglichen Lebensraumes außerordentlich erschwert, und in der Gefangenschaft gehören die Baumkänguruhs eher zu den seltenen Zootieren.

## Rotes Riesenkänguruh
*Macropus rufus*

Es war das Jahr 1629, als Kapitän Pelsat mit der Batavia vor den Abrolhos-Inseln an der Südwestküste Australiens anlegte. Er bekam dort ein eigenartiges Tier zu Gesicht, das er im großen ganzen richtig beschrieb. So waren die Känguruhs die ersten Beuteltiere, von denen die Europäer Kenntnis erhielten. Heute sind insgesamt 55 Springbeutlerarten bekannt, die mit wissenschaftlichen Namen als Macropodidae bezeichnet werden. Macropus bedeutet großer Fuß und charakterisiert treffend die ganze Familie. Die Vordergliedmaßen der Känguruhs sind klein, während die Hinterbeine äußerst stark entwickelt sind. Sie erreichen eine Geschwindigkeit von rund 40 km/h, und ihre Sprünge reichen bis zu 8 m weit. Es sind Fälle bekannt, in denen große Känguruhs selbst 2 m hohe Zäune überspringen. Wesentliche Unterschiede bestehen zwischen Springbeutlern und Wallabys kaum. Letzterer Begriff umfaßt Arten, deren Hinterfuß nicht länger als 25 cm wird. Felsenkänguruhs werden auch als Wallarco bezeichnet. Nahezu 100 Jahre gab die Vermehrung der Känguruhs eine Reihe von Rätseln auf, vor allem, wie das Junge in den Brutbeutel der Mutter gelangt. Das ist befreiflich, denn das neugeborene Känguruhjunge mißt nur etwa 2 cm, ist also etwa bohnengroß. Heute sind alle diese Rätsel bereits gelöst, denn der ganze Geburtsablauf einschließlich der Unterbringung des Jungen im Beutel wurde vielmals beobachtet und sogar gefilmt. Das größte Beuteltier ist das Rote Rie-

**Goodfellow-Baumkänguruh**

senkänguruh, ein Bewohner der Steppenlandschaften und trockeneren Gebiete Australiens. Abgesehen von einer in Westaustralien lebenden Unterart sind die Männchen zuverlässig an ihrer roten und die Weibchen an ihrer graublauen Haarfarbe zu erkennen. An Kehle und Brust älterer Männchen ist die Rotfärbung besonders intensiv und geht vielfach in Purpur über. Durch Berührung mit einem weißen Tuch ist festzustellen, daß es sich bei dieser Färbung um ein Drüsensekret handelt, das sich zum Teil abwischen läßt. Das Rote Riesenkänguruh lebt in kleinen, etwa aus einem Dutzend Tieren bestehenden Rudeln.

**Rotes Riesenkänguruh**

# Insektenfresser

Die Ordnung der Insektenfresser (Insectivora) stellt eine vielgestaltige Gruppe von Kleinsäugern dar, die zwar auf einen gemeinsamen Ursprung zurückzuführen sind, untereinander jedoch häufig weniger verwandt sind, als das bei den Vertretern der übrigen 18 Säugetierordnungen der Fall ist. Unter den Insektenfressern gibt es höchst urtümliche, andererseits aber auch „moderne" und hochspezialisierte Arten. Außer in Australien und einem größeren Teil Südamerikas sind Insektenfresser auf der ganzen Welt anzutreffen. Sie haben von den verschiedensten Biotopen Besitz ergriffen und leben auf dem Boden, im Wasser sowie unter der Erde. Die meisten sind Nachttiere, und gerade wegen ihrer versteckten Lebensweise werden wir uns häufig nicht bewußt, daß es sich um eine der weitverbreitetsten Tiergruppen handelt. Das gilt besonders für die Spitzmäuse. Diese leben überall, in jedem Garten, in jeder Parkanlage, auf jedem Feld und in jedem Wald. In warmen Gegenden mit besonders günstigen Lebensbedingungen erreicht ihre Anzahl die Größenordnung von Milliarden. Sämtliche Insektenfresser ernähren sich räuberisch. Sie sind mit einem aus zahlreichen Zähnen zusammengesetzten Gebiß ausgestattet, dessen Form sich bei den einzelnen Arten nur wenig unterscheidet. Das zeugt von der niedrigen Entwicklungsstufe der Tiere. Sowohl für den Zoologen als

**Braunbrustigel**

auch für den Laien sind die Insektenfresser vor allem wegen ihrer Anpassungsfähigkeit an die unterschiedlichsten Umweltbedingungen interessant.

**Braunbrustigel** *Erinaceus europaeus*
Die Igel sind wegen ihres Stachelkleides sowie der Fähigkeit, sich zu einer Kugel zusammenzurollen, mit die bekanntesten Tiere unserer Breiten. Dieses Vermögen stellt für ein so langsames und wehrloses Geschöpf einen ganz hervorragenden Schutz gegen Feinde dar, die meist von einer solchen Stachelkugel ablassen. So stellen nur wenige Raubtiere und Greifvögel, wie z. B. der Uhu, für den Igel eine ernsthafte Gefahr dar. Die Igel bevölkern in einer Reihe von Arten Europa, Nordafrika und Asien. Alle Arten sind sich äußerlich höchst ähnlich. Eine Beschreibung erübrigt sich, da jeder wohl schon einmal einem Igel begegnete, der auf der Jagd nach Regenwürmern, Schnecken und Insekten unterwegs war. Der Igel frißt jedoch ebenso Vogeleier, Jungvögel oder andere kleine Wirbeltiere. All-

gemein ist bekannt, daß er auch Schlangen aufnimmt und sogar die giftige Kreuzotter angreift. Zwar ist er, wie oft behauptet wird, gegen ihr Gift keinesfalls immun, kommt ihr jedoch durch seine Taktik bei. Er stellt ihren Angriffen seine Stacheln entgegen und überwältigt sie schließlich, wenn sie erschöpft oder verletzt ist.
Nur selten gelingt es, ein Igelnest zu entdecken. Die Weibchen bauen die Nester in Gesträuchdickungen, Laub-, Gras- oder Mooshaufen. Die neugeborenen Jungen sind hellrosa und ihre Stacheln stecken noch unter der Haut. Schnell beginnt sich jedoch bei den noch blinden und hilflosen Jungen ein zwar weiches und weißes, jedoch bereits eindeutig stacheliges Kleid auszubilden.

**Sternmull** *Condylura cristata*
Welche Tiergruppe man auch immer einer näheren Betrachtung unterzieht, es findet sich mindestens eine Art, die durch irgendeine Besonderheit unser Staunen erregt. So ist es auch bei den Maulwürfen. Im Osten der Vereinigten Staaten lebt eine Art, die mit ihrer Körperform und den schaufelförmigen Vordergliedmaßen an den europäischen Maulwurf erinnert, wenn man von dem rauhen Haarkleid und dem nahezu körperlangen Schwanz absieht. Auffällig ist hingegen die Schnauze. Die Schnauzenspitze ist mit einem Kranz aus 22 rosa Auswüchsen, die fast wie eine Blume aussehen, umstellt. Diese Schnauzenausläufer sind beweglich und lassen sich sogar bis zu einem gewissen Grad zusammenziehen. Diese Einrichtung dient als Tastwerkzeug. Der Sternmull gräbt in feuchten Böden und an den Ufern verschiedener Gewässer. Sein grobes Haarkleid verrät, daß er sich auch im Wasser fortbewegen kann, wobei die schaufelartigen Gliedmaßen als Paddel dienen.

**Detail: Schnauze**

**Sternmull**

**Große Otterspitzmaus**

**Große Otterspitzmaus**
*Potamogale velox*
In den Regen- und Galeriewäldern des tropischen Afrika, von Nigeria bis Angola, lebt ein Insektenfresser, dessen Körperform an einen kleinen Otter erinnert. Es ist die Otterspitzmaus, einer der größten Insektenfresser, die eine Länge von etwa einem halben Meter erreicht. Ihr Schwanz ist seitlich abgeflacht und dient als Ruder und Steuer. Die Otterspitzmaus besitzt zwischen den Zehen keine Schwimmhäute wie andere Wassersäugetiere, sondern schwimmt mit schlangenartigen Bewegungen. Der Kopf sieht etwas dem eines Haifischs ähnlich, denn die Maulöffnung liegt an seiner Unterseite. Die Otterspitzmaus ist ein Nachttier und

wahrscheinlich an verschiedenen Stellen häufiger als angenommen wurde, da sie inzwischen auch an Orten entdeckt wurde, wo man ihre Anwesenheit zuvor nicht vermutete. Tagsüber hält sie sich im Ufergesträuch oder in Uferlöchern verborgen, deren Eingänge unterhalb des Wasserspiegels liegen. In derartigen Bauten bringt das Weibchen auch die Jungen zur Welt. In der Regel sind es nur 2, was für Insektenfresser eine recht kleine Anzahl darstellt.
Wie alle Insektenfresser ist auch die Otterspitzmaus ein Fleischfresser. Sie ernährt sich vorwiegend von Krebstieren, besonders Krabben, frißt jedoch auch Wasserinsekten, Weichtiere, Amphibien und Fische.

**Etruskerspitzmaus** *Suncus etruscus*
Heute sind nahezu 200 Spitzmausarten bekannt. Ohne Ausnahme kommt ihnen eine außerordentlich bedeutende Rolle bei der Aufrechterhaltung des Gleichgewichts in der Natur zu. Nicht einmal schätzungsweise kann ermittelt oder gar errechnet werden, welche ungeheuren Mengen von Insekten, Schnecken und Würmern die Spitzmäuse vertilgen. Dort, wo der Mensch Nutzpflanzen anbaut, kann die Bedeutung der Spitzmäuse bei der Schädlingsbekämpfung gar nicht hoch genug eingeschätzt werden.
Die Etruskerspitzmaus gehört zu der nahezu weltweit verbreiteten Gattung der Weißzahnspitzmäuse. Diese fehlen nur in Australien und Amerika. Manche Arten, wie z. B. afrikanische Spitzmäuse, erreichen Körperlängen bis zu 25 cm, meist sind es jedoch kleine Arten. Zu ihnen gehört auch das kleinste Säugetier der Welt, die kaum 4 cm lange und nur 2 g schwere Etruskerspitzmaus, die in Südeuropa, Afrika und Asien bis zum Malaischen Archipel vorkommt.
Weißzahnspitzmäuse besitzen eine interessante Populationsdynamik, die in letzter Zeit Gegenstand intensiver Studien wurde. In regelmäßigen Intervallen treten Übervermehrungen ein, deren Ursachen bisher ungeklärt sind.

**Etruskerspitzmaus**

# Fliegende Säugetiere — die Fledermäuse

Drei verschiedene Wirbeltiergruppen haben sich den Luftraum erobert. Zunächst waren es die Flugsaurier, dann die Vögel und schließlich die Fledermäuse (Chiroptera). Die Art und Weise dieser Erschließung war verschieden — identisch jedoch das Ergebnis — alle waren sie einer aktiven Flugbewegung fähig. Die Fledermäuse bedienen sich zum Fliegen der Vordergliedmaßen, die jedoch völlig anders gebaut sind als die Flügel der Vögel. Unterarm und alle Finger mit Ausnahme des Daumens sind stark verlängert. Zwischen ihnen, dem Körper und den Hintergliedmaßen und mitunter auch noch zwischen den Hintergliedmaßen und dem Schwanz ist eine dünne, empfindliche Haut gespannt. Zum Antrieb dieser Flügel ist selbstverständlich eine kräftige Muskulatur erforderlich. Diese spannt sich zum Brustbein, wo sie an einem Mittelkamm verankert ist. Eine ähnliche Einrichtung besitzen auch die Vögel. Die Fledermäuse sind eine höchst urtümliche Tiergruppe. Aus Fossilienresten kann geschlossen werden, daß sie bereits gegen Ende der Kreidezeit, also vor rund 70 Mill. Jahren, aufgetaucht sind. Ihre Vorfahren waren offenbar die gleichen wie die der heutigen Insektenfresser. Ursprünglich waren wohl auch sie baumlebende Insektenfresser, die sich von Fluginsekten ernährten. Die Fledermäuse können in zwei Unter-

ordnungen eingeteilt werden. Der ersten, von der die meisten Arten in den Tropen und Subtropen leben, gehören große Tiere an, die sich vor allem von Obst ernähren. Das sind die Flughunde. Die zweite Unterordnung umfaßt meist kleine, fleischfressende Arten, die unter der Bezeichnung Kleinfledermäuse zusammengefaßt werden. Die Fledermäuse stellen eine sehr artenreiche Ordnung dar. Trotz einer gewissen Gleichartigkeit ihrer äußeren Form weisen sie eine Reihe interessanter Spezialisierungen auf, die eine Anpassung an die verschiedensten Lebensräume ermöglichte.

### Indischer Flughund
*Pteropus giganteus*
Die Flughunde lassen sich in einige weitere Untergruppen einteilen. Sie bewohnen wärmere Gegenden der Alten Welt, besonders Afrikas und Asiens, sowie Australien. Die nördlichste Grenze ihres Verbreitungsgebietes liegt auf Zypern, wo noch eine Art vorkommt. Die bekannteste, in zahlreichen Tiergärten ausgestellte Art ist der Indische Flughund, der in großen Gemeinschaften lebt. Die Flughunde übernachten auf Bäumen. Diese Schlafbäume sind leicht festzustellen, auch wenn sich dort gerade keiner ihrer Bewohner aufhält. Die Ausscheidungen der Tiere haben das ganze Laub verbrannt, und unter dem

Baum befinden sich große Kotberge. Tagsüber hängen die Flughunde in ihre Flughäute gewickelt an den Zweigen. Gegen Abend werden sie lebendig, kriechen hin und her, spannen die „Flügel" aus und schreien. Sie bereiten sich auf den Abflug vor. Mit einem Mal erhebt sich der ganze Schwarm und fliegt dorthin, wo gerade reife Früchte zu finden sind. So eine Schar kann dann in Gärten und Plantagen ganz erheblichen Schaden anrichten. Die Zahl der Tiere ist mitunter sehr groß, manchmal vereinigen sich auch mehrere Schwärme und verdunkeln dann den Himmel wie eine dunkle Wolke. Vor Tagesanbruch kehren die Flughunde wieder auf ihre Schlafbäume zurück, wo es dann einige Zeit dauert, bis jeder, laut schreiend, seinen Platz gefunden hat. Bald beruhigt sich jedoch alles und versinkt in tiefen Schlaf. Die Flughunde gehören zu den Distanztieren, d. h., daß die einzelnen Individuen eine bestimmte Entfernung zwischen sich aufrechterhalten. Außer der Paarungs- und Säugezeit berühren sich die Körper zweier Tiere niemals. Interessant ist auch die Schlafordnung der Kolonien. Alle in Gemeinschaften lebenden Tiere halten eine bestimmte soziale Ordnung ein und respektieren die Rangverhältnisse zwischen den einzelnen Angehörigen eines Verbandes. Bei den Flughunden äußert sich diese Rangordnung dadurch, daß sie auf den Schlafbäumen in unterschiedlichen Etagen hängen. Die kräftigsten Tiere, die in der Rangordnung der Gruppe am höchsten stehen, schlafen auf den obersten Ästen. Je tiefer ein Mitglied der Schar schläft, desto niedriger ist sein Rang in der Gemeinschaft. Der Grund ist einleuchtend. Die Flughunde entleeren Darm und Harnblase erst am Schlafplatz. Dabei hält sich das Tier dann mit den Vordergliedmaßen am Ast fest, läßt sich mit den Hintergliedmaßen los, kippt zurück und verrichtet seine Notdurft, wovon natürlich die tiefer hängenden Tiere nicht unbetroffen bleiben. Die untersten sind am meisten in Mitleidenschaft gezogen. Weibchen, die für die Jungen zu sorgen haben — der Wurf umfaßt in der Regel zwei — nehmen in der Rangordnung sofort eine Vorzugstellung ein und schlafen auf den obersten Ästen, unmittelbar unter den kräftigsten Männchen der Gruppe. Das Fleisch der Flughunde ist in manchen Gegenden recht begehrt. Es haftet ihm jedoch ein eigentümlicher scharfer Geruch an, der erst durch langes Kochen und Zugabe verschiedener Gewürze erträglich wird.

**Indischer Flughund**

**Detail: Kopf**

**Detail**: Kopf

schon sein Name verrät, ist ein Teil seiner Flughäute weißgefärbt. Die Dritte der blutsaugenden Arten ist der in Mexiko, Mittelamerika und Brasilien lebende, jedoch äußerst seltene Haarvampir. Bei ihm ist die Flughaut zwischen den Hintergliedmaßen behaart und sein Fell ist länger und weicher. Tagsüber ruhen die Vampire in Höhlen oder ähnlichen Schlupfwinkeln. Ihre Kolonien umfassen in der Regel rund 100 Individuen, doch wurden auch Großgemeinschaften mit bis zu 2000 Tieren bekannt. Nach dem Dunkelwerden verlassen die Vampire ihre Verstecke und begeben sich auf die Nahrungssuche. Ihre Opfer überfallen sie im Schlaf. Mitunter gehen sie auch auf den Boden und laufen umher, was keine andere Fledermaus tut. Oft gehen sie jedoch ihr Opfer auch aus der Luft an.

Sie halten sich an diesem nicht mit den Krallen fest, sondern sitzen nur sacht mit den Ballen der Vorder- und Hinterfüße auf. Selbst Menschen, die von Vampiren befallen werden, erwachen dabei nicht. Mit ihren scharfen Schneidezähnen fügen sie dem Opfer eine kleine flache Wunde zu, aus der sie das Blut lecken. Ihr Speichel enthält Stoffe, die das Gerinnen des Blutes verhindern. Der Gemeine Vampir überfällt in der Regel große Säugetiere und gelegentlich wohl auch Menschen. Der Weißflügelvampir hingegen nur Vögel, während der Haarvampir zwar Vögel bevorzugt, mitunter jedoch auch Säugetiere als Opfer wählt.
Die Hauptgefahr der Bisse durch Vampire besteht weniger im Blutverlust als in der Übertragung verschiedener Krankheiten, vor allem der Tollwut.

**Gemeiner Vampir** *Desmodus rotundus*
Schon die Bezeichnung Vampir erweckt bei manchem Unbehagen und läßt die Ammenmärchen von Unholden, die Menschenblut saugen, wieder auferstehen. Die Mehrzahl der Vampire ernährt sich jedoch ausschließlich von Insekten und ist völlig ungefährlich. Es gibt jedoch tatsächlich drei Arten, die sich von Blut ernähren und so den Verruf ihrer harmlosen Anverwandten verschuldet haben. Der meistverbreitetste und häufigste Blutsauger ist der Gemeine Vampir, dessen Verbreitungsgebiet sich von Nordmexiko bis nach Argentinien, Chile und Uruguay erstreckt. Er ist an den spitzen Ohren und der nackten Haut zwischen den Hintergliedmaßen zu erkennen. Wesentlich seltener ist der Weißflügelvampir, der vornehmlich in den südamerikanischen Tropen, von Venezuela bis nach Peru und Brasilien lebt, jedoch auch auf Trinidad und Mexiko vorkommt. Wie

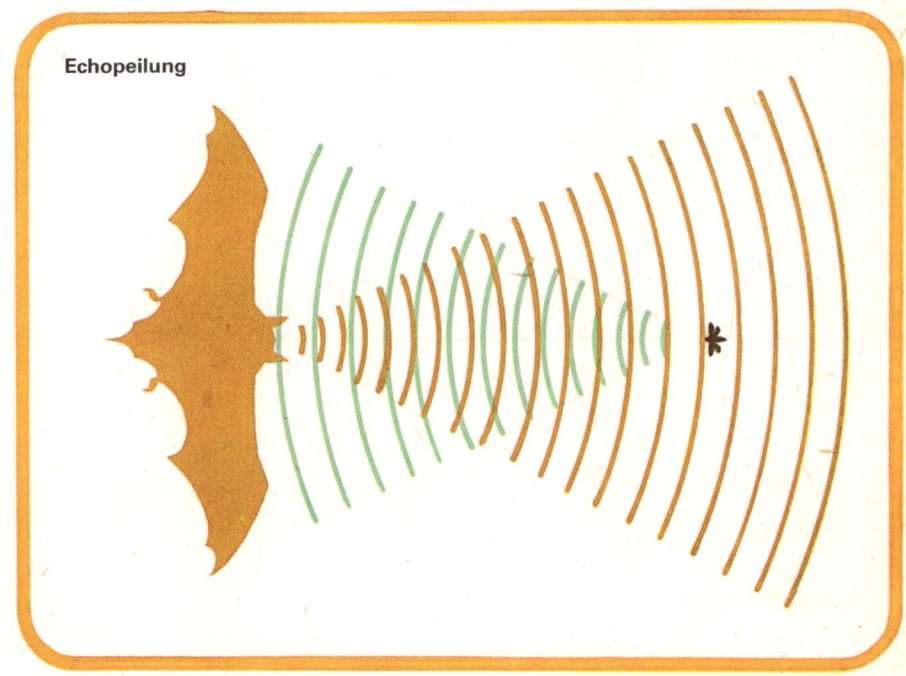

**Echopeilung**

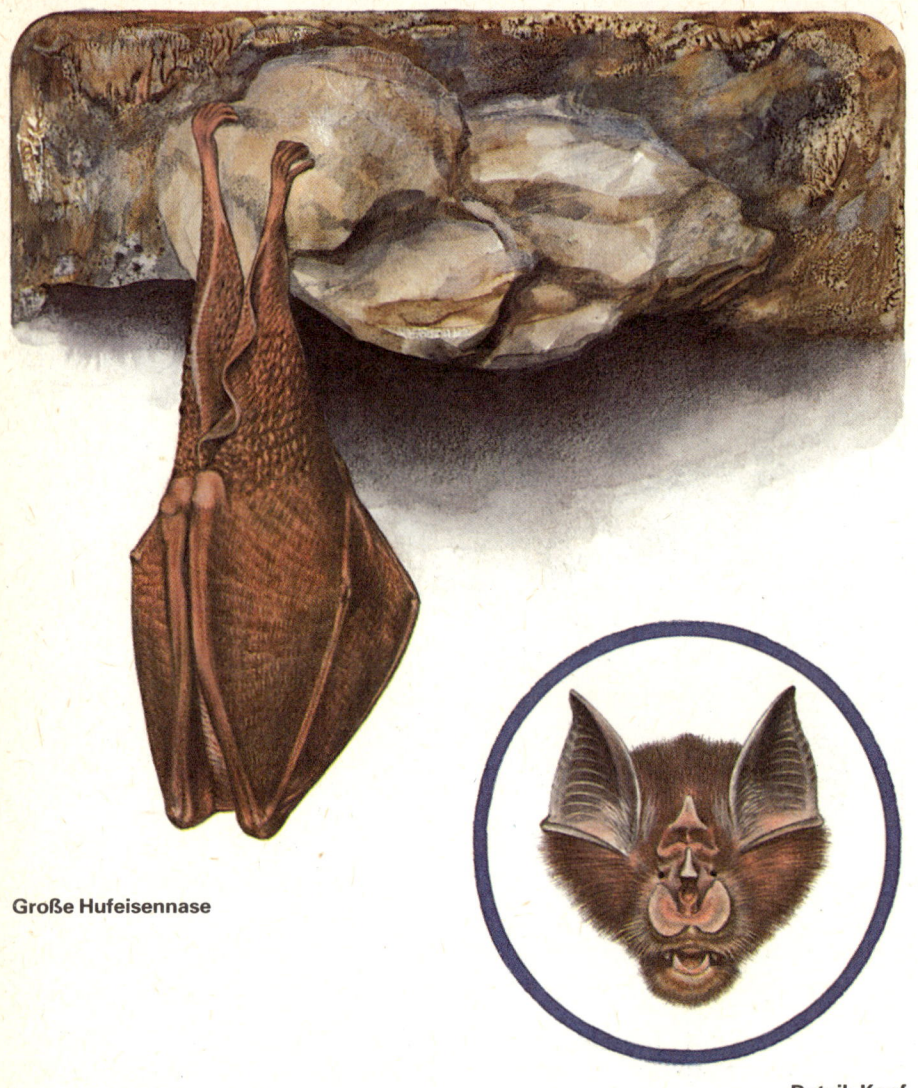

**Große Hufeisennase**

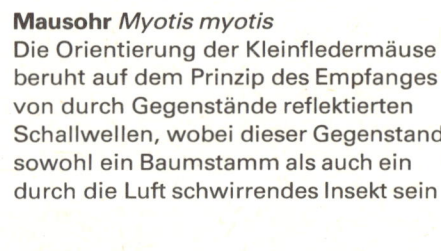

**Detail: Kopf**

## Große Hufeisennase
*Rhinolophus ferrumequinum*
Die Hufeisennasen bilden eine eigenständige Unterfamilie der Fledermäuse, die sich durch einen häutigen Schnauzenaufsatz auszeichnet. Die schlafenden Tiere hängen in ihre Flughäute gehüllt frei, ohne sich gegenseitig zu berühren. Eine ganze Reihe von Arten lebt vor allem in den Tropen Afrikas und Asiens, von wo aus das Verbreitungsgebiet bis nach Nordostaustralien und auf die Salomonen übergreift. Drei Arten kommen auch in den gemäßigten Zonen Mitteleuropas vor. Die Hufeisennasen haben in den letzten Jahren durch ihre Orientierung mittels Ultraschallpeilung die Aufmerksamkeit der Fachwelt erregt. Das wäre an sich noch nichts Besonderes, denn die Echopeilung stellt bei den Fledermäusen eine allgemeine Erscheinung dar. Die Hufeisennasen bedienen sich jedoch einer Methode, für die bisher selbst die hochentwickeltste Technik nichts Vergleichbares besitzt. Sie senden ihre Ultraschalltöne im Unterschied zu anderen Fledermäusen nicht durch das Maul, sondern durch die Nase aus. Jedes Signal mit einer Frequenz von 80 000 – 100 000 Schwingungen in der Sekunde dauert eine Zehntel Sekunde, d. h. daß die von näher als 15 m entfernt liegenden Gegenständen reflektierten Schallwellen zurückkommen, bevor das Signal ausgeklungen ist. Die Orientierung erfolgt also nicht nach dem Prinzip der einfachen Echolotung, sondern auf einem richtiggehendem „Abtasten" des Raumes mittels Schallwellen. Die rücklaufenden Signale fangen die Hufeisennasen mit den Ohren auf. Ihre Orientierung mittels Echopeilung ist wesentlich vollendeter, als die der anderen Fledermäuse.

## Mausohr *Myotis myotis*
Die Orientierung der Kleinfledermäuse beruht auf dem Prinzip des Empfanges von durch Gegenstände reflektierten Schallwellen, wobei dieser Gegenstand sowohl ein Baumstamm als auch ein durch die Luft schwirrendes Insekt sein

**Mausohr**

kann. Die Fledermäuse stoßen aus dem halbgeöffneten Maul Serien äußert kurzer, nur Zwei- bis Dreitausendstel Sekunden dauernder Töne mit einer Frequenz von 30 000–70 000 Schwingungen in der Sekunde aus. Die reflektierten Schallwellen werden wieder aufgenommen, und mit Hilfe dieser sich wiederholenden Signale wird der Gegenstand im Raum geortet. Diese Töne befinden sich jenseits der Grenzen des menschlichen Gehörs, das nur Töne bis zu einer Frequenz von etwa 20 kHz wahrnehmen kann.

Das Mausohr ist eine der häufigen europäischen Fledermausarten. Es bewohnt ganz Mittel- sowie einen Teil von Osteuropa und bildet häufig große Kolonien von einigen tausend Individuen. Im Sommer bilden die Weibchen eigene Gemeinschaften und widmen sich ausschließlich der Nachkommenschaft. Solche Wochenstuben sind häufig auf Dachböden und in Türmen zu finden. Im Winter ziehen sich Männchen und Weibchen gemeinsam in Höhlen, Keller und Stollen zurück, wo sie dichtgedrängt nebeneinander hängen. Sommer- und Winterquartiere können weit voneinander entfernt sein. Die in enger Zusammenarbeit verschiedener Länder durchgeführte Beringung von Fledermäusen hat zahlreiche interessante Einzelheiten über Leben und Wanderungen der Fledermäuse erbracht.

### Braunes Langohr
*Plecotus auritus*
Auf den ersten Blick scheint das Braune Langohr eine recht stattliche Art zu sein. Diesen Eindruck erwecken jedoch nur die Ohren, die ebenso lang sind wie der Rumpf. Obwohl das Tier nicht

Detail: Kopf

**Mausohr – Detail: Kopf**

gerade selten ist, gibt es noch eine Reihe von Unsicherheiten über seine Verbreitung. Man weiß, daß die Braunen Langohren in Europa von England und Skandinavien bis nach Norditalien und in die bulgarischen Gebirgszüge leben und von da über Mittelasien bis nach Japan übergreifen. Auch Langohrfledermäuse bilden Wochenstuben, während die Männchen in dieser Zeit einsiedlerisch leben. Im Winter suchen sie in Höhlen, Stollen oder an anderen geeigneten Orten Zuflucht. Das Braune Langohr ist kein besonders gewandter Flieger. In der Regel kreist es um Bäume und liest Insekten von den Blättern ab.

Die Fledermäuse sind äußerst nützliche Tiere, da sie große Insektenmengen vertilgen. Leider hat der Mensch vielerorts das Gleichgewicht der Natur gestört, und zahlreiche, früher unschädliche Insektenarten haben sich übervermehrt und sind zu ausgesprochenen Gefahren für die in Monokultur angebauten Nutzpflanzen geworden. Die Fledermäuse müssen deshalb als schutzwürdige Helfer des Menschen betrachtet werden. Da ihr Leben jedoch mehr oder minder im Verborgenen abläuft, wird auf ihre Belange nur wenig Rücksicht genommen. Alte Bäume, die ihnen als Wohnsitz dienen, werden gefällt, Stollen, in denen sie überwintern, zugemauert. So verringern sich die Fledermausbestände von Jahr zu Jahr. Es gibt jedoch Mittel und Wege, dieser Entwicklung Einhalt zu gebieten. Anstatt der hohlen Bäume können spezielle Fledermauskästen ausgehängt und die Winterquartiere mit Gittern versehen werden, anstatt sie zuzumauern. Vor allem dürfen die Fledermäuse nicht in der Winterruhe gestört werden. Sie stehen übrigens überall unter Naturschutz.

# Die nächsten Verwandten des Menschen

Wenn wir die Vorfahren des Menschen suchen, müssen wir bei den Insektenfressern beginnen. Aus ihren Vorfahren löste sich ein Entwicklungszweig von den anderen Wirbeltieren, aus dem letztlich über die verschiedensten Verzweigungen und Irrwege eine Entwicklung bis zum Menschen führte. Noch heute gibt es auf der Erde Tierarten, die diesen Entwicklungsweg zumindest andeutungsweise festhalten. So wie sie könnten die Geschöpfe ausgesehen haben, die an der Wiege der Primaten standen, zu denen auch der Mensch gehört. Es ist natürlich schon sehr lange her (etwa 70—75 Mill. Jahre) und es vergingen etwa weitere 10—15 Mill. Jahre, bevor Lebewesen auftauchten, die erstmals den Halbaffen zugeordnet werden können. Vor etwa 50 Mill. Jahren entwickelte sich die Linie der Affen und trennte sich von den Halbaffen. Gleich von Anfang an differenzierten sich hier zwei entwicklungsmäßig unterschiedliche Gruppen mit verschiedener Nasenscheidewand, anderen Nüstern sowie einer Reihe weiterer Merkmale. Die erste sind die Plattnasen mit einer breiten Nasenscheidewand und seitlich gerichteten Nasenlöchern. Die zweite Gruppe bilden die Schmalnasen mit enger Nasenscheidewand und nach unten gerichteten Nasenöffnungen, so wie es beim Menschen der Fall ist. Die Entwicklung der Plattnasen erfolgte auf dem amerikanischen Kontinent. Die in Nordamerika lebenden Vorfahren dieser Affen wanderten vor etwa 60 Mill. Jahren nach Südamerika ein. Als dann die Teilung des nord- und südamerikanischen Kontinents erfolgte, verlief die weitere Entwicklung eigenständig, unabhängig von der Entwicklung der Affen in anderen Teilen der Erde.

Die Spuren zu den Vorfahren der zweiten großen Gruppe, der Schmalnasen, führen nach Ägypten. Dort wurden Überreste der urtümlichen Altweltaffen entdeckt. Sie stammen aus dem Zeitalter des Oligozän und ihr Alter schätzen die Wissenschaftler auf 28—32 Mill. Jahre. Heute liegt der Fundort zwar in einer Halbwüste, früher hat jedoch diese Gegend ganz anders ausgesehen. Sie lag an der Küste eines oligozänen Meeres und war von dichten tropischen Urwäldern bestanden, in die Ausläufer einer Strauch- und Waldsteppe übergriffen. Schon damals lebten in diesem Raum zwei Linien der Primaten. Die eine, aus der sich später die Menschenaffen entwickelten, und die andere, die zu den Pavianen und Meerkatzen führte. Vor etwa 30—15 Mill. Jahren löste sich von letz-

terer Gruppe eine weitere, aus der sich die laubfressenden Affen, wie Guerezas und Kleideraffen entwickelten.

**Geoffroy-Klammeraffe** *Ateles geoffroyi*
Um eine allgemeine Vorstellung von einem Plattnasenaffen zu bekommen, ist wohl einer der Greifschwanzaffen als Beispiel am besten geeignet. Bei ihnen sind sämtliche charakteristischen Merkmale der Neuweltaffen vorhanden. Alle Affen waren ursprünglich Baumtiere, von denen im Laufe der Zeit jedoch die höchstentwickelten Arten von dieser ursprünglichen Lebensweise abgegangen sind. Die Plattnasenaffen sind der Baumwelt treu geblieben und haben einige höchst zweckdienliche Anpassungen an diesen Lebensraum entwickelt, wie es z. B. der Greifschwanz ist, der sozusagen als „fünftes Gliedmaß" dient. Sie können sich mit ihm nicht nur an Äste hängen, sondern auch verschiedene Gegenstände erfassen. Am vollendetsten ist der Greifschwanz bei den Klammeraffen entwik-

kelt. Er ist im letzten Drittel völlig nackt und wie die Finger des Menschen mit Papillarlinien versehen. Gleichzeitig ist die Schwanzmuskulatur stark entwickelt und so gut kontrollierbar, daß mit Hilfe des Schwanzes jeder Gegenstand fest und genau ergriffen werden kann. Die Gliedmaßen der Klammeraffen sind im Verhältnis zum schlanken Rumpf sehr lang, die Daumen der Vorderhand haben sich zurückentwickelt, wodurch die ganze Hand auch für das Festhalten dicker Äste geeignet ist. Der Geoffroy-Klammeraffe ist eine der Arten, die ihre südamerikanische Heimat verlassen und sich nach Norden ausgebreitet haben. Von allen Plattnasenaffen ist er am weitesten nach Norden vorgedrungen. Seine Heimat ist ganz Mittelamerika, von Westkolumbien bis Guatemala.

Geoffroy-Klammeraffe

# — die Primaten

Husarenaffe

**Mandrill** *Mandrillus sphinx*
Die Paviane sind sozusagen „Urein-wohner" Afrikas, von denen sich die meisten dem Leben zu ebener Erde an-gepaßt haben. Fast alle Arten bewoh-nen Grassteppen und felsige Halbwü-sten bzw. Gebirge. Nur zwei Arten sind dem Urwald treu geblieben. Eine davon ist der Mandrill, der wegen seines cha-rakteristischen, nahezu geschminkt aussehenden Gesichts kaum mit einer anderen Art verwechselt werden kann. Erwachsene Mandrillmänner gehören zu den buntesten Affen überhaupt. Nicht nur das Gesicht, sondern auch das Hinterteil ist äußerst farbig. Bei sämtlichen Pavianen gibt es ge-schlechtsabhängige Unterschiede in Körpergröße oder Behaarung. Die Männchen sind wesentlich, mitunter sogar um das Doppelte größer als die Weibchen. Bei einigen Arten werden Unterschiede noch durch das mähnen-artig verlängerte Haar an Kopf und Brust hervorgehoben. Bei den Weib-chen ist während der Brunstzeit das Umfeld der Geschlechtsorgane stark angeschwollen und auffällig gerötet. Der Mandrill bildet in dieser Hinsicht eine Ausnahme, da das Hinterteil der Weibchen schwarz ist.
Der Mandrill ist in den Regenwäldern vom Sanga-Fluß in Kamerun bis nach Gabun zu Hause. Er bewegt sich vor-wiegend zu ebener Erde und begibt sich nur während der Nacht oder bei Gefahr auf die Bäume.

**Husarenaffe** *Erythrocebus patas*
Der Husarenaffe gehört zu den Meer-katzen, stellt jedoch bezüglich seiner Lebensweise eine Ausnahme dar. Die Meerkatzen sind nämlich Urwald- oder zumindest Baumtiere. Fast alle halten sie sich in Urwäldern auf, nur die Baumwollmeerkatze hat Busch und Sa-vannen zur Heimstätte erwählt und den Urwald verlassen. Der Husarenaffe ist aber noch einen Schritt weitergegan-gen. Er lebt in der offenen Grassteppe und in Halbwüsten und hat sich weitge-hend an das Leben am Boden ange-paßt. Seine langen Gliedmaßen ermög-lichen Fluchtgeschwindigkeiten von mehr als 50 km/h. Die Husarenaffen sind gesellige Tiere und schließen sich in Rudel bis zu 30 Individuen zusam-men. In Westafrika wurden jedoch auch schon Gruppen von mehr als 100 Tie-ren beobachtet. Jede Gemeinschaft stellt eigentlich einen von einem er-wachsenen Männchen geführten Ha-rem dar, das Weibchen und Jungtiere um sich geschart hat.

Mandrill

# Menschenaffen

Der Begriff Menschenaffe ist mit der Vorstellung von großen, schwanzlosen und aufrecht auf den Hinterbeinen gehenden Tieren verbunden, die ihre Vordergliedmaßen höchstens einmal als Stütze benutzen. Bei einem Vergleich der Anatomie der Menschenaffen mit der des Menschen ist die Ähnlichkeit bereits recht verblüffend. Diese Ähnlichkeit ist noch deutlicher, wenn man Vergleiche zwischen den Menschenaffen und den ausgestorbenen Vertretern der Gattung Homo anstellt, zu der auch der Mensch selbst zählt. Es gibt kein einziges Organ des Menschen, das nicht ebenso die Menschenaffen besitzen, wenn auch Unterschiede in den Proportionen bestehen. Vom nahen Verwandtschaftsgrad zeugt auch die Tatsache, daß Menschenaffen für spezifische Krankheiten des Menschen empfindlich sind, auf die andere Primaten nicht ansprechen. Trotzdem können die Menschenaffen nicht als Vorfahren des Menschen bezeichnet werden. Sie stellen einen selbständigen Zweig dar, der sich von gemeinsamen Vorfahren vor rund 10—15 Mill. Jahren, also im Miozän oder im frühen Pliozän abgespalten hat. Allgemein wird von den Menschenaffen angenommen, daß sie wesentlich intelligenter sind als andere Primaten. Es ist allerdings sehr schwer zu entscheiden, welcher Maßstab zur Ermittlung der Intelligenz von Tieren anzulegen ist. Eine Reihe von Versuchen mit sog. „primitiven" Affen hat erwiesen, daß sie durchaus in der Lage sind, Aufgaben ebenso gut zu lösen wie Menschenaffen. Es ist sogar ein Fall bekannt, daß ein Kapuzineraffe, also eine zu den „primitiven" Primaten gerechnete Art, eine lebende Laborratte, die an einer Schnur befestigt war, dazu gebracht hat, ihm außerhalb seiner Reichweite liegende Nahrung herbeizubringen. Auch heute wird noch oft die Meinung vertreten, daß die Größe des Gehirns als Maßstab für die Intelligenz dienen könnte, genauer gesagt das Verhältnis der Gehirnmasse zur Körpermasse sowie die Größe der Gehirnoberfläche, die durch eine höhere Anzahl von tiefen Furchen und Windungen erhöht wird. Auf diese Weise wird die sog. Schädelkapazität gemessen. Das ist grundsätzlich nicht falsch, es darf jedoch nicht vergessen werden, daß einige, mittlerweile ausgestorbene „Vormenschen" eine wesentlich höhere Schädelkapazität besaßen als der heutige Mensch.

## Orang-Utan *Pongo pygmaeus*

Die Urwälder von Sumatra und Kalimantan bewohnt der „Waldmann", malaisch eben Orang-Utan. Das Volk des Dajaks auf Kalimantan nennt ihn allerdings „Mias" oder auch „Monyetmerahbeser", was großer roter Affe bedeutet. Der Orang-Utan ist heute die am stärksten gefährdete Menschenaffenart, da die für ihn lebenswichtigen Urwälder durch Rodung ununterbrochen kleiner werden. Nach einer Statistik der „Internationalen Union zur Erhaltung der Natur und Naturreserven" (IUCN) leben heute auf Kalimantan rund 3700 Orang-Utans und auf Sumatra sogar nur noch etwa 1000 Stück. Die Orang-Utans sind Einzelgänger, nur selten finden sich 3 oder 4 Individuen zusammen. Am häufigsten sind weibliche Tiere zusammen mit 1 oder 2 verschiedenalten Jungen anzutreffen. Manchmal finden sich auch einige erwachsene Männchen zusammen. Bei den Orang-Utans sind die geschlechtsbedingten Größenunterschiede markant. Die Männchen sind nahezu doppelt so groß wie die weiblichen Tiere und erreichen das dreifache Körpergewicht. Am Schädel der Männchen sind ein gewaltiger Knochenkamm, der dem Kopf die auffallend hohe Form verleiht, sowie die breiten Backenwülste kennzeichnend. Ein großer hängender Kehlsack dient als Resonanzraum für die kräftige Stimme. Bei den weiblichen Tieren hingegen ist der Kehlsack nur klein und die Backenwülste fehlen vollkommen. Die Orang-Utans sind tagsüber aktiv. Vor der Dämmerung bauen sie auf Bäumen aus Zweigen und Laub ein Nest, in denen sie die Nacht verbringen. Die Hauptnahrung der Orang-Utans sind die Früchte verschiedener Bäume, von August bis Dezember vor allem die um diese Zeit heranreifenden Durian-Früchte.

Orang-Utan

## Gorilla *Gorilla gorilla*

Der größte, beeindruckendste und vielleicht auch schönste Menschenaffe ist der Gorilla. Seine Heimat sind die Urwälder vom Cross-Fluß in Südnigeria bis zum Ufer des Kongo, östlich bis zum Itombwe-Gebirge und den Vulkanen der Kahuzi- und Virungaberge. Eine räumlich isolierte Fortpflanzungsgemeinschaft lebt in Nordwestuganda im Urwald des Kayonzagebietes, der bis heute zu Recht als unzugänglich bezeichnet wird. Der Gorilla erreicht im Durchschnitt eine Größe von 175 cm und ein Körpergewicht von rund 180 kg, bekannt wurden jedoch auch wesentlich größere Exemplare. Das größte in freier Wildbahn erlegte Gorilla-Männchen wurde im heutigen Zaire, in der Nähe des Dorfes Tschibinda geschossen. Es maß 195 cm und wog 241 kg. Die in zoologischen Gärten in Gefangenschaft gehaltenen Gorillas leiden in Anbetracht des fehlenden natürlichen Futters und Mangels an Bewegung meist an Dickleibigkeit. Dennoch sind ihre erreichten Körpermaße nicht uninteressant. Den Rekord hält das Gorilla-Männchen Phil, das von 1941—1958 im Zoo von St. Louis gehalten wurde. Es war 180 cm groß und sein Körpergewicht betrug 388 kg.

## Schimpanse *Pan troglodytes*

Der Schimpanse ist wohl der bekannteste Menschenaffe. Er bewohnt die Ur-

Gorilla

wälder des Guinea- und Kongogebietes von Guinea bis Uganda und von dort südwärts bis zum Tanganjikasee, kommt jedoch südlich des Kongo-Flusses nicht mehr vor. Dabei bindet er sich nicht ausschließlich an den Urwald, sondern dringt stellenweise auch in die Waldsavanne sowie in Gebirgswälder bis zu einer Höhenlage von 3000 m vor. Die Schimpansengemeinschaft stellt einen völlig offenen Zusammenhalt dar, was bei den Primaten als Ausnahme angesehen werden kann. Es gibt ebenso Einzelgänger als auch Gruppen von vielleicht 80 Individuen, wobei sich die Gruppen zusammenfinden, wieder auflösen oder in ihrer Zusammensetzung ändern. Den einzigen dauernden Zusammenhalt innerhalb der Schimpansengesellschaft bilden die Mutter-Kind-Beziehungen. Die einzelnen Mitglieder der Fortpflanzungsgemeinschaft beanspruchen keine eigenen Territorien, das ganze Gebiet steht somit der gesamten Population zur Verfügung.

Schimpanse

# „Zahnarme" Säugetiere

Wenden wir uns nun der sehr alten Ordnung der Zahnarmen Tiere (Endentatea) zu. Diese Bezeichnung verleitet leider zu Fehlschlüssen. Edentata bedeutet wörtlich „Zahnlose", was jedoch völlig falsch ist, da die meisten Zahnarmen Tiere Zähne besitzen. Ein Vertreter der Ordnung, das Riesengürteltier, hat sogar, von einigen Walarten abgesehen, eine größere Zahl von Zähnen, als irgendein anderes Säugetier. Diese Gruppe miteinander verwandter Tiere umfaßt Arten, die sich voneinander nicht nur in ihrem Äußeren, sondern auch in ihrer Lebensweise sehr stark unterscheiden. Der Ursprung der Zahnarmen Tiere liegt sehr lange Zeit zurück, ihre urtümlichen Kennzeichen verflechten sich jedoch mit einer hochgradigen Spezialisierung. Die Zahnarmen Tiere sind keine allzu formenreiche Gruppe. Alle ihr angehörenden Arten leben in Süd- und Mittelamerika. Hierher gehören Ameisenbären, Faultiere und Gürteltiere.
Es ist — natürlich mit dem Zeitmaß geologischer Epochen gemessen — gar nicht so lange her, daß die Zahnarmen Tiere ihr „goldenes Zeitalter" erlebten.

Zahlreiche Formen hatten sich selbst gegen jene Säugetiere durchgesetzt, die die Zahnarmen heute längst überflügelt haben. Manche Arten erreichten sogar Elefantengröße. Einige dieser Tierriesen waren noch Zeitgenossen des Eiszeitmenschen. Funde in Südamerika beweisen eindeutig, daß die damaligen Bewohner Patagoniens riesige Faultiere jagten, die im Unterschied zu den heute lebenden Arten nicht auf Bäumen lebten, sondern über die Pampas zogen. In Ultima Esperanza wurde eine Höhle entdeckt, die solchen Riesenfaultieren als Wohnstätte diente. Davon zeugen auch die meterdicken Losungsschichten. Mit Hautresten versehene Skeletteile, Feuerspuren und Haufen trockenen Grases verraten, daß sie hier von Menschen entdeckt und mit Rauch erstickt wurden. Die Bewaffnung der damaligen Menschen reichte wohl zur Überwältigung derartig großer Tiere noch nicht aus. Mit Hilfe moderner Meßmethoden stellten die Wissenschaftler fest, daß die vorhandene Faultierlosung rund 10 000 Jahre alt ist.

### Großer Ameisenbär
*Myrmecophaga tridactyla*
Die Ameisenbären sind die einzigen Zahnarmen Tiere, bei denen diese Bezeichnung wirklich zutrifft. Ihre Kiefer sind zahnlos, und da selbst bei den Embryos keine Zahnspuren aufzufinden sind, kann man annehmen, daß diese Reduktion schon vor sehr langer Zeit erfolgt ist, daß also schon die Vorfahren der heutigen Ameisenbären zahnlos waren. Das Maul des Ameisenbären ist auffallend klein, da die Kiefern weitgehend zusammengewachsen sind, so daß sie nur wenig geöffnet werden können. Mit den ungewöhnlich kräftigen Krallen der Vorderbeine bricht der Ameisenbär harte Termitenbaue auf oder wälzt Steine beiseite, unter denen sich Ameisen und andere Insekten verbergen. Mit der langen, wurmförmigen Zunge wird die Beute aufgesammelt. Diese Zunge ist bis zu 50 cm lang und wird von kräftigen Muskeln bewegt, die bis am Brustbein angewachsen sind. Die Oberfläche der Zunge ist klebrig, so daß die Insekten daran haften bleiben. Es ist selbstverständlich, daß auf diese Weise in den Verdauungsextrakt des Ameisenbären zahlreiche Sandkörner, Holzstücke und andere Verunreinigungen gelangen. Ein Teil des Magens ist jedoch mit kräftigen Muskeln ausgestattet, so daß auch diese Teile völlig zermahlen werden.

**Großer Ameisenbär**

Unau

### Neunbinden-Gürteltier
*Dasypus novemcinctus*
Die Gürteltiere sind sehr stark gepanzerte Tiere. Ihr Rücken ist mit einem knöchernen Plattenpanzer bedeckt, der an der Oberfläche stark verhornt ist. Während die dicken Knochenschilde im Unterhautgewebe entstehen, wird die hornige Oberfläche von der oberen Hautschicht gebildet. Um eine Bewegung in diesem Panzer zu ermöglichen, ist dieser aus einzelnen, durch eine Lederhaut verbundenen Streifen zusammengesetzt. Nach der Anzahl dieser Streifen werden die einzelnen Arten häufig benannt. So setzt sich z. B. der Panzer des Neunbinden-Gürteltieres aus neun solcher beweglichen Streifen zusammen.

Die Gürteltiere sind von der argentinischen Pampa bis nach Mittelamerika verbreitet. Das Neunbinden-Gürteltier kommt sogar bis in den Süden der Vereinigten Staaten vor. Die meisten Gürteltiere werfen in der Regel 2 Junge, beim Neunbindengürteltier entwickeln sich hingegen aus einer einzigen befruchteten Eizelle 4 Embryos, also eineiige Vierlinge. Diese haben dann natürlich auch alle das gleiche Geschlecht. Die Weibchen des verwandten Siebenbinden-Gürteltiers werfen sogar eineiige Acht- bis Zwölflinge.
In jüngerer Zeit wurde festgestellt, daß die Gürteltiere häufig an einer Krankheit leiden, die der Lepra ähnlich ist. Sie wurden deshalb zu sehr wichtigen Versuchstieren bei der Suche nach Mitteln zur Bekämpfung dieser gefährlichen Krankheit des Menschen.

### Unau *Choloepus didactylus*
Das Unau, eine Art der Zweifinger-Faultiere, verbringt sein ganzes Leben lang kopfabwärts hängend in den Wipfeln der Bäume. Seine Zehen sind zu Haken umgewandelt, an denen es hängt oder sich bedächtig von Ast zu Ast bewegt. Wenn es in seiner Ruhe gestört wird, versteht es das Unau dennoch recht gut, auf kurze Entfernung den Störenfried sehr schnell abzuwehren. Die dauernde Kopfabwärtsstellung hat übrigens dazu geführt, daß der Strich des Haarkleides beim Unau umgekehrt, also vom Bauch zum Rücken verläuft. Auf diese Weise ist gewährleistet, daß das Wasser selbst bei tropischen Regenfällen gut abtropft. Bei den Faultieren trifft die Ordnungsbezeichnung Zahnarme Tiere nicht mehr so recht zu. Die Anzahl ihrer Zähne ist mit insgesamt 20 zwar nicht groß, manche davon sind jedoch kräftig, recht scharf und können tiefe Wunden zufügen, obwohl sie hierzu nicht bestimmt sind. Die Faultiere sind nämlich Pflanzenfresser, und die scharfen Kanten der 4 dicht ineinander greifenden Schneidezähne funktionieren ähnlich wie eine Gartenschere. Die Zähne der Zahnarmen Tiere unterscheiden sich jedoch trotzdem von den Zähnen der übrigen Säugetiere. Sie haben keinen Zahnschmelz, und meist sind auch keine Zahnwurzeln entwickelt. Außerdem ist die Zahnform meistens einheitlich. Nur die ,,Scheren-zähne'' der Faultiere bilden eine Ausnahme.

Über die Lebensweise der Faultiere gibt es noch immer viele Unklarheiten, die bislang nicht enträtselt werden konnten. Da es sich um Nachttiere handelt, ist ihre Beobachtung wesentlich erschwert. Bis vor kurzem wurde z. B. angenommen, daß die Faultiere stumm wären und höchstens bei besonderer Erregung ein zischendes Geräusch von sich geben. Versuche haben jedoch gezeigt, daß sie ähnlich wie die Fledermäuse für das menschliche Ohr unvernehmbare Töne hervorbringen.

Neunbinden-Gürteltier

# Raubtiere

Die Grundlage des gesamten Lebens auf der Erde ist der Kohlenstoff. Im Prinzip verläuft sein komplizierter Kreislauf über alle Lebewesen auf der Erde. Man kann sogar behaupten, daß der in den heutigen Pflanzen und Tieren enthaltene Kohlenstoff derselbe ist wie jener, den Pflanzen und Tiere vor vielen Millionen Jahren nutzten. Die Umwandlung mineralischer, anorganischer Stoffe in lebende, organische Materie ist eines der größten Wunder, welche das Leben auf unserer Erde ermöglichen. Zu dieser Umwandlung sind allein die grünen Pflanzen fähig. Mit Hilfe von Sonnenenergie verwandeln sie vor allem Kohlendioxid, Wasser sowie die darin gelösten Mineralien in organische Stoffe um. Diese organischen Grundstoffe sind Zucker, Fette und Eiweißstoffe. Die grünen Pflanzen werden daher als Primärproduzenten bezeichnet. Einen Teil der aufgenommenen Energie verbrauchen sie selbst für Wachstum, Entwicklung und Fortpflanzung. Der Teil der Energie, den sie in ihrem Pflanzenkörper speichern, stellt den Vorrat dar, von dem das gesamte übrige Leben abhängt. Die Pflanzenfresser sind die ersten Konsumenten in diesem Kreislauf. Auch sie verbrauchen eine bestimmte Energiemenge, da sie die Nahrung aufsuchen, wachsen und leben müssen. Insgesamt nehmen sie jedoch mehr Energie auf, als sie verbrauchen. Dabei handelt es sich immer noch um die gleiche Sonnenenergie, die von Pflanzen unter Verwendung Kohlendioxids und Wassers gebunden wurde und die jetzt in den Körpergeweben der pflanzenfressenden Tiere, wie z. B. einem Hirsch, fortbesteht. Eine Reihe von Lebewesen ist jedoch außerstande, pflanzliche Nahrung umzusetzen. Sie müssen sich deshalb wiederum von Pflanzenfressern ernähren. Diese nennen wir Raubtiere. Wenn z. B. ein Tiger den Hirsch schlägt, bezieht er seinen Energiebedarf sozusagen aus „zweiter Hand", er wird daher als Sekundärkonsument bezeichnet. Zeit ihres Lebens atmen sowohl Primär- als auch Sekundärkonsumenten Kohlendioxid aus, das die Pflanzen wieder aus der Luft aufnehmen. Das ist aber nur ein Teil des Kreislaufs des Kohlenstoffes. Jede Pflanze und jedes Tier hat nur eine begrenzte Lebensdauer. Die in ihrer Körpermasse gespeicherte Energie wird nach ihrem Tode weitergegeben. An einem verendeten Tiger fressen sich z. B. die Geier satt. Der Großteil seiner Überreste wird jedoch im Boden von Bakterien, Pilzen, Milben, Regenwürmern und anderen Organismen in einfache Nährstoffe zerlegt, die wiederum von den Pflanzen genutzt werden. Die Energie, welche in dieser Energiepyramide nach obenhin abnimmt, wurde in Form von Wärme und mechanischer Energie durch die normale Tätigkeit der Lebewesen bei ihrem Wachstum und ihrer Vermehrung verbraucht. Wenn also die Basis dieser Pyramide die Pflanzen darstellen, stehen an ihrer Spitze als „Endverbraucher" die Fleischfresser (Carnivora).

Unter ihnen können die Raubtiere als die typischsten Vertreter angesprochen werden.

### Hundeartige *Canidae*
Die hundeartigen Raubtiere sind eine der ältesten Raubtierfamilien überhaupt. Ihre Entwicklung läßt sich rund 40 Mill. Jahre zurückverfolgen. Heute sind in dieser Gruppe kaum Formen zu finden, die auffallend von dem einheitlichen Erscheinungsbild abweichen. Die Schnauze verjüngt und die Kiefer tragen eine große Anzahl Zähne, die in erster Linie auf das Zerteilen von Fleisch spezialisiert sind. Der hochentwickelte Geruchssinn steht gefolgt vom Gehör an erster Stelle unter den Sinnen.
Die Hunde haben nahezu alle Biotope besiedelt. Man findet sie von den Wüsten bis zu den Urwäldern, von den entlegenen Falklandinseln bis in die Hochgebirge. Nur auf den am längsten isolierten Kontinenten und Inseln der Erde (Neuseeland, Australien, Neuguinea und Madagaskar) haben sich keine Vertreter der hundeartigen Raubtiere entwickelt. Heute dort lebende Hunde wurden erst nachträglich durch den Menschen hierhergebracht.

### Rotfuchs *Vulpes vulpes*
Mit dem Fuchs „Reinecke" ist wohl jeder vertraut. Wenn nicht aus der Natur, dann wenigstens aus Märchen und Fabeln, in denen er nahezu immer die Rolle eines hinterlistigen Schlaukopfes spielt. In freier Wildbahn bekommt man den Fuchs nur selten zu Gesicht, denn er ist recht scheu und geht dem Menschen lieber aus dem Weg. Dennoch ist er häufiger als vermutet und kommt sogar an Orten vor, an denen man ihn nicht erwarten würde, wie z. B. in Städten. Der Fuchs steht als Hühner- und Geflügelräuber in Verruf. Zwar besteht kein Zweifel darüber, daß er sich von Zeit zu Zeit an einem Huhn vergreift, doch der Mageninhalt erlegter Füchse beweist eindeutig, was seine Hauptnahrung bildet. An erster Stelle sind es Feld- und Hausmäuse; dazu kommen Frösche, Schnecken und Insekten. Nur ausnahmsweise finden sich im Fuchsmagen Überreste von Kaninchen, Fasanen oder Rebhühnern. Zu bestimmten Jahreszeiten nimmt der Fuchs außerdem auch pflanzliche Nahrung auf. Wenn sich die Möglichkeit bietet, besonders jedoch bei Nahrungsmangel, nimmt der Fuchs auch Aas auf. In Stadtnähe lebende Füchse statten Müllplätzen und -tonnen Besuche ab oder jagen Ratten.
Die Paarungszeit der Füchse dauert von

**Rotfuchs**

Ende Dezember bis in den Februar. Nach einer Tragzeit von 52 Tagen bringt die Fähe in ihrem Bau meistens 4 Welpen zur Welt. Diese sind die ersten 10 Tage blind. In dieser Zeit werden sie von der Mutter keinen Augenblick allein gelassen. Die Nahrung schafft in dieser Zeit ausschließlich der Rüde herbei. Es dauert etwa 1 Monat, bis die Jungen erstmals vor den Bau gehen; bis dahin gehen beide Eltern auf die Beutesuche. Nach 2 Monaten verlassen die Jungfüchse den Bau regelmäßig und sind nach 6 Monaten bereits ebenso groß wie ihre Eltern. Im folgenden Winter sind sie bereits geschlechtsreif.

Das Fell der Füchse, der Balg, war schon seit jeher ein begehrtes Rauchwerk. Neben normalfarbigen Fellen kommen verschiedene Farbabweichungen (Mutationen) vor, die besonders geschätzt sind, wie z. B. der sog. Kreuzfuchs, über dessen rotes Fell von den Schultern bis zum Schwanz ein schwarzer Streifen verläuft, oder der noch kostbarere Silberfuchs mit glänzenden schwarzen Haaren und weißen Grannenspitzen. Da der Silberfuchs in freier Wildbahn äußerst selten vorkommt, wird er in Farmen gezüchtet.

## Kojote *Canis Latrans*

Es gibt wohl keine Wildwesterzählung, die ohne eine Erwähnung des Kojoten oder Präriewolfs auskommen würde. Dieses hundeartige Raubtier muß nämlich als eines der charakteristischen Tiere Nordamerikas angesehen werden. Einst lebten die Kojoten in den Ebenen und im felsigen Hochland des Westens von Nordmexiko. In den letzten 400 Jahren haben sie sich jedoch sehr stark verbreitet und bevölkern jetzt weite Gebiete im Osten und Norden der ursprünglichen Heimat. Es scheint, daß der Kojote eines der anpassungsfähigsten amerikanischen Säugetiere ist. Im 16. Jh. breitete er sich über ganz Mexiko aus, im 19. Jh. erreichte er Kanada und war um die Jahrhundertwende bereits in Alaska anzutreffen. Im Staat New York wurde der erste Kojote 1912 erlegt. Heute leben sie mit Ausnahme von Delaware und Rhode Island überall im Osten der Vereinigten Staaten. In den meisten Gegenden sind Prämien für jeden toten Kojoten ausgeschrieben. Obwohl jährlich etwa 50 000 Tiere erlegt werden, nimmt ihre Anzahl keineswegs ab. Durch ihre ungeheure Anpassungsfähigkeit hat sich eine stabile Bestandsdichte ausgebildet. Die

Kojoten fressen nahezu alles. Sie fangen Nagetiere, Vögel, Reptilien, Insekten und nehmen auch mit Aas und pflanzlicher Nahrung, wie z. B. Eicheln, vorlieb oder benagen stachelige Kakteen. Sie können aber auch größeres Wild erlegen. Zu diesem Zweck tun sich zwei oder mehrere Kojoten zusammen, um die Beute in die Enge zu treiben und rasch zu überwältigen. Dennoch enthält die Speisekarte der Kojoten vornehmlich kleine Tiere. Die Paarungszeit der Kojoten dauert von Januar bis März. In dieser Zeit ist dann noch wesentlich häufiger als sonst ihr langgezogenes Heulen zu hören, das dann, nach Ernest T. Seton „fröhlich und angeregt" klingt. Nach einer Tragzeit von etwa 2. Monaten werden im Bau oder in einem anderen Versteck die Jungen geboren. Die Fruchtbarkeit der Kojoten ist außerordentlich groß; ein Wurf umfaßt in der Regel 6—10 Welpen. Wenn diese nach 2 Monaten den Bau verlassen, streunen sie noch einige Zeit mit den Eltern umher. Das ist auch die einzige Zeit, in der regelmäßig mehrere Kojoten gemeinsam anzutreffen sind.

### Wolf *Canis lupus*

Der Wolf gehört zweifellos zu den bekanntesten hundeartigen Raubtieren. Er bewohnt den größten Teil Europas, die gemäßigten Teile Asiens und Nordamerikas. Bei einem so weiten Verbreitungsgebiet ist es verständlich, daß es mehrere Rassen gibt. Die südlichen Fortpflanzungsgemeinschaften sind in der Regel kleiner als die nördlichen. Auf einigen kanadischen Arktisinseln leben kleine weiße Wölfe. Derartige Ausnahmen gibt es noch in einer Reihe weiterer Fälle. Die größten Wölfe leben in den Waldgebieten Sibiriens und Kanadas. Sie erreichen ein Körpergewicht bis zu 80 kg, ja in vereinzelten Fällen sogar über 100 kg.

Auch in der Färbung der Wölfe bestehen beachtliche Unterschiede. Die größte Farbvielfalt findet man unter den nordamerikanischen Wölfen. Dort sind in einem Rudel oft alle Schattierungen von schwarz bis weiß zu finden. Ursprünglich waren die Wölfe in allen Landschaftstypen ihres Verbreitungsgebietes zu Hause. Der Mensch hat sie jedoch überall als Feind des Wildes und der Haustierherden betrachtet und sie erbarmungslos verfolgt. Obwohl man heute weiß, daß das nicht zutrifft, sondern daß die Wölfe in der Natur einen wichtigen Platz bei der Aufrechterhaltung eines Gleichgewichts einnehmen, hat der schlechte Ruf der Wölfe bis heute überlebt. Sogar in Naturparks der Vereinigten Staaten wird noch die Ansicht vertreten, daß dort Wölfe nichts zu suchen hätten. Heute befaßt sich daher eine Sonderkommission der Internationalen Naturschutzunion mit dem Problem der Arterhaltung der Wölfe. Die Grundlage der Wolfsgemeinschaft bildet die Familie. Am Winterende, in der Regel im Februar, beginnt die Ranzeit der Wölfe. Nach 2 Monaten wirft die Wölfin im Bau 4–6 Junge, deren Entwicklung sich kaum von der anderer hundeartiger Raubtiere unterscheidet. Nach etwa 10 Tagen öffnen die Jungwölfe die Augen, bleiben jedoch noch längere Zeit mit der Mutter im Bau, wohin der Vater die Beute bringt. Selbst wenn die Jungen schon den Bau verlassen haben, sorgen noch beide Eltern für ihre Ernährung. Zunächst wird Nahrung verabreicht, die im elterlichen Verdauungstrakt erweicht wurde, später bringen die Eltern ganze Beutestücke herbei, mit denen die Jungen spielen und so mit Beutetieren umzugehen lernen. Die Jungwölfe verbringen volle 2 Jahre gemeinsam mit den Eltern. Nur während der kurzen Paarungszeit halten sie sich abseits. Die Familie bildet so ein dauerhaftes gemeinsam jagendes Rudel. Zu bestimmten Zeiten, besonders im strengen Winter, schließen sich mehrere Rudel zusammen. Einzelne Tiere treiben der Rotte die Beute zu und lösen einander während der Hetzjagd in der Führung ab. Wölfe sind gute und ausdauernde Läufer, die im Laufe einer Nacht 40–80 km zurücklegen können. Deshalb tauchen sie oft ganz plötzlich an Stellen auf, wo sie schon lange nicht mehr beobachtet wurden. Die häufigsten Beutetiere der Wölfe sind im hohen Norden Rentiere, in südlichen Gebieten Hirsche und Elche.

**Haushund** *Canis lupus f. familiaris*

Die Wissenschaftler sind sich einig, daß der Hund als das älteste Haustier anzusehen ist. Wohl vor rund 12 000 Jahren hat der Eiszeitmensch, der Mammut-, Wildpferd-, Auerochsen- und Wisentjäger, den Wolf, der wie er den großen Herden folgte, gezähmt. Auf den Höhlenmalereien in den Verstecken der Menschen aus der älteren Steinzeit sind außer Jagdtieren auch schon Wölfe dargestellt. Die Küchenabfälle der frühsteinzeitlichen menschlichen Siedlungen übten auf die Wölfe, ebenso wie der Geruch frischen Fleisches, große Anziehungskraft aus. Vielleicht hat es damit begonnen, daß der eine oder andere Wolf ein Stück Fleisch aus der Hand eines Menschen annahm oder daß ein Jäger einen Jungwolf mit in die Höhle gebracht hat und ihn dort aufzog. Wie es wirklich war, bleibt zwar ungeklärt, Tatsache ist jedoch, daß es in den damaligen menschlichen Ansiedlungen bereits hin und wieder Wölfe gab. Die Haustierwerdung des

Wolfes verlief zweifellos an zahlreichen Orten gleichzeitig und unabhängig voneinander. So wurden bei der Erforschung von menschlichen Ansiedlungen an der Ostküste Dänemarks in den Abfällen Schädelreste einer verhältnismäßig kleinen Hundeart gefunden, die wohl als halbzahmes Tier mit dem Menschen zusammenlebte. Das Alter dieser Austernfischersiedlungen wird auf 10–12000 Jahre geschätzt. Aus der gleichen Zeit stammen ähnliche Funde aus Bologoje in der Nähe von Moskau. Hervorzuheben ist allerdings, daß es sich hier bereits um Hunde und nicht mehr um Wölfe handelt. Wo die Grenze zwischen ihnen verläuft, läßt sich nur schwer bestimmen.

Der Mensch bediente sich des Hundes als Jagdgehilfe und Wächter, der jeden verbellte, der sich dem Lager näherte. Wie diese Zusammenarbeit bei der Jagd ausgesehen haben mochte, läßt sich heute aufgrund der Gewohnheiten der australischen Ureinwohner schließen, die teilweise bis heute wie

die Steinzeitmenschen leben. Ihr Leben erforschte der Anthropologe M. J. Meggit, der berichtet, daß „eine Gruppe von Männern aus dem Stamme Walbiri auf der Jagd die Fährte eines Wildhundes (Dingo), der ein Känguruh jagte, verfolgte. Den ganzen Tag lang folgten sie den Spuren, bereit einzugreifen, sobald der Dingo das Tier reißen würde. Sie erreichten jedoch das erschöpfte Känguruh früher und töteten es mit ihren Speeren und Bumerangs. Sie brachen das Stück auf und trugen die Beute ins Lager. Dem Dingo warfen sie, wie es üblich ist, einige Innereien zu." Die Variabilität des Hundes und die vom Menschen betriebene Zuchtwahl führten zu einer Unmenge von Rassen. Trotz ihrer Unterschiedlichkeit erkennt jedes Kind sofort einen Hund, ganz gleich, ob es sich um eine Dogge, einen Bernhardiner, Dackel oder Pekinesen handelt. Der Hund, der Nachfahre des Wolfes, ist nicht nur zu einem nützlichen Helfer, sondern auch zum Freund des Menschen geworden.

**Haushunde**

# Katzen

Die Katzen sind von allen Raubtieren am vollendetsten an die räuberische Lebensweise angepaßt. Die charakteristische Waffe der Katzen sind die Krallen. Normalerweise sind sie in Ballenscheiden am Ende des letzten Fingergliedes eingezogen. Das ganze letzte Glied wird durch ein elastisches Band nach hinten gekippt, so daß sich die Katze nur auf den weichen Sohlenballen fortbewegt, wodurch ihr Schritt kaum zu hören ist. Beim Ausstrecken der Zehen überwindet eine von einem Muskel ausgehende Sehne den Widerstand dieses Bandes, wodurch sich das erste Glied streckt und die Kralle aus der Scheide geschoben wird. Damit ist diese scharfe Waffe bereit, die Beute zu

Wildkatze

geöffnet, bei Tage zu einer Punktöffnung bzw. zu einem schmalen Spalt zusammengezogen.

**Wildkatze** *Felis silvestris*
Die Wildkatze hat ein sehr großes Verbreitungsgebiet. Nach Ansicht einiger Fachleute sind unter dieser Bezeichnung allerdings einige ähnliche Formen unterschiedlicher Unterarten zu verstehen, die in verschiedenen Biotopen leben. In erster Linie sind es die in Europa, von England bis Transkaukasien sowie in Kleinasien lebenden Wildkatzen. Ihre Färbung entspricht etwa der unserer Hauskatze, d. h. sie bildet ein mehr oder weniger auffälliges Streifenmuster. In zweiter Linie sind es die

Wildkatzen des afrikanischen Kontinents. Sie sind stets heller gefärbt und die Streifung ihres Felles ist weniger auffällig. Außerdem haben sie meist kürzere Haare und einen dünneren Schwanz. Von den eurasischen Wildkatzen unterscheiden sie sich außerdem im Verhalten. Während unsere Formen dem Menschen ausweichen, suchen jene im Gegenteil die Nähe seiner Behausungen auf. Eine dritte Gruppe bilden die Wildkatzen der asiatischen Steppen- und Wüstengebiete. Statt der Streifen weist ihr Haarkleid farbige Flecken verschiedener Größe und Dichte auf.
Die europäische Wildkatze ist heute schon an zahlreichen Orten ausgerottet. Auf den Britischen Inseln hat sie sich in Schottland erhalten, in Deutschland kommt sie noch in Harz und Eifel vor. Verhältnismäßig große Bestände gibt es noch in den Karpaten. Die europäische Wildkatze ist meist in dichten Wäldern mit reichem Unterholz zuhause. Wie die meisten Katzen sind auch die Wildkatzen Einzelgänger. Nur während der Paarungszeit finden sich die Paare zusammen. Die Kätzinnen trennen sich jedoch bald wieder von den Katern und suchen sich allein ein Versteck, in dem sie die Jungen zur Welt bringen.

**Hauskatze** *Felis silvestris f. catus*
Die Vorfahren unserer Hauskatze waren ägyptische Falbkatzen. Die ältesten Erwähnungen und Funde als Haustier gehaltener Katzen stammen ungefähr aus der Zeit von 4000 v. u. Z. Mit Sicherheit kann die Katze jedoch erst um 2000 v. u. Z. als Haustier nachgewiesen werden. Die afrikanischen Wildkatzen boten sich zur Haustierhaltung geradezu an. Die menschliche Kultur bedeute-

ergreifen oder im Kampf eingesetzt zu werden. Auch das Gebiß ist ideal zum Festhalten und Zerteilen der Beute geeignet. Die Eckzähne sind groß und können das Beutetier töten. Die scharfen Seitenränder der Backenzähne liegen wie die Schneiden einer Schere eng aneinander. Wenn die Katze mit ihnen kaut, muß sie den Kopf zur Seite neigen. Die Zunge der Katze ist mit scharfen Hornpapillen versehen, die ähnlich wie eine Feile auch den letzten Fleischrest von den Knochen schaben können.
Die meisten katzenartigen Raubtiere führen ein Nachtleben. Daran ist auch ihr Auge angepaßt. Die Pupillen sind ausdehnbar, in der Dämmerung weit

Hauskatze

**Ozelot**

te für sie keine Einschänkung ihres Lebensraumes, sondern brachte für sie im Gegenteil viele Vorteile. Vor allem waren es die zahlreichen Nagetiere, die sich in den Getreidespeichern der Menschen fanden.

### Ozelot *Leopardus pardalis*

Die häufigste Wildkatze Süd- und Mittelamerikas ist der Ozelot. Sein Verbreitungsgebiet reicht nördlich bis in den Süden der Vereinigten Staaten. Manche Ozelote sind kaum größer als eine stattliche Hauskatze, andere wiederum, besonders die Formen der tropischen Urwälder Guayanas und des Amazonasbeckens, erreichen nahezu die Größe eines kleinen Leoparden. Die Färbung der Urwaldozelote ist dunkler und weist große dunkle Ringflecken auf, die Ozelote der offenen Steppenlandschaft hingegen sind heller und die Farbflecken ihres Haarkleides kleiner. Alle können ausgezeichnet klettern und sind deshalb auch häufig auf Bäumen anzutreffen. Zu ihrer Beute gehört alles, was sie zu überwältigen imstande sind, von Mäusen und Eidechsen bis zu jungen Huftieren. Das Ozelotfell gehört zu den gesuchtesten und beliebtesten Fleckkatzenfellen. Alljährlich werden deshalb tausende Ozelote abgeschossen, und in einigen Gegenden gehört dieses schöne Raubtier bereits zu den vom Aussterben bedrohten Arten. Es ist daher verständlich, daß die Internationale Union zur Erhaltung der Natur und Naturreserven (IUCN) aus Fachleuten der ganzen Welt eine Kommission

zusammengestellt hat, die sich ernsthaft mit dem Problem der Fleckkatzen befaßt und bemüht ist, die zuständigen Regierungen zur Erlassung von Verboten zu bewegen, die der unverantwortlichen Felljägerei Einhalt gebieten.

### Rotluchs *Lynx rufus*

Von der kanadischen Grenze im Norden bis weit nach Mexiko hinein reicht das Verbreitungsgebiet des Rotluchses. Er besiedelt gebirgiges Hochland ebenso wie Halbwüsten, Bergwälder, subtropische Sumpfwälder oder Kaktusdickichte. Bei so unterschiedlichen Lebensräumen gibt es natürlich Färbungs- und Größenunterschiede. Der größte kanadische Rotluchs ist kaum kleiner als der Kanadische Luchs und unterscheidet sich von diesem auch nur wenig in der Farbgebung. Als einziges zuverlässiges Unterscheidungsmerkmal kann der Schwanz dienen, dessen Ende beim Luchs stets schwarz, beim Rotluchs hingegen hell ist. Außerdem trägt der Rotluchs an der Hinterseite der Ohren einen weißen Fleck, der beim Luchs fehlt. Die kleinste Rotluchsform ist der Mexikanische Rotluchs, der nur wenig größer ist als die Hauskatze. Der Rotluchs geht dem Menschen nicht aus dem Wege, sondern kommt sogar bis an den Rand der großen Städte.

**Rotluchs**

137

Puma

mit nur 25 kg. Der erwachsene Puma ist einfarbig, die Jungen sind allerdings dunkel gefleckt.

## Gepard *Acinonyx jubatus*

Der Gepard muß als eine Ausnahme unter den katzenartigen Raubtieren bezeichnet werden. Zwar trägt er alle typischen Merkmale der Katzen, doch seine Krallen sind ganz anders gebaut. Sie sind nämlich nicht einziehbar. Er wendet auch eine völlig andere Art der Jagd an als die anderen Katzen. Er ist ein ausgesprochener Hetzjäger. Dem sind auch die Beine angepaßt, die wesentlich länger sind als bei anderen katzenartigen Raubtieren. Der Gepard ist überhaupt einer der schnellsten Säuger. Bei Messungen wurde eine Geschwindigkeit von 75 km/h festgestellt, wobei die Spitzengeschwindigkeit in der Endphase der Hetze auf rund 100 km/h geschätzt wird.

Vor Zeiten bevölkerten die Geparden ganz Afrika, mit Ausnahme der Urwaldgebiete, und Asien von Arabien bis nach Indien. Die asiatischen Geparden sind bis auf geringe Bestände in Mittelasien heute völlig ausgerottet, doch auch in Afrika gehen ihre Bestände an zahlreichen Orten bedenklich zurück und der Gepard zählt deshalb zu den am stärksten vom Aussterben bedrohten Tieren.

## Puma *Puma concolor*

Der Puma ist, wenn man vom Jaguar absieht, der ursprünglich auch in den Südstaaten der USA vorkam, heute dort jedoch ausgerottet ist, das größte katzenartige Raubtier Nordamerikas. Der Puma lebt oder lebte früher im Gebiet vom Südwesten Alaskas und von Mittelkanada über ganz Nord- und Südamerika bis nach Feuerland. Im Nordteil dieses Verbreitungsgebietes ist er heute mit Ausnahme der unzugänglichen Berge entlang der Pazifikküste nahezu ausgerottet. Die Reste der nunmehr streng geschützten Fortpflanzungsgemeinschaft haben sich nach Florida und wahrscheinlich auch an die Mississippimündung zurückgezogen. Südlich der mexikanischen Grenze ist der Puma jedoch noch ein verhältnismäßig häufiges Raubtier.

Oft wird der Puma auch als Silberlöwe bezeichnet, was allerdings recht irreführend ist, da nur große, in Patago-nien lebende Pumas ein silbriges Fell aufweisen. Die chilenischen und westargentinischen Pumas sind dunkelbraun oder rostrot. Wie alle anderen Arten mit einem großen Verbreitungsgebiet hat auch der Puma eine Reihe von geographischen Rassen verschiedener Größen ausgebildet. Die größten erreichen ein Körpergewicht von 110 kg, die kleinsten bescheiden sich

Gepard

# Großkatzen

Von allen bisher besprochenen katzenartigen Raubtieren unterscheiden sich die sog. Großkatzen, das sind Löwe, Tiger, Leopard und Jaguar. Während die Kleinkatzen nur miauen, verfügen die Großkatzen über eine wesentlich stärkere Stimme, sie können brüllen. Außerdem gibt es noch eine Reihe von Unterschieden in der Verhaltensweise beider Unterfamilien. So nehmen z. B. die Großkatzen ihre Nahrung liegend auf, während die Kleinkatzen beim Fressen den Vorderkörper nur zwischen den gelockerten Schultern absenken.

Das Verbreitungsgebiet der Großkatzen stellt vornehmlich die Alte Welt dar. Nur eine einzige Art, der Jaguar, bewohnt Südamerika und ist von da bis in die südlichsten Teile Nordamerikas vorgedrungen.

### Löwe *Panthera leo*

Zahlreiche Wappenschilder verschiedener Herrscherhäuser zeigen die Figur eines Löwen als Sinnbild der Kraft, des Mutes und der Schönheit. So sehr wie er wurde kein anderes Raubtier bewundert. Oft wird er als König der Wüste bezeichnet. Das ist allerdings vollkommen falsch, denn in der Wüste halten sich die Löwen überhaupt nicht auf. Vielmehr leben sie nur in offenen strauchbestandenen Landschaften mit vereinzelten Bäumen. Die Löwen sind die einzigen katzenartigen Raubtiere, die in Gemeinschaften leben, in der Regel in Familienverbänden von 20, mitunter auch 30 Individuen. In jedem Rudel gibt es einen oder mehrere erwachsene Löwenmännchen und einige Kätzinnen mit ihren Jungen. Die Gemeinschaft arbeitet bei der Jagd zusammen und verzehrt auch gemeinsam die Beute. In der Regel halten sich die Löwen am Boden auf und klettern nicht auf Bäume.

Recht interessant ist die Rangordnung der Gruppe. Bei der Jagd obliegt das Schlagen der Beute den weiblichen Tieren. Seinen Hunger stillt jedoch zuerst der Löwe, nach ihm die Kätzin und erst zum Schluß die Jungen. Die Jungen sind mit 2 Jahren ausgewachsen, reif sind jedoch erst fünfjährige Löwen. In der Paarungszeit werden zwischen den Männchen zahlreiche Kämpfe ausgetragen. Die Tragzeit dauert 105—112 Tage, und der Wurf besteht in der Regel aus 2—5 Jungen. Die Sterblichkeit unter den Jungen ist jedoch beträchtlich. Oft leiden sie an Unterernährung, weil sie erst als letzte an die Beute dürfen. Die Natur sorgt auf diese Weise für eine natürliche Begrenzung der Anzahl von Löwen. Dort, wo der Mensch die natürlichen Verhältnisse durch einen höheren Abschuß an Löwenmännchen gestört hat, sorgten die Kätzinnen selbst für die Jungen und gestatteten diesen auch sofort mit an die Nahrung zu gehen. Die Folge war eine wesentlich geringere Jungensterblichkeit und schließlich eine Übervermehrung der Löwen. So waren sie gezwungen, wesentlich mehr Wild zu jagen als früher. Die Menschen aber, die das gestörte Gleichgewicht selbst bewirkt hatten, suchten die Ursachen ganz woanders.

### Leopard *Panthera pardus*

Auch heute noch wird oft gefragt, was für ein Unterschied denn zwischen dem Leoparden und dem Panther bestehe. Überhaupt keiner, denn beides sind Bezeichnungen für ein und dieselbe Art. Eine Unterscheidung führten vor Zeiten die Jäger ein, die größere Tiere mit gewaltigerem Kopf Panther nannten, während die kleineren mit schmächtigerem Kopf Leoparden genannt wurden. Heute wissen wir, daß es sich zumeist um geschlechtsbedingte Größenunterschiede handelte. Die Panther waren in der Regel die Männchen, die als Leoparden bezeichneten Individuen die weiblichen Tiere. Interessant ist, daß sich die Bezeichnung Panther hartnäckig für die asiatischen schwarzen Formen der Leoparden hält, während die in Afrika vorkommenden schwarzen Formen eben nur als Schwarze Leoparden bezeichnet werden. In diesem Zu-

**Löwe**

139

sammenhang ergibt sich die oft gestellte Frage, ob die völlig schwarzen Leoparden oder Panther eine eigenständige Art darstellen. Keinesfalls, denn es handelt sich nur um Farbformen. Diese sind jedoch an einigen Stellen häufiger, z. B. im Hochgebirge oder in feuchten Urwäldern. Am häufigsten wurden schwarze Leoparden in Äthiopien, Sikkim, Thailand und auf dem Malaischen Archipel zur Strecke gebracht. Das Verbreitungsgebiet des Leoparden ist außerordentlich groß. Es umfaßt ganz Afrika, mit Ausnahme der Sahara, die Sinai und Kleinasien und reicht von hier aus über ganz Südostasien bis in den Fernen Osten und südwärts nach Java. Der Leopard wird zu Recht für das gewandteste Raubtier gehalten. Er kann ausgezeichnet klettern und ist außerordentlich kräftig. Die Beutetiere, in der Regel mittelgroße Huftiere, schafft er auf Bäume, damit ihn beim Mahl nicht andere Raubtiere, vor allem Hyänen und Schakale, stören. In zahlreichen Gebieten ist dieses prächtige Raubtier heute leider ausgerottet. Es ist nur zu hoffen, daß es gelingen wird, es wenigstens dort zu erhalten, wo es für Leoparden noch geeignete Lebensbedingungen gibt.

**Jaguar** *Panthera onca*
Der Jaguar ist die einzige Großkatze des amerikanischen Kontinents. Er ist von gedrungenerer Gestalt als der Leopard, die Gliedmaßen und der Schwanz sind kürzer. Sein Körpergewicht ist durchaus mit dem des Tigers vergleichbar, obwohl er etwas kleiner ist. Es beträgt rund 100 kg. Die größten Exem-

plare leben im Bereich von Mato Grosso in Brasilien. Der Jaguar ist ebenso im dichten Urwald wie im schütteren Busch oder in den Steppenwüsten Argentiniens und des amerika-

nischen Südwestens vorzufinden. In den südamerikanischen Regenwäldern, die einige Monate im Jahr überschwemmt sind, hält er sich während dieser Zeit ausschließlich in den Bäu-

**Jaguar**

men auf. Er klettert ausgezeichnet, schwimmt gern und begibt sich häufig ins Wasser, wo er auch Kaimane, Schildkröten und Fische fängt. Er versteht sich jedoch nicht minder gut auf die Jagd nach großen Tieren, wie Capybaras und Tapire, die er in der Regel aus dem Hinterhalt oder von Bäumen aus anfällt.

Die Jaguare sind Einzelgänger, nur während der Vermehrungszeit leben die Paare gemeinsam. Wenn sich um eine Kätzin mehrere Jaguarmännchen bewerben, kommt es zu Kämpfen, die sogar mit dem Tod eines der Rivalen enden können. Die Kätzinnen werfen nach einer Tragzeit von 13 Wochen 1–4 Junge, die sie etwa 3 Monate säugen. Die Jungtiere bleiben jedoch mindestens bis zu deren nächsten Wurf bei der Mutter. Ebenso wie beim Leoparden sind auch beim Jaguar Farbabweichungen anzutreffen, sie sind jedoch wesentlich seltener. So gehören schwarze Jaguare zu den besonders kostbaren Tieren in zoologischen Gärten. Noch seltener sind weiße Exemplare, die von Zeit zu Zeit in den Bergen Guayanas gefangen werden.

**Tiger** *Panthera tigris*

So unterschiedlich das Äußere von Tiger und Löwe ist, so ähnlich sind sie in ihrer Anatomie. Nur der Schädel weist deutlichere Unterschiede auf. Eindeutig ist zu erkennen, daß zwischen beiden Arten eine enge verwandtschaftliche Beziehung besteht. Völlig unterschiedlich ist hingegen ihre Biologie. Der Tiger lebt im Unterschied zum Löwen als Einzelgänger. Während der Löwe in der offenen Landschaft zu Hause ist, lebt der Tiger in Wald und Dschungel. Andererseits hat er sich jedoch auch den rauhen Lebensbedingungen der sibirischen Taiga angepaßt und kann selbst harte Fröste überstehen. Der Tiger ist ein Bewohner des asiatischen Kontinents. Im Westen reicht sein Verbreitungsgebiet bis zu den Südhängen des Kaukasus. In Transkaukasien waren Tiger noch vor kurzem im Bezirk Lenkoran recht häufig. Von hier drangen sie regelmäßig bis in die Türkei vor. Auch aus letzter Zeit gibt es Nachrichten, daß dort vereinzelt Tiger vorkommen. Im Osten reicht das Verbreitungsgebiet der Tiger bis zum fernöstlichen Amur und zieht von da über Korea und ganz Ostasien in den Süden. Das zusammenhängende südasiatische Areal des Tigers reicht von Indien bis Sumatra. Der sibirische und mandschurische Tiger ist größer als der indische und besitzt ein längeres und dichteres Haarkleid. Trotz größerer Körpermaße bleibt seine Körperoberfläche verhältnismäßig klein, so daß sein Wärmeverlust geringer ist. Am kleinsten und dunkelsten sind die Tiger der Sundainseln, Sumatras, Javas und Balis. Hier sind die Tiger bereits überaus selten und die Bestände werden nur noch auf wenige Stücke geschätzt. Überhaupt entwickelt sich die Anzahl der Tiger im gesamten Verbreitungsgebiet rückläufig. Die Ursache dafür besteht nicht nur in der Verfolgung durch den Menschen wegen der Angriffe auf Haustierherden, sondern vor allem in der Rodung der Wälder und der sich daraus ergebenden Verkleinerung seines angestammten Lebensraumes. Der Tiger gehört heute zu den meistgefährdeten Arten, und eine Reihe mehr oder weniger wirksamer Maßnahmen soll sein Aussterben in letzter Stunde verhindern.

**Tiger**

# Marderartige Raubtiere

Die marderartigen Raubtiere (Mustelidae) bilden eine überaus artenreiche Familie. Für sämtliche Angehörige sind ein langgezogener, walzenförmiger Rumpf, kurze Gliedmaßen und in der Regel markante Duftdrüsen kennzeichnend. Letztere spielen eine wichtige Rolle bei der Verständigung sowie der Verteidigung. Darüber hinaus fällt es jedoch recht schwer, gemeinsame Merkmale für alle Arten zu finden. So gehören doch dieser Familie sowohl die schlanken Marder und die sich schlangenhaft fortbewegenden Wiesel als auch die gedrungenen Dachse und die perfekt an das Leben im Wasser angepaßten Otter an. Der 2 m lange Seeotter gehört ebenso der Familie der marderartigen Raubtiere an wie das Mauswiesel, das noch in ein Mauseloch schlüpfen kann. Als einziges weiteres gemeinsames Merkmal könnte höchstens noch angeführt werden, daß das Fell aller marderartigen Raubtiere außerordentlich kostbar und begehrt ist; ein Umstand, den zahlreiche Arten teuer bezahlen mußten. Marderartige Raubtiere gibt es auf der ganzen Welt, mit Ausnahme Australiens, Neuseelands und der ozeanischen Inseln. Doch auch hier hat sie der Mensch angesiedelt, in einigen Fällen mit der Vorstellung, im neu erschlossenen Land auch wertvolle Pelztiere zu haben, in anderen Fällen als Helfer gegen die überhandnehmenden Kaninchen. Meist sind diese Versuche jedoch fehlgeschlagen. Aus den vermeintlichen Helfern wurden zum Teil Schädlinge, oder die Pelztiere lieferten unter den abweichenden Lebensbedingungen nur minderwertige Felle.

Großwiesel oder Hermelin

### Großwiesel oder Hermelin
*Mustela erminea*

Das Großwiesel oder Hermelin bevölkert ganz Europa, mit Ausnahme seiner südlichsten Teile, Nordasien, Japan und Nordamerika. Es ist vom Flachland bis ins Gebirge verbreitet. Im Sommer ist seine Haarfarbe braun mit weißem Bauch und schwarzer Schwanzspitze, das Winterkleid hingegen reinweiß. Nur das Schwanzende bleibt unverändert schwarz. Wegen dieses Fells wurde das Hermelin seit jeher bejagt. Die schönsten weißen Hermeline kommen aus den nördlichen Gegenden und aus dem Gebirge, das Fell der in tieferen Lagen lebenden Großwiesel weist häufig Flecken auf.

Obwohl das Hermelin vorwiegend ein Nachttier ist, jagt es häufig auch bei Tage. Als Beute nimmt es alles an, was es zu überwältigen vermag, vor allem Nagetiere, häufig aber auch Vögel. Paarungszeit haben die Hermeline zweimal im Jahr, Junge werden jedoch nur einmal jährlich geworfen. Das ist auf die

Tatsache zurückzuführen, daß sich bei den im Frühjahr begatteten Weibchen das befruchtete Ei sofort entwickelt, während auf eine Befruchtung im Herbst eine sog. latente Schwangerschaft folgt, während der die Entwicklung des Eies erst nach längerer Zeit einsetzt.

### Amerikanischer Nerz oder Mink
*Mustela vison*

Der Nerz ist heute wohl das häufigste Pelzfarmtier. Ursprünglich lebte er im ganzen Gebiet von Alaska bis Kalifornien und wurde intensiv bejagt. Bald wurde jedoch die Nachfrage nach seinem Fell dermaßen groß und zugleich die Jagd immer beschwerlicher und unergiebiger, daß die ersten Farmen errichtet wurden. Außer den „wildfarbigen" dunklen Nerzen gibt es heute eine ganze Reihe von Farbmutationen, die äußerst gesucht sind. Sie werden in der Regel mit verschiedenen Phantasienamen belegt.

Sonne und Regen schaden den Nerzfellen, weshalb die Tiere in den Farmen unter einem Dach gehalten werden. Auch die Ernährung der Tiere stellt heute nahezu eine Wissenschaft dar. Die Zuchtergebnisse sind jedoch hervorragend und die Felle wesentlich hochwertiger, als die von Tieren, die in freier Wildbahn leben.

### Seeotter oder Kalan *Enhydra lutris*

Der Seeotter liefert eines der kostbarsten Felle und wurde deshalb rücksichtslos verfolgt. Erst als er kurz vor dem Aussterben war, wurden Schutz-

Amerikanischer Nerz oder Mink

maßnahmen ergriffen. Bekannt sind zwei geographische Rassen des Seeotters. Die kleinere und dunklere lebt von Kamtschatka bis zu den Alëuten und von dort südwärts bis zur Küste von Britisch Kolumbien. Die größere und mehr braune Rasse ist inselartig an der Küste von Washington bis zum Golf von Kalifornien verbreitet. Obwohl sie als kleinere Rasse bezeichnet wird, handelt es sich dennoch um ein Tier, das eine Körperlänge von rund 2 m erreicht. Der Seeotter ist also das größte marderartige Raubtier. Nahezu sein ganzes Leben verbringt er im Meer und ernährt sich von Seeigeln, Krebstieren, Weichtieren und nur zu einem geringen Teil von Fischen. Er ist höchst erfinderisch und weiß sich selbst beim Öffnen starkwandiger Muscheln Rat: Er zerschlägt sie mit großen Steinen, die er vor der Brust hält.

Seeotter oder Kalan

Die Seeotter bilden meist Gemeinschaften von einigen Dutzenden Individuen, es kommen jedoch mitunter auch Gruppen von einigen Hundert Tieren vor. Die Jungen werden sehend und mit Zähnen geboren, wobei das Weibchen in der Regel ein einziges Junges, nur ausnahmsweise Zwillinge, zur Welt bringt. Die Seeotter benehmen sich äußerst zärtlich zueinander, streicheln sich gegenseitig und spielen mit den Jungen. Sie werfen sie gleich Bällen ins Wasser, um sie sofort wieder in die Arme zu schließen. Es ist schwer zu begreifen, wie solche Tiere rücksichtslos bejagt werden konnten, nur weil es die Mode forderte.

## Amerikanischer Dachs oder Silberdachs
*Taxidea taxus*
Von Britisch Kolumbien und Saskatchewan in Kanada bis Texas, Kalifornien und Mexiko lebt ein interessantes marderartiges Raubtier — der Amerikanische oder Silberdachs. Seine Haupt-

nahrung stellen Präriehunde und Beutelratten dar, die er mit Hilfe seiner gewaltigen Krallen aus ihren Bauen herausscharrt. Seine Körperkraft ist erstaunlich. Bei einem typisch amerikanischen Versuch brachte es ein Amerikanischer Dachs zustande, ein Brett zu heben, auf dem ein Pferd samt Reiter stand. Heute hat sich dieses Raubtier dem Leben in der Kultursteppe angepaßt und ernährt sich nicht nur von verschiedenen kleinen Lebewesen, sondern nimmt auch pflanzliche Nahrung auf. Seine Baue, die er selbst gräbt, sind mitunter sehr weitläufig und reichen in Tiefen bis zu 10 m. Hier bringt das Weibchen im Herbst auch ihre Jungen, in der Regel 5, zur Welt.

## Streifenskunk *Mephitis mephitis*
Selbst wer einen Skunk noch nie gesehen hat, hat bestimmt schon von seiner schrecklichen „Waffe" gehört. Ebenso wie alle anderen marderartigen Raub-

Streifenskunk

Amerikanischer Dachs oder Silberdachs

tiere hat auch der Skunk neben seiner Afteröffnung Analdrüsen, mit denen er sein Revier kennzeichnet. Beim Skunk sind diese Drüsen stark vergrößert und in eine hochwirksame Verteidigungswaffe umgewandelt. Er ist sich der Wirksamkeit dieser Einrichtung wohl bewußt, bewegt sich deshalb wohl auch nur langsam und fürchtet keinen Feind. Die gefürchtete Flüssigkeit kann er bis in eine Entfernung von 3,5 m schleudern und zielt dabei auf die empfindlichste Stelle des Angreifers, die Augen.
Wegen des hochwertigen Fells wird der Skunk gejagt und sogar in Farmen gehalten.

# Bären

Die Entwicklungsgeschichte der Bären ist eng mit der der hundeartigen Raubtiere verbunden, und man könnte sagen, daß sie die jüngeren Verwandten der Hunde sind. Mit einiger Übertreibung könnte man sogar behaupten, daß es sich um sehr große, dicke, schwanzlose Hunde handelt. Die Bären sind Sohlengänger und ihr Gebiß weist kleine Eckzähne und breite Beckenzähne auf. Sie nehmen nämlich neben Fleisch beträchtliche Mengen pflanzlicher Nahrung zu sich, die mit den Bakkenzahnflächen zerkleinert wird. Die Entwicklungsgeschichte der Bären ist verhältnismäßig jung, sie tauchten erst vor etwa 15 Mill. Jahren auf.

Die Bären bilden eine kleine, in sich geschlossene, aber dennoch höchst vielseitige Raubsäugergruppe. Insgesamt leben heute auf der Erde sieben Bärenarten. Im Vergleich zum Artenreichtum anderer Familien ist das recht wenig. Nur die Familie der Hyänen und der Erdwölfe weisen eine noch geringere Artenzahl auf. Da die Zahl der Bärenarten so gering ist, sollen sie hier alle genannt werden. Da sind zunächst der Braunbär und der Schwarzbär. Weitere Arten sind der Kragenbär aus den Waldgebieten Mittel-, Ost- und Südasiens, der Lippenbär aus Indien und Sri Lanka, der Malayenbär aus den Urwäldern Hinterindiens und Südostasiens, der Brillenbär aus den Anden und schließlich der Eisbär, der in den Polargebieten des Nordens lebt.

Die meisten Arten besitzen ein langes, dichtes Haarkleid, das an einigen Stellen des Körpers zu einem Kragen oder Schopf verlängert sein kann. Nur der in warmen Zonen lebende Malayenbär hat ein sehr kurzes, glattes und anliegendes Fell.

Interessant ist auch die einheitliche Färbung des Bärenfelles. Auf der Brust und beim Brillenbär auch auf dem Kopf kann sich eine weiße oder gelbliche Zeichnung befinden, ansonsten ist jedoch die Farbe einheitlich. Bei anderen Tieren ist gewöhnlich der Rücken anders gefärbt als der Bauch. Bei den Bären gibt es solche Unterschiede nicht.

Bei den Bären sind am besten der Geruchs- und zum Teil auch der Gehörsinn entwickelt. Der Gesichtssinn ist verhältnismäßig schwach ausgeprägt. Bewegungslose Gegenstände kann der Bär erst auf eine recht kurze Entfernung unterscheiden. Die Nase der Bären ist höchst beweglich und wird beim Wittern in alle Richtungen bewegt. Die Gehöre — so werden die Ohren des Bären von Jägern bezeichnet — sind zwar klein, jedoch gut beweglich und können jeweils in die Richtung bewegt werden, aus der ein Geräusch kommt. Die kleinen Augen machen hingegen offenkundig, daß sich das Tier nicht allzusehr auf den Gesichtssinn verläßt.

Die Menschen halten die Bären meist für gutmütige und schwerfällige Geschöpfe. So werden sie in vielen Märchen dargestellt und als solche kennt sie das Kind von seinen Spielsachen her. Die Bären sind jedoch Raubtiere im wahrsten Sinne des Wortes. Selbst von kleinauf in Gefangenschaft gehaltene Bären sind keineswegs harmlose Gesellschafter des Menschen. Schwierigkeiten im Erkennen und Vorhersehen einer Reaktion beruhen in erster Linie auf der Tatsache, daß Bären wegen ihrer wenig entwickelten Gesichtsmuskulatur nahezu keine Mimik besitzen, die auf ihre Gemütsverfassung schließen lassen würde. Hund und Katze lassen hingegen durch ihr Mienenspiel erkennen, in welcher Stimmung sie sich befinden. Der Bär zeigt jedoch immer ein unverändertes Gesicht, selbst wenn er kurz vor dem Angriff steht. Deshalb gehören Bären auch mit zu den gefährlichsten Zootieren.

**Kodiakbär** *Ursus arctos middendorffi*
Der Braunbär bewohnt das riesige Areal Europas, Asiens und Nordamerikas, von der Baumgrenze im Norden bis zum Himalaja in Asien und zum Mexikanischen Hochland im Süden. Es ist selbstverständlich, daß dermaßen unterschiedliche klimatische Bedingungen auch in den äußeren Merkmalen der Art ihren Niederschlag gefunden

**Kodiakbär**

haben und zur Herausbildung verschiedener geographischer Rassen führten. Diese lassen sich in einige Gruppen einteilen, die der Laie meist als selbständige Arten anspricht. Das betrifft vor allem die in den westlichen und mittleren Gebieten Nordamerikas beheimatete Gruppe, deren Fell einen grauen Farbton besitzt und die graue Krallen trägt. Sie wird zusammenfassend als Grizzly bezeichnet. Verschiedene Erzählungen haben den Grizzly in einen recht schlechten Ruf gebracht, in Wirklichkeit unterscheidet er sich jedoch in keiner Weise von anderen Braunbären. Hierbei kann der Umstand mitgespielt haben, daß der Mensch seine Haustiere unmittelbar in die Jagdreviere des Grizzly brachte, die dieser dann ebenso riß wie jedes andere Beutelier.

Die größten Bären gibt es in Alaska und auf einigen vorgelagerten Inseln wie Kodiak, Afognak, Montagne oder den Admiralitätsinseln. Die dortigen Bären sind rotbaun, haben schwarze Krallen und erreichen riesige Körpermaße. Bekannt sind vor allen die Bären von der Insel Kodiak, die eine Höhe von nahezu 3 m und ein Gewicht von rund 800 kg, in Ausnahmefällen sogar noch mehr, erreichen. So wurde z. B. im Berliner Tiergarten ein Kodiak gehalten, der 1200 kg wog.

Im Vergleich mit den Körpermaßen eines erwachsenen Kodiakbären ist die verhältnismäßig geringe Größe der Bärenjungen auffallend. Die Neugeborenen sind nur 20—30 cm lang und wiegen rund 500 g. Sie sind nur wenig entwickelt, blind, mit verschlossenen Gehörgängen und nahezu völlig nackt. Erst nach etwa 3 Wochen öffnen sie die Augen, können sich jedoch erst nach Wochen mit deren Hilfe orientieren. Zu diesem Zeitpunkt beginnt auch das Gehör der Jungbären zu funktionieren. Selbst den Geruchssinn, der bei den Bären am wichtigsten ist, erlangen sie erst nach rund 2 Monaten. Daraus ist zu ersehen, daß die Jungen außerordentlich lange auf die Obhut der Mutter angewiesen sind. Die nach etwa 3 Monaten zum ersten Mal das Lager verlassenden Jungbären sehen wie Spielzeugtiere aus, und es ist kaum vorstellbar, daß sich aus ihnen riesige Bären entwickeln könnten. Ihre weitere Entwicklung geht jedoch außerordentlich rasch vor sich. Im ersten Lebensjahr erreichen sie nahezu die halbe Größe ihrer Eltern. dann verlangsamt sich der Wachstumsprozeß etwas. Obwohl sie mit 3 Jahren geschlechtsreif werden, erreichen die Bären ihre endgültige Größe erst im Alter von 10 Jahren.

## Schwarzbär oder Baribal

*Ursus americanus*

Dieser Bär ist mit am häufigsten auf den Fotos von Besuchern amerikanischer Naturparks zu sehen. Früher war er das Hauptjagdwild der Indianer und der weißen Siedler. Alles an ihm wurde verwertet, das Fell als Decke, das Fleisch als Nahrung, das Fett als Lampenöl und als Salbe. Die fortschreitende Rodung der Wälder verdrängte den Bären jedoch aus seinen angestammten Standorten und führte stellenweise sogar zu seiner Ausrottung. Als um die Jahrhundertwende Verordnungen zur Einschränkung der Bärenjagd erlassen wurden, war es für die Erhaltung des weniger anpassungfähigen Grizzly bereits zu spät. Der Schwarzbär, auch Baribal genannt, gewöhnte sich hingegen an die Nähe des Menschen, besiedelte schrittweise wieder seine alten Reviere, und seine Bestände nahmen zu. Heute werden sie auf einige Hunterttausend geschätzt. Die Bezeichnung Schwarzbär ist nicht ganz zutreffend, denn die Farbe seines Haarkleides kann in Wirklichkeit recht unterschiedlich sein. Es gibt mitunter sogar zimtfarbene Exemplare, und Junge beider Schattierungen sind innerhalb eines Wurfes möglich. Am kostbarsten ist jedoch das Fell des Baribal aus Britisch Kolumbien, das entweder weiß oder silbrig blaugrau ist. Die Schwarzbären führen ein Einsiedlerleben und haben ihr Lager entweder in Dickichten oder in großen hohlen Bäumen. Als Nahrung dienen ihnen verschiedene Waldfrüchte und kleine Wirbeltiere.

Es wurde bereits erwähnt, daß Schwarzbären am ehesten in den Naturparks anzutreffen sind. Dort sind sie nicht nur zahm, sondern sogar ausgesprochen aufdringlich und deshalb auch gefährlich geworden. Unvernünftige Besucher mißachten das Verbot zu füttern, und wenn keine weiteren Leckerbissen folgen, werden die Tiere häufig aggressiv und greifen an. Über die Hälfte der Naturparkunfälle sind auf Schwarzbären zurückzuführen. Ebenso gefährlich ist es, den Wagen zu verlassen und sie zu fotografieren. An einigen Stellen haben sie sich zu Quälgeistern der Campingplätze entwickelt, denn sie brechen sogar in unzureichend abgesicherte Kraftfahrzeuge ein. Der Schwarzbär ist heute die einzige Bärenart, der durch die menschliche Zivilisation keine wesentlichen Bestandseinbußen erlitten hat.

# Kleinbären und Schleichkatzen

**Großer Panda oder Bambusbär**

kanntheit wurde er auch als Symbol der Welttierschutzorganisation — World Wildlife Fund — gewählt, die eine Abteilung der Internationalen Union zur Erhaltung der Natur und der Naturreserven bildet. Nach neueren Erkenntnissen ist der Große Panda näher mit dem echten Bären verwandt als mit den Katzenbären, zu denen der Kleine Panda gehört.

### Großer Panda oder Bambusbär
*Ailuropoda melanoleuca*

Im entlegensten Winkel Chinas, zwischen Tibet und Szetschuan, liegt in den nebelverhangenen Bambusdschungeln die Heimet des Großen Panda oder Bambusbären. Wohl kein anderes Tier war so lange Zeit von Geheimnissen umgeben und ist dann so jäh in das Interesse der Menschen gelangt wie der Bambusbär.

Auf alten chinesischen Bildern wurde ein eigenartiger, schwarz-weiß gefärbter Bär dargestellt. Niemand zweifelte daran, daß es sich um eine Phantasieschöpfung des Künstlers handelte. Von Zeit zu Zeit drangen aber dennoch Berichte über einen schwarz-weißen Bären nach Europa, der irgendwo in Mittelasien leben sollte. Der wißbegierige und eifrige China-Missionar Armand David, durch dessen Verdienst Europa von zahlreichen unbekannten Pflanzen und Tieren erfuhr, machte sich 1868—69 auf, nach diesem legendären Bären zu forschen. Lange Zeit waren seine Bemühungen erfolglos. Einmal, als er schon im Begriff war, seine Suche einzustellen, fand er im Hause eines Bauern ein Bärenfell und erkannte gleich, daß es von jenem Tier stammte, nach dem er schon so lange Zeit suchte. Dann war es schon ein leichtes,

die eingeborenen Jäger zu bewegen, ein solches Tier zu bringen. Fell und Skelett sandte Pater David in das Pariser Museum. Daraufhin wurde der Bambusbär erstmals wissenschaftlich beschrieben. Inzwischen haben die Zoologen festgestellt, daß dieser „Bär" in Wirklichkeit in eine andere Raubtierfamilie gestellt werden muß. Lang ist auch die Geschichte, bis die ersten Exemplare dieser seltenen und begehrten Art in Gefangenschaft gebracht wurden. Für diese wurden Beträge in der Größenordnung von 25 000 US-Dollar bzw. 200 000 Mark bezahlt. Das war jedoch erst der Anfang der hohen Kosten, da Schwierigkeiten mit der Ernährung hinzukamen. Der Bambusbär ernährt sich nämlich vorwiegend von Bambusblättern und -trieben, die entweder gezüchtet oder — wo dafür keine geeigneten Bedingungen gegeben sind — eingeflogen werden müssen. Heute gibt es jedoch schon einige Zoos, in denen die Bambusbären erfolgreich gehalten werden und sich auch vermehren. Über die Bestände in freier Wildbahn fehlen genaue Angaben, da es sich jedoch um eine Art mit einem sehr kleinen Verbreitungsgebiet handelt, muß der Bambusbär zu den stark bedrohten Arten gerechnet werden. Wegen seiner Attraktivität und Be-

### Weißrüsselbär *Nasua narica*

In den tropischen und gemäßigten Gebieten Amerikas ist eine Raubsäugerfamilie verbreitet, die vom Äußeren zwischen Mardern und Bären steht. Manche ihrer Vertreter erinnern an Bären — das sind die Waschbären —, andere ähneln mehr den Mardern, wie z. B. die Frettchen, und der Wickelbär besitzt sogar einen bei anderen Raubtieren nicht vorhandenen Greifschwanz. Zu dieser Familie der Kleinbären gehört auch der Weißrüsselbär. Die Rüsselbären kennzeichnet eine lange, sehr bewegliche Schnauze, die sich zu einem kleinen Rüssel verjüngt, die das Tier in jede beliebige Richtung bis zu einem Winkel von 45° wenden kann. Der Rüsselbär kann so seine „Nase" in jede Spalte stecken, in der es etwas zum Verzehren gibt. Die Rüsselbären leben häufig in großen Gemeinschaften, Gruppen von einigen hundert Exemplaren stellen durchaus keine Seltenheit dar. Die Mitglieder der Gemeinschaft unterhalten eine weitgehende Arbeitsteilung, und innerhalb der Gruppe herrscht eine feststehende Rangordnung. Versuche haben erwiesen, daß die Rüsselbären auch recht komplizierte Aufgaben lösen können und ihre Handlungsweise von einer überraschenden Logik beherrscht wird.

Die ursprüngliche Heimat des Weißrüsselbären sind die Waldgebiete im südlichen Nordamerika. Von hier aus hat er sich über Mittelamerika bis nach Kolumbien ausgebreitet. Die Weißrüsselbären sind Tagtiere, was unter den Kleinbären als Ausnahme bezeichnet werden muß. In der Paarungszeit werden zwischen den Männchen häufig erbitterte Kämpfe um die Weibchen ausgetragen. In dieser Zeit setzen sich die Gemeinschaften nur aus einem Rüden und einer größeren Anzahl von Fähen mit ihren Jungen zusammen. Die Rüsselbärjungen kommen wesentlich entwickelter zur Welt als die Bärenjungen und sind sogar weiter entwickelt als die Jungen anderer Vertreter dieser Familie. Sie wiegen unmittelbar nach dem Wurf nahezu 200 g, öffnen die Augen bereits am 11. Tag und nehmen bereits am 20. Tag selbständig Nahrung auf. Nach knapp 2 Monaten sind die Jungtiere schon von ihrer Mutter völlig unabhängig.

## Kleinfleck-Ginsterkatze
*Genetta genetta*

Ginster- und Zibetkatzen, Mangusten sowie die mit ihnen verwandten Raubsäuger bilden die eigenständige Familie der Schleichkatzen (Viverridae). Sie umfaßt insgesamt 36 Gattungen und rund 70 Arten. Sie alle leben in Asien und Afrika, mit Ausnahme einer einzigen Art, die auch auf die Pyrenäenhalbinsel und nach Südfrankreich übergreift. Es ist die Ginsterkatze, die sich nicht besonders vom Erscheinungsbild der anderen Schleichkatzen unterscheidet. Sie hat kurze Gliedmaßen, einen langgezogenen Rumpf und einen langen Schwanz. Auch die Färbung des Fells der Schleichkatzen weist keine auffälligen Unterschiede auf. Es ist mit verschieden großen Farbflecken gezeichnet und der Schwanz trägt Querringe. Von den ähnlichen Arten unterscheidet sich die Ginsterkatze durch ein Band langer Haare auf dem Rücken, die gesträubt werden können.

Die Ginsterkatzen sind hübsche, lebhafte Tiere. Kaum bekannt ist, daß sie bereits viel früher als die Falbkatzen von den alten Ägyptern gezähmt wurden. Die Ginsterkatze wurde schon damals zur Vertilgung von Mäusen gehalten, ist jedoch nie ein echtes Haustier geworden. Sämtliche Vertreter dieser Familie besitzen an der Afteröffnung große Duftdrüsen, einige Arten, einschließlich der Ginsterkatze, eine weitere Duftdrüse zwischen After- und Genitalöffnung. Das Sekret wird bei Erregung abgesondert und dient normalerweise zur Reviermarkierung. Die Ginsterkatzen sind Nachttiere, die den Tag schlafend in einem geeigneten Versteck verbringen. Insekten und kleine Wirbeltiere sind die Hauptnahrung der Ginsterkatzen. Gern verzehren sie jedoch auch verschiedenes Obst.

Das Fell der Ginsterkatzen ist dicht und weich. Heute findet es kaum Verwendung, früher wurde es jedoch zum Verzieren von Festtagskleidung genommen.

**Weißrüsselbär**

**Kleinfleck-Ginsterkatze**

# Hasen, Kaninchen und Pfeifhasen

Manchen mag es wundern, die hasenartigen Säugetiere (Lagomorpha) nicht dort zu finden, wo sie in vielen Büchern angeführt werden — nämlich unter den Nagetieren. Sie besitzen zwar Nagezähne, doch wenn man die Entwicklungsgeschichte der Hasen- und der Nagetiere bis in vergangene Erdzeitalter zurückverfolgt, sieht man, daß es schon im älteren Tertiär, also vor etwa 60 Mill. Jahren, Arten gab, die sich bereits damals voneinander unterschieden. Allein das Vorhandensein einiger ähnlicher Merkmale stellt keinen Grund dar, beide heute in eine Gruppe zu stellen. Wenn wir z. B. ein Kaninchen beim Kauen beobachten, ist ein auffälliger Unterschied gegenüber den Nagetieren sofort erkennbar. Das Kaninchen bewegt die Kiefer von links nach rechts, also in Querrichtung, ebenso wie eine Kuh oder Ziege. Ein Meerschweinchen oder eine Maus bewegt den Unterkiefer hingegen von vorn nach hinten. Im Schädel eines Ha-sen oder Kaninchens befinden sich im Oberkiefer vier Schneidezähne, je zwei in jeder Kieferhälfte. Bei den Nagetieren hingegen befindet sich in jeder Kieferhälfte nur ein Schneidezahn. So gibt es noch zahlreiche weitere Merkmale, die eindeutig beweisen, daß die Entwicklung beider Gruppen auf grundsätzlich verschiedenen Wegen verlief, daß also die Hasen und die mit ihnen verwandten Tiere in eine eigenständige Ordnung einzugliedern sind.

## Europäischer Feldhase
*Lepus europaeus*
Der Hase ist ein ursprünglicher Steppenbewohner und hat sich daher auch ausgezeichnet an das Leben in der Kultursteppe — in Feldfluren — angepaßt. Mit Ausnahme dichter Nadelwälder ist er jedoch auch im Wald zu finden.

bis zu 5 Würfe im Jahr. Junghasen werden etwa nach 1 Monat selbständig. Der Hase ist ausschließlich Pflanzenfresser, außer Grünfutter benagt er jedoch Baum- und Strauchrinde und kann deshalb im Garten an Bäumen ebensoviel Schaden anrichten wie im Gemüsebeet.

**Schneehase**

**Europäischer Feldhase**

Seine Heimat war Europa, mit Ausnahme Irlands und der Pyrenäenhalbinsel, im Osten bis zum Ural, im Süden über Mittel- und Kleinasien, von wo er sich auch nach Ost- und Südafrika ausgebreitet hat. Als Jagdwild wurde er vom Menschen in Australien, auf Neuseeland und stellenweise auch in Amerika eingebürgert.
Der Hase gräbt sich keine Bauten, sondern pflegt in einer flachen Mulde im Gras oder unter Sträuchern, in der sog. Sasse zu ruhen. Hier hält er sich die längste Zeit des Tages auf, um sich beim Dunkelwerden auf die Nahrungssuche zu begeben, von der er im Morgengrauen wieder zurückkehrt. Um beim Verlassen der Sasse sowie bei der Rückkehr keine Spur zu hinterlassen, der Feinde nachspüren könnten, ändert er plötzlich rechtwinkelig die Richtung, schlägt sog. Haken, wobei er bis zu 4 m seitlich springt. Ähnlich verhält er sich auch, wenn er verfolgt wird. In der Sasse bringt die Häsin auch ihre Jungen zur Welt. Sie kommen behaart, sehend und bereits recht selbständig zur Welt. Bei günstigen Bedingungen erfolgen

## Schneehase *Lepus timidus*
Die Bezeichnung Schneehase rührt daher, daß er zu Winterbeginn ein weißes Haarkleid anlegt. Nur die Ohrspitzen bleiben schwarz. Das Sommerkleid hingegen ist bräunlich mit grauem Ton. Der Schneehase ist in den nördlichen Teilen Europas, Asiens und Amerikas zu Hause. Im hohen amerikanischen Norden wechseln die Schneehasen im Sommer nicht ihre Fellfarbe, sondern bleiben das ganze Jahr über weiß. In einigen Gebirgen Europas hat sich der Schneehase als Relikt aus der letzten Eiszeit erhalten. So ist er heute in Schottland, Irland und in den Alpen zu finden. Nach Osten dehnt sich das Verbreitungsgebiet des Schneehasen weiter nach Süden aus. In Asien kommt der Schneehase daher vom Nördlichen Eismeer bis zu den Hochgebirgen Mittelasiens vor. Im Unterschied zum Feldhasen bereitet der Schneehase keine Sasse, sondern sucht sich ein Versteck unter überhängenden Felsen, zwischen Felsbrocken u. dgl. Die Häsin wirft auch mehr Junge, in der Regel rund acht.

**Florida-Waldkaninchen**

es dort an natürlichen Raubfeinden fehlte, vermehrten sie sich in ungeheurem Maße.

Das Wildkaninchen ist der Vorfahre des Hauskaninchens. Durch sorgfältige Zuchtwahl wurden eine ganze Reihe von Rassen mit unterschiedlichem Nutzwert herausgezüchtet. Heute gibt es neben Fleisch- und Fellrassen auch Zwergarten, die als Stubentiere gehalten werden.

**Roter Pfeifhase** *Ochotona rutila*
Im Unterschied zu den Hasen und Kaninchen sind bei den der gleichen Ordnung angehörenden Pfeifhasen Vorder- und Hinterbeine gleich lang Außerdem haben sie kurze Ohren. Sie leben in den Gebirgen, Hochlandsteppen und Prärien Asiens und Nordamerikas und bilden in Territorien von einzelnen Tieren

### Florida-Waldkaninchen
*Sylvilagus floridanus*

Das Florida-Waldkaninchen ist eines der häufigsten amerikanischen Hasentiere. Die Begriffe Hase und Kaninchen werden im allgemeinen Sprachgebrauch häufig verwechselt. Als Faustregel kann, obwohl es auch da Ausnahmen gibt, angesehen werden, daß die Hasen keine Baue graben und behaarte, sehende Junge zur Welt bringen, während die Kaninchen in Bauen leben und die Jungen nackt und blind gebären. Die Heimat des Florida-Waldkaninchens sind die Wälder, Strauchbrachen und Prärien im Süden der Vereinigten Staaten und im Nordosten Mexikos. Der gegenwärtige Lebensraum dieser Art umfaßt jedoch ebenso Feldfluren, Gärten am Stadtrand und sogar Parkanlagen. In zehnjährigen Zyklen treten Übervermehrungen ein. Da das Florida-Waldkaninchen das Hauptbeutetier der Füchse darstellt, beeinflussen seine Vermehrungszyklen auch den Bestand der Füchse. Im Winter, wenn der Laubmangel weniger Versteckmöglichkeiten bietet, wird es auch häufig zur Beute des Virginia-Uhus. Das Florida-Waldkaninchen ist standorttreu, und die einzelnen Häsinnen haben genau abgegrenzte Wohnbezirke. Einige dieser Häsinnenbezirke bilden das Territorium eines Hasenmännchens.

**Roter Pfeifhase**

**Europäisches Wildkaninchen**

### Europäisches Wildkaninchen
*Oryctolagus cuniculus*

Das Wildkaninchen lebte ursprünglich in ganz Europa. Die Eiszeit verdrängte es jedoch nahezu aus seinem ganzen Verbreitungsgebiet, so daß es nur im westlichen Teil des Mittelmeergebietes überdauerte. Die Phönizier und Römer dehnten die Kaninchenzucht wieder auf den ganzen Süden Europas aus. Sie schätzten das Kaninchenfleisch als Delikatesse und hielten die Tiere in „Leporarium'' genannten Gehegen. Die Verbreitung der Kaninchen in die nördlicheren Gegenden ist den Mönchen des Mittelalters zuzuschreiben. Kaninchenembryos, sog. Laurices, waren nämlich als Fastenspeise statthaft. Zahlreiche Tiere entwichen jedoch aus den Klostergehegen, und es entstanden große Fortpflanzungsgemeinschaften in freier Wildbahn. Heute ist das Wildkaninchen von England bis in die Ukraine verbreitet und wurde an zahlreichen Stellen der Welt zusätzlich ausgesetzt. Zu einer wahren Plage sind die eingebürgerten Kaninchen in Australien geworden. Da

aufgeteilte Kolonien. Eine durchaus beachtliche Verhaltensweise der Pfeifhasen stellt die Heutrocknung dar. Von den Eingangslöchern ihrer Bauten führen ausgetretene Pfade zu den Erntestellen, wo sie verschiedene Gräser und Kräuter aufnehmen. Sie beißen sie in Bodennähe ab und tragen sie zum Bau, wo sie sie zum Trocknen ausbreiten. Bei Regen oder Schlechtwetter wird das Heu in das Versteck gebracht, bei Sonnenschein wieder herausgetragen, um weiter zu trocknen. In Abhängigkeit von der Anzahl der Tiere trägt auf diese Weise eine Pfeifhasenkolonie 8–10 kg Heu zusammen. Der Pallas-Pfeifhase beschwert seine Heuvorräte sogar mit Steinen, damit sie nicht vom Wind weggeblasen werden. Die Pfeifhasen halten keinen Winterschlaf und müssen daher in Gegenden, wo im Winter eine hohe Schneedecke liegt, entsprechende Wintervorräte anlegen. Die in den mittelasiatischen Gebirgen lebenden Arten legen keine Wintervorräte an, da in ihrem Verbreitungsgebiet Schneefälle selten sind.

# Die Nagetiere

Mehr als die Hälfte der heute lebenden Säugetiere gehören zu den Nagern (Rodentia). Die mehr als 300 Gattungen umfassen fast 3000 Arten, von denen viele unterschiedliche geographische Unterarten hervorgebracht haben. Insgesamt leben heute rund 5000 Nagetierformen, und jedes Jahr entdecken und beschreiben die Wissenschaftler weitere. Ein großer Teil der Nagetiere entspricht in Größe und Körperform etwa einer Ratte, es gibt jedoch auch Formen recht unterschiedlicher Gestalt, wie z. B. Eichhörnchen, Hamster, Stachelschweine und andere. Trotz der Unterschiede in der Körperform stellen die Nagetiere eine einheitliche Gruppe dar. Und sie unterscheiden sich nicht nur heute sehr deutlich von allen anderen Säugetierordnungen, sondern haben dies auch schon vor vielen Millionen Jahren, zu Ende des Tertiärs und zu Beginn des Quartärs getan. Diese Unterschiede waren schon damals so ausgeprägt, daß wir bis heute keine fossile Art kennen, die als Übergang zwischen den Nagetieren und anderen Ordnungen angesehen werden könnte. Die Nagetiere sind heute über die ganze Erde verbreitet. Sogar in Australien gibt es einige urtümliche Arten. Zusammen mit den Fledermäusen stellen sie die einzigen alteingesessenen höheren Säuger dieses von Kloakentieren und Beuteltieren beherrschten Kontinents dar. Die Nagetiere haben auch so ziemlich von allen Lebensräumen Besitz ergriffen. Es gibt Arten, die unter der Erde leben und andere, die sogar fliegen können. Sie fehlen weder in Wüsten noch in Wassernähe und sind sogar in Gegenden zu finden, wo dreiviertel des Jahres die Temperatur unter −15 ° liegt. Das größte Nagetier, die südamerikanische Cabybara, erreicht ein Körpergewicht von rund 50 kg, das kleinste Nagetier, die Birkenmaus, ist gerade 2 cm größer als die Etruskerspitzmaus, das kleinste Säugetier überhaupt.

**Grauhörnchen** *Sciurus carolinensis*
Das Grauhörnchen ist etwas größer als das Eichhörnchen, es fehlen ihm jedoch die Ohrenpinsel und es hat einen weniger buschigen Schwanz. Seine ursprüngliche Heimat war der östliche Teil Nordamerikas, es wurde jedoch in England ausgesetzt und breitete sich hier von der Südküste bis zur schottischen Grenze aus. An vielen Stellen hat es dabei das weniger aggressive Eichhörnchen völlig verdrängt. Das Grauhörnchen nährt sich abgesehen von Samen und Früchten auch von Baumrinde und richtet durch den Verbiß junger Triebe beachtlichen Schaden an. Es bevorzugt im Unterschied zum Eichhörnchen mehr offenes Gelände. Im Laufe des Jahres baut es zwei unterschiedliche Nestarten. In stammnahen, aus Zweigen gebauten Winternestern werden die Jungen aufgezogen, in den frei im Geäst angelegten Sommernestern, von denen jedes Tier in seinem Areal mehrere besitzt, wird nur mitunter und kurzfristig ausgeruht.

**Schwarzschwanz-Präriehund**
*Cynomys ludovicianus*
Die Präriehunde sind nahe Verwandte der Eichhörnchen und der Murmeltiere. Sie leben oft in großen Kolonien, die regelrechten Städten ähneln. Ihre Baue führen senkrecht in die Erde, und die

Grauhörnchen

Schwarzschwanz-Präriehund

Eingangsöffnungen umgibt ein niedriger Wall, von dem aus einige Tiere auf den Hinterbeinen stehend die übrigen äsenden Koloniemitglieder bewachen. Bei drohender Gefahr geben diese Wachposten ein bellendes Geräusch von sich, das der Art zu ihrem Namen verholfen hat. Es gibt kaum eine besser organisierte Nagergemeinschaft, als sie in einer solchen Präriehundstadt zu finden ist. Die gegenseitigen Beziehungen der Angehörigen der Kolonie sind genau festgelegt und werden streng eingehalten. Früher, als die amerikanische Prärie noch von der Zivilisation unberührt war, umfaßten die Präriehundkolonien wesentlich mehr Tiere als heute. Auf einem Gebiet von 65 000 km² wurde ihre Zahl auf hundert Mill. Stück geschätzt. Heute wird der Lebensraum der Präriehunde durch die Urbarmachung ihres Lebensraumes durch den Menschen immer stärker eingeschränkt.

Urson

gen sie sich auf die gleiche Weise wie Känguruhs fort. Die größten Arten erreichen die Größe von Eichhörnchen, die kleinsten erreichen kaum die Körpermaße einer Maus. Alle Springmäuse sind ausgesprochene Nachttiere und leben in trockenen Steppen und Wüstenlandschaften mit spärlichem Pflanzenbewuchs. Tagsüber sind sie nicht zu entdecken, nachts kann man sie an geeigneten Orten hingegen in großer Zahl beobachten. Ihre Nahrung besteht aus Pflanzenwurzeln und Insekten. Am kleinsten ist die Zwergspringmaus, die in den Halbwüsten Mittelasiens zu Hause ist. In Erdbauten unter Wurzelstöcken oder größeren Steinen bringt das Weibchen seine Jungen zur Welt. Im Winter sowie in der Zeit der größten Trockenheit verfallen die Springmäuse in einen Schlaf, bei dem sämtliche Körperfunktionen wesentlich verlangsamt ablaufen. Dieser Zustand wird als Winter- bzw. Sommerschlaf bezeichnet.

**Biber** *Castor fiber*
Der Biber ist nach der Capybara das größte Nagetier und kann ein Körpergewicht von über 30 kg erreichen. Wohl jeder hat schon von seinem hervorragendem Können gehört, Wehre zu bauen und dadurch den Pegel von Wasserläufen zu regulieren. Es handelt sich dabei um Instinkthandlungen, durch die der Biber aktiv an der Schaffung der für ihn günstigsten Lebensbedingungen wirkt. Mit seinen außergewöhnlich kräftigen Schneidezähnen kann er Bäume mit einem Durchmesser bis zu 70 cm fällen. Aus Zweigen und Holzstücken errichtet er Wehre und die bekannten Biberburgen, die zahlreiche Eingänge, Kammern und Gänge besitzen und die außen mit festgestampftem Lehm bedeckt sind.
Wegen der Schönheit und Dauerhaftigkeit ihres Felles werden die Biber auch noch heute intensiv bejagt.

**Urson** *Erethizon dorsatum*
Die nord- und südamerikanischen Baumstachelschweine unterscheiden sich deutlich von den Stachelschweinen der Alten Welt und gehören daher einer anderen Unterordnung an. Eines ihrer gemeinsamen Merkmale sind jedoch die Stacheln. Stacheln trägt beim kanadischen Urson allerdings nur der Schwanz, während den übrigen Körper ein langhaariges Fell bedeckt. Die Heimat des Ursons sind die nordamerikanischen Wälder, wobei besonders Nadel- sowie Wacholder- und Pappelwälder bevorzugt werden. Seine Speisekarte unterliegt einem jahreszeitlich bedingten Wandel. Im Frühling frißt er die

Blüten und Kätzchen der Weiden, Pappeln und Ahorne, später, wenn die Blätter zu treiben beginnen, geht er zu Espen und Lärchen über, um sich dann im Sommer von allen möglichen Kräutern zu ernähren. Im Winter schließlich bleiben ihm Fichten, Kiefern und Kanadische Föhren übrig, von denen er die Rinde abnagt und an denen er durch Verbiß beträchtliche Schäden anrichten kann.

**Zwergspringmaus**
*Salpingotus crassicaudatus*
Die Springmäuse gehören mit zu den beachtlichsten Nagetieren. Auf ihren stark verlängerten Hinterbeinen bewe-

Zwergspringmaus

Biber

**Gelbhalsmaus**

**Gelbhalsmaus** *Apodemus flavicollis*
Die Gelbhalsmaus, eine großohrige bräunliche Maus mit sehr großen Augen, ist in den Gärten und den Wäldern Mitteleuropas recht häufig. Im Herbst findet man sie auch in der Nähe der Wohnungen des Menschen, wo sie in Mauerspalten und versteckten Winkeln aus Früchten und Samen bestehende Wintervorräte anlegt. Sie kann ausgezeichnet klettern und gelangt besonders bei mit Kletterpflanzen bewachsenen Häusern bis in die Obergeschosse. Außer pflanzlicher Nahrung nehmen die Gelbhalsmäuse auch Insekten, Larven und Spinnen auf. Sie bewohnen aber auch verlassene Vogelnester und Nistkästen. Dort wirft dann das Weibchen in einem mit Gras und Moos gepolsterten Nest die Jungen. Bis zu 9 sind in einem Wurf, und es erfolgen mehrere Würfe im Jahr. Selbst in milden Wintern bringen die Weibchen Junge zur Welt.

**Wanderratte** *Rattus norvegicus*
Haus- und Wanderratte werden häufig verwechselt. Die Hausratte bevorzugt im Unterschied zur Wanderratte trockene Scheunen und Dachböden und besitzt einen mehr als körperlangen Schwanz, größere Ohren sowie eine spitzere Schnauze. Die Wanderratte benötigt zum Leben hingegen ausreichend Feuchtigkeit und hält sich daher mit Vorliebe in Kellern und Kanälen oder auf Müllhalden auf. Sie hat einen kürzeren Schwanz, kleinere Ohren und eine abgestumpfte Schnauze. Die Hausratte kannten bereits die alten Römer, die Wanderratte kam höchstwahrscheinlich im Mittelalter mit den Hunnen und Mongolen aus Mittelasien nach Europa. Sie ist anpassungsfähiger als die Hausratte und hat diese auch an zahlreichen Orten völlig verdrängt. Beide Nagetiere sind Wirte eines Flohs, der die Pest überträgt. Bei den mangelhaften Hygienebedingungen des Mittelalters kam es häufig dazu, daß die Pest ganze Städte entvölkert hat. Auch heute stellen die Wanderratten ein nicht zu unterschätzendes Problem dar, auch wenn keine Pestgefahr mehr besteht.

**Hausmaus** *Mus musculus*
Diese Art stammt vielleicht aus Asien, doch heute ist die Hausmaus über die ganze Erde verbreitet. Einige Fortpflanzungsgemeinschaften halten noch an ihrer ursprünglichen Lebensweise in den Feldern fest, die meisten haben sich aber dem Leben in den Häusern des Menschen angepaßt. Die Hausmaus ist meist, wenn auch nicht ausschließlich, nachtaktiv. Sie kann sich selbst durch ganz schmale Spalten hindurchzwängen. Es genügt ihr eine Öffnung von nur 9 mm Durchmesser. Hausmäuse leben in Kolonien. Ihre Reviere markieren sie mit Urin oder dem Sekret besonderer Duftdrüsen. In letzter Zeit wurde zusätzlich festgestellt, daß die Hausmäuse ebenfalls Ultraschallsignale ausstoßen, die wahrscheinlich zur Orientierung im Dunkeln dienen, ähnlich, wie es bei der Echopeilung der Fledermäuse der Fall ist. Die Vermehrungsfähigkeit der Hausmaus ist enorm groß. Die Weibchen gebären Junge zu jeder Jahreszeit, und durchschnittlich muß mit 5 Würfen von je 5 Jungen pro Jahr gerechnet werden. Unter günstigen Bedingungen und ohne wirksame Gegenmaßnahmen können so schnell Übervermehrungen

**Hausmaus**

eintreten, die oft riesige Schäden zur Folge haben. Die Hausmaus hat jedoch auch für die Wissenschaft eine große Bedeutung erlangt. Ihre weißen Mutanten sind die häufigsten Labortiere der Medizin und Arzneimittelforschung. Es gibt wohl kaum ein Medikament, das nicht an ihnen erprobt wurde, bevor es an anderen, dem Menschen nahestehenden Tieren geprüft wurde.

**Schwimmratte**
*Hydromys chrysogaster*
Australien ist zweifellos das Land der Kloaken- und Beuteltiere, und nur wenigen höheren Säugern ist es gelungen, auf diesem Kontinent Fuß zu fassen. Zu jenen, die ohne Zutun des Menschen

**Wanderratte**

**Schwimmratte**

Blindmäuse ist ausgezeichnet, und bei dem geringsten Geräusch flüchten sie blitzschnell unter die Erde.

**Feldmaus** *Microtus arvalis*
Für die meisten Menschen ist jedes Nagetier ganz einfach eine „Maus", selbst wenn es sich um Vertreter ganz anderer Familien handelt. Die Feldmaus ist jedoch auf den ersten Blick zu erkennen. Im Unterschied zu den Langschwanzmäusen hat sie einen kurzen Schwanz und die Ohren ragen kaum aus dem Fell hervor. Die Feldmaus ist ein Bewohner der offenen Landschaft. Ihre Gangsysteme liegen ganz nahe unter der Oberfläche und sind miteinander durch oberirdische Pfade verbunden. Im Winter höhlen die Feldmäuse unter der Schneedecke Tunnel aus, die mit Gras und Moos ausgekleidet werden. Wenn dann der Schnee schmilzt, verbleiben auf den Wiesen eigentümliche Zeichnungen. Die Feldmäuse ernähren sich von Pflanzen und Insekten. Ihre Vermehrungsrate ist außerordentlich hoch. Bis zu 6mal im Jahr werden

hierher gelangt sind, gehören Fledermäuse und Nagetiere. Zu den interessantesten gehört zweifellos die Schwimmratte, die die Sumpfgegenden und Flußufer sowie Meeresbuchten Tasmaniens und der Ostküste Australiens bewohnt. Sie ist dem Leben im feuchten Element ausgezeichnet angepaßt. Die verschließbaren Nasenlöcher liegen an der vordersten Spitze des langgestreckten Kopfes, das Fell ist kurz, jedoch außerordentlich dicht, und die Füße sind durch Schwimmhäute in breite Ruder umgewandelt. Sie ist ein ausgesprochenes Nachttier, und ihre Nahrung besteht vornehmlich aus Muscheln, Weichtieren, Krabben und Krebsen. Sie wird als nützliches Tier betrachtet, denn sie vertilgt in den Bewässerungsgebieten Krebse und Krabben, die die Dämme zerstören, und in den Gegenden mit intensiver Schafzucht die Wasserschnecken, die Zwischenwirte der Leberegel des Schafes sind.

**Feldmaus**

**Ostblindmaus** *Spalax microphtalmus*
Die Blindmäuse sind hervorragend dem Leben unter der Erde angepaßt. Mit ihrem zylinderförmigen Rumpf sind sie zu einer schnellen Fortbewegung in den engen unterirdischen Gängen fähig. Die Ohren ragen nicht aus dem Fell hervor, die winzigen Augen sind durch einen Hautwall überdeckt, und der abgeflachte Schädel läuft in eine kräftige Schnauze aus. Die gewaltigen Nagezähne ragen weit aus dem Oberkiefer hervor. Da die schwachen Gliedmaßen nicht zum Scharren geeignet sind, übernimmt der Kopf diese Funktion, nachdem das Erdreich mit den Schneidezähnen gelockert wurde. Die Hauptnahrung, wenn nicht ausschließliche Nahrung der Blindmaus sind Wurzeln und Knollen verschiedener Pflanzen. Da ihr Nahrungsbedarf verhältnismäßig hoch ist, kann die Blindmaus z. B. in Kartoffelfeldern beträchtlichen Schaden anrichten. Der Gehörsinn der

Junge geworfen, und immer sind es mehrere, bis zu 7. Rechnerisch würde das bedeuten, daß ein einziges Mäusepaar innerhalb eines Jahres 2500 Nachkommen haben kann. Unter normalen Bedingungen treten derartige Übervermehrungen allerdings nicht ein, da die Feldmäuse die Hauptnahrung von Wieseln, Füchsen, Katzen, Eulen, Bussarden und Falken bilden. Dennoch kommt es in trockenen Jahren, die für die Vermehrung besonders günstig sind, zu Übervermehrungen. Es wird dann von einem „Mäusejahr" gesprochen. Es gibt dann auf einem einzigen Hektar bis zu 30 000 Mäuse. In diesen Fällen vermehren sich jedoch auch ihre Räuber ungewöhnlich stark. Die hohe Dichte der Individuen auf gedrängtem Raum führt überdies zu Unfruchtbarkeit und erhöht die Anfälligkeit für verschiedene Krankheiten. Die Folge davon ist dann ein jäher Rückgang des Bestandes.

**Ostblindmaus**

# Huftiere

Eine Reihe von Säugetiergruppen läßt sich zur großen Ordnung der Huftiere (Ungulata) zusammenfassen. Ihr Verwandtschaftsgrad ist verschieden, abgesehen von anderen gemeinsamen Merkmalen ist ihnen jedoch vor allem der hornige Überzug des Zehenendgliedes eigen — der Huf. Die Huftiere stammen von Vorfahren ab, die ehemals in feuchten Urwäldern lebten. Schrittweise entwickelten sie sich jedoch zu Steppenbewohnern. Für die Fortbewegung im weichen, sumpfigen Gelände waren weit ausbreitbare fünfzehige Füße geeignet, auf dem harten Steppenboden eher ein harter und schmaler Huf. Deshalb trat bei den Huftieren in vielen Fällen eine Reduzierung der Zehenanzahl ein. Bei den pferdeartigen Tieren ist an jeder Gliedmaße sogar nur eine einzige Zehe übrig geblieben. Die Huftiere sind Zehengänger, bei einigen, wie z. B. bei den Elefanten, hat sich jedoch unter der Sohlenfläche ein weiches Gewebepolster herausgebildet, und die Hufe werden nur von kleinen Nagelhufen gebildet. Bei den Pferden hüllt der hornige Huf das ganze Endglied der Zehe ein. Beim Gehen berührt das Pferd die Erde nur mit dem harten Hufrand, die weichere Hornsohle in der Hufmitte ist gewölbt und kommt mit dem Boden nicht in Kontakt. Bei den Kamelen und Lamas hat sich an der Unterseite der dritten und vierten Zehe eine elastische Schwielensohle herausgebildet,

und der nur an den Endgliedern der Zehen sitzende Huf wird nicht zum Auftreten verwendet. Die Huftiere werden nach dem Verlauf einer senkrechten Achse durch das Fußskelett in Paarhufer und Unpaarhufer unterteilt. Bei ersteren verläuft diese Achse zwischen der dritten und vierten Zehe, und die Tiere treten mit diesen beiden Zehen auf. Bei den Unpaarhufern verläuft die Achse hingegen durch die dritte Zehe, die wesentlich verstärkt ist und auf die allein aufgetreten wird, wie das z. B. bei den Pferden der Fall ist. Kein einziges Huftier ist ein ausschließlicher Fleischfresser, im Gegenteil sind die meisten ausgesprochene Pflanzenfresser. Nur die Schweine sind Allesfresser, und einige Hirsch- und Antilopenarten nehmen mitunter auch fleischliche Nahrung auf. Der Verdauungsapparat der Pflanzenfresser ist der Verdauung von Nahrung mit hohem Zellulosegehalt angepaßt, ein Prozeß, bei dem vor allem Bakterien und Wimpertierchen wesentliche Hilfe leisten. Diese Mikroorganismen stellen wegen ihrer großen Zahl gleichzeitig eine wichtige Eiweißquelle dar. Solche sog. Infusorien leben z. B. im Blinddarm sowie im Dickdarm der Pferde und im Pansen der Wiederkäuer. Der Magen der Wiederkäuer ist in mehrere Abschnitte gegliedert, die bei der Verarbeitung der großen Nahrungsmengen ganz bestimmte Funktionen versehen. Die Nahrung wird zunächst im Pansen

gespeichert und gelangt von hier in den Netzmagen, wo sie erweicht wird. Von hier kehrt sie zur mechanischen Weiterzerkleinerung beim Wiederkäuen wieder in die Mundhöhle zurück, um schließlich in den Blättermagen, wo der Magensaft abgesondert wird, und zur eigentlichen Verdauug in den Labmagen zu gelangen. Bei den Kamelen und Zwergböckchen ist der Magen nur dreigeteilt. Zahlreiche Wiederkäuer tragen am Kopf verschiedene Auswüchse. Diese bilden sich am Stirnbein und haben familienbedingt unterschiedliche Form. Entweder sind sie mit Haut überzogen, wie bei den Giraffen, oder es handelt sich um hornige Hautgebilde, wie bei den Antilopen und Büffeln. In manchen Fällen handelt es sich auch um Knochengebilde, sog. Geweihe, wie bei den Hirschen. Letztere werden mehr oder weniger regelmäßig abgeworfen und durch neue ersetzt. Völlig anderer Natur sind die Hörner der Nashörner. Es sind Hautgebilde, die aus langen verhornten Hautzellen zusammengesetzt sind und keinerlei Verbindung mit dem Schädel aufweisen. In der Haut der Huftiere befinden sich die Kanäle zahlreicher Drüsen, deren Sekret eine wichtige Rolle bei der inner- und zwischenartlichen Verständigung der Tiere spielt. Derartige Duftdrüsen tragen z. B. die Hirsche an den Beinen und vor den Augen, Rehe und Gemsen zwischen den Hörnern, Munt-

**Panzernashorn**

jaks und Ducker an Stirn und Wangen. Manche Antilopen und Schafe haben Drüsen in der Leistengegend, einige Hirsche und Rinder wiederum Zwischenzehendrüsen, die in jedem Trittsiegel Kunde hinterlassen, wer hier des Weges zog. Das sind allerdings nur die ganz typischen Beispiele für die Anordnung von Duftdrüsen.

**Panzernashorn** *Rhinoceros unicornis*
Die Nashörner haben an allen vier Gliedmaßen je drei Zehen. Es sind dies die zweite, dritte und vierte Zehe, während sich die erste und fünfte Zehe zurückentwickelt haben. Die Fußachse verläuft durch die dritte Zehe, so daß die Nashörner zu den Unpaarhufern gerechnet werden. Den Körper des Panzernashorns bedecken dicke Hautplatten, die die charakteristische Panzerung bilden, durch die sich die indischen Nashörner von den afrikanischen Glatthautnashörnern unterscheiden. Gegenwärtig gibt es auf der Erde nur noch fünf lebende Nashornarten, das Panzernashorn mit einem Horn und der in mehrere Platten gegliederten Haut, das Schuppennashorn mit einem Horn und drei Platten, das Sumatranashorn mit zwei Hörnern, drei Platten und einem verhältnismäßig dichten Fell, in Afrika dann das Breitmaulnashorn, das nach dem Elefanten das zweitgrößte Landsäugetier ist, und schließlich das Spitzmaulnashorn, dessen Oberlippe zu einem beweglichen Ausläufer verlängert ist. Beide afrikanischen Nashörner haben zwei Hörner.
Die Haut der Nashörner weist keinerlei Duftdrüsen auf. Die Markierung des Reviers erfolgt durch Harn und Losung. Sämtliche Nashornarten sind heute vom Aussterben bedroht. Wilderer stellen ihnen der Hörner wegen nach, die als Zaubermittel betrachtet werden. Die Hauptgefahr stellt jedoch die Veränderung und Zerstörung des angestammten Lebensraumes der Nashörner dar. Vom Schuppennashorn und Sumatranashorn leben nur noch ganz wenige Exemplare. Am besten ist wohl für den Artbestand des Breitmaulnashorns gesorgt, das sich zur Zeit in einigen südafrikanischen Reservaten zufriedenstellend vermehrt. Die Nashornkühe werfen nach einer Tragzeit von 1 1/2 Jahren 1 Kalb, das dann 2 Jahre lang gesäugt wird. Die Reproduktionsgeschwindigkeit ist also sehr gering, und bei den meisten Arten kann der Bestandzuwachs nicht die Todesfälle wettmachen. Daher nehmen die Nashörner ständig weiter ab.

Böhm- oder Grantzebra

**Böhm- oder Grantzebra**
*Equus quagga boehmi*
Die Zebras sind die gestreiften Pferde Afrikas. Bekannt ist die Scherzfrage, ob die Zebras schwarz sind und weiße Streifen tragen, oder ob es sich um schwarze Streifen auf weißem Grund handelt. Die Beantwortung ist gar nicht so schwer, wie es scheint. Wenn man von der Fellzeichnung einiger Zebrunterarten ausgeht, die bereits ausgestorben sind, wie z. B. dem Quagga oder dem Burchell-Zebra, ist klar, daß die Grundfarbe ein helles Braun bildet, auf dem sich eine dunkle Zeichnung befindet. Je weiter nach Norden, um so heller ist diese Grundfarbe und die Streifen werden dunkler. Es gibt heute drei rezente Zebra-Arten. Das Bergzebra *(Equus zebra)* lebt in Süd- und Südostafrika, des Grevy-Zebra *(Equus grevyi)* bewohnt Nordostafrika, das Steppenzebra *(Equus quagga)* ist in Ost- und Mittelafrika zu Hause. Das Steppenzebra kam in mehreren Unterarten vor, von denen die südlichsten das Quagga und das Burchell-Zebra waren. Die übrigen Unterarten unterscheiden sich voneinander durch die Streifung sowie den Schädelbau. Früher, bevor die Weißen nach Afrika kamen, gab es in den Steppen unübersehbare Herden von Zebras, Gnus und Straußen. Der Mensch rottete sie jedoch nicht nur aus wegen ihres Fleisches, sondern häufig nur wegen des Jagdvergnügens. Heute sind Zebraherden, allerdings bei weitem nicht so

große wie einst, fast nur noch in den Reservaten anzutreffen. Jede Herde wird von einem Hengst geführt, Stuten und Fohlen bilden eine geschlossene Gruppe mit einer feststehenden Rangordnung. Die jungen Hengste halten sich abseits. Die hochträchtigen Stuten sondern sich, wenn die Zeit der Geburt gekommen ist, von der Herde ab. Die Tragzeit dauert 11, beim Bergzebra 12 und beim Grevy-Zebra sogar 13 Monate. Erst einige Stunden oder am Tag nach der Geburt, wenn das Fohlen der Herde folgen kann, schließt sich das Muttertier wieder der Herde an. Die Hengste tragen um ihre Vorrangstellung erbitterte Kämpfe aus, die nicht ohne zahreiche Verletzungen ausgehen.
Zebras stellen die Hauptbeutetiere der Löwen dar, doch auch andere Raubtiere wie Leoparden und Hyänen können ihnen, vor allem den neugeborenen Fohlen, gefährlich werden. Der Mensch hat öfters versucht, Zebras zu zähmen, vor allem in den Gebieten, in denen die Tsetsefliege die Nagana-Krankheit auf Pferde überträgt. Die Zebras sind gegen diese Krankheit nämlich widerstandsfähig. Die Zähmungsversuche schlugen jedoch im großen ganzen fehl. Da Zebras ein wesentlich schwächeres Herz als Pferde haben, vertrugen sie die Belastung des Vorspannens bzw. des Einsatzes als Reittier nicht. Etwas besser haben sich hingegen Zebroide, d. h. Mischlinge von Zebra und Pferd, bewährt.

## Afrikanischer Elefant
*Loxodonta africana*

Den Elefanten kann anhand seines Rüssels bereits jedes Kind erkennen. Dieser ist ein muskulöses, freibewegliches Organ, das durch Verlängerung der Nase entstanden ist und eine Reihe verschiedener Aufgaben versieht. Einesteils ist der Rüssel ein Riechorgan, das auch über das bis zu 3 Meter hohe Elefantengras in die Luft erhoben werden kann. Mit Hilfe des greifzangenartigen Rüsselfortsatzes können kleinere Gegenstände ergriffen werden, größere werden mit dem Rüssel umschlungen. Der Hals des Elefanten ist nur beschränkt beweglich, so daß ihm das Weiden in der Art anderer Huftiere Schwierigkeiten bereiten würde. Deshalb dient der Rüssel zum Aufnehmen der Nahrung und ebenso zum Trinken. Elefantenjunge, die ihren Rüssel noch nicht richtig einsetzen und kontrollieren können, säugen mit dem Mund an den Zitzen des Muttertieres.

Ein weiteres interessantes Merkmal der Elefanten stellen die zu Stoßzähnen umgewandelten Schneidezähne des Oberkiefers dar. Sie wachsen ständig nach und sind an der Wurzel hohl. Der Elefant benutzt die Stoßzähne zum Schälen von Baumrinde, zum Spalten von Affenbrotbäumen oder zum Ausgraben von Wurzeln. Außer den Stoßzähnen besitzen die Elefanten in jeder Kieferhälfte noch zwei riesige Backenzähne, die bei Abnutzung durch neue ersetzt werden. Das wiederholt sich im Leben des Elefanten insgesamt sechsmal. Die Elefantenhaut, die außerordentlich dick ist, enthält trotzdem besondere Duftdrüsen. Diese befinden sich an den Schläfen und sondern vom zweiten Lebensjahr an ein dunkles Sekret ab, das den Elefanten zum gegenseitigen Erkennen dient. Wenn sich zwei Elefanten begegnen, legen sie die Rüssel gegenseitig an die Schläfendrüsen und beschnuppern sich. Die Elefanten leben gesellig in Herden, die oft hundert Tiere umfassen. Die Elefantenkühe mit Jungen genießen in der Herde eine besondere Stellung. Um das Junge kümmern sich außer der Mutter auch noch die „Tanten". Die Tragzeit der Elefanten beträgt 19—22 Monate. Das einzige Junge mißt rund 1 m und wiegt 90 kg. Es wird bis zu seinem zweiten Lebensjahr gesäugt und wird frühestens mit 13 Jahren, in der Regel jedoch wesentlich später, erwachsen. Die Größe des Afrikanischen Elefanten ist höchst respektabel. Der größte bekannte Elefant wurde 1955 in Angola erlegt. Er wog 12 t, und seine Schulterhöhe betrug 3,95 m. Das Elfenbein war stets ein begehrter Werkstoff. Die Stoßzähne wurden deshalb schon immer sorgfältig gemessen und gewogen. Darum stehen heute auch viele genaue Angaben darüber zur Verfügung. Der größte bekannte Stoßzahn war 3,45 m lang,

**Afrikanischer Elefant**

**Wildschwein**

große Anzahl verschiedener Rassen mit unterschiedlichem Nutzwert herausgebildet.

**Halsbandpekari** *Tayassu tajacu*
Auf dem amerikanischen Kontinent haben sich die Schweine unabhängig von den Arten der Alten Welt entwickelt. Sie bilden die selbständige Familie der Nabelschweine, die sich durch zahlreiche anatomische Merkmale unterscheidet. Auf den ersten Blick ist zu sehen, daß die Eckzähne der Oberkiefer nicht nach oben gekehrt sind, wie das bei den Schweinen der Alten Welt der Fall ist, sondern nach unten. Ein weiteres, höchst auffälliges Merkmal ist eine große Duftdrüse an der hinteren Rückenhälfte. Die Pekaris markieren mit ihr Zweige und andere Gegenstände, bestreichen sich jedoch auch selbst, vor allem an Kopf und Wangen, mit dem Sekret. Wenn zwei Tiere sich treffen, bleiben sie jedes mit dem Kopf dem Hinterteil des anderen zugewandt stehen und reiben den Kopf an der Duftdrüse des Partners. Die ganze Rotte markiert sich auf diese Weise mit einem gruppeneigenen Geruch. Wenn nun in die Gemeinschaft ein rottenfremdes Schwein gerät, das nicht mit dem vertrauten Parfüm gekennzeichnet ist, wird es sofort erkannt und verjagt. Die Pekaris sind Bewohner Süd- und Mittelamerikas, der Halsbandpekari hat sich jedoch nördlich bis nach Texas verbreitet. Die Bachen gebären eine kleinere Zahl von Frischlingen, in der Regel nur zwei. Diese sind nicht gestreift, sondern nur heller als ihre Eltern.

der schwerste wog 117,5 kg. Stark verbreitet ist die Annahme, daß die Elefanten ein hohes Alter erreichen. Nach den neuesten Forschungen scheint es jedoch, daß das Durchschnittsalter nur 40 bis 50 Jahre beträgt. Nur ganz ausnahmsweise wird ein Alter von rund 70 Jahren erreicht. Der erwachsene Elefant hat in freier Wildbahn abgesehen vom Menschen keinen Feind zu fürchten. Elefantenjunge fallen höchstens in seltenen Fällen Löwen zum Opfer.

**Wildschwein** *Sus scrofa*
Die Schweine gehören zu den Paarhufern mit einfachem Magen. Sie sind also nicht wiederkäuend. Schon allein dieser Umstand verrät, daß sie Allesfresser sind. Außer pflanzlicher Nahrung nehmen sie alles auf, was sie finden, wirbellose Tiere, Wirbeltiere, Vogeleier und auch Aas. Es sind sogar Fälle bekannt geworden, daß Wildschweine Rehkitze angefallen, getötet und gefressen haben. Die ursprüngliche Heimat des Wildschweins waren die bewaldeten Gebiete Europas und Nordafrikas sowie die gemäßigten Zonen Asiens und Südasiens über die Mandschurei bis nach Japan und im Süden die Großen sowie die Kleinen Sundainseln. Es ist selbstverständlich, daß sich auf einem so großem Verbreitungsgebiet mehrere größen- und farbdifferenzierte geographische Unterarten entwickelt haben. Die größten Wildschweine leben in Sibirien und erreichen ein Körpergewicht bis zu 350 kg. Die Wildschweine leben in Rotten, nur

alte Keiler führen ein Einsiedlerleben und schließen sich den Bachen nur während der Paarungszeit, zu Winterbeginn, an. Nach einer Tragzeit von 16—20 Wochen gebären die Bachen 6—12 Frischlinge mit längsgestreiftem Fell. Die Schweine sind ausgesprochene Kontakttiere, d. h. daß sie die gegenseitige Berührung suchen. Häufig liegt eines neben dem anderen, die Köpfe abwechselnd nach der einen und anderen Seite gewandt.
Nachfahre des Wildschweins ist das Hausschwein, das vorwiegend von den südasiatischen Unterarten abstammt. Durch planmäßige Zucht wurde eine

**Halsbandpekari**

**Flußpferd** *Hippopotamus amphibius*
Die Flußpferde sind nahe Verwandte
der Schweine. Sie leben an den großen
Strömen und Seen Afrikas, außerhalb
der Urwälder, wobei seichte Gewässer
mit flachem Strand bevorzugt werden,
die entsprechende Weidemöglichkei-
ten bieten. Dabei bewegen sie sich über
tief ausgetretene Pässe zur Weidefläche,
die einen birnenförmigen Grund-
riß hat. Die Bullen markieren ihr Territorium auf eine höchst interessante
Weise, indem sie Harn und Losung
gleichzeitig absondern und diese Mischung durch heftige und schnelle
Schwanzbewegungen umherspritzen.
In der Paarungszeit können sich die
kämpfenden Keiler gegenseitig mit den
langen, scharfen Eckzähnen blutige
Wunden zufügen. Die Bachen gebären
ihre Jungen im Wasser, und sie werden
auch im Wasser gesäugt. So ein Fluß-
pferdjunges wiegt bei der Geburt rund
30 kg. Die Flußpferde können 4–6 Minuten, im Notfall sogar eine Viertelstunde unter Wasser bleiben.

**Flußpferd**

**Wildkamel**

**Wildkamel** *Camelus ferus ferus*
Die Kamele gehören gemeinsam mit
den südamerikanischen Lamas einer ei-
genständigen Unterordnung von Wiederkäuern, den Schwielensohlern, an.
Auf den ersten Blick unterscheidet sich
das Lama vom Kamel durch das Fehlen
eines der auffälligsten Merkmale der
Kamele der Alten Welt – der Höcker.
Nach der Höckeranzahl der altweltlichen
Großkamele wird das zweihöckrige
Trampeltier vom einhöckrigen Dromedar unterschieden. Das Dromedar ist
das klassische Reit- und Tragtier Nordafrikas, Arabiens und Vorderasiens.
Das Trampeltier hingegen ist in weiten
Gebieten von Kleinasien über Mittelasien nördlich des Himalaja bis nach
der Mongolei und Nordchina zu Hause.
Das ist das Gebiet, wo auch noch heute
in der Wüste Gobi die seltenen Wildka-
mele leben. Überall sonst werden die
Kamele nur als Haustiere gehalten. Die
Höcker stellen Fettspeicher dar und
sind bei gesunden Tieren prall gefüllt,
bei unterernährten und schwachen hingegen schlaff, wie leere Säcke.
Kamele sollen mindestens alle 3 Tage
zu trinken bekommen, es sind jedoch
Fälle bekannt, in denen Karawanen
12 Tage lang ohne Wasser durch die
Wüste zogen. Im Magen des Kamels
befinden sich besondere, mit Muskeln
versehene und daher verschließbare
Wabenzellen. In ihnen wird ein Wasser-
vorrat gespeichert, der es ermöglicht,
lange Zeit den Durst zu überwinden.

## Nubische Giraffe
*Giraffa camelopardalis*

Wohl nur wenige Zootiere erwecken so sehr die Aufmerksamkeit der Besucher wie dieses Huftier. Das ist auch kaum verwunderlich, denn die Giraffe ist das hochwüchsigste aller Säugetiere. Ihre Körperhöhe beträgt rund 4,5 m, wobei einzelne männliche Tiere sogar 6 m erreichen können. So steht der Zoobesucher voll Staunen und Bewunderung vor diesen Tieren, deren Vorfahren schon auf die Tertiärlandschaft niederblickten. Das auffälligste Merkmal der Giraffen ist der lange Hals, der es ermöglicht, Blätter von den Kronen der Akazien und anderer Bäume abzureißen. Die Halswirbelsäule wird, wie nahezu bei allen Säugetieren, von nur 7 Wirbeln gebildet. Diese sind jedoch wesentlich verlängert. Ihre Anzahl ist aber die gleiche wie beim Menschen oder bei einer Maus. In den Baumkronen erweist sich auch die lange,

äußerst bewegliche Zunge als nützlich. Die Giraffe faßt mit ihr die Zweige und reißt die Blätter ab. Da die Giraffe zu den Wiederkäuern gehört, gelangt in der Ruhezeit die erweichte Nahrung aus dem Vormagen wiederum in die

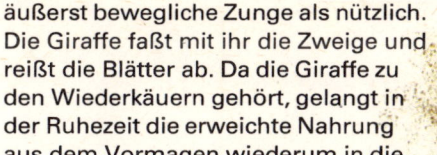

**Nubische Giraffe**

Mundhöhle zurück, um hier gründlich und aufs neue durchgekaut zu werden. Der Auf- und Abwärtsweg der Nahrung kann am langen Hals deutlich beobachtet werden. Die Giraffen haben eine ganz besondere Gangart. Sie bewegen stets gleichzeitig beide Gliedmaßen einer Körperseite. Diese Fortbewegungsart wird als Paßgang bezeichnet. Eine solche Gangart besitzen noch einige weitere Steppenbewohner wie die Kamele, Gazellen oder Mähnenwölfe.

Die Giraffen ruhen zwar häufig, doch der eigentliche Schlaf ist nur ganz kurz, er dauert nur etwa 1–2 Minuten. Sie schlafen liegend, den Kopf auf den Oberschenkel gelegt. Die Giraffen sind recht friedliebende Tiere. Sie leben in Herden, die jedoch keine so feste Verbandsstruktur haben wie bei manchen anderen Tieren. Die einzelnen Tiere wechseln häufig ihre Herdenzugehörigkeit. Wenn in der Paarungszeit zwei Bullen miteinander kämpfen, ist das nur mehr oder minder symbolisch und beschränkt sich auf gegenseitiges Stoßen mit den Schultern. Die Tragzeit dauert 13–14 Monate. In der Regel wird nur ein einziges Kalb geboren, es wurden jedoch auch schon Zwillingsgeburten bekannt. Die Geburt erfolgt im Stehen, so daß das Junge aus einer ziemlichen Höhe zu Boden fällt. Bei der Geburt mißt das Giraffenkalb etwa 170 cm und wiegt 40–50 kg. Die Giraffen sind äußerst ruhige Tiere. Nur hin und wieder lassen sie ein kurzes Buhen oder Blasen hören.

Heute leben die Giraffen nur in der Savanne und im Busch Afrikas, als letzte Reste einer vor Zeiten verbreiteten Familie, die im Tertiär auch das heutige Indien und Südeuropa bewohnte.

**Rothirsch** *Cervus elaphus*

Das Geweih kann als charakteristisches Merkmal aller Hirscharten betrachtet werden, wenn auch einige primitive Arten wie Moschustier und Wasserreh kein Geweih tragen. Bei den meisten Arten tragen allein die männlichen Tiere diesen Kopfschmuck, nur beim Rentier beide Geschlechter. In Europa stellt der Rothirsch die bekannteste und meistbejagte Art dar. Sein Verbreitungsgebiet greift bis nach Nordafrika sowie in die gemäßigten Zonen Asiens und Nordamerikas über. Die amerikanischen Unterarten werden als Wapiti-Hirsche bezeichnet.

Das Geweih des Rothirsches ist stark verzweigt. Auf den sog. Rosenstöcken setzen die Stangen an, die in mehrere Enden auslaufen und eine Krone bilden können. Die Funktion des Geweihs ist noch nicht völlig geklärt. Es scheint, daß es eher als Rangabzeichen anzusehen ist, statt als Waffe. Die Hirsche benutzen das Geweih zwar bei den Brunftkämpfen, doch handelt es sich dabei eher um ritualisierte Kämpfe. Die Hirsche werfen das Geweih zwischen Februar und April ab, die jungen Tiere später als die alten. Im Frühjahr und im Sommer, wenn das Geweih wieder wächst, leben die Hirsche abseits vom Rudel. Im Herbst, wenn es ausgewachsen und hart ist, wird es „gefegt", d. h. an Büschen von Hautresten befreit. In dieser Zeit beginnt die Brunft, in der die Hirsche röhren. Vom September bis Oktober suchen die Hirsche öfter als sonst schlammige Wassertümpel und sump-

fige Stellen auf, um sich hier zu suhlen. Die Begattung findet im Herbst während der Brunft statt. Im Frühling trennen sich die trächtigen Hirschkühe vom Rudel und bringen in einem geeigneten Versteck 1 Kalb, in ganz seltenen Ausnahmefällen auch Zwillinge zur Welt. Die meisten Kälber werden von Ende Mai bis Mitte Juni gesetzt. Schon wenige Minuten nach der Geburt kann das Kalb aufstehen und der Mutter folgen. Das Fell der Kälber ist hell gefleckt, und diese Flecken verschwinden erst während des Heranwachsens. Das Kalb wird von der Mutter bis zum nächsten Herbst geführt. Die Hirsche weiden meist im Morgengrauen oder am Abend. Dort, wo sie nicht gestört werden, sind sie jedoch auch tagsüber anzutreffen.

## Elch *Alces alces*

Der Elch ist die größte Hirschart. Er lebt in einigen Unterarten in den nördlichen Teilen Europas, Asiens und Amerikas. Die größten Elche gibt es in Alaska, im Yukongebiet und in Britisch Kolumbien. Der Alaskaelch erreicht eine Schulterhöhe bis zu 2,20 m und ein Körpergewicht von mehr als 500 kg. Der Europäische Elch ist wesentlich kleiner, etwa 170 cm hoch, mit einem Körpergewicht um 600 kg. Das Geweih hat die Form gewaltiger Schaufeln, deren Spannweite bei Rekordexemplaren des Alaskaelchs 194 cm beträgt, bei Europäischen Elchen hingegen „nur" 122 cm. Die Elche führen ein Einsiedlerleben, nur vereinzelt gesellen sich kleinere Rudel zusammen. Sie bevorzugen dichte Wälder in Wassernähe. Im Sommer ernähren sie sich auch von Wasserpflanzen, vor allem von Stengeln, Blättern und Blüten der Seerosen, ansonsten von den Blättern aller Laubbäume, hauptsächlich Weiden, Pappeln, Espen und Birken.

Die Paarungszeit der Elche liegt im Herbst, von Mitte September bis Mitte Oktober. Die als Schaufler bezeichneten Bullen tragen um den Besitz der weiblichen Tiere erbitterte Kämpfe aus. Der Sieger verbringt mit der Elchkuh einige Tage, solange diese in der Brunft steht. Dann wendet er sich einer anderen Elchkuh zu. Die Elchkälber werden zwischen Ende Mai und Mitte Juni geboren. Erst- und Junggebärende werfen in der Regel nur 1 Kalb, bei älteren Tieren kommen häufig Zwillinge, mitunter sogar Drillinge vor. Die jungen Elchkälber sind recht hilflos und halten sich 2—3 Tage im Versteck auf. Bald können sie jedoch schon der Mutter folgen und gehen mit dieser sogar ins Wasser. Allerdings ist das Ertrinken von Elchkälbern nicht selten, und zahlreiche Jungtiere fallen auch Raubtieren, vor allem Bären, zum Opfer. Die Sterblichkeitsrate der Elchkälber ist, wie von Wissenschaftlern errechnet wurde, verhältnismäßig hoch und beträgt im ersten Lebensjahr 25—43 %. Interessant sind die in Schweden und in der UdSSR unternommenen Versuche mit der haustierähnlichen Haltung von Elchen als Zug-, Trag- und Reittiere in den dortigen Wäldern. Die Kraft, Ausdauer und Geschwindigkeit der Elche sind außergewöhnlich, und die Versuche haben vielversprechende Ergebnisse erbracht.

Elch

**Großer Kudu**

**Felsengebirgs-Dickhornschaf**

**Felsengebirgs-Dickhornschaf**
*Ovis ammon canadensis*
Einst war das Felsengebirgs-Dickhorn-schaf von Alaska bis Mexiko sehr zahl-reich. Wegen des Fleisches und der Trophäen wurde es jedoch rücksichts-los bejagt, so daß es entweder ganz ausgerottet oder in unzugängliche Ge-birgsgegenden verdrängt wurde. Eine Katastrophe für das Dickhornschaf be-deuteten jedoch die mit den Hausscha-fen nach Amerika verschleppten Krank-heiten. Es verfügte über keine entspre-chenden Widerstandskräfte, so daß die Bestände stark dezimiert wurden, zu-mal zusätzlich der Mensch auch die Raubtiere stark bejagte, die vorher als „Gesundheitspolizei" wirkten, da sie in erster Linie kranke Tiere schlugen und dadurch eine Ausbreitung von Epide-mien verminderten.
Das Dickhornschaf ist ein durchaus stattliches Tier. Erwachsene Widder er-reichen eine Schulterhöhe von 105 cm. Die Schafe tragen kurze, gerade Hör-ner, die Widder hingegen starke, unmit-

**Großer Kudu** *Tragelaphus strepsiceros*
Es gibt eine ganze Reihe von Antilopen-Arten. Außer wenigen, die in Indien be-heimatet sind, bewohnen alle anderen Arten Afrika. Der amerikanische Gabel-bock, der auch gelegentlich als Antilo-pe bezeichnet wird, gehört einer ganz anderen Familie an, die näher mit den Giraffen verwandt ist. Die kleinste Anti-lope ist die in den westafrikanischen Wäldern lebende Zwergantilope, die kaum 30 cm Schulterhöhe mißt. Die größte ist die Elenantilope mit einer Schulterhöhe von fast 180 cm und ei-nem Körpergewicht bis zu einer Tonne. Wenn man allerdings nach der Antilo-penart mit den größten Hörnern fragt, so steht zweifellos der Große Kudu an erster Stellen. Seine prächtigen, spira-lig gedrehten Hörner stellen den Stolz eines jeden Jägers dar. Sie erreichen eine Länge von 100—120 cm, den Re-kord hält ein 178 cm langes Kuduge-hörn. Die Kudus leben in den Busch-landschaften ganz Afrikas südlich der Sahara. In manchen Gegenden sind sie sehr selten, in anderen wiederum ver-hältnismäßig häufig.

telbar neben dem Kopf gedrehte, mit den Spitzen nach außen weisende Schnecken. Ihre Gesamtlänge erreicht bei starken Widdern Längen von etwa 1 m, bekannt ist eine Rekordtrophäe, die sogar 125 cm mißt. In der Paarungszeit tragen die Widder miteinander erbitterte Kämpfe aus. Sie gehen gegeneinander auf den Hinterbeinen vor, lassen sich dann auf alle Viere nieder und schlagen mit der Hornbasis so gewaltig an den Schädel des Nebenbuhlers, daß das Krachen der Hörner bis auf 1 1/2 km zu hören ist.

### Bison *Bison bison*

Die Geschichte des Bisons stellt eine Tragödie dar, die eindeutig vor Augen führt, wie rücksichtslos der Mensch die Natur vernichten kann. Einst lebten in den weiten Prärien Nordamerikas unübersehbare Herden dieser Tiere. Ihre Zahl wurde auf 60 Mill. Stück geschätzt, wobei Fachleute behaupten, daß diese Schätzung eher zu gering war. Die Indianer jagten die Bisons seit jeher, vermochten jedoch die Existenz der Herden in keiner Weise zu gefährden. Erst die Weißen, die mit modernen Waffen kamen und die Herden im Großen erlegten, brachten die Katastrophe. Als die Eisenbahn quer durch den Kontinent nach Westen drang, kamen mit ihr berufsmäßige Jäger, die die verschiedenen Gesellschaften, vor allen die Eisenbahngesellschaft, mit Fleisch versorgten. Zu ihnen gehörte z. B. der berühmte Billy Tilghman, der in nur sieben Monaten 3300 Bisons zur Strecke brachte, oder Buffalo Bill, dem 4280 Bisons zum Opfer fielen. Seinen Höhepunkt erreichte das Schlachten 1867, als die Union Pacific Railroad Cheyenne in Wyoming erreicht hatte. Die Eisenbahn teilte das Areal der Herden in zwei Hälften und störte ihren Wanderzyklus. Sie ermöglichte ferner jedem, einen bequemen Zugang bis unmittelbar zu den Herden. 1893 waren von den einst riesigen Herden nur noch etwa 1100 Stück übrig geblieben, zwei Jahre später waren es sogar nur noch 800. Ein Gesetz zum Schutz der Bisons wurde dem Kongreß bereits 1871 vorgelegt, jedoch nicht angenommen. Auf Betreiben des ersten Direktors des New York Zoological Park, William T. Hornaday, wurde 1905 die American Bisons Society gegründet. Diese konzentrierte die in Gefangenschaft lebenden Bisons und bot der Regierung eine kleine Herde von 15 Stück an, die in der Wichita Forest Reserve in Oklahoma ausgesetzt werden sollte. Das Angebot wurde angenommen und für den Kern der Herde ein Gehege errichtet. Im Oktober 1907 wurden die 15 Tiere in ein 6,2 Hektar großes Gehege ausgelassen. Sie gediehen hier recht gut, so daß der Bestand langsam wieder zunahm. Zahlreiche Exemplare wurden in andere Reservate in weiteren Staaten gebracht. Heute gibt es in den USA rund 8000 Bisons. Große Bestände sind auch in Kanada vorhanden. In Europa findet man sie in Wildparks.

**Bison**

# Meeressäugetiere und Pinguine

Alles Leben begann im Meer, dort tauchten irgendwann in der Urgeschichte unserer Erde die ersten Organismen auf, dort begann ihre Entwicklung, dort nahm sie ihren Fortgang. Dann kam die Zeit, in der einige Gruppen von Lebewesen das nasse Element verließen und schrittweise das Festland und die Luft zu erobern begannen. Eine Reihe von Organismen ist im Zuge dieser Entwicklung ausgestorben, zahlreiche befinden sich jedoch jetzt, gerade in unserer Zeit, auf dem Höhepunkt ihrer Entfaltung. Die meisten Lebewesen sind bestrebt, sich an möglichst viele Lebensräume anzupassen. So sind die Fische zwar typische Wassertiere, aber es finden sich dennoch Arten, die sich auf das trockene Land begeben. Ebenso dringen z. B. die Vögel zurück ins Wasser, das vor Zeiten ihre Ahnen verließen. Das Gleiche gilt von einigen Säugetieren. An die neue Lebensweise haben sie ihre Körperform angepaßt, so daß ihre Zugehörigkeit zur eigentlichen Klasse z. T. kaum noch erkennbar ist.

**Pinguine** *Spheniscidae*
Die Pinguine haben ihre Flugfähigkeit völlig verloren, verstehen sich dafür jedoch meisterhaft auf das Schwimmen, so daß sie es selbst mit Delphinen aufnehmen können. Unter dem Meeresspiegel sind sie wesentlich öfter anzutreffen als auf dem Wasser. Ihre Flügel sind in flossenartige kräftige Steuerruder umgewandelt, die mit kleinen schuppenförmigen Federn bedeckt sind. Die Heimat der Pinguine ist die Südhalbkugel der Erde. Die meisten Arten sind in den kühlen Gewässern der Antarktis zu finden, doch einige kommen entlang der australischen, südafri-

**Pinguine**

kanischen und südamerikanischen Küste bis verhältnismäßig weit nach Norden vor. Die größte Art ist der Kaiserpinguin, der eine Höhe bis zu 120 cm erreicht. Sein Gelege besteht stets nur aus 1 Ei, das die Eltern abwechselnd vorsichtig auf den Füßen halten und mit einer Hautfalte bedeckt bebrüten. Die Pinguine bauen keine Nester. Eine Ausnahme macht nur der Gentu-Pinguin, der auf den antarktischen Inseln lebt und aus angehäufter Erde ein Nest baut, das mit Gras ausgepolstert wird. Sein Gelege besteht in der Regel aus 2 Eiern.

### Kalifornischer Seelöwe
*Zalophus californianus*
Robben und Seelöwen gehören zur Unterordnung Pinnipedia, d. h. jener, die anstatt Füßen Flossen besitzen. Ihr Körper ist perfekt für das Gleiten im Wasser geformt und die Flossengliedmaßen sind derartig beweglich, daß sie nahezu kreisförmige Bewegungen auszuführen vermögen. Da der Kalifornische Seelöwe am häufigsten in den zoologischen Gärten zu sehen ist, wird er hier als Beispiel dieser ins Wasser zurückgekehrten Raubtiere angeführt.

**Kalifornischer Seelöwe**

**Nagel-Manati**

**Nagel-Manati** *Trichechus manatus*
Auf den ersten Blick scheint es sich um
eine Robbe zu handeln, diesen Eindruck erweckt jedenfalls der Körperbau
der Sirenen. Sie ernähren sich jedoch
von den Wasserpflanzen, einschließlich
der Wasserhyazinthen, die häufig die
Wasserläufe verstopfen, und haben
also mit Robben und Raubtieren überhaupt nichts gemeinsam. Sie sind vielmehr Huftiere, die ins Wasser zurück-
gekehrt sind, bilden jedoch eine eigenständige Säugetierordnung, die ver-
blüffende verwandtschaftliche Merkmale mit den Elefanten aufweist. Die
Rundschwanz-Sirenen leben an der atlantischen Küste von Florida bis Nordbrasilien. Sie werden bis zu 6 m lang
und weisen ein Körpergewicht bis zu
600 kg auf. Sie können ohne Luft zu
holen eine Viertelstunde unter Wasser
bleiben und können unter Wasser sogar schlafen. Im Schlaf tauchen sie von
Zeit zu Zeit auf, um wieder einzuatmen.

**Blauwal** *Balaenoptera musculus*
Alle Säugetiere, die ins Wasser zurück-
gekehrt sind, kommen wenigstens für
kurze Zeit an Land. Nur die Waltiere
bilden in dieser Beziehung eine Ausnahme. Ihre Anpassung an das Leben
im Wasser ist so extrem, daß sie zugrunde gehen, wenn sie zufällig ans
Ufer geworfen werden. Der Blauwal ist
der allergrößte Säuger überhaupt. Die
männlichen Tiere, die etwas kleiner
sind als die weiblichen, erreichen eine
Länge von 32 m. Das größte erlegte
weibliche Tier maß 33,27 m. Das Gewicht eines solchen Riesen beträgt um
die 200 t. Der Blauwal bewohnt sämtliche Meere zwischen Arktis und Antarktis und ernährt sich von sehr kleinen
Meerestieren. Dazu wird das Meereswasser durch die Barten im Maul ge-
siebt und die zurückbleibenden kleinen

**Blauwal**

Krusten- und Weichtiere, Kopffüßer
und Fische bis zur Heringsgröße werden geschluckt.
Das weibliche Tier wirft nach einer
Tragzeit von etwa 1 Jahr 1 Junges. Nur
ganz selten kommen Zwillinge vor. Das
Neugeborene Waljunge mißt bereits
6–9 Meter.

165

# Botanik

Die Pflanzenwelt ist unermeßlich reich und vielfältig. Grüne Pflanzen unterscheiden sich von den nichtgrünen in der Art ihrer *Ernährung.* Während die nichtgrünen nur von organischen Stoffen leben können, begnügen sich die grünen Pflanzen mit einfachen anorganischen Stoffen (Kohlendioxid der Luft, Wasser). In allen grünen Pflanzen, sei es die einzellige Alge oder der Rieseneukalyptus, verläuft der gleiche Stoff- und Energiewechsel. Dieser Prozeß, in dem die grüne Pflanze aus anorganischen komplizierte körpereigene organische Stoffe aufbaut, wird Photosynthese genannt, weil bei dieser Assimilation die Sonnenenergie, eventuell auch künstliches Licht, die bedeutende Rolle eines Katalysators übernimmt.

Die „grünen" Pflanzen enthalten in ihren Zellen mikroskopisch kleine Körper, sogenannte Chloroplasten, die als Träger des Blattgrüns (Chlorophyll) dienen. In ihnen verläuft unter Lichteinwirkung der Assimilationsprozeß, d. h. die Umwandlung von Kohlendioxid und Wasser in einfache und komplizierte Kohlenhydrate (meist in Form von Stärke bzw. Zucker). Von diesen „grünen Laboratorien" hat die Pflanze Tausende, Millionen, die breit ausladende Linde sogar Billionen. Und jede dieser Zellen mit ihrem Aufbauprozeß muß

ständig versorgt werden: mit Wasser und wasser-
gelösten Mineralsalzen, die die Pflanze mit ihren
Wurzeln aus der Erde aufnimmt und zu den Zellen
transportiert. Das zur Photosynthese benötigte
Kohlendioxid gelangt durch die Poren ins „La-
bor". Auf diesem Wege verläßt dann auch der
freigewordene Sauerstoff die Pflanze. Wahrscheinlich ist der gesamte Sauerstoff in unserer
Erdatmosphäre das Ergebnis dieser photosynthe-
tischen Tätigkeit. Wir können nur dank der
Pflanzenwelt, die für die Anreicherung der Luft
mit Sauerstoff sorgt, atmen.
Das wichtigste Produkt des Pflanzenlabors, also
das Ergebnis der Assimilation, ist Stärke. Sie kann
nur am Tage aufgebaut werden, ist wasserun-
löslich und muß, um aus den Blättern zu den
Bedarfsträgern, von Zelle zu Zelle, transportiert

werden zu können, wieder zerlegt und in lösliche
und einfache Stoffe umgewandelt werden – in
Kohlenhydrate (Fructose und Glucose). Dieser
Abbau geht nachts vor sich, wenn die Assimila-
tion unmöglich ist. In dieser Phase, wenn die
Pflanze aufbaut, schwellen die Sprosse und wachsen die Knospen. Besonders sichtbar wird dieser
Prozeß am schnellen Wachstum von Jungpflanzen. Als Baustoffe dienen die wasserlöslichen
Kohlenhydrate. Und die dazu benötigte
Energie liefert die Dissimilation. Dieser nur in der
Nacht verlaufende Vorgang ist die Umkehrung
der Assimilation. Durch den Abbau organischer
Stoffe wird Energie freigesetzt, Sauerstoff verbraucht und Kohlendioxid in die Atmosphäre ab-
gegeben. Während dieser Phase atmet die Pflanze
also wie ein Mensch. Deshalb sollten Zim-

merpflanzen nie in Schlafräumen stehen!
Die Dissimilation ist genau so unabdingbar wie die Assimilation, denn sie bewirkt den Ausgleich der Luftzusammensetzung. Ginge nur der Assimilationsprozeß vor sich, wäre innerhalb von etwa 50 Jahren alles Kohlendioxid aus der Atmosphäre verbraucht, der Sauerstoffgehalt stiege jedoch in gleichem Verhältnis. Die Natur sorgt durch diesen umgekehrten Prozeß, bei dem Sauerstoff verbraucht und Kohlendioxid erzeugt wird, für das Gleichgewicht unserer Erdatmosphäre.
Die Pflanze ist in der Lage, in ihren Zellen noch eine ganze Reihe anderer Stoffe aufzubauen wie Gerbstoffe, Alkaloide, ätherische Öle, Kautschuk, Farbstoffe, organische Säuren und andere. Manche Arten sind direkt darauf spezialisiert. Für uns Menschen sind das wichtige Rohstoffe für die Industrie. Die Pflanze vermag in ihren Zellen auch so wertvolle Stoffe wie die Vitamine zu produzieren, die schon in kleinsten Mengen für die Gesundheit des Menschen sehr wichtig sind.
Auch für Schutz und Gesundheitsdienst ist in den geheimnisvollen Pflanzenlabors gut gesorgt. Die Pflanzen schützen sich beispielsweise gegen Tierverbiß durch verschiedene, oft sogar giftige Absonderungen. Und weil diese Stoffe auch für die Pflanze selbst schädlich sein könnten, werden sie an speziellen Stellen gespeichert. Die häufigsten bitter schmeckenden Schutzstoffe sind die Glyko-

*Die Produkte der Photosynthese nehmen ihren Weg von den Blättern zu den Wurzeln. Das Wasser gelangt über die Sproßachse in die Blattspreiten.*

side. Aber auch die Gerbstoffe, die hauptsächlich in der Rinde einiger Gehölze zu finden sind, haben Schutzfunktion.
Beinahe alles, was die Pflanze erzeugt, wird von uns Menschen genutzt — manchmal direkt, manchmal nach Weiterverarbeitung.
Ein wenig anders ernähren sich die chlorophyllosen Pflanzen. Weil ihnen das Blattgrün fehlt, sind sie nicht fähig, durch Photosynthese anorganische Stoffe zu assimilieren. Sie sind also darauf angewiesen, sich irgendwo fertige organische Stoffe zu besorgen. Bakterien und Pilze knüpfen an die Prozesse der grünen Pflanzen an und zerlegen durch Verwesung und Fäulnis die organischen Stoffe abgestorbener Pflanzen- und Tierkörper in einfache anorganische Stoffe, die als Nahrung für die grünen Pflanzen dienen. Damit schließt sich der Stoffwechsel in der Natur.
Auf totem organischem, von abgestorbenen Pflanzen oder Lebewesen stammendem Substrat leben die *Saprophyten.* Das Wirtsmaterial bauen sie durch Fermente ab und beschleunigen damit die Zersetzung.
Organismen, die lebenden Wirtspflanzen die zu ihrer Existenz notwendigen Stoffe entziehen, sind *Schmarotzer.* Wenn sie kein eigenes Blattgrün besitzen, sind es absolute Parasiten, wie beispielsweise die Kleeseide *(Cuscuta).*
*Halbschmarotzer* sind grüne, selbst assimilierende Pflanzen, die den anderen Pflanzen, auf denen sie leben, nur mit gelösten Mineralsalzen angereichertes Wasser entziehen. Auf diese Weise „ernährt" sich beispielsweise die Mistel auf Laub- und Nadelbäumen. Gleichberechtigte Beziehungen zweier Pflanzen werden als *Symbiose* bezeichnet. Dieses Zusammenleben gereicht beiden zum Vorteil, wie wir bei den Flechten sehen können. In dieser Symbiose assimilieren die Algen Kohlenstoff und bilden Zucker, die Pilze reichern diesen Zucker mit Sauerstoff an, binden Luftstickstoff und erzeugen daraus stickstoffhaltige Substanzen. In diese Gruppe gehören die symbiotrophen Knöllchenbakterien (Familie *Rhizobium*), die in den Wurzelanschwellungen der Leguminosen leben. Durch ihre Fähigkeit, den Stickstoff der Luft zu binden, ermöglichen sie ihrem Partner die Nährstoffbildung. Eine andere Symbioseform ist z. B. die Mykorrhiza, die Symbiose zwischen Pilzfäden und den Wurzeln verschiedener Samenpflanzen. Sie ist vor allem bei Gehölzen mit bestimmten Pilzarten zu beobachten.
Eine besondere Form der Ernährung stellen die *insektenfressenden Pflanzen* dar. Es handelt sich um völlig autotrophe Pflanzen, die aber auf stickstoffarmen Böden leben. Sie beschaffen sich des-

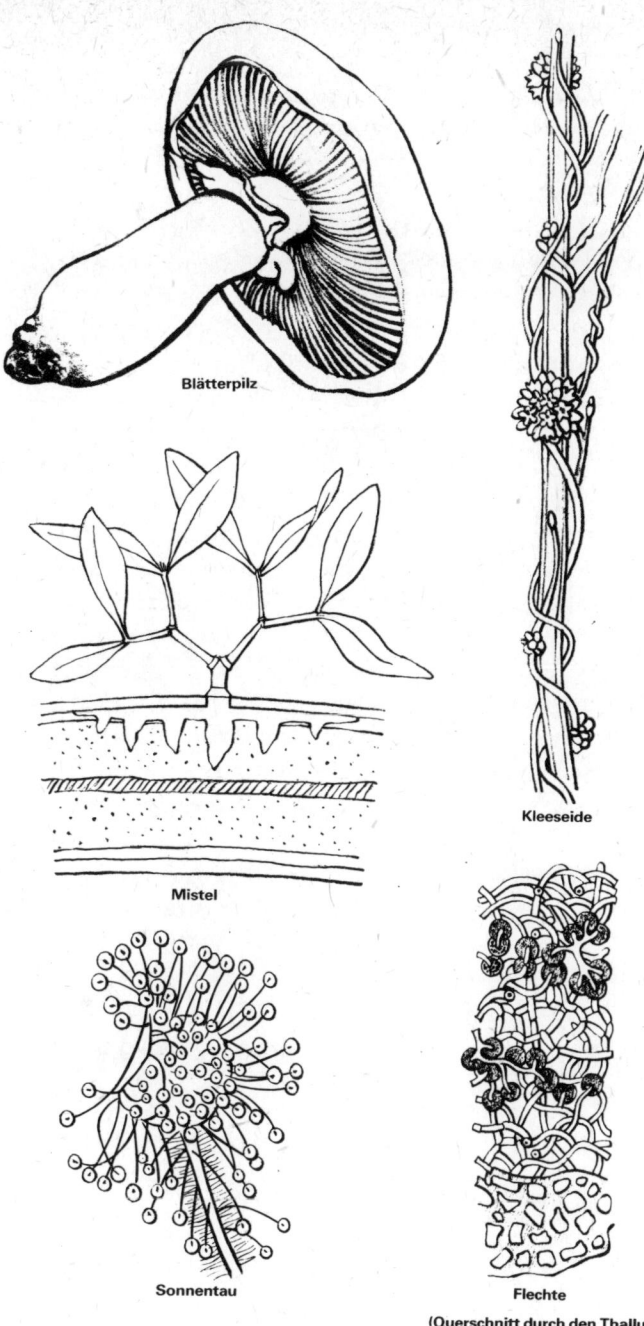

Blätterpilz

Kleeseide

Mistel

Sonnentau

Flechte
(Querschnitt durch den Thallus)

*Viele Pilze sind Saprophyten. Kleeseide und Mistel gehören zu den Parasiten. Der Sonnentau ist eine insektenfressende Pflanze und die Flechte das Ergebnis der innigen Symbiose zwischen Pilzen und Algen.*

halb stickstoffhaltige Substanzen durch Fangen von Insekten, die sie mit Hilfe von Fermenten zersetzen und dann verdauen.
Soweit unser kurzer Blick in die „Pflanzenlaboratorien". Im Bildteil werden wir auf einige dieser Merkwürdigkeiten wieder zurückkommen.

## Vermehrung der Pflanzen
Die meisten Pflanzenarten vermehren sich durch Samen, die sich in Früchten entwickeln. Deshalb

werden sie als Samenpflanzen bezeichnet (z. B. Mohn, Sonnenblume, Apfel). Der in den Boden gebrachte Samen nimmt aus seiner Umgebung Feuchtigkeit auf und quillt so lange, bis die Samenschale platzt und den Keim freigibt. Dieser Keim ist das erste Würzelchen, das sich vergrößert, in die Erde dringt und damit die Pflanze im Boden festhält. An einem Versuch mit keimendem Bohnensamen können wir uns leicht davon überzeugen, daß die Keimspitze immer in die Erde wächst, gleichgültig, in welcher Richtung wir die keimende Pflanze drehen. Dort, wo die Wurzel wächst und durch die harten Bodenteilchen dringt, also an der Spitze, ist sie durch die Wurzelhaube geschützt. Über der Wurzelhaube ist die Wurzel mit dicht stehenden, sehr feinen Wurzelhaaren übersät, mit denen die Pflanze aus dem Boden Wasser aufnimmt. Gewöhnlich werden die Keimwurzeln nur einige Tage alt, denn mit der wachsenden Wurzel verschieben sich die Wurzelhaare hinter die Haube.
Beim Keimen des Bohnensamens ist die dem Keim gegenüberliegende Seite bemüht, in die Höhe zu wachsen. Sie hebt den Samen hoch, so daß er sich in zwei fleischige Blätter, die Keimblätter (Kotyledonen), teilen kann, die unter Lichteinwirkung grün werden. Diese Keimblätter sind der Nährstoffspeicher für den jungen, noch nicht selbständig lebensfähigen Keimling.
Zwischen den Keimblättern der Bohne wächst der Keimstengel mit dem ersten Blattpaar und der endständigen Knospe heraus. Die mit Stielen zum Stengel angewachsenen Blätter drehen sich immer so, daß sie das Licht mit der größtmöglichen Fläche aufnehmen können. Danach setzt sich das Längenwachstum des Stengels fort.
An diesem Sämling sind alle wesentlichen Teile des Pflanzenkörpers zu beobachten: Wurzeln, Stengel und Blätter.

## Die Wurzel
Die Wurzel befestigt die Pflanze im Boden. Bei flach wurzelnden Pflanzen kommt es häufig zu Windbruch wie beispielsweise bei der Fichte. Diese Pflanzen haben eine stark gedrückte und gekürzte Hauptwurzel und starke Nebenwurzeln, die flach in den oberen Bodenschichten wachsen und den ganzen mächtigen Baum festhalten. Dann gibt es wieder Pflanzen, bei denen die Hauptwurzel so stark entwickelt ist, daß sie fest wie ein Pfahl in der Erde steckt. Solch eine Pfahlwurzel speichert sehr viele Nährstoffe. Kurze, starke Hauptwurzeln sind meist herzförmig. Nach der Form unterscheiden wir: rübenartige, spindelartige, zylindrische und andere. Gräser, Zwiebel-

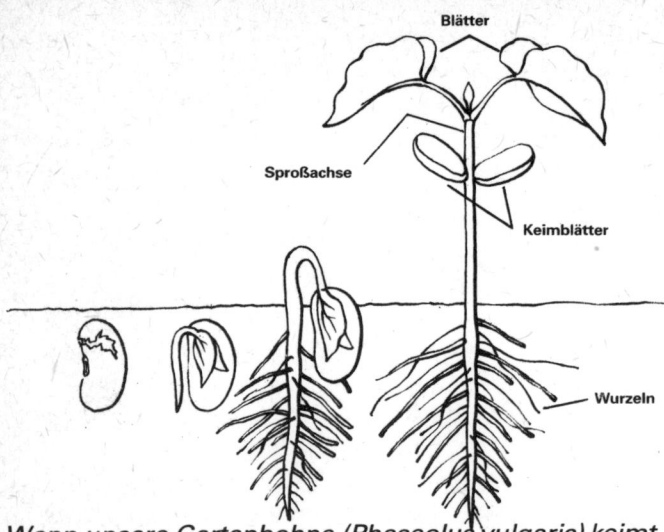

Blätter
Sproßachse
Keimblätter
Wurzeln

*Wenn unsere Gartenbohne (Phaseolus vulgaris) keimt, erscheint der ganze Samen über dem Boden, nur die Würzelchen bleiben in der Erde. Die unter Lichteinfluß grün werdenden Keimblätter beteiligen sich nicht an der Photosynthese, sind also keine Blätter, sondern enthalten Nährgewebe, von dem der Keimling beim schnellen Anfangswachstum lebt, schrumpfen später ein und fallen ab.*

gewächse und andere Einkeimblättrige dagegen haben ein ganzes Bündel feiner dünner Wurzeln, sog. Adventivwurzeln. Die feinen Würzelchen der Getreidepflanzen dringen sogar bis in 2 m Tiefe vor und versorgen die Pflanze mit Wasser. Hauptaufgabe der Wurzeln ist es, der Pflanze Wasser und darin gelöste Nährstoffe zuzuführen. Diese Stoffe wandern dann teils in die Blätter, teils werden sie in der Wurzel gespeichert. Die Wurzeln vieler Pflanzen bilden sich jedoch zu den vielfältigsten Formen um und übernehmen weitere Funktionen wie Atem- oder Stützfunktion. Zur Illustration seien nur einige Beispiele genannt: Die Wurzelknollen der Dahlien und der Knabenkräuter mit ihrem Speichergewebe dienen als Nährstoffvorratskammer, die Haft- und Schlingwurzeln des Efeu und der tropischen Lianenarten zum Festhalten, die Stelzwurzeln zum Stützen des Stammes bei den Wurzelbäumen. Die Atemwurzeln des Taxus dagegen ragen wie Stümpfe aus dem Schlamm, die Luftwurzeln der tropischen epiphytischen Orchideen und Aronstabgewächse sind mit Luftgewebe ausgefüllt, das Feuchtigkeit aus der Luft aufnimmt. Bei einigen tropischen Orchideenarten sind diese Wurzeln auch dank ihrem Chlorophyllgehalt fähig zu assimilieren. Die Wurzeln der Schmarotzer dagegen sind zu Saugorganen umgebildet, die in das Holz der Wirtspflanze (etwa die halbschmarotzende Mistel) und in das Bastgewebe (Schmarotzerpflanzen wie die Seiden) eindringen und entweder nur Wasser aus dem Transpirationsstrom

oder auch Nährsubstanzen entziehen. Niedere Pflanzen haben wurzelähnliche Gebilde — einfache Zellfäden zur Befestigung der Pflanze im Boden und zur Nährstoffaufnahme (Rhizoiden).

### Die Sproßachse

Die Sproßachse krautiger Samenpflanzen bezeichnen wir als Stengel (bzw. bei Bäumen als Stamm). Der Stengel ist die Fortsetzung der Wurzel über dem Boden. Er trägt Blätter und Blüten und sorgt als Leitorgan für die Verteilung von Nährstoffen in alle Teile des Pflanzenkörpers. Bei Bäumen und Sträuchern ist er zu Stamm und Zweigen verholzt (Apfel, Hasel), bei Halbsträuchern ist nur der untere Sproßachsenteil holzig. Der obere, krautige Teil des Stengels stirbt jedes Jahr ab und bildet sich neu (*Paeonia suffruticosa* — Strauchpaeonie). Das Holz zeigt im Querschnitt die charakteristischen Jahresringe. Jedes Jahr kommt einer hinzu, so daß sich daran das Alter des Baumes ablesen läßt.
Die Stengel mancher krautiger Pflanzen sind fest, aufrecht, stellenweise durch Festigungsgewebe (Sklerenchym oder Kollenchym) verstärkt. Andere Kräuter haben schwache Stengel, mit denen sie windend klettern (Winde), überhängen (Kapuzinerkresse), klettern (Erbse) oder kriechen (Pfen-

### *Wurzelformen*

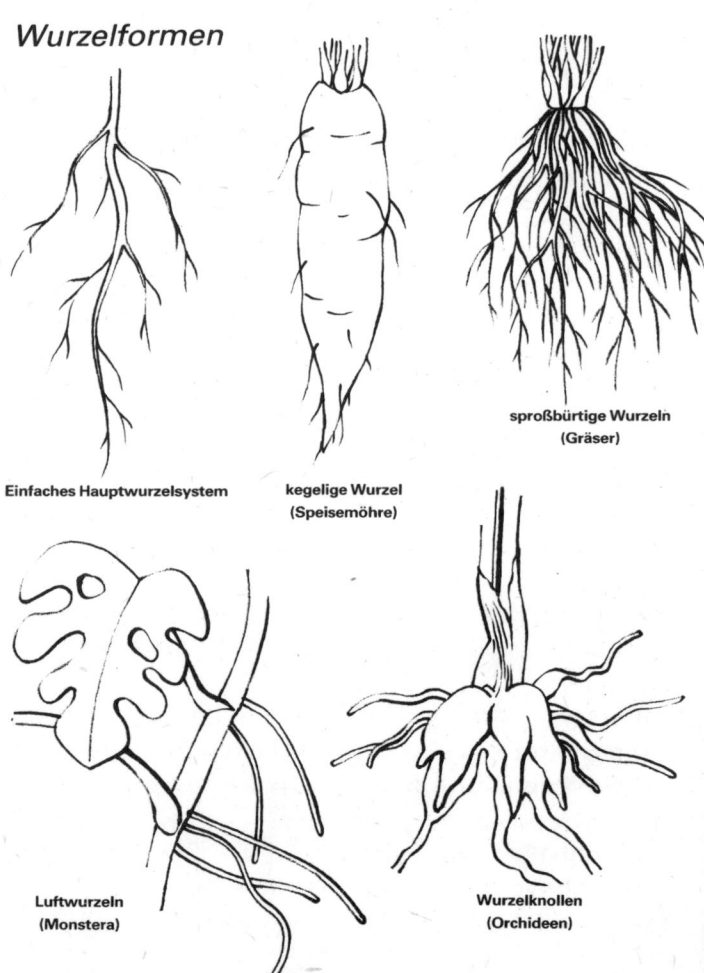

Einfaches Hauptwurzelsystem

kegelige Wurzel
(Speisemöhre)

sproßbürtige Wurzeln
(Gräser)

Luftwurzeln
(Monstera)

Wurzelknollen
(Orchideen)

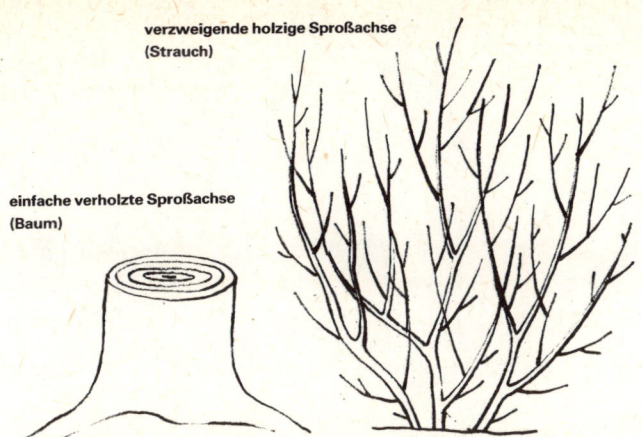

verzweigende holzige Sproßachse
(Strauch)

einfache verholzte Sproßachse
(Baum)

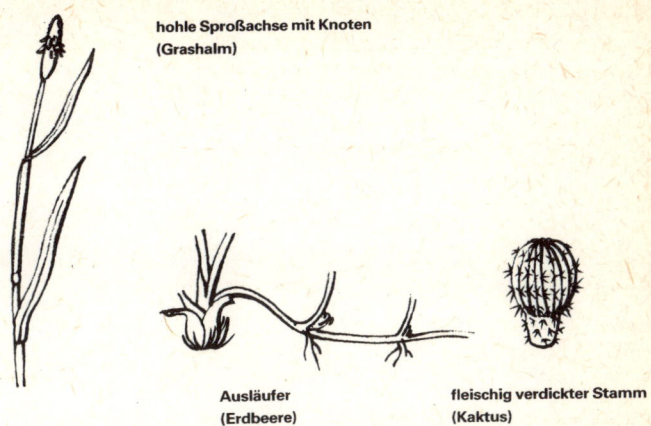

hohle Sproßachse mit Knoten
(Grashalm)

Ausläufer
(Erdbeere)

fleischig verdickter Stamm
(Kaktus)

*Die Sproßachse kann holzig oder krautig sein, aber zwischen beiden Typen gibt es zahlreiche Übergangsformen.*

nigkraut). Den mit Blättern bewachsenen Stengel der Kräuter nennt man Sproßachse, im Unterschied zum Schaft, der nie Blätter, sondern Blüten trägt. Knotige, hohle Stengel sind Halme. Die Stengel können sich auf die vielfältigste Weise umbilden. Ableger, also lange dünne Sproßachsen, dienen zur vegetativen Vermehrung (Erdbeere), Brachyblaste sind verkürzte entweder blatttragende (Lärche) oder blütentragende (Birne) Seitenzweige. Beim Kreuzdorn und bei der Schlehe verwandeln sich die Zweige in Dornen. Durch Umbildung der weichen, empfindlichen Stengelteile entstehen die Ranken des Kürbisses (Blätter) und des Weins (Seitensprosse). Phyllokladien sind blattartig verbreitete Kurztriebe, Flachsprosse, die die Assimilationsfunktion reduzierter Blätter übernehmen, z. B. Spargel *(Asparagus densiflorus)*. Die Stengel der Sukkulenten sind fleischig und als Wasserspeicher angepaßt. Aber zu unserem großen Erstaunen lassen sich auch in der Erde umgewandelte Stengel finden: Die Kartoffel beispielsweise ist eine durch Verdickung des Sprosses entstandene Knolle — ein unterirdischer Nährstoffspeicher. Knollen können aber auch anders entstehen, wie wir beim Sellerie sehen. Hier verdickt der untere Stengelteil mit dem oberen Wurzelende (Hypokotyl). Auch der lange, schossende Wurzelstock ist eine Nährstoffvorratskammer, dient aber darüber hinaus noch als vegetatives Vermehrungsorgan.

## Blätter

Die Blätter sind von der Größe her begrenzt und meist flach. Zu Anfang dieser Ausführungen haben wir sie als „Pflanzenlaboratorien" bezeichnet, denn in ihnen verlaufen die Assimilation und das Ausscheiden des überflüssigen Wassers. Gewöhnlich besteht das Blatt aus der flachen Blatt-

spreite und dem Stiel, mit dem es an der Sproßachse angewachsen ist. Einige zweikeimblättrige Pflanzen, wie z. B. die Doldengewächse, haben deutlich entwickelte Blattscheiden, den Einkeimblättrigen fehlt der Stiel dagegen völlig. Deutlich erkennbar sind auf den Blattspreiten Adern und Nerven, unter denen ein System feiner Röhren, das Leitgewebe zum Transport des Pflanzensaftes mit gelösten Nährstoffen, verläuft.

Unermeßlich vielgestaltig sind die Blattformen. Die Botaniker haben die Blätter grob in einfache und geteilte getrennt. Weitere Unterscheidungsmerkmale sind die Verzweigungen der Nerven, die Blattspreitenrandform und die Spitze sowie die verschiedenen Anbindungen an den Stengel. Blätter können aber z. B. auch häutig (durchscheinend), laubartig (leicht welkend), fleischig (dick, saftig), ledrig (zäh, immergrün) usw. sein. Deckblätter sind kleine und nur wenig entwickelte Blättchen, die häufig die Knospen schützen oder Bestandteil des Blütenstandes sind. Manchmal können sie auffallend gefärbt sein.

Die Blätter der Gräser haben eine gut entwickelte Blattscheide, mit einem Anhängsel an der Übergangsstelle von Spreitenoberseite und Scheide, dem Blatthäutchen (Ligula). Bei einigen Grasarten kommt dann noch ein Öhrchen an der Scheidenseite dazu. Manchmal wachsen aus dem Blattgrund auch Nebenblätter, die abfallen (Weide) oder stehenbleiben (Erbse) können.

Und wie steht es mit der Anordnung der Blätter am Stengel? Manche Blätter wachsen gegenständig, wechselständig oder quirlständig, manche dicht aus der direkt an der Sproßachse oder am Schaft stehenden Grundrosette. Meist sind die Blätter am Stengel so angeordnet, daß sie sich nicht gegenseitig das Licht wegnehmen. Das führt beispielsweise zur Bildung eines Blattmosaiks (Efeu). Jeder Sonnenstrahl muß genutzt werden! Von allen Pflanzenorganen machen die Blätter die größten Veränderungen durch. Manche erfüllen die Funktion von Speicher- oder Vermehrungsor-

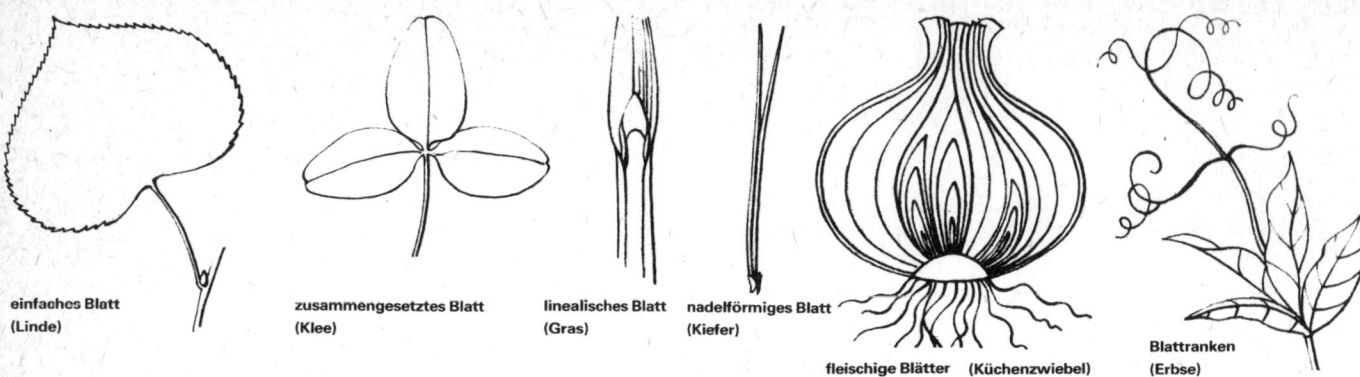

einfaches Blatt
(Linde)

zusammengesetztes Blatt
(Klee)

linealisches Blatt
(Gras)

nadelförmiges Blatt
(Kiefer)

fleischige Blätter   (Küchenzwiebel)

Blattranken
(Erbse)

*Außer ihren Grundaufgaben im Prozeß der Photosynthese und der Wasserverdunstung übernehmen die Blätter weitere Funktionen, die dann auch Formveränderungen nach sich ziehen, wie z. B. Speicher-, Kletter- und Schutzfunktion.*

ganen. Die Zwiebel z. B. ist nichts anderes als eine Ansammlung von fleischigen Blättern. Und die Dornen der Berberitzen, die Ranken der Erbse, die Wurzelfasern des Schwimmfarns oder der „Magen" des insektenfressenden Sonnentaus sind nichts anderes als umgewandelte Blätter.

## Blüten und Befruchtung

Blüte und Blatt gehören eng zusammen, denn die Blüte ist durch Umgestaltung der Blätter entstanden. Ihre Bedeutung vor allem für die höheren, die Samenpflanzen, ist erheblich, denn sie erfüllt die Funktion des Vermehrungsorgans, in dem sich Frucht und Samen entwickeln. Es handelt sich um einen stark verkürzten Stengel mit zu Staubblättern (mit den männlichen Geschlechtszellen) und Stempel (Schutzorgan für die weibliche Eizelle) umgestalteten Blättern. Diese sehr empfindlichen, im Blütenzentrum stehenden Organe werden durch die Hüllblätter geschützt. Durch Farbe, Form und Duft locken die Blüten die Insekten an, die den Pollen von Blüte zu Blüte tragen und so die Pflanzen befruchten.
Sind die Hüllblätter in Form und Farbe ziemlich gleich, dann wachsen sie in zwei, drei oder manchmal auch mehr Ringen und werden als

Perigon bezeichnet (z. B. Tulpe, Lilie, Orchidee). Sie können aber auch in den meist grünen Kelch und die buntfarbige Krone aufgeteilt sein. Blüten enthalten gewöhnlich Honigblätter, die Nektarien, welche süßen, insektenanlockenden Nektar absondern. Auf Windbestäubung eingestellte Blüten dagegen besitzen nur schwach und unauffällig ausgebildete Blütenhüllen.
Kelch und Krone bestehen aus einzelnen, entwe-

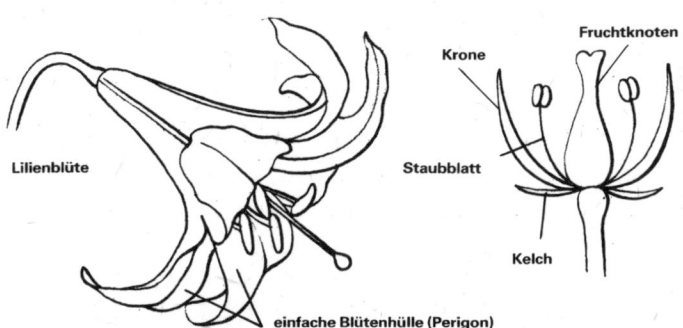

Krone

Fruchtknoten

Staubblatt

Kelch

Lilienblüte

einfache Blütenhülle (Perigon)

*Die Lilienblüte ist nicht in Kelch und Krone gegliedert. Andere Blüten haben einen grünen Kelch und farbige Kronblätter.*

der freien oder zu einer Röhre verwachsenen Blättern, die nach dem Ebenmaß der Kronen in symmetrische und unregelmäßige eingeteilt werden. Manche Blütenkronen sind rundlich (Heide), krug-

*Blütenkronenformen*

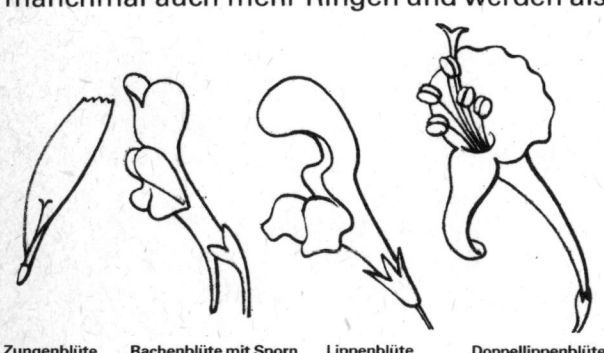   

Zungenblüte
(Kuhblume)

Rachenblüte mit Sporn
(Gemeines Leinkraut)

Lippenblüte
(Taubnessel)

Doppellippenblüte
(Geißblatt)

glockige Blüte
(Heidelbeere)

radförmige Blüte
(Tomate)

röhrenförmige Krone
(Narzisse)

förmig (Heidelbeere), glockig (Glockenblume), trichterförmig (Schlüsselblume), radförmig (Kartoffel), lippenförmig (Taubnessel).

Aber auch Staubblätter und Stengel sind nicht überall gleich. Während bei den Nacktsamern beide Vermehrungsorgane schuppenartig flach sind und ihre Geschlechtszellen unbedeckt freiliegen, sind Pollen und Fruchtknoten bei den Bedecktsamern in eine Frucht eingeschlossen. Die Staubblätter bilden Staubfäden und meist aus zwei Pollensäcken bestehende Staubbeutel. Jeder Pollensack nimmt in zwei Hohlräumen (Theka) die Pollenkörner auf. Der Stempel ist dreiteilig. Er besteht aus Fruchtknoten, Griffel und Narbe. Dabei dient der Fruchtknoten zur Aufnahme der sich nach der Befruchtung in Samen verwandelnden

Eizelle. Der Griffel, falls er entwickelt ist, trägt die Narbe. Bei den windbestäubten Arten ist die Narbe stark zerklüftet, um so viele Pollenkörner wie möglich auffangen zu können.

Zweigeschlechtliche Blüten sind jedoch nicht die Regel. Oft fehlt ein Organ. Diese eingeschlechtigen Blüten sind entweder nur weiblich mit Stempel oder nur männlich mit Staubblättern. Einhäusig sind sie, wenn beide Blütenarten auf einer Pflanze wachsen (Mais, Gurke), zweihäusig, wenn die männlichen Blüten auf anderen Pflanzen zu finden sind als die weiblichen (Hopfen).

Gewöhnlich stehen die Blüten in Blütenständen zusammen. Weniger häufig sind Einzelblüten (Schneeglöckchen, Tulpe). Trotz der Vielfalt können die Blütenstände zu zwei Grundformen zusammengefaßt werden: zu den traubenartigen (Traube, Rispe, Doldentraube, Ähre, Kätzchen, Zapfen, Kolben, Kopf und Körbchen) und zu den doldenartigen (Zyme mit ein bis zwei oder mehr Seitenachsen).

Einfache, den Einzelblüten ähnliche Blütenstände bilden weitere zusammengesetzte Blütenstände, wie z. B. Doppeldolden mit doldentragenden Nebenachsen (Doldengewächse).

Nach dem Bestäuben und Befruchten der Eizelle bildet sich der Fruchtknoten zur Frucht um.

## Die Frucht

Sie kann einen oder mehrere, manchmal sogar Dutzende Samen enthalten. Es gibt Früchte, die nach erreichter Reife aufplatzen und die Samen freigeben. Manchmal werden die Samen aber auch zusammen mit der Frucht verbreitet.

Hülsen und Schoten zerspringen — an der Spitze oder am Stil beginnend — an den Rücken- und Bauchnähten in zwei Teile. Kapseln öffnen sich häufig der Länge nach (Schwertlilie). Verschiedene

*Blütenstandformen*

## TRAUBIGE (RAZEMÖSE) BLÜTENSTÄNDE

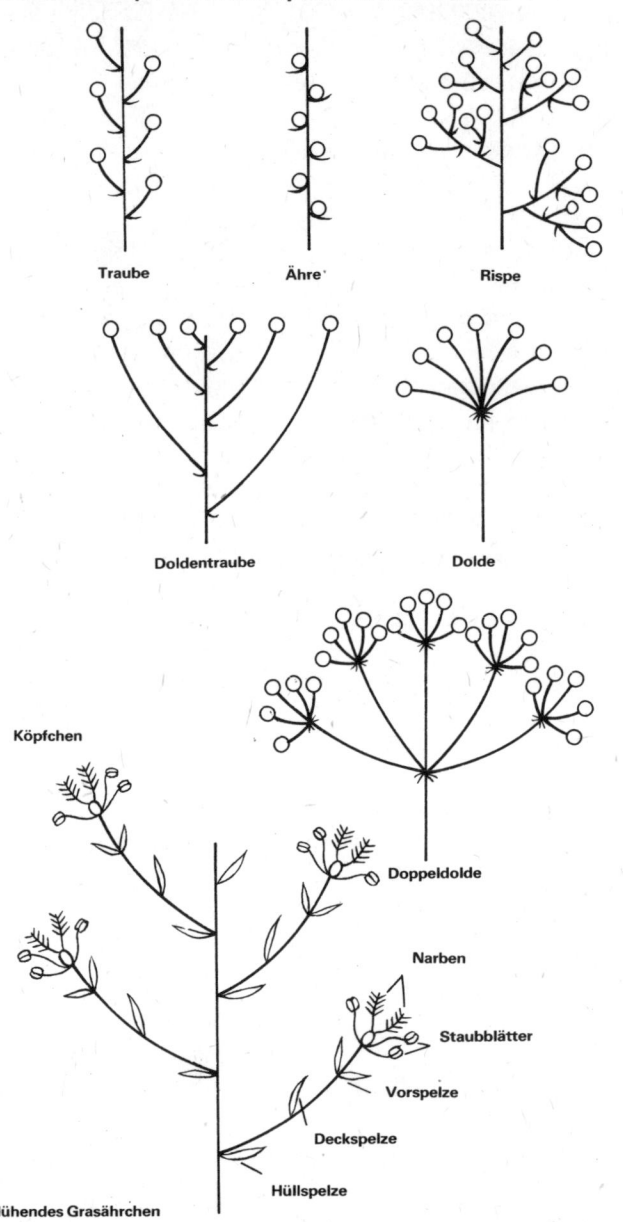

Traube  Ähre  Rispe

Doldentraube  Dolde

Köpfchen

Doppeldolde

Narben

Staubblätter

Vorspelze

Deckspelze

Hüllspelze

blühendes Grasährchen

## ZYMÖSE BLÜTENSTÄNDE

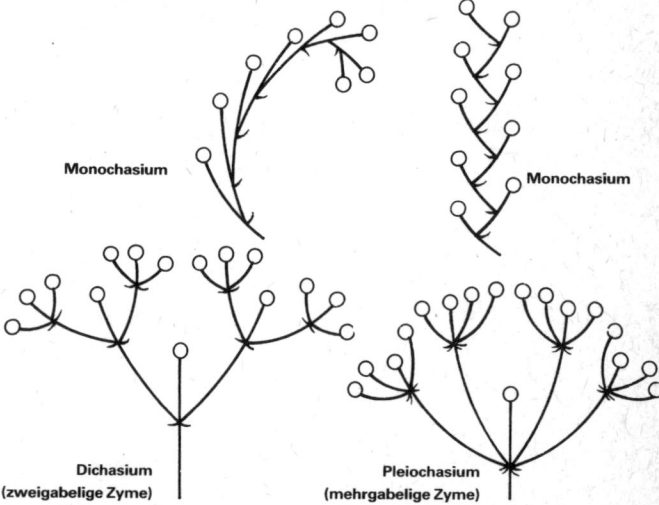

Monochasium  Monochasium

Dichasium
(zweigabelige Zyme)

Pleiochasium
(mehrgabelige Zyme)

Formen, öffnen sich durch Zähne oder Poren in der Fruchtwand (Schlüsselblume, Mohn).
Nicht aufspringende Früchte sind gewöhnlich trocken und hart (Nuß, Achäne, Karyopse) oder fleischig (Steinfrüchte, Beeren, Scheinfrüchte). Beim Verbreiten der in fleischigen Früchten eingeschlossenen Samen helfen vor allem Vögel. Die Früchte stehen dann wie bei den Blüten in Fruchtständen zusammen (Sonnenblume, Ananas). Andere Fruchtstände sehen wie eine Frucht aus. Ein Beispiel für solch eine Scheinfrucht ist die Erdbeere, deren fleischiger roter Fruchtkörper mit vielen kleinen Nüßchen (Samen) besetzt ist. Oder die Himbeere mit ihrem von Steinfrüchten dicht umgebenem fleischigem Blütenboden.
Die Ausbildung von samentragenden Früchten bezeichnen wir als geschlechtliche Vermehrung. Pflanzen können sich aber auch vegetativ vermehren, wobei sich an einzelnen Pflanzenteilen (Stengel, Blatt oder Wurzel) das Fehlende nachbildet und eine neue Pflanze entsteht. Es gibt Pflanzenarten, die sich vegetativ durch Abtrennen, Wurzelstöcke, Zwiebeln, Tochterzwiebeln, Ausläufer und Knollen vermehren. Die ungeschlechtliche Vermehrung wird vor allem bei niedrigen Pflanzen häufig beobachtet. Diese Pflanzenarten entwickeln ungeschlechtliche Teilchen, sog. Sporen, aus denen das neue Pflänzchen wächst (Farne). Vermehrt werden diese Pflanzen durch Stecklinge oder beim Veredeln von Obstbäumen.
Einer der wichtigsten Umweltfaktoren für die Pflanze ist die Temperatur. Mikroorganismen haben eine besonders ausgeprägte Beziehung zu Temperaturverhältnissen. Die kälteliebenden Mikroben sind höchstens bis leicht unter 0 °C lebensfähig, also auf Schnee, Gletschern und im

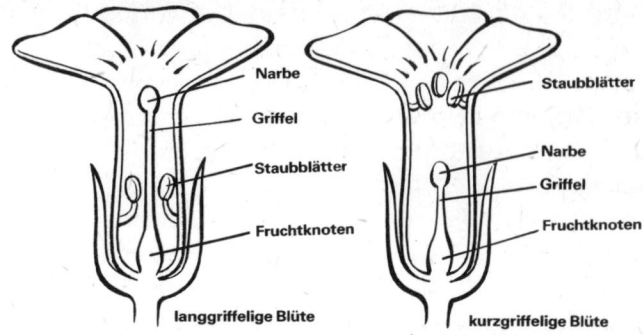

*Verschiedene Griffeltypen*

langgriffelige Blüte — Narbe, Griffel, Staubblätter, Fruchtknoten

kurzgriffelige Blüte — Staubblätter, Narbe, Griffel, Fruchtknoten

*Zwei Blütenarten der Schlüsselblume. Wenn ein Insekt eine langgriffelige Blüte aufsucht, sammelt sich der Pollen an seiner vorderen Körperseite. Fliegt es dann zu einer kurzgriffeligen, bleibt der Pollen an der Narbe des kurzen Griffels hängen. Gleichzeitig sammelt es den Pollen an seinem hinteren Körperteil.*

Meer. Wärmeliebende Bakterien bevorzugen dagegen Temperaturen um 80 °C. In heißen Quellen leben außer Bakterien hauptsächlich *Phormidium laminosum*, eine blaugrüne bis braunrote Alge, die sogar 87 °C verträgt. Ihr Antipode ist die Meeralgengattung *Laminaria*, eine Nordmeer-Braunalge, die am besten bei −1 bis −2 °C gedeiht. Der Einfluß des regelmäßigen Wechsels hoher und niedriger Temperaturen, größerer Lichtintensität und schwierigerer Bodenbedingungen ist auch an der Beschaffenheit der Hochgebirgsflora zu erkennen. Allgemeine Charakteristika sind kurze und dicke Sproßachsenglieder, kleinere Blätter und dickere Blattspreiten mit kleinen Zellzwischenräumen. Interessant ist die Stellung der Blätter: Häufig wachsen sie in einer dicht an den Boden gedrückten Rosette. Die ganze Pflanze duckt sich, um einen Teil der von den Sonnen-

## SCHLIESSFRÜCHTE

*Schließ-, Streu- und Scheinfrüchte*

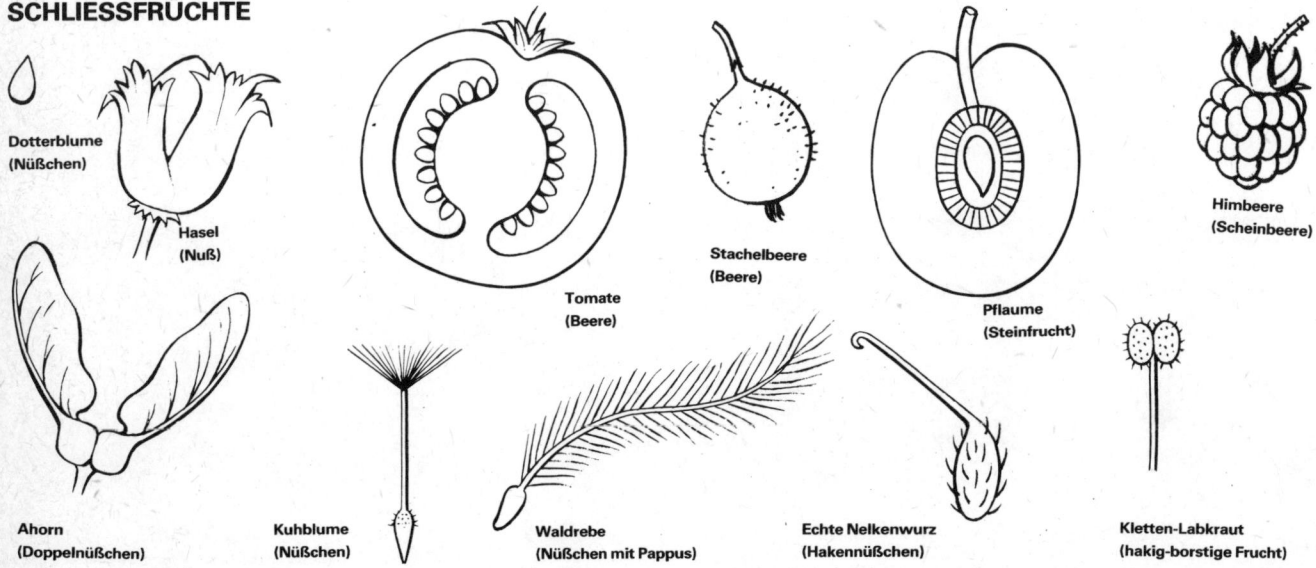

Dotterblume (Nüßchen)

Hasel (Nuß)

Tomate (Beere)

Stachelbeere (Beere)

Pflaume (Steinfrucht)

Himbeere (Scheinbeere)

Ahorn (Doppelnüßchen)

Kuhblume (Nüßchen)

Waldrebe (Nüßchen mit Pappus)

Echte Nelkenwurz (Hakennüßchen)

Kletten-Labkraut (hakig-borstige Frucht)

strahlen abgegebenen Wärme aufzunehmen. Unter ähnlichen, aber weitaus härteren Bedingungen muß die nördliche Flora leben. Die Vegetationszeit ist äußerst kurz, und die Pflanzenwelt dieser Gegenden muß Wintertemperaturen bis zu −60 °C überstehen.

Das andere Extrem sind die hohen Temperaturen in den Tropengebieten, wo manche Pflanzenarten 50 °C und mehr für längere Zeit ertragen. Der Wüstensand erreicht an der Oberfläche sogar 60−70 °C. Damit müssen vor allem die unterirdischen Teile der spärlichen Wüstenvegetation zurechtkommen, denn ihnen verschafft das verdunstende Wasser keine Kühlung wie den oberirdischen Pflanzenteilen. Der das Austrocknen vertragende vegetative Teil verhält sich ähnlich wie Samen. Auf den sonnenbeschienenen Felsen des Mittelmeergebietes wachsen Flechtenarten, die auch tägliche mehrstündige Temperaturen zwischen 50−60 °C aushalten.

Das Licht hat von allen äußeren Faktoren auf die Bildung des Pflanzenkörpers den größten Einfluß. Jede Lichtreizaktion bringt der Pflanze erhebliche Vorteile. Die Blätter drehen sich und stellen sich zum Licht so, daß sie so viel wie möglich des zur Assimilation benötigten Lichts aufnehmen können. Auf Licht reagieren aber auch Blüten und „biologische Blüten", also Blüten vortäuschende Blütenstände wie die Sonnenblume, die dem Lauf der Sonne folgen. Viele Pflanzen schließen mit der sinkenden Sonne, manchmal aber noch viel früher, ihre Blüten. Die Nachtkerze *(Oenothera)* dagegen öffnet erst in der Nacht ihre Blütenkelche, um sie von den Nachtfaltern bestäuben zu lassen. Dann gibt es Pflanzenarten, bei denen auch die Blätter auf sinkende Lichtintensität reagieren. Wenn wir den Sauerklee mit einem Hut bedecken, legt er im Dunkeln seine Blätter wie

ein geschlossener Regenschirm zusammen. Die Skala der Pflanzen reicht nach ihrer Beziehung zum Licht von den lichtliebenden Trockenpflanzen, die auch die größte Intensität der direkten Sonneneinstrahlung vertragen, über zahlreiche Übergangsformen bis zu den Schattenpflanzen, die unter dem direkten Sonnenlicht leiden.

Aber genau so wichtig wie Licht und Wärme ist das Wasser für die Pflanze. Wir unterscheiden nach der im jeweiligen Biotop zur Verfügung stehenden Wassermenge Xerophyten, die trockene Stellen bevorzugen, Mesophyten für mittlere Feuchtigkeitsverhältnisse, Hygrophyten für halbfeuchte und sumpfige Stellen und die auf dem Wasser schwimmenden oder ganz untergetauchten Hydrophyten. Eine Reihe von Arten kann ständig sowohl im Wasser als auch auf dem Land leben, ist also amphibisch, wie beispielsweise der Wasserknöterich *(Polygonum amphibium)*. Bei einigen Pflanzenarten ist eine bestimmte Beziehung zur Luftfeuchtigkeit zu beobachten. Wie die Silberdistel *(Carlina acaulis)* schließen sie ihre Blüten vor dem Regen. Verschiedene Arten dagegen lassen ihre Blüten länger geöffnet als alle anderen (Winde − *Convulvus* und andere). Die Pflanzen reagieren sehr empfindlich auf viele von ihrer Umwelt ausgehende äußere Einflüsse, wie z. B. Druckverhältnisse, Erdanziehung, Verletzung, Geräusche, chemische Faktoren, mineralische Bodenzusammensetzung und anderes. Dagegen unbeeinflußt zeigen sie sich von zufälligen Faktoren, es sei denn, sie wiederholten sich häufig und hätten besondere Bedeutung für ihre Existenz. Soll eine Pflanze gut gedeihen, müssen alle Faktoren auf sie einwirken, also Nährstoff- und Wassergehalt des Bodens, Luftfeuchtigkeit, Licht und Wärme. Wichtig ist dann noch, daß sie gegenseitig im richtigen Verhältnis stehen.

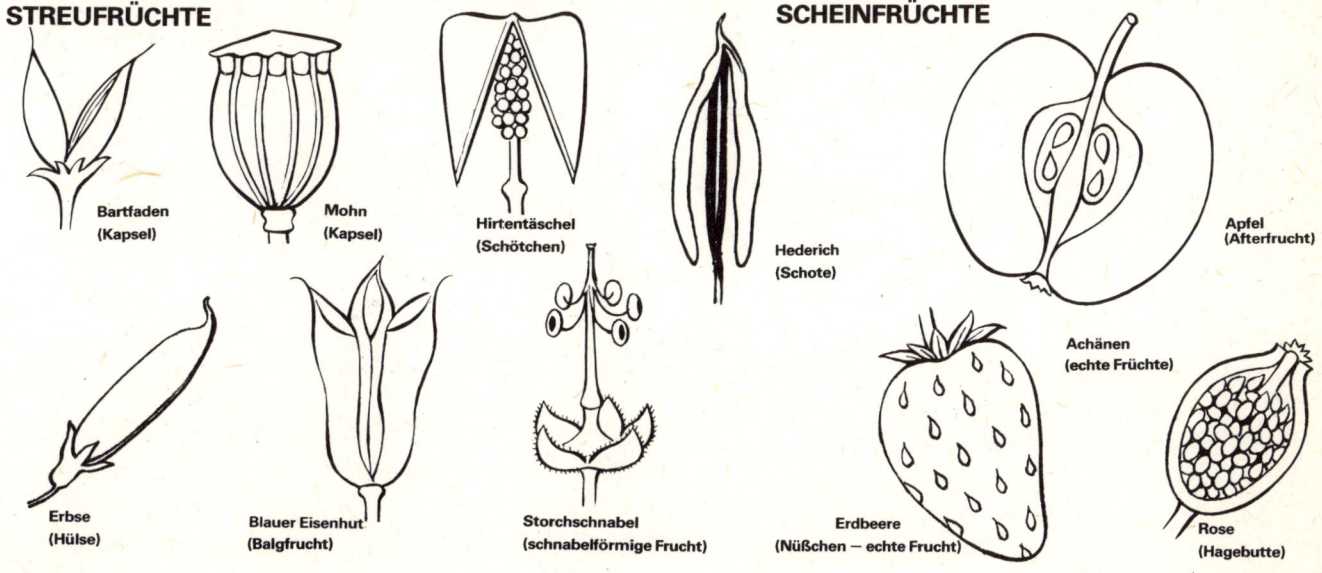

**STREUFRÜCHTE**

Bartfaden (Kapsel)

Mohn (Kapsel)

Hirtentäschel (Schötchen)

Erbse (Hülse)

Blauer Eisenhut (Balgfrucht)

Storchschnabel (schnabelförmige Frucht)

**SCHEINFRÜCHTE**

Hederich (Schote)

Apfel (Afterfrucht)

Achänen (echte Früchte)

Erdbeere (Nüßchen − echte Frucht)

Rose (Hagebutte)

## Verbreitungsgebiete

Außer auf extrem ungünstigen Standorten, also Stellen mit höchsten und niedrigsten Temperaturen, ohne Licht und Wasser, sind überall Vertreter des so mannigfaltigen Pflanzenreiches zu finden. Pflanzen wachsen nicht zufällig, wie es uns auf den ersten Blick erscheinen könnte, aber auch nicht nur in Abhängigkeit von den ökologischen Standortbedingungen. Jede Pflanzenart hat auf unserer Erde ihr Verbreitungsgebiet. Das ist das gesamte Areal, auf das sich die Art vom Entstehungsgebiet aus verbreitet hat. Es gibt aber auch Arten, die sich nur wenig oder gar nicht ausgebreitet haben. Das sind Endemiten, die nur auf einem relativ eng begrenzten Gebiet heimisch sind. Ganz anders sind Kosmopoliten, Pflanzen, deren Areal fast die ganze Erde umfaßt. Aber davon gibt es nur wenige, hauptsächlich Unkräuter, die durch den Menchen verbreitet wurden, sowie die Wasserpflanzen, denn Wasser ist ein unveränderlicher Biotyp. Die nur auf einer Halbkugel unserer Erde, also der nördlichen oder der südlichen, oder nur auf einem einzigen Kontinent vorkommende Flora nennt man zirkumpolar.

Im Tertiär herrschte in der heutigen gemäßigten Klimazone unserer nördlichen Halbkugel ein warmes Klima, das sich im Jungtertiär zu einem feuchten, subtropischen Klima änderte. Deshalb fanden wärmeliebende Pflanzen und Laubbäume wie Eiche, Buche, Nußbaum, Kastanie u. a. ausgezeichnete Lebensbedingungen vor. Im Pleistozän drangen riesige Eismassen nach Süden vor, das Klima wurde erheblich kälter, so daß die riesigen Laubwälder nach Süden verdrängt wurden oder ganz ausstarben. Dafür drang die nördliche Flora nach Süden und die Hochgebirgsflora in die Niederungen vor. Nach dem Rückgang der Vereisung und dem Ende der Eiszeiten wanderten einige Pflanzenarten wieder von Süden nach Norden und aus den Ebenen in die Gebirge. Aber es gelang den wärmeliebenden und empfindlichen Arten auf unserem Kontinent nicht mehr, die mit ewigem Eis und Schnee bedeckte, quer verlaufende Hochgebirgsbarriere, die Alpen, zu überwinden. Eine ganz andere Situation fanden sie in Nordamerika vor. Auch dort wurde die Flora durch das Inlandeis nach Süden abgedrängt, aber sie konnte nach der eingetretenen Erwärmung wieder nach Norden vordringen, denn die wichtigste nordamerikanische Hochgebirgsregion verläuft im wesentlichen in Nord-Süd-Richtung. An bestimmten Stellen, wo sie günstige Bedingungen vorfanden, sind diese Einwanderer bis in unsere Zeit erhalten geblieben und leben heute noch dort, wo sie sich während des Pleistozäns ansiedelten (Eiszeitrelikte oder Glazialrelikte).

Erst später, als der Mensch vom Jäger und Sammler zum Ackerbauer wurde, lernte er auch die Pflanzen systematisch nutzbar zu machen. Er sammelte solche, die eßbar waren, die zur Herstellung von Geräten und Waffen, für Behausungen und als Brennmaterial dienen konnten. Er lernte die Pflanzen kennen, die Krankheiten heilten. Er stellte fest, daß sich einige Pflanzen mehr oder weniger oder völlig ähnlich waren. Das veranlaßte ihn zur Aufteilung der Pflanzenwelt in nach den auffälligsten Merkmalen geordnete größere Gruppen, z. B. Bäume, Sträucher und Kräuter (Theophrast um 300 v. u. Z.), unterschieden in blühende, nichtblühende, nach ihrer Verwendung (Dioskurides, 1. Jh. u. Z.) usw. Die ältesten Pflanzensysteme wurden durch eingehenderes Beobachten und Klassifizieren der weniger auffälligen Merkmale gewonnen. Im Jahre 1753 schuf der schwedische Naturforscher Carl von Linné in seiner Arbeit „Species plantarum" die neuere umfassende Systematik des Pflanzenreiches, die noch heute das Fundament für die wissenschaftliche Benennung der Pflanzen und ihre Systematisierung in Gattungen und Arten darstellt. Linné ging dabei äußerst konsequent vor. Er führte die „binäre Nomenklatur" in die wissenschaftliche Botanik ein, d. h. die Verbindung des Gattungs- und des Artnamens. So charakterisiert der wissenschaftliche Name der Walderdbeere *Fragaria vesca* mit ‚Fragaria' die Zugehörigkeit zur Gattung und mit ‚vesca' die Art. Die Art (lateinisch species) ist die Grundeinheit des Systems. Sie faßt alle Individuen zusammen, die in ihren wesentlichen Merkmalen und Eigenschaften übereinstimmen und durch die sie sich von allen anderen unterscheiden. Auf unserer Erde leben etwa 700 000 Pflanzenarten — eine riesige Anzahl, mit deren Klassifizierung und Einordnung in das System eine spezielle wissenschaftliche Disziplin befaßt ist — die Taxonomie. Mit dem inneren Pflanzenaufbau und den Gewebefunktionen beschäftigt sich die Pflanzenphysiologie. Da die Pflanzenwelt nicht ohne Gesetzmäßigkeit über unsere Erde verbreitet ist, sondern in Abhängigkeit von den Lebensbedingungen in bestimmten organisierten Abteilungen, sog. Pflanzengesellschaften, ist auch dieses Verhalten Gegenstand wissenschaftlicher Arbeit. Mit diesen pflanzengeographischen Studien beschäftigt sich die Phytocenologie.

Damit schließt unsere Einführung in das Pflanzenreich. Sie ging nicht ins Einzelne und war auch nicht erschöpfend. Ihr Ziel war es lediglich, eine erste „Grobeinteilung" zu geben.

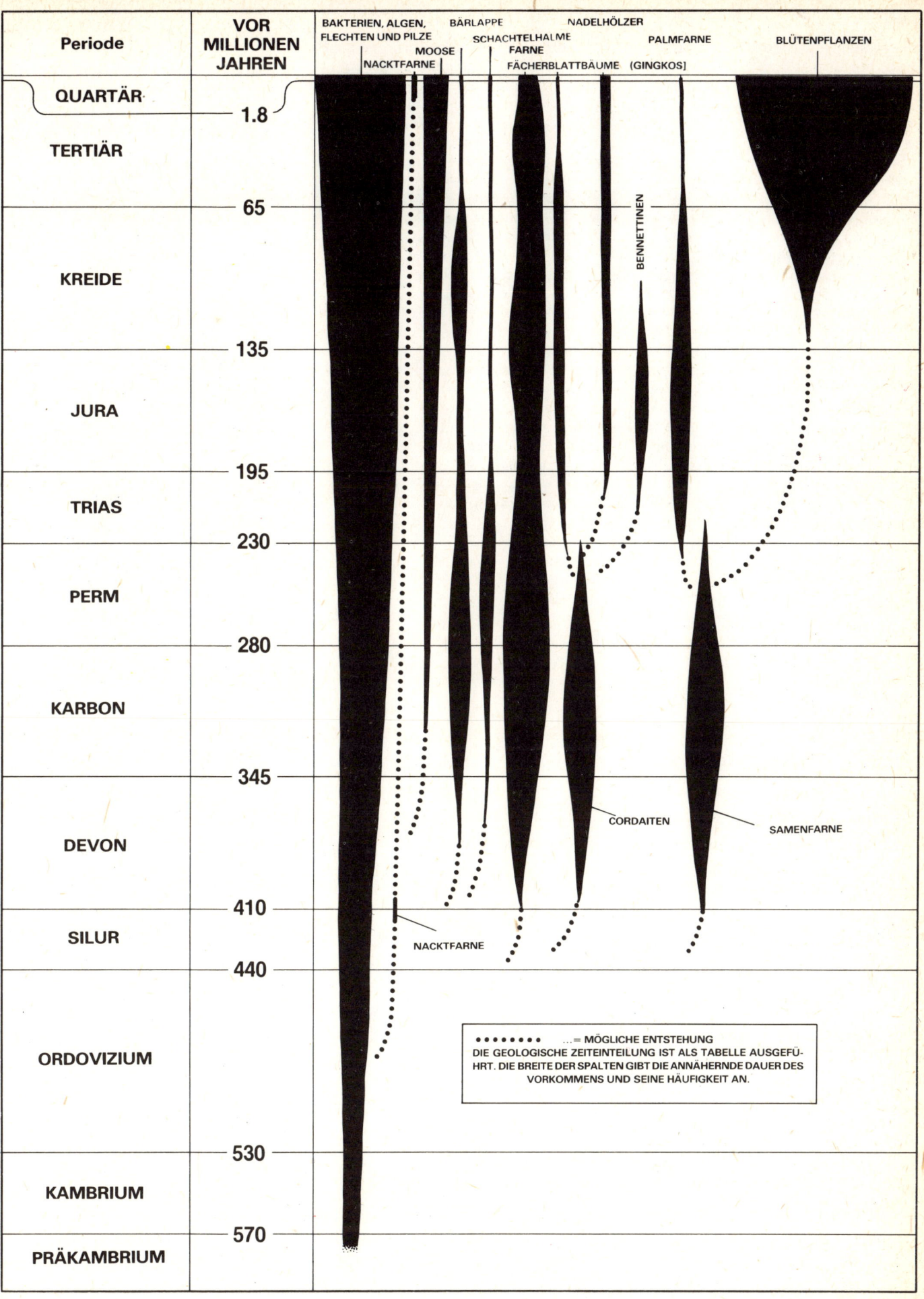

| Periode | VOR MILLIONEN JAHREN |
|---|---|
| QUARTÄR | 1.8 |
| TERTIÄR | 65 |
| KREIDE | |
| | 135 |
| JURA | |
| | 195 |
| TRIAS | 230 |
| PERM | 280 |
| KARBON | |
| | 345 |
| DEVON | |
| | 410 |
| SILUR | 440 |
| ORDOVIZIUM | |
| | 530 |
| KAMBRIUM | |
| | 570 |
| PRÄKAMBRIUM | |

BAKTERIEN, ALGEN, FLECHTEN UND PILZE
NACKTFARNE
MOOSE
BÄRLAPPE
SCHACHTELHALME
FARNE
FÄCHERBLATTBÄUME (GINGKOS)
NADELHÖLZER
PALMFARNE
BLÜTENPFLANZEN
BENNETTINEN
CORDAITEN
SAMENFARNE
NACKTFARNE

•••••• ...= MÖGLICHE ENTSTEHUNG
DIE GEOLOGISCHE ZEITEINTEILUNG IST ALS TABELLE AUSGEFÜHRT. DIE BREITE DER SPALTEN GIBT DIE ANNÄHERNDE DAUER DES VORKOMMENS UND SEINE HÄUFIGKEIT AN.

# Frühlingsblumen

Der Frühling schickt in Mitteleuropa seine Vorboten schon zu einer Zeit, wenn das Thermometer noch einige Grad unter Null anzeigt. Ihnen folgen die Pflanzen, die zum Erblühen Wärme brauchen.

Aber allen Frühlingsblühern ist eines gemeinsam: sie speichern die zum Wachsen und Gedeihen notwendigen Nährstoffe in Knollen, Zwiebeln und Rhizomen, denn nur dadurch sind sie in der Lage, so frühzeitig und schnell zu wachsen, zu blühen und Früchte hervorzubringen. Diese Arten lieben meist die feuchten Böden der Auwälder und die Frische der Laubwälder. Sie schließen ihren Blüh- und Assimilationszyklus ab, bevor die Laubbäume Blätter treiben. Blätter und Stengel beginnen dann langsam abzusterben, und das Leben verlagert sich wieder in die unterirdischen Pflanzenteile, damit die Pflanze im nächsten Frühjahr zu neuem Leben erwachen kann.

## Scharbockskraut, Feigwurz
*Ranunculus ficaria*
(syn. *Ficaria verna*)
Bei diesem Frühlingsblüher verläuft der Wachstumsprozeß sehr schnell; meist von April bis Mai, manchmal aber auch schon ab März. Das Scharbockskraut bildet ein Blätterbüschel und viele Blüten, aber nur wenig, fast keinen Samen. Dafür entwickelt es zwei Arten von Knollen: hellbraune, die sich im Wurzelsystem ausbilden und zur Stärkespeicherung dienen, und kleine weiße Brutknollen in den Achseln der Grundblätter, die ähnlich wie bei der Feuerlilie *(Lilium bulbiferum)* zur vegetativen Vermehrung der Blätter dienen. Diese Brutknollen ähneln Getreidekörnern und fallen nach dem Absterben von Blättern und Stengeln auf die Erde. Bei kräftigen Regengüssen werden sie weggespült und sammeln sich manchmal in größeren Mengen an Hindernissen. Man sagt dann, es regne Getreide. Die Brutknollen überwintern und wachsen im nächsten Frühjahr zu neuen Pflanzen heran. Das Scharbockskraut hat rund-herzförmige Blätter, die stumpf gezähnt sind. Die Blüten sind gelb, sternförmig und sitzen einzeln an den Stengeln.

## Frühlingsfingerkraut
*Potentilla neumanniana*
(syn. *Potentilla verna, P.*

Scharbockskraut, Feigwurz

*tabernaemontani)*
Das Frühlingsfingerkraut wächst an trockenen, sonnigen Hängen und Rainen. Die Strahlen der Märzensonne erwecken die sich weit ausbreitenden, in polsterartigen Verbänden wachsenden Pflanzen schon früh zu neuem Leben. Die zahlreichen gelben Blüten und Knospen wachsen dicht über dem Boden. Die Grundblätter sind 5—7zählig und haben an der Unterseite einfache Härchen.

Frühlingsfingerkraut

Schneeglöckchen                    Märzenbecher, Frühlingsknotenblume

sen und in Wäldern sowie an den Ufern der Bäche. Auf einem dicken Schaft sitzen Trauben aus kleinen fleischroten Blütenkörbchen. Jede Blüte ist eigentlich, ähnlich wie bei anderen Korbblütengewächsen *(Compositae)*, ein Blütenstand. Erst nach der Blütezeit erscheinen die riesigen Blätter. Ihr Durchmesser kann bis 50 cm betragen. Sie sind herzförmig und unterseits behaart. Schon im Mittelalter war die Gemeine Pestwurz wegen ihrer Heilwirkung bei Pest- und Choleraepidemien bekannt. Außerdem wurde aus ihren Wurzeln ein „Zaubertrank" zubereitet, der die Männer im Kampf vor Verletzungen schützen sollte. Heute findet vor allem der Wurzelstock als Droge (hustenlinderndes und krampflösendes Mittel bei Erkrankungen der Atemwege) Verwendung.

Gemeine Pestwurz,
Rote Pestwurz

## Schneeglöckchen
*Galanthus nivalis*
Der Frühling beginnt in der Natur früher als auf dem Kalender. Das Schneeglöckchen ist ein Beweis dafür. Wenn es noch kalt ist und Reste von Schnee liegen, steckt es seine Köpfchen aus der Erde. Das Schneeglöckchen ist zwar unscheinbar, aber sehr beliebt − poetisch wird es Vorbote des Frühlings oder erster Frühlingsbote genannt. Wer freut sich nicht über ein Sträußchen Schneeglöckchen, Symbol des scheidenden Winters und des nahenden Frühlings! Die Blüte hat 3 längere, reinweiße äußere Kronblätter und 3 kürzere, innere Kronblätter, weiß mit hellgrünen Querstreifen. Die glockenähnlichen Blütenkelche verbergen den Stempel und 6 Staubblätter mit gelben Staubbeuteln. Der Blütenstaub wird von den Bienen und anderen Insekten gesammelt und weitergetragen. Die Samen des Schneeglöckchens verbreiten die Ameisen, indem sie die fleischigen Kapseln aufbeißen.

## Märzenbecher, Frühlingsknotenblume
*Leucojum vernum*
Etwas später als das Schneeglöckchen erscheinen die weißen Blütenglocken des Märzenbechers, auch Frühlingsknotenblume genannt. Er ist ein naher Verwandter des Schneeglöckchens, denn beide gehören zur Familie der *Amaryllidaceae*. Aus einer Zwiebel wachsen 3−4 schmale Blätter und der Stengel mit einer einzigen Blüte. Alle 6 Blütenblätter sind gleich und haben an der Spitze einen charakteristischen gelbgrünen Fleck.
Wie beim Schneeglöckchen vergehen auch die Blüten und Blätter des Märzenbecher nach dem Verblühen. Und so ist in Auwäldern, auf Wiesen und in Erlengebüschen entlang der Bäche im Sommer nichts mehr von ihnen zu finden. Leider ist diese schöne Blume nur noch selten anzutreffen und steht daher unter Naturschutz.

## Gemeine Pestwurz, Rote Pestwurz
*Petasites hybridus*
Kaum haben die warmen Sonnenstrahlen den letzten Schnee weggetaut, wächst die Pestwurz auf feuchten Wie-

# Wiesenpflanzen

Wenn der Frühling scheidet und der Sommer beginnt, sind unsere Wiesen ein einziges buntes Farbenmeer: neben weißen Margeriten *(Chrysanthenum leucanthemum)* blüht die blaue Glockenblume *(Campanula patula)*, die fleischrote Kuckuckslichtnelke *(Lychnis flos-cuculi)*, der dottergelbe Löwenzahn *(Taraxacum officinale)* — alle inmitten blühender Gräser, die auf unseren Wiesen überwiegen. Alle Wiesenblumen brauchen Sonne. Ohne sie, im Schatten der Bäume und Sträucher, würden sie ein kümmerliches Dasein fristen.

Es gibt viele Wiesen — die einen sind trocken und steinig, andere feucht, manchmal sogar naß. Und zwischen diesen Extremen liegen die „gewöhnli-

Scharfer Hahnenfuß

Feldmannstreu

chen" Wiesen mit ihren mittelmäßigen Ansprüchen an die Wasserversorgung. Und so verschieden, aber immer dem Standortcharakter entsprechend, sind auch die Pflanzenarten, die wir dort antreffen können.

### Scharfer Hahnenfuß
*Ranunculus acris*
Die goldgelben Blüten des Scharfen

Hahnenfußes werden vom weidenden Vieh gemieden, denn er enthält, wie alle Arten der Familie Ranunculaceae, das Gift Protoanemonin. Durch Trocknen verringert sich jedoch die Giftigkeit der Pflanze.

### Feldmannstreu
*Eryngium campestre*
Die in Europa heimischen Mannstreuarten sehen wie Disteln aus, obwohl sie Doldengewächse sind. Die Feldmannstreu ist eine mehrjährige Pflanze, die im Herbst völlig verdorrt und abgestorben aussieht. Der oberirdische Teil des „Strauches" bricht dann ab und fliegt als dornige Kugel, vom Wind getrieben, über Trockenböden, Weiden, Brachen und Raine. Während des Fluges streut die Pflanze ihre Früchte aus — Doppelachänen, und sorgt so für ihre Weiterverbreitung.

## Kuckuckslichtnelke

*Lychnis flos-cuculi*

Die Kuckuckslichtnelke ist mit ihren fleischroten, zerfransten Kronblättern sehr auffällig und unverwechselbar. Sie beginnen mit einer kleinen Nebenkrone und teilen sich dann in vier tiefgeschnittene, lange Zipfel.

**Kuckuckslichtnelke**

**Kartäusernelke**

## Kartäusernelke

*Dianthus carthusianorum*

Die Kartäusernelke wächst auf trockenen, sonnigen Wiesen und Hängen von den Niederungen bis ins Gebirge. Ihre schön geformten roten Blüten leuchten schon von weitem.

Diese Art aus der Familie *Dianthus* (aus dem Griechischen übersetzt, heißt das „Götterblume") hat ihren Namen nach den Kartäusermönchen erhalten. Mitglieder dieses Einsiedlerordens waren vor allem im 18. Jh. als Naturforscher weit bekannt.

**Breitblättriges Wollgras**

## Gemeines Kreuzblümchen, Wiesenkreuzblume

*Polygala vulgaris*

Kräuter der Familie der Kreuzblumengewächse wachsen auf den Wiesen, Weiden und Triften Europas; am häufigsten aber ist das Gemeine Kreuzblümchen anzutreffen. Seine Blüten sind intensiv blau, seltener weißlich oder purpurrot.

Die Familie der *Polygalaceae* ist über die ganze Erde verbreitet und umfaßt außer Kräutern auch Gehölze, Halbsträucher und Lianen.

**Gemeines Kreuzblümchen, Wiesenkreuzblume**

## Breitblättriges Wollgras

*Eriophorum latifolium*

Die silberweißen Flaumquasten dieses Grases trifft man in Mooren oder auf Wiesen an. Sie sehen aus wie Wollbällchen, darum gaben ihnen die Naturforscher den Namen *Eriophorum* = wolltragend.

# Wasserpflanzen

Die abgebildeten Pflanzenarten leben alle im oder am Wasser. Die einen stehen halb, die anderen fast ganz im nassen Element. Manche schwimmen auch frei auf dem Wasser, wie z. B. die Wasserlinse und der Wasserschlauch. Die Seerose und das Laichkraut haben lange Stiele und Stengel, die bis zu den im sumpfigen Grund wachsenden Wurzelstöcken reichen. Stengel und Stiele passen sich mit ihrer Länge der Wassertiefe an und können sich strecken, wenn der Wasserspiegel steigt. Interessant ist die Anordnung der Poren in den Blättern dieser Wasserpflanzen. Sie befinden sich auf der Blattoberfläche, damit die Pflanze atmen und das immer überschüssige Wasser wirklich verdunsten kann. Die an schlammigen Ufern wachsenden Pflanzen, die nur halb im Wasser stehen, haben grasähnliche Blätter, wie z. B. der Rohrkolben *(Typha)*, das Schilf *(Phragmites)*, die Seggen *(Carex)* und der Kalmus *(Acorus)*.

Die Wurzelstöcke der Wasserpflanzen erfüllen aber auch eine wichtige Aufgabe, denn sie sammeln Schlamm an, halten ihn zurück und heben dadurch den Boden an.

## Weiße Teichrose, Weiße Seerose
*Nymphaea alba*
Die Blüten der Seerose beginnen sich nach 16 Uhr zu schließen und sind nach 18 Uhr unter der Wasseroberfläche verschwunden. Diese geschlossenen Blüten erscheinen dann am Morgen gegen 7 Uhr wieder über dem Wasserspiegel und öffnen bei Sonnenschein ihre Blütenkelche. Diese Bindung der Pflanzen an das Sonnenlicht bezeichnen wir als Heliotropismus. Dies war bereits den Gelehrten des Altertums bekannt.

Die Seerosen werden nicht nur wegen ihrer Schönheit geschätzt, sondern auch wegen des speziellen botanischen Charakters ihrer Büten, die den allmählichen Übergang der unten grünen und oben weißen Kelchblätter in die spiralig angeordneten Kronblätter zeigen. Nach der Blütenmitte zu verengen sie sich und werden kleiner. Gleichzeitig gehen sie von weißen in gelbe, den Fruchtknoten bis unter die Narbe umwachsende Staubblätter über. Durch die unmittelbar um die Narbe stehenden Staubbeutel kann es zur Selbstbestäubung kommen; gewöhnlich besorgen jedoch die durch die auffallenden Blüten angelockten Fliegen und Käfer die Bestäubung. Als Frucht entwickelt sich eine mohnähnliche Kapsel, die ausgezeichnet an die Samenverbreitung im Wasser angepaßt ist. Die frei werdenden Samen haben eine Lufthülle, dank derer sie im Wasser schwimmen und weitergetragen werden. Bei der Verbreitung der Seerosensamen hilft auch das Wasserhuhn, für das das klebrige und schleimige Samenfleisch eine Delikatesse ist.

**Breitblättriger Rohrkolben**

**Weiße Teichrose, Weiße Seerose**

## Breitblättriger Rohrkolben
*Typha latifolia*

Auf dem Bild sind die weiblichen Blütenstände des Rohrkolbens zu sehen. Unmittelbar darüber sitzt ein blaßbraunes Schwänzchen, ein aus männlichen Blüten gebildeter Kolben. Nach der Bestäubung durch den Wind reifen die Fruchtknoten zu Nüßchen heran, die mit weißem Flaum umgeben sind. Der Flaum hält die reifen Samen 2—3 Tage auf der Wasseroberfläche, bevor sie zu Boden sinken.

Die festen, elastischen Blätter des Rohrkolbens sind ein ausgezeichnetes Material zum Flechten von Körben, Matten, Hüten, Taschen, Flaschenhüllen, Schuhen und anderen nützlichen Sachen. Die Stengel wurden früher als Heizmaterial genommen, der Flaum der Fruchtstände zum Verpacken und Ausstopfen. Zusammen mit Hasenwollhaar wurde dieser Flaum früher auch zur Herstellung von Filzhüten verwendet.

## Kleine Wasserlinse
*Lemna minor*

Wenn sich die Wasserflächen ruhiger Teiche, Waldtümpel, aber auch größerer, im Schatten liegender Gräben mit einer grünen Schicht überziehen, ist daran meist die Kleine Wasserlinse, manchmal zusammen mit ihren verwandten Arten, beteiligt. Dann „blüht" das Wasser. Dieser grüne Teppich wird zum Tummelplatz verschiedener Wassertiere, beispielsweise der Frösche. Die Kleine Wasserlinse ist eine 0,5 cm

breite Pflanze, die wie ein kleines rundes Blättchen aussieht, obwohl es sich eigentlich um einen vereinfachten, an die Lebensbedingungen angepaßten Stengel handelt.

Diese kleinste Samenpflanze blüht nur sehr selten, vermehrt sich aber leicht und schnell durch seitlich austreibende Knospen. Im Volksmund wird sie auch als „Entengrütze" bezeichnet.

## Gemeiner Wasserschlauch
*Utricularia vulgaris*

Der Wasserschlauch bietet ein eigenartiges Bild: an fadenförmigen, wurzelähnlichen Blättern sitzen durchsichtige kleine Blasen. Er schwimmt frei auf stehenden, warmen Gewässern und gehört zu den insektenfressenden Pflanzen. Die so harmlos aussehenden Bläschen sind von der Natur ausgezeichnet erdachte bewegliche Fangorgane. Je-

**Gemeiner Wasserschlauch**

**Kleine Wasserlinse**

des Lebewesen, das Schutz im Geflecht der Härchen um die Blasenöffnung sucht, stößt an das bewegliche Häutchen, das es dann wie durch eine Falltür nach innen strudelt. In der Blase wird das gefangene Lebewesen durch Verdauungsfermente zersetzt und verdaut.

## Schwimmendes Laichkraut
*Potamogeton natans*

Das Laichkraut wächst in stehenden und langsam fließenden Gewässern, stillen Tümpeln und toten Flußarmen. Sind die unscheinbaren Blüten bestäubt, tauchen die endständigen Blütenähren unter die Wasserfläche. Als

**Schwimmendes Laichkraut**

Früchte entwickeln sich dann Achänen, die unter Wasser reifen und zu Boden sinken oder von Tieren verbreitet werden.

Einige Früchte bleiben in der Ähre, die nach dem Verfaulen des Stengels wieder an die Wasseroberfläche kommt.

# Gräser

Die Gräser bilden eine zahlenmäßig starke Familie von Pflanzen gleichen und charakteristischen Aussehens, deren Blüten entweder in Trauben, Rispen oder Ähren stehen und deren Einheitlichkeit hauptsächlich in den typisch schmalen, langen Blättern besteht. Darin ähneln ihnen aber auch einige Arten anderer Pflanzenfamilien, beispielsweise die Seggen *(Carex)*, Simsen *(Luzula)* und Grasnelken *(Armeria)*.
Diesen Pflanzenarten fehlt aber das augenfälligste Merkmal der Gräser: der

**Wiesenrispengras**

Gemeines Zittergras

knotig gegliederte, hohle Halm. Folglich ist nicht alles Gras, was wie Gras aussieht.

## Wiesenrispengras
*Poa pratensis*
Das Wiesenrispengras ist eines der häufigsten und auch besten Wiesen- und Weidegräser. Dieses wichtige Fut-

tergras stellt weder an Wasser noch an Bodenqualität besondere Ansprüche. Nach dem Abmähen wächst es schnell nach und bildet auf den Wiesenbeständen eine feste, dichte Rasendecke.

## Gemeines Zittergras
*Briza media*
Das Zittergras ist eines der schönsten Gräser. An dünnen, krummen Stielen in

breit ausladenden Doppeltrauben bewegen sich, bei jedem Windhauch zitternd, unbegrannte, rundliche, am Grund herzförmige Ährchen.
Als Grünfutterpflanze ist das Zittergras nicht geeignet, als Trockengras in der Vase dagegen kommt es als Winterzimmerschmuck besonders zur Geltung. Noch prächtiger ist das südeuropäische *Briza maxima*, das wegen seiner großen Ähren volkstümlich auch Hasenbrödle oder Vogelbrot genannt wird.

## Waldsegge
*Carex sylvatica*
Die Waldsegge ist eine der zahlreichen, untereinander, aber auch den Süßgräsern ähnlichen Riedgrasarten. Im Unterschied zu den Süßgräsern haben die Seggen jedoch knotenlose, volle, dreikantige Halme.

**Waldsegge**

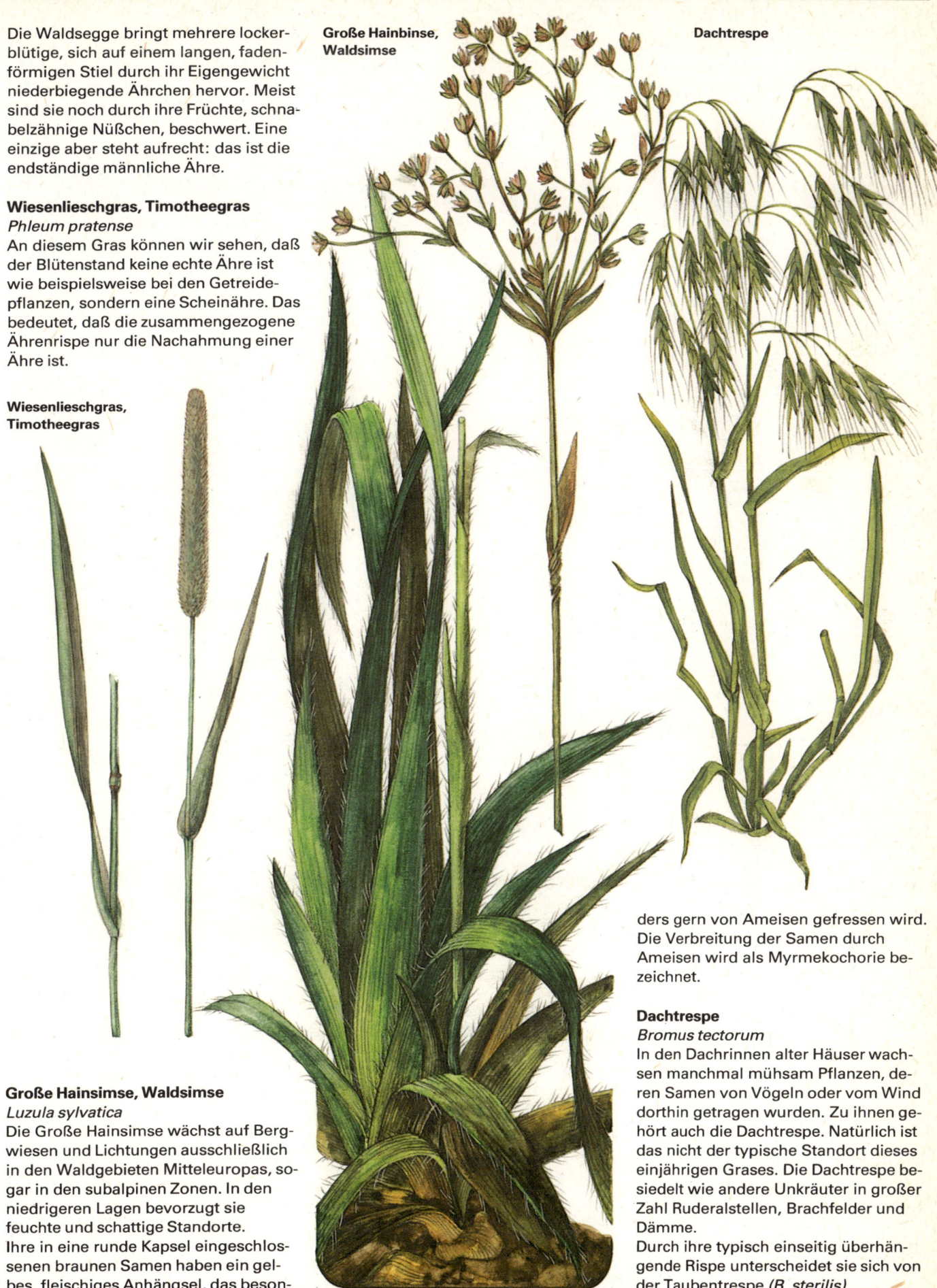

Die Waldsegge bringt mehrere locker-
blütige, sich auf einem langen, fadenförmigen Stiel durch ihr Eigengewicht
niederbiegende Ährchen hervor. Meist
sind sie noch durch ihre Früchte, schna-
belzähnige Nüßchen, beschwert. Eine
einzige aber steht aufrecht: das ist die
endständige männliche Ähre.

## Wiesenlieschgras, Timotheegras
*Phleum pratense*
An diesem Gras können wir sehen, daß
der Blütenstand keine echte Ähre ist
wie beispielsweise bei den Getreidepflanzen, sondern eine Scheinähre. Das
bedeutet, daß die zusammengezogene
Ährenrispe nur die Nachahmung einer
Ähre ist.

**Wiesenlieschgras,
Timotheegras**

**Große Hainbinse,
Waldsimse**

**Dachtrespe**

## Große Hainsimse, Waldsimse
*Luzula sylvatica*
Die Große Hainsimse wächst auf Berg-
wiesen und Lichtungen ausschließlich
in den Waldgebieten Mitteleuropas, sogar in den subalpinen Zonen. In den
niedrigeren Lagen bevorzugt sie
feuchte und schattige Standorte.
Ihre in eine runde Kapsel eingeschlossenen braunen Samen haben ein gel-
bes, fleischiges Anhängsel, das beson-

ders gern von Ameisen gefressen wird.
Die Verbreitung der Samen durch
Ameisen wird als Myrmekochorie be-
zeichnet.

## Dachtrespe
*Bromus tectorum*
In den Dachrinnen alter Häuser wachsen manchmal mühsam Pflanzen, deren Samen von Vögeln oder vom Wind
dorthin getragen wurden. Zu ihnen gehört auch die Dachtrespe. Natürlich ist
das nicht der typische Standort dieses
einjährigen Grases. Die Dachtrespe besiedelt wie andere Unkräuter in großer
Zahl Ruderalstellen, Brachfelder und
Dämme.
Durch ihre typisch einseitig überhän-
gende Rispe unterscheidet sie sich von
der Taubentrespe *(B. sterilis)*.

# Kulturpflanzen

Unsere Kulturpflanzen und die Entwicklung der menschlichen Zivilisation sind eng miteinander verbunden. Sie unterscheiden sich in ihrem heutigen Aussehen meist stark von den ursprünglichen Wildformen.

Bevor sie sich zu dem entwickelten, was wir heute als Kulturpflanzen bezeichnen, mußten sie ziemlich einschneidende Veränderungen durchmachen, die ihre Nutzwerte für uns Menschen verstärkten oder ausschließlich

treidekörner – sind äußerst nährstoffreich, nicht nur durch ihren hohen Gehalt an Stärke, Eiweißen, Zuckern und Fetten, sondern auch durch ihre vitaminhaltigen Eiweißklebstoffe. Neben Mehl und Grieß dient Getreide deshalb auch als Rohstoff für Stärkemehl, Kleber, Malz und Alkohol.

Bei den Wildgräsern sind die Körner klein, die Ähren öffnen sich, und die Körner fallen heraus. Bei den kultivierten Getreidearten sind Ähren und Kör-

dianer bildete. In die wärmeren Gegenden unserer Erde kam sie erst später durch das Dazutun des Menschen. Der Mais wird schon seit Jahrtausenden kultiviert, und niemand weiß mehr, wann und wo damit begonnen wurde. Daher fehlen auch jegliche Informationen über die Wildformen. Heute werden viele verschiedenartige Maissorten angebaut.

Eine Delikatesse ist das Popcorn, dessen Körner beim Erhitzen platzen; beliebt als Gemüsesorte ist der Zuckermais. Botanisch interessant ist der Spelzenmais, die wahrscheinlich dem wilden Mais am nächsten stehende Varietät, weil nicht nur der weibliche Blütenstand, also der Kolben, seine Hüllblätter hat, sondern auch jedes einzelne Korn. Beachtenswert sind weiter niedrig wachsende Zwergsorten, vollständig behaarte Sorten und Exemplare, bei denen sich der Kolben in zahlreiche kleine Seitenkolben verzweigt. Als Gartenpflanze werden Varietäten mit gestreiften Blättern angeboten.

Die Maiskörner sind meist gelb oder weiß, es gibt aber auch Sorten mit orangeroten, violetten, blauen, braunschwarzen, rosaroten bis roten und verschiedenfarbig gestreiften Samen. Effektvoll wirken Kolben mit mehrfarbigen Körnern, auch Harlekine genannt.

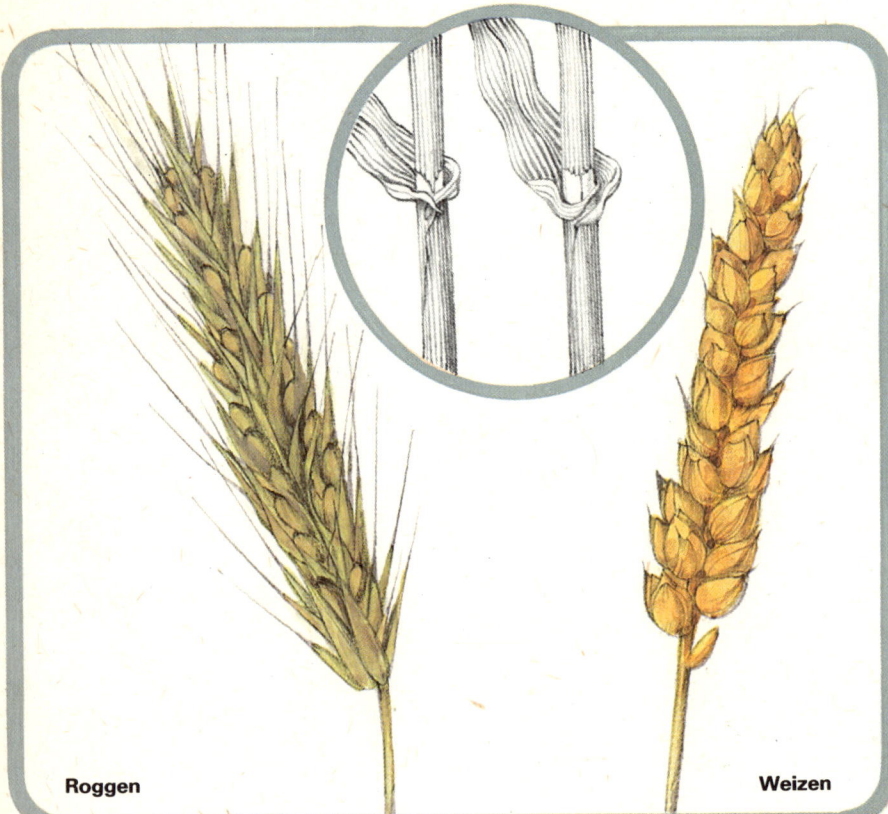

Roggen                                   Weizen

machten. Diese Mutationen bezahlen sie jedoch mit verringerter Fähigkeit zur selbständigen Existenz und größerer Abhängigkeit von menschlicher Pflege.

**Weizen**
*Triticum aestivum*
**Roggen**
*Secale cereale*
Die Getreidesorten sind heute so weit kultiviert, daß wir in ihnen kaum noch die Wildformen (*Poaceae* – Süßgräser) erkennen. Und doch bestätigen gerade sie durch den Bau von Ähren, Blüten und Körnern, durch die büscheligen Wurzeln und die knotigen, hohlen Halme ihre Zugehörigkeit zu dieser Familie. In der kultivierten Form leisten die Gräser einen erheblichen Beitrag zur Ernährung der Menschheit.
Die Früchte dieser Pflanzen – die Ge-

ner wesentlich größer, und die Körner werden erst beim Dreschen frei.
Roggen und Weizen stammen aus Asien, aus dem Kaukasusgebiet. Der Roggen ist jünger als der Weizen. Er wurde während der Völkerwanderungen als unerwünschtes Unkraut von Weizen- und Gerstenfeldern nach Westen, also nach Europa, eingeschleppt. Roggen hat den Vorzug, rauhe Klimabedingungen besser zu vertragen und dann auch höhere Erträge zu bringen. Roggenmehl ist dunkel; von allen Getreidearten bringt Roggen das längste Stroh.

**Mais**
*Zea mays*
Grüne Säulenreihen auf einem unübersehbar großen Feld – das ist Mais, eine alte, aus Amerika stammende Kulturpflanze, die die Hauptnahrung der In-

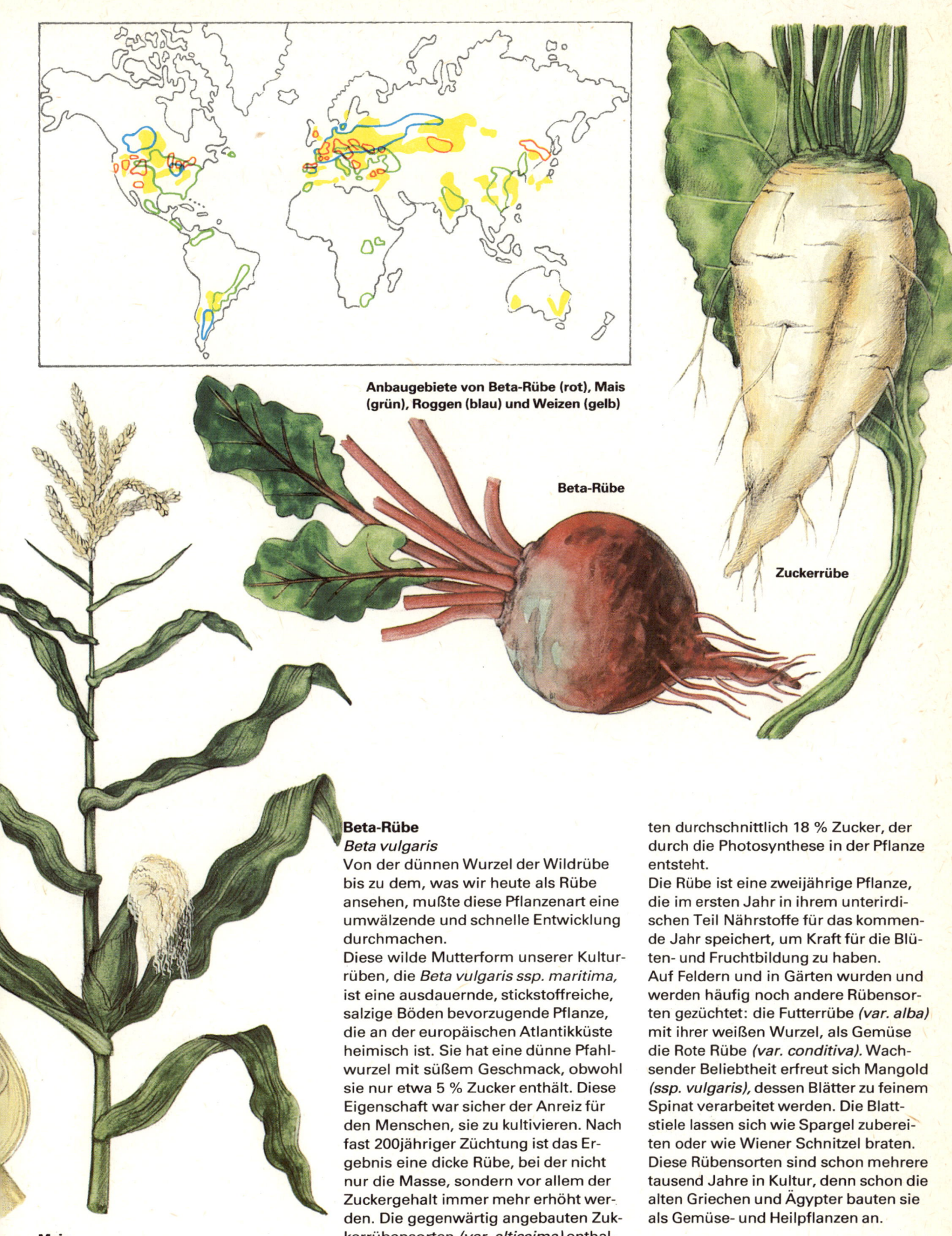

Anbaugebiete von Beta-Rübe (rot), Mais
(grün), Roggen (blau) und Weizen (gelb)

**Beta-Rübe**

**Zuckerrübe**

**Mais**

## Beta-Rübe
*Beta vulgaris*
Von der dünnen Wurzel der Wildrübe
bis zu dem, was wir heute als Rübe
ansehen, mußte diese Pflanzenart eine
umwälzende und schnelle Entwicklung
durchmachen.
Diese wilde Mutterform unserer Kultur-
rüben, die *Beta vulgaris ssp. maritima*,
ist eine ausdauernde, stickstofffreiche,
salzige Böden bevorzugende Pflanze,
die an der europäischen Atlantikküste
heimisch ist. Sie hat eine dünne Pfahlwurzel mit süßem Geschmack, obwohl
sie nur etwa 5 % Zucker enthält. Diese
Eigenschaft war sicher der Anreiz für
den Menschen, sie zu kultivieren. Nach
fast 200jähriger Züchtung ist das Ergebnis eine dicke Rübe, bei der nicht
nur die Masse, sondern vor allem der
Zuckergehalt immer mehr erhöht werden. Die gegenwärtig angebauten Zuk-
kerrübensorten *(var. altissima)* enthal-

ten durchschnittlich 18 % Zucker, der
durch die Photosynthese in der Pflanze
entsteht.
Die Rübe ist eine zweijährige Pflanze,
die im ersten Jahr in ihrem unterirdischen Teil Nährstoffe für das kommende Jahr speichert, um Kraft für die Blü-
ten- und Fruchtbildung zu haben.
Auf Feldern und in Gärten wurden und
werden häufig noch andere Rübensorten gezüchtet: die Futterrübe *(var. alba)*
mit ihrer weißen Wurzel, als Gemüse
die Rote Rübe *(var. conditiva)*. Wachsender Beliebtheit erfreut sich Mangold
*(ssp. vulgaris)*, dessen Blätter zu feinem
Spinat verarbeitet werden. Die Blattstiele lassen sich wie Spargel zubereiten oder wie Wiener Schnitzel braten.
Diese Rübensorten sind schon mehrere
tausend Jahre in Kultur, denn schon die
alten Griechen und Ägypter bauten sie
als Gemüse- und Heilpflanzen an.

## Sonnenblume

*Helianthus annuus*

Die „Blüte" der Sonnenblume ist für uns das Abbild der goldgelben Sonne. Sie erinnert durch Form und Farbe der strahlig das Köpfchen einfassenden Randblüten an die Sonnenscheibe. Vom Morgen bis zum Abend folgt der Sonnenblumenstengel der Bahn der Sonne. Die Sonnenblume kann bis 3 m hoch und ihr Köpfchen mit den bis zu 2000 Einzelblüten fast einen halben Meter breit werden.

Heute ist die Sonnenblume eine sehr nützliche Kulturpflanze. Die Spanier brachten sie 1510 aus ihrem Ursprungsland Mexiko als Zierpflanze nach Europa. Im 18. Jh. gelangte sie nach Rußland und wurde intensiv angebaut und gezüchtet. Aber erst seit Ende des vorigen Jahrhunderts wird aus ihren Kernen Öl gewonnen. Das Öl wird entweder kalt für die Nahrungsmittelindustrie oder warm für technische Zwecke gepreßt.

Der Sonnenblumenkopf hat einen sinnreichen Bau: Die goldgelben Zungenblüten fassen den Blütenkopf ein und locken die nektarsuchenden Insekten an. Nektar bilden aber nur die jüngsten Röhrenblüten, die spiralig nacheinander vom Rand bis zur Scheibenmitte aufblühen. Nach der Bestäubung hört die Nektarbildung auf, die Röhrenblüten schließen sich, verwelken und fallen ab. Als Früchte bilden sich wie Pflastersteine angeordnete, dicht stehende Kerne, die ebenfalls allmählich vom Rand zur Mitte hin reifen. Die Sonnenblumenscheibe muß dabei immer weiter wachsen, um die sich ständig vergrößernden Kerne aufnehmen zu können.

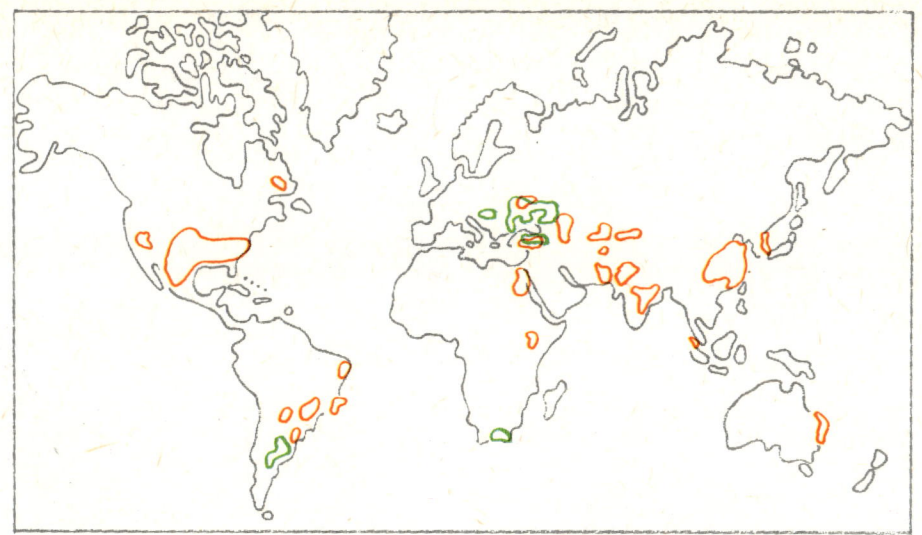

Anbaugebiete von Baumwollpflanzen (rot)
und Sonnenblumen (grün)

Dreschlein, Flachs

## Baumwollpflanze
*Gossypium*

Vergleichen wir einmal eine Lein- und
eine Baumwollfaser miteinander. Während sich Baumwolle leicht zerreißen
läßt, widersteht Leinen auch dem
stärksten Zug. Die Leinenfaser besteht
aus den sklerenchymatischen Bändern
des Bastgewebes der Gefäßbündel, die
durch den ganzen Stengel hindurchgehen, die Baumwollfaser hingegen aus
den langen, die Samen umhüllenden
Haaren. Diese einzelligen Haare mit fast
nur aus Zellulose bestehenden Zellwänden erreichen bei weitem nicht die
Festigkeit des Leins. Es gibt mehr als 50
Baumwollarten, die als stattliche Kräuter, Sträucher oder kleinere Bäume
wachsen. Die heute als Nutzpflanze kultivierte Baumwolle stammt aus Asien
und Mittelamerika. Die großen Blüten
sind gelblich oder weiß und verleugnen
nicht ihre enge Verwandtschaft mit der
Malve. Nach dem Verblühen bildet sich
eine Kapsel, die aufspringt und ein Büschel gelblicher bis weißer Baumwolle
– je nach Qualität – mit den Samen
freigibt. Beide sind ein wertvoller Rohstoff. Die Fasern werden von den Samen getrennt und zu Garn versponnen,
zu Geweben gewebt oder zu Watte für
medizinische Zwecke verarbeitet. Die
ölhaltigen Samen sind ein wertvolles
Futtermittel und Ausgangsprodukt für
technisches Baumwollöl. Es wird beispielsweise zur Zubereitung von Fischkonserven, besonders Sardinen, genutzt. Der nach dem Auspressen der
Samen zurückbleibende Ölkuchen ist
ein ausgezeichnetes Futtermittel.

## Dreschlein, Flachs
*Linum usitatissimum*

Lein beweist, daß die Größe einer
Pflanze keinen Zusammenhang mit
dem Grad ihrer Nützlichkeit haben
muß. Das zarte Himmelblau der einfachen Leinblüte, die von der kleinen Samenkapsel abgelöst wird, wächst auf
einem langen, dünnen Stengel. Der
Lein bringt uns gleich doppelten Nutzen. Als Spinnlein (Flachs) ist er ein
wichtiger Textilrohstoff, die ölhaltigen
Samen liefern das Leinöl. Durch Züchtung gelang es, die beiden guten Eigenschaften in einer einzigen Sorte zu vereinigen.

Der Flachs ist eine der ältesten Kulturpflanzen. Er wird seit etwa 4000 bis
5000 Jahren vom Menschen angebaut,
der sich daraus Kleidungsstücke anfertigte. Schon die ägyptischen Mumien waren in Leinentücher gewickelt,
deren Reste wir heute noch bewundern
können. Die schon im antiken Griechenland und bei den alten Palästinensern beliebten Leinenhemden sind
auch heute noch, im Jahrhundert der
Kunstfaser, gefragt. Der Lein hat nur
einen einzigen großen Konkurrenten
– die Baumwolle.

Außer dem hohen, schwach verzweigten Flachs wird auch Öllein angebaut.
Er hat kürzere verzweigte Stengel und
vor allem größere Samenkörner, die
bis zu 50 % Öl enthalten. Leinöl findet
jedoch heute fast nur noch für technische Zwecke Verwendung.

# Unerwünschte Eindringlinge

In Gärten, Weinbergen und auf Feldern kämpfen wir gegen alles, was wider unseren Willen und immer gerade dort wächst, wo wir es am wenigsten brauchen können. Diese unerwünschten Pflanzen vernichten wir dann mechanisch oder mit chemischen Mitteln. Mit der Zeit verschwinden sie dann von selbst, aber manchmal so gründlich, daß wir uns durch diese Unkrautvernichtung schon um so manche botanische Art gebracht haben.

Das, was wir als Unkraut bezeichnen, ist bei weitem nicht immer unerwünscht. Diese Pflanzen schaffen oft erst die Voraussetzungen dafür, daß sich Gräser und Kulturpflanzen auch auf armen und kahlen Böden ansiedeln können. Zu diesen Unkrautarten gehören beispielsweise Pfeilkresse *(Cardaria draba)* und Besenrauke *(Descurainia sophia)*. Kornrade *(Agrostemma githago)* und Kornblume *(Centaurea cyanus)* scheiden durch ihre Wurzeln Kohlensäure und Phosphatide aus und steigern dadurch die Bodenfruchtbarkeit. Dem Imker kommt sicher die honigtragende Gelbe Resede *(Reseda lutea)* sehr gelegen. Viele Unkräuter wie Große Brennessel *(Urtica dioica)*, Gemeine Kuhblume *(Taraxacum officinale)*, Gemeine Quecke *(Agropyron repens)*, Ackerwinde *(Convulvulus arvensis)* und andere enthalten heilende Stoffe.

## Weißer Gänsefuß
*Chenopodium album*
## Glanzmelde
*Atriplex nitens*

Auf Ruderalstellen, Halden und Schuttplätzen, aber auch in botanischen Lehrbüchern und Publikationen finden wir immer wieder ein unzertrennliches Paar: den Weißen Gänsefuß und die Glanzmelde. Die kleinen Blüten des Weißen Gänsefußes wie der Glanzmelde stehen in Knäueln, die reiche Trauben bilden. Die Blüte des Weißen Gänsefußes hat ein deutliches Perigon, das später vertrocknet und die Nüßchen schützt. Bei der Glanzmelde hingegen fehlt es. Die einfachen Blüten und später die Nüßchen sind in schnecken-hausähnlichen Fruchtblättern eingeschlossen.

Beide Pflanzenarten produzieren eine Unmenge Samen. Und Versuche haben gezeigt, daß diese Samen auch nach Hunderten von Jahren ihre Keimfähigkeit nicht einbüßen.

Interessant ist, daß diese beiden Unkräuter sehr nahe Verwandte der Kulturpflanze Zuckerrübe und Spinat sind. Der Weiße Gänsefuß und die Glanzmel-

**Krauser Ampfer**

de selbst gehören zu den Spinatgemüsearten. Die Gartenmelde *(Atriplex hortensis)* war schon den alten Griechen bekannt, die Reismelde *(Chenopodium quinoa)* bauen die Indianer als Getreide an.

## Krauser Ampfer
*Rumex crispus*

Soll der Krause Ampfer wirklich dauerhaft aus dem Garten verbannt werden, genügt es nicht, ihn nur abzureißen. Aus dem Wurzelstock treibt er immer wieder nach. Nach der Fruchtreife ist er aber noch fruchtbarer — dann trägt der Wind unzählige geflügelte, dreieckige Nüßchen in die weite Umgebung. Die Blätter des Ampfers enthalten Oxal-

**Weißer Gänsefuß**        **Glanzmelde**

**Kornblume**

fast völlige Vernichtung die Folge war. Die Kornblumen „blüte" — das Körbchen — wird von Röhrenblüten gebildet. Die größeren, breit becherförmigen Randblüten locken die Insekten an und sind gewöhnlich blau, seltener violett, rosa oder weiß; die Scheibe besteht aus kleineren, nektartragenden, blauvioletten Blüten.

### Große Brennessel
*Urtica dioica*
Die Brennessel hat zwei Arten von Blüten, beide sind klein, unscheinbar und grünlich. Die einen sind männlich und haben Staubblätter, die zweiten sind weiblich und haben Stempel. Aber beide Arten wachsen nicht an einer Pflanze, denn die Brennessel ist zweihäusig.

**Große Brennessel**

**Weiße Taubnessel, Bienensaug**

Schon in alten Pflanzenbüchern ist zu lesen: „Die Brennessel ist gut bei Gelenkreißen und bei Erkältungen. Frisch abgerissen wird sie zu Ruten gebündelt, mit denen dann auf die schmerzenden Stellen geschlagen wird."
Die Brennessel hat einen hohen Anteil an grünem Blattfarbstoff Chlorophyll. Es wird aus der getrockneten Droge gewonnen und zum Färben von Nahrungsmitteln, Seifen, Parfüms und Stoffen verwendet. Die Brennessel wächst schon im zeitigen Frühjahr. Wegen ihres hohen Vitamingehalts ist sie ein wertvolles Frühjahrsgemüse. Die Brennessel findet auch in der Kosmetikindustrie für Cremes und Haarwasser Anwendung, denn sie beschleunigt die Regeneration der Kopfhaut und fördert das Haarwachstum.

### Weiße Taubnessel, Bienensaug
*Lamium album*

säure. Im Frühjahr, wenn die Blätter noch zart sind, wird vor allem der Wiesensauerampfer *(R. acetosa)* als Küchenkraut zum Würzen von Suppen oder als Salat genutzt.

### Kornblume
*Centaurea cyanus*
Die Kornblume war ein weit verbreitetes Feldunkraut. Sie war ein Bestandteil des malerischen Bildes, das wir uns vom Dorf machen, bei dem die sattblauen Kornblumen, der rote Klatschmohn und die violette Kornrade im reifenden goldenen Ährenfeld nicht fehlen dürfen. Leider gehört dies der Vergangenheit an, da durch die intensive Bekämpfung dieser „Unkräuter" ihre

Außer auf den Blattoberseiten ist die ganze Pflanze mit Brennhaaren bewachsen, die durch die in ihnen enthaltene Kieselsäure spröde sind. Die Brennhaare sind hohl und immer wie eine Injektionsspritze bereit, sich in die Haut zu bohren. Die Haarspitzen brechen ab und setzen aus ihren Zellen Nesselgift frei. Meist bilden sich auf der Haut kleine Quaddeln. Auf Java und in Indien sind jedoch Brennesselarten heimisch, deren Berührung genau so gefährlich ist wie der Biß einer Giftschlange.
Aber die Brennessel — ursprünglich zur Waldflora gehörend — ist nicht nur als Unkraut ein Feind der Kulturpflanzen, sie ist als Heilpflanze auch nützlich.

Bei dieser Pflanze erinnert nur die Form der Blätter an die Brennessel. Vor allem brennt sie nicht. Die ganze Pflanze ist fein behaart, die Blüten sind weiß und wachsen am kantigen Stengel in Scheinquirlen, immer in den Blattachseln der oberen kreuzgegenständigen Blattpaare. Lippenblüten und Klausenfrüchte sind die charakteristischen Merkmale der ganzen Familie der Lippenblütengewächse, die nach der Taubnessel — Lamium — ihren lateinischen Namen — Lamiaceae — trägt.
Die Weiße Taubnessel gehört zu den Heilpflanzen, denn durch ihren Saponingehalt wirkt sie schleimlösend. Außerdem hat sie eine harntreibende und entzündungshemmende Wirkung.

# Heilpflanzen

Die Anfänge menschlichen Wissens über die Heilwirkung von Pflanzen waren eng mit der Magie, mit Beschwörungen und Aberglauben verbunden. Die Heilkräfte einiger Pflanzen hatten sich bewährt, und die gewonnenen Erkenntnisse wurden von Generation zu Generation weitergegeben. Sie entbehrten der wissenschaftlichen Grundlage und waren nur auf Erfahrungen aufgebaut. Deshalb ist es nicht verwunderlich, daß sich unter die wirklichen Heilkräuter auch zahlreiche „Allheilmittel" einschmuggelten. Heilend war dann nur der Glaube an Gesundung, aber das reichte nicht immer aus. Mit der Entwicklung der Chemie wurden künstliche Heilmittel zur Hoffnung der Menschheit, und die Heilkräuter traten eine Zeitlang in den Hintergrund. Es zeigte sich jedoch, daß eine Reihe chemisch erzeugter Arzneien bei weitem nicht mit der komplexen Wirkung von zwar oft noch nicht erforschten, aber lange bewährten Pflanzenstoffen konkurrieren konnten. Und so hat die pflanzliche Droge — Hand in Hand mit chemischen Heilmitteln — einen erheblichen Anteil an der Humanmedizin.

## Großblütige Königskerze
*Verbascum densiflorum*

Die golden strahlende Blütentraube der Königskerze schmückt von Juli bis September trockene steinige Hänge, Rasen und Bahndämme. Sie ist ausgezeichnet dem Leben an wasserarmen Standorten angepaßt, denn das Regenwasser rinnt entlang der filzigen, herablaufenden Blätter bis zur langen Pfahlwurzel. Eine der schönsten Königskerzenarten, die Großblütige Königskerze, ist eine zweijährige Pflanze. Im ersten Jahr bildet sie nur eine Blattrosette aus großen, wollig behaarten Blättern. Im zweiten Jahr wächst aus deren Mitte ein über 2 m hoher, gerader, über und über mit bis zu 5 cm großen gelben Blüten besäter Stengel. In der Mitte der aus fünf Kronblättern entstandenen Radkrone hat sie fünf Staubblätter — die drei kürzeren sind weiß filzig. Aus getrockneten Blüten zubereiteter Tee wirkt hustenlindernd.
Die Samen der Königskerze sind giftig und üben auf Fische eine betäubende Wirkung aus.

**Waldmeister, Wohlriechendes Labkraut**

## Waldmeister, Wohlriechendes Labkraut
*Galium odoratum*
(syn. *Asperula odorata*)

Der Waldmeister liebt nährstoffreiche Laubwälder, besonders Buchenbestände. Der feine Duft, den die Pflanze ausströmt, verstärkt sich beim Welken. Er kommt vom giftigen Cumarin. Waldmeister ist eine alte Heilpflanze, bei der das ganze Kraut gesammelt wird. Die Droge wirkt — als Aufguß zubereitet — beruhigend bei Leibschmerzen, Schlaflosigkeit und unruhiger Herztätigkeit und hilft auch bei Leberstauungen und Harnverhalten.
Die Popularität des Waldmeisters stammt aber wahrscheinlich von der „Maibowle", bei der diese aromatische Pflanze als Bowlenzusatz verwendet wird. Die in letzter Zeit gemachten Untersuchungen mit der Giftigkeit des Waldmeisters lassen es jedoch angeraten sein, auf Essenzen zurückzugreifen.

**Großblütige Königskerze**

## Spitzwegerich
### *Plantago lanceolata*

Die kleinen unscheinbaren, bräunlichen Blüten des Spitzwegerichs stehen in einer kurzen Ähre auf einem langen, kantigen Stengel, der aus der Bodenblattrosette herauswächst. Die Blätter haben Heilwirkung. Frisch gepflückt werden sie auf Wunden und auf Schwellungen nach Wespen- und Bienenstichen gelegt. Den Saft der zerdrückten und mit Zucker versetzten Blätter kennt man in der Volksheilkunde als Spitzwegerichsirup, der bei Husten Erleichterung verschafft.

Der Spitzwegerich ist eines der häufigsten Kräuter unserer Flora und wächst vor allem auf Wiesen, Weiden, Hängen, Rainen, an Wegen und in Gärten.

## Wegwarte, Zichorie
### *Cichorium intybus*

In der Volkssage ist die Wegwarte ein verzaubertes Mädchen, das am Weg geduldig auf seinen Liebsten wartet. Mit dem klaren Blau ihrer Blüten säumt die Wegwarte Straßenränder, Wegraine, Gräben und Trockenwiesen. Die Blüten stehen in den für die Familie der Korbblütengewächse typischen Köpfchen. Die Wegwarte hat nur Zungenblüten.

Die Blüten öffnen sich schon am frühen Morgen, etwa um 6 Uhr, und schließen sich gegen Mittag, etwa um 12 Uhr, wieder. Wer eine Wegwarte während der Blüte ansieht, wird keine Grundblätter mehr finden, denn sie sind dann schon vertrocknet.

**Wegwarte, Zichorie**

**Spitzwegerich**

Die zylindrische Wurzel enthält reichlich bitteren, weißen Milchsaft und bis zu 20 % den Heilstoff Inulin und den Bitterstoff Intybin. Beide haben eine appetitanregende und verdauungsfördernde Wirkung. Sie regen die Gallentätigkeit an und wirken harntreibend. Im 18. Jh. wurden Kulturformen gezüchtet: die *var. sativum* mit großen Wurzeln, die geröstet und zerkleinert als bekannter Kaffee-Ersatz — als Zichorie — Verwendung fanden, und die *var. foliosum,* bei der durch Bleichen zarte Wegwartetriebe gewonnen und als Salat oder wie Spargel zubereitet wurden (Chicorée).

Frauenmantel, Taumantel

des Frauenmantels, die zur Wundheilung, bei Durchfällen und Blutungen helfen.

### Beinwell, Wallwurz, Schwarzwurz
*Symphytum officinale*
Im Mittelalter war der Beinwell ein wichtiger Teil von Heilsalben, die bei Knochenbrüchen, Blutergüssen und schlecht heilenden Wunden angewandt wurden. Heute wird er nur recht selten genommen. Der Beinwell enthält eine ganze Reihe bisher wenig erforschter chemischer Verbindungen. Er ist bekannt für den Gehalt an hustenlindernden und bei Erkrankungen der Atemwege wirksamen Schleimstoffen, muß aber noch auf seine volle Anerkennung durch die moderne Medizin warten. Der wichtigste, für Heilzwecke verwendbare Pflanzenteil ist die schwarze Wurzel, ein starkes, außen schwarzes und innen weißes Rhizom. Aus der Wurzel wächst ein kantiger, rauhaariger Stengel mit lang herablaufenden, rauhaarigen Blättern.
Der Beinwell bevorzugt feuchte, auch nasse Standorte wie feuchte Wiesen, Gewässerufer und Gräben.

Beinwell, Wallwurz, Schwarzwurz

Mauerpfeffer

### Frauenmantel, Taumantel
*Alchemilla vulgaris*
Der Frauenmantel mit seinen unscheinbaren, kleinen gelbgrünen Blüten ist ein naher Verwandter der Rose; beide gehören zur Familie der *Rosaceae*. Die rundlich-nierenförmigen Blätter des Frauenmantels fallen auf jeder Wiese auf. In der Jugend sind sie dicht zusammengefaltet, später fächern sie sich auf und bilden einen flachen Trichter. In der trichterartigen Vertiefung am Blattspreitenansatz schimmert oft ein Wassertropfen wie eine Perle, der manchmal auch tagsüber nicht verdunstet. Aber das ist kein gewöhnlicher Tau, sondern überschüssiges Wasser, das die Pflanze aus den sich an den Blattzähnen befindlichen Wasserspalten ausscheidet. Diese „wunderbare" Erscheinung weckte auch die Aufmerksamkeit der mittelalterlichen Alchimisten (daher auch die lateinische Bezeichnung *Alchemilla*), die diesen „Himmelstau" bei ihren Versuchen, den Stein der Weisen und den Trank der ewigen Jugend zu finden, verwendeten. Die wirklich heilenden Kräfte liegen aber in den getrockneten Blättern

### Mauerpfeffer
*Sedum acre*
Unsere europäischen Sukkulenten, Pflanzen mit stark fleischigen Stengeln oder Blättern, erreichen bei weitem nicht die Formbesonderheiten ihrer amerikanischen Verwandten. In ihren dicken, fleischigen Blättern und Stengeln sammeln sie genau so wie die Kakteen Wasservorräte an und sind in der Lage, bei trockenem Wetter ihren Wasserverbrauch herabzusetzen. Dafür wachsen sie nur langsam, wie wir beim Mauerpfeffer sehen können. Die dicht zusammenstehenden kleinen Pflanzen bilden niedrige, nur 5—15 cm hohe Polster. Während der Blüte — im Juni und Juli — bedecken sich diese grünen Teppiche mit unzähligen hellgelben Blüten. Der Mauerpfeffer ist leicht giftig und hat einen unangenehm brennenden Geschmack. Seine Blätter enthalten Alkaloide. Es ist eine alte Heilpflanze, die auf Wunden, Geschwüre, Hühneraugen und bei Pilzkrankheiten aufgelegt wird.

## Johanniskraut, Blütlerkraut, Hartheu
*Hypericum perforatum*

Wenn man die Blätter des Johanniskrautes gegen das Licht hält, sieht es aus, als wären sie von kleinen, durchscheinenden Löchern durchbohrt. Aber diese Tupfen sind keine Öffnungen, sondern kleine Öldrüsen. Auch die goldgelben Blüten enthalten Drüsen, die neben anderen Stoffen hauptsächlich den roten Farbstoff Hypericin enthalten. Beim Zerreiben färben sich die Finger dunkelrot. Wenn Kühe und Ziegen Johanniskraut fressen, geben sie rote Milch. Und der Volksaberglaube hielt das für ein Zauberzeichen. Daher wurde das Johanniskraut zum Gegenstand von Aberglauben und Volkssagen. Hypericin ruft die sog. „Lichtkrankheit" hervor, eine unangenehme Überempfindlichkeit der Haut gegen Sonnenlicht.

Das Johanniskraut ist eine alte Heilpflanze. In der Volksheilkunde fand sie bei Erkrankungen der Galle, Nieren, Lunge, aber auch bei Rheumatismus, Hämophilie und unruhigem Schlaf Verwendung. Beliebt ist das Johanniskrautöl, das bei Verbrennungen und schwer heilenden Wunden hilft.

Die gelben Doldenrispen der Blüten mit ihren zahlreichen Staubblättern sind den ganzen Sommer über an trockenen Hängen, Wiesen und Säumen zu sehen.

**Schafgarbe**

**Johanniskraut, Blütlerkraut, Hartheu**

Das ähnliche Gefleckte Johanniskraut *(H. maculatum)* unterscheidet sich durch seinen vierkantigen Stengel.

### Schafgarbe
*Achillea millefolium*

Als Heilpflanze wird das ganze Kraut mit den Grundblättern gepflückt. Es können aber auch nur die reich verzweigten, doldenförmig angeordneten Blütenstände mit einem kurzen Stiel abgerissen werden, was nicht so einfach ist, denn die Schafgarbe hat einen sehr festen Stengel.

Die Schafgarbe gehört zu den in der Volksmedizin meistverwendeten Kräutern. Sie wird beinahe so vielseitig angewendet wie die Kamille. Nur gilt für die Schafgarbe das schöne Sprichwort: Zuviel ist ungesund. Bei langzeitiger Anwendung oder bei zu großer Dosis können sich Vergiftungserscheinungen wie Ausschlag und Schwindelgefühl bemerkbar machen.

Die Droge wird als Tee zubereitet oder als Extrakt dem Bad zugesetzt. Die Schafgarbe wirkt fördernd auf die Magensaftbildung, aber auch kreislaufanregend, hustenlindernd und krampflösend. Bei Zahnfleischentzündungen wird mit Schafgarbenaufguß gegurgelt und bei Ausschlägen, eiternden Wunden und rissigen Händen ist die Ausnutzung der wundheilenden Wirkung durch Schafgarbebäder empfehlenswert.

Die Schafgarbe wächst an Wegrändern und Hängen, auf trockenen Wiesen und an Feldrainen; von den Niederungen bis in die Gebirgsregionen.

# Was die Pflanzen enthalten

Neben den wertvollen Heilsubstanzen enthalten die Pflanzen wichtige, für die Gesundheit der Menschen nötige Stoffe wie Vitamine und Spurenelemente. Diese sind nicht nur in den bekannten Obst- und Gemüsearten wie Zitrusfrüchten, Möhren, Meerrettich u. a. enthalten. Vitamin C enthalten auch die Blätter der Schlüsselblumen, die wir als eine der ersten Frühlingsblumen kennen.

## Wiesenschlüsselblume, Schlüsselblume, Himmelschlüssel
*Primula veris*

Die Schlüsselblume gehört — wenn auch nur am Rande — in dieses Kapitel. Sie ist eine der ersten Frühlingsblumen und belebt mit ihren goldgelben Blüten Auwälder, halbtrockene Wiesen, Gebüsche und Bachränder ganz Europas bis nach Westasien. Sie wird aber auch als Heil- und Küchenpflanze verwendet. Früher wurde aus den Blüten der Schlüsselblume Tee gegen Schwindelgefühl, Krämpfe, Migräne und zur Nervenstärkung zubereitet. Blüten und Wurzeln sind reich an Saponinen, die in geringen Dosen Lungen- und Nierenkrankheiten heilen. Außer den Blüten ist die Wurzel interessant, u. zw. deshalb, weil sie nach Anis riecht und als Arzneimittelrohstoff gesammelt wurde. Die jungen, zarten und gefältelten Blätter der Schlüsselblume enthalten Vitamin C. Heute ist das Sammeln nicht mehr möglich, da die Pflanze unter Naturschutz steht. Die Primelgewächse sind wegen der Doppelform ihrer Blüten interessant. Neben Pflanzen mit langem Griffel gibt es auch Exemplare mit kurzem Griffel. Dadurch wird die Bestäubung durch Insekten gefördert, eine Selbstbefruchtung ausgeschlossen.

## Kalmus, Magenwurz
*Acorus calamus*

Der Kalmus stammt aus Süd- und Ostasien; erst in der zweiten Hälfte des 16. Jh. kam die erste Wurzel nach Europa. Dank der leichten vegetativen Vermeh-

rungsfähigkeit durch den kriechenden Wurzelstock war die Pflanze bald in allen seichten Gewässern der nördlichen Halbkugel anzutreffen.

Es genügt für die Entstehung einer neuen Kalmuskolonie, wenn das Wasser ein Stück abgebrochene Wurzel an eine geeignete Stelle schwemmt. In unseren Breitengraden bildet der Kalmus keine roten Beeren mit Samen. Die gelblichgrünen, unscheinbaren Blüten stehen in einem Kolben, der scheinbar an der Blattseite herauswächst. In Wirklichkeit steht er jedoch an einem blattähnlichen Stiel, der sich oberhalb des Kolbens in einem schwertförmigen Deckblatt fortsetzt.

Die Kalmuswurzel wurde als Heilpflanze in der Volksheilkunde, aber auch in der Medizin, verwendet. Die in ihr enthaltenen Stoffe wirken verdauungsfördernd, appetitanregend und beruhigend.

## Bärenlauch, Rams
*Allium ursinum*

Die beiden Blätter des Bärenlauchs wachsen aus einer Zwiebel, dazwischen entfaltet sich auf einem dreikantigen Stengel eine Scheindolde aus sternförmigen, weißen Blüten. Wäh-

Kalmus, Magenwurz

Wiesenschlüsselblume, Schlüsselblume, Himmelschlüssel

**Bärenlauch, Rams**

**Schnittlauch**

die wilde Möhre anzutreffen. Sie hat nur eine sehr dünne Wurzel und unterscheidet sich erheblich von ihren kultivierten Verwandten. Die Möhre und die Karotte haben durch Karotinkristalle rot gefärbte, selten gelbe, dicke, fleischige und kegelige Wurzeln.

Die Kulturmöhre gibt nicht nur ein schmackhaftes, beliebtes Gemüse ab, sondern beeinflußt auch vorteilhaft die Gesundheit des Menschen, besonders Augenlicht und Verdauung. Roh enthält sie reichlich die Vitamine A, B und C, verdauungsfördernde Pektine und bakterientötende Stoffe; dazu kommen Mineralstoffe, Zucker und Karotene. Die Früchte — hakige Nüßchen — enthalten ein aromatisches Öl.

rend der Samenreife verlängert sich der Stengel und neigt sich zur Erde. Der Bärenlauch wächst oft in ausgedehnten Beständen im Wiesenunterwuchs und im Niederholz schattiger Haine bis in die subalpine Zone. Schon von weitem macht er durch den beißenden Geruch seiner Schwefelverbindungen auf sich aufmerksam, die zusammen mit Phytonziden den auffälligen Geruch bewirken.

## Schnittlauch
*Allium schoenoprasum*
Der Schnittlauch gehört in die große Familie der Lauche. Das ist auch deutlich an den in grasähnlichen Büscheln wachsenden „Blättern" zu sehen. Viele kennen ihn nur als eines der am häufig-

sten verwendeten grünen Küchenkräuter und wissen nicht, was sich im Boden verbirgt. Diese gleichmäßig runden, röhrigen, sattgrünen Blätter wachsen aus kleinen weißen Zwiebelchen, die das für Lauche charakteristische Aussehen, mehr noch den typischen Geruch haben, was durch die Allysulfide hervorgerufen wird. Nur die Blätter mit ihrem würzigen, unverkennbaren Geschmack und Geruch und ihrem reichen Gehalt an Vitamin C finden Verwendung. Wegen seiner rosaroten, in einer runden Dolde stehenden Blüten ist der Schnittlauch auch eine beliebte Zierpflanze.

## Möhre
*Daucus carota*
Auf Wiesen, Rainen und Brachen ist sehr häufig, oft schon wie ein Unkraut,

**Möhre**

# Gift- und Heilpflanzen

Nach einer alten Volksweisheit hat manches Schlechte auch sein Gutes. Daher dürfen wir die giftigen Pflanzenarten nicht einfach ablehnen, ausreißen, vernichten, denn wir würden uns damit selbst um viele wertvolle Heilmittel bringen. Und wenn wir lernen,

**Kornrade**

die Giftpflanzen zu unterscheiden, verringern wir die Gefahr unnötiger Vergiftungen.

## Kornrade
*Agrostemma githago*
Die Kornrade ist ein schwer zu bekämpfendes Getreideunkraut. Sie stammt aus Vorderasien und wurde mit dem Getreide auch in andere Landwirtschaftsgebiete eingeschleppt. Dort wurde sie heimisch, aber nur auf kultivierten Flächen. Interessant sind die Kelchblätter der Kornrade. Sie sind im unteren Teil kolbenförmig-röhrig verwachsen und ragen mit ihren schmalen Zipfeln weit über die Kronblätter hinaus. Nach der Befruchtung fallen nur die Kronblätter ab, der Blütenkelch umfaßt die Kapsel schützend bis zur Reife. Danach vertrocknen die Kelchzipfel, die Zähne der Kapsel biegen sich zurück und geben die Samen frei. An jeder Pflanze reifen mehrere hundert Samenkörner; und jedes Samenkorn ist giftig. Gelangen sie in schlecht gereinigtes Getreide, schmeckt das daraus gewonnene Mehl bitter und ist wertlos. In den letzten Jahren tritt diese Unkrautpflanze nur noch gelegentlich auf.

## Vierblättrige Einbeere
*Paris quadrifolia*
Eine der Heidelbeere ähnliche, aber sehr giftige Beere wächst in unseren Wäldern. Es ist die Vierblättrige Einbeere. Diese äußerst giftige Frucht sitzt über einem meist vierblättrigen Quirl. Manchmal bildet die Pflanze aber auch nur drei oder auch fünf bis sieben Blätter.
In der Volksheilkunde galt die Einbeere früher als Schutz vor ansteckenden Krankheiten. Wegen ihres hohen Giftig-

**Vierblättrige Einbeere**

keitsgrades bedeutete das aber, „den Teufel mit dem Belzebub austreiben".

## Roter Fingerhut
*Digitalis purpurea*
Der rote Fingerhut ist nicht nur für die heutige Pharmazie unentbehrlich, sondern war es schon seit altersher in der Volksheilkunde. Diese Giftpflanze ist das Grundmedikament bei der Behandlung schwerer Herzerkrankungen. Wirkstoffe sind die vor allem in den Blättern enthaltenen Glykoside Digitoxin, Gitoxin und Gitalin. Gesammelt und getrocknet werden die Blätter der einjährigen Blattrosette.
Wichtig für das Sammeln ist die Tageszeit, weil die Bildung der für die Pflanze als Nährstoffspeicher dienenden Glyko-

side schwankt. Nachmittags sind die Blätter am reichsten an Glykosiden. Für medizinische Zwecke wird der Rote Fingerhut angebaut. Auch der Wollige Fingerhut *(D. lanata)* wird für medizinische Zwecke verwendet.
Die purpurroten, einseitswendigen Blütentrauben sind eine Zierde der Waldlichtungen. Eine einzige Pflanze bildet in ihren Samenkapseln bis zu 350 000 Samenkörper. Wir jedoch gehen ihr lieber aus dem Weg, denn sie ist sehr giftig.

**Roter Fingerhut**

## Tollkirsche
### Atropa bella-donna

Die römischen Schönen benutzten *Atropa bella-donna* zur Erweiterung der Pupillen und zum Röten der Wangen. Im lateinischen Namen erinnert die Gattungsbezeichnung an die griechische Schicksalsgöttin Atropos, die den Lebensfaden abschnitt; der zweite Teil „bella donna" bedeutet wortwörtlich „schöne Dame".

Die Pflanze ist sehr giftig, nicht nur die Beeren. Sie enthält die hochgiftigen Alkaloide Hyoszyamin und Atropin, in den Wurzeln auch etwas Skopolamin,

**Klatschmohn**

die Blätter und der kurze Stiel mit der Kapselfrucht.

Schon im Mittelalter gaben die Naturforscher dieser Erscheinung die Bezeichnung „filius ante patrem" – in etwa „Sohn vor dem Vater", denn sie nahmen an, daß die Pflanze die Frucht vor der Blüte bildet.

Die ganze Pflanze ist sehr giftig, besonders aber ihre Samen. Sie enthält Colchicin, ein Alkaloid, das die Zellteilung hemmt. Es wird bei Gichtanfällen, Gelenkrheumatismus und Magen- und Darmkatarrhen nur nach ärztlicher Verordnung genommen.

In der Natur sollte die Pflanze wegen der hohen Giftigkeit gemieden werden.

**Tollkirsche**

Pyridin und Cholin. Alle diese Giftstoffe wirken auf das Nervensystem. Atropin in der Hand des Arztes ist jedoch ein ausgezeichnetes schmerzstillendes Mittel, für den Augenarzt sogar unentbehrlich bei Augenuntersuchungen und Operationen. Es zieht die Augenmuskeln zusammen und wirkt pupillenerweiternd, so daß es dem Chirurgen die Arbeit erleichtert.

Vorsicht also vor dieser stattlichen strauchartigen Staude mit braunvioletten Blütenglocken und glänzenden schwarzen Beeren, die in unseren Laub- und Mischwäldern wächst.

## Herbstzeitlose
### Colchicum autumnale

Im welkenden Gras der herbstlichen Wiesen entfalten die Herbstzeitlosen ihre zarten, hellvioletten, den im Frühling blühenden Krokussen ähnlichen Blüten. Sie sind jedoch viel länger, als es auf den ersten Blick erscheint. Über der Erde erscheinen nur die Blütenblätter, die lange weißliche Blütenröhre führt bis tief in die Erde zur Zwiebel, wo sich auch der Fruchtknoten befindet. Erst im nächsten Frühjahr erscheinen

**Herbstzeitlose**

## Klatschmohn
### Papaver rhoeas

Zu Beginn des Sommers, wenn die Natur verschwenderisch mit ihren Farben umgeht, fesselt der Klatschmohn mit seinem leuchtenden Rot unsere Aufmerksamkeit. Die Landwirte früherer Zeiten bewunderten die Pracht dieses strahlenden Rots nicht, sondern sahen im Klatschmohn einen Konkurrenten für ihr Getreide. Durch ständigen Einsatz mechanischer und chemischer Bekämpfungsmittel ist es ihnen gelungen, den Klatschmohn aus dem Getreidefeld zu verdrängen. Und so bleiben ihm nur Feldränder, Raine, Straßenränder und Ruderalstellen.

Unzählige Staubblätter füllen das Innere der Blüte und kontrastieren auffallend mit den roten Kronblättern und dem Fruchtknoten, aus dem sich nach dem Verblühen der Fruchtstand entwikkelt. Die Mohnkapsel öffnet sich zur Reifezeit am oberen Kapselrand, so daß die sehr kleinen, ölhaltigen Samen herausfallen können. Eine einzige Mohnkapsel enthält etwa dreißigtausend Samenkörner!

Der Klatschmohn ist giftig, aber eine Heilpflanze. Die getrockneten Blütenblätter dienen zur Zubereitung eines hustenlindernden Sirups; Klatschmohn findet auch als Sedativum und zum Färben von Flüssigkeiten Verwendung.

# Auf der Suche nach Lebensraum

Um ihre Samen über ein großes Gebiet zu verbreiten, haben die Pflanzen erstaunliche Methoden entwickelt. Die einen schießen die Früchte in die Gegend, andere haben sie mit Häkchen, Fallschirmen, Hörnerchen, fleischigen, bei Ameisen beliebten Anhängseln und empfindlichen Grannen ausgestattet, die sie am Boden festhalten. Eine andere Fortpflanzungsart ist die vegetative Vermehrung durch Ausläufer, Rhizome, Bulben, Brutzwiebeln und Knollen. Immer ist wichtig, daß die Art erhalten bleibt. Diesem Gesetz der Natur ist alles angepaßt.

### Walderdbeere
*Fragaria vesca*
Die Erdbeere ist keine Einzelfrucht, sondern sie enthält in ihrem Fleisch viele kleine Nüßchen, die eigentlichen Samenkörner. Das rote Fruchtfleisch ist der vergrößerte und fleischige Blütenboden, in dem die harten Nüßchen sitzen. Erdbeeren sind Scheinfrüchte.
Im Juni kann man überall dort, wo es sonnig genug ist — auf Waldlichtungen, an Waldrändern und Rainen — Erdbeeren pflücken. Sie bilden ganze Bestände. Das liegt daran, daß jede Mutterpflanze zahlreiche dünne, wurzelnde Ausläufer mit Absenkern ausschickt. Aus den Blättern der Walderdbeere läßt sich ein wohlschmeckender, heilender Tee zubereiten.

### Waldspringkraut, Kräutlein Rühr-mich-nicht-an
*Impatiens noli-tangere*
Manche Überraschung erwartet uns im

**Waldspringkraut, Kräutlein Rühr-mich-nicht-an**

Wald. Dazu gehört das Springkraut, welches seine Samen abschießen kann. Berührt man seine reifen, zum Platzen gespannten schmalen Kapseln, so widerstehen die Nähte nicht der starken inneren Gewebespannung, reißen auf, und jedes Fruchtblatt rollt sich wie eine Feder spiralig zusammen. Dabei stößt es an die Samen und schleudert sie weit in die Umgebung aus.

**Waldsauerklee, Hainsauerklee**

### Waldsauerklee, Hainsauerklee
*Oxalis acetosella*
Auch der zierliche, höchstens 15 cm hohe Waldsauerklee schießt seine Samen bis 1 m weit weg.
Noch eine andere Bewegung ist beim Waldsauerklee bemerkenswert: die „Schlafbewegung". Die kleeähnlichen Blätter legen sich bei schlechtem Wetter und bei Nacht wie ein Schirm nach unten zusammen, die Blättchen „schlafen ein". Auf ähnliche Weise reagieren auch die weißen, violett geäderten Blüten. Um eine ausreichende Samenbildung zu gewährleisten, hat der Sauerklee noch kleistogame Blüten, die sich überhaupt nicht öffnen. Sie sehen wie Knospen aus und befruchten sich selbst.
Der Waldsauerklee bevorzugt schattige Wälder. Durch ihren Oxalsäuregehalt schmecken die Blätter säuerlich. In größeren Mengen genossen sind sie jedoch giftig.

**Walderdbeere**

## Gemeiner Reiherschnabel, Schierling-Reiherschnabel

*Erodium cicutarium*

Der Reiherschnabel aus der Familie der Storchschnabelgewächse *(Geraniaceae)* hat einen einfachen, aber sehr empfindlichen Mechanismus ausgebildet, der die Samen in die Erde bohrt. Solche Bohrfrüchte hat auch das Pfriemengras *(Stipa).* Die rosaroten Blüten reifen zu einer Frucht mit langem Schnabel. Aus der Frucht werden nicht die einzelnen Samen ausgeworfen, sondern Teilfrüchtchen mit langer Granne, die im Trockenzustand spiralig gedreht ist und sich bei Feuchtigkeit aufrollt und gerade richtet. Durch den Wechsel der Luftfeuchtigkeit, durch Einrollen und Entspannen, bohren sie sich immer tiefer ins Erdreich ein. Die durch Feuchtigkeitsempfindlichkeit hervorgerufenen Bewegungen werden als Hygroskopie bezeichnet.

## Wassernuß

*Trapa natans*

Wenn die Wassernuß verblüht, begin-

**Gemeiner Reiherschnabel, Schierling-Reiherschnabel**

**Löwenzahn, Kuhblume**

## Löwenzahn, Kuhblume

*Taraxacum officinale*

Wenn auf den Wiesen Millionen goldgelber Löwenzahn blühen, ist der Frühling da. Aus den feinen jungen Blättern läßt sich ein schmackhafter Salat und aus den goldgelben Blütenköpfchen, nach einem einfachen Rezept, ein ausgezeichneter Honig zubereiten. Uns interessiert der Löwenzahn jedoch nach dem Verblühen. Jede Blüte — und in einem Köpfchen stehen etwa zweihundert zusammen — verwandelt sich dann in ein Nüßchen mit einem Fluggerät — dem Fallschirm. Für ihre Verbreitung weit in die Umgebung sorgt der Wind.

Löwenzahnblätter werden gern als Frühgemüse gesammelt. In der Volksheilkunde wird im Frühjahr die Wurzel ausgestochen und ausgepreßt getrunken. Anwendung auch bei Rheuma und Leberleiden.

**Wassernuß**

nen sich unter der Wasserfläche schwere Früchte zu bilden, die die Pflanze unter Wasser ziehen würden, hätten sie nicht die besondere Fähigkeit, an den Blattstielen luftgefüllte Säcke zu bilden. Die Früchte hängen an der schwimmenden Rosette. Deren Hülle hat bis vier eigenartig geformte Dornen, umgewandelte Kronblätter. Der hartgewordene Rest der Blüte schützt die schmackhaften Nüsse vor Wassertieren, aber auch vor dem Menschen.

Die Früchte sind reich an Eiweißen, Fetten und Stärke. Ist die Nuß reif, fällt sie auf den Grund des Gewässers und bildet im nächsten Frühjahr eine neue Pflanze. Bis sich diese vollständig entwickelt hat, hält sie sich wie ein Anker im Schlamm fest. Die erwachsenen Pflanzen trennen sich vom „Anker" und schwimmen an die Oberfläche. Die Bewirtschaftung der Seen und Teiche durch den Menschen gefährdet die Wassernuß in ihrer Existenz. Sie steht daher bei uns unter Naturschutz.

# Ernährungsformen bei Pflanzen

Blattgrün und die damit verbundene Fähigkeit zur Photosynthese ermöglichen es den Pflanzen, sich selbständig zu ernähren. Eine Reihe besonderer Umstände in den natürlichen Umweltbedingungen ist jedoch Anlaß für Abweichungen in dieser „Pflanzenernährung".

Pflanzen auf mageren, stickstoffarmen Schlamm- und Torfböden reicht die angebotene Menge an anorganischen Stoffen zur Ernährung nicht aus. Diese Pflanzenarten verbessern deshalb ihr Stickstoffangebot durch fleischliche, in hohem Maße stickstoffreiche Nahrung. Sie halten Insekten an klebrigen Drüsenhaaren fest oder fangen sie in Fallen. Es gibt beinahe 500 Arten insektenfressende Pflanzen. Orchideen stellen von allen Pflanzenarten die geringsten Ansprüche an Nährstoffe. Sie speichern Wasser- und Nährstoffe in

das die weichen Körperteile zersetzt, so daß die Lösung von der Pflanze aufgenommen werden kann. Die unverdaulichen Reste des Insektenkörpers bläst der Wind weg, sobald sich das Blatt wieder öffnet. Auf diese Weise ergänzt der Sonnentau, eine assimilierende Pflanze, sein Nährstoffangebot um stickstoffhaltige Stoffe und Eiweiße. Die Pflanze steht unter Naturschutz, da sie sehr selten geworden ist.

## Venusfliegenfalle
*Dionaea muscipula*
Die Blätter dieser in den Sümpfen Floridas und Carolinas heimischen Pflanze aus der Familie der Sonnentaugewächse *(Droseraceae)*

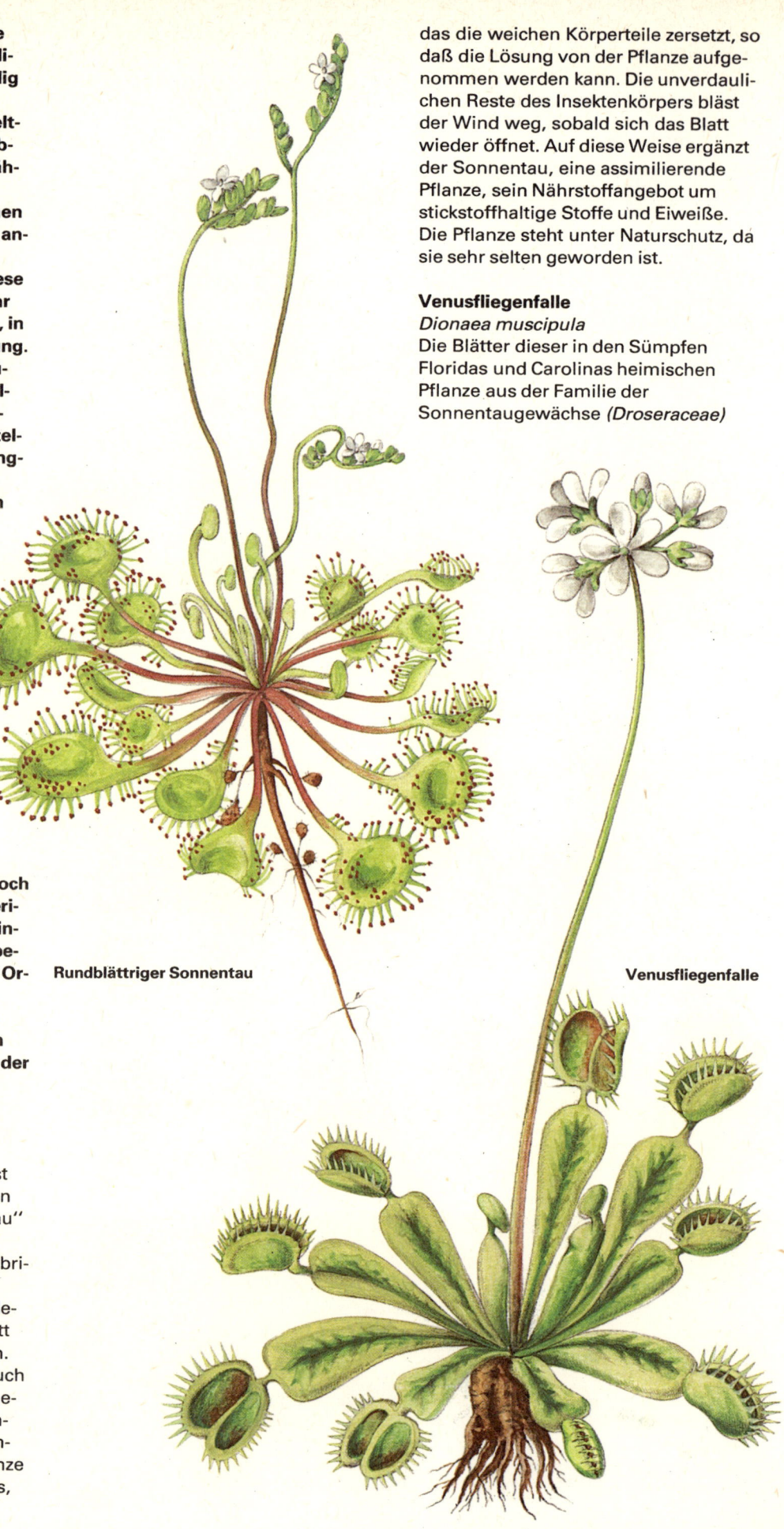

Rundblättriger Sonnentau

Venusfliegenfalle

Stengel- oder Wurzelknollen. Und noch etwas ist für die Orchideen charakteristisch: Sie leben in ständiger Gemeinschaft mit Pilzen *(Mykorrhiza)*, die bereits beim Auskeimen der winzigen Orchideensamen beginnt. Den Samen fehlt nämlich das Nährgewebe, und deshalb ist ihre Symbiose mit Pilzen Voraussetzung für die Entwicklung der neuen Pflanze.

## Rundblättriger Sonnentau
*Drosera rotundifolia*
Der Rundblättrige Sonnentau wächst auf Hochmooren und Torfmoosrasen und lockt die Insekten durch den „Tau" auf der Oberfläche seiner Blätter an. Dieser „Tau" sind in Wirklichkeit klebrige Tropfen eines von den langen Haaren, den Tentakeln, ausgeschiedenen Sekrets. Die Beute bleibt am Blatt kleben und versucht sich zu befreien. Durch diese Bewegungen werden auch andere Tentakel zur Sekretbildung gereizt, biegen sich zum gefangenen Insekt, bis es vom Blatt vollständig umschlossen ist. Jetzt scheidet die Pflanze ein scharfes Verdauungsferment aus,

laufen in eine wirkliche Fliegenfalle aus. Die beiden flach schüsselförmigen Lappen mit behaartem Rand sind auf der Innenseite mit Drüsen besetzt, die ein Verdauungsferment bilden. Außerdem befinden sich auf ihnen Signalelemente: drei steife Haare, die auf jede von Insekten hervorgerufene Berührung reagieren. Daraufhin klappen die Lappen zusammen und umschließen die gefangene Beute.

### Mistel
*Viscum album*
Die Mistel ist ein Halbschmarotzer und wächst hoch über dem Boden in den Zweigen des Wirtsbaumes. Dort setzt sie sich mit ihren Saugwurzeln fest und entzieht dem Holz mineralstoffhaltigen Saft. Der kurze Stamm verzweigt sich gabelig. Jedes Jahr wächst ein einziges Glied mit zwei Blättern nach, so daß an der Anzahl der aufeinanderfolgenden Glieder das Alter des Exemplars festgestellt werden kann.

**Mistel**

Die Mistel hat kleine, unscheinbare Blüten und ist zweihäusig. Im Dezember reifen die Früchte — leuchtend weiße, erbsengroße Beeren, die gern von Vögeln gefressen werden. Durch Kotausscheidung sorgen die Vögel dann auch für die Verbreitung in die Kronen anderer Bäume.
In vielen Ländern ist die Mistel von Sagen umwoben. Wegen ihres Aussehens und ihrer ungewöhnlichen Lebensweise glaubte man in früheren Zeiten, daß magische Kräfte und übernatürliche Fähigkeiten in ihr wohnten. In England wurde sie zur beliebten Weihnachtspflanze, von der man noch heute glaubt, daß sie Glück bringt.
Zweige und Blätter beeinflussen die Herztätigkeit günstig und wirken blutdrucksenkend.

### Cymbidium, Kahnorche, Kahnblume, Kahnlippe
*Cymbidium canaliculatum*
*Cymbidium canaliculatum* ist eine der 120 Cymbidium-Arten, die in den Tropen- und Subtropengebieten Afrikas, Asiens und Australiens heimisch sind. Sie gehören zur artenreichen Familie der Orchideengewächse *(Orchidaceae)*, Epiphyten, die sowohl auf Bäumen als auch mit kurzen Stengel und zahlreichen linealischen, ledrigen Blättern auf dem Boden wachsen. Für Orchideen sind knollig verdickte Stengel, sog. Pseudobulben, charakteristisch. Sie dienen in Notzeiten als Vorratskammer, denn die Pflanze kann daraus Nährstoffe in Form eines schleimigen Saftes entnehmen, der viel langsamer verdampft als reines Wasser.
Cymbidium bleibt als Schnittblume in der Vase mehrere Wochen lang frisch.

**Cymbidium, Kahnorche, Kahnblume, Kahnlippe**

# Leben ohne Wasser

Die Pflanzen haben bei der Besiedlung der Erdoberfläche auch so unwirtliche Standorte wie Wüsten, Wüstensteppen und von der Hitze ausgedörrte Felsformationen nicht ausgelassen. Sie lernten, dem Wassermangel zu widerstehen. Ihre Körper haben sich fleischig verdickt, unnötige Blätter verwandelten sich in die vielfältigsten Stachelformen.

Die dickfleischigen Pflanzen bezeichnen wir als Sukkulenten (*Succus* — Saft).

In ihren fleischigen Geweben speichern sie große Mengen Wasser, das in Schleimstoffen gebunden ist. Mit dem Wasser gehen sie sehr wirtschaftlich um, denn diese Feuchtigkeit, die sie in der kurzen Regenzeit aufnehmen, muß ausreichen, um die vielen Monate der Trocken- und Hitzeperiode zu überstehen. Mexiko, die Heimat der Kakteen, ist typisch für solch ein Trockenklima. Nach der Entdeckung Amerikas verbreiteten sich diese Pflanzen auch über die übrigen Kontinente.

In Afrika wachsen Sukkulenten anderer Pflanzengattungen, z. B. die artenreichen Wolfsmilchgewächse *(Euphorbia),* die Dickblattgewächse (*Crassulaceae* wie Hauswurz, Mauerpfeffer), von den Seidenpflanzengewächsen *(Asclepiadaceae)* die Aasblume *(Stapelia),* von den Korbblütengewächsen *(Asteraceae)* die Kreuzkräuter, von den Liliengewächsen *(Liliaceae)* die Aloë und von den *Agavaceae* die Agave.

### Feigenkaktus
*Opuntia*

Der Feigenkaktus hat dicke, stachelbewehrte oder auch kahle, übereinander- und oft auch nach den Seiten wachsende Pflanzenglieder. Er stammt aus Amerika, wo er bis zu 2 m hoch werden kann, ist aber auch in anderen Gegenden heimisch geworden, z. B. über Spanien in ganz Südeuropa. Weiter verbreitete er sich nach Afrika und Australien, wo er sich so ausbreitete, daß er eine Zeitlang Landwirtschafts- und Weidegebiete bedrohte. Im Mittelmeerraum wird er manchmal auf Reihe gepflanzt, um eine undurchdringliche, vor Eindringlingen schützende Wand zu bilden.

Die Blüten des Feigenkaktus sind groß und prächtig. Nach dem Verblühen bilden sich ovale, fleischige Früchte, die als Obst gegessen werden oder bei der Herstellung von Süßigkeiten Verwendung finden.

In Nordbrasilien werden manchmal die stachellosen Feigenkaktusarten verfüttert, wenn Grünfutter fehlt. Das „Holz" der trockenen Kakteen kann auch als

**Feigenkaktus**

**Lebender Stein**

Baumaterial genutzt werden. Für die Mexikaner ist es das beste Brennmaterial.

### Lebender Stein
*Lithops*

Den kieselsteinartigen Körper dieser sonderbaren Pflanze bilden zwei wie Brotlaibe dicht aneinandergefügte Blätter. Die ganze Pflanze sieht aus wie einer der Steine, die sie umgeben. Daher kommt auch ihr Name „Lebender Stein".

Ein Lebenszeichen, überhaupt einen Hinweis auf ihre Gegenwart, gibt sie nur während der Blütezeit. Zwischen

den beiden Blättern entsteht ein schmaler Spalt, so daß sich die Knospe hindurchschieben kann. Sie entfaltet sich dann dicht über dem „Stein" zu einer überraschend schönen weißen oder gelben Blüte. Der Lebende Stein ist ausschließlich in Südafrika heimisch.

### Sprossender Donarsbart, Sprossende Hauswurz
*Sempervivum soboliferum*

Der Sprossende Donarsbart ist auf sonnigen Felsen in Mittel- und Osteuropa heimisch und bildet dort umfangreiche Polster. An 10—20 cm hohen Stengeln

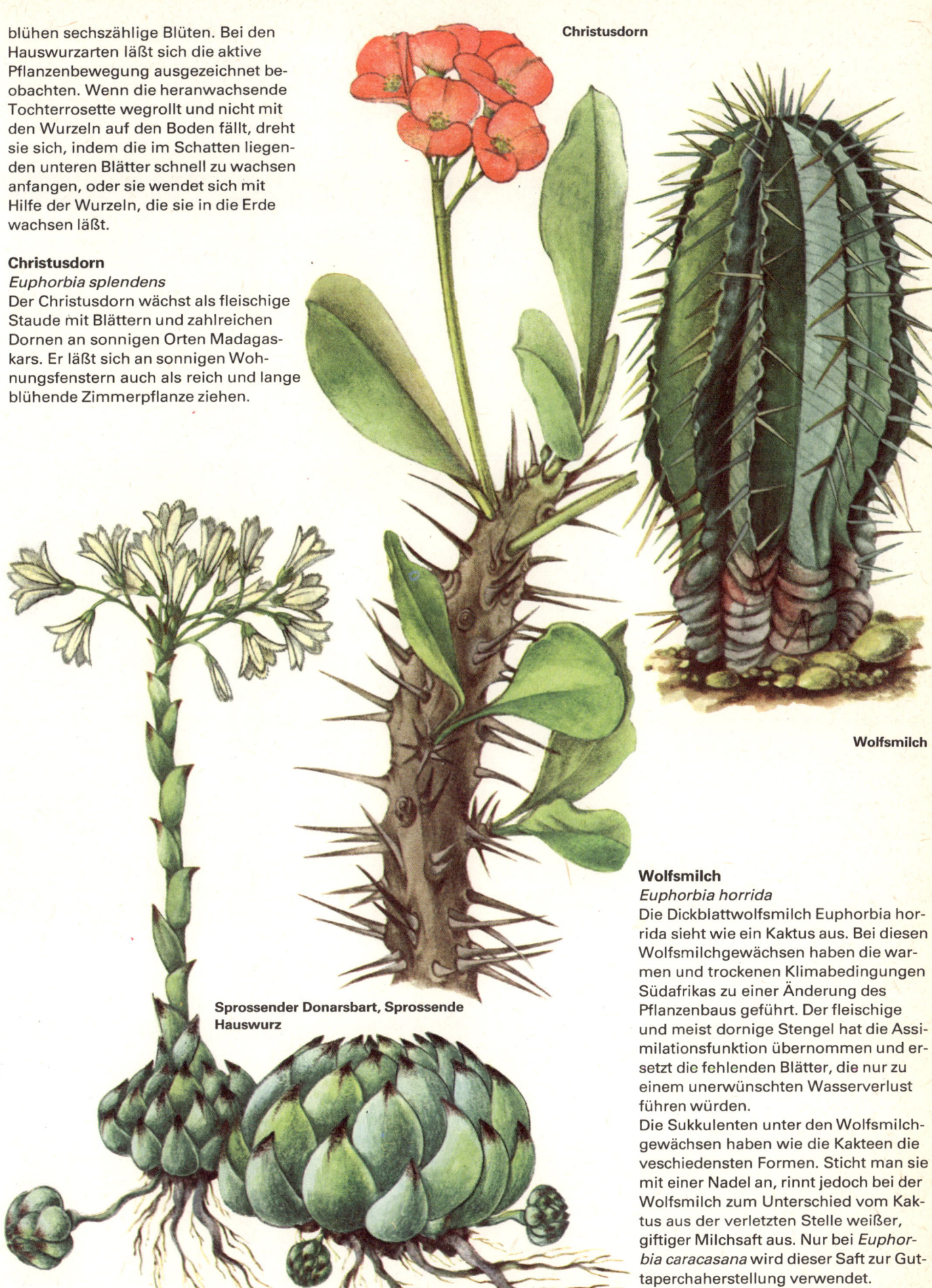

blühen sechszählige Blüten. Bei den Hauswurzarten läßt sich die aktive Pflanzenbewegung ausgezeichnet beobachten. Wenn die heranwachsende Tochterrosette wegrollt und nicht mit den Wurzeln auf den Boden fällt, dreht sie sich, indem die im Schatten liegenden unteren Blätter schnell zu wachsen anfangen, oder sie wendet sich mit Hilfe der Wurzeln, die sie in die Erde wachsen läßt.

## Christusdorn
*Euphorbia splendens*
Der Christusdorn wächst als fleischige Staude mit Blättern und zahlreichen Dornen an sonnigen Orten Madagaskars. Er läßt sich an sonnigen Wohnungsfenstern auch als reich und lange blühende Zimmerpflanze ziehen.

**Christusdorn**

**Wolfsmilch**

**Sprossender Donarsbart, Sprossende Hauswurz**

## Wolfsmilch
*Euphorbia horrida*
Die Dickblattwolfsmilch Euphorbia horrida sieht wie ein Kaktus aus. Bei diesen Wolfsmilchgewächsen haben die warmen und trockenen Klimabedingungen Südafrikas zu einer Änderung des Pflanzenbaus geführt. Der fleischige und meist dornige Stengel hat die Assimilationsfunktion übernommen und ersetzt die fehlenden Blätter, die nur zu einem unerwünschten Wasserverlust führen würden.
Die Sukkulenten unter den Wolfsmilchgewächsen haben wie die Kakteen die veschiedensten Formen. Sticht man sie mit einer Nadel an, rinnt jedoch bei der Wolfsmilch zum Unterschied vom Kaktus aus der verletzten Stelle weißer, giftiger Milchsaft aus. Nur bei *Euphorbia caracasana* wird dieser Saft zur Guttaperchaherstellung verwendet.

205

# Kletterpflanzen

Der Drang zum Licht treibt viele Pflanzenarten in die Höhe. Dazu brauchen sie feste Stengel. Um ihre häufig sehr großen Sproßachsen aufzurichten, bedienen sie sich der ihnen am nächsten stehenden Stütze. Sie winden sich, haken sich mit Ranken, Hakenhaaren und Haftwurzeln fest oder stützen sich mit dornigen Zweigen ab. Zu den Kletterpflanzen gehören in Europa Kräuter und Gehölze, in den Tropen die Lianen.

**Trompetenblume**

## Gemeiner Hopfen
*Humulus lupulus*
Hopfen ist zum Bierbrauen unentbehrlich. Er gibt diesem Getränk den leicht bitteren Geschmack und erhöht gleichzeitig seine Haltbarkeit.
Der weiche Stengel des Hopfens windet sich im Uhrzeigersinn bis 6 m hoch. Der wilde Hopfen rankt sich an Sträuchern empor, in der Feldkultur wird er an Hopfenstangen gezogen. Beim Klettern helfen ihm seine Hafthaare. Auf den Hopfenfeldern werden

**Gemeiner Hopfen**

## Trompetenblume
*Campsis radicans*
Die Trompetenblume aus der Familie *Bignoniaceae* bildet nicht wie Hopfen oder Kürbis jedes Jahr neue lange Sproßachsen. Ihre Stengel verholzen und wachsen durch junge Austriebe weiter, die Bündel herrlich gefärbter, großer, trompetenartiger Blüten tragen. Die Trompetenblumenart *Campsis radicans* klettert mit Hilfe von Haftwurzeln an Wänden und Zäunen.

## Pfennigkraut
*Lysimachia nummularia*
Das Pfennigkraut wächst auf feuchten Wiesen, an Waldbächen und in feuchten Gräben. Da es keine Ranken und windenden Stengel hat, kriecht es durch das Gras. Die schönen zitronengelben Blütensterne wachsen auf kurzem Stiel aus den Achseln der runden, gegenständigen Blätter.

**Pfennigkraut**

nur die weiblichen Pflanzen belassen, denn nur sie enthalten das wichtige Lupulin, das Bitterstoffe enthält. Die Droge aus Hopfenblüten hat eine beruhigende Wirkung bei Schlafstörungen.

### Ackerwinde
*Convolvulus arvensis*
Die dünnen Stiele der Ackerwinde drehen sich gegen den Uhrzeigersinn. Sie umschließt ihre Opfer fest mit ihren Stengeln, an denen pfeilförmige Blätter wachsen. In den Blattachseln entfalten sich sehr kurzlebige, weiße oder rosafarbige trichterförmige Blüten, die sich frühmorgens öffnen und mittags wieder schließen. Trotz ihres anmutigen Äußeren ist die Ackerwinde eines der schädlichsten Feld- und Gartenunkräuter.

**Ackerwinde**

### Ruhmesblume
*Clianthus formosus*
Die herrlichen Pflanzen der Gattung *Clianthus* sind in den warmen Gebieten Australiens beheimatet. Sie werden aber auch in unseren Breiten gezogen. Mit ihren großen, verschieden roten Blüten sind sie eine Zierde der Gewächshäuser, vor allem die aus Westaustralien stammende Art *Clianthus dampieri*. Andere Arten, wie *Clianthus puniceus*, gedeihen in geschützten Lagen auch im Freien, beispielsweise an windgeschützten Wänden der Meeresküsten Irlands. *Clianthus puniceus* kommt aus Neuseeland.

### Gartenkürbis
*Cucurbita pepo*
Auch der Kürbis, eine einjährige Pflanze, richtet sich nicht auf. Er gehört zu den Kräutern, die am Boden kriechen, obwohl sie weitläufige, verzweigte Ranken haben.
Der Kürbis hebt sich von den übrigen Gemüsepflanzen durch seine Größe ab. Seine steifhaarigen, rauhen Stengel sind mehrere Meter lang. Die goldgelben Blüten und die Fruchtknoten verwandeln sich in bis 70 kg schwere Früchte — gelborange Beeren mit verschiedensten Formen und Größen. Der Kürbis hat einhäusige Blüten: auf einer einzigen Pflanze wachsen sowohl weibliche als auch männlich Blüten. Die einen haben nur Staubblätter ohne Stempel — das sind die männlichen — und die anderen nur Stempel ohne Staubblätter — die weiblichen. Nur sie haben einen unterständigen Fruchtknoten, aus dem sich nach der Bestäubung durch Insekten die Frucht entwickelt. Der Kürbis stammt aus Nordamerika.

**Ruhmesblume**

**Gartenkürbis**

207

# Gartenpflanzen

Viele Pflanzen wachsen auf Beeten und Rabatten in unseren Gärten. Es sind fast ausschließlich Zuchtsorten (Hybriden), die ihren Wildformcharakter verloren haben. Sie bedürfen daher der Pflege des Gärtners, sonst können sie nicht existieren.

### Rudbeckie, Sonnenhut
*Rudbeckia fulgida*
Die Rudbeckia-Arten sind in unseren Gärten schnell heimisch geworden. Sie sind ansehnlich und vermehren sich schnell. Vielleicht am häufigsten ist die bis 2 m hoch werdende *Rudbeckia laciniata* mit großen, goldgelben, gefüllten Blüten. Auf feuchten Böden verwildert die Rudbeckia leicht und bildet dann ganze Dickichte.
Sehr schön sind die niedrigen Arten wie *R. fulgida*, die *var. sullivantii* oder die einjährige *R. hirta.* Für alle Rudbeckia-Arten ist die dunkle, braunschwarze oder purpurbraune kegelförmig gewölbte Mittelscheibe typisch.

### Deutsche Schwertlilie
*Iris germanica*
Die schwertartigen Blätter der Iris findet man in fast jedem Garten. Die Stengel mit mehreren violettblauen Blüten wachsen aus dem stark verzweigten

**Deutsche Schwertlilie**

**Pfirsichblättrige Glockenblume**

**Rudbeckie, Sonnenhut**
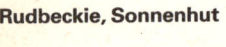

wächst als Wildform in den lichten Auwäldern, Laubwäldern und Gebüschen Europas und Asiens. Ihre großen, breit geöffneten Blütenglocken haben sie zu einer beliebten Zierpflanze unserer Gärten werden lassen. Am Stengel stehen nur wenige, dafür aber große himmelblaue, oft auch weiße Blüten.

Rhizom. Die von der Deckblattscheide verhüllte Knospe entfaltet sich zu einer barock anmutenden Blüte. Die sechs Perigonblätter sind am Grund zu einer Blütenröhre verwachsen, dann teilen sie sich. Drei biegen sich nach außen und tragen im Schlund einen „Bart" gelber Härchen, die übrigen drei biegen sich nach innen und schließen sich über drei blattartigen, die Staubblätter verdeckenden Narben. Die Frucht ist eine dreihülsige Kapsel.

### Pfirsichblättrige Glockenblume
*Campanula persicifolia*
Die Pfirsichblättrige Glockenblume

### Götterblume
*Dodecatheon meadia*
Die Götterblume trägt an langen, blattlosen Stengeln Dolden mit drei bis zwanzig kleinen rosaroten bis roten, an Schlüsselblumen erinnernde Blüten, die wie das verwandte Alpenveilchen (Cyclamen) zurückgebogene Kronblattzipfel haben. Es sind mehrjährige, aus Nordamerika stammende Stauden, die seit Mitte des 18. Jh. in Steingärten wachsen.

### Bartfaden
*Penstemon mensiesiis*
Diese hübsche ausdauernde Staude

### Kurzschopf
*Brachycome iberidifolia*
Diese aus Australien stammende, nur 30 cm hohe Blume wird seit Mitte des vorigen Jahrhunderts in Europa gepflanzt. Während der Blütezeit sind ihre kleinen Büsche mit vielen, manchmal bis 200 rosa, lila oder weißen Sternchen übersät.

### Schlafmützchen
*Eschscholzia californica*
Dieser Mohn stammt aus der Pazifik-

letzt wird, eine farblose Milch ab. Wurzel und Kraut enthalten zahlreiche Alkaloide.

**Kurzschopf**

**Götterblume**

**Bartfaden**

wird in vielen niedrigen und hohen Arten angebaut. Die farbenprächtigen, manchmal auch mehrfarbigen glockigen Blüten erscheinen ab Juli bis zu den ersten Frösten.
Mit seinen Blüten verleugnet der Bartfaden nicht seine Verwandtschaft mit der Familie der Braunwurzgewächse *(Scrophulariaceae),* bei deren Arten sich die Anzahl der ursprünglich fünf Staubblätter verringert.

region Nordamerikas. Die Wildform hatte glänzende gelbe Blüten mit einem orangeroten Fleck. Heute wird das Schlafmützchen als einjährige Pflanze in vielen Farben in unseren Gärten angepflanzt. Die Knospe entfaltet sich erst, wenn der Kelch, der wie ein spitzes Mützchen die Kronblätter bedeckt, abgefallen ist. Daher auch die Bezeichnung ,,Schlafmützchen''.
Die ganze Pflanze gibt, wenn sie ver-

**Schlafmützchen**

# Pflanzen und Tiere

Tiere können den Pflanzen nützen, indem sie für die Blütenbestäubung oder für die Verbreitung von Früchten und Samen sorgen, wenn sie sie als Nahrung aufnehmen oder an ihrem Körper verschleppen. Sie können den Pflanzen aber auch schaden. Pflanzenfressern, Schmetterlingsraupen, einigen Vogelarten und vielen anderen dienen die Grünpflanzen als Nahrung.
Die Partnerschaft zwischen Pflanzen und Tieren ist meist ohne gegenseitiges Abhängigkeitsverhältnis. In besonderen Fällen jedoch, wie wir z. B. bei der Palmlilie *(Yucca filamentosa)* sehen

**Schmalblättriges Weidenröschen**
*Epilobium angustifolium*
Schmetterlinge haben ihre bestimmten Blumen, auf denen sie ihre Eier ablegen, um ihrer Nachkommenschaft die Nahrung zu sichern. Beim Kohl ist das für den Menschen unangenehm, beim Weidenröschen weniger. Auf Weidenröschen und Springkräutern leben die in der Jugend sattgrünen, später braunschwarzen „großäugigen" Raupen des Weidenröschenfalters *(Deilephila elpenor)*.
Das Weidenröschen ist zusammen mit den Kreuzblumen und den Himbeeren typisch für unsere Waldlichtungen. Während der Blütezeit überschwemmt es die Lichtung mit schönen, dunkelrosa Blüten, die sich nach dem Verblühen

**Palmlilie**

werden, ist diese Beziehung wechselseitige Lebensbedingung.
Beispiele für symbiotisches Zusammenleben geben manche Akazienarten *(Acacia)*, die in ihren aufgeblasenen, hohlen Dornen Ameisen beherbergen.

**Schmalblättriges Weidenröschen**

**Gemeine Nachtkerze**

210

**Märzveilchen, Wohlriechendes Veilchen**

in längliche, kantige Kapseln voll kleiner Samenkörner mit langem, weißem Flaum verwandeln. Der Flaum ist federleicht und wird vom Wind weit in die Umgebung getragen. Das Weidenröschen wächst in Berggebieten manchmal bis in 2000 m Höhe.

### Palmlilie
*Yucca filamentosa*
Das Sein oder Nichtsein dieser stattlichen Pflanze hängt von der unscheinbaren Motte *Pronuba yuccasella* ab, denn sie besorgt die Bestäubung der Yucca-Blüten und sichert damit die Erhaltung der Art. Sollte diese Mottenart einmal ausgerottet werden, würde damit wahrscheinlich auch die Palmlilie verschwinden.

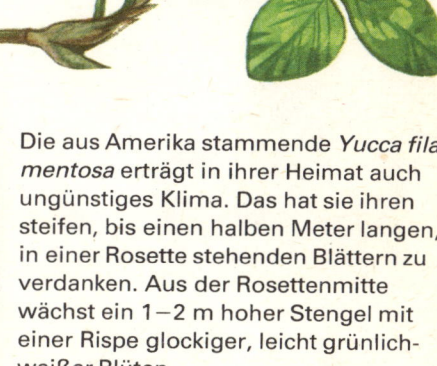

**Gemüsekohl**

Die aus Amerika stammende *Yucca filamentosa* erträgt in ihrer Heimat auch ungünstiges Klima. Das hat sie ihren steifen, bis einen halben Meter langen, in einer Rosette stehenden Blättern zu verdanken. Aus der Rosettenmitte wächst ein 1–2 m hoher Stengel mit einer Rispe glockiger, leicht grünlichweißer Blüten.

### Gemeine Nachtkerze
*Oenothera biennis*
Manche Pflanzen öffnen ihre Blüten erst gegen Abend, denn sie warten auf den Besuch der Nachtschmetterlinge und Falter. Diese nächtlichen Befruchter verhalten sich ähnlich wie die in den Tropen lebenden Kolibri: Sie fliegen über die Blüte, halten sich durch die Schwingbewegung ihrer Flügel auf der Stelle und saugen aus den Blüten mit ihrem langen Rüssel Nektar. Gleichzeitig sorgen sie für die Bestäubung. Die fein duftenden Blüten der Nachtkerze bleiben dann noch den ganzen nächsten Tag geöffnet. Die Frucht ist eine zylindrische Kapsel mit vielen kleinen Samenkörnern, die sich leicht verbreiten.
Die Nachtkerze stammt aus Amerika, hat sich jedoch schnell entlang der Land- und Wasserwege verbreitet, so daß wir diesen Einwanderer heute an

Wegen, Hängen, Anschwemmungen und Ruderalstellen fast auf der ganzen nördlichen Halbkugel antreffen können.

## Märzveilchen, Wohlriechendes Veilchen
*Viola odorata*

Die dunkelvioletten, stark duftenden Blüten des Märzveilchens sind unfruchtbar. Nach dem Verblühen der auffälligen Blüten erscheinen grüne, geschlossene. In ihnen kommt es zur Selbstbestäubung, ohne daß sie sich öffnen müßten. Die Samen des Märzveilchens haben ölhaltige Anhängsel, auch „Ameisenfleisch" genannt, die eine beliebte Speise dieser fleißigen Tierchen sind. Sie sorgen ganz ungewollt für die Samenverbreitung über weite Entfernungen. Aber das Märzveilchen verbreitet sich nicht nur durch Samen, sondern schickt auch seine kriechenden, Wurzeln bildenden Ausläufer aus, aus denen neue Pflänzchen wachsen.

Das Wohlriechende Veilchen wird in Gärtnereien und Gärten angepflanzt und ist in den verschiedensten Sorten und Farben zu haben: großblütig, gefüllt blühend, remontierend, violett, weiß, rosa und gelb.

## Weißklee, Lämmerklee, Kriechender Klee
*Trifolium repens*

Der Weißklee, auch Kriechender oder Lämmerklee genannt, hat weiße, selten rosa angehauchte, duftende Honigblüten, die zu etwa 50 in botanisch als Capitolum bezeichneten Blütenköpfchen zusammenstehen. Die Blüten haben einen tiefen Kelch und freie Kronblätter. Nach dem Verblühen färben sie sich braun. Der Weißklee blüht den ganzen Sommer über von Mai bis September auf Rasenstellen, nicht nur in Niederungen, sondern bis in die subalpine Zone.

Häufigste bestäubende Insekten sind Hummeln, die mit ihrem langen Rüssel den Nektar aus der Blüte saugen und gleichzeitig für ihre Bestäubung sorgen.

Klee ist, wie alle Schmetterlingsblütler, wegen seines Einflusses auf die Bodenfruchtbarkeit für die Landwirtschaft wichtig. Dies bewirkt der starke, oft mit Stickstoffknöllchen besetzte Wurzelstock der Pflanze. In ihnen lebt symbiotisch die Bakterienart *Bacterium radicicola,* die zur Bindung von Luftsauerstoff fähig ist. Ihre Leistung ist bewundernswert: je Hektar verwandelt sie jährlich bis zu 20 kg Stickstoff in organische Stoffe, also so viel, wie 300 dz Stalldung enthalten.

## Gemüsekohl
*Brassica oleracea*

Ein Beispiel, wie unerwünscht die enge

**Wildes Stiefmütterchen, Ackerstiefmütterchen, Ackerveilchen**

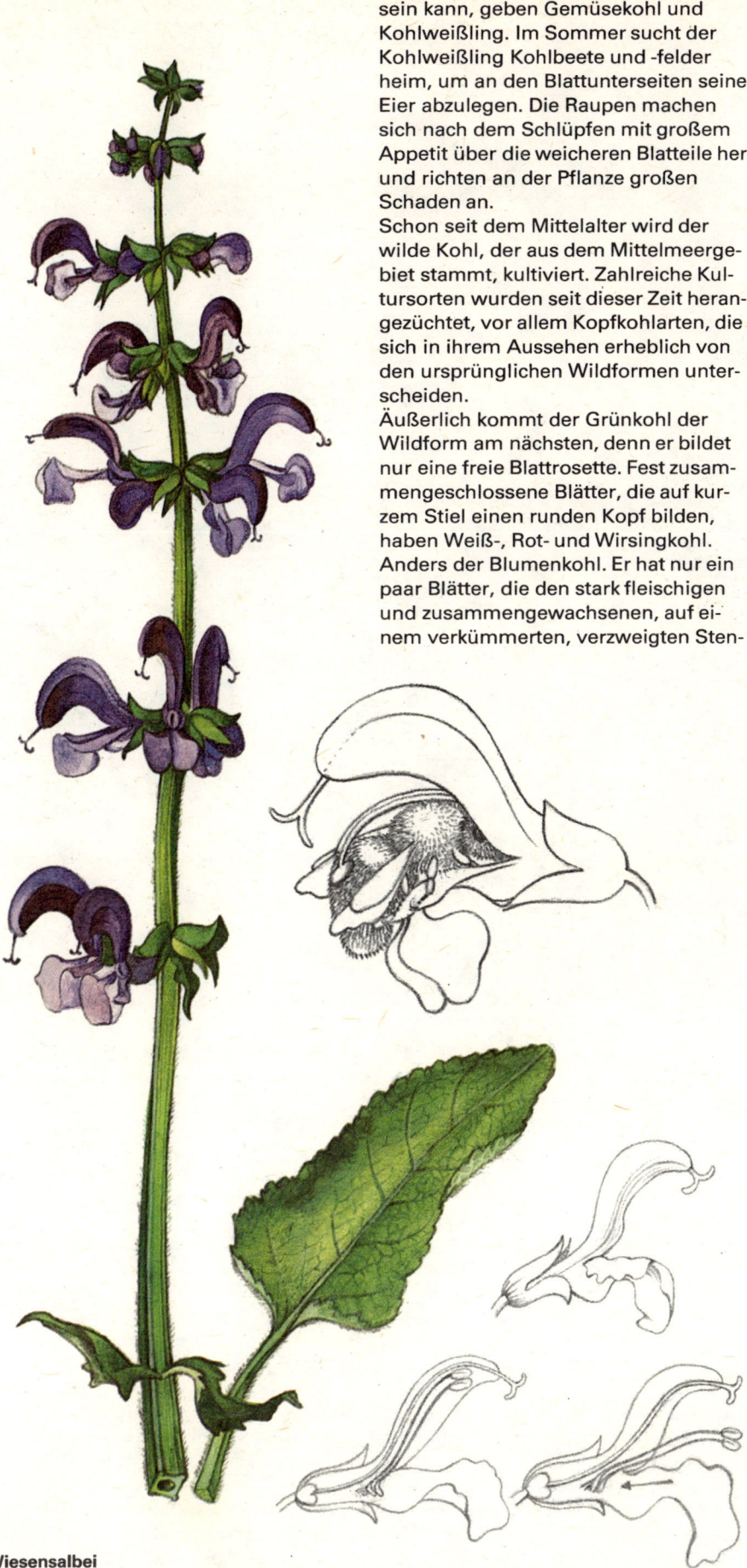

Verbindung zwischen Tier und Pflanze sein kann, geben Gemüsekohl und Kohlweißling. Im Sommer sucht der Kohlweißling Kohlbeete und -felder heim, um an den Blattunterseiten seine Eier abzulegen. Die Raupen machen sich nach dem Schlüpfen mit großem Appetit über die weicheren Blatteile her und richten an der Pflanze großen Schaden an.

Schon seit dem Mittelalter wird der wilde Kohl, der aus dem Mittelmeergebiet stammt, kultiviert. Zahlreiche Kultursorten wurden seit dieser Zeit herangezüchtet, vor allem Kopfkohlarten, die sich in ihrem Aussehen erheblich von den ursprünglichen Wildformen unterscheiden.

Äußerlich kommt der Grünkohl der Wildform am nächsten, denn er bildet nur eine freie Blattrosette. Fest zusammengeschlossene Blätter, die auf kurzem Stiel einen runden Kopf bilden, haben Weiß-, Rot- und Wirsingkohl. Anders der Blumenkohl. Er hat nur ein paar Blätter, die den stark fleischigen und zusammengewachsenen, auf einem verkümmerten, verzweigten Sten-

gel wachsenden Blütenstand umgeben. Jüngste Züchtung ist der erst im 18. Jh. in Belgien entstandene Rosenkohl. Er hat einen bis 1 m hohen Stamm, an dem die Blätter in einzelnen runden Röschen stehen, und der oben mit einem Büschel größerer, ebenfalls eßbarer Blätter abschließt. Die Kohlrabi dagegen haben einen kurzen, über dem Boden knollig verdickten Stengel, an dem die Blätter an langen Stielen wachsen.

Alle Kohlsorten sind wegen ihres Reichtums an Vitaminen A, B, C bzw. E und K, Mineralstoffen und Spurenelementen wertvolle Gemüsearten, die auf die unterschiedlichste Weise zubereitet werden.

## Wildes Stiefmütterchen, Ackerstiefmütterchen, Ackerveilchen
### Viola tricolor

Die anspruchslosen, widerstandsfähigen Gartenstiefmütterchen (Viola Wittrockiana-Hybriden) sind häufig in Parks, Gärten und auf Friedhöfen anzutreffen. Diese Hybriden entstanden durch Kreuzung verschiedener Arten, zu denen auch das Wilde Stiefmütterchen (Viola tricolor) gehörte, ein weit verbreitetes, nahezu das ganze Jahr über blühendes Unkraut unserer Felder, Gärten und Ruderalstellen. Seine Blüten sind viel kleiner und bei weitem nicht so schön gefärbt wie die Kultursorten. Auf den Kronblättern spielen Gelb, Weiß, Violett und Blau.

In der Volksheilkunde wird das Kraut gegen Hautausschläge angewandt.

## Wiesensalbei
### Salvia pratensis

Der Wiesensalbei, eine in wärmeren Gegenden häufig anzutreffende Pflanze, hat dunkelblauviolette, angenehm aromatisch duftende Blüten. Er wächst an sonnigen, trockenen Hängen und auf Wiesen. Als Besonderheit hat er gelenkige Staubblätter und Griffel. Dieser Mechanismus ist der Bestäubung durch Hummeln angepaßt, die ihren langen Rüssel bis auf den Blütenboden herabsenken können, wo sich der Nektar befindet. Sobald sich die Hummel auf die Blüte setzt und sich in das Blüteninnere vorzuarbeiten beginnt, betätigt sie diesen Hebelmechanismus, die Staubblätter neigen sich und schütten ihre Pollen über den Hummelkörper. Die Narben anderer, älterer Blüten, deren Staubbeutel schon leer sind, übernehmen den Pollen.

In einer solchen Blüte ist dann der Griffel mit den Narben nach unten gebogen, und die Hummel muß sie mit ihrem Hinterleib berühren.

**Wiesensalbei**

# Irreführende Pflanzenformen

Pflanzen sind nicht immer, was sie zu sein scheinen. Z. B. sehen die Wolfsmilch-Sukkulenten wie Kakteen aus, aber sie sind nicht mit ihnen verwandt. Die Blüte der *Rafflesia* sieht einem Haufen faulenden Fleisches ähnlich, die Zypressen-Wolfsmilch gibt ihren komplizierten Blütenstand als einfache Blüte aus.

**Zypressen-Wolfsmilch**

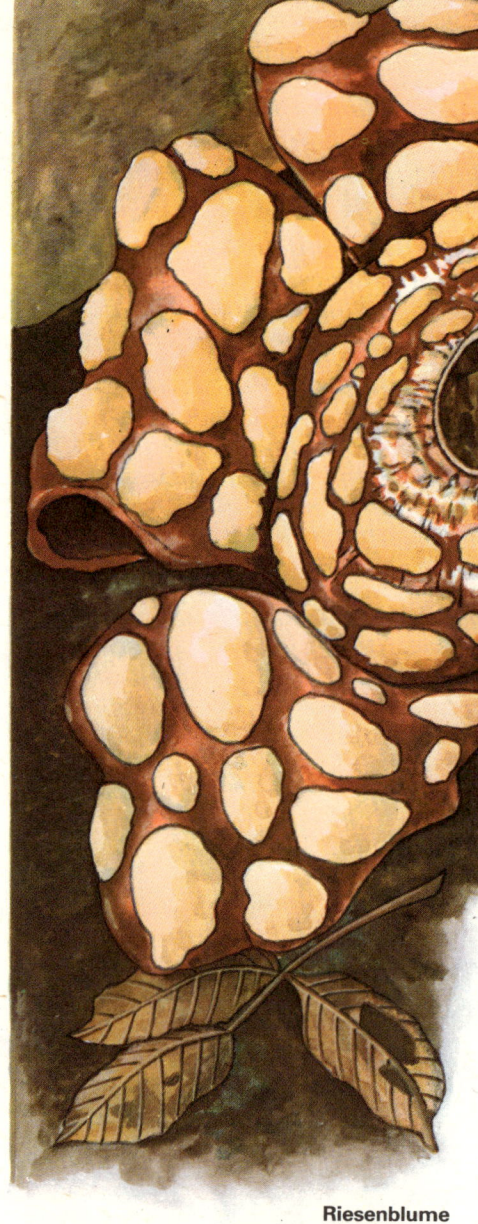

Riesenblume

## Zypressen-Wolfsmilch
*Euphorbia cyparissias*
Die Blüten dieser Pflanze sind mit die einfachsten und am wenigsten ansehnlichen. Sie sind einhäusig, und jede Blüte hat entweder nur ein Staubblatt — dann ist sie männlich oder einen Stempel — dann ist sie weiblich. Und so ist diese auf den ersten Blick einfache Blüte eigentlich ein mehrfacher Blütenstand, in dem sich die Einzelblüten zusammenfinden.
In der Mitte des Blütenstandes befindet sich eine einzige weibliche Blüte — ein Stempel mit rundem, dreinarbigem Fruchtknoten. Der auf einem langen Stiel herausragende Fruchtknoten ist von mehreren Wickeln der aus nur einem Staubblatt bestehenden, also männlichen Blüten, umgehen. Dieser

komplizierte, bei der Gattung Wolfsmilchgewächse *Cyanthium* genannte Blütenstand wird durch eine röhrige, aus fünf Hochblättern gebildete Hülle geschützt. Diese falsche Blüte hat gelbe Nektarien; zwei gegenständige, vergrößerte Hochblätter, die zuerst gelbgrün gefärbt sind und sich nach dem Verblühen röten, betonen dieses Pseudanthium. Bei einigen Wolfsmilchgewächsen, beispielsweise bei der *E. pulcherrima* (Weihnachtsstern), werden die lebhaft roten, strahlig stehenden großen Hochblätter irrtümlich als Blüten angesehen. Die weibliche Blüte bringt eine warzige Kapselfrucht mit drei Samen hervor, die ähnlich wie bei den Veilchen ölhaltige Eiweißanhängsel, also „Futter" für Ameisen, haben. Typisches Merkmal aller Wolfs

milchgewächse sind Milchsaftgefäße mit giftigem Milchsaft.

## Riesenblume
*Rafflesia arnoldii*
Die große, fleischige Blüte der Rafflesia wird bis zu 1 m breit und wiegt fast fünf Kilo. Nicht umsonst hat sie also den deutschen Namen „Riesenblume" erhalten. Sie schmarotzt auf den Wurzeln der Klimmen *(Cissus)* und saugt sich mit ihrer Blüte mit Hilfe von warzenartigen Saugorganen (Haustorien) fest. Die Blüten sind einhäusig und haben in der Mitte einen fleischigen, nektartragenden Blütenboden. Auch im feuchten Halbdunkel des Urwalds ist die Rafflesia kaum zu übersehen, denn sie macht durch den widerwärtigen Geruch verwesenden Fleisches auf sich aufmerksam. Aber im wesentlichen hat er die gleiche Aufgabe wie der angenehme Duft vieler anderer Blumen: Fliegen zur Bestäubung anzulocken.
Die Pflanze wurde 1818 von Stamford Raffles und Joseph Arnold während einer botanischen Forschungsreise auf Sumatra entdeckt und erhielt nach ihren Entdeckern ihren lateinischen Namen *Rafflesia arnoldii*.

## Grasbaum

*Xanthorrhoea resinosa*

Die Xanthorrhoea sieht wie ein riesiges Grasbüschel aus, auf dessen Spitze eine Säule steht. Häufig ist diese „Säule" nicht einmal zu sehen, weil sie von alten, abgestorbenen Blättern verdeckt wird. In der Kultur werden die alten Blätter abgeschnitten, so daß der 3—4 m hohe holzige Stamm zum Vorschein kommt und der Baumcharakter dieser Pflanze sichtbar wird. Die Blüten sind klein und stehen in traubigen Blütenständen. Diese Gehölze sind in mehreren Arten auf den Savannen Australiens, Tasmaniens und Queenslands heimisch und liefern ein wertvolles Akaroidharz, den sog. gelben Gummi, der bei der Herstellung von Politurmitteln, Farben und Lacken verwendet wird. Die Blätter dienen als Grünfutter.

**Grasbaum**

## Swainsona

*Swainsona galegifolia*

Swainsona — das ist eine etwa 45 Arten umfassende Pflanzenfamilie, die mit Ausnahme mehrerer auf Neuseeland heimischer Arten ausschließlich auf Australien beschränkt ist. Sie ist auf der südlichen Halbkugel das, was auf der nördlichen die Familie *Astragalus* — Tragant — bedeutet. Von deren Vertretern unterscheidet sie sich hauptsächlich durch eine breitere und besser entwickelte Fahne in der Blüte. Durch die Form von Fahne und Fruchthülse ist die Swainsona wieder eng mit den europäischen und asiatischen Blasenstraucharten *(Colutea)* verwandt. Die Arten der Familie Swainsona sind Kräuter mit aufrechtem oder liegendem, manchmal am Grund verholztem Stengel. Die rosaroten, roten oder gelben Blüten stehen in gestielten Trauben. Bei den Arten mit größeren, bis zu 2 cm großen Blüten sind es gewöhnlich nur ein paar, bei den kleinblütigen können es auch 30 in einer langen Traube sein. Der Bau der Blüte ist typisch für die Schmetterlingsblütengewächse *(Fabaceae):* Sie hat einen fünfzähligen Kelch und eine aus fünf Blättern bestehende Krone. Diese Blätter unterscheiden sich voneinander und haben auch ihre besondere Bezeichnung. Die unteren beiden sind zum Schiffchen verwachsen und laufen in einer langen Granne aus. Diese ist bei den Swainsona-Arten so lang oder länger als die zu beiden Seiten stehenden schmalen Flügel. Von oben werden sie durch das fünfte, zurückgebogene Blütenblatt, die Fahne, bedeckt. Bis auf eines sind die Staubblätter verwachsen und bilden um den Stempel eine Röhre. Die Frucht ist eine zugespitzte, aufgeblasene Hülse mit zahlreichen kleinen Samen.

**Lachnostachys**

## Lachnostachys

*Lachnostachys verbascifolia*

Die seltene *Lachnostachys verbascifolia* ist eine von zehn Arten dieser Familie, die ausschließlich auf die Sandböden Westaustraliens vorkommen. Vor der Sonneneinstrahlung schützt sie sich durch eine dichte, weiße, wollige Haarschicht. Sie wird deshalb auch Lambs Tail, also „Schafsschwanz" genannt.

**Swainsona**

# Nadelgehölze

Die Nadelgehölze unterscheiden sich von anderen Bäumen deutlich durch die Form ihrer Krone und besonders die schmalen spitzen Blättchen — die Nadeln.

Die Zapfen sind die Fruchtstände der Nadelgehölze. Der Zapfen ist ein trockener, verholzter Blütenstand mit um die Achse spiralig angeordneten Schuppen. Diese Deckschuppen bleiben lange fest angedrückt. Erst wenn die Samen reif sind, öffnet sich der Zapfen bei sonnigem, trockenem Wetter, so daß sich die geflügelten Samen in der Umgebung verbreiten können.

## Gemeine Fichte, Rotfichte
*Picea abies*

Im Frühling blühen die Fichten, und der Wind trägt gelbe Staubwolken durch unsere Wälder. Dieser gelbe Staub sind Pollen, den die männlichen Fichtenzapfen in riesigen Mengen bilden. Die mit zwei „Flügelchen" ausgestatteten Pollenkörner suchen sich den Weg zu den Eiern in den weiblichen Blüten. Diese Eier sind nicht — wie bei den Kräutern — im Fruchtknoten eingeschlossen, sondern sitzen „nackt" auf der Schuppe. Diese weiblichen Blütenstände beginnen sich nach der Befruchtung zu vergrößern, werden schwerer und schwerer, bis sie als reifender Zapfen nach unten hängen. Während dieses Prozesses ändert sich die Farbe von Purpurrot über Grün, Gelb bis Braun im Reifezustand.

Im Frühling öffnen sich die Zapfen bei trockenem Wetter, aber manchmal auch schon im Winter, und dann fliegen die geflügelten Samen durch den Wald. Ein Samenjahr gibt es gewöhnlich nur alle 4—6 Jahre, in höheren Lagen auch erst nach 10 Jahren. Die Fichtenbäume erreichen erst mit 30 Jahren ihre Samenreife.

Die Fichtennadeln fallen zwar nicht jedes Jahr ab wie andere Blätter, doch bleiben sie nur 5—7 Jahre am Zweig. Ist die Luft zu sehr verschmutzt, werfen die Fichten ihre Nadeln so häufig ab, daß der Baum sie nicht so schnell nachbilden kann, seine Fähigkeit zur Assimilation verliert und eingeht. Fichtenholz dient nicht nur zu Bauzwecken, sondern ist auch Grundrohstoff zur Papierherstellung.

Die Rinde der Gemeinen Fichte liefert Gerbstoff, das Harz Kolophonium und Terpentin und die Nadeln duftende ätherische Öle für kosmetische Zwecke. Die Fichte hat einen günstigen Einfluß auf Klima und Wasserhaushalt ihrer Umgebung.

## Europäische Lärche
*Larix decidua*

Lärchennadeln sind weich, seidig, zartgrün und frostempfindlich. Sie werden deshalb wie die Blätter der Laubbäume im Herbst gelb und fallen ab. Die Nadeln wachsen zu 15—40 in Büscheln an sog. Brachyblasten, also an Kurztrieben, die dicht an den Ästen stehen. Gleichzeitig mit dem Nadelaustrieb im Frühjahr blüht die Lärche, aber erst im

Gemeine Fichte

**Lebensbaum**
*Thuja*
Der Lebensbaum hat keine stechenden Nadeln wie die europäischen einheimischen Nadelgehölze, sondern kleine, dicht an den Zweig gepreßte Schuppenblätter. Die Blätter haben auf der Oberseite Harzdrüsen, so daß die Zweige angenehm duften, wenn man sie zerreibt. Durch Destillation wird aus den jungen Zweigen das duftende ätherische Thuja-Öl gewonnen *(Oleum thujae).*
Der Abendländische Lebensbaum *(Thuja occidentalis)* bildet in seiner Heimat, im Osten Nordamerikas, ganze Bestände. Die schlanken, kegeligen Bäume haben waagerecht ausgebreitete Zweige und werden bis 20 m hoch. Der Morgenländische Lebensbaum *(Thuja orientalis)* unterscheidet sich vom abendländischen unter anderem auch durch die senkrecht verzweigten Zweige und größeren Zapfen. Er stammt aus Nordostchina und verbreitete sich von da aus nach Japan und Europa. Lebensbäume werden als Ziergehölze angepflanzt.

**Europäische Lärche**

15.—20. Lebensjahr. Die männlichen Blüten sind hängende gelbe Zäpfchen, die weiblichen haben die Form aufrechtstehender, eiförmiger, karminroter kleiner Zapfen. Die geflügelten Samen in den kleinen verholzten Lärchenzapfen reifen zwar schon im Herbst, fallen aber erst im Frühjahr heraus. Die leeren Zapfen bleiben noch mehrere Jahre am Baum. Alle 4—5 Jahre sind bei der Lärche Samenjahre.
Da die Lärche ein äußerst lichtliebendes Gehölz ist, bildet sie lichte Bestände am Waldrand, wo sie genügend Sonne bekommt. Sie gehört zu den schnell wachsenden Gehölzen und wird etwa 40 m hoch.
Lärchenholz ist rotbraun, leicht, elastisch und widerstandsfähig gegen Feuchtigkeit. Die Lärche gehört wegen ihres hohen Nutzwertes in ganz Mittel- und Nordeuropa zu den angebauten Forstgehölzen.

**Lebensbaum**

# Wildfrüchte

Die auf den nächsten acht Seiten abgebildeten Bäume und Sträucher sind nicht nur in Europa, sondern auch in Nordamerika beheimatet. Ihre Früchte haben ausnahmslos einen ausgezeichneten Geschmack. Die auffällige Färbung der Früchte war ursprünglich bestimmt, Tiere anzulocken, die für die Verbreitung sorgen sollten. Seit uralten Zeiten hat der Mensch diese Früchte gesammelt und verzehrt — erst roh, später zu allerlei Schmackhaftem verarbeitet.

Hundsrose

## Hundsrose
*Rosa canina*

Schönheit, Duft und Farbe machen die Rose zur Königin der Blumen. Das gilt aber nur für die kultivierten, gezüchteten Rosen, nicht für ihre wilden Verwandten. Die Hundsrose mit ihrer Fülle einfacher, rosaroter, zart duftender Blüten ist eher bescheiden anmutig. Sie schmückt Feldwege, Hecken und Waldränder nicht nur während der Blüte, sondern auch im Herbst, wenn sie voller korallenroter Hagebutten ist. Hagebutten sind die Scheinfrüchte der Hundsrose, die echten sind harte, behaarte, im vertieften Fruchtboden liegende Nüßchen. Und dieses Receptaculum verwandelt sich während der Reife in eine fleischige Hagebutte. Hagebutten werden für die pharmazeutische und Lebensmittelindustrie, in kleineren Mengen auch für den Hausgebrauch gesammelt und getrocknet. Ihr Vitamin-C-Gehalt (bis 40 %) ist erheblich. Daneben enthält das Fruchtfleisch Zucker, Zitronen- und Apfelsäure. Aus den Hagebutten macht man eine ausgezeichnete Marmelade, und Hagebuttenwein ist von allen Obstweinen der bekannteste und wohlschmekkendste.
Die dichten Rosenhecken bieten den Vögeln nicht nur Unterschlupf, sondern auch einen reich gedeckten Tisch.

### Schlehe, Schlehdorn
*Prunus spinosa*

Die Schlehe hat im Reifezustand blauschwarze, grünfleischige, bereifte Steinfrüchte. Schön anzusehen, aber mit sehr herbem Geschmack. Nach den ersten Herbstfrösten sind sie weniger herb und dann genießbar. Meist werden sie zu Likör oder Wein verarbeitet. Der Schlehdorn ist ein unangenehm dorniger Strauch mit stechenden, zu Dornen gewordenen verkürzten Zweigen. Er ist häufig an sonnenbeschienenen Hängen, Waldrändern und auf Feldern anzutreffen, wo er zusammen mit Hundsrose und Brombeere wächst. Er wird bis 3 m hoch und bildet mit seinen sparrigen, dichten Zweigen undurchdringliche Dickichte, die Kleintieren als Unterschlupf dienen.

**Schlehe, Schlehdorn**

## Haselnuß
### Corylus avellana

Die Haselnuß blüht im zeitigen Frühjahr. Schon im März, April ist sie die erste, willkommene Pollenweide für die Bienen, denn ihre Blüten bereitet sie bereits im Herbst in hängenden Kätzchen vor. Unter den Deckschuppen dieser Kätzchen sitzen aber nur die einzelnen männlichen Blüten. Die weiblichen zeigen sich erst zu Winterende als kleine, knospenförmige Blütenstände, aus deren Spitze die karminroten fadenförmigen Stempel mit borstigen Narben wie ein Büschel herausragen. Beide Blüten sind sehr einfach und blühen noch vor dem Erscheinen der Blätter.

Die Haselnuß ist ein typischer Windbestäuber. Nach dem Bestäuben fällt das ganze Kätzchen ab, und aus den Fruchtknoten der weiblichen Blüten entwickeln sich die Früchte — Nüsse. Die Botaniker bezeichnen die Haselnuß als einsamige Frucht, deren harte und holzige Schale den ganzen Samen voll umschließt.

Die reifen, braunen Nüsse fallen aus ihrem grünen Kelch und sind beliebte Leckerbissen für Eichhörnchen, Mäuse, Eichelhäher und Spechte, die gleichzeitig auch zur Verbreitung beitragen.

Die nährstoffreichen, ölhaltigen Haselnußkerne enthalten 50—60 % Öl, 15 % Eiweiß und 2—5 % Zucker. Das leicht gelbe Öl ist sehr wertvoll und erinnert in seinem Geschmack an Mandelöl. Der Nährwert der Haselnüsse (Kaloriengehalt) ist 12mal größer als bei Weizen, 3mal größer als bei Mohn und 8mal größer als der der Milch. Interessant ist, daß das Haselnußöl mit ruhiger, rußloser Flamme brennt. Aber auch für uns Menschen sind Haselnüsse ein Leckerbissen in Feingebäck und Schokolade. Industriell werden Futter- und technische Öle ausgepreßt.

Manchmal finden wir aber auch Haselnüsse mit einem kleinen Loch darin. Den Platz des schmackhaften Kerns nimmt dann eine weiße Made ein — die Larve des Käfers *Balaninus nucum*.

Die Haselnuß ist ein in Europa weit verbreiteter Strauch, den wir nicht nur in Hainen, an Hängen und Rainen finden, sondern auch als Untergebüsch lichter Wälder. Die Höhe von 6 m erreicht die Haselnuß erst nach mehreren Jahren.

Auch ständiger Wildverbiß kann die unbändige Vitalität dieses Strauches nicht gefährden. Archäologen entdeckten Haselnüsse sogar in den Wohnstätten des neolithischen Menschen. Als Nutzgehölz wird die Haselnuß seit dem Altertum nicht nur wegen der Nüsse gezüchtet (vor allem in der Türkei), sondern auch wegen des weichen, sehr biegsamen und elastischen Holzes, aus dem Stöcke, Reifen und Pfeifen hergestellt werden. Die jungen Zweige werden zu Körben geflochten, aus speziell behandeltem Holz lassen sich Zeichenwinkel anfertigen.

hängende Kätzchen

Haselnuß

## Eberesche, Vogelbeerbaum
### Sorbus aucuparia

Von Mai bis Juni schmücken kleine weiße Blüten in reichen Trugdolden die Zweige der Eberesche; am prächtigsten ist dieser Baum aber, wenn die roten runden Beeren am Ende des Sommers in reicher Fülle am Baum hängen. Wegen des bittersauren Fruchtfleisches sind sie in rohem Zustand kaum genießbar.

Sie enthalten neben Parasorbinsäure, die sie leicht giftig macht, zahlreiche organische Säuren, Zucker, Gerbstoff, Pektin, die Vitamine P und C und Karotin, das die korallenrote Färbung bewirkt. Ihr hoher Vitamin-C-Gehalt hat den Vogelbeeren den Beinamen „Zitrone des Nordens" gegeben. Einige Kultur-Eberscheensorten enthalten bis 180 mg % Vitamin C, das die Früchte auch in getrocknetem Zustand in erheblichen Mengen bewahren.

Die besten Lebensbedingungen findet die Vogelbeere in höheren Lagen vor. Dort ist sie auch am meisten verbreitet; sie wächst fast über die Waldgrenze hinaus. Wegen ihres langsamen Wachstums kann sie nicht mit anderen Baumarten wetteifern und bildet deshalb keine zusammenhängenden Bestände. Sie ist sehr lichthungrig, und das macht sie vor allem für Alleen und Hanglagen in höher gelegenen Regionen geeignet. Die Vogelbeeren bleiben noch lange nach dem Reifen am Baum und sind vor allem für Drosseln ein beliebtes Futter. Die Vögel verbreiten die Samen weit in die Umgebung.

Außer der wilden Vogelbeere mit herbem säuerlichem Geschmack wird auch ihre süße Art gezüchtet *(S. aucuparia var. edulis)*. Ihre Beeren sind größer und süßer und eignen sich zum Marmeladekochen.

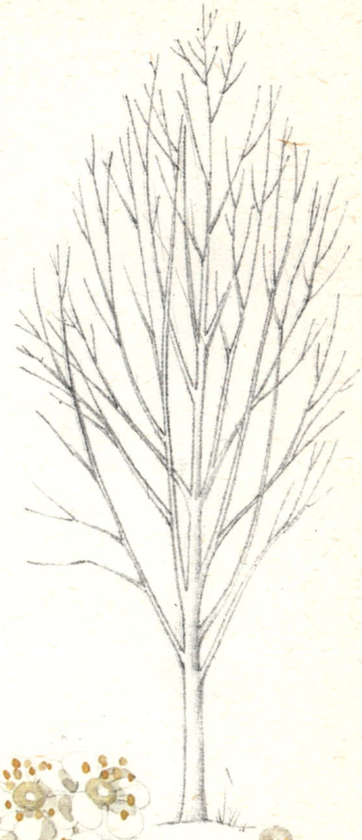

**Eberesche, Vogelbeerbaum**

221

## Schwarzer Holunder

*Sambucus nigra*

Der Schwarze Holunder ist seit jeher ein Universalhausmittel und durfte in keinem Haushalt fehlen. Am Holunder ist alles gesund und heilkräftig: Zahnschmerzen wurden mit einem Stück Holunderstab gestillt; junge Blätter, vermischt mit Weizenmehl, heilten Verbrennungen und Bisse tollwütiger Hunde; trockene zermahlene Holunderblätter stillten Nasenbluten u. a. m. Hauptdrogen für unsere moderne Pharmazie sind Blüten und Früchte.

Die in reichen Blütenständen wachsenden kleinen gelblichen Blüten öffnen sich im Juni und Juli und verbreiten dann einen herben, betäubenden Duft.

Die flachen Trugdolden des fälschlich auch „Flieder" genannten Holunders werden wie Schnitzel paniert und gebacken. Die Blüten enthalten Glykoside, ätherische Öle, Gerbstoffe, Harze, Schleimstoffe und einige Säuren. Aus getrockneten Blüten zubereiteter Tee wirkt schweißtreibend, fiebersenkend bei Grippe und Angina und hustenstillend. Aus vergorenen Blüten wird eine erfrischende, sprudelnde Limonade bereitet.

Die Beeren, schwarze Steinfrüchte, sind rund und weich. Ihr saftiges Fleisch ergibt einen schwarzroten Saft, der zum Färben von Mosten, Weinen und früher auch Textilien Verwendung findet. Neben Anthocyanfarbstoffen enthalten sie auch organische Säuren, Zucker und die Vitamine A und C. Die ganze Holunderpflanze enthält Phytonzidstoffe, die gegen Bakterien und zahlreiche Pilze wirksam sind. Die frischen Holunderbeeren haben eine leichte Abführwirkung, im getrockneten Zustand bewirken sie das Gegenteil. Sie werden auch zu Wein, Sülze und Holunderessig verarbeitet. Die nicht abgeernteten Früchte suchen sich im Winter die Vögel. Das Fruchtfleisch wird verdaut, die Samen werden jedoch ausgeschieden. Der Holunder wächst in lichten Wäldern, in Ufergebüschen und auf stickstoffreichen Böden.

## Traubenholunder

*Sambucus racemosa*

Der Traubenholunder unterscheidet
sich vom Schwarzen Holunder sehr
deutlich durch die Farbe seiner Früchte.
Sie sind zinnoberrot und wachsen in
eiförmigen Rispen. Ein weiteres Unterscheidungsmerkmal ist das nicht
weiße, sondern zimtbraune Mark. Der
aus den roten Steinfrüchten gewonnene Saft ist trüb, denn die Samen enthalten kleine Mengen eines giftigen Amy-
dalglykosids.

Auf den an Vitamin C reichen Tee, der
sich ohne Bedenken aus Schalen und
Fruchtfleisch zubereiten läßt, hat das
jedoch keinen Einfluß. Es genügt, die
frischen Früchte des Traubenholunders
zu überbrühen.

Der Traubenholunder gibt höhergelegenen, gebirgigen Regionen den Vorzug und wird deshalb auch Berg- oder
Hirschholunder genannt. Dort wächst
er in lichten Wäldern, auf Berglichtun-
gen und an Berghängen.

## Brombeere, Kratzbeere
*Rubus fruticosus*

Die Brombeere entwickelt bis zu 2 m lange, kurzstachelige, gebogene Schößlinge, die dort, wo sie den Boden berühren, leicht wurzeln und dann undurchdringliche Dickichte bilden. Stacheln tragen nicht nur die Schößlinge, sondern auch Blattstiele, Blättchen und hauptsächlich die Blattnerven. Im ersten Jahr wachsen die einfachen Austriebe nur in die Länge, erst im zweiten verzweigen sie sich, blühen und tragen Früchte. Die für die ganze Familie der Rosengewächse *(Rosaceae)* typischen weißen oder rosaweißen Blüten wechseln mit schwarzen Früchten ab. Wie bei den Erdbeeren sind es keine einfachen Fruchtstände, sondern eine ganze Ansammlung kleiner Steinfrüchtchen, die gemeinsam auf einem gewölbten Blütenboden sitzen, sich aber nicht wie bei der Himbeere abtrennen lassen. Das weiche Beerenfleisch ist voll dunklen Saftes, der auch Hände und Mund färbt. Praktisch wird dieser violette Farbstoff zum Einfärben von Nahrungsmitteln verwandt. Die Früchte werden zu Getränken, Sirup und Marmelade verarbeitet; die Blätter enthalten sehr viel Gerbstoff, so daß die Droge Gurgelmitteln zur Behandlung von Mundhöhlenentzündungen und Bädern bei Hautkrankheiten zugesetzt und als Teeaufguß bei Durchfällen und Magenbeschwerden verabreicht wird. Fermentierte Blätter ergeben einen schmackhaften Tee.

**Brombeere, Kratzbeere**

## Scheinbeere
*Gaultheria procumbens*

In den Bergen Nordamerikas, in Südostasien, Australien und auf Tasmanien
ist die Familie *Gaultheria* mit etwa 100
Arten weit verbreitet.
Die *Gaultheria shallon,* in den USA „Sa-
lal" genannt, ist in den schattigen Wäldern Nordamerikas heimisch und
wächst dort zu einem bis 1,5 m hohen,
dichten, ausladenden Strauch mit breiten ledrigen Blättern und unscheinbaren, aber angenehm duftenden hellrosa
Blüten heran. Die nickenden Blüten und
später die schwarzroten Früchte stehen
in überhängenden, größeren Trauben.
Die bordeauxroten, eßbaren Beeren
der *Gaultheria procumbens,* eines kriechenden Sträuchleins, erinnern an Prei-
selbeeren *(Vaccinium vitis-idaea).* In ih-

## Heidelbeere, Blaubeere
*Vaccinium myrtillus*

Die Früchte der Waldheidelbeeren reifen von den warmen Sonnenstrahlen
des scheidenden Sommers. Die kleinen
Blätter werden rot und fallen langsam
ab. Und dann lassen sich die Heidelbeeren am besten pflücken.
Die Heimat der Heidelbeere, auch Blaubeere genannt, ist Europa und Nordasien; sie ist aber auch in Nordamerika
anzutreffen. In ganz Mittel- und Nordeuropa ist sie sehr häufig.
Sie bevorzugt feuchte, humöse Nadelwälder, wo sie größere zusammenhängende Bestände bildet, nicht nur in den
Niederungen, sondern bis hinauf in die
Latschenzone der Hochgebirge.
Die Heidelbeeren können bis zu einem
halben Meter große, halbliegende

**Scheinbeere**

rer Heimat, im atlantischen Teil Nordamerikas, bildet sie dichte, bodenbe-
deckende Teppiche. Die Scheinbeere
wird in der Heilkunde und Kosmetik
verwendet. Die aus den Blättern gewonnene Droge hat wegen ihres Gehalts an Gerbstoffen und den Glykosiden Arbutin und Ericolin einen bitter
zusammenziehenden Geschmack. Außerdem enthält sie Zucker, Enzyme und
ätherische Duftöle. Dieses typisch duftende aromatische Öl, das aus den Blättern gewonnen wird, wird auch „Win-
tergreen-Öl" genannt.

Sträucher bilden, aus deren verholztem
Grund grüne, scharfkantige Zweige mit
dünnen, eiförmigen Blättern wachsen.
In den Blattachseln stehen rötlichgrüne
glockige Blüten, aus denen sich
schwarze, blau bereifte Beeren bilden.
Sie werden sehr gern gesammelt und
als Frischobst gegessen oder zu Kom-
pott, Marmelade, Wein und Likör verarbeitet. Heidelbeersaft dient zum Färben
von Nahrungsmitteln.

**Heidelbeere, Blaubeere**

# Nutzgehölze

Viele Laubgehölze werden von Förstern, Tischlern, Bauleuten und allen, die mit Holz zu tun haben, verarbeitet. Für fast alle Bereiche der menschlichen Tätigkeit ist Holz ein wichtiger Rohstoff. Der Mensch nutzt es wegen seiner ausgezeichneten physikalischen Eigenschaften und dies seit altersher. Zuerst nährte es das Feuer in den primitiven Wohnstätten, später ermöglichte es, Unterkünfte — Hütten, Blockhäuser, Häuser, Burgen — zu errichten. Kein Tag verging, an dem der Mensch nicht ein Werkzeug oder ein Gerät aus Holz in die Hand genommen hätte. Und auch in unserer Zeit, in der Zeit der Kunststoffe, kommen wir ohne Holz nicht aus.

**Zitterpappel, Espe**
*Populus tremula*
Die Zitterpappel gehört zur Familie der Weidengewächse *(Salicaceae)*, ähnelt aber in ihrem Aussehen der Birke, ohne mit ihr verwandt zu sein. Man kann sie aber sehr leicht an den Blättern unterscheiden. Die Zitterpappel hat runde Blattspreiten an langen, dünnen, zusammengedrückten Stielen. Schon beim leisesten Windhauch, wenn sich an anderen Bäumen kein Blatt rührt, bewegen sie sich. Die Zitterpappel stellt an den Standort die gleichen Ansprüche wie die Birke. Selten bildet sie hohe Stämme und wenn, dann braucht sie etwa 80 Jahre, um 30 Meter hoch zu werden.

Die Zitterpapel erfüllt überall dort ihren Zweck, wo ein schnell wachsendes Gehölz gebraucht wird. Ihr weiches Holz kann zu Zellulose hoher Qualität, aber auch zu Streichhölzern und Sperrholz verarbeitet werden.
Die Zitterpappel blüht Ende März, noch bevor das Laub erscheint. Sie gehört zu den zweihäusigen Pflanzen. Wegen ihrer frühen Blüte, also zu einer Zeit, wo Insektenbestäubung ausgeschlossen ist, bildet sie keine Blütenblätter. Die Bestäubung besorgt der Wind. Die wolligen, dicken Blütenkätzchen erinnern an Raupen. Nach dem Auspollen fallen die braunen männlichen ab. Die Fruchtkapseln reifen schon im Mai und enthalten kleine, weißflaumige Samen.

**Zitterpappel, Espe**

## Weiß- oder Sandbirke
*Betula pendula*

Das Weiß der Birkenstämme ist aus unserer Landschaft nicht mehr wegzudenken. Sie heben sich vor dem dunklen Hintergrund der Fichten besonders gut ab. Auch im Winter, wenn sich die dünnen, hängenden Zweige noch nicht mit feinem, hellem Grün überzogen haben, wirken die Birken sehr grazil und beweglich. Im April und Mai, wenn sich die Blätter entwickeln, blüht die Birke mit einfachen, einhäusigen Blüten, die bei den weiblichen wie männlichen in Kätzchen stehen.

Die gewöhnlich bräunlichen männlichen Kätzchen wachsen nickend am Zweigende, die weiblichen sind kürzer, grün und während der Blütezeit aufrechtstehend. Die Befruchtung und später auch die Verbreitung der Samen besorgt der Wind.

Eine erwachsene Birke bringt Jahr für Jahr mehrere hunderttausend Samen hervor, von denen aber nur wenige einen zum Keimen geeigneten Platz finden. Herrliche Birkenexemplare auf Felsen, Burgruinen und unfruchtbaren Böden sind jedoch keine Seltenheit. Die Birke ist ein sehr bescheidenes Gehölz mit geringen Ansprüchen an den Boden, die aber ausreichend Sonne zum Gedeihen benötigt. Die Weißbirke ist bis weit nach Norden, sogar bis zum Polarkreis anzutreffen, wo sie entweder zusammenhängende Birkenbestände bildet oder in der Gemeinschaft mit Espen und Erlen steht.

Birkenwälder bedecken einen beträchtlichen Teil Europas und Nordamerikas, denn die Birke ist nicht nur für den Waldbestand, sondern auch für die Industrie ein wertvolles Gehölz. Als schnell wachsende Gattung übernimmt sie die Rolle des Pionierbaumes auf Kahlschlägen, Lichtungen und auf Brachen. Ihr Holz ist nicht sehr haltbar, aber fest, elastisch und schwer. Wegen dieser Eigenschaften und seiner hellen Färbung findet es in der Möbelindustrie, in Schnitzereien und Wagnereien Verwendung. Aus den gertigen Zweigen werden auch heute noch Besen gebunden. Der Saft der Birke wird zur Zubereitung von Birkenwässern in der Haarkosmetik verwendet. Die Blätter dienen in der Pharmazie als Droge, denn sie wirken schweiß- und harntreibend und werden daher den verschiedensten Tees beigegeben.

Die Birke ist mit ihrem schönen schlanken Stamm und ihrer luftigen Krone mit hellgrünem Laub, das sich im Herbst goldgelb färbt, eine Zierde für jeden Garten, sei es als wilde oder veredelte Form mit farblich und in der Gestalt variierenden Blättern und Kronen.

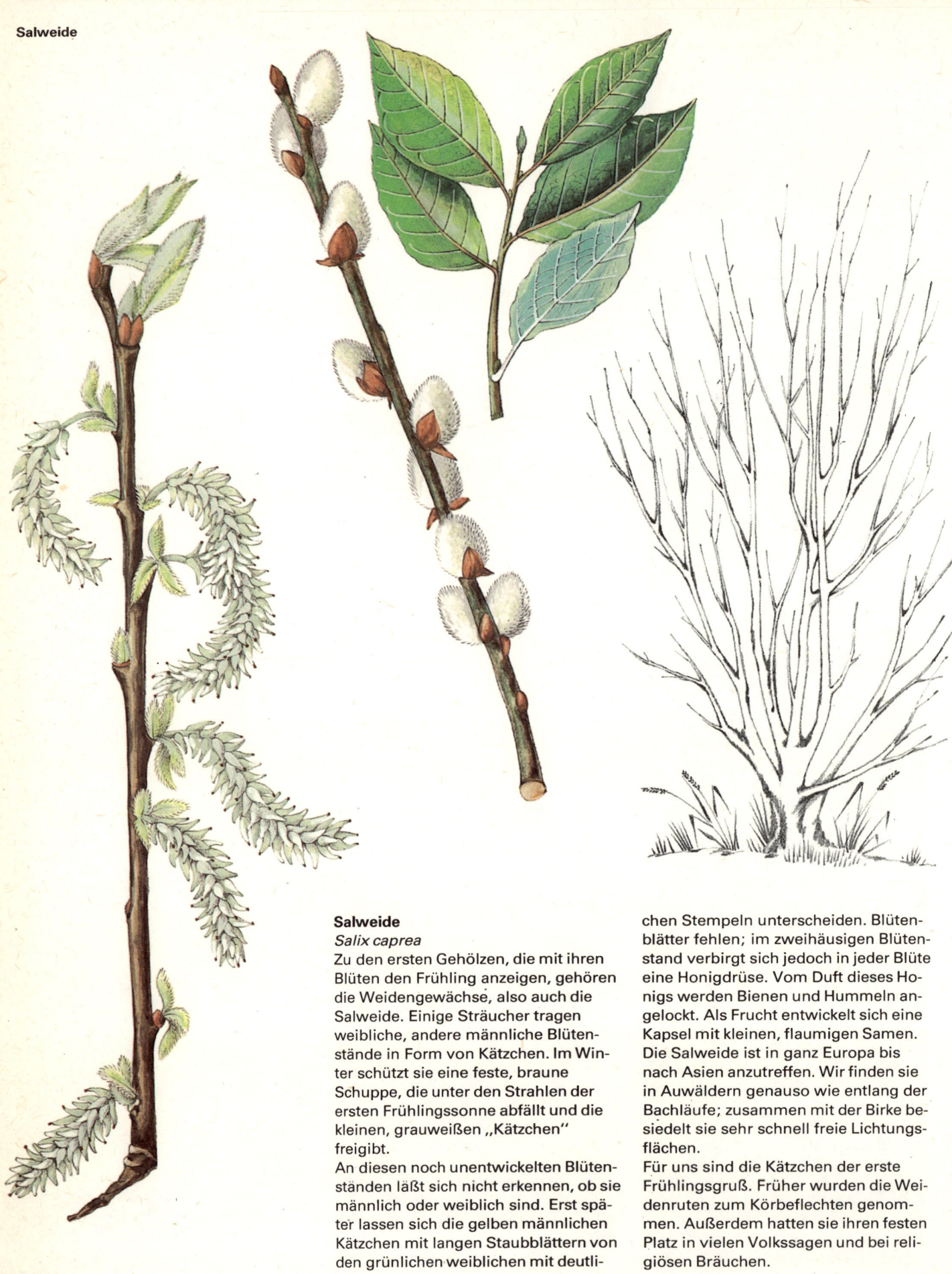

## Salweide

*Salix caprea*

Zu den ersten Gehölzen, die mit ihren Blüten den Frühling anzeigen, gehören die Weidengewächse, also auch die Salweide. Einige Sträucher tragen weibliche, andere männliche Blütenstände in Form von Kätzchen. Im Winter schützt sie eine feste, braune Schuppe, die unter den Strahlen der ersten Frühlingssonne abfällt und die kleinen, grauweißen „Kätzchen" freigibt.

An diesen noch unentwickelten Blütenständen läßt sich nicht erkennen, ob sie männlich oder weiblich sind. Erst später lassen sich die gelben männlichen Kätzchen mit langen Staubblättern von den grünlichen weiblichen mit deutli-

chen Stempeln unterscheiden. Blütenblätter fehlen; im zweihäusigen Blütenstand verbirgt sich jedoch in jeder Blüte eine Honigdrüse. Vom Duft dieses Honigs werden Bienen und Hummeln angelockt. Als Frucht entwickelt sich eine Kapsel mit kleinen, flaumigen Samen. Die Salweide ist in ganz Europa bis nach Asien anzutreffen. Wir finden sie in Auwäldern genauso wie entlang der Bachläufe; zusammen mit der Birke besiedelt sie sehr schnell freie Lichtungsflächen.

Für uns sind die Kätzchen der erste Frühlingsgruß. Früher wurden die Weidenruten zum Körbeflechten genommen. Außerdem hatten sie ihren festen Platz in vielen Volkssagen und bei religiösen Bräuchen.

## Robinie, Scheinakazie
*Robinia pseudoacacia*

Ende April, Anfang Mai, wenn schon alles grünt, blüht und duftet, bieten die Robinien einen traurigen Anblick. Sie sind noch kahl, und zwischen ihren dornigen Zweigen sitzen unzählige trockene Schoten — Früchte des vergangenen Jahres, die vom Wind abgeschüttelt werden. Diese Bäume beginnen erst Mitte Mai mit dem Blattaustrieb.

Die Heimat der Robinie ist der Osten Nordamerikas, besonders die Hügellandschaften Pennsylvanias und Georgias. Von hier aus kamen sie in die wärmeren Regionen des ganzen nordamerikanischen Kontinents. Im Jahre 1601 brachte sie der Franzose Jean Robin nach Paris, und im 17. Jh. verbreitete sie sich über ganz Europa. Sie drang nach Ost- und Südeuropa, nach Nordafrika und bis nach Vorder- und Ostasien vor. Auch auf Neuseeland ist sie zu finden.

Die Robinie ist sehr anspruchslos an Boden und Feuchtigkeit. Sie findet bei der Aufforstung unfruchtbarer Hänge und Sandböden Verwendung, weil sie mit ihren Wurzeln Böschungen befestigt. Daß sie auch dort wachsen kann, wo andere Gehölze Schwierigkeiten haben, verdankt sie ihrem starken Wurzelsystem. Die Wurzeln holen auch aus großen Entfernungen Nährstoffe aus dem Boden, und das so gründlich, daß für die übrigen Kräuter und Strauchbestände nichts mehr übrigbleibt. In der Nähe der Robinie wächst also meist nichts mehr. Schuld daran ist auch der Humusmangel, denn das Robinienlaub ist reich an Gerbstoffen und verrottet deshalb sehr langsam.

Die Wurzeln haben für die Robinie aber noch eine zweite Funktion. Sie bilden eine Menge Jungtriebe, mit denen sich der Baum vegetativ vermehrt. Deshalb lassen sich Scheinakazien auch sehr schwer überall dort entfernen, wo sie unerwünscht sind.

Auch wenn die Robinie viele Nachteile hat, gibt es Bereiche, in denen sie nützlich ist. — Beispielsweise als Straßenbaum in Städten, da ihr verschmutzte Luft nichts ausmacht. Im Juni macht sie durch den feinen Duft ihrer weißen, in langen, dichten Trauben stehenden Blüten auf sich aufmerksam.

Mit diesem Duft lockt sie Bienen an, die genügend Honig in der Fülle der Blüten finden und sie gleichzeitig bestäuben. Das nutzen die Imker, indem sie ihre Bienenstöcke in größeren Robinienbeständen aufstellen.

Die Schmetterlingsblüten der Robinie haben einen behaarten Kelch, eine weiße Krone und eine zurückgebogene Fahne mit einem gelbgrünen Fleck in der Mitte.

Außerdem bringt die Robinie durch ihr gutes, gelblich gefärbtes, hartes und sehr wasserbeständiges Holz Nutzen.

**Robinie, Scheinakazie**

## Spitzahorn

*Acer platanoides*

Die Fruchtstände des Spitzahorns sind häutige Fruchtflügel, die an einem Ende die Spaltfrucht – ein Nüßchen – tragen, das mit dem gegenüberliegenden Nüßchen zu einer geflügelten Doppelspaltfrucht zusammenwächst. Die Flügel stehen waagerecht voneinander ab. Nach dem Ausreifen trennen sich die beiden Achänen und werden vom Wind wie Propeller weit in die Umgebung getragen.

An günstigen Stellen keimen sie dann und wachsen schnell heran; vorerst zu einem Sämling, aus dem aber schließ-

lich ein stattlicher, 25–30 m hoher, dichtbelaubter Baum heranwächst. Die Blüten in den aufrechten, reichblütigen Schirmrispen sind unauffällig gelbgrün, aber mit schön entwickelten Blütenhüllen. Fünf Kelchblätter umschließen fünf radiär stehende Kronblätter, deren Mitte durch einen honigabscheidenden Nektardiskus ausgefüllt wird. Um ihn herum wachsen acht Staubblätter mit einem Stempel in der Mitte. Am Grund der Blütenstiele wachsen auffällige Schuppen. Der Ahorn blüht noch vor dem Erscheinen der handförmigen, mit lang zugespitzten, 5- bis 7gezähnten Lappen versehenen Blätter. Ähnlich

geformte Blätter hat auch der nah verwandte Bergahorn. Um welche der beiden Arten es sich handelt, erkennt man an den Buchten zwischen den Blattspreitenlappen: beim Spitzahorn sind sie stumpf, flach und ganzrandig, beim Bergahorn dagegen spitz, eingeschnitten und gesägt. Ein wichtiges Erkennungsmerkmal sind auch die Stiele der jungen Blätter: beim Spitzahorn rinnt bei Verletzung eine milchige Flüssigkeit aus ihnen, sie „milchen".

Und noch etwas ist interessant. Der Ahorn wächst nicht nur einzelstehend in Parks oder Alleen, sondern ist häufig Bestandteil der Mischwälder der gemä-

Spitzahorn

ßigten Zone unserer nördlichen Halbkugel. Da im Waldbestand ausreichendes Licht fehlt, behilft sich der Ahorn damit, ein Blattmosaik zu bilden. Das bedeutet, daß sich die Blätter, deren Stiele meist unterschiedlich lang sind, in einer Ebene senkrecht zum einfallenden Licht ausbreiten, um sich nicht gegenseitig zu beschatten.

Das grauweiße Holz des Spitzahorns ist elastisch und hart. Es wird in der Möbelindustrie und für Drechslerarbeiten verwendet, wenn auch nicht in solchem Umfang wie das des Bergahorns. Es ist porös und wird leider oft vom Holzwurm befallen.

## Bergahorn

### Acer pseudoplatanus

Der Bergahorn ist häufig in höhergelegenen Laubwäldern, besonders auf Geröllhalden und an steinigen Hängen anzutreffen. Er wächst langsam und erreicht im Alter von 80–100 Jahren eine Höhe von etwa 35 m. Wegen der hohen Qualität seines grauweißen Holzes wird der Bergahorn als eines der wichtigsten Nutzhölzer unserer Wälder betrachtet. Sein Holz ist dauerhaft und hart und findet sowohl im Möbelbau als auch für Drechslerarbeiten Verwendung. Schon in der Steinzeit wurden Werkzeuge aus Ahornholz gefertigt, wie Funde beweisen.

Die dichtbelaubte Krone des Ahorns spendet nicht nur wohltuenden Schatten, sondern sieht auch prächtig aus. Das macht den Ahorn für die Park- und Gartengestalter interessant.

Der Bergahorn blüht später als der Spitzahorn, gleichzeitig mit dem Erscheinen der Blätter oder gleich danach. Seine kleinen, gelbgrünen, zweihäusigen Blüten wachsen in hängenden Trauben und werden vom Wind wie von Insekten bestäubt. Ihre Doppelspaltfrüchte bilden einen so spitzen Winkel, daß ihre Flügel nahezu parallel zueinander stehen.

# Ziersträucher

Der Mensch hat im Laufe der Jahre nicht nur nützliche Pflanzen kultiviert, sondern auch Pflanzen, die ihm durch ihre Schönheit besonders gefielen. Die Wildarten haben nur einfache Blüten und erreichen bei weitem nicht die Pracht ihrer kultivierten Sorten. Zierpflanzen haben meist eine größere Menge Kronblätter, die Einfachblütigkeit der Wildformen wurde durch die Zucht in halbgefüllte oder gefüllte Blüten umgewandelt. Leider sind sie meistens unfruchtbar. In Gärten und Parks finden wir haüfig Arten aus fernen Gegenden, durch Kreuzung entstandene, herrliche Exemplare.

## Fuchsie
*Fuchsia*

Als Strauch, kleiner Baum, sogar als Liane wächst die Fuchsie in ihrer Heimat Mittel- und Südamerika und auf Neuseeland. In schattigen und feuchten Wäldern der Gebirgslagen bilden sie das Unterholz. Etwa sechzig Wildarten wurden gefunden und beschrieben, die meisten mit einfach roten oder weißen Blüten. Die glockigen Blüten hängen an langen Stielen und haben meist eine verlängerte Blütenröhre mit farbigen, vierzipfeligen Kelchblättern und oft aus

der Krone auffallend hervorragenden Staubblättern und Griffeln. Als Frucht entwickelt sich eine Beere. Die erste Fuchsie entdeckte der französische Mönch Charles Plumier im 17. Jh. auf seinen Reisen durch Südamerika. Er beschrieb die bisher unbekannte Pflanze und benannte sie nach dem deutschen Botaniker Leonhard Fuchs. Nach der Einführung in den Gartenbau entstand seit dem 19. Jh. durch Züchtung eine Vielzahl herrlicher Kreuzungen.

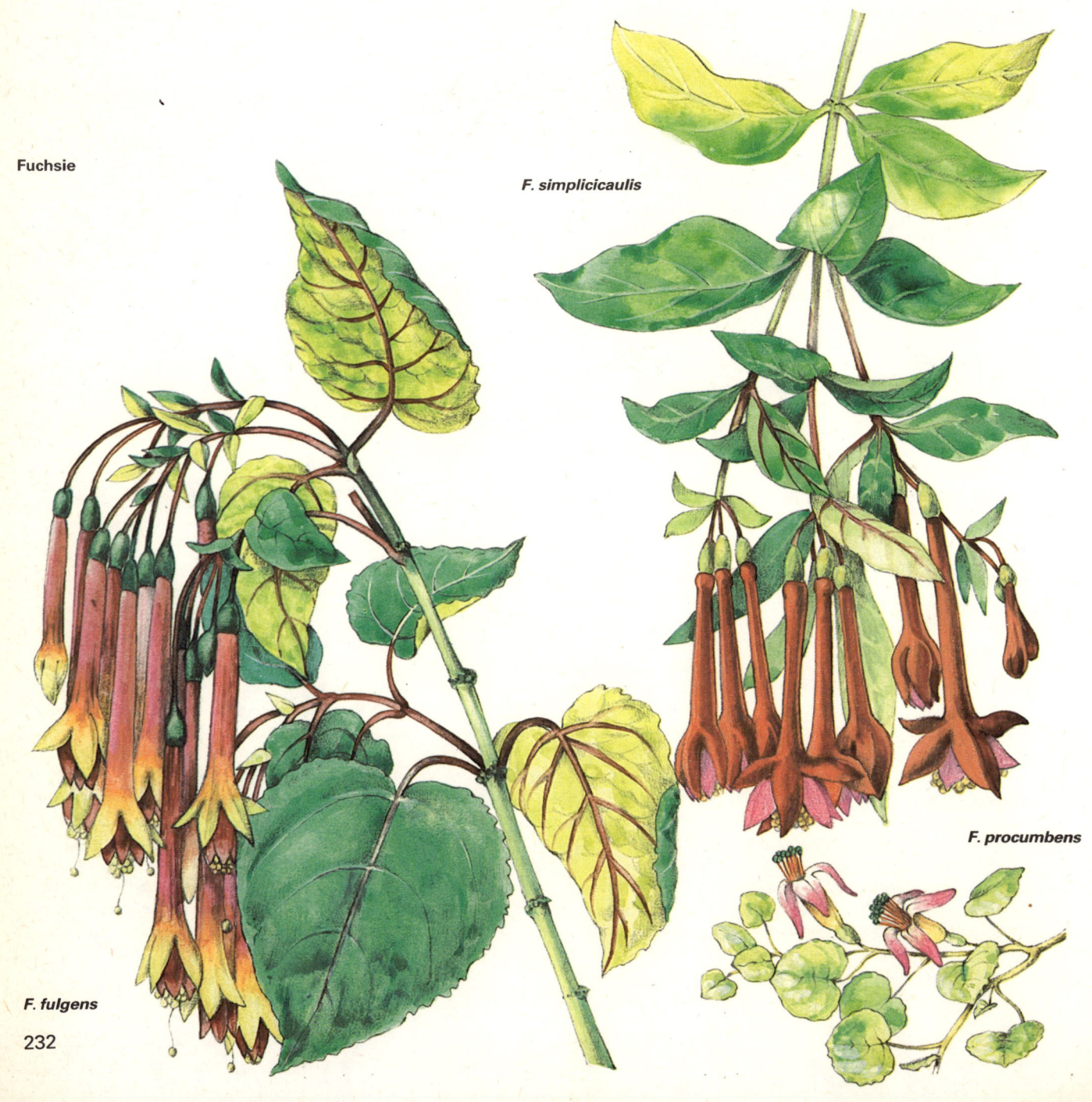

Fuchsie

*F. simplicicaulis*

*F. procumbens*

*F. fulgens*

232

**Roter Hartriegel, Blutroter Hartriegel, Hornstrauch**

bis März bedecken die Blüten in kleinen Büscheln den oberen Teil der kahlen, holzigen Zweige. Erst nach dem Verblühen, wenn sich die Fruchtknoten in runde Steinfrüchte verwandeln, erscheint am Zweigende ein Blattbüschel. In den Sommermonaten schmücken dann stiellose, korallenrote Früchte die Zweige des Seidelbastes, die bald nach dem Reifen abfallen, falls sie nicht von Vögeln gefressen werden. Denen macht das in Blüten, Früchten und Rinde enthaltene giftige Glykosid Daphnin nichts aus. Sie picken die roten Früchte und verbreiten die Samen weit in die Umgebung.

Der Seidelbast wächst in schattigen Hainen in fast ganz Europa und in Teilen Asiens und steht unter Naturschutz.

## Roter Hartriegel, Blutroter Hartriegel, Hornstrauch

*Cornus sanguinea*

Der Rote Hartriegel ist in ganz Europa heimisch und wächst in lichten Hainen, Auwäldern und in Mischwäldern, aber auch an Bachläufen. Er ist zusammen mit dem Weißen Hartriegel *(C. alba)* als Zierstrauch im Garten anzutreffen, besonders als lebender Zaun, auch wenn er nicht so anmutig ist wie seine nordamerikanischen und ostasiatischen Verwandten Blumenhartriegel *(C. florida),* Japanischer Hartriegel *(C. kousa)* und andere. Am schönsten ist der Rote Hartriegel im Herbst, wenn sich seine Blätter blutrot färben und die kleinen Zweige in Trugdolden stehende blauschwarze Steinfrüchte tragen. Sie sind aber nicht eßbar.

## Seidelbast, Kellerhals

*Daphne mezereum*

Der Seidelbast lockt mit seinem Kelch die Insekten an. Der giftige, langröhrige, rosarote Blütenkelch ersetzt die fehlende Blütenkrone. Nicht nur durch die Farbe, sondern auch durch den betäubend süßen Duft lockt er Insekten an, die die süßen Nektardrüsen im unteren Blütenteil aussaugen. Schon im Februar

**Seidelbast, Kellerhals**

Magnolie

### Magnolie
*Magnolia soulangiana*
Die Gattung *Magnolia* mit ihren 35 Arten wächst in ihrer Heimat Nord- und Mittelamerika, im tropischen Asien und im Himalaja als Strauch und Baum. In den wärmeren und gemäßigten Gebieten Europas ist die Magnolie ein besonders dekoratives Parkgehölz.
Ihre anmutigen Blüten sind nicht nur wunderschön, sondern auch interessant für den Botaniker. Sie haben einen primitiven und altertümlichen Bau: spiralig angeordnete Blütenblätter, Staub-

blätter und Stempel, große laubartige Staubblätter und erhöhtes Blütenbett mit freiem Fruchtknoten.
Die Magnolien blühen im Frühling, die japanischen und chinesischen Arten noch vor den Blättern (Sternmagnolie – *M. stellata*), die nordamerikanischen nach dem Erscheinen der Blätter (Schirmmagnolie – *M. tripetala*). Die Blüten sind weiß oder rosarot, bei der *M. grandiflora* 20–30 cm breit. In der Gartenkultur sind meistens die Soulangiana-Hybriden mit vielen Sorten anzutreffen.

## Felsenbirne

*Amelanchier laevis*

Die meisten Felsenbirnenarten kommen aus Nordamerika, einige aus Südeuropa und Asien.

Die Felsenbirne eignet sich ausgezeichnet als Ziergehölz für Park- und Gartenanlagen, denn sie ist nicht besonders anspruchsvoll an Standort und Boden und bildet schöne Sträucher mit einer Fülle in spärlichen Trauben stehender weißer Blüten. Später erscheinen Trauben mit purpurschwarzen *(A. canadensis)* bis blauschwarzen Früchten, beerenartigen Äpfeln. Sie sind bereift, saftig und süß. Obwohl sie eßbar sind, wird die Felsenbirne nur selten als Obstbaum gepflanzt. Ein Nachteil ist, daß ihre Früchte nach und nach reifen. Eine der schönsten und wertvollsten Arten ist *A. laevis.* Sie fällt nicht nur durch ihre weißen Blütentrauben, sondern auch durch die Farbenpracht ihrer Blätter auf. Die jungen, sich entwickelnden Blätter sind dunkelrot, im Herbstlaub feuerrot. Die Kanadische Felsenbirne *(A. canadensis)* hat im Herbst ebenfalls scharlachrote Blätter, die jungen Austriebe und Blätter sind jedoch silbergrau. Ähnlich ist es bei der Gemeinen Felsenbirne *(A. ovalis);* im Herbst färben sich ihre Blätter orangerot.

**Zaubernuß**

**Felsenbirne**

## Zaubernuß

*Hamamelis mollis*

Die Zaubernuß erwacht sehr früh aus dem Winterschlaf. Ihre winterharten Blüten warten nicht auf die wärmende Frühlingssonne, sondern entfalten sich auch im Winter. Die in Büscheln sitzenden, lockig gewellten Kronblätter lugen unter den Schneehäubchen gelb, rot oder orange hervor. Die Blüten der *Hamamelis mollis* sind verhältnismäßig groß, die der *Hamamelis vernalis* dagegen klein. Aber beiden entströmt ein angenehm süßer Duft. Interessante gelbe Blüten mit innen purpurroten Kelchblättern hat die *Hamamelis japonica.*

Zur Gattung der Zaubernuß gehören sechs Arten, die aus Nordamerika und Ostasien stammen. Es sind sommergrüne Sträucher, deren Blätter stark an die der Hasel *(Corylus)* oder der Erle *(Alnus)* erinnern. Je nach der Art tragen sie im Herbst effektvolle orange bis scharlachrot oder gelb gefärbte Blätter. Der Reiz der Hamamelis besteht jedoch darin, daß sie – ausgenommen die *H. virginiana* – im Winter und Vorfrühling blühen. Die *Hamamelis virginiana* stammt aus dem östlichen Nordamerika und bildet dort größere Gebüsche. Die kleinen hellgelben Blüten entfalten sich bereits im Herbst, die Früchte reifen jedoch erst im nächsten Jahr. Blätter und Rinde dieser Art werden für medizinische Zwecke verwendet.

# Tropengewächse

In den Tropen und Subtropen wachsen bemerkenswerte Kräuter und Gehölze, die unter kühleren Klimabedingungen nicht gedeihen. Einige werden in Gewächshäusern gehalten, damit wir uns eine Vorstellung machen können von der Flora dieser weit entfernten exotischen Natur. Einige, wie beispielsweise die Kokospalme, sind uns durch ihre Früchte bekannt, die dank ihrer Dauerhaftigkeit auch den Transport in weit entfernte Gebiete vertragen. So interessante Früchte jedoch wie die des Durianbaumes verderben rasch und werden deshalb nur vom einheimischen Verbraucher als Obst verzehrt.

Cycas, Palmfarm

**Cycas, Palmfarn**

*Cycas*

Die Cycas mit ihren Wedeln sind an Palmen erinnernde Gewächse, die nach dem botanischen System unter die Nacktsamigen *(Gymnospermae)* eingeordnet werden. In der Entwicklungsreihe sind sie die Vorgänger der Bedecktsamigen *(Angiospermacae).* Sie folgen den Farnen, von denen sie sich jedoch durch die Samenbildung unterscheiden. In der Entwicklung der Nacktsamigen erreichten die Cycas einen hohen Vollkommenheitsgrad im Bau des verholzten, zu Stamm und Zweigen umgebildeten Stengels. Nur die immer zweihäusigen Blüten sind noch sehr einfach. Die männlichen Blüten bilden zwei Schuppen mit zwei Pollensäcken, die weiblichen flache Fruchtblätter mit freiliegenden Eiern. Beide Blütenarten wachsen am häufigsten als Zapfen. Bei der Gattung *Cycas* wachsen die Fruchtblätter einzeln und behalten ihre Blattähnlichkeit mit tief gefiederten Blattspreiten und auf den Blattstielen in zwei Reihen aufliegenden Eiern. Nach der Bestäubung durch den Wind entwickeln sich große hartschalige rote Samen.

Die wärmeliebenden Cycas sind in den Tropen und Subtropen heimisch und wachsen in Gemeinschaft mit Palmen und Baumfarnen.

## Durianbaum
*Durio zibethinus*
Die Früchte des über 20 m hohen Durianbaumes „sind das schmackhafteste Obst der Welt" behaupten die einen, die anderen sagen, sie seien „nicht zu essen". Die Früchte sind in unreifem Zustand grün und geruchlos. Reifende Früchte werden gelb und der ihnen entströmende „Duft" ist ein Gemisch der unangenehmsten Gerüche. Wem das nichts ausmacht, der kann sich an dem butterweichen Fruchtfleisch gütlich tun. Die Früchte reifen und verderben sehr schnell und lassen sich deshalb nicht über größere Entfernungen transportieren. Die Frucht ist eine fünfhülsige Kapsel mit mehreren größeren Samen in jeder Hülse. Geröstete Samen schmecken wie geröstete Maronen. Jedes Samenkorn ist in der Kapsel weich in einem fleischigen, durch Vergrößerung des Samenbandes entstandenen Säckchen eingebettet. Die Früchte werden groß wie Menschenköpfe. Der Durianbaum ist im tropischen Asien beheimatet.

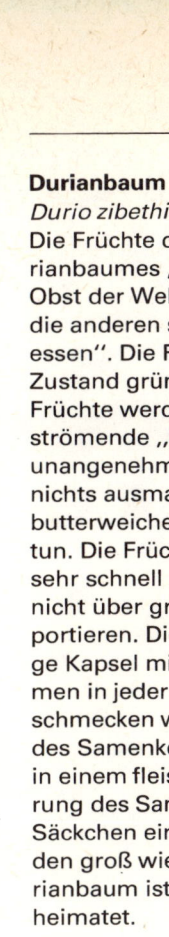

## Zylinderputzer, Schönfaden
*Callistemon brachyandrus*
Beim Anblick der blühenden Zweige dieser strauchartigen Pflanze denkt man unwillkürlich an einen Zylinderputzer. Meist blühen seine bürstenartigen Blütenstände herrlich rot, rosa oder auch gelb. Der zylindrische Kolben wird von unzähligen dichtgedrängt stehenden Blüten gebildet, die durch ihre zahlreichen langen Staubblätter mit rot gefärbten Staubfäden auffallen. Die Blüten sind rund um dünne Zweige angeordnet, die durch die Blütenstände hindurchgehen, weiterwachsen und Blätter entwickeln. Am deutlichsten ist das nach dem Verblühen sichtbar. Anstelle der Blüten bilden sich runde holzige Fruchtkapseln, die lange an den blättertragenden Zweigen bleiben und sie wie ein dichtes Halsband umschließen.
Diese dekorativen Zierpflanzen − meist als rutenartiger Strauch oder Baum wachsend, sind in Australien heimisch. Ihr Holz gehört ähnlich wie das einer Reihe anderer in Australien wachsender Arten der Familie *Myrtaceae* zu den härtesten. Wegen seines interessanten Aussehens und der ungewöhnlichen Blütenstände gehört der Zylinderputzerstrauch zu den beliebten Zierpflanzen. Als Zimmerpflanze gibt es nur *C. citrinus*. Sie ist anspruchslos und gedeiht bei niedrigeren Wintertemperaturen von 5−10 °C und sonnigem Standort auch gut in der Wohnung.

**Durianbaum**

## Kokospalme
*Cocos nucifera*

Die Kokospalme gehört zu den bekanntesten Palmenarten der Welt, denn sie ist eine sehr wichtige Nutzpflanze. Ihre Früchte, die Kokosnüsse, vertragen dank ihrer Dauerhaftigkeit auch den Transport über große Entfernungen und sind deshalb auf der ganzen Welt bekannt.

Die Kokospalme stammt wahrscheinlich von den Küsten Polynesiens; heute säumt sie jedoch die tropischen Küsten aller Kontinente. Die schlanken, federnden und hochwachsenden Stämme mit ihrem oberständigen Blätterbusch zeigen den Seeleuten schon von weitem an: „Land in Sicht". Zwischen den Palmwedeln hängen lange Blütentrauben, aber nach der Bestäubung bringen sie eine der größten Früchte hervor. Immer nur ein Samen ist in dieser Steinfrucht eingeschlossen. Nach der Ernte wird die glatte, ledrige Haut von der Fruchtoberfläche entfernt und die zur Schale angewachsene braune Faserschicht freigegeben. In dieser Form gelangen die Kokosnüsse dann in unsere Geschäfte. Wir kaufen eigentlich Kerne. In diesem Kern ist der weiße, aus einer braunen Samenhülle und einer zwei Zentimeter dicken Eiweißschicht gebildete Samen fest eingeschlossen. In der Mitte ist die Nuß hohl. Unreife Kokosnüsse enthalten fast einen halben Liter süßliche Flüssigkeit — die Kokosmilch. Außerdem wird noch der süße Palmensaft aus den nicht aufgeblüten Blütenständen frisch oder zu Palmwein vergoren getrunken. Das „Kopra" genannte Kokoseiweiß enthält bis 70 % Fett. Kopra von vollkommen ausgereiften Kokosnüssen wird getrocknet und weiterverarbeitet, besonders zu hochqualitativen Pflanzenfetten, sog. Palmfetten. Als „Kokosraspel" ist es eine beliebte Backzutat. Ausgepreßte Koprakuchen finden als Viehfutter oder als Dünger Verwendung. Die Schale der Kokosnuß ist fest und spröde zugleich und dient als Material für kleine Ziergegenstände und geschnitzte Knöpfe. Das Innere der Frucht ist mit einer leichten Faserschicht bewachsen, dank deren die durch das Wasser verbreiteten Früchte auf der Wasseroberfläche schwimmen. Die „Coir" genannten groben Fasern werden am besten von unreifen Früchten gewonnen und eignen sich zur Herstellung von Teppichen, Matten, Säcken, Bürsten und — weil sie Salzwasser gut vertragen — von haltbaren Schiffsseilen. Das feste und elastische Holz der Palmstämme gibt ein gutes Baumaterial ab. Für die Eingeborenen ist die Kokospalme unentbehrlich.

Kokospalme

238

**Eukalyptus, Fieberheilbaum**

## Eukalyptus, Fieberheilbaum
*Eucalyptus ficifolia*

Die Gattung der Eukalyptus ist ein typischer Vertreter der australischen Flora. Die Eukalyptusarten werden als Bäume sehr hoch, sie sind die höchsten auf unserer Erde. Die größte Höhe von 150 m wurde bei dem *Eucalyptus amygdalina* gemessen. Das Eukalyptusholz ist sehr dicht, schwer und dauerhaft — es ist wie „aus Eisen". Obwohl es sich schwer verarbeiten läßt, wird es für Bauzwecke, Bodenbeläge, Schiffe, aber auch für die Möbelindustrie genommen. Der Eukalyptus benötigt wegen seines schnellen Wachstums ungeheuer viel Wasser. Wie eine Wasserpumpe entzieht er es dem Boden und pumpt es bis in die höchsten Spitzen seiner Krone. Er wird deshalb gern in den Sumpfgegenden wärmerer Klimazonen angebaut, um Sümpfe trockenzulegen und die Brutstätten der Mala-

riamücke einzuschränken.
Aber auch Blätter und Blüten dieses Baumes verdienen Aufmerksamkeit. Bevor sich die borstigen, oft mit farbigen Staubfäden bestückten Blüten entfalten, ist die Knospe mit einer Kappe bedeckt. Nach dem Aufblühen fällt sie ab. Aus dem Fruchtknoten, der sich nur wenig vergrößert, entwickelt sich nach der Bestäubung eine holzige Kapsel. Bei aufmerksamem Betrachten eines erwachsenen Baumes lassen sich zwei verschiedene Blattarten erkennen: einmal dunkelgrüne, schmale, krumme, wechselständig an älteren Zweigen wachsende gestielte Blätter, die keinerlei Ähnlichkeit mit der anderen Art — breiten, graugrünen, ledrigen, stiellos an jungen Trieben gegenständig wachsenden Blättern — haben. Bei genauerem Hinsehen erkennt man an den verschieden alten Zweigen den allmählichen Übergang von einer Blattform

zur anderen. Und noch etwas ist an den Eukalyptusblättern interessant: ihre flachen Blattspreiten stehen abgewandt von den brennenden Sonnenstrahlen. Ihre Stiele drehen sich so, daß sich die Blattspreiten senkrecht, mit der Kante gegen die Sonne stellen und dadurch keinen Schatten werfen.
Der Eukalyptus bildet in Australien weite, lichte Bestände. Im trockenen Landesinnern verwächst er zusammen mit der Akazie *(Acacia)* zum dichten, undurchdringlichen australischen Busch — dem Scrub.
Die Blätter einiger Eukalyptusarten werden zur Herstellung aromatischer Öle für die Parfümindustrie und medizinische Zwecke verwendet *(E. globulus)*. Andere Arten liefern uns Gerbstoffe, sog „australisches Kino", und süßes Manna, das durch Erstarren des aus den angeschnittenen kleinen Zweigen quellenden zuckrigen Saftes entsteht.

**Echte Akazie**

*Acacia farnesiana*

Mehrere hundert Arten dieses Gehölzes wachsen in den tropischen und subtropischen Zonen rund um unseren Erdball. Zusammen mit dem Eukalyptus bilden sie dichte Bestände. Die Akazie hat ungewöhnlich hartes Holz. Es gehört zu den „Eisenhölzern" und ist so schwer, daß es im Wasser nicht schwimmt, sondern untergeht. Grund dafür ist ein dichtes, steifes Harz, das die Zellkanäle verstopft. In Ostaustralien liefert die Art *Acacia excelsa* dieses „Eisenholz". Wie der Eukalyptusbaum hat auch die Akazie unterschiedliche Blätter. Die der Jungpflanzen sind gefiedert, die der älteren schuppenartig reduziert. Die Assimilationsfunktion übernehmen dann die grünen geflügelten Stengel oder die sog. Phyllodien, umgebildete, spreitenartig flache Blattstiele; bei einigen Akazienarten sind die Blattspreiten sogar völlig verschwunden. Diese Veränderungen sind Anpassungen an die harten, trockenen Standorte. Bei mehreren mittelamerikanischen Arten *(A. sphaerocephala)* verwandeln sich die Nebenblätter in große, hohle Dornen, in denen Ameisen leben. Dort finden die Ameisen nicht nur Unterkunft, sondern auch Nahrung, denn sie leben von den „Beltkörpern", weißen, ölhaltigen Körperchen, die sich am Ende der kleinen Blättchen befinden. Der wertvolle klare oder gelbliche Gummi wird von der im tropischen Nordafrika wachsenden dornigen Senegal-Akazie *(A. senegal)* gewonnen.

**Echte Akazie**

„Gummi arabicum" war schon den alten Ägyptern bekannt, die ihn der Tinte und Malerfarben zusetzten. Wird der Akazienstamm verletzt, so quillt aus der Wunde eine heilende, klebrige Masse, die an der Luft zu harzähnlichen Klumpen trocknet. Sie ist im Wasser leicht löslich.

In Südeuropa trifft man häufig auf eine Zierform der Akazie, die *A. farnesiana*, mit gelben, duftenden Kugelköpfchen, bei uns auch als „Mimose" bekannt. Sie zieht die Blätter z. B. bei Berührung zurück, woher der Ausdruck „mimosenhaft" kommt.

## Schimmerbaum, Silberbaum
### Protea

Die *Proteaceae* sind eine sehr alte Pflanzengattung, wie Fossilienfunde aus dem Tertiär zeigen. Diese Gattung hatte damals wahrscheinlich ihre größte Ausbreitung. Auf unserer heutigen Erde ist sie mit etwa 56 Familien und annähernd 1100 Gattungen vertreten, aber nur auf der südlichen Halbkugel. Ihre Vertreter sind häufige Endemiten Südafrikas und Australiens, von wo sich einige Arten bis nach Südjapan, ins tropische Amerika und nach Neuschottland verbreiteten. Die *Proteaceae* werden als schönstes Gehölz Südafrikas betrachtet und sind beliebte Gartenzierpflanzen.

Die Arten der Protea kommen als Sträucher oder kleine Bäume mit schmalen, steifen Blättern vor. Ihre Standorte sind Gegenden mit feuchten Wintern und trockenen Sommern. Die meisten Protea-Arten sind in der Kapprovinz in Südafrika und in Australien heimisch und gehören zum Teil zu größeren Buschbeständen. Die Protea-Arten sind sehr schöne, auffällige Gehölze mit ledrigen, immergrünen Blättern und kleinen, ähnlich wie bei den Korbblütengewächsen *(Compositae)* zusammengesetzten, auffallenden Blütenständen in Form von Trauben, Ähren oder Köpfen. Der ganze Blütenstand ähnelt einem Kelch aus buntfarbigen Nebenblättern, die Früchte sind ein- bis zweisamige bärtige Nüßchen.

Eine der schönsten Protea-Arten ist die *P. repens*, ein kleiner Baum mit weißen oder rötlichen, in Köpfchen stehenden honigtragenden Blüten.

## Nuytsia
### Nuytsia floribunda

Die Nuytsia, auch australischer Weihnachtsbaum genannt, bringt in der Weihnachtszeit eine Fülle orangegelber Blüten hervor. Sie wächst nur in Westaustralien. An dieser Küste Westaustraliens landete im Jahre 1627 der holländische Steuermann Pieter Nuyts, zu dessen Ehren diese herrliche Pflanze vom Botaniker Robert Brown den Namen Nuytsia erhielt. Dieser große, 10—12 m hoch werdende Baum ist überraschenderweise ein Parasit, auch wenn es aussieht, als wachse er wie alle anderen Bäume selbständig. Seine Wurzeln jedoch schmarotzen auf den unterirdischen Teilen der ihm umgebenden Kräuter. Auch Gräser tragen zur Erhaltung dieses Riesen bei, der nach seiner Ernährungsweise und den steifen, lederartigen Blättern zu den Riemenblumengewächsen *(Lorantaceae)* gehört.

**Nuytsia**

**Schimmerbaum, Silberbaum**

**Haarschöpfchen**

sind zugespitzt und in der Mitte braun. Von den 60 Arten dieser schönen Pflanzengattung sind auf dem Bild die rosa blühende *Ptilotus exaltatus* und ein Teil der weiß blühenden *Ptilotus spathulatus* mit Blütendetail zu sehen.

## Manglebaum
*Rhizophora mangle*

Nicht nur Teiche verlanden, sondern auch Meere. Das „Zuwachsen" der Meere geht aber wesentlich schneller vonstatten als bei Teichen. An ruhigen, sumpfigen, schlammigen Tropenküsten und auf Sandbänken salziger, brandungsloser Wasser wachsen sonderbare Gehölze — Manglebäume. Ein Manglebaum steht nie allein, er bildet dichte, undurchdringliche Dschungel — Mangroven —, die sich in breiten Formationen von flachen, weichen Sümpfen über festeren Schlammboden bis auf das feste Land ausdehnen. Das unübersichtliche Gestrüpp von Zweigen und Wurzeln hält alles zurück, was vom Meer angespült wird. Die Manglebaumwurzeln befestigen den schlammigen Küstenboden; die dichten Baumkronen wachsen ineinander und bieten den Meeresvögeln Unterschlupf. Zusammen mit den Manglebäumen tragen auch *Avicennia, Bruguiera, Ceriops, Jussieus* und andere Tropengewächse zur Undurchdringlichkeit der Mangrove bei.

Die jungen Bäume entwickeln sich auf der Mutterpflanze, denn der Samen fällt nicht ab, sondern bleibt am Baum hängen. Erst wenn die Sämlinge 30—100 cm lang sind, fallen sie vom Baum in das schlammige Wasser, wurzeln sehr schnell ein, wachsen und sind nach ein paar Jahren vermehrungsfähig. Es reicht völlig aus, daß ein einziger Sämling vom Wasser an einen geeigneten Standort geschwemmt wird — und schon entsteht eine Mangrove. Deshalb wird der Manglebaum auch als „lebendgebärender Baum" bezeichnet. Für die hohe Stabilität der Manglebäume im weichen Untergrund sorgen die gebogenen, stelzigen Wurzeln. An ihrer Höhe läßt sich auch gleichzeitig der von den Gezeiten beeinflußte Meerwasserpegel ablesen. Und weil im dicken Schlamm Sauerstoffmangel herrscht, senden die Grundwurzeln mehrere Zentimeter lange Atemwurzeln, sogenannte Pneumatophoren, über die Wasseroberfläche. Ihre Oberflächen besitzen kleine Poren, durch die $CO_2$ entweicht.

Die Blätter des Manglebaums, aber auch anderer Mangrovegehölze, sind leicht fleischig oder ledrig, damit der Wasserverlust eingeschränkt wird.

## Haarschöpfchen
*Ptilotus exaltatus*

Das ungewöhnliche Aussehen dieser Pflanze aus der Familie der Amarantgewächse *(Amarantaceae)* kommt am besten im wissenschaftlichen Gattungsnamen „Ptilotus" zum Ausdruck, abgeleitet vom griechischen ptilotos — flaumig. Der Blütenteil der Ptilotus ist nämlich mit weißlichen oder grauen Härchen bedeckt. In Australien wachsen verschiedene Arten der Gattung Ptilotus als Kräuter, Halbsträucher oder kleine Sträucher mit wechselständigen Blättern. In anderen Erdteilen werden einige Arten als Zierpflanzen in Gewächshäusern gehalten. Die *Ptilotus manglesii* erreicht etwa 30 cm und ist besonders als Zimmerpflanze geeignet. Ihre liegenden oder aufrechten Zweige mit den stehenden glänzenden Blütenköpfen sind sehr hübsch. Die Blüten wachsen einzeln in den Achseln glänzender, durchscheinender Deckblätter, werden noch von zwei Vorblättern abgestützt und bilden eine dichte, 5 cm breite Ähre. Die rosaroten Blütenblätter sind weißwollig und ihre Zipfel laufen in eine helle Spitze aus. Die Deckblätter und die breit lanzettlichen Vorblätter

**Manglebaum**

Eine Reihe von Mangrovearten bringen praktischen Nutzen: sie dienen der Gewinnung von Holz, Gerbstoffen und rotem Farbstoff. Die Baumrinde ist für ihre Heilwirkung bekannt.

# Gemüse aus dem Meer

In den Ozeanen unserer Erde überwiegen Braun- und Rotalgen. In ihren Formen sind sie sehr mannigfaltig, noch größere Unterschiede aber sind in ihrer Größe zu finden. Es gibt Arten, die nur mit dem Mikroskop sichtbar sind und das sog. Plankton bilden, aber auch mittelgroße und riesige, 100 Meter lange Algen.

Die Grünalgen haben Chlorophyll und können sich deshalb wie alle übrigen Grünflanzen durch Assimilation ernähren. Um für diesen Prozeß Sonnenlicht zur Verfügung zu haben, leben sie meist an der Oberfläche flacher Gewässer. Sie geben kühlem, sauberem und

Der Meersalat bewächst Steine und Molen überall an den Meeresküsten und überzieht sie dicht mit seinen lebhaft grünen, gewellten, flachen „Blättern". Einige Arten dieser Gattung, beispielsweise *Ulva latissima*, erreichen Längen von 10—60 cm. In den Mittelmeerländern werden die frischen grünen, blattartigen Thallien zum Anrichten für Austern, Schnecken und andere auf den Märkten verkaufte Spezialitäten genommen. Der blattartige, an den Rändern krause, flache Thallus besteht aus zwei Zellschichten und vermehrt sich durch Zellteilung in drei Richtungen.

## Röhrenalge, Darmalge
*Enteromorpha*

Auch die Grünalgen der Gattung *Enteromorpha* sind eßbar. Besonders beliebt sind sie bei den Eingeborenen Australiens. Dort wachsen sie an den Flußmündungen. Vertreter dieser artenreichen Gattung sind aber auch vereinzelt im Süßwasser und in Brackwassern anzutreffen. Sie bilden Gesellschaften mit der verwandten Algenart *Monostroma*, die im Süßwasser vorkommt. Ihr Thallus ist häutig und zart, er hat die Form einschichtiger, verzweigter, am Ende verschmälerter Röhren.

durch Wellengang gut durchlüftetem Wasser den Vorzug, denn sie benötigen zum Leben große Mengen Sauerstoff.

Die Bewohner der Meeresküsten bereiten aus einigen Grünalgenarten die verschiedensten schmackhaften Gerichte zu. Die Algen haben jedoch keinen besonderen Nährwert.

## Meersalat
*Ulva lactuca*

Eine der im Meer lebenden Grünalgen, die auch auf dem Küchenzettel der europäischen Küstenbewohner nicht fehlen, ist der sogenannte Meersalat. Sein Thallus ist ähnlich wie beim Kopfsalat (*Lactuca sativa*) breit buchtig gelappt.

**Meersalat**

Röhrenalge, Darmalge

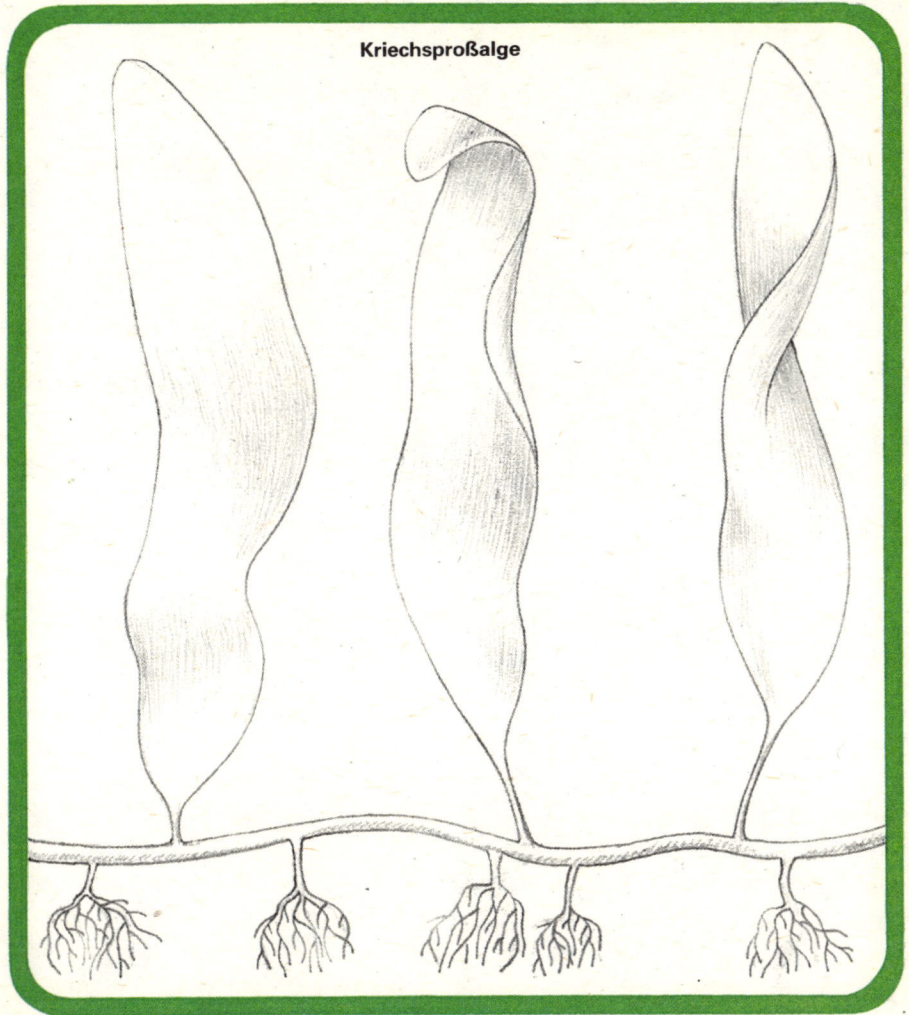

Kriechsproßalge

**Kriechsproßalge**

*Caulerpa prolifera*

Farblose Wurzeln, farblose kriechende Stiele und grüne blattartige Zweige sind Teile einer Röhre, die den Thallus der zu den Grünalgen gehörenden Kriechsproßalge bilden. Sie hat keine querliegenden Zellwände und enthält Protoplasma mit zahlreichen Kernen und grünen Chloroplasten. Die Chloroplasten ermöglichen den Algen die Assimilation, wie sie bei den höheren Pflanzen üblich ist. Das Assimilationsendprodukt ist Stärke. Der Thallus wird durch feste, in verschiedenen Richtungen verlaufende und den Innenraum des einzelligen Thallus abteilende Balken verfestigt. Bei der Vermehrung der *Caulerpa prolifera* wird der gesamte lebende Thallusinhalt umgebaut und zur Bildung der Vermehrungsteilchen, der Gameten, verbraucht. Der Thallus zerfällt, aber sehr schnell entwickelt sich aus dem „Wurzelteil" eine neue Alge. Diese Alge, die durch ihren einfachen Aufbau eine genaue Nachahmung mehrzelliger höherer Pflanzen ist, hält sich mit ihren wurzelartigen Bildungen am Sandboden flacher, warmer Teile des Mittelmeeres fest und bildet dichte und umfangreiche Bestände.

# Meereswiesen

Braunalgen — *Laminariaceae* — sind bis auf geringe Ausnahmen nur in Meeren und Ozeanen anzutreffen. Der grüne Zellfarbstoff Chlorophyll ist zwar wie bei den Grünalgen in den Chromatophoren enthalten, wird aber durch intensivere Farbstoffe überdeckt: braune Karotinoide, insbesondere Fucoxanthin. Auch die Braunalgen assimilieren und verwandeln Stärke in Zucker. Bei der Gattung *Laminaria* handelt es sich um das Polysacharid Laminarin, das in Form von Öl und Alkohol Manitol von der Pflanze gespeichert wird.

Die Braunalgenarten werden ziemlich groß und gehen in größere Tiefen als die Grünalgen. In diese Familie gehört der bereits erwähnte Riesenblasentang, aber auch der Beerentang und andere Riesenalgen, die häufig an den Meeresküsten zu finden sind. Dem Ansturm der Wellen können sie dank ihrem zähen Sproß mit festen Zellwänden standhalten. Nicht zu unterschätzen ist die Schlüpfrigkeit ihrer Körper, die von dem in den Zellwänden gelagerten gallertartigen Polysacharid Algin und dem Sacharid Fucoidin herrührt. Dadurch ist es diesen Algen möglich, unter den schweren Standortbedingungen zu existieren.

**Nereocystis**

*Nereocystis luetkeana*

Diese einfache Braunalge erreicht eine Länge von 20—25 m, wovon 10—13 m auf den Stengelteil und 3—5 m auf den blattartigen Teil entfallen. Der schnurartige Stengel endet in einem 15 cm großen aufgeblasenen Becher, der über der Wasseroberfläche durch zahlreiche verlängerte Bänder schwimmt. Die *Nereocystis luetkeana* ist in den tieferen Gewässern des amerikanischen Teils des Pazifik heimisch.

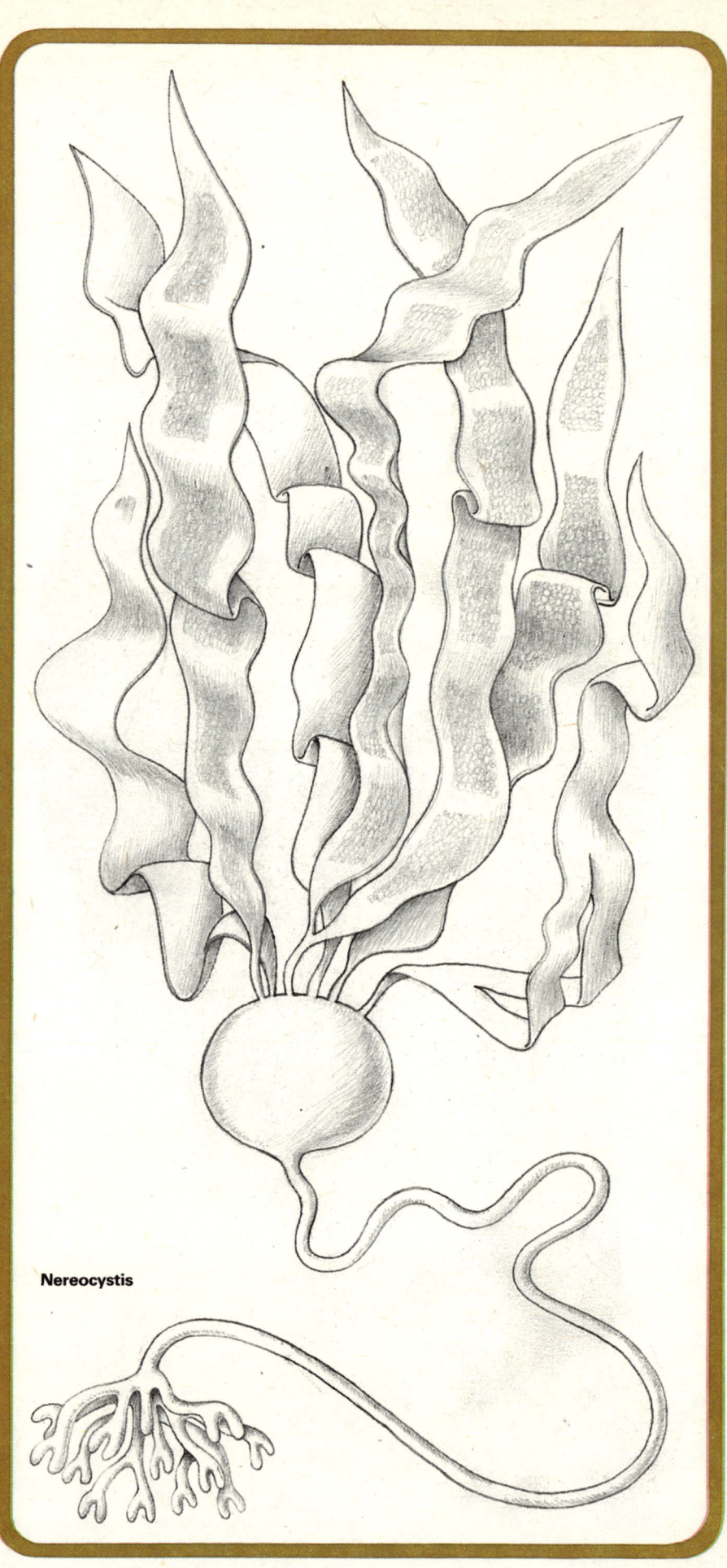

Nereocystis

**Riesenblasentang**

## Riesenblasentang
*Laminaria*

In der Brandungszone der kalten Nordmeere wachsen Meeresalgen, die imstande sind, durch den Bau und die Festigkeit ihrer Sprosse auch den stärksten Brandungswellen zu widerstehen. Diese vielzelligen Braunalgen mit ihren ähnlich wie bei den Körpern höherer Pflanzen gegliederten Sprossen halten sich mit ihrem Wurzelsystem an Felsen, Steinen oder Molen fest. Aus den Wurzeln entwickelt sich ein starker und ausdauernder Stengelabschnitt, der in flache Blätter übergeht. Dieser laubblattartige Teil ist wesentlich länger als der „Stengel" und bildet entweder einen einfachen, schmalen, peitschenartigen Stiel mit geradem Rand, wie bei der *Laminaria saccharina,* oder zerschlitzte, schmale Bänder, die aussehen wie eine Hand mit zahlreichen Fingern, z. B. bei der *Laminaria digitata* und anderen Arten. Diese Blatteile sind − gleichgültig ob einfach oder zerschlitzt − einjährig, der Stengel aber vieljährig. Am Übergang beider Pflanzenteile befindet sich eine Zellschicht, die den Stengel verlängert und verstärkt und Jahr für Jahr die neuen, jungen Blätter bildet. Das geschieht im Frühling. Die alten Blätter hingegen sterben im Winter allmählich ab.

Mit ihren beweglichen Stengeln und der schleimigen Oberfläche ist der Riesenblasentang ausgezeichnet an die rauhen Standortbedingungen angepaßt. Trotz alledem reißt die Brandung immer wieder viele Braunalgen von ihrem Untergrund ab und spült sie an die Küste. Diese angespülten Algen lassen sich als Dünger verwenden, denn sie reichern den Boden mit Stickstoff an und halten die Feuchtigkeit zurück.

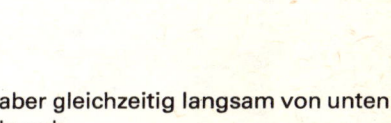
**Beerentang**

## Beerentang
*Sargassum natans*

Diese artenreiche Braunalgengattung wird hauptsächlich mit dem Sargassosee in Verbindung gebracht. Dort bildet *Sargassum natans* große Bestände. Außerdem hat ihm dieses Vorkommen südlich der Bermudainseln seinen wissenschaftlichen Namen eingebracht. Diese großen Tangfelder schwimmen auf dem freien Ozean, sind formenreich und u. a. Laichgebiet der Flußaale. Der Beerentang wächst eigentlich an den Felsenküsten der Antillen. Die Brandung reißt die Algen jedoch ab und die Strömung trägt sie weit auf das freie Meer hinaus. Dort sammeln sie sich in großen Mengen an ruhigeren Stellen des Ozeans. Die schwimmenden, abgerissenen Pflanzen wachsen noch eine Zeit lang an den Spitzen nach, sterben aber gleichzeitig langsam von unten her ab.

Die „Sargassowiesen" sind seit altersher von vielen Sagen und Geschichten umwoben. Und die Gefahr, die die Algenschichten für die Schiffahrt darstellen, wurde durch Übertreibungen noch aufgebauscht. Auf diese Naturbarriere stießen auch Kolumbus und Darwin bei ihren Seereisen. Schon der griechische Philosoph Aristoteles wußte von den Beerentangfeldern. Der Beerentang lebt in wärmeren Meeren. Sein vielzelliger Sproß ist in Stengel- und Blattabschnitt aufgeteilt. Der Stengel ähnelt einem Zweig mit Beeren. Es sind dies viele kleine Schwimmbecher. Diese Luftsäcke entstehen durch Umbildung der blattartigen Seitenzweige mit schwach gezähntem Zierrand.

# Salzliebende Pflanzen

Dort, wo das Meer seicht und das Ufer flach und vor der Brandung geschützt ist, setzen sich kleine Schlammteile ab. Pionierpflanzen auf dem grauschwarzen aufgeschichteten Schlamm sind einjährige salzliebende Pflanzen wie z. B. der Queller *(Salicornia)* und die Sode (Suaoda). Sobald die Schlammschicht den Flutpegel überragt, kommen weitere Pflanzenarten hinzu: Strandsalzschwaden *(Glyceria maritima)*, Meerstrand-Dreizack *(Triglochin maritimus)*. Dann folgen die Gräser, die salzige Böden gut vertragen: Schlickgras *(Spartina pectinata)*, Rotschwingel *(Festuca rubra)* und weißes Straußgras *(Agrostis gigantea)*. Ihre Wurzeln sind Bodenbefestiger; das anwachsende Erdreich bedeckt sich allmählich mit einem Grasteppich und wird zur Wiese und Weide.

Viele salzliebende Pflanzen, sog. Halophyten, sind aber nicht nur an den vom Meerwasser überfluteten Küsten anzutreffen, sondern finden auch gute Wachstumsbedingungen im Binnenland an Stellen, die vom Urmeer bedeckt waren, das sich später zurückzog. Zurück blieb stark salzhaltiger Boden, auf dem besonders in den Trockenperioden auffällige Pflanzen erblühen. Salzpflanzen ähneln durch ihre fleischigen Stengel und Blätter den trockenheitsliebenden Arten, sie sind ebenfalls lichtliebend.

## Salzschuppenmiere
*Spergularia marina*
Die Salzschuppenmiere und andere Schuppenmierenarten bevorzugen Salzböden. Die Pflanzen werden nur 10—20 cm hoch. Die rotblühende Rote Schuppenmiere *(S. rubra)* ist ein Feldunkraut. Weniger auffällig sind die rosaroten oder weißen Blüten der einjährigen, manchmal auch ausdauernden Salzschuppenmiere mit Kronblättern, die kürzer sind als die Kelchblätter. Die reifen Früchte, Kapseln, sind um die Hälfte länger als der Kelch. Die linealischen, fleischigen Blätter stehen in den auffälligen, verwachsenen Nebenblättern. Die Salzschuppenmiere blüht von Mai bis September an den Meeresküsten der nördlichen Halbkugel und vereinzelt auch auf offenen feuchten und salzigen Böden im Binnenland.

## Kalisalzkraut
*Salsola kali*
Diese fleischige, bis 1 m hohe Pflanze ist nicht wie andere salzliebende Arten eng an die Nähe des Meeres oder an Salzböden gebunden. In Europa, Asien und Nordafrika wächst sie auf Sand- und Schotterböden der Brandungszone, aber auch auf Ruderalstellen. Sie kam als einjähriges Unkraut mit den Kulturpflanzen nach Nordamerika und wurde dort auf den Prärien heimisch. Auch in Neuseeland hat sie sich eingebürgert. Die graugrünen Stengel des Kalisalzkrautes verzweigen sich schon am Grund und haben liegende oder aufsteigende, mit ahlenförmigen, stechenden Blättern bewachsene Zweige. Die kleinen Blüten sitzen einzeln in den Achseln der Hochblätter. Sie werden aus fünf unscheinbaren grünen Blütenblättern gebildet, von denen drei breiter und zwei schmäler sind. Alle haben auf der Oberseite ein häutiges Anhängsel. Die Blütenblätter fallen auch während der Fruchtreife nicht ab, wenn sich diese Anhängsel erheblich erweitern und kreisförmig ausbreiten. Die Blütezeit des Kalisalzkrautes ist Juli bis September.

Salzschuppenmiere

**Kalisalzkraut**

### Strandsode

*Suaeda maritima*

Die Strandsode gehört zur Familie der Gänsefußgewächse *(Chenopodiaceae).* Die kleinen fünfzähligen grünen Blüten stehen zu 3—5 in lockeren Häufchen in den Achseln der fleischigen linealischen Blättchen. Die Früchte sind glänzend schwarze Nüßchen. Die Strandsode blüht von Juli bis September.

Diese niedrige, 5—30 cm hohe einjährige Pflanze wächst von unten her reich verzweigt und bildet liegende krautige Sträucher in umfangreichen blaugrünen Beständen. Sie ist unauffällig, aber über die ganze Welt verbreitet. Häufig ist sie an den Meeresküsten, seltener auf Salzböden im Binnenland anzutreffen.

## Gemeiner Queller
### Salicornia europaea

Zu den Pionierpflanzen auf Salzböden gehört auch der einjährige Gemeine Queller aus der Familie der Gänsefußgewächse *(Chenopodiaceae)*. Von allen Salzpflanzen verträgt er die höchste Salzkonzentration im Boden und im Wasser. Auch zeitweilige Überflutung durch Meerwasser übersteht er ohne Schwierigkeiten. Es ist also kein Wunder, daß der Gemeine Queller in seinem Gewebe soviel Salz enthält, daß aus ihm früher in den Küstengebieten, beispielsweise Frankreichs, Soda gewonnen wurde. Dieses Pflanzensoda wurde hauptsächlich im 18. Jahrhundert aus der Asche einiger fleischiger Salzpflanzen gewonnen. Außer dem Gemeinen Queller fand noch das Kalisalzkraut (Salsola) dafür Verwendung. Diese Salzpflanze ist ein Kosmopolit, denn sie wächst auf jedem versalzenen Boden, gleichgültig, ob in Meeresnähe oder anderswo. Häufig siedelt sie sich in verschlammten, ausgefahrenen Radspuren auf Wegen an, da dort die Salzkonzentration gewöhnlich am größten ist. Der scheinbar blattlose fleischige Stengel ist 20—30 cm hoch und setzt sich aus einzelnen, nach unten verengten Gliedern zusammen.

Gemeiner Queller

Strandmilchkraut

## Strandmilchkraut
### Gläux maritima

Diese kleine, nur 5—20 cm hohe Pflanze aus der Familie der Primelgewächse *(Primulaceae)* mit fleischigen Blättern ist grüngrau und bildet mit kriechenden und sich strauchig verzweigenden Stengeln dichte, gestrüppartige Pflanzenbestände. In den zierlich kleinen Blüten übernimmt der farbige Kelch die Funktion der fehlenden Kronblätter. Das Strandmilchkraut ist eine wichtige „Salzpflanze", also ein Halophyt, der nicht nur einen hohen Salzgehalt im Boden, sondern auch Überflutung durch Meerwasser und Zuwehen durch Sand verträgt. Es wächst auf salzigen Küstenschlicken wie auf salzhaltigen Stellen im Binnenland und ist nahezu über die ganze nördliche Halbkugel verbreitet.

## Krähenfußwegerich

*Plantago coronopus*

Bei der Verlandung salziger Meeresstrände, auf Salzstellen und Wegrändern im Binnenland gehören als Pionierpflanze auch Vertreter der artenreichen Familie der Wegerichgewächse *(Plantaginaceae).* Die Wegericharten ähneln sich im Bau ihrer Blütenstände und Blattformen. Die Blüten stehen meist dicht in längeren oder kürzeren Ähren. Auch der einjährige Krähenfußwegerich mit seinen weißlichen Blüten bildet dichte Ähren. Als Frucht entwickelt sich eine viersamige Kapsel. Die Blätter haben eine etwas andere Form als die der bekannten Wegericharten. Aus der Grundrosette, aus fiederspaltigen, gezähnten Blättern wachsen von Juli bis September mehrere blattlose, behaarte Stengel mit den Blütenständen.

Verbreitet ist diese Wegerichart in Mittel- und Südeuropa, Nordafrika und Vorderasien; sie wurde aber auch nach Australien und Nordamerika eingeschleppt.

## Englisches Schlickgras

*Spartina × townsendii*

Unter den Gräsern auf salzigen Schlickböden ist auch das Englische Schlickgras zu finden, das den einjährigen Pionierpflanzen folgt und dazu beiträgt, Sanddünen zu festigen und die Bodenqualität sandiger Böden zu verbessern. Die *Spartina × townsendii* ist eine üppig und schnell wachsende Kreuzung der in Europa heimischen *S. maritima* und der amerikanischen *S. alterniflora.* Diese amerikanische Art ist jedoch heute auch an den europäischen Küsten, besonders in Spanien und Frankreich, anzutreffen. Diese Kreuzung ist durch die Verdoppelung der Chromosomenzahl fruchtbar geworden. Außerdem vermehrt sich das Englische Schlickgras vegetativ durch tief im Boden verborgene, weit kriechende Ausläufer, durch die es sich ausbreitet und größere Bestände bildet. Dank seiner Verträglichkeit gegenüber Meerwasserfluten wächst es auch im Wattenmeer. Diese unsicheren Standorte haben aber auch ihr Gutes: zwischen den Grasbüscheln bleiben Nährstoffe in Form von Detrit hängen.

**Krähenfußwegerich**

# Sanddünen

Sanddünen sind charakteristisch für die Meeresküsten unserer Erde. Aber nicht nur am Meer, sondern auch im Innern der Kontinente ist Dünenbildung zu beobachten. Sie sind nicht auf die Wüsten beschränkt, sondern bilden sich — wenn auch weniger häufig — auch in den gemäßigten Zonen. Oft fängt das ganz unauffällig an: vom Wind angewehter Staub und Sand bleiben an einem Hindernis hängen; es reichen dafür Gras oder Gebüsche aus. Und dann häuft sich eine Schicht auf die andere. Die Dünen wandern mit dem Wind und der Sand wird so lange von der Windseite zur windgeschützten weitergetragen, bis er von der zugewanderten Pflanzendecke festgehalten wird. Die Besiedelung der neuen Düne dauert dann nicht lange. Zuerst kommen die einjährigen Pionierpflanzen, ihnen folgen die mehrjährigen Arten, hauptsächlich Gräser mit reich verzweigendem und Ausläufer bildendem Wurzelwerk.

Sie befestigen die obere Sandschicht und schaffen langsam Wachstumsbedingungen für weitere Pflanzen.

## Strandmannstreu, Stranddistel
*Eryngium maritimum*

Die meisten der 220 Mannstreuarten erinnern an Disteln, gehören aber zu den Doldengewächsen *(Apiaceae)*.
Dies gilt auch für die Strandmannstreu. Ihr Verbreitungsgebiet sind die Meeresküsten. Die graublauen Blätter sind bereift, die Blütendolden intensiver in der Farbe. Die kleinen blaßblauen Blüten sitzen in länglichen, kugeligen Köpfchen mit dornigen Kelchblattzipfeln. Die Kronblätter sind kürzer als der Kelch. Der gesamte Blütenstand wird von auffällig vergrößerten und farblich abgestimmten Hüllblättern eingeschlossen und hervorgehoben.
Die Strandmannstreu ist eine wärmeliebende Pflanze und ausschließlich auf Dünen in Meeresnähe anzutreffen. Sie wächst nicht nur in Südeuropa, rund um das Mittelmeer und an den Küsten Nordafrikas, sondern auch an der europäischen Westküste sowie an der Nord- und Ostsee und am Schwarzen Meer.
Die Strandmannstreu gehört dank ihrer ungewöhnlich langen möhrenartigen Pfahlwurzel zu den Pionierpflanzen auf angewehten Küstensandformationen, und sie trägt dazu bei, Wanderdünen zu befestigen und Bedingungen zur Verlandung durch weitere Pflanzenarten zu schaffen.
Da diese Pflanze weitgehend ausgerottet ist, wurde sie unter strengsten Naturschutz gestellt.

## Strandroggen, Blauer Helm
*Elymus arenarius*

Auch der Strandroggen befestigt die Dünen — ähnlich wie viele andere Strandpflanzen — mit seinem stark verzweigenden, lange Ausläufer bildenden Wurzelstock, ist aber darüber hinaus mit seinen auffällig breiten graublauen Blättern sehr dekorativ. Deshalb ist er auch in unseren Gärten als Zierpflanze anzutreffen. Die Ähren dieser Graspflanze haben einen interessanten Habitus: sie sind dick, stattlich, 20—30 cm lang und setzen sich aus zwei Reihen großer dreiblütiger, grannenloser, zur Blütenstandspindel aufsitzender Ährchen zusammen. Die Strandroggenkörner wurden auf Island früher zum Brotbacken verwendet.

Der Strandroggen wächst auf den Dünen der Nord- und Ostsee wild, wird aber auch häufig in anderen Küstengegenden — ausgenommen das Mittelmeer — zur Befestigung der Wanderdünen angepflanzt. Er hat sich auch in Sibirien und Nordamerika angesiedelt. Auf Sandböden im Binnenland angepflanzt, verwildert er manchmal.

## Sandsegge
*Carex arenaria*

Bei der Sandsegge bilden 6—15 Ährchen eine endständige Scheinähre, wie das bei vielen Gräsern der Fall ist. Die Ährchen im oberen Teil des Blütenstandes haben nur männliche Blüten, die mittleren sind gemischt mit männlichen oben und weiblichen unten und die unteren Ährchen tragen nur weibliche Blüten. Am besten läßt sich die Segge am dreikantigen Stengel und später auch an den Fruchtständen, den  Schläuchen, erkennen.

Die Sandsegge blüht vom Frühjahr bis in den Herbst in ganzen Beständen auf den Flugsanddünen der Atlantik- und Ostseeküsten und in Nordamerika. Ihre verzweigenden, weithin kriechenden Ausläufer entwickelnden Wurzelstöcke befestigen die Dünen. Und wo die Segge nicht wild wächst, wird sie angepflanzt. Sie ist auch auf Heiden und in den auf Sandboden wachsenden Kiefernwäldern des Binnenlandes anzutreffen.

## Strandhafer, Helmgras
*Ammophila arenaria*

Schon der lateinische Name dieser Pflanze drückt ihre Beziehung zu Strand und Dünen aus: *ammophilus* bedeutet sandliebend, *arenarius* — auf Sandboden lebend. Es ist ein stattliches, bis 1 m hohes Gras.

Die dichten Büschel dieser Dünenpflanze breiten sich schnell aus und verbinden sich zu dichten und ausgedehnten graugrünen Beständen.

Es ist eine ausdauernde Pflanze, die mit ihrem starken und reich verzweigten Wurzelstock Wanderdünen und Deiche an den Meeresküsten befestigt. Am besten gefällt es dem Gemeinen Strandhafer auf den etwas vom Meer entfernten Binnendünen, wo der Sand nicht so salzig ist. Selbstverständlich gehört er zur Küstenflora Nordamerikas, des Mittelmeers und nahezu ganz Europas. Und wo er noch nicht wächst, dort wird er angepflanzt. Und nicht nur an Meeresküsten, sondern überall dort, wo leichter Boden befestigt werden soll.

## Sandlieschgras
*Phleum arenarium*

Das Sandlieschgras, ein einjähriges Süßgras, bildet keine geschlossenen Bestände, da es keine Ausläufer bildet. Man trifft es vereinzelt auf den Flugsanddünen der Meeresküsten an. Von Westeuropa aus hat sich diese Art bis nach Südskandinavien und in den Mittelmeerraum verbreitet. Im Binnenland ist es nicht anzutreffen, denn seine einzeln wachsenden Büschel haben bei der Sandbefestigung keine Bedeutung.

**Sandlieschgras**

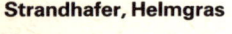

**Strandhafer, Helmgras**

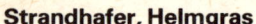

**Strandquecke, Strandweizen**

## Strandquecke, Strandweizen
*Agropyron junceum*

Die Quecke, ein hartnäckiges Unkraut, ist eines der meistverbreiteten Gräser überhaupt. Sie wächst auf jedem Boden; eine Queckenart – die Strandquecke – auch auf Sandböden. Mit ihrem unterirdischen Ausläufersystem durchwächst und befestigt sie lockere Sandböden und wachsende Dünen. Dieses Gras wird etwa einen halben Meter hoch, seine grüngrauen flachen Blätter rollen sich mit der Zeit, besonders bei Trockenheit, zusammen. In dem flachen Blütenstand stehen 5–8blütige Ährchen in zwei Reihen, deren Spindeln sehr leicht brechen.

## Strandsalzschwaden, Strandschwingel, Andel
*Puccinellia maritima*

Auf den Strandwiesen in Meeresnähe sind die zierlichen Halme des Strandsalzschwadens anzutreffen. Besonders während der Blütezeit ist er dem Rispengras *(Poa)*, der Schmiele *(Deschampsia)* oder dem Straußgras *(Agrostis)* sehr ähnlich. Er begnügt sich nicht mit den Salzböden der Küsten, nein, er dringt häufig bis ins seichte Wasser vor. Die bis 60 cm hohen graugrünen Pflanzen des Strandsalzschwadens bilden dünne Bestände.
Ins Wasser vordringende Exemplare tragen zur Verlandung der Sandbänke bei, da sich dann Humusbildner leichter halten. Der Sandschwingel ist ein Süßgras und ausschließlich auf Strandrasen, sogenannten Andelrasen, anzutreffen. Im Binnenland fehlt er vollständig. Seine Verbreitungsgebiete sind die Eismeer-, Ostsee-, Nordsee- und Atlantikküsten, aber auch die Küstenstriche Grönlands und Nordamerikas. Die Gattung der Salzschwaden ist im Binnenland durch den Gemeinen Salzschwaden *(P. distans)* vertreten.

**Strandsalzschwaden, Strandschwingel, Andel**

# Schimmelpilze

Als Organismen „am Rande des Pflanzenreiches" ließen sich Schimmelpilze und mikroskopische Pilze bezeichnen. Diese Mikroorganismen bringen häufig Schimmelbezüge auf den verschiedensten organischen Stoffen hervor, besonders auf unsachgemäß gelagerten Nahrungsmitteln. Und da ist Vorsicht geboten! Es genügt nicht, dieses „befallene" Brot, die Marmelade oder die Wurst von der grünen Schicht zu befreien. Viele Pilzarten erzeugen giftige Stoffe — sog. Toxine, die auf die sie umgebenden Schichten übergehen. Für einige menschliche Organe, besonders für Leber und Nieren, bedeuten sie eine ernsthafte Gefahr.
Es gibt sehr viele Schimmel- und Nah-

**Falscher Mehltau, Blattfallkrankheit**
*Plasmopara viticola*
Die Blattfallkrankheit des Rebstocks, auch falscher Mehltau genannt, rührt von einem mikroskopisch kleinen Pilz her. An der Blattunterseite wachsen mehlig weiße Überzüge, die Häufchen der strauchartig verzweigten Sporenträger, aus dem in den Blattgeweben schmarotzenden und die Blattporen durchwachsenden Pilzmyzel heraus. Gewöhnlich trennen sich die ganzen Sporangien vom Blatt und werden bei trockenem Wetter vom Wind auf gesunde Weinstöcke übertragen. Die Blattfallkrankheit führt zu großen Ernteverlusten.

**Weißer Rost**
*Albugo candida*
Nicht nur wirtschaftlich wichtige Kulturpflanzen haben ihre Schädlinge, sondern auch Unkräuter. Als Beispiel dafür kann der Weiße Rost gelten. Er schmarotzt auf dem Gemeinen Hirtentäschel (Capsella bursa-pastoris) und einigen anderen Kreuzblütengewächsen (Brassicaceae). Im Frühjahr kommt dieser Pilz sehr häufig vor. Befallene Pflanzen haben gebogene, deformierte und wie mit weißem Lack überzogene Sproßachsen und Blätter.

Falscher Mehltau, Blattfallkrankheit

Weißer Rost

rungsmittelpilze, die aber nicht alle gesundheitsschädliche Stoffe erzeugen. Einige sind sogar sehr nützlich, z. B. das Penicillium, eine Gattung der auf bestimmten organischen Stoffen lebenden Schimmelpilze, die Penicillin erzeugt, ein Antibiotikum, das krankheitserregende Keime vernichtet.

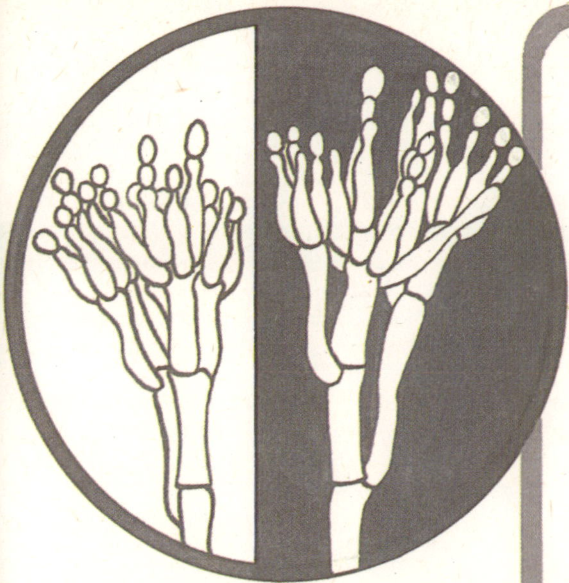

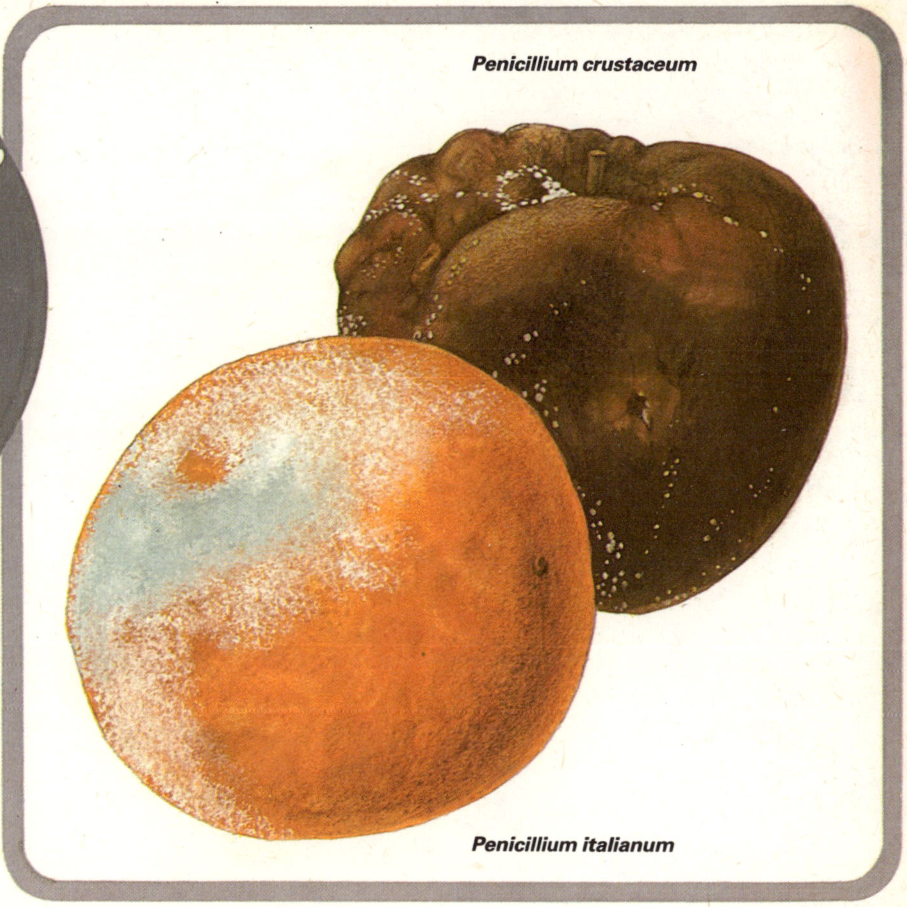

**Penicillium crustaceum**

**Penicillium italianum**

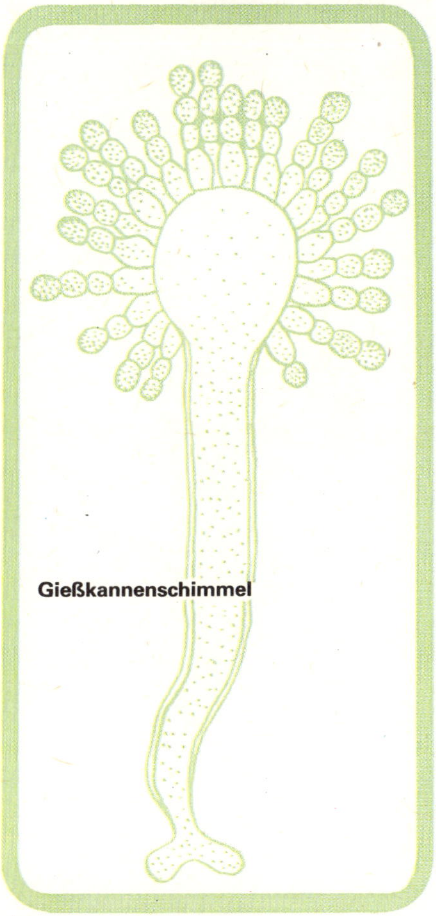

**Gießkannenschimmel**

## Gießkannenschimmel
*Aspergillus repens*
Bei Feuchtigkeit überziehen sich manche Lebensmittel wie z. B. Brot, Obst, Pflanzenabfälle u. ä. mit einer dünnen gelbgrünen Samtschicht. Der Grund dafür ist einer der häufigsten, pilzähnlichen Organismen — der Gießkannenschimmel. Er vermehrt sich vegetativ durch Konidien, die sich in Ketten von den kugelig erweiterten Myzelfäden abtrennen. Der *Aspergillus repens* vertritt

eine Gruppe kleiner Pilzarten, die alle gelbe Sporenstände haben.

## Grauer Pinselschimmel
*Penicillium expansum*
Auch der Graue Pinselschimmel bildet auf den verschiedensten, feucht und warm gelagerten Lebensmitteln feine samtige Überzüge. Er setzt sich sehr schnell fest und vermehrt sich mit großer Geschwindigkeit. Häufig verbreitet er sich durch seine Konidienbildung an einem einzigen Tag.
Außer den schädlichen Pinselschimmelarten gibt es noch andere für den Menschen nutzbringende Penicillium-Arten: *P. roquefortii, P. camembertii, P. gorgonzola* u. a. Sie können Fette und Eiweiße zersetzen und sind bei der Herstellung einiger Käsearten unerläßlich. Aus anderen Stämmen wie z. B. *Penicillium notatum* werden Antibiotika gewonnen, besonders Penicillin.

## Schimmelpilz auf Birnen und Äpfeln
*Mucor piriformis*
Die Schimmelpilzarten der Gattung *Mucor* sind sehr häufig und überall zu finden. Es sind Saprophyten. Mit ihrem reich verzweigten Myzel durchwachsen sie organische Unterlagen. Auch verschiedene Nahrungsmittel machen sie damit wertlos. Ein typischer Vertreter

ist der *Mucor mucedo,* den wir auf Brot, aber auch auf anderen organischen Stoffen finden. Der verwandte *Mucor piriformis* überzieht faulende Birnen und Äpfel mit einer dicken Schicht. Viele dieser Kopfschimmelpilze spielen in der Industrie eine Rolle, denn sie vergären mit den Hefepilzen Stärke und Zukker zu Alkohol.

**Schimmelpilz auf Birnen und Äpfeln**

# Schlauchpilze

Der Begriff „Schlauchpilze" umfaßt unscheinbare, nur unter dem Mikroskop sichtbare Organismen, die aber trotz alledem für uns wirtschaftliche Bedeutung haben. Zu dieser Gruppe gehören auch einige Pilze, deren Fruchtkörper wir im Wald sammeln. Bei den kleinsten, mikroskopischen Arten überwiegt die vegetative Vermehrung (z. B. bei den Hefepilzen). Das schon etwas größere Mutterkorn *(Claviceps purpurea)* bildet kleine, unscheinbare Fruchtkörper. Die Arten, die wir gewöhnlich als Pilze betrachten, haben in einzelligen, keulenartigen Sporangien, sog. Schläuchen, eingeschlossene Sporen. Darin unterscheiden sie sich von den Stielpilzen, mit denen wir uns im näch-

Wegen das hohen Vitamin-B-Gehalts (dazu kommen Fermente und Eiweiße) sind die Gärpilze für Vitaminpräparate geeignet. Und wie sehen diese Schlauchpilze aus? Hefepilze haben unter dem Mikroskop einen einzelligen Körper aus einer runden oder eiförmigen Zelle, die sich sehr schnell vegetativ durch Sprießen vermehrt. Da sich diese neuen Zellen nicht gleich trennen, entstehen ganze Kettenkolonien. Die Hefepilze sind äußerst widerstandsfähig gegen hohe und niedrige Temperaturen und sind bewundernswert agil. In Zuckerlösungen können sie bis zu zwanzig Jahren lebensfähig bleiben!

des Roggens. Auf der Fruchtknotenoberfläche werden vom Myzel Konidien abgeschnürt, die mit dem gleichzeitig ausgeschiedenen Honigtau durch angelockte Insekten auf andere Roggenblüten übertragen werden. Der vom Myzel durchsetzte Fruchtknoten verwandelt sich in ein rotviolettes bis schwarzes, hornig herausragendes Gebilde, daß beim Ernten aus der Ähre herausfällt. Dann überwintert das Mutterkorn und bildet im Frühjahr rosarote, gestielte, keulige Fruchtböden mit Fruchtständen, in deren Schläuchen sich Sporen entwickeln. Der Wind sorgt für die Sporenverbreitung auf die jungen Graspflanzen.

Das Mutterkorn ist reich an Alkaloiden, von denen die meisten giftig sind (Ergotamine, Ergotoxine, Ergometrine, Klavine). Wegen dieses Alkaloidgehaltes wird es für pharmazeutische Zwecke, zur Erzeugung von Medikamenten, verwendet.

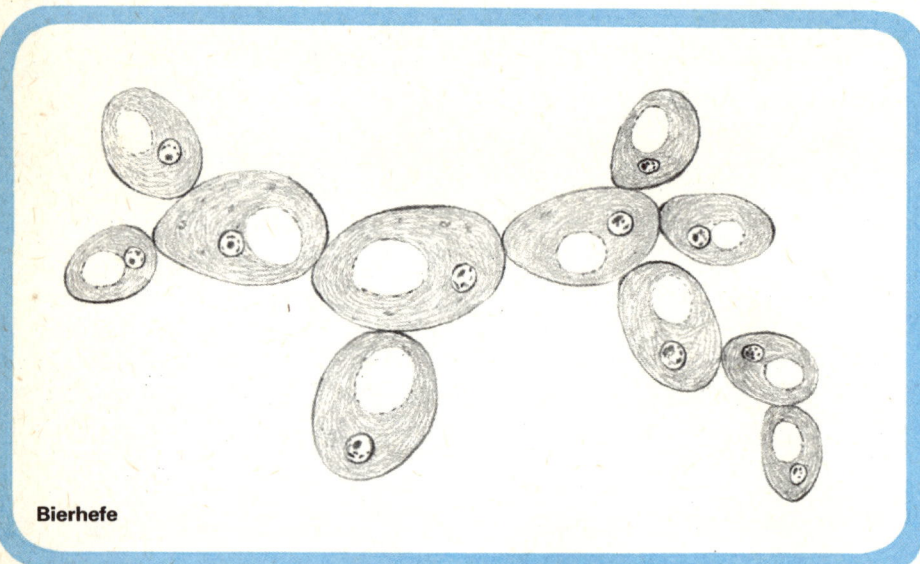

**Bierhefe**

sten Kapitel beschäftigen wollen. Diese bilden nämlich ihre Sporen in Sporangien.

## Bierhefe

*Saccaromyces cerevisiae*
Die Hefe ist ohne Schwierigkeiten im Laden zu bekommen und ist für die Hausfrauen ein wichtiger Bestandteil zum Backen und Kochen. Aber was ist das eigentlich? Hefe sind gepreßte, mit Mehl versetzte Gärpilze. Bevor sie verarbeitet werden können, müssen sie zuerst „belebt" werden. Werden sie in lauwarme, leicht gesüßte Milch getaucht, lösen sie sich sehr bald und fangen an, sich schnell zu vermehren. So zubereitet werden sie dem Teig zugesetzt, der anfängt „aufzugehen", also zu gären. Die Hefepilze zerlegen nämlich Zucker in Alkohol und Kohlendioxid und machen den Teig dadurch locker. Beim Backen werden die Hefepilze vernichtet und das Gebäck bleibt leicht und locker.

## Mutterkorn

*Claviceps purpurea*
Dieser Schmarotzerpilz ist vor allem durch eines seiner Entwicklungsstadien bekannt, das ihm auch den Namen gegeben hat. Das Mutterkorn bildet sich im Frühjahr an den befallenen Fruchtknoten blühender Gräser, besonders

**Mutterkorn**

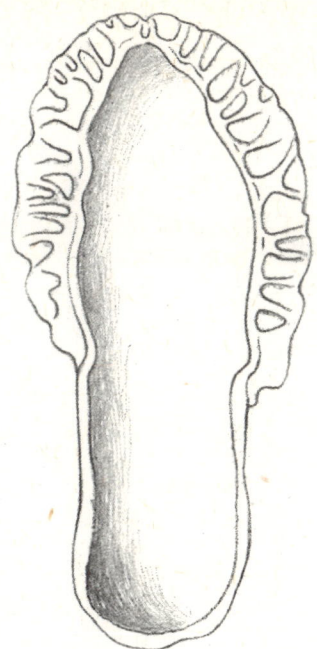

## Perigord-Trüffel
### *Tuber melanosporum*
Die Fruchtstände der Trüffeln wachsen als etwa 10 cm große, schwarzbraune, warzenbedeckte Knollen unter der Erde. Die dunkelviolette Innenmasse ist von weißlichen Adern, der schlauch-

**Speisemorchel, Rundmorchel**

## Speisemorchel, Rundmorchel
### *Morchella esculenta*
Die Morchel, ein ausgezeichneter Speisepilz, wächst im Frühling. Dieser Schlauchsporenpilz sucht mit Vorliebe schattige Standorte auf und ist über die ganze gemäßigte Zone der nördlichen Halbkugel verbreitet, gedeiht aber auch in Australien. Die Speisemorchel hat einen hohlen Fruchtkörper, bei dem Stiel und Hut miteinander verwachsen sind. Interessant ist der gelbbraune oder mattgraue rundliche Hut mit grubiger, unregelmäßig wabenartiger Oberfläche. Die am Grunde faltigen Gruben sind mit der sporentragenden Fruchtschicht bedeckt.
Die Speisemorchel ist ein vorzüglicher Pilz. Es ist aber ratsam, ihn vor der Zubereitung mit heißem Wasser zu überbrühen. Am besten schmeckt die Morchel gut gekocht oder gebraten.

## Brauner Fleischbecherling
### *Peziza badia*
Zur Zeit der Sporenreife erinnert der geöffnete Fruchtkörper dieses Pilzes an einen breiten Becher oder eine Schüssel. Er wird 5—6 cm groß und ist auf der ganzen Innenseite mit einer Fruchtfleischschicht überzogen.
Der Kastanienbraune Becherling ist am häufigsten auf feuchtem, lehmigem und sandigem Boden an Waldwegen und Böschungen zu finden. Er ist roh giftig, gut gekocht eßbar.

**Brauner Fleischbecherling**

führenden Fruchtschicht, in der sich runde Sporen bilden, marmorartig durchzogen. Diese Adern münden in der zähen, den Pilz umschließenden Rinde.
Die Perigord-Trüffel ist ein sehr aromatischer Pilz. Da sie nicht zu sehen ist, sucht sie der Mensch mit Hilfe von abgerichteten Hunden und hauptsächlich — von Schweinen. Das Trüffelmyzel lebt in Symbiose mit Baumwurzeln. Die Perigord-Trüffel ist nur in den Kalksteingebieten Südfrankreichs zu finden. Sie gedeiht hier so gut, daß sie von Züchtern in Eichenbeständen, sog. Trüffelhainen, ausgesetzt wird.

**Perigord-Trüffel**

# Pilze an Bäumen und auf Baumstümpfen

Die meisten Pilze wachsen auf dem Waldboden, unter den Zweigen junger Bäume und in Schonungen. Es gibt aber auch solche, die auf faulenden Baumstümpfen oder Stämmen lebender Bäume sitzen. Dort wachsen z. B. die Arten der Gattungen Seitlinge (*Pleurotus*), Holzritterlinge (*Tricholomopsis*), Porlinge (*Caloporus*) und der Winterhelmling (*Mycena tintinabulum*) oder das Stockschwämmchen (*Pholiota mutabilis*) und der Schuppige Sägeblättling (*Lentinus squamosus*). Eine andere Lentinus-Art, *L. edoles,* wächst an Laubgehölzen der subtropischen und gemäßigten Zone Ostasiens. Wegen seines ausgezeichneten Geschmacks, hauptsächlich aber wegen der heilenden Eigenschaften, wird der Pilz besonders in Japan angebaut. Er senkt den Cholesterinspiegel des Blutes und verlangsamt dadurch den Prozeß der Arteriosklerose und den Alterungsvorgang.

Erwähnt sei noch die Art *Lucogala epidendron,* die sich mit amöbenartigen Bewegungen auf den Baumstümpfen fortbewegt.

**Echter Zunderschwamm**
*Ungulina (Fomes) fomentaria*
Der Echte Zunderschwamm ist ein Schmarotzer an Laubbäumen, besonders an Buchen. Sein großer hufeisenförmiger Fruchtkörper wächst mit der Seite zum Baumstamm an. Er kann einen Durchmesser von einem halben Meter erreichen! Das reich verästelte Myzel durchwuchert das Holz des Wirtsbaumes und macht es brüchig und weich. Unter der Rinde bildet es geschmeidig-zähe Platten und verursacht die weiße Holzfäule, die den Baum langsam absterben läßt. Er wird dann leicht durch den Wind umgebrochen. Der Zunderschwamm wächst aber auch am liegenden Stamm weiter. Auffallend ist am Echten Zunderschwamm die Schichtenbildung. Das sind keine „Jahresringe" wie wir sie von den Nadelgehölzen kennen, sondern unregelmäßige Jahresschichten, die von günstigen oder ungünstigen Feuchtigkeitsbedingungen abhängen. Früher wurde durch Mazeration aus dem dicken, filzigen Fruchtkörper der sogenannte Zunder gewonnen. Damals, als Feuer noch durch aus Feuerstein geschlagene Funken entfacht wurde, war der Zunder ein unentbehrlicher Helfer. Die mächtigen Fruchtkörper des Echten Zunderschwammes

wurden aber auch zu feinem „Leder" breitgeklopft und zu warmen Westen und Mützen verarbeitet.

**Schmetterlingsporling, Bunte Tramete**
*Coriolus (Trametes) versicolor*
Wie feine, dünne, farbige Spitze schmückt der Schmetterlingsporling alte Baumstümpfe oder tote, liegende Stämme der Laubbäume.
Die einjährigen dünnen Fruchtkörper wachsen dachziegelartig übereinanderstehend und sind feinsamtig oder seidenhaarig. Ihre bunte Färbung verläuft in schmalen Zonen von Grau über Rot, Olivgrün, Orangerot bis Gelb. Die Röhren des Schmetterlingsporlings sind sehr kurz und unterscheiden sich unter anderem auch darin vom Zunderschwamm, dessen mehrjährige Fruchtkörper dauerhaft sind. Seine kleinen Röhren (Löcher) liegen in mehreren Schichten übereinander.

Schmetterlingsporling, Bunte Tramete

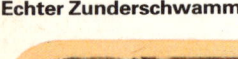

Echter Zunderschwamm

## Hallimasch

*Armillaria mellea*

Der Hallimasch fängt erst Ende September an zu wachsen, dafür gleich in riesigen Büscheln. Für den Pilzsammler ist das ein Vorteil; er braucht nur ein paar Büschel zu finden und schon kommt er mit einem Korb voll Pilze nach Hause. Aber Vorsicht! Beim Hallimasch ist es besser, nur die Hüte der jungen Pilze zu sammeln. Und auch die müssen gut gekocht werden, denn roh ist der Hallimasch leicht giftig. Am besten und am beliebtesten ist Hallimasch süßsauer eingelegt. Die Förster betrachten diesen Pilz jedoch zurecht als Waldzerstörer, denn er befällt auch lebendes und gesundes Holz, vor allem Nadelbäume. Sein Myzel verzweigt sich stark und bewirkt den Zerfall des Holzes. Der Baum stirbt ab und wird dann durch den Wind umgerissen. Der Hallimasch ist für seine üppige Verbreitung und gutes Wachstum ausgezeichnet ausgerüstet. Er hat ein doppeltes Pilzgeflecht: erstens ein feines weißes Myzel, das im Dunkeln auf verfaulenden Baumstümpfen leuchtet und die Menschen erschreckt. Das zweite sind die Rhizomorphen, schwarzbraune, manchmal mehrere Meter lange Stränge, ähnlich Seilen, die am häufigsten unter der Baumrinde wandern und verzweigen. Sie bilden eine Art Nährstoffspeicher, aus dem der Pilz die vor allem für die Ernährung seiner „Früchte" benötigten Stoffe nimmt. Die Früchte, also das, was wir als „Pilze" betrachten und sammeln, entwickeln sich nicht auf lebendem, sondern erst auf faulendem Holz.

**Hallimasch**

## Klebriger Hörnling, Klebriges Schönhorn

*Calocera viscosa*

Diese kleinen, auffällig orangeroten Pilze ziehen zwar den Blick aufmerksamer Pilzsammler auf sich, können aber nicht gesammelt werden, denn der Klebrige Hörnling ist knorplig-zäh wie „Gummi" und ungenießbar. Die geweihartig verzweigten Fruchtkörper werden nur etwa 3—6 cm groß, ihre Myzelausläufer wachsen dagegen tief (bis 20 cm) in moderne Baumstümpfe und Baumwurzeln hinein.

**Klebriger Hörnling, Klebriges Schönhorn**

# Röhrlinge

Steinpilz, Birkenpilz, Rotkappe und Butterpilz sind für viele von uns besonders begehrte Leckerbissen. Aber wenn wir dann „in die Pilze" gehen, dürfen wir nicht in den Fehler verfallen, nur angestrengt den Waldboden nach ihnen abzusuchen. Erfahrene Pilzsammler sehen sich im Wald zuerst danach um, welche Baumarten dort wachsen. Und dann erst suchen sie unter Birken und Buchen nach Birkenpilzen, unter Espen nach Rotkappen, unter Lärchen manche Butter- und Kuhpilze, in Fichtenwäldern den Steinpilz, unter Eichen den Sommersteinpilz und den Schwarzhütigen Steinpilz. Diese Symbiose bestimmter Pilzarten mit den Wurzeln bestimmter Baumarten wird als Mykorrhiza bezeichnet. Am besten ist das gerade bei den Röhrlingen zu beobachten.

### Dickfußröhrling, Schönfußröhrling
*Boletus calopus*
Durch seine gelben Lamellen unterscheidet sich der Dickfußröhrling sowohl vom Satanspilz als auch von den eßbaren blau anlaufenden Verwandten Netzstieliger und Flockenstieliger Hexenröhrling.
Sie sind zwar auch braunhütig, haben aber rote Lamellen. Der Dickfußröhrling bietet eine ganze Palette kräftiger

Satanspilz, Satansröhrling

Dickfußröhrling, Schönfußröhrling

Farben: brauner Hut, gelbe Lamellen, roter Stiel und beim Anschnitt grünblaues Fleisch. Wegen seines sehr bitteren Geschmacks ist er ungenießbar.

### Satanspilz, Satansröhrling
*Boletus satanas*
Der farbenprächtige Satanspilz gehört zu den schönsten Pilzen unserer Wälder. Von den verwandten eßbaren Arten — Steinpilz, Flockenstieliger und Netzstieliger Hexenröhrling — ist er leicht zu unterscheiden. Er hat einen hell gefärbten weißlichgrauen, manchmal auch olivgrauen Hut und im Jugendzustand zunächst karminrote, bei älteren Pilzen blassere Lamellen. Das weißliche Fleisch wird beim Anschneiden leicht blau, um gleich wieder zu verblassen. Der gelb und rot gefärbte Stiel fällt durch seine Dickbauchigkeit auf. Es ist wichtig, den Satanspilz richtig zu kennen, weil er, ungeachtet seines lockenden und ergiebigen Aussehens, nicht gesammelt wird, denn er ist giftig! Er verursacht starke Darmstörungen. Der Satanspilz ist in den letzten Jahren bei uns sehr selten geworden.

### Birkenpilz
*Boletus scaber*
Schlanke weiße Birken und zierliche Birkenpilze mit ihren schlanken Stielen und halbkugeligen graubraunen Hüten — das gehört zusammen. Weniger geläufig ist uns die Verbindung der Hain-

**Steinpilz, Herrenpilz**

**Birkenpilz**

**Rotkappe, Espenrotkappe**

buche mit dem Hainbuchenröhrling, der aber auch unter Birken wächst. Der Hainbuchenröhrling ist im Sommer häufiger anzutreffen als der Birkenpilz, der seine Hauptzeit im Herbst hat. Beide Arten sind eßbar und sehr schmackhaft, aber nur als junge Pilze. Alte Exemplare sollte man stehen lassen.

### Steinpilz, Herrenpilz
*Boletus edulis*
Auch der Nichtpilzsammler kennt und verzehrt den Steinpilz. Der Traum eines Pilzsammlers ist es, eine Waldlichtung mit jungen Fichten zu finden, deren dicht über dem Boden ausgebreitete Zweige stattliche Steinpilze verbergen. Der Steinpilz ist sehr schmackhaft, leider aber oft madig. Es handelt sich um die Larven der *Micetofilidea.* Der Steinpilz läßt sich vielseitig verwenden, z. B. trocknen, einlegen, schmoren. Das weiße Fleisch ändert auch beim An-schnitt seine Farbe nicht und unter-scheidet sich dadurch von den übrigen Röhrlingen, wie Flockenstieliger und Netzstieliger Hexenpilz, Dickfußröhr-ling und Satanspilz, die beim Durch-schneiden eine bläuliche, grünliche oder andere Färbung annehmen. Da die Steinpilze so besonders gut schmecken, ist es schade, daß sie sich nicht wie Champignons züchten lassen. Es wurde schon mehrfach versucht, aber es geht nicht. Denn die Steinpilze gehören zu den kompliziertesten Orga-nismen unter den Pilzen. Sie leben in Symbiose mit bestimmten Gehölzar-ten, und ihr Myzel läßt sich nur sehr schwierig unter Laborbedingungen künstlich züchten. In mehrjähriger Ar-beit ist es gelungen, aber das war auch alles. Das Myzel vegetierte, Pilze brachte es allerdings nicht. Und warum das so ist, konnte bis heute noch nie-mand feststellen. Und so werden wir weiter wie bisher die Steinpilze im Wald suchen müssen.

### Rotkappe, Espenrotkappe
*Boletus aurantiacum*
Die Rotkappe ähnelt sehr der Heiderot-kappe *B. rufescens,* die ebenfalls eßbar ist. Der fleischige, orangerote bis braunrote, halbkugelige Hut der Rot-kappe sitzt auf einem vollfleischigen, derben, mit bräunlichen Schuppen be-deckten Stiel. Dieser schmackhafte, ausgezeichnete Pilz ist eine Freude für jeden Pilzsammler. Beim Zerschneiden und Trocknen wird der Pilz schwarz. Rotkappen wachsen in Laub- und Mischwäldern, vor allem unter Espen *(Populus tremula),* wie schon der Name sagt.

# Blätterpilze

Die Blätterpilze haben alle auffälligen Merkmale gemeinsam. In der Jugend sind ihre Fruchtkörper zum Schutz in einer häutigen Scheide eingeschlossen, die dann vom wachsenden Pilz zerrissen wird und nur noch in Resten am erwachsenen Pilz klebt.
Am Stielende bleibt eine Scheide; die hellen Schuppen auf dem Hut sind Hüllreste und werden manchmal vom Regen abgewaschen. An der Unterseite ist der Hut noch mit einer zum Stiel angewachsenen inneren Hülle versehen, die später als Ring am Stiel verbleibt.
Der am meisten verbreitete Blätterpilz ist der Rote Fliegenpilz (*Amanita muscaria*), der nicht nur in der gemäßigten Zone der nördlichen Halbkugel, sondern auch in Nordafrika, Nordasien und Australien anzutreffen ist.

### Roter Fliegenpilz
*Amanita muscaria*
Dieser herrliche Giftpilz wird häufig in Märchen erwähnt und in Kinderliedern besungen. Sein schlanker weißer Stiel wird von einem breiten roten Hut, der mit weißen Flocken bedeckt ist, beschirmt. Ein weißer Ring umgibt den Stiel, der wie ein kurzes Röckchen aussieht. So schön er auch aussieht, darf er dennoch nicht gegessen werden. Er enthält verschiedene Substanzen, die nicht nur unangenehme Verdauungsstörungen hervorrufen, sondern auch

Roter Fliegenpilz

das zentrale Nervensystem beeinflussen. Daß sein Genuß nicht tödlich ist beweist die Tatsache, daß einige Völker die betäubende Wirkung des Roten Fliegenpilzes als Narkotika verwenden. Der giftigste Teil des Pilzes ist die Haut

des Hutes. Früher wurde er zum Fliegenfangen benutzt. Der abgeschnittene Hut wurde auf einen Teller gelegt und mit Zucker bestreut. Die davon fressenden Fliegen wurden vergiftet. So kam der Pilz zu seinem Namen.

### Perlpilz
*Amanita rubescens*
Der Perlpilz wird auch Rötender Wulstling genannt, weil sich sein Fleisch leicht rötlich verfärbt. Am besten ist das beim Anschnitt zu sehen. Charakteristisch für den Perlpilz ist, daß Knolle und Stiel meist, ja fast regelmäßig, madig sind.
In seinem Aussehen ist dieser ausgezeichnete Speisepilz aber ein typischer Vertreter der Familie der Knollenblätterpilze. Er ist leicht mit dem giftigen Pantherpilz zu verwechseln. Ein sicheres Erkennungsmerkmal ist jedoch die feingeriefte, herabhängende Manschette und das leichte Rotfärben des weißen Fleisches.
Charakteristisch ist auch die verdickte, warzige und rissige Knolle.
Perlpilze dürfen nicht roh gegessen werden, da sie schwach giftig sind.

Perlpilz

## Grüner Knollenblätterpilz
### Amanita phalloides

Der Grüne Knollenblätterpilz ist unscheinbar, mit seinem hell- bis dunkelolivgrünen Hut. Und seine weißen Verwandten, der Frühlings- *(A. verna)* und der Spitzhütige Knollenblätterpilz *(A. virosa)*, sind genau so gefährlich. Sie werden häufig mit den Champignons verwechselt, vor allem junge Exemplare. Warnen sollte uns die knollige Verdickung am Stielgrund und die sie umgebende weichlappige Scheide. Diese Hülle wird poetisch „Todesbecher" genannt. Die Scheide muß aber nicht immer gut entwickelt sein. Es kann auch geschehen, daß der Pilz abgerissen wird, also unvollständig ist. Diese Unachtsamkeiten führen Jahr für Jahr zu zahlreichen tödlichen Vergiftungen durch Knollenblätterpilze.

Daß die weit verbreitete Meinung ein Irrtum ist, daß sich gute von Giftpilzen durch Kosten unterscheiden ließen, wird gerade durch diesen angenehm schmeckenden, tödlich giftigen Pilz bewiesen. Versuchen Sie nicht, sich selbst davon zu überzeugen! Schon ein kleines Stück Knollenblätterpilz ist stark giftig. Es ist nicht nur ein giftiger, sondern auch ein heimtückischer Pilz. Die Vergiftungserscheinungen machen sich nämlich erst 8—12 Stunden nach Einnahme der Mahlzeit bemerkbar, so daß Magenspülungen und Abführmittel völlig unwirksam sind. Auch wenn es durch die Kunst der Ärzte gelingt,

**Grüner Knollenblätterpilz**

einige der Betroffenen zu retten, bleibt die Gefahr bleibender Leberschädigungen bestehen. Es kann daher nur immer wieder eindringlich vor diesen Pilzen gewarnt werden!

## Pantherpilz
### Amanita pantherina

Der sehr giftige Pantherpilz ist wirklich gefährlich. Schon allein deshalb, weil er nicht immer alle Merkmale eines echten Vertreters seiner Familie aufweist. Die weißen Flöckchen auf dem gewölbten graubraunen Hut werden vom Regen oft abgespült. Auch die glatte, etwas schleimige, ringartige Manschette fehlt manchmal und der verdickte Stiel kann eine nur undeutlich dickere Knolle haben. Das Fleisch ist weiß, behält seine Farbe und hat einen unauffälligen Geschmack.

Es duftet sogar, während der dem Pantherpilz ähnliche Perlpilz roh einen unangenehmen, etwas kratzigen Geschmack hat.

Der Pantherpilz wird häufig mit dem Perlpilz oder dem eßbaren, wenn auch nicht so hochwertigen Grauen Wulstling verwechselt. Die Vergiftungsanzeichen machen sich, im Unterschied zu den Knollenblätterpilzen, sehr schnell bemerkbar; manchmal schon eine halbe Stunde nach dem Genuß.

Das im Pantherpilz enthaltene Gift Mykroatropin übt eine Reizwirkung auf das Gehirn aus. Glücklicherweise enden diese Vergiftungen nur in Ausnahmefällen tödlich.

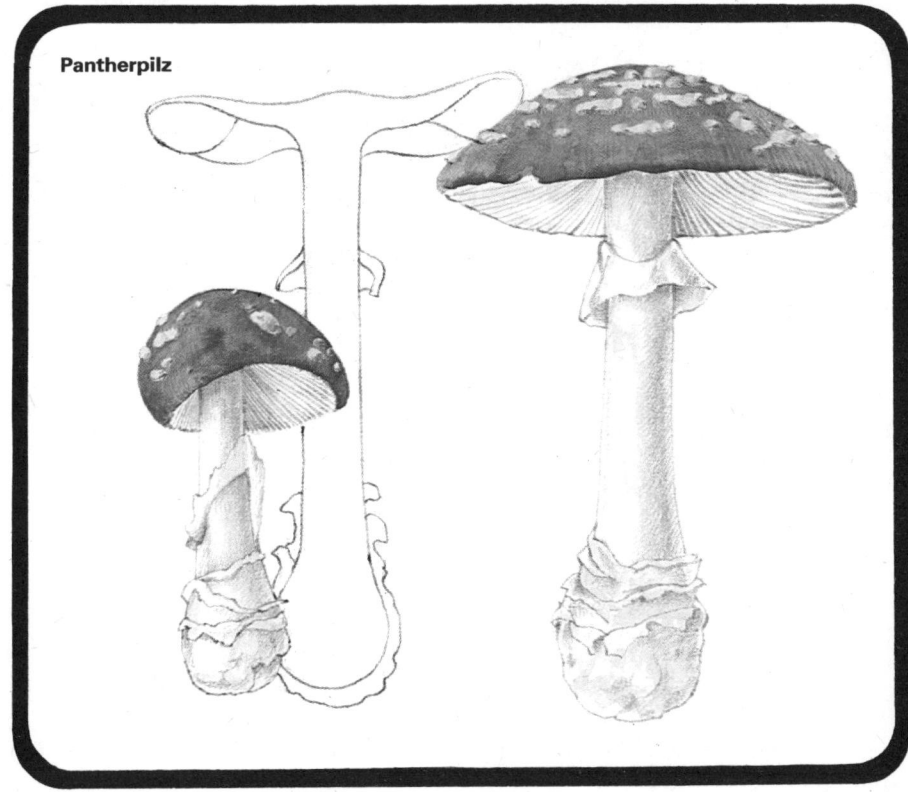

**Pantherpilz**

# Begehrte Speisepilze

Ausgezeichnete Speisepilze sind vier andere Blätterpilze: Riesenschirmpilz, Echter Reizker, Speisetäubling und Pfifferling. Letzterer gehört zwar auch zu ihnen, hat aber anstelle der Blätter herablaufende Leisten. Alle haben charakteristische Merkmale und sind daher für den Anfänger leicht zu erkennen. Der Riesenschirmpilz ist ein stattlicher, eigenartiger Pilz, der in lichten Wäldern wächst, die dottergelben Pfifferlinge dagegen sind wesentlich kleiner, stehen dafür aber auch zu mehreren an einer Stelle. Aus dem orangeroten, im Alter grünringigen Echten Reizker rinnt bei Verletzung orangerote Milch wie bei keinem anderen Pilz. Und der Speisetäubling? Jeder Zweifel wird beim Kosten beseitigt. Für die Täublinge gilt, daß alle, die angenehm schmecken, auch eßbar sind. Täublinge mit scharfem Geschmack sind ungenießbar.

Die in diesem Kapitel beschriebenen Pilze sind über die gesamte gemäßigte Zone der nördlichen Halbkugel und in

Riesenschirmpilz, Parasol

Australien verbreitet, der Riesenschirmpilz darüber hinaus noch in Afrika und Indien.

### Riesenschirmpilz, Parasol
*Lepiota procera*
Der ausgewachsene Riesenschirmpilz hat einen nahezu flachen Hut auf sehr dünnem, hohlem Stiel mit verschiebbarem Ring. Wird der Pilz abgerissen, bricht der Stiel meist vom Hut ab. Dabei ist zu erkennen, daß das Fleisch seine Farbe behält. Sollte es sich aber doch röten, dann handelt es sich nicht um den Riesenschirmpilz, sondern um den verwandten Rötenden oder Safranschirmling *(L. rhacodes),* von dem es einige leicht giftige Sorten gibt.
Der Riesenschirmpilz ist ein sehr aromatisch riechender Pilz, der nur zum direkten Verbrauch gesammelt wird. Zum Trocknen ist er ungeeignet. Eine echte Delikatesse sind wie Schnitzel zubereitete junge Hüte.

**Speisetäubling, Fleischroter Täubling**

stehend. Oft reicht es, einen oder zwei große Pfifferlinge zu sehen, in deren Umgebung sich ganz sicher versteckt noch viele kleinere, kleine und ganz winzige Pilze finden lassen. Leider ist dieser herrliche Pilz bei uns sehr selten geworden.

Der Pfifferling ist ein Speisepilz, der von den Pilzsammlern trotz seines zähen Fleisches geschätzt wird. Er ist selten madig und recht haltbar, so daß er auch den Transport auf weiter entfernte Märkte verträgt. Auch in Konservenfabriken wird er verarbeitet. Das Fleisch des Pfifferlings ist heller als der Hut, beinahe weiß, schwach aber angenehm nach Obst riechend und von pi-

**Speisetäubling, Fleischroter Täubling**
*Russula vesca*

Der Speisetäubling, aber auch die übrigen Täublinge, haben keine Milch. Werden sie verletzt, ändert sich die Farbe ihres Fleisches nur unwesentlich. Der Speisetäubling tritt farblich nicht besonders hervor, sein Hut hat die verschiedenen Farbtöne von Fleisch: bräunlich, rosa, braungrün und blauviolett. Blätter, Fleisch und Stiel sind weiß. Der Speisetäubling ist ein ausgezeichneter Speisepilz mit zartem, kernigem Fleisch und angenehm nußartigem Geschmack. Bis in den Herbst hinein ist er in Laubwäldern, besonders in Eichenbeständen, häufig anzutreffen.

**Edelreizker, Echter Reizker, Kiefernreizker**

**Pfifferling, Eierschwamm**
*Cantharellus cibarius*

Pfifferlinge sind durch ihre gelbe Farbe vom Sommer bis in den Herbst hinein leicht im Wald zu finden. Sie wachsen meist in größeren Mengen zusammen-

kant pfeffrigem Geschmack. Er eignet sich deshalb besonders zur Zubereitung von Pilzgerichten und zum Einlegen in Essig, auf keinen Fall aber zum Trocknen.

**Edelreizker, Echter Reizker, Kiefernreizker**
*Lactarius deliciosus*

Die Milch der dickstieligen Reizker und Milchlinge ist lebhaft orangerot gefärbt. Diese Farbe wiederholt sich beim Reizker auch an den Blättern, am Stiel und als Ergänzungsfarbe zum schmutzigen Grün der konzentrischen Kreise auf dem gewölbten, später trichterförmigen Hut. Der Reizker hat lockeres, pikant und angenehm würzig schmeckendes Fleisch und verliert diesen Geschmack auch nicht, wenn er in Essig eingelegt wird.

Die verwandten Milchlinge schmecken am besten gesalzen und kurz in der Pfanne gebraten, können aber auch roh gegessen werden.

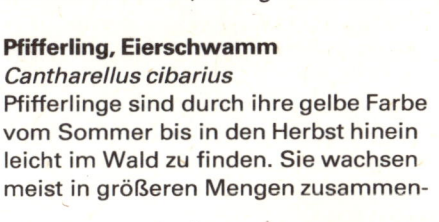

**Pfifferling, Eierschwamm**

# Flechten

Die Flechte ist eine Symbiose zweier Organismen — einer Alge und eines Pilzes — welche zusammen einen Pflanzenkörper bilden. Diese Partnerschaft ist für beide nützlich. Die Alge liefert durch die Photosynthese die notwendige organische Nahrung. Die anorganischen Substanzen werden vom Pilz beschafft, welcher Wasser mit aufgelösten Mineralien aus dem Boden aufnimmt. Die Flechten vermehren sich meist vegetativ durch Soredien, das sind von Pilzhyphen kugelig umsponnene Gruppen von Algenzellen, die an bestimmten Stellen des Flechtenthallus entstehen, sog. Soralen. Diese werden durch den Wind verbreitet. Wenn sie auf eine geeignete Unterlage fallen, entwickelt sich daraus eine neue Flechte.

Die Vermehrung kann auch erfolgen durch Isidien, das sind korallenartige Auswüchse auf der Thallusoberfläche etlicher Flechten.

Nur der Pilz behält die Fähigkeit, sich geschlechtlich durch Sporen zu vermehren.

Die Flechten werden in drei Grundtypen eingeteilt: Krustenflechten, Laubflechten und Strauchflechten.

Den anspruchslosen Flechten kommt in der Natur eine wichtige Rolle als Pionierpflanzen zu. Sie können an Stellen wachsen, wo andere Pflanzen keine Überlebenschance haben. Sie zersetzen die Oberfläche ihrer Standorte durch chemische Reaktionen und mechanisch, indem sie in das Substrat eindringen. Ihre mit angesammelten Staub vermischten abgestorbenen Pflanzenkörper sind die ersten Humusbildner, und sie schaffen damit die Voraussetzungen für die Ansiedlung anderer Pflanzenarten. Dagegen reagieren Flechten sehr empfindlich auf Luftverschmutzung, und so werden sie heute als Indikator für die Luftqualität benutzt.

In nördlichen Regionen dienen Flechten als Nahrung, die Mannaflechte für die Menschen und die Rentierflechte für pflanzenfressende Tiere. „Isländisches Moos" wird als Heilmittel zur Schleimlösung verwendet, und das sog. Eichenmoos dient zur Parfümerieherstellung.

## Hundsflechte
*Peltigera canina*

Ihren Namen hat diese Flechte erhalten, als sie noch als „Heilmittel" gegen Bisse tollwütiger Hunde galt.
Die Hundsflechte wächst auf der Erde und ist eine der größten Flechten, denn ihr Thallus kann bis 20 cm breit werden. Sie sucht feuchte, schattige Stellen auf und ist häufig an Waldwegen zu finden, wo sie große Bestände bildet. Wenn sie Lebensgemeinschaften mit Moosen bildet, kann es vorkommen, daß ihr gelappter Thallus durch den Moosteppich hindurchwächst. Bei feuchtem Wetter ist die Hundsflechte graugrün, bei trockenem bräunlich und samtartig filzig. Sie wächst auf der ganzen Unterlage mit zahlreichen „Würzelchen", sog. Rhizoiden, an, also mit Haarbildungen, die die Wurzelfunktion übernehmen. Die Hundsflechte ist sehr fruchtbar. Ihre kastanienbraunen Apothecien, also Fruchtkörper, sind verhältnismäßig groß, manchmal bis 1 cm breit. Sie sind röhrig gebogen und stehen an den Enden der aufrechten Thalluslappen.

## Isländisches Moos
*Cetraria islandica*

Das Isländische Moos ist in Nord- und Mitteleuropa häufig anzutreffen. Es bildet keine zusammenhängenden Bestände, sondern wächst entweder in Gruppen auf der Erde oder vereinzelt zwischen Moosen. Es sucht saure Böden auf und ist eine typische Gebirgspflanze. In den Niederungen kommt diese Schuppenflechte nur vereinzelt in Heidegebieten, Torfmooren und Nadelwäldern auf trockenen Sandböden vor. Häufig wächst sie in Gesellschaften mit Cladonia-Arten, wie Rentier- und Wald-

**Isländisches Moos**

flechte, und mit dem Zypressenförmigen Schlafmoos (*Hypnum cupressiforme*).

Der breite, buschige Thallus des Isländischen Mooses stellt einen interessanten Übergang vom laubartigen zum strauchartigen Flechtenkörper dar. Das Isländische Moos hat darüber hinaus auch praktische Bedeutung. Wegen seines Gehalts an Centrarin gehört es — eine Seltenheit bei Flechten — zu den Heilpflanzen. Es wirkt verdauungsfördernd und wird auch bei Lungenerkrankungen und Seekrankheit verordnet. Schon im 16. Jh. wurde das bitter schmeckende Isländische Moos bei Abmagerungskuren, chronischen Durchfällen und ähnlichem eingenommen.

**Hundsflechte**

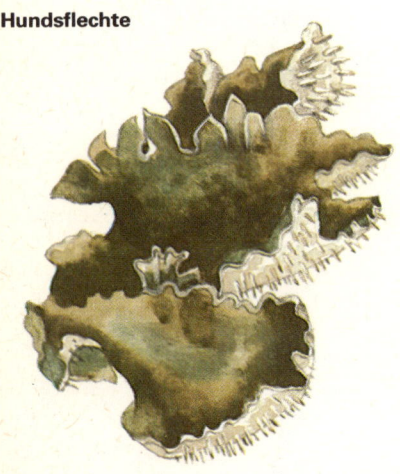

## Graue Schuppenflechte
*Cetraria glauca*

Die Arten der Familie *Cetraria* sind ein interessanter Übergang von Flechten mit blattartigem zu denen mit strauchartigem Thallus. Während die Lager des Isländischen Mooses *(C. islandica)* meist auf der Erde wachsen, ist ihre Verwandte, die Graue Schuppenflechte, ein häufig anzutreffender Epiphyt an den Stämmen der Bäume.

**Graue Schuppenflechte**

**Blasenschildflechte**

## Blasenschildflechte
*Parmelia physodes*

Auch die Blasenschildflechte gehört zu den häufig anzutreffenden Arten. Sie wächst sowohl auf Baumstämmen als auch auf anderen Unterlagen wie Steinen, Felsen und abgetragenem Boden. Sie ist oft auf altem, abgestorbenem Holz und an Baumstümpfen zu finden, wächst aber am besten als Epiphyt an Ästen und Stämmen lebender Bäume in den Niederungen wie in den Bergen. Besonders an schattigen Standorten mit höherer Feuchtigkeit und geringerer Luftbewegung umschließt sie mit ihrem grauen lappenartigen Thallus nicht nur die Stämme, sondern auch Äste und Zweige junger und alter Bäume.

Im Unterschied zur Hundsflechte ist diese Art meist unfruchtbar und vermehrt sich vegetativ.

Am Querschnitt durch den Thalluslappen der Blasenschildflechte ist der typische Aufbau der Flechten zu erkennen. Auf der Oberfläche und an der Unterseite befindet sich das dichte Geflecht der Pilzhyphen. Zwischen diesen sogenannten Rindenschichten ist die Algenschicht gelagert, in der die grünen Algenzellen die Räume zwischen den Pilzfäden ausfüllen. Unter dieser Algenschicht liegt das aus weniger dichten Pilzfäden bestehende Mark.

## Rentierflechte
*Cladonia rangiferina*

Die Vegetation ist in den nordischen Gebieten nur sehr spärlich, denn den harten Lebensbedingungen der Tundren sind nur wenige Pflanzenarten gewachsen. Sie bilden die Hauptnahrung der Rentiere. In der Hauptsache sind das Flechten und Moose, von den Flechten überwiegend die Rentierflechte, aber auch Waldflechte und Isländisches Moos. Die Bestände erneuern sich wegen des langsamen Wachstums der Flechten nur alle 20—30 Jahre. Die Rentierflechte gehört zur Familie der *Cladonia,* die sich durch Vielfalt und Variabilität der Arten auszeichnet und die größte Anzahl von Bodenformen umfaßt. Ihr Thallus ist meist zweigestaltig. Bei der Rentierflechte fehlt jedoch der schuppige Bodenkörper völlig. Dafür sind die hohlen Lagerstiele gut entwickelt. Sie werden bis 15 cm hoch, sind grauweiß und strauchartig. Ihre Zweige sind einseitig umgebogen und tragen an der Spitze kleine Fruchtkörper. Diese Flechtenart gehört zu den Xerophyten, also zu den Pflanzen, die gut an trockene Standorte angepaßt sind. Daher kann die Rentierflechte auch langdauernde Trockenperioden überstehen. Sie trocknet so ein, daß sie bei Berührung zu weißem Pulver zerfällt. Bei Regen holt sie den Wasserverlust sehr schnell auf. Um ihren Feuchtigkeitsbedarf zu decken, reicht ihr schon die höhere Luftfeuchtigkeit der Gebirgsregionen. Das Auftreten der Rentierflechte in Wäldern zeugt von schlechter Bodenqualität und damit von geringerer Güte des Waldbestandes.

**Rentierflechte**

# Moose

Die Moose sind an der angenehmen Frische der Waldluft beteiligt, denn sie nehmen das Regenwasser mit der ganzen Fläche ihrer in dichten Polstern, Rasen und Büscheln wachsenden Pflanzenkörper auf. Nur langsam geben sie dann die Feuchtigkeit an die Luft und zum anderen an die Baumwurzeln ab.

Die dichten Moospolster bestehen aus vielen kleinen einzelnen grünen Pflanzen. Der Moosstengel „wurzelt" mit Rhizoiden, also haarfeinen Gebilden, im Boden und ist völlig von kleinen zarten Blättchen bedeckt.

Bei den Moosen gibt es einen Generationswechsel: der eine geschlechtlich, der andere ungeschlechtlich. Die geschlechtliche Pflanze (Gametophyt) produziert einfache Geschlechtszellen

reifen Kapsel öffnet sich ein Deckel, so daß die winzigen Sporen herausfallen können. Im feuchten Waldboden entwickeln sich grüne Vorkeime, algenähnliche Fäden, aus denen die neue Pflanze heranwächst. Die Moose vermehren sich jedoch auch sehr leicht vegetativ.

Moose sind ein wichtiges Element der Ökologie der Wälder unserer Erde.

## Weißmoos
*Leucobryum glaucum*

Die fast halbkugeligen, blaßgrünen Polster des Weißmooses wachsen häufig in den spärlichen Unterholzbeständen der Nadelwälder auf armen Böden. Meist stehen mehrere Polster zusammen und bedecken so große Bodenflächen. Trockenere Büschel leuchten auf dem nadelbedeckten Boden wie Silber. Weil das Weißmoos fast keine Rhizoiden entwickelt, sind die einzelnen Pflänzchen nur sehr wenig mit dem Untergrund verbunden. Die Stengel sterben ähnlich wie bei den Torfmoosen *(Sphagnaceae)* von unten her ab und wachsen oben nach. Ihre großen, leeren Zellen füllen sich bei Regen mit Wasser, das dann nicht durch das Moospolster hindurchsickert, sondern an den Seiten abläuft. Überall dort, wo das Weißmoos größere Flächen bedeckt, schädigt es die Waldbestände, weil es das Keimen auf den Boden gefallener Samen unmöglich macht.

**Weißmoos**

an der Spitze des Stengels, männliche (Antheridien) oder weibliche (Archegonien). Beide befinden sich entweder auf ein und derselben Pflanze oder auf verschiedenen. Die männlichen Zellen schwimmen mit dem Regenwasser zu den weiblichen und befruchten diese. Aus einer befruchteten weiblichen Zelle wächst die ungeschlechtliche Sporophytengeneration (Mooskapsel) direkt aus dem grünen Stengel und wird von ihm ernährt.

Es bildet sich ein Kapselstiel mit der endständigen, sporentragenden, von einer Haube bedeckten Kapsel. An der

**Besenförmiges Gabelzahnmoos**

## Besenförmiges Gabelzahnmoos
*Dicranum scoparium*

Das Besenförmige Gabelzahnmoos ist glänzend grün und bildet lockere und nach einer Seite „gekämmte" Rasen. Die 5—10 cm langen Stengel sind mit lanzettlichen, an der Spitze gezähnten Blättchen bewachsen. An rötlichen, 2—4 cm langen Stielen stehen gebogene, zahnartig gekrümmte Fruchtkapseln.

Diese Gabelzahnmoosart ist häufig auf Steinen, Baumstümpfen und auf armen, trockeneren Waldböden zu finden und bildet auf Sandböden umfangreiche, reine Bestände.

Rotstengelmoos

oben mit durchscheinenden, hell punktierten kleinen Blättchen bewachsen, die an der Spitze zu einer „Blütenrosette" zusammenstehen. Das Punktierte Sternmoos ist meist sehr fruchtbar.

**Frauenhaar, Gemeines Widertonmoos**
*Polytrichum commune*
Das Frauenhaar ist ein kräftiges, lockere Polster bildendes Laubmoos. Die aufrechten Stengel können bis zu einem halben Meter hoch werden! Die Pflanze hat ein gut entwickeltes einfaches Wasserleitgewebe — einen Zentralstrang, ähnlich den Gefäßbündeln der höheren Pflanzen. Die Stengeloberfläche ist dicht mit dunkelgrünen, schmalen, am Rand scharf gezähnten Blättern bestanden.
Das Frauenhaar wächst vor allem auf sauren Wald- und Heideböden. Besonders groß wird das Moos in Gräben mit stehendem Wasser oder in Windbruchgräben. Meist bildet es reine Bestände, nur selten ist es in Moosgesellschaften zu finden. Ab und zu wächst es in Gemeinschaft mit Heidelbeeren (*Vaccinium myrtillus*).

**Rotstengelmoos**
*Pleurozium schreberi*
Diese Moosart verträgt keinen stärkeren Schatten. An sonnendurchfluteten Standorten bildet sie auch auf Baumstümpfen und Steinen lockere Bestände. In den dichten Polstern des *Pleurozium schreber* hält sich lange das Schmelz- und Regenwasser.
Die kleinen Stengelchen des Rotstengelmooses sind rot, aufrecht und in zwei Reihen regelmäßig verzweigt. Die Zweigspitzen stehen auseinander. Um den Stengel wachsen eiförmige, hohle und dachziegelartig aufgestellte Blätter. Die weiblichen Exemplare des Rotstengelmooses lassen sich leicht an den roten, langhaarigen, gekrümmten Stielen mit länglicher, gebogener Kapsel erkennen.

Glänzendes Hainmoos

**Glänzendes Hainmoos**
*Hylocomium splendens*
Die ausgebreiteten, intensiv glänzenden Rasen des Glänzenden Hainmooses bilden häufig zusammenhängende, weiche Polster. Der aufrechte Sproß ist so verzweigt, daß er wie ein doppelt gefiedertes Blatt aussieht. Er ist stockwerkartig aufgebaut und bildet einen bis 4 cm hohen, starken, roten Stiel mit einer braunen, endständigen Kapsel. Das Glänzende Hainmoos wächst von den Niederungen bis hinauf in die Hochgebirgszonen. Es begleitet sowohl Fichtenmonokulturen als auch humusreiche Mischwälder. Es gedeiht nur an schattigen Standorten; direkten Sonneneinfall verträgt es nicht.

**Punktiertes Sternmoos**
*Mnium punctatum*
Das Punktierte Sternmoos ist häufig in feuchten Wäldern, an Ufern und Rändern lebhafter Waldbäche anzutreffen. Sein niedriger, aufrechter Stengel ist von unten her mit Wurzelhaaren, weiter

Frauenhaar, Gemeines Widertonmoos

Punktiertes Sternmoos

271

# Bärlappe und Schachtelhalme

Bärlappe und Schachtelhalme sind die einfachste und älteste Gruppe der Farnpflanzen *(Pteridophyta)*. Heute sind sie unbedeutender Bestandteil des Unterholzes unserer Wälder, aber in weit zurückliegenden Zeiten erreichten ausgestorbene Formen dieser Pflanzen Baumgröße und bildeten ganze Wälder.

Blätter, etwa in der Stengelmitte. Dadurch ist der Stengel in seinem Wachstum unbeeinträchtigt und kann sich auch nach dem Reifen der Sporangien verlängern.
In den Niederungen sucht der Tannenbärlapp tiefe Täler auf, in die kaum ein Sonnenstrahl dringt. Seine charakteristischen Standorte sind jedoch dunkle

mit Fortpflanzungsorganen heranwachsen. Nach der Befruchtung entsteht an seiner Stelle eine neue Pflanze. Der feine Sporenstaub nimmt nur schwer Flüssigkeit auf und leistete früher dank dieser Eigenschaft in der Volksheilkunde als Puder bei Wunden, Ausschlägen, Abschürfungen und Geschwüren ausgezeichnete Dienste. In

Tannenbärlapp, Tannenteufelsklaue

Kolbenbärlapp, Keulenbärlapp

Die Schachtelhalme haben charakteristische, quirlig verzweigte Blätter an hohlen, gerippten, ineinandergeschachtelten Stengeln. Ihre endständigen, aus den Sporenkapseln gebildeten Ähren sind vollkommener als die der Bärlappe. Sechskantige schildförmige Blätter, aus denen die Ähren zusammengesetzt sind, verdecken eine größere Anzahl Sporenkapseln (Sporangien). Jede Spore besitzt vier schraubenförmige, hygroskopische Bewegungen ausführende, am Ende spatelförmig verbreiterte Bänder. Bei manchen Schachtelhalmarten wachsen Frühjahrstriebe und Sommersprosse.

### Tannenbärlapp, Tannenteufelsklaue
*Huperzia selago*
Auch die schattigsten und feuchten Stellen in unseren Wäldern haben ihre Pflanzenbewohner. Einer von ihnen ist der Tannenbärlapp. Umsonst würden wir an dieser Pflanze nach Sporenähren suchen. Die Sporangien wachsen nicht in Ähren, sondern oberseitig am Grund der dicht um den Sproß stehenden

Bergwälder, wo er bis zur Baumgrenze aufsteigt. Er ist ein Kosmopolit und lebt sogar in der Arktis. Unter diesen rauhen Bedingungen mit kurzen Vegetationszeiten vermehrt er sich fast ausschließlich vegetativ. In den Blattachseln der unfruchtbaren Zweige legt er dann Vermehrungsknospen an, die abfallen und durch Wind und Wasser verbreitet werden. An geeigneten Stellen wurzeln sie ein.

### Kolbenbärlapp, Keulenbärlapp
*Lycopodium clavatum*
In schattigen Nadelwäldern, von den Niederungen bis in die Berge, wächst der bis zu einem Meter lange, kriechende immergrüne Keulenbärlapp. Die dicht beblätterten, am Boden wachsenden Sprosse richten sich mit einem langen, gelbgrünen, am Ende gabelig verzweigten und mit zwei Ähren besetzten Schaft auf.
Die Sporenähren verbergen unter jedem nierenförmigen Blatt Sporangien mit zahlreichen Sporen, die auf dem Boden zu einem einhäusigen Vorkeim

Apotheken wurde er auch als Pillenhüllschicht und zum Auspudern von Trichtern benutzt, um ein Zusammenkleben bzw. Ankleben zu verhindern. Seine stark desinfizierende Wirkung wurde in Gurgelmitteln und in solchen zum Auspinseln bei entzündetem Zahnfleisch ausgenutzt. Das Bärlappkraut enthält Alkaloide und ist giftig! Alle Bärlappe stehen unter Naturschutz.

## Waldschachtelhalm
*Equisetum sylvaticum*

Der Sommersproß des Waldschachtelhalms ist mit frischgrünen, dicht verzweigten Quirlen ausgestattet. Der Frühjahrstrieb dagegen sieht ganz anders aus: nichtgrün, unverzweigt, mit endständigen Sporenähren. Nach dem Reifen und Ausstreuen der Sporen ergrünen die Quirle und verästeln sich regelmäßig. In jedem Quirl stehen 10–16 sich nach unten biegende Zweige.

Der Waldschachtelhalm sucht schattige, feuchte Stellen auf, vorzugsweise Waldtümpel und fließende Wasser. Überall dort, wo dieser Schachtelhalm in Beständen wächst, befindet sich dicht unter der Bodenoberfläche Wasser.

**Waldschachtelhalm**

**Ackerschachtelhalm**

## Ackerschachtelhalm
*Equisetum arvense*

Der Ackerschachtelhalm ist ein weit verbreitetes, ausdauerndes Unkraut. Er wächst auf Feldern und Wiesen, ist aber auch an Feldrainen, in Gräben und an Waldrändern anzutreffen. Die Frühjahrshalme sind gelblich, einfach, stark und tragen endständige Sporenähren. Bei trockenem Wetter fliegen die Sporen wie eine weiße Staubwolke davon. An feuchten Stellen entwickeln sich aus den Sporen zweihäusige Vorkeime, aus denen nach der Befruchtung die jungen Pflanzen wachsen. Diese blattgrünlosen Sprosse erfüllen nur die Vermehrungsfunktion. Nach dem Ausstreuen der Sporen trocknen sie schnell ein und machen den grünen, unfruchtbaren Sommersprossen Platz, die aus dem gleichen Wurzelstock herauswachsen. Die Sommersprosse übernehmen die Assimilation und speichern Nährstoffe für die Entwicklung der Frühjahrshalme im nächsten Jahr.

Der Ackerschachtelhalm wird wegen seines hohen Gehaltes an Kieselsäure ($SiO_2$) als Heilpflanze gesammelt. Wegen des Kieselsäuregehaltes wurde der Schachtelhalm früher zum Putzen des Zinngeschirrs genommen, was ihm auch den Namen „Zinnkraut" eingebracht hat. Als Heilpflanze wird er bei Nieren- und Blasenerkrankungen verwendet.

# Farne

Die großen Zeiten der Bärlappe, Schachtelhalme und Farne, zusammen als Farnpflanzen *(Pteridophyta)* bezeichnet, sind schon lange vorbei, denn den Höhepunkt ihrer Entwicklung erlebten sie im Paläozoikum. Damals wuchsen sie in den Sümpfen und Mooren als riesige Bäume und bildeten ganze Wälder. Die alten, umgefallenen Stämme versanken im Schlamm, wurden verschüttet und vom Wasser überschwemmt, so daß keine Luft an sie herankam. Deshalb vermoderten sie nicht, sondern wurden zu Torf und später zu Kohle. Und als Kohle blieben uns die Reste dieser Farnpflanzen erhalten. Die heutigen Vertreter dieser Pflanzen erreichen bei weitem nicht die Ausmaße ihrer Vorfahren. Das gilt zumindest für die Farnpflanzen der gemäßigten Zonen. In den Tropengebieten dagegen sind heute noch baumartige, den ausgestorbenen Arten ähnliche Exemplare anzutreffen. Auf einem schmalen Stamm tragen sie eine Rosette großer gefiederter Wedel. Auch als Lianen sind die Farnkrautgewächse in den Tropen zu finden, beispielsweise die Schlingfarne *(Lygodium)* als Epiphyten, die Streifenfarnart *Asplenium nidens* u. a.

Moose und Farnkräuter gehören schon zu den höheren Pflanzen. Sie haben einen kompliziert organisierten Körperbau und ein vollkommener aufgebautes und abgegrenztes Gefäßsystem. Der Pflanzenkörper teilt sich in Wurzeln, Stengel und Blätter. Blüten fehlen jedoch. Da sie anstelle der Samen Sporen entwickeln, wurden sie als „Sporenpflanzen" systematisiert (Gefäßsporenpflanzen). Lange haben die Menschen geglaubt, daß die Farne blühen. Sie waren überzeugt, daß sich in einer bestimmten Nacht eine wunderbare Blüte entfaltet. Und weil diese Blüte angeblich eine solche „Seltenheit" war, wurden ihr Zauberkräfte zugeschrieben. Den Menschen sollten sie unsichtbar machen und ihm die Fähigkeit verleihen, die Sprache der Tiere und Bäume zu verstehen. Auch die leicht zugänglichen „Farnwurzeln" sollten Zauberwirkung besitzen und vor Verzauberung, Geistern und dem Teufel schützen.

## Gemeiner Wurmfarn
*Dryopteris filix-mas*
Der Gemeine Wurmfarn, eine in allen Waldarten sehr häufige Farnart, ist eine stattliche, bis 1 m hohe Pflanze. Die aus dem kurzen, rostrot behaarten, kriechenden Rhizom wachsenden Blätter sind einfach gefiedert und bilden eine becherartige Rosette. Die jungen Frühjahrsblätter sind fest zu einer Spirale zusammengewickelt. Langsam rollen sie sich dann zu aufrechten, im Umfang breit lanzettlichen, lang wachsenden Wedeln auf. Die Blätter sind ähnlich gebaut wie die der Samenpflanzen und haben reich gefiederte und geäderte Blattspreiten. Die Ernährungs- und Vermehrungsblätter sind beim Wurmfarn gleich. Die Sporen sitzen an der Blattunterseite in schleierbedeckten Sporenhäufchen. Später schrumpft die Hülle, zerreißt und gibt den Sporen den Weg frei. Die Sporenverbreitung besorgt der Wind. An geeigneten Stellen keimt die Spore zu einem einfachen, herzförmigen Vorkeim mit Vermehrungsorganen. Nach der Befruchtung der Eizelle durch Spermatozoiden entwickelt sich die neue Farnpflanze. Der Gemeine Wurmfarn ist fast über die ganze Erde verbreitet, von der Ebene bis in die alpine Zone. Schon sehr lange wird der Wurmfarn als

**Gemeiner Wurmfarn**

**Gemeiner Schwimmfarn**

**Adlerfarn**

## Rippenfarn
*Blechnum spicant*

Für den Rippenfarn sind zwei Arten Blätter typisch: Die breit lanzettlichen, fiederschnittigen vegetativen Blätter, die nur der Ernährung dienen, sind wintergrün und bilden die Außenrosette des mächtigen Farnstockes. Aus ihrer Mitte wachsen mehrere aufrechte, einfach fiederteilige Blätter mit lanzettlichen Fiedern, an deren Unterseite sich die Sporenhäufchen befinden. Die beiden Blattypen unterscheiden sich aber auch farblich: die vegetativen, der Ernährung dienenden Blätter sind kurzgestielt und dunkelgrün, die langgestielten sporentragenden Blätter sind braun.

Der Rippenfarn verträgt auch rauheres Klima mit häufigen Regenfällen gut. Etwa sechzig weitere zu den Rippenfarnen zählende Arten sind in den gemäßigten Zonen und den Tropengebirgen der südlichen Halbkungel heimisch.

**Rippenfarn**

wurmtreibendes Mittel genommen, woher auch sein Name stammt. Es stellten sich jedoch Vergiftungserscheinungen ein, und deshalb wird das Mittel heute nicht mehr verwendet.

### Gemeiner Schwimmfarn
*Salvinia natans*

Dieser einjährige Schwimmfarn hat sich vollständig dem Leben im Wasser angepaßt. Der einfache oder verzweigte Stengel trägt zwei elliptische Schwimmblätter. Im Quirl sitzt außerdem noch ein drittes, untergetauchtes Blatt, das wie eine zerschlitzte Wurzel aussieht und auch deren Funktion erfüllt. Ein weiteres Blatt hat sich zu einer nahe am Stengel sitzenden Kugel umgebildet. Es nimmt die zu Häufchen vereinigten Sporangien auf. Einige Häufchen enthalten größere Sporangien mit einer einzigen großen Spore, andere wieder kleinere mit zahlreichen winzig kleinen Sporen. Dieser Farn ist über die gesamte gemäßigte Zone der nördli-

chen Halbkugel verbreitet. Besonders beliebt ist er als Aquarienpflanze.

### Adlerfarn
*Pteridium aquilinum*

Unter den europäischen Farnarten ragt der Adlerfarn durch seine stattliche Größe hervor. Er besiedelt Waldgebiete in allen Teilen der Erde, ausgenommen in Südamerika. Seine Standorte sind magere Kiefernbestände der Niederungen, lichte Wälder und auch Waldböden vom Tiefland bis an die Waldgrenze der Gebirgsregionen. Zäh und ausdauernd verbreitet der Adlerfarn sein Rhizom nach allen Seiten und bildet oft große Bestände von mehreren Quadratkilometern. Er vermag auch auf Geröll- und Sandböden zu leben und gilt als Bodenbefestiger. Mit seinen mächtigen Blättern schützt er den Boden vor dem Austrocknen.

Jede Einzelpflanze hat nur ein einziges Blatt. Dafür ist es aber auch groß wie ein Bäumchen, oft 1−2 m hoch.

## Braunstieliger Streifenfarn, Steinfeder

*Asplenium trichomanes*

Der Braunstielige Streifenfarn, eine kleine Farnart mit dickem Rhizom und festen, einfach gefiederten Blättern, ist auf der nördlichen Halbkugel weit verbreitet. Er wächst als Pionierpflanze auf Felsritzen, Spalten und altem Gemäuer. Die Blattstiele sind hornartig zäh, glänzend braunrot, genauso wie die Blattspindeln, an denen dicht in zwei Reihen die ovalen, kleinen, zuletzt abfallenden Fiedern stehen. Die Sporenhäufchen sind streifenartig, sitzen auf den Blattnerven. Wenn die Sporen reif sind, öffnen sich die Behälter. Zerriebene Blätter strömen einen aromatischen Duft aus. Getrocknet dienten sie in der Volksheilkunde als Milz- und Leberheilmittel. Im Mittelalter glaubte man, der Braunstielige Streifenfarn besitze Zauberkräfte und schütze vor bösen Mächten.

Mauerraute

## Mauerraute

*Asplenium ruta-muraria*

Eine andere kleine, in den Niederungen wie in den Bergen an schattigen wie an lichten Felsen, Felsspalten und Mauern wachsende Farnart ist die Mauerraute. Sie bildet mit ihren etwa 10 cm langen, ausdauernden, 2−3mal gefiederten dunkelgrünen Blättern dichte, niedrige Büschel. Dieser Farn liebt Trockenheit. Er wächst von den Niederungen bis in die subalpine Zone. Die streifenförmigen Sporenbehälter sind mit dünnen, papierartigen Häutchen bedeckt.

## Hirschzunge
*Phyllitis scolopendrium*
Die Hirschzunge ist fast über die ganze
Erde verbreitet. Sie ist die einzige europäische Farnart mit ungeteilten, ganz-
randigen Blättern. Sie sind glänzend lederartig, wintergrün und stehen in einer Rosette. Ihre zungenförmigen
Spreiten sind am Rand leicht gewellt.
Die rotbraunen Blattstiele sind rostrot
behaart. Auf der Blattunterseite liegen
auffallend längliche, mit linealischen
Schleiern bedeckte Sporenhäufchen.
Die Blätter der Hirschzunge fanden früher in der Volksheilkunde gegen
Schlangenbisse, Durchfälle, zum Gur-
geln u. ä. Verwendung. Diese dekorative Farnpflanze wird gerne in schattigen
Steingärten angepflanzt. Sie wächst in
der Natur in Bergschluchten, auf feuchten Felsen und an Wasserfällen und
steht unter Naturschutz.

**Gemeiner Tüpfelfarn, Engelsüß**

Hirschzunge

## Gemeiner Tüpfelfarn, Engelsüß
*Polypodium vulgare*
Der Gemeine Tüpfelfarn ist über die
ganze nördliche Halbkugel verbreitet:
im Norden bis zum Polarkreis und im
Süden bis nach Afrika. Er wächst auf
feuchten Felsen, moosbewachsenem
Gestein und in schattigen Wäldern. Der
Tüpfelfarn hat ein etwa 1 cm dickes,
verzweigtes, weit kriechendes Rhizom
von stark bittersüßem Geschmack. Die
lederartigen, wintergrünen Blätter haben lang zugespitzte Spreiten. Junge
Blätter sind spiralig gedreht, ältere rollen bei trockenem Wetter ihre Spreiten
zusammen, um die Wasserverdunstung zu verringern. Das Rhizom stirbt
von der Rückseite aus allmählich ab,
während der vordere Teil die Wachs-
tumsspitze mit der Blattrosette trägt.
Früher wurde das Tüpfelfarnrhizom oft
gesammelt und in der Volksheilkunde
verwandt. Auch heute noch gehört es
zu den wertvollen pharmazeutischen
Drogen. Es enthält bisher unerforschte
Bitterstoffe, aber auch Schleimstoffe,
Saponine und ätherische Öle. Der aus
der getrockneten Wurzel zubereitete
Aufguß hilft bei Bronchitis und gegen
Darmparasiten, fördert aber auch die
Gallensekretion und hat leicht abfüh-
rende Wirkung.

# Mineralogie — Petrographie

Die Erde betrachten wir mit großer Selbstverständlichkeit von jeher als etwas Festes, Unveränderbares, als den „unbelebten" Teil der Natur. Aber auch die Steine „entstehen" und „leben". So verändern sich manche Gesteine und Mineralien, wenn sie mit der Luft oder mit dem Wasser in Berührung kommen. Andere verändern sich infolge großer Hitzeeinwirkung oder unter besonders hohem Druck. Diese wechselnden Formen können als „Kreislauf der Gesteine" angesehen werden.

Als Beispiel hierfür möge die Tatsache dienen, daß Erstarrungsgesteine durch Verwitterung verändert und zerkleinert, durch das fließende Wasser oder durch die Luft (Wind) abtransportiert, an anderer Stelle abgelagert und dort dann wieder auf verschiedene Weise verfestigt werden, so daß Sedimentgesteine entstehen.

Diese wiederum können später in größere Tiefen geraten und mit glutflüssigem Magma in Berührung kommen (Kontaktmetamorphose) und dabei in metamorphe oder Umwandlungsgesteine verwandelt werden.

Dieses „Leben" der Gesteine ist jedoch mit einem anderen Maßstab zu messen als das menschliche Leben, nämlich größtenteils in Millionen Jahren. Auch Mineralien „leben und behaupten" sich nur unter für sie günstigen Umweltbedingungen. Än-

dern sich diese, so verändern sich auch die Mineralien und zerfallen. Aus ihren Restbestandteilen gehen neue Sekundärmineralien hervor, bilden sich neue Gesteine.

### Aufbau und Zusammensetzung der Erde

Die feste Erdoberfläche wird von verschiedenen Gesteinen gebildet, deren Grundbausteine die Mineralien sind. Das sind vielfältige chemische Verbindungen von Elementen, aus denen auch die „belebte" Natur besteht, jedoch mit unterschiedlicher Anordnung. An der Verteilung der Elemente in der Erdkruste haben daher auch die lebenden Organismen Anteil.

Unter der Erdkruste befindet sich der Erdmantel (Asthenosphäre), den man in zwei Abschnitte gliedern kann: einen äußeren, der sich aus schweren Silikaten mit einem höheren Anteil an Magnesium zusammensetzt (SIMA) und einem inneren, bestehend aus Silikaten und Sulfiden verschiedener Metalle.

Der eigentliche Erdkern (Bary- oder Siderosphäre) besteht aus einem Material sehr hoher Dichte (= spezif. Gewicht) von unbekannter Zusammensetzung, wahrscheinlich Nickel und Eisen (NIFE). Eine Reihe von Wissenschaftlern vertritt die Hypothese, daß der Kern zu einem erheblichen Teil aus dem Element Wasserstoff (H) in einem besonderen physikalischen Zustand besteht.

Wir befassen uns hier nur mit der Erdkruste, also mit den Gesteinen und ihren „Bausteinen", den Mineralien. Während die Gesteine durch natürliche Vorgänge gebildete, stofflich inhomogene Gemische oder Gemenge sind, stellen die Mineralien homogene Verbindungen von Elementen mit bestimmter chemischer Zusammensetzung dar. Die Art der Zusammensetzung wird durch eine Formel angegeben. Bei diesen chemischen Formeln hat jedes Element sein Symbol. So hat z. B. das Element Gold das Symbol Au (lat. aureum). Sauerstoff hat das Symbol O und Wasserstoff das Symbol H. Wenn sich nun 1 Atom Sauerstoff mit 2 Atomen Wasserstoff verbindet, so entsteht die Verbindung Wasser mit der chemischen Formel

$H_2O$. Formeln für andere Verbindungen werden auf gleiche Weise dargestellt, z. B. NaCl für Kochsalz (= Steinsalz), das sich aus den Elementen Natrium (Na) und Chlor (Cl) zusammensetzt und deshalb von den Chemikern auch Natriumchlorid genannt wird. Das relativ häufige Mineral Quarz (Siliziumdioxid) hat demgemäß die Formel $SiO_2$. Ein Molekül (kleinstes Teilchen einer Verbindung) dieses Minerals enthält 1 Atom Silizium und 2 Atome Sauerstoff (daher -dioxid).

Viele Mineralien haben jedoch weit kompliziertere Formeln. Bei einigen von ihnen findet man zwei oder mehr Elemente in Klammern eingeschlossen und durch Komma getrennt. So lautet die Formel für Olivin $(Mg,Fe)_2SiO_4$. Das $(Mg,Fe)_2$ bedeutet, daß Magnesiumatome an die Stelle von Eisenatomen treten können und umgekehrt.

Zur Olivingruppe gehören deshalb ebenso Forsterit $(Mg_2SiO_4)$ wie auch Fayalit $(Fe_2SiO_4)$, während beim eigentlichen Olivin Magnesium (40–50 %) und auch Eisen (8–12 %) vorhanden sind.

## Die Kristallform der Mineralien

Jedes Mineral hat seine individuelle, gesetzmäßige Gestalt und bestimmte Eigenschaften. Schneeflocken sind z. B. nichts anderes als zu Kristallen gefrorenes Wasser, das selbstverständlich auch ein Mineral darstellt. In der Wärme aber verwandeln sich die schönen regelmäßigen Schneesternchen in Wassertropfen. In ihrer chemischen Zu-

äußeren Form an amorphe Stoffe, aber ihr innerer Feinbau ist kristallin.

## Eigenschaften der Kristalle

Die Grundmasseteilchen der Kristalle sind nach bestimmten Gesetzen geometrisch angeordnet und bilden eine Kristallstruktur aus. Ihr idealisiertes geometrisches Bild, ein Modell, bezeichnen wir als Raum- oder Kristallgitter. Nach der Art der Eingruppierung der Bauteilchen unterscheiden wir eine ganze Reihe von Raumgittertypen. Einige sind verhältnismäßig einfach und einer ganzen Anzahl von Mineralien gemeinsam (z. B. der Steinsalztyp, NaCl). Die meisten haben jedoch eine sehr komplizierte innere Struktur. Kristalle sind also Körper, die glatte Begrenzungsflächen haben, die in regelmäßig wiederkehrenden Winkeln aufeinandertreffen. Die Kristalle lassen sich infolge ihrer Symmetrieeigenschaften in 32 Kristallklassen einteilen, die in 230 verschiedene Raumgruppen untergliedert werden. Für eine Raumgruppe müssen bestimmte Symmetrieelemente zusammenwirken. Die wichtigsten Kristallsysteme sind das kubische, das hexagonale und trigonale, das tetragonale, das rhombische, das monokline und das trikline. Innerhalb jeden Systems kann man sehr unterschiedliche Kristallformen unterscheiden. Es gibt Stoffe, die in hunderten unterschiedlicher Kristallformen auftreten können. Grundlage der Systeme sind im Innern

---

### VERWENDETE CHEMISCHE ZEICHEN

| | | | | | |
|---|---|---|---|---|---|
| **Ag** | Silber | **Fe** | Eisen | **Pb** | Blei |
| **Al** | Aluminium | **H** | Wasserstoff | **S** | Schwefel |
| **As** | Arsen | **K** | Kalium | **Si** | Silizium |
| **Au** | Gold | **Li** | Lithium | **Sn** | Zinn |
| **B** | Bor | **Mg** | Magnesium | **Th** | Thorium |
| **Be** | Beryllium | **Mn** | Mangan | **Ti** | Titan |
| **C** | Kohlenstoff | **N** | Stickstoff | **U** | Uran |
| **Ca** | Kalzium | **Na** | Natrium | **V** | Vanadium |
| **Cl** | Chlor | **Ni** | Nickel | **Zn** | Zink |
| **Cu** | Kupfer | **O** | Sauerstoff | | |
| **F** | Fluor | **P** | Phosphor | | |

---

sammensetzung unterscheidet sich die Schneeflocke nicht vom Wassertropfen. Mit der Temperaturänderung wandelt sich jedoch die regelmäßige Anordnung der Wasserteilchen. Die Grundbausteine der Mineralien, die Atome, Ionen oder Moleküle können entweder ohne regelmäßige innere Struktur sein (dann sprechen wir von gestaltlosen, amorphen Mineralien – z. B. Opale), oder die Atome haben eine regelmäßige, bestimmten Gesetzen unterworfene Gruppierung. In diesem Fall spricht man von Kristallen. Wir kennen auch sog. kryptokristalline, besser gesagt getarnt kristalline Mineralien. Diese erinnern zwar in ihrer

des Kristalls gedachte Achsen gleicher oder unterschiedlicher Länge, die sich in einem gemeinsamen Schnittpunkt unter bestimmten Winkeln schneiden.

Eine besondere Mineralienart stellen die sog. Pseudomorphosen oder Scheinformen dar. Das sind Mineralien, die sich ihre Kristallform von anderen Kristallen „ausborgten". Pseudomorphosen entstehen durch teilweise oder gänzliche Umwandlung der chemischen Verbindung des ursprünglichen Kristalls unter veränderten Bedingungen.

Von der inneren Anordnung der Atome hängt

nicht nur die äußere Gestalt und Symmetrie der Kristalle ab, sondern auch eine ganze Reihe wichtiger physikalischer Eigenschaften. Als Beispiel soll der gewöhnliche Kohlenstoff angeführt werden. Er kann in Form des schwarzen und weichen Graphits auftreten, aber auch als durchsichtiger, reiner Diamant, als härtester aller Stoffe überhaupt. Dieses Phänomen nennt man Polymorphismus. Es hat seine Ursache in der unterschiedlichen Anordnung der Atome der Kristallgitter. Die Härte ist von dieser inneren Struktur der Kristalle ebenso abhänging wie das spezifische Gewicht, Spaltbarkeit, Sprödigkeit, Dehnbarkeit, Farbe, Glanz, Durchsichtigkeit, elektrische und magnetische sowie eine ganze Reihe weiterer Wesensmerkmale. Jede dieser charakteristischen Eigenschaften hilft uns bei der Bestimmung eines unbekannten Minerals.

Die Härte wird nach der Mohsschen Skala gemessen, die von 1 bis 10 reicht. An das eine Ende der Skala gehört Talk mit der Härte 1; Talk kann man schon mit dem Fingernagel ritzen. Am anderen Ende steht mit Härte 10 der Diamant als härtester aller Stoffe. Zwischen beiden ordnen sich Gips (2), Kalzit (3), Fluorit (4), Apatit (5), Feldspat (6), Quarz (7), Topas (8) und Korund (9) ein. Einfache Härtetests sind ein gebräuchliches Mittel zur Identifizierung eines Minerals.

Ein anders Merkmal der Mineralien ist das Verhältnis ihres Gewichtes zu dem Gewicht eines gleich großen Volumens Wasser: das spezifische Gewicht (auch Dichte genannt). Ein Klumpen reinen Goldes fühlt sich schwer an, weil er 19,3mal so schwer ist wie ein gleich großes Volumen Wasser; man sagt, sein spezifisches Gewicht ist 19,3. Das durchschnittliche spezifische Gewicht aller Mineralien ist 2,6, das der einzelnen Mineralien schwankt zwischen 1 und 23.

Auch die Farbe hilft bei der Bestimmung eines Minerals. Aber sie kann mißdeutig sein, da viele Mineralien in ganz verschiedenen Farbtönen auftreten. Ein anderer Farbtest ist der „Strich": durch Zerreiben eines Stückchens Mineral zu Pulver oder Streichen über eine rauhe Porzellanplatte, wodurch ebenfalls eine pulverige Spur hinterlassen wird, stellt man die Strichfarbe fest. Sie weicht oft von der Farbe eines Minerals ab. Natürlich sagt der Strichtest allein nur wenig aus, denn alle Mineralien der sehr großen Silikatgruppe haben einen weißen Strich.

Ein weiteres Erkennungsmerkmal ist die Lichtdurchlässigkeit und die Lichtbrechung bei Mineralien. Manche sind durchsichtig. Andere, durchscheinende, lassen einen Teil des Lichtes hindurch, sind aber nicht durchsichtig. Eine dritte

## KRISTALLSYSTEME

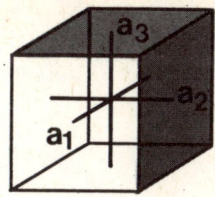

**Kubisch**

*Drei gleichlange, senkrecht aufeinanderstehende Achsen von gleichzeitig vierzähliger Symmetrie.*

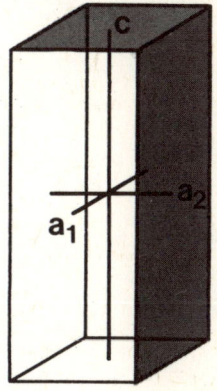

**Tetragonal**

*Von drei senkrecht aufeinanderstehenden Achsen ist eine (die vertikale) länger bzw. kürzer als die anderen beiden (horizontalen) und gleichzeitig von vierzähliger Symmetrie.*

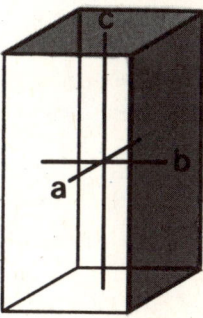

**Rhombisch**

*Drei ungleiche, senkrecht aufeinanderstehende Achsen von gleichzeitig zweizähliger Symmetrie.*

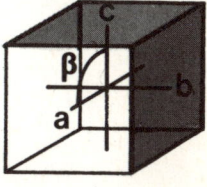

**Monoklin**

*Drei verschieden lange Achsen, von denen zwei senkrecht aufeinander stehen, während die dritte diese schiefwinklig schneidet. Die Achse b ist von zweizähliger Symmetrie.*

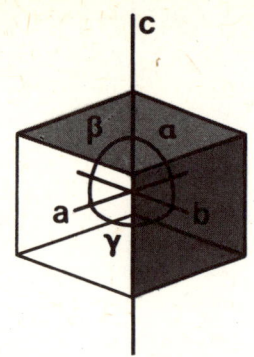

### Triklin

*Drei verschieden lange Achsen, die verschiedene schiefe Winkel bilden. Die Kristalle dieses Systems haben nur ein Symmetriezentrum oder sind sonst gänzlich unsymmetrisch.*

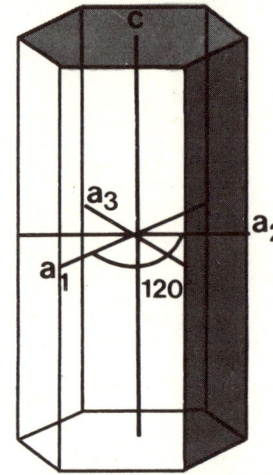

### Hexagonal und trigonal

*Beide Systeme haben vier Achsen. Drei sind gleich lang, bilden gegenseitige Winkel von 60° (120°), die vertikale vierte Achse steht senkrecht auf ihnen und kann länger bzw. kürzer sein als die horizontalen Achsen. Bei hexagonalen Kristallen ist die vertikale Achse gleichzeitig von sechszähliger Symmetrie, bei trigonalen von dreizähliger Symmetrie.*

Gruppe ist undurchsichtig. Sie reflektieren oder absorbieren also die Lichtstrahlen. Der Glanz der Mineralien gibt eine weitere Möglichkeit zu ihrer Bestimmung. Es ist der Oberflächenglanz eines Minerals, bedingt durch die Natur der Oberfläche und den Grad der Reflektionsfähigkeit. Man unterscheidet: Metallglanz, Diamantglanz, Glasglanz, Perlmutterglanz, Fettglanz, Seidenglanz, matter oder erdiger Glanz mit zahlreichen Übergangsmöglichkeiten.
Etliche Mineralien haben eine gute Spaltbarkeit. Das bedeutet, daß sie bei Schlag oder Druck sich längs einer oder mehrerer regelmäßiger Flächen spalten. Z. B. kommen Glimmermineralien wie Biotit und Muskovit oft in Blöcken vor, die sich in dünne Platten (Blättchen) spalten. Mineralien, die sich leicht längs regelmäßiger Flächen spalten, haben eine gute oder vollkommene Spaltbarkeit.

Manche haben zwei oder drei Spaltbarkeiten, während andere gar keine besitzen.
Außer der Spaltbarkeit ist auch das Zerbrechen in typischer Weise für viele Mineralien charakteristisch (Bruch). So ist z. B. die zerbrochene Oberfläche bei einigen Mineralien muschelig. Andere Bruchformen bezeichnet man als spröde, splittrig, faserig, elastisch oder uneben.
Weitere Merkmale der Mineralien sind ihre Elastizität, Dehnbarkeit, Sprödigkeit, elektrische und magnetische Eigenschaften, die Radioaktivität, ihr Verhalten Säuren gegenüber usw.
Chemische Analysen von Mineralien durchzuführen ist äußerst schwierig, und so müssen sich die Mineralogen vorwiegend auf ihre Kenntnisse von den Eigenschaften der Mineralien verlassen, um sie zu bestimmen.

### Die Entstehung der Mineralien

Die meisten Mineralien entstanden und entstehen in den Tiefen der Erde, wo Drücke von Tausenden von Atmosphären und hohe Temperaturen (ca. 900 bis 1300 C°) herrschen. In diesen Tiefen stößt man auf eine glühende, flüssige Silikatschmelze, das *Magma*. Unter der Erdoberfläche ist das Magma nicht gleichmäßig verteilt. Es ist in Tiefenräumen, den sog. Magmaherden, konzentriert. Durch die Gebirgsbildung, durch Druck und Faltung gelangt das Magma in höhere, kühlere Erdschichten. Langsam erstarrt es und bildet Massive aus Tiefengesteinen. Im Verlauf der Abkühlung entstehen die ersten Mineralien. Durch Erdrisse dringt das Magma in ältere Gesteinsschichten ein und erstarrt in Form brotlaibartiger Gebilde (Lakkolithe). In den Spalten der Erdrinde bildet das Magma Gesteinsgänge. An einigen Stellen gelangt es bis an die Erdoberfläche und verteilt sich in Form von Deckenergüssen oder Kuppen. Noch heute dringt Magma bei Vulkanausbrüchen an die Erdoberfläche. Manchmal setzt sich in der Umgebung der Vulkankrater Vulkanasche in Form von Tuffstein ab.
Im Verlauf der Abkühlung des Magmas wachsen weitere Kristalle, die aufgrund gesetzmäßiger Schichtung neuer Bauteilchen aus unscheinbaren Keimen entstehen. Dieser Prozeß endet erst mit der absoluten Erstarrung des gesamten Magmas. In der Kristallisationsendphase erhöht sich im Magma der Anteil an leichtflüssigen Bestandteilen, Gasen und Wasserdämpfen. Als Folge davon wird das Magma dünnflüssiger. In größerer Entfernung vom ursprünglichen Magmaherd bilden sich sog. Pegmatite heraus. Am Ende erstarrt auch das Restmagma. Ein Teil der Gase und Wasserdämpfe bleibt in den Gesteinen eingeschlos-

## INNENSTRUKTUR DER ERDE

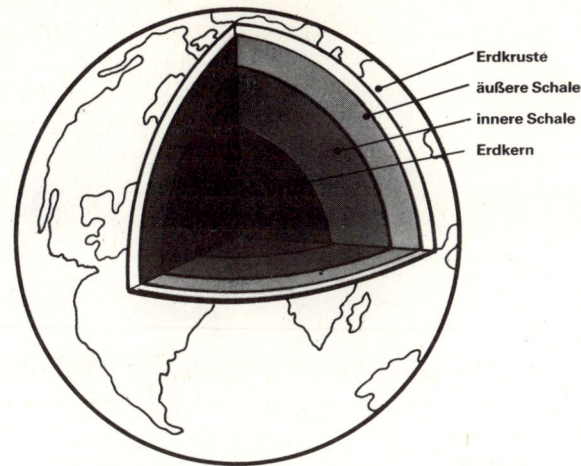

- Erdkruste
- äußere Schale
- innere Schale
- Erdkern

*Unter der Erdkruste befindet sich der sog. Erdmantel, unterteilt in eine äußere und eine innere Schicht, und der Erdkern (oben). Die Erdkruste setzt sich aus 92 Elementen zusammen, doch nur 8 Elemente (rechts) bilden den größten Anteil (98,59%) bei ihrem Aufbau.*

## ANTEIL DER ELEMENTE BEIM AUFBAU DER ERDKRUSTE

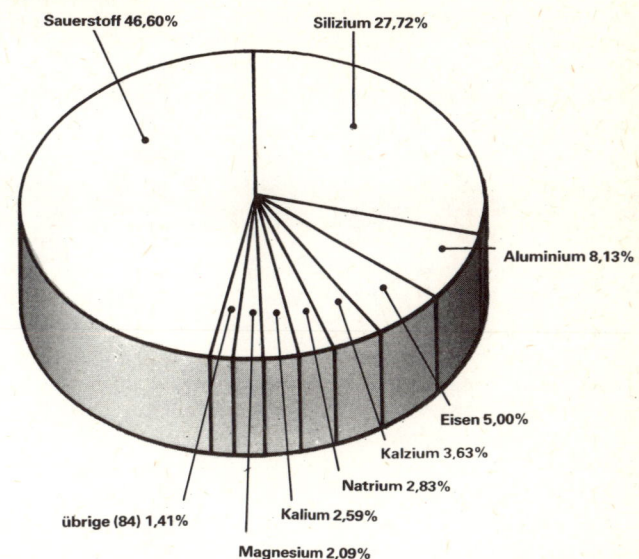

- Sauerstoff 46,60%
- Silizium 27,72%
- Aluminium 8,13%
- Eisen 5,00%
- Kalzium 3,63%
- Natrium 2,83%
- Kalium 2,59%
- Magnesium 2,09%
- übrige (84) 1,41%

sen und kann mandelförmige Hohlräume — ähnlich den Bläschen im Brotleib — ausbilden. Die Hohlräume können sich später mit Quarz (Achat oder Chalzedon) oder anderen Mineralien ausfüllen. Die ehemals heißen Substanzen kühlen sich in höheren Schichten ab, und an den Wänden der Spalten wachsen Kristalle weiterer Mineralien. Diese Vorgänge bezeichnet man als hydrothermale Prozesse. Falls in den Lösungen auch Schwermetallelemente vorhanden sind, bilden sich verschiedene Erzadern heraus.

### Entstehung der Mineralien durch Verwitterung

Auf der Erdoberfläche wirken auf die Gesteine und Mineralien eine ganze Reihe von Störfaktoren ein. Das Resultat ihrer Einwirkung ist die Verwitterung, mit anderen Worten die Erosion der Erdoberfläche. Dieser Prozeß verläuft allmählich, aber unablässig und unaufhaltsam. Aufgrund der Temperaturunterschiede zwischen Tag und Nacht und unter der Frosteinwirkung im Winter, wenn das gefrierende Wasser sein Volumen vergrößert, werden die Gesteine mechanisch angegriffen. Von den chemischen Faktoren wirken vor allem Luftsauerstoff, Kohlendioxid und Wasser. Die festen Gesteine und ihre mineralischen Bestandteile werden fortlaufend zerstört. Sie zerfallen in kleinere Körnchen, lösen sich auf und ändern sich chemisch. Ausschlaggebende Helfer bei der Erosion sind die lebenden Organismen, Pflanzen und Tiere. Silikate, z. B. Feldspate, zerfallen und wandeln sich um in Kaolin (einen Grundstoff zur Porzellanherstellung) und in lösliche Kalisalze, die für die Ernährung der Pflanzen wichtig sind. Kalk-

steinmassive lösen sich unter der Einwirkung von kohlendioxidhaltigem Wasser auf. Unter der Erdoberfläche bilden sich auf diese Weise ausgedehnte Hohlräume — Höhlen — aus. In ihnen scheidet sich wiederum allmählich aus den Tropfen des durchsickernden Wassers unter bestimmten Bedingungen Kalkstein in Form von den Tropfsteinen ab (Stalagmiten und Stalaktiten).

### Mineralien und Gesteine biologischen Ursprungs

Die lebende Natur wirkt auf die Mineralien und Gesteine nicht nur durch Zerfallsprozesse. Sie ist ebenso in der Lage, neue Mineralien aus in Wasser gelösten mineralischen Stoffen zu formen. Koralleninseln und ganze Kalkmassive sind solche „Produkte" von Lebewesen. Neue Mineralien können sich auch aus den zersetzten Resten toter Organismen bilden. Nach diesem Prinzip entstanden und entstehen bis heute fossile und gegenwärtige Lagerstätten von Phosphoriten.

### Metamorphe Mineralbildung

Das glühende, flüssige, aus der Tiefe der Erde aufsteigende Magma wirkt auf die einzelnen Schichten der Erdrinde, durch die es dringt. Es ändert die umliegenden älteren Gesteine, besonders die sedimentären, durch hohe Temperaturen, Druck und chemische Reaktionen. Mit diesen Prozessen bilden sich sekundär neue, umgewandelte (metamorphe) Gesteine und Mineralien (Kontaktmetamorphose). Zusammenfassend können wir also feststellen, daß ein Mineral sich auf ganz verschiedene Art und unter ganz verschiedenen Bedingungen ausbilden kann.

# Gesteine

Entsprechend ihrem Ursprung und der Art der Entstehung lassen sich die Gesteine in drei große Gruppen unterteilen: magmatische (Erstarrungs-, Massen- oder Eruptivgesteine), sedimentäre (Absatzgesteine) und metamorphe (Umwandlungsgesteine, kristalline Schiefer).
Magmatische Gesteine teilen wir nach dem Ort, an dem das Magma erstarrte, in Tiefengesteine, Ergußgesteine und Ganggesteine (falls das Magma Spalten und Risse des umgebenden Gesteins durchdrang) ein.
Nach dem Anteil an Siliziumdioxid unterscheiden wir saure Gesteine (reich an Silikaten) und basische Gesteine (mit einem kleineren Anteil an $SiO_2$).

### Granit

Zu den bekanntesten magmatischen Gesteinen gehört der Granit. Mit ihm werden z. T. noch heute Straßen gepflastert.
Er ist ein saures Tiefengestein. Seine Struktur ist fein- bis grobkörnig. Grobkörnige Abarten, die große Kristalle von Mineralien mit leichtflüchtigen Elementen beinhalten, nennt man *Granitpegmatite*. Falls man einen Granitpflasterstein mit einer Lupe betrachtet, stellt man fest, daß er hauptsächlich aus Quarz, Feldspat, Glimmer und Amphibolen besteht. In kleineren Mengen enthält er noch Apatit, Topas, Turmalin, Beryll, Rutil und andere Sekundärmineralien. Die Farbe des Granits ist unterschiedlich, zumeist weißgrau, grau, schwärzlich, grünlich, gelblich oder bläulich. Granit hat eine quaderförmige Absonderung nach drei, im wesentlichen gegeneinander senkrechten Richtungen. Das ermöglicht seine leichte Förderung in Steinbrüchen und die Verarbeitung zu Pflastersteinen. Er läßt sich gut polieren und ist deshalb ein hervorragender Dekorationsstein. Granite sind sehr widerstandsfähige und feste Gesteine, weshalb man sie von jeher als Baumaterial benutzt.
Granit ist das verbreitetste Tiefengestein der Erdkruste und findet sich daher in allen Kontinenten.

### Basalt

Er gehört in die Gruppe der eruptiven, basischen Ergußgesteine. Basalt ist feinkörnig bis kompakt, und mit bloßem Auge unterscheiden wir nicht die einzelnen Mineralien, aus denen er zusammengesetzt ist. Er ist von schwarzer, grünlicher oder grauer Farbe. Seine Hauptbestandteile sind Feldspate, Nephelin, Augit, Amphibole und Olivin. Von den Sekundärmineralien sind Magnetit, Ilmenit, Biotit, Apatit, Zeolithe und Kalzit vertreten.
Basalt ist ein sehr hartes, festes und zähes Gestein in säulenförmiger Absonderung. In der Natur formt es mächtige Kuppen und Kegel oder füllt Risse in der Erdkruste aus. Manchmal bilden sich in seinem Innern ovale Hohlräume. Im Laufe der Abkühlung des Basalts kristallisieren sich in diesen Hohlräumen aus den heißen Wasserlösungen Zeolithe oder Kalzit heraus. Basalt gilt als Schotterstein von hoher Qualität, da er widerstandsfähig gegen Korrosion ist, gute mechanische Eigenschaften hat und eine hohe Druckfestigkeit aufweist. Das Verarbeiten des Basalts zu Quadern und Verkleidungsplatten ist jedoch sehr mühsam. Da uns die Natur dieses Gestein nicht in den gewünschten Formen zur Verfügung stellt, werden diese durch Umschmelzen des natürlichen Basalts künstlich erzeugt. Der gebrochene und zerkleinerte Basalt wird in Öfen geschmolzen und die Schmelze in die gewünschten Formen gegossen. Beim allmählichen Abkühlen entsteht eine kleinkristalline Masse, der sog. Schmelzbasalt, der oft sogar noch bessere mechanische Eigenschaften als das ursprüngliche Gestein aufweist. Aus Schmelzbasalt fertigt man Gewölbe für Tunnel oder Rinnen und Rohrleitungen an, die widerstandsfähig gegen Abnutzung und das Einwirken verschiedener Säuren sind.
In der Natur formt der Basalt charakteristische Gebilde aus sechsseitigen oder fünfseitigen langen Säulen, die parallel oder fächerartig angeordnet sind.

Schneekristall

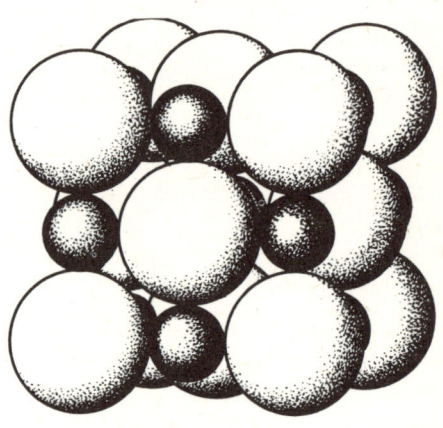

Gittermodell des Steinsalzes

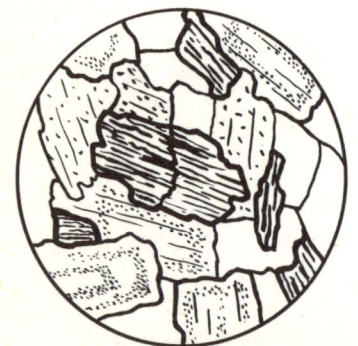

Granit

## Konglomerat

Verschieden große, fest zusammengekittete Körner und Geröll (größer als 2 mm) bezeichnet man als Konglomerate. Sie gehören zu den grobkörnigen, verfestigten Ablagerungsgesteinen (Sedimente). Im wesentlichen sind sie durch Bindemittel verfestigter Fluß- oder Meerschotter. Konglomerate setzen sich aus Quarz-, Quarzit- und Kieselschiefergeröll sowie anderen Mineralien und Gesteinen zusammen. Als Bindemittel dienen Tonmineralien wie Limonit, Kalzit, Hämatit und andere. Am festesten ist Quarzkitt. Die Färbung der Konglomerate ist entsprechend den Hauptbestandteilen und der Farbe des Bindemittels unterschiedlich.
Die Konglomerate sind sehr verbreitet. über kleinkörnige, abgelagerte Gesteinsarten – die Sandsteine – erfahren wir etwas im Kapitel über Steine in der Bildhauerei und Architektur.

## Gneis

Zu den regional umgewandelten Gesteinen (Metamorphite) gehören Gneise, die in ihrer mineralischen und chemischen Zusammensetzung den Graniten entsprechen. Ihre wesentlichen Bestandteile sind: Quarz, Orthoklas, Biotit, Muskovit, Pyroxene, Amphibole. Als Nebenbestandteile wären zu nennen: Apatit, Zirkon, Rutil, Granate und andere Mineralien. Gneise sind mittel- bis kleinkörnig, parallel und geschichtet in Lagen angeordnet. Im Unterschied zu Granit weisen sie eine plattige, schieferige Absonderung auf. Ihre Farbe ist unterschiedlich, grau, grauweiß, braun, rotbraun oder grauschwarz. Gneise entstanden unter Einfluß hoher Drücke und Temperaturen durch umfangreiche Umwandlungen in beträchtlichen Tiefen der Erdrinde. Von der Umwandlung konnten entweder

sedimentäre Gesteine (derartige Gneise werden als Paragneise bezeichnet) oder ältere Eruptivgesteine (dann sprechen wir von Orthogneisen) betroffen werden. Gneise sind weit verbreitet und werden als Bau- und Schotterstein genutzt.

## Gesteinsbildende Mineralien

**Die Erdrinde setzt sich aus verschiedenen Gesteinen zusammen, deren Grundbestandteile Mineralien sind. Die meisten sind chemische Verbindungen unterschiedlichster Elemente, aber einige sind nur aus einem Element gebildet, z. B. Graphit, Schwefel oder Edelmetalle. Das verbreitetste Mineral ist Quarz, eine Verbindung des Siliziums mit Sauerstoff ($SiO_2$).**
**In der Natur treten etwa 3000 verschiedene Mineralien auf. Sie sind aus 92 chemischen Elementen — von Wasserstoff bis Uran — gebildet. Aus dieser großen Menge bekannter Mineralien sind jedoch nur 40 bis 50 Arten allgemein verbreitet. Zu den bekanntesten gehören: Quarz, Feldspat, Glimmer, Pyroxene, Amphibole und Olivin. Diese**

**Mineralien stellen die Hauptbestandteile verschiedener Gesteinsarten dar. Man bezeichnet sie daher als gesteinsbildende Mineralien.**

## Quarz

ist eines der meistverbreiteten Minerale auf der Erde. Er hat viele Formen. In der Natur finden wir vollendet ausgebildete Kristalle, oft von Riesenausmaßen, manchmal sind es nur kleine Körner. Er kommt auch derb oder in Aderform vor, begleitet Erzgänge oder tritt in kryptokristallinen kompakten Abarten, den bekannten Feuersteinen, Hornsteinen, Chalzedonen und verschiedenfarbigen Achaten auf. Den reinsten, vollkommen durchsichtigen und farblosen Quarz bezeichnet man als Bergkristall. Im Altertum hielt man ihn für „versteinertes" Eis von den Gipfeln der Hochgebirge. In den Alpen existieren bekannte „Kristallkeller", die mit den schönen Kristallen verziert sind.
Quarz hat viele vorteilhafte Eigenschaften. Er ist sehr beständig und verhältnismäßig hart. Bei der Verwitterung der Gesteine sammelt er sich in Schutthal-

# Gesteinsbildende Mineralien

den und gelangt als Quarzsand in Anschwemmungen und Schotter. Bei Einwirkung hoher Temperaturen schmilzt er zu wasserhellem Glas, das für kurzwelliges, ultraviolettes Licht durchlässig ist. Aus ihm werden Röhren für Quecksilberdampfentladungslampen erzeugt, die in den Höhensonnen Verwendung finden. Quarzsand ist der Grundrohstoff bei der Herstellung von gewöhnlichem Fensterglas.

Falls wir aus einem Quarzkristall in einer bestimmten Richtung ein Plättchen herausschneiden, bewirkt der Druck auf die Oberfläche dieses Plättchens eine elektrische Ladung (sog. piezoelektrischer Effekt). Diese Eigenschaft nutzt man in der modernen Informationstechnik aus. Quarzkristalle „messen" auf den Schiffen die Meeresbodentiefe, sind unentbehrlich in jedem Flugzeug, in jeder Rundfunk- und Fernsehsende-

**Quarz**

station und steuern die Zeit in modernen Armbanduhren.

Fundstellen von Quarz und seinen Abarten gibt es auf der Erde sehr zahlreich, und ebenso breit ist sein Anwendungsbereich.

*Quarz – Siliziumdioxid – $SiO_2$; trigonal. Härte 7, spezif. Gew. 2,65. Farblos oder verschiedenfarbig; Strich weiß. Glasglanz; durchsichtig bis undurchsichtig. Keine Spaltbarkeit, muscheliger Bruch.*

## Orthoklas (Feldspat)

Zu den meistverbreiteten Mineralien, in der Reihenfolge gleich nach dem Quarz, gehören die Feldspate. Sie sind kali-, soda- oder kalkhaltige Alumosilikate. Orthoklas ist ein Kalifeldspat. Er kristallisiert zu kurzsäuligen Kristallen, die oft gesetzmäßig verzwillingt sind. Orthoklas verwittert leicht. Durch seinen Zerfall reichert er den Boden mit Kalisalzen an, die für die Ernährung der Pflanzen unentbehrlich sind.

Feldspate sind ein bedeutender Rohstoff in der Glas- und Keramikindustrie. Man benutzt sie zur Erzeugung von Glasuhren und Emaillen. Die größten Abbaugebiete befinden sich in den USA, Kanada, der UdSSR, Schweden, Norwegen und Frankreich.

*Orthoklas – Kalium-Alumosilikat – $KAlSi_3O_8$; monoklin. Härte 6, spezif. Gew. 2,54–2,56. Farbe weiß, braungelb, fleischrosa, rötlich; Strich weiß. Glasglanz; durchscheinend, undurchsichtig. Vollkommene Spaltbarkeit.*

## Biotit

gehört in die Gruppe der Glimmer, sehr verbreiteter und gewöhnlich gesteinsbildender Mineralien. Alle Glimmer kristallisieren zu monoklinen Kristallen mit sechsseitigen Konturen. Sie zeichnen sich durch eine hervorragende Spaltbarkeit aus. Biotit hat eine schwarze, braunschwarze oder dunkelgrüne Farbe. Große Biotitkristalle kommen in Kanada, den USA, im Ural in der UdSSR, in Skandinavien, Grönland und auf dem Vesuv in Italien vor.

*Biotit – Magnesium-Kalium-Alumosilikat mit Eisengehalt – $K(Mg,Fe)_3(AlSi_3O_{10})(OH)_2$; monoklin. Härte 2,5–3, spezif. Gew. 2,8–3,2. Farbe schwarz, dunkelbraun, dunkelgrün; Strich weiß, grau. Glas-, Perlmutterglanz; durchsichtig, durchscheinend. Vollkommene Spaltbarkeit, flexibel, elastisch.*

## Augit

ist der gewöhnlichste und meistverbreitete Vertreter der Pyroxene, einer ganzen Gruppe von gesteinsbildenden Mineralien. Er bildet schwarze, kurzsäulige, monokline Kristalle. Wir finden ihn eingewachsen in basischen Eruptivgesteinen, wie z. B. im Basalt, Basalttuff

und in der Lava. Augite ähneln manchmal den Amphibolen, haben aber einen anderen Spaltbarkeitswinkel.

In Bezug auf seine Struktur ist der Augit ein komplexes Silikat aus Kalzium, Magnesium, Eisen, Aluminium und Natrium, manchmal beinhaltet er auch Beimischungen von Mangan und Titan. Muster sehr schöner, loser Augitkristalle sind uns aus Böhmen bekannt, wo sie in verwitterten Basalttuffen zu finden sind. Sie kommen des weiteren in den Auswürflingen der Vulkane Ätna, Vesuv und Stromboli in Italien vor.

*Augit – Aluminium-Magnesium-Eisen-Natrium-Kalziumsilikat – $(Ca, Na)(Mg,Fe,Al)(Si,Al)_2O_6$; monoklin. Härte 5–6; spezif. Gew. 3,2–3,6. Farbe schwarz, braunschwarz, grünschwarz; Strich graugrün. Glasglanz; undurchsichtig. Spaltbarkeit deutlich.*

**Orthoklas (Feldspat)**

**Biotit**

## Amphibole

Amphibole sind Verwandte der Pyroxene. Am gewöhnlichsten sind die gemeinen und Basaltamphibole. Sie bilden schwarze kurz- und langsäulige monokline Kristalle, die manchmal den Augitkristallen ähneln. Der Unterschied zwischen ihnen besteht im Winkel der Spaltungsrisse und in der chemischen Struktur. Amphibole sind basische Alumosilikate mit Fluoranteil.
Amphibole sind ganz gewöhnliche Bestandteile dunkler Gesteine vom Basalttyp. Metamorphisierte Gesteine, die sog. Amphibolite, sind sogar überwiegend aus gemeinen Amphibolen zusammengesetzt. Lose Amphibolkristalle sind in Tuffen, Vulkanaschen und verwitterten Basalten zu finden.

*Amphibol (Hornblende, Basaltamphibole und gemeine Amphibole) — Kalzium-Magnesium-Eisen-Natrium-Alumosilikat mit Fluorgehalt — $(Ca,Na,K)_{2-3}(Mg,Fe,Al)_5(Si,Al)_2$-$Si_6O_{22}(OH,F)_2$ ; monoklin. Härte 5—6, spezif. Gew. 2,9—3,6. Farbe schwarz, braun, schwarzgrün; Strich graubraun, graugrün. Glasglanz; undurchsichtig, durchscheinend. Gute Spaltbarkeit.*

**Augit**

## Olivin

gehört zu den gemeinen gesteinsbildenden Mineralien. Olivin hat eine kräftig olivgrüne Farbe, nach der er auch seinen Namen erhielt. Man nennt ihn auch Peridot und — als klare, durchscheinende Abart — Chrysolith. Olivin finden wir in verschiedenen basischen Eruptivgesteinen in Form von kleinen Körnern oder körnigen Massen. Olivin bildet auch einen beachtlichen Anteil des sog. Peridotits. Das sind Gesteine, die überwiegend aus Olivin zusammengesetzt sind. Dieses Mineral gelangt, eingewachsen in Meteoriten oder meteoritischem Eisen, gelegentlich auch aus dem Weltall zu uns. Die klaren und schön gefärbten Chrysolithe sind schon seit dem Altertum ein beliebter und geschätzter Schmuckstein. Eine Fundstelle für Chrysolithedelsteine ist die Insel Zebirget im Roten Meer.

*Olivin — Magnesium-Eisensilikat — $(Mg,Fe)_2SiO_4$ ; rhombisch. Härte 6,5—7, spezif. Gew. 3,3—3,7. Farbe grün in verschiedenen Schattierungen; Strich weiß bis gelblich-grau. Glasglanz; durchsichtig, durchscheinend. Spaltbarkeit unvollkommen.*

**Amphibol**

**Olivin**

# Erzmineralien — Metallurgie

Erze und aus ihnen gewonnene Metalle sind das „Rückgrat" jedweder Industrie. Viele Mineralien enthalten Metalle, aber in vielen Fällen lohnt der Abbau aus wirtschaftlichen Gründen nicht. Bedingt durch den begrenzten Umfang dieses Buches sollen nur die Mineralien angeführt werden, aus denen man die gebräuchlichsten Metalle gewinnt.

Hämatit

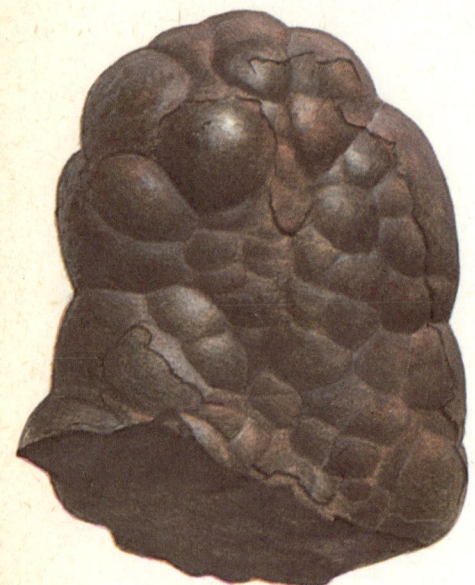

### Hämatit

Hämatit mit einem Eisengehalt von 70 % ist das bedeutendste und in der Natur am meisten verbreitete Eisenerz. Man findet es in verschiedenen Gesteinstypen und in mannigfaltigen Formen. Es bildet schöne, schwarze, metallisch glänzende Kristalle, manchmal grell gefärbte oder feinblättrige Aggregate, die sog. Eisenglimmer — Specularite. Typisch für einige Fundorte sind kugel- und nierenförmige, fein gefaserte Aggregate (Glasköpfe), die zur Anfertigung von Schmuckstücken dienen. Oft formt der Hämatit erdige oder samenartige (oolithische) Massen von schwarzbrauner Farbe. Seine Bezeichnung erhielt dieses Mineral nach dem griechischen Wort „Blut", da es zerrieben von dunkelroter Farbe ist.

Auf der Erde gibt es zahlreiche Hämatitfundstellen. Zu den reichsten gehören Lagerstätten in Schweden, der UdSSR,

### Eisen

In der Hektik des Alltags vergißt man manchmal, aus welchem Material die scheinbar gewöhnlichsten, uns umgebenden Dinge sind. Zahlreiche werden aus Eisen erzeugt. Es genügt ein Blick in die nächste Umgebung, und man stellt fest, wie viele es sind. Die Ausnutzung der typischen Eigenschaften des Eisens steht an den Anfängen der gesamten Entwicklung unserer Zivilisation. Ohne Eisen sind die Entwicklung und die heutigen Formen menschlicher Tätigkeit und menschlichen Lebens undenkbar. Eisen ist auch ein bedeutendes biogenes Element, ohne das es uns unmöglich wäre zu atmen, da Eisen der „Überträger" von Sauerstoff im Blut der Wirbeltiere ist.

Dennoch gab es Zeiten, in denen „gewöhnliches" Eisen eine Seltenheit war. So war z. B. der Sarg des bekannten ägyptischen Pharaos Tutenchamon aus massivem Gold, das damals leichter zu gewinnen und zu bearbeiten war, wie Kupfer und Zinn (Bronze). Doch als Gegenstand von außerordentlichem Wert befand sich neben der Mumie des Pharaos ein Dolch aus Roheisen.

**Magnetit**

Kanada, Brasilien und Indien. In den USA kommt Hämatit in der Umgebung des Lake Superior in den Staaten Michigan, Wisconsin und Minnesota vor, in Europa im Lahn-Dill-Gebiet, in Großbritannien (Cumberland und Lancashire), Nordspanien und auf Elba.

*Hämatit – Eisenoxid – $Fe_2O_3$ ; trigonal. Härte 5,5–6,5 (erdige Abarten sind weicher), spezif. Gew. 5,2. Farbe schwarzbraun bis schwarz; Strich kirschrot. Metall- bis Mattglanz; undurchsichtig. Nicht spaltbar.*

Adirondack im Staat New York, des weiteren in den Staaten Utah, Kalifornien, New Jersey und Pennsylvania.

*Magnetit – Eisenoxid – $Fe_3O_4$ ; kubisch. Härte 5,5–6, spezif. Gew. 5,2. Farbe und Strich schwarz. Metallglanz; undurchsichtig. Stark magnetisch, keine Spaltbarkeit.*

### Mangan

Im Inneren einer trockenen Taschenlampenbatteriezelle befindet sich außer den Kohlenstoffstäbchen auch ein schwarzes Pulver. Es ist Manganoxid, das in weniger sauberer Form in der Natur als Manganerz Pyrolusit auftritt.

**Magnetit**

stalle oder faserige Massen von stahlgrauer bis schwarzer Farbe. Manganit kommt gemeinsam mit weiteren Manganerzen in Erzadern vor. Sehr schöne Manganitkristalle sind aus dem Harz und dem Thüringer Wald bekannt, Vorkomen ferner in Cornwall (Großbritannien), Michigan (USA) Neuschottland (Kanada) und der UdSSR.

*Manganit – Manganhydroxid – MnO(OH); monoklin. Härte 4, spezif. Gew. 4,3. Farbe grau bis schwarz; Strich schwarzbraun. Metallglanz; undurchsichtig. Vollkommene Spaltbarkeit.*

### Nickel

Nickel schützt mit seinem glänzenden Überzug ebenso wie Chrom Autoscheinwerfer, Lenkstangen von Fahrrädern und andere Gegenstände des täglichen Gebrauchs vor Korrosion. Es ist in Münzen enthalten und in Legierungen, aus denen nichtrostende Stähle, Widerstandsdrähte u. ä. erzeugt werden. Nickel ist auch ein wichtiges biogenes Element – es übt die Funktion eines Sauerstoffüberträgers im Blut niedriger Lebewesen aus.

### Nickelin (Rotnickelkies)

Die alten sächsischen Bergleute hielten

**Manganit**

### Magnetit

Magnetit ist ein weiteres sehr bedeutendes Erz, das bis zu 72 % Eisen enthält. In der Natur ist es in verschiedenen Gesteinen anzutreffen. Bei der Kristallisation des Magmas schieden sich gewaltige Magnetitlager ab, in denen die Erzkörper eine Mächtigkeit bis zu 80 m erreichen.
Es kristallisiert zu schwarzen, oktaedrischen Kristallen und ist größtenteils in Körner- oder Stückform vorzufinden. Magnetit hat eine interessante Eigenschaft – er zieht Eisen an und wirkt auf die Kompaßnadel ein.
Die größten Magnetitlagerstätten befinden sich in Nordschweden bei Kiruna und oberhalb des Polarkreises. Große Vorräte an diesem Erz lagern auch im Ural in der UdSSR. In den USA fördert man hauptsächlich im Gebiet

**Nickelin (Rotnickelkies)**

Mangan ist für die Veredlung des Eisens unerläßlich, denn Manganstahl hält auch dem Meerwasser stand.
In der lebenden Natur ist Mangan unentbehrlich – in kleinsten Mengen ist es für die normale Entwicklung von Pflanzen und Lebewesen notwendig.

### Manganit

ist ein Vertreter der Manganerze und bildet säulenförmige, längsgerillte Kri-

dieses Mineral wegen seiner hellen, kupferroten Farbe für Kupfererz und nannten es „Kupfernickel". Später zeigte es sich jedoch, daß es sich um ein neues Metall, das Nickel, handelt. Nickelin findet man in Erzadern als derbes, massives Mineral. In feuchter Umgebung verwittert es leicht und bedeckt sich mit einer hellgrünen Schicht des sekundären Annabergits.
Nickelinlagerstätten sind in der DDR im

**Kassiterit**

In längst vergangenen Zeiten fand ein Abbau in Cornwall (England) und im Erzgebirge im Grenzgebiet zwischen Böhmen und Sachsen statt. Das meiste

**Visiergraupen**

Kassiterit gewinnt man heute aus eiszeitlichen Anschwemmungen in Malaysia, Burma, Thailand, Indonesien und in China. Weitere Fundstellen sind in Australien und auf dem südamerikanischen Kontinent in Bolivien.

*Kassiterit – Zinndioxid – $SnO_2$; tetragonal. Härte 6–7, spezif. Gew. 6,8–7,1. Farbe braun bis schwarz; Strich bräunlich bis weiß. Diamant- bis halbmetallischer Glanz; durchscheinend bis undurchsichtig. Keine Spaltbarkeit, zerbrechlich.*

Harz und in Sachsen zu finden, ferner in Cobalt in Ontario (Kanada) und in der Provinz La Rioja in Argentinien.

*Nickelin – Nickelarsenid – NiAs; hexagonal. Härte 5–5,5, spezif. Gew. 7,7. Farbe hellkupferrot; Strich braunschwarz. Metallglanz; undurchsichtig. Keine Spaltbarkeit.*

**Zinn**

Auch Zinn gehört zu den Metallen, die seit Menschengedenken bis in die heutige Zeit genutzt werden. Heute bewundert man herrlich geformte und verzierte Zinnkelche, Schüsseln und Leuchter in Museen, doch noch im vorigen Jahrhundert wurde Zinngeschirr im Haushalt gebraucht. Es ist bei vielen Sammlern sehr gefragt und wird durch moderne Kopien häufig nachgeahmt.
Die wichtigste Zinnquelle ist das sog. *Kassiteriterz.* Seine Lagerstätten waren bereits im Altertum sehr gesucht, da eine Zinn-Kupfer-Legierung, die sog. Bronze, breite Verwendung fand (Bronzezeit). Kassiterit (=Zinnstein) kristallisiert zu schwarzen, viereckigen Kristallen und formt charakteristische Zwillingsgebilde, die unter der Bezeichnung „Visiergraupen" bekannt sind. Die Mehrzahl tritt körnig, derb oder als Geröll auf. Kassiterit kommt auch als Sand bei der Erzwäsche oder in Anschwemmungen vor. Es ist das reichste Zinnerz, da es einen Metallanteil von 78 % aufweist. In kleinen Mengen ist Kassiterit in der Natur recht weit verbreitet, doch es existieren nur wenige für den Abbau geeignete Lagerstätten.

**Blei**

Seit dem Altertum ist die Erzählung von den hängenden Gärten der Königin Semiramis von Babylon bekannt. In der Antike galten sie als eines der sieben Weltwunder. Die Vasen, die sich auf diesen Gartenterrassen befanden, waren aus einem für die damalige Zeit ungewöhnlichen Metall gefertigt, aus Blei. Es handelt sich also wiederum um ein bereits in der Frühzeit bekannt gewesenes Metall.
Mit der industriellen Entwicklung wächst auch der Weltbedarf an Blei. Blei dient zur Erzeugung von Kabeln, Rohren und Platten für Akkumulatoren. Es bietet wirkungsvollen Schutz vor ra-

**Galenit**

dioaktiver Strahlung. Aus seinen Legierungen erzeugt man Lettermetall und verschiedene Lötmetalle. Auch in der Farbenindustrie findet es Verwendung. Die bekannteste und ausgiebigste Bleiquelle ist *Galenit* (Bleiglanz), das manchmal auch Silberbeimengungen enthält. In den Erzadern findet man es häufig auch zusammen mit Sphalerit. Die geläufigste Form seiner Kristalle sind Würfel. Parallel zu den Würfelflächen sind sie auch vollkommen spaltbar. In den Gruben fördert man körnigen, kompakten oder derben Galenit. In Europa gibt es eine ganze Reihe von Galenitlagerstätten, z. B. in der BRD in St. Andreasberg (Harz) und Stolberg bei Aachen, in der DDR bei Freiberg (Sachsen) sowie in England, der ČSSR, Rumänien, Polen und Österreich. Die ausgiebigsten Lagerstätten befinden sich in den USA, Australien und Mexiko.

*Galenit – Bleisulfid – PbS; kubisch. Härte 2,5, spezif. Gew. 7,5. Farbe bleigrau; Strich grau. Metallglanz; undurchsichtig. Vollkommene Spaltbarkeit.*

**Zink**

Das Fernsehen gehört zu den Selbstverständlichkeiten des Alltags. Was ermöglicht es aber, daß man die Fernsehsendung auf dem Bildschirm so deutlich verfolgen kann? Die Bildschirmschicht, auf der das Bild entsteht, ist mit einem feinen Überzug aus Zinksulfid bedeckt. Dieselbe Zusammensetzung hat auch das bedeutendste Zinkerz – Sphalerit. Zink dient als Rostschutz bei Eisenblechen und zur Erzeugung von Messinglegierungen. Zinkoxid (ZnO) ist als Farbe (Zink- oder Deckweiß) von Bedeutung.
Sphalerit formt Kristalle in Tetraedergestalt, häufig sind sie jedoch lediglich körnig oder derb. Sphalerit mit einer Beimengung von Eisen ist schwarz und ähnelt manchmal anderen Erzen. Daher stammt auch seine Bezeichnung, die im Griechischen „trügerisch" bedeutet. Sphalerit enthält bis zu 67 % Zink und häufig auch Kadmium-, Indium- und Germaniumbeimischungen.
Lagerstätten (meist Sphalerit oder Zinkblende) befinden sich in der BRD im Rammelsberg (Harz) oder in der Eifel, ferner in Polen, Spanien, Italien (Sardinien), Schweden, der ČSSR und Jugoslawien sowie in Australien, Japan, Kanada, Mexiko, Peru, Sambia, der UdSSR, in den USA und Zaire.

*Sphalerit – Zinksulfid – Zinkblende – ZnS; kubisch. Härte 3,5–4, spezif.*

**Sphalerit**

*Gewicht 4. Farbe gelb, grün, rot, braun bis schwarz; Strich braun, weiß oder grau. Diamant- bis halbmetallischer Glanz, Fettglanz; durchsichtig bis undurchsichtig. Vollkommene Spaltbarkeit, zerbrechlich. In der Dunkelheit leuchtet er bei Reibung.*

## Aluminium

Aluminiumgeschirr gebrauchte und benutzt man auch heute noch in fast jedem Haushalt. Vor allem aber ist Aluminium heute ein geradezu unersetzliches Metall im Verkehrswesen. Aus seinen leichten Legierungen werden Schiffe, Flugzeuge, Eisenbahnwaggons u. a. erzeugt. Aluminium bildet auch einen wichtigen Bestandteil von Baukonstruktionen. Es ersetzt das Kupfer in elektrischen Leitern und seine Oxide lassen sich als ausgezeichnetes Schleifmaterial nutzen.

Obwohl Aluminium gleich nach Sauerstoff und Silizium das meistverbreitete Element der Erdkruste darstellt und in einer großen Anzahl von Mineralien enthalten ist, galt es in seiner reinen Form bis ins 19. Jh. als große Seltenheit. Das erste metallische Aluminium wurde erst 1825 gewonnen. Das praktisch einzige ergiebige Aluminiumerz ist *Bauxit* — ein sedimentäres Gestein (Ablagerungsgestein). Seine Hauptbestandteile bilden eine Mineralienmischung aus Gibbsit, Boehmit und Diaspor, u. zw. in einem sehr veränderlichen Verhältnis. Chemisch gesehen sind es wasserhaltige Aluminiumhydroxide. Außerdem enthält Bauxit Eisen- und Manganoxide sowie Opal und andere Mineralien. Jedes Mineral hat seine besonderen Eigenschaften. Bauxit entsteht bei der Verwitterung aluminiumsilikathaltiger Gesteine in der tropischen und subtropischen Zone. Heftige Regengüsse laugen (waschen) die Silikate aus den oberen Schichten aus, aber das Aluminium bleibt als Aluminiumhydroxid zurück. Der Begriff „hydro" bedeutet, daß das Wasser chemisch im Mineral gebunden ist. Die Minerale treten als sedimentäre Gesteine in verschiedenen geologischen Formationen auf.

Die Bezeichnung Bauxit rührt von dem südfranzösischen Ort Les Baux bei Arles her, wo sich ergiebige Lagerstätten dieses Erzes befinden. Weitere Fundstellen gibt es in Ungarn, Jugoslawien, Rumänien und der UdSSR.

*Bauxit — Gemisch aus Diaspor, Gibbsit (Hydrargillit), Boehmit u. a. Mineralien; sedimentäres Gestein mit pisolithischer (=erbsenförmiger) Struktur (Aggregate).*
*Ein ähnliches Gestein mit einem größeren Eisengehalt ist in den tropischen Regionen gefunden worden. Es heißt Laterit.*

## Titan

Erst 1795 wurde im Mineral Rutil ein neues Metall entdeckt — das Titan. Damals wußte man jedoch noch nicht, welchen Verwendungszweck es haben wird. Heute hat Titan einen weiten Anwendungskreis, vor allem im Flugwesen und bei der Konstruktion von Raketen und Raumschiffen. Auch in vielen anderen Zweigen, z. B. in der Malerei für „Titanweiß", ist es unersetzlich. Rutil ist das wichtigste Titanerz mit einem Metallgehalt von annähernd 60 %. Es kristallisiert zu säulenförmigen Kristallen, oft „knieförmig" verzwillingt. Manchmal finden wir sie auch in Form kleiner dünner, im Bergkristall eingewachsener Nadeln. Diese Abart nennt man poetisch „Amorpfeile" oder „Venushaar". In kleinen Mengen tritt es in vielen Gesteinen auf. Industriell gewinnt man es größtenteils aus Sand und Anschwemmungen. Rutil fördert man in der BRD z. B. im Bayerischen Wald, ferner in Österreich, Norwegen, der UdSSR sowie in Brasilien, Australien und in den USA.

*Rutil — Titandioxid — $TiO_2$; tetragonal. Härte 6—6,5, spezif. Gew. 4,2. Farbe gelb, rot, rotbraun bis schwarz; Strich hellbraun, gelb. Diamant- bis halbmetallischer Glanz; durchsichtig bis undurchsichtig. Schlechte Spaltbarkeit.*

**Rutil**

**Bauxit**

# Edelmetalle

Nur 22 Elemente findet man in reinem (= ungebundenem) Zustand in der Erdkruste, obgleich einige von ihnen in mehr als einer Form vorkommen. Z. B. nimmt reiner Kohlenstoff (C) die Gestalt von Graphit und von Diamant an. Solche Stoffe heißen gediegene oder freie Elemente und sind sehr selten. Einige Metalle, u. a. Gold, Silber und Kupfer, kommen in reiner Form vor.

## Gold

Griechische Sagen beginnen mit der Erzählung über das „Goldene Zeitalter". Dieses galt als irdisches Paradies, die Menschheit lebte in ihm vollkommen glücklich, kannte keine Not und keine Sorgen. Dann folgte das „Silberne Zeitalter", das schon etwas schlechter als das vorangegangene war. Im dritten, dem „Kupfernen Zeitalter", begannen die Menschen Gefallen am Kriegführen zu finden, und ihr Leben verschlechterte sich noch mehr. Das letzte war das „Eiserne Zeitalter", in dem die Menschen in Haß, Mühseligkeit und Kummer lebten. Diese antike Erzählung fängt die zeitlichen Relationen im Gebrauch der verschiedenen Metalle ebenso ein wie die Bedeutung des Goldes, dem man den ersten Platz zuweist. Es ist tatsächlich das dem Menschen liebste Metall. Seit frühester Zeit ließ sich der Mensch in ihm verewigen. Deutliches Zeugnis davon legen die Gräber der Pharaonen ab oder auch der gewaltige Goldschatz des griechischen Mykene, den die Museumsbesucher heute in Athen bewundern können. Es läßt sich ohne Bedenken feststellen, daß in allen Jahrhunderten die Menschen das Gold als das schönste und edelste Material bewerteten.
In der Natur tritt Gold am häufigsten in Adern zusammen mit Quarz auf. Se-

Goldwäsche im Mittelalter

Gold

kundärfundstellen gibt es in Anschwemmungen. Goldkristalle sind eine große Seltenheit. Dieses Metall hat mehr die Form von Plättchen, Geröllen, Nugets und Körnern.
Das wichtigste Goldförderland ist Südafrika. Des weiteren gibt es bedeutende Lagerstätten in der UdSSR, u. zw. im Ural und in Sibirien, sowie in Kanada, den USA, Ghana, Australien und auf den Philippinen, in Simbabwe, Japan, Kolumbien, der Bundesrepublik Deutschland, Brasilien, Zaire und Mexiko.

Gold dient als internationales Währungsmetall, ist die Grundlage der Währung aller Staaten. Man verwendet es im Schmuckgewerbe, in der Zahnmedizin und in der Elektrotechnik. In der Glasindustrie dient das Gold dazu, Glas rot zu färben.

*Gold — Au; kubisch. Härte 2,5—3, spezif. Gew. 15—19. Farbe und Strich gelb. Metallglanz; undurchsichtig. Bruch hakig, geschmeidig, dehnbar, biegsam.*

### Silber

Man spricht von Gold und Silber — Sonne und Mond. Kurz, das schöne weiße Metall wird zu Unrecht von jeher an zweiter Stelle angeführt. Ein künstlerisch bearbeiteter Silbergegenstand stellt das Erzeugnis aus Gold in den

**Silber**

**Kupfer**

Schatten. Den Menschen war dies schon früher bekannt, und so erzeugte man z. B. in Griechenland bereits im Jahre 2000 v. u. Z. wunderschöne Filigranarbeiten aus Silber.

Auch heute hat das Silber noch nichts von seiner Beliebtheit eingebüßt. Wählt jemand im Schmuckgeschäft ein Geschenk für seine Nächsten aus, so erfährt er unter anderem auch, daß zu gewissen Edelsteinen zwar das Gold passend wirkt, andere jedoch ihre volle Schönheit besser im weißen Glanz des Silbers entfalten können.

Reines Silber findet man in der Natur in Erzadern in Form von kleinen draht- oder strauchartigen Gebilden und als unregelmäßige Massen.

Sehr ergiebige Silberlagerstätten vergangener Jahrhunderte sind heute bereits erschöpft (Tirol, Steiermark, Schwarzwald, Harz, Erzgebirge). Bedeutende Silberfundstellen existieren in Kanada, den USA, der UdSSR, in Peru, Mexiko, Australien, Japan, Bolivien, Schweden, Südafrika, Norwegen und China. In der DDR wird es noch in Schneeberg (Erzgebirge) abgebaut. Silber wird ebenso wie Gold im Schmuckgewerbe, in der Zahnmedizin und in der Elektrotechnik verwendet. Einen sehr hohen Silberbedarf hat die Fotoindustrie, die es zur Erzeugung der Filmemulsionen benötigt.

*Silber — Ag; kubisch. Härte 2,5—3, spezif. Gew. 10—12. Farbe und Strich silberweiß, oft schwarz angelaufene Farben. Metallglanz; undurchsichtig. Bruch hakig, dehnbar, geschmeidig.*

### Kupfer

Kupfer war ganz entschieden das erste Metall, das von der Menschheit auch zu anderen als zu Verzierungszwecken genutzt wurde. Zwar stellte man aus ihm auch Schmuckstücke her, aber damals gab man wichtigeren Produktionsinstrumenten und Waffen den Vorrang. Zuerst verwendete man Kupfer in reiner Form, aber schon recht früh erkannte man, daß es vorteilhafter ist, gute Legierungen zu nutzen. In die Geschichte ging die als Bronze bezeichnete Kupfer-Zinn-Legierung ein. Eine ganze Periode der Urgeschichte wurde nach ihr Bronzezeit benannt.

Reines Kupfer bildet in der Natur strauch- und drahtartige Formen, Blättchen und unregelmäßige Massen. Häufig kommt es in Verwitterungsprodukten, wie dem grünen Malachit und dem blauen Azurit, vor, die stellenweise auch als Kupfererze dienen.

Umfangreiche Kupferlagerstätten befinden sich in den USA, der UdSSR, Sambia, Chile, Kanada, Zaire, Peru, Australien, auf den Philippinen und in Südafrika.

Kupfer ist neben Eisen das meistverwendete Metall in der modernen Zivilisation. Es wird zur Herstellung von Leitern und Drähten in der Elektrotechnik benötigt und dient zur Erzeugung der Legierungen Messing und Bronze.

*Kupfer — Cu; kubisch. Härte 2,5—3, spezif. Gew. 8,9. Farbe und Strich kupferrot. Metallglanz; undurchsichtig. Bruch hakig, geschmeidig, dehnbar, biegsam.*

# Minerale in der chemischen Industrie

In dem gigantischen natürlichen Laboratorium — der Erdkruste — entstanden und entstehen durch Kombinationen aller chemischen Elemente die verschiedensten Verbindungen, die als Minerale bekannt sind. Sie sind die Grundlage aller Gesteine und des gesamten Mineralreiches. Der größte Teil von ihnen wird gefördert und auch in den verschiedensten Industriezweigen genutzt. Einige unter ihnen sind unersetzlich, und in der modernen che-

Ecaille, Plaquemines Parish in Louisiana lagern tief unter der Erdoberfläche. Sie werden nach einem interessanten, dem Frash-Prinzip, gewonnen. Hierbei bläst man durch die Bohrung überhitzten Dampf und befördert dann den abgeschmolzenen Schwefel mit Hilfe von Preßluft an die Oberfläche. Bei der Schwefelgewinnung spielt nicht nur der Naturschwefel eine wichtige Rolle, sondern auch die Gewinnung aus Schwefelverbindungen (Mineralien)

*Schwefel — S; rhombisch. Härte 1,5—2,5, spezif. Gew. 2—2,5. Farbe gelb bis braun; Strich weiß bis gelb. Diamant- bis Fettglanz; durchsichtig, durchscheinend. Keine Spaltbarkeit, Bruch muschelig, zerbrechlich, reißt oft durch Einfluß von Handwärme. Leitet schlecht Wärme und elektrischen Strom; schmilzt bei 119 °C, brennt leicht und mit blauer Flamme.*

Schwefel

mischen Industrie kann man nur auf wenige Minerale verzichten.

## Schwefel

Schwefel ist ein reines Element von klarer gelber Farbe. Es brennt leicht und strömt dabei einen scharfen, stechenden, zum Husten reizenden Geruch, das Schwefeldioxid, aus.
Schwefel bildet sich und brennt in Vulkankratern. Er kann vulkanischen Ursprungs sein, aber darüber hinaus entstehen riesige Lagerstätten durch das Wirken sulfitischer Bakterien, die Sulfate im Wasser umwandeln. Örtlich scheidet er sich auch aus heißen Quellen ab, wie z. B. im Yellowston-Nationalpark in den USA, oder er sublimiert auf brennenden Kohlenhalden.
In der Natur formt Schwefel schöne pyramidale Kristalle. Der größte Teil jedoch ist körnig, derb oder in Form kompakter Massen.
Bedeutende Schwefelfundorte befinden sich in Agrigento auf Sizilien. Neu entdeckte Fundorte werden in Polen, Mexiko und Japan abgebaut, ferner in Indonesien. In den USA werden 75 % der Weltproduktion an Schwefel gewonnen. Gewaltige Schwefelvorräte in Boling Home in Texas und Grand

und auch als Nebenprodukt bei der Reinigung von Erdöl und -gas. Schon 1969 stammten ca. 62 % der Welterzeugung aus diesen Gewinnungsarten!
Heute ist Schwefel die „treibende Kraft" der modernen chemischen Industrie. Er ist der unersetzliche Grundrohstoff zur Erzeugung von Schwefelsäure, vielen Farben, Heilmitteln, Zellulose, Kunstseide, Plaste, Sprengstoffen und für die Kautschukvulkanisation. Weiterhin ist er zur Herstellung von Streichhölzern und Pflanzenschädlingsbekämpfungsmitteln unentbehrlich.

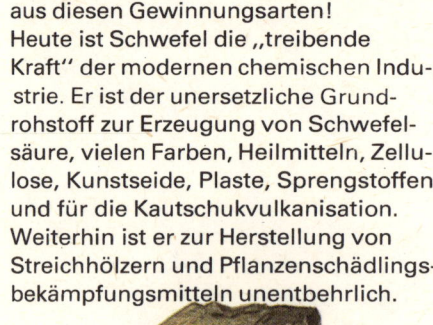

**Pyrit (Eisenkies, Schwefelkies)**

Pyrit (Eisenkies, Schwefelkies)

## Pyrit (Eisenkies, Schwefelkies)

Manchmal blitzt in einem ganz gewöhnlichen Stück Kohle ein „goldenes" Körnchen. Das ist Pyrit, der im Unterschied zu Gold zerbrechlich ist und keinen goldenen Strich aufweist. Man nennt ihn auch „falsches Gold". Er wurde nach dem griechischen Wort „pyrites" — funkelnd — benannt, da er beim Aufeinanderschlagen funkelt.
Pyrit ist in der Natur eines der meistverbreiteten Mineralien. Man findet ihn in allen Gesteinsarten. Er entsteht unter verschiedenen Bedingungen, bei niedrigen und hohen Temperaturen und kristallisiert häufig in Würfelform, wobei die Flächen größtenteils fein gerillt sind oder Pentagondodekaeder (sog. Pyritoeder) aufweisen. Pyrit ist körnig, derb, kompakt, nierenförmig. Unter Feuchtigkeitseinfluß verwittert er leicht und wandelt sich in braunen Limonitum.
Pyrit war bereits im Altertum bekannt. In Griechenland galt er als Heilmittel und wurde als Amulett getragen. Die Inkas fertigten aus ihm Spiegel an, und in ihren Gräbern wurden polierte Pyritplatten entdeckt — der sog. „Stein der Inkas".
Große Pyritfundstellen befinden sich in Spanien (Rio Tinto), Portugal, Italien (Elba), Skandinavien, Japan, Polen, der UdSSR und der Türkei. In der Bundesrepublik Deutschland im Rammelsberg im Harz, Waldsassen in Bayern und Meggen a. d. Lenne (Westfalen). In den USA existieren bedeutende Lagerstätten in folgenden Staaten: Louisiana, Virginia, New York, Massachusetts, Kalifornien, Colorado und Arizona.
Pyrit ist ein Rohstoff zur Erzeugung von Schwefelsäure — obwohl man dazu heute öfter reinen Schwefel verwendet —, ferner von verschiedenen Sulfaten, Trockenfarben und Poliermitteln. Nach dem Abbrennen verwendet man Pyrit stellenweise auch wie Eisenerz. Einige Pyrite beinhalten Gold- und Kupferbeimengungen. Geschliffener Pyrit findet als Zierstein in der Schmuckbranche Verwendung.

*Pyrit — Eisendisulfid — $FeS_2$; kubisch. Härte 6—6,5, spezif. Gew. 4,9—5,2. Farbe messinggelb; Strich braun-*

**Halit (Steinsalz)**

schwarz, grünschwarz. Metallglanz; undurchsichtig. Keine Spaltbarkeit, Bruch muschelig, zerbrechlich, in der Regel aus ca. 46,6 % Fe und 53,4 % S bestehend.

## Halit (Steinsalz)

Speisesalz ist das einzig eßbare Mineral; es wird täglich gebraucht und ist für das menschliche Leben unentbehrlich. Der jährliche Verbrauch pro Person beträgt ca. 6 bis 7 kg.
In früheren Zeiten brachte Salzmangel viel Qual und Elend für die Menschen. Es ist daher auch nicht verwunderlich, daß der ertragreiche Salzhandel häufig ausschließlich dem Fürsten vorbehalten blieb.
Woraus besteht das Steinsalz, das in der Mineralogie Halit genannt wird? Es enthält etwa 40 % Natrium und 60 % Chlor, die chemische Verbindung heißt Natriumchlorid. Es kristallisiert in Würfeln. In der Natur tritt es größtenteils in Form körniger oder faseriger Massen auf, die verschieden gefärbt sind. Salz löst sich gänzlich in Wasser auf. Meersalz enthält in jedem Liter ca. 2,7−3,5 g.
Da 3/4 der Erdoberfläche von Ozeanen bedeckt sind, stellen sie ein ungeheures „Salz-Vorratslager" dar, nämlich etwa 30 000 Billionen Tonnen.
Umfangreiche Salzlagerstätten entstanden in der Vergangenheit infolge der Meerwasserverdunstung und der Ablagerung in abgeschlossenen Buchten. Durch den Druck der darüberliegenden Sand- und Tonschichten formten sich mächtige Salzstöcke, sog. „Salzdome". An den Ufern der Salzseen, wie z. B. am Großen Salzsee in Utah, scheidet sich das Salz in Form weißer, kleinkristalliner Überzüge ab. Ähnliche „Salzmuster" findet man am Toten Meer und an einigen nordafrikanischen Seen sowie auf Steppenböden. Auf sehr schöne, große Steinsalzkristalle stößt man manchmal am Searles Lake, bei San Bernadino Co., in Kalifornien.

Die einfachsten Formen der Salzgewinnung bestehen in der Verdunstung des Meerwassers oder durch die Salzsole. Seit Menschengedenken fördert man das Salz auch aus Schächten zu Tage. In Europa trifft man auf bedeutende Lagerstätten in der BRD (Hessisches, Hannoversches Revier und Norddeutsches Flachlandrevier), der DDR (Magdeburg-Halberstädter Revier, Südharz-, Unstrut- Saale- und Thüringer Revier), England, Frankreich, Italien, Spanien, Österreich, Rumänien und Polen. Große Vorkommen gibt es ferner in der UdSSR (nordwestlicher und südlicher Ural), China, Indien, Kanada, Mexiko. Die größten Lagerstätten befinden sich in den USA (Michigan, Ohio, Texas), die in der Gewinnung von Steinsalz an der Weltspitze stehen.
Steinsalz ist unentbehrlich zur Konservierung von Lebensmitteln und als Genußmittel. Außerdem findet Salz Verwendung in den verschiedensten Industriezweigen. Mehr als ein Drittel der gesamten Salzförderung benötigt die chemische Industrie. Weniger reines Salz dient noch zum Streuen bei Überfrierungen der Fahrbahnen. Der Salzbedarf wächst ständig, heute fördert man in der Welt bereits mehr als 35 Millionen Tonnen Salz jährlich.

Halit (Steinsalz) − Natriumchlorid − NaCl; kubisch. Härte 2, spezif. Gew. 2,1. Farblos, weiß, gelb, rot, blau, violett, braun; Strich weiß. Glasglanz; durchsichtig, durchscheinend. Vollkommene Spaltbarkeit. Vollkommen wasserlöslich; salziger Geschmack.

## Fluorit (Flußspat)

Der Kühlschrank ist unentbehrlicher Bestandteil des modernen Haushalts. Nur wenigen aber ist die Tatsache bekannt, daß den Hauptbestandteil des Kühlstoffes „Freon" das Fluor bildet. Dieses Element gewinnt man aus dem Mineral Fluorit.
Im Mittelalter stießen die Bergleute in den Schächten auf schön gefärbte Fluoritkristallarten und gaben ihnen den Namen „Erzblüten".
Fluorit kristallisiert größtenteils in Würfeln, es tritt aber auch körnig oder massiv auf. Je nachdem, auf welche Art man die Kristalle untersucht, durch einfallendes oder durchgehendes Licht, können diese ihren Farbton wechseln, sie fluoreszieren. Durch Erhitzung leuchtet Fluorit in der Dunkelheit stark auf, es luminesziert.
Vorkommen: in der Bundesrepublik Deutschland: Oberpfalz, Schwarzwald, Harz, in der DDR: Erzgebirge und Thüringer Wald. Schöne Fluoritkristalle sind aus England bekannt (Cumberland, Derbyshire, Durham). Wichtige Fundorte ferner in Italien, Frankreich, der UdSSR, der Schweiz, in Spanien, den USA, in Mexiko und China.
In der Metallurgie verwendet man Fluorit als Beimischung für die Erzschmelze. Daher rührt auch seine Bezeichnung (lateinisch „fluere" = fließen). Dieses Mineral schmilzt weitaus leichter als die übrigen Erzminerale.
Fluorit ist der Grundrohstoff zur Erzeugung von Fluorverbindungen, die stark benötigt werden. Fluorwasserstoff dient z. B. zum Glasätzen. Fluor selbst ist im Teflon enthalten, das zur Erzeugung modernen Kochgeschirrs genutzt wird.

Fluorit − Kalziumfluorid − $CaF_2$; kubisch. Härte 4, spezif, Gew. 3,1. Selten farblos, gelb, grün, rosa, rot, violett, braun; Strich weiß. Glasglanz. Voll-

**Fluorit (Flußspat)**

# Mineraldünger —Nahrung der Pflanzen

Zeolith

kommene Spaltbarkeit, zerbrechlich. *Die Farbe kann bei einfallendem und durchgehendem Licht unterschiedlich sein.*

## Zeolithe

Zeolithe sind sehr wirksame Helfer in der modernen chemischen Industrie. Sie weisen aus chemischer Sicht viele interessante und vorteilhafte Eigenschaften auf, die aus ihrem inneren Aufbau resultieren. Sie stellen eine Gruppe hydratisierter Alumosilikate mit veränderlichem Wassergehalt dar (wasserhaltige Alumosilikate). Das Wasser ist zwischen den Kanälen und Röhren im Gitter der inneren Struktur frei gebunden. Bei Erwärmung blähen sich die Zeolithe auf, setzen leicht Wasser frei und sieden. Daher rührt auch ihre griechische Bezeichnung „Siedesteine". Nach der Abkühlung nehmen sie wiederum Wasser auf. Anstelle des Wassers können sie aber auch andere Stoffe binden und freisetzen, z. B. Ammoniak oder verschiedene Kohlenwasserstoffe. Deswegen werden die Zeolithe als „molekulare Netze" bezeichnet und z. B. zur Erzeugung hochoktaniger Benzine verwendet.
Metallionen, die in der Zeolithstruktur gebunden sind, kann man leicht gegen andere Ionen austauschen, die in Wasser gebunden sind. Dieser Effekt wird z. B. bei der Weichmachung des Wassers genutzt.
In der Natur findet man Zeolithe in Hohlräumen und Spalten basischer Eruptivgesteine, wo sie sich aus heißen Lösungen herauskristallisierten. Alle Zeolithe haben helle Farben und bilden nadelartige, blättrige oder tafelige Kristalle.
Auf der Abbildung sind Muster des isländischen Stilbits (Desmin) und Heu-

landits zu sehen. Ihren Verbindungen zufolge sind beide Minerale wasserhaltige Kalzium-Alumosilikate.
Stilbit formt tafelige Kristalle, häufig in garbenförmigen Aggregaten. Tafelige Heulanditkristalle zeichen sich durch einen starken Perlmutterglanz aus.
Außer in Island existieren bekannte Zeolithfundstellen in Schottland, Nordirland, auf den Fäöern, in Poonah in Indien, in den USA bei West Paterson, in New Jersey und Neuschottland.

*Stilbit — $Ca(Al_2Si_7O_{18}) \cdot 7 H_2O$;
Heulandit — $Ca(Al_2Si_7O_{18}) \cdot 6 H_2O$;
beide sind monoklin; Härte 3,5—4, spezif. Gew. 2,1—2,2. Farbe weiß, gelb, rötlich; Glas- und Perlmutterglanz; durchsichtig, durchscheinend. Vollkommene Spaltbarkeit.*

**Einige chemische Elemente nehmen einen bedeutenden Platz im sog. Stoffwechselkreislauf der Natur ein. Sie bilden einen beachtlichen Nahrungsbestandteil der Pflanzen und Lebewesen,**

verbleiben in ihren Körpern und kehren nach dem Verfall der lebenden Körper erneut in die Sphäre der unbelebten Natur zurück. Damit kann der Kreislauf von neuem beginnen.
**Ein besonders wichtiger Grundstoff für die Gewinnung von Düngemitteln sind die Naturphosphate, die stets aus Apatit und seinen Varietäten bestehen. Nach der Entstehung unterscheidet man die körnigen bis grobkristallinen Apatite von den feinkristallinerdigen, verunreinigten Phosphoriten.**

## Apatit

Der Apatit stand zweifellos am Beginn des Lebens der Wirbeltiere. Er ist ein Kalziumphosphat und in kleinen Mengen in allen Gesteinsarten sehr verbreitet. Apatit bildet auch einen unentbehrlichen Nahrungsbestandteil der Pflanzen und Lebewesen. In den Knochen der Wirbeltiere befinden sich anteilmäßig etwa 60 %, der Zahnschmelz beinhaltet sogar 90 %. Das beweist die Unentbehrlichkeit des Apatits auch für das menschliche Leben.
In den Knochen bzw. Zähnen ist der Apatit mit bloßem Auge nicht zu erkennen, da er dort lediglich in Form mikroskopisch kleiner Kristalle enthalten ist. In der freien Natur findet man ihn jedoch auch in größeren säulen- oder tafelartigen Kristallen bzw. körnig.
Die Bezeichnung Apatit stammt aus dem Griechischen und bedeutet täuschen. Die verschiedenen Farben und Formen der Apatitkristalle führten früher zu häufigen Verwechslungen mit anderen Mineralien.
Die größten Lagerstätten kleinkörnigen Apatits befinden sich auf der Halbinsel Kola in der UdSSR. Industriell bedeutende Fundorte existieren in Norwegen, Schweden und in den USA.
Apatit dient vor allem als Phosphorquelle und zur Erzeugung von Industriedüngern — Superphosphaten.

**Apatit-Kristalle**

**Apatit**

*Apatit — Kalziumphosphat mit Fluor-, Chlor- und Hydroxylanteil — Ca$_5$(PO$_4$)$_3$(F,Cl,OH); hexagonal. Härte 5, spez. Gew. 3,2. Farbe weiß, grün, gelb, blaugrün, violett, braun; Strich weiß, Glas- bis Fettglanz; durchsichtig, durchscheinend bis undurchsichtig. Schlechte Spaltbarkeit, zerbrechlich.*

## Phosphorit

Es wurde bereits festgestellt, daß das Kalziumphosphat Apatit für das Leben unentbehrlich ist. Nach dem Verfall des Lebens wird es jedoch nicht zerstört, sondern gelangt z. B. durch die Zersetzungsprozesse der toten Meereslebewesen auf den Grund der Ozeane, wo es sich in oft mächtigen Schichtenfolgen absetzt. Es entsteht sedimentiertes Gestein — Phosphorit, der in der Zusammensetzung dem Apatit ähnlich ist. Wirtschaftlich bedeutende Phosphoritlagerstätten befinden sich in Nordafrika (Tunesien, Algerien, Marokko), ferner in Frankreich, in Kasachstan in der UdSSR und in den USA. Auf einer ganzen Reihe von Inseln im Stillen Ozean erneuern sich unaufhörlich die Phosphatlagerstätten durch die Anhäufung von Vogelmist. Dieser Dung der Meeresvögel, genannt Guano, wird regelmäßig abgebaut.

Phosphorit ist ebenso wie Apatit nicht in Wasser löslich. Mit Hilfe von Schwefelsäure wird er in einen für die Landwirtschaft unersetzlichen Dünger, das Superphosphat, umgewandelt. Dieses löst sich in den schwachen Bodensäueren leicht auf und wird von den Pflanzen aufgenommen.

*Phosphorit — sedimentiertes Gestein, von grauer, brauner bis schwarzer Farbe. Größtenteils in Schichten,* manchmal kugelförmigen Gebilden, sog. Knollen, kompakt oder fein gefasert. Den Grundbestandteil stellen verschiedene, dem Apatit verwandte Kalziumphosphate dar. Hauptvertreter dieser Gruppe ist hier Kolofanit. Oft sind Beimengungen von Resten verschiedener Organismen und kohlenstoffhaltige Stoffe enthalten.

## Natronsalpeter (Chilesalpeter)

Den Natronsalpeter „erzeugten" Stickstoffbakterien, die im Boden vorkommen. Seinen vorteilhaften Einfluß auf das Pflanzenwachstum registrierten bereits die alten Ägypter und düngten damit ihre Gärten.

Da Natronsalpeter sehr gut in Wasser löslich ist, kommt er nur in den trockensten Gebieten der Erde vor. Die umfangreichsten und ergiebigsten Lagerstätten befinden sich in den Provinzen Tarapaca und Antofagasta in Nordchile und in den benachbarten Gebieten Boliviens und Perus. In den USA stieß man auf Salpeter in Nevada und in Kalifornien. Weitere Fundorte gibt es in Nordafrika und der UdSSR.

An seinen Fundorten kommt der Salpeter mit einer ganzen Reihe anderer Salze und Gesteinsbrocken vor. Diese Mischung trägt die Bezeichnung „Caliche". Nach der Förderung in den Brüchen sondert man von diesem Salzgemisch die verschiedenen Beimengungen durch Auslaugen ab und verarbeitet es zu reinen Nitraten.

Die Salpeterfördermenge wurde in der Vergangenheit vor allem durch verschiedene kriegerische Auseinandersetzungen beeinflußt, da Salpeter nicht nur ein ausgezeichnetes Düngemittel, sondern auch ein bedeutender Rohstoff zur Herstellung von Sprengstoffen ist. Heute werden Nitrate, einschließlich Salpeter, größtenteils synthetisch aus dem in der Luft gebundenen Stickstoff hergestellt. Natürlicher Chilesalpeter wird jedoch weiterhin abgebaut und dient vor allem als Stickstoffdünger.

*Natronsalpeter — Natriumnitrat — NaNO$_3$; trigonal. Härte 1—2, spezif. Gew. 2,3. Farblos, weiß, grau, gelb, braun; Strich weiß. Glasglanz; durchsichtig, durchscheinend. Vollkommene Spaltbarkeit, in Wasser löslich, Geschmack kühlend.*

*Neben dem Natronsalpeter gibt es Kalisalpeter KNO$_3$, farblos, rhombisch (Schießpulver, Feuerwerkskörper, Kältetechnik, Keramik- und Glasherstellung) und Kalksalpeter Ca(NO$_3$)$_2$·4H$_2$O (Mauersalpeter)*

**Natronsalpeter (Chilesalpeter)**

**Phosphorit**

# Brennbare Gesteine — Kaustobiolithe

Brennbare Gesteine, zu denen Torf, verschiedene Kohlesorten und Anthrazit gehören, sind neben dem Erdöl nicht nur eine bedeutende Energiequelle, sondern auch wichtiger und unersetzlicher Rohstoff in der chemischen Industrie.

Torf

## Torf

ist in der Reihe der brennbaren Gesteine geologisch das jüngste. Er stellt eigentlich das erste, das Anfangsstadium der Inkohlung dar. Torf entsteht durch die allmähliche Überwucherung von Süßwaser- und Küstensümpfen mit Vegetation, das Ansammeln abgestorbener Pflanzenreste und deren Verdrängung unter die Wasseroberfläche durch neue Bestände. Die abgestorbenen Pflanzenreste unterliegen durch den Sauerstoffabschluß komplizierten, biochemischen Zerfallsprozessen (biochem. Inkohlung). Ähnlich dem heutigen Entstehungsprozeß eines Torfmoores bildeten sich aus selbstverständlich abweichenden Pflanzenarten auch die fossilen Torflagerstätten. Torf ist hell- oder dunkelbraun und enthält etwa 58—60 % Kohlenstoff. Er ist porös, leicht und läßt deutlich die in ihm angehäuften Pflanzenreste erkennen. Sehr viele Torflagerstätten von industrieller Bedeutung existieren auf der Erde. In einigen Gegenden nutzt man den Torf direkt als Brennstoff, anderswo werden aus ihm Briketts und Meilerkohle erzeugt. Im Bauwesen bewährt er sich wegen seiner Porösität hervorragend als Isoliermaterial. Man nutzt ihn auch zur Herstellung von Papier. Im Gartenbau und in der Landwirtschaft dient Torf als Düngemittel für humusarme Böden, als Streu und zur Erzeugung einiger Futtermittel. In der Medizin kommen den Patienten die heilenden Wirkstoffe des Torfes in Form von Packungen in speziellen Bädern zugute.

## Braunkohle

Mit dem allmählichen Zusammenpressen von Pflanzenresten und Torf durch Sand- und Tonablagerungen wuchsen in größeren Tiefen Druck und Temperatur. Gleichzeitig mit der langsam fortschreitenden Umwandlung der pflanzlichen Stoffe sanken die Anteile an Wasser und flüssigen Bestandteilen und nahm der Anteil an gebundenem Kohlenstoff zu. So entstanden stellenweise mächtige Kohlenflöze.
Die Braunkohle bildete sich infolge einer intensiveren Verkohlung der Pflanzenreste. Dieser Prozeß verlief auch in einer größeren Zeitspanne. Die Mehrheit der Lagerstätten entstand im Ter-

tiär. Braunkohle ist zumeist glanzlos, matt, mit braunem Strich, kompakt, verhältnismäßig weich und enthält ca. 70—74 % Kohlenstoff. Man unterscheidet entsprechend den Pflanzenarten, aus denen sie entstand, und dem geologischen Alter verschiedene Arten von Braunkohle. Zur jüngsten Sorte gehört *Lignit* (Xylit), der sich leicht spalten läßt und eine gut erkennbare Holzstruktur aufweist.

## Steinkohle

Solange sich die geologischen Bedingungen nicht ändern, bleiben auch die Eigenschaften der in der Erde gelagerten Braunkohle unverändert. Wenn sich jedoch Druck und Temperatur erhöhen, kommt es zu einer Umwandlung der Braunkohle in Steinkohle, d. h. zu einer stärkeren Verkohlung der Pflanzenreste. Auf dieser Stufe der Kohleentstehung, die man als die geochemische

Braunkohle

bezeichnet, werden die mikrobiologischen Zersetzungsprozesse schon nicht mehr wirksam.

Steinkohle hat einen schwarzen Strich und auch eine schwarze Farbe. Sie ist geschichtet, gebändert und aus glänzenden und matten Schichten zusammengesetzt. Steinkohle zerfällt in prismatische Stücke. Sie enthält 82 % Kohlenstoff und hat damit eine weitaus größere Heizkraft als Braunkohle. Der Hauptanteil der Weltvorräte an Steinkohle bildete sich im Karbon (vor rund 280—350 Mill. Jahren), als ein tropisches bis subtropisches Klima ein schnelles Wachstum der baumartigen Schachtelhalme, Farnkräuter, Bärlappe und anderer Sporenpflanzen begünstigte.

Die Ausnutzung der Braun- und Steinkohle lediglich zu Brennzwecken ist in unserer Zeit sehr unökonomisch. Kohle ist der Rohstoff, der die Entwicklung der modernen chemischen Industrie ermöglichte. Man erzeugt aus Kohle Koks, Teer, Leuchtgas, synthetisches Benzin, Arzneien, Farben, Mineralöle und viele andere Stoffe, die im täglichen Leben Verwendung finden.

### Anthrazit

ist die an Kohlenstoff reichste Kohlensorte. Bei ihrer Entstehung kam es zu einer gänzlichen Umwandlung aller Pflanzenreste, und so stieg der Kohlenstoffanteil auf 94 % an. Anthrazit ist schwarz und hat einen schwarzen Strich. Sein Glas- bis Metallglanz ist

manchmal an der Oberfläche schwach buntgefärbt. Er hat ein kompaktes Aussehen, einen muscheligen Bruch und ist hart und zerbrechlich. Von allen Kohlesorten hat er die größte Heizkraft. Anthrazit entstand aus der Kohle durch höhere Drücke und Temperaturen, u. zw. im wesentlichen bei tektonischen Bewegungen der Erdkruste. Er tritt verhältnismäßig selten in den niedrigsten Abschnitten der Kohleflöze auf. Anthrazitlagerstätten befinden sich in England, z. B. in Wales, und in verschiedenen Kohlebecken in der UdSSR. In den USA existieren größere Vorräte in Westpennsylvania.

Anthrazit wird zur Verarbeitung von Eisenerzen und als Energiequelle genutzt.

Steinkohle

Steinkohlenlagerstätten sind über die ganze Erde, einschließlich der Polargebiete, verteilt. Ausgedehnte Becken befinden sich in England, der Bundesrepublik Deutschland, Frankreich, Belgien, Polen und der UdSSR, ferner an vielen Stellen in Afrika, Asien, Australien, Ozeanien und in Nord- und Südamerika. In den USA stößt man auf bedeutende Lagerstätten entlang des westlichen Abhangs der Appalachen von Pennsylvania in südlicher Richtung bis nach Alabama und in den Staaten Illinois, Iowa und Oklahoma. Die Weltvorräte an Steinkohle werden auf 7 Billionen Tonnen geschätzt, und davon entfällt mehr als die Hälfte auf Nordamerika. Jährlich werden in der Welt ca. eine halbe Milliarde Tonnen Steinkohle gefördert.

Anthrazit

# Hitzebeständige Minerale

Einen Stoff zu entdecken, der selbst der größten Hitze widersteht, bemühten sich schon die Alchimisten. In der modernen Industrie, z. B. bei der Glas- und Erzschmelze, sind derartige Stoffe unerläßlich. Nur wenige Minerale widerstehen der Hitze eines Hochofens. Zu ihnen gehören Graphit, Asbest, Talk, Muskovit und Magnesit.

## Graphit

Die Bezeichnung stammt von dem griechischen Wort grafein = schreiben. Graphit wurde zur Erzeugung von Bleistiften zum ersten Mal in England genutzt, wo Mitte des 16. Jh. eine Lagerstätte bei Borrowdale in Cumberland entdeckt wurde. Die günstigen Eigenschaften des Graphits waren aber schon weitaus früher bekannt.
Chemisch ist Graphit – ebenso wie der völlig anders aussehende Diamant – eine Form reinen Kohlenstoffs (C). In der Natur tritt er zumeist in metamorphen Gesteinen (Umwandlungsgesteinen) und weniger in Eruptivgesteinen auf. Er bildet Lagerstätten feinschuppiger oder tafeliger kristallinischer Aggregate, kommt aber auch in derber, kompakter und erdiger Form – häufig verunreinigt durch andere Minerale – vor. Man gewinnt ihn im Bergbau und reinigt ihn dann.
Bedeutende Graphitfundorte sind in der Bundesrepublik Deutschland in Bayern (Umgebung von Passau), in Österreich (Steiermark), in Italien, der ČSSR und der UdSSR. Außerhalb Europas gibt es bekannte Lagerstätten in Mexiko, Korea, Sri Lanka, Kanada, auf Madagaskar und in den USA.
Aus Graphit erzeugt man feuerfeste Tiegel zum Schmelzen verschiedener Metalle. Auch in der Elektroindustrie findet er eine breite Verwendung, z. B. in Form von Elektroden in Batterien, Bürsten in Elektromotoren und in der Galvanoplastik. Graphit dient auch als

**Graphit**

zäher Schmierstoff und hitzebeständige Dichtungsmasse. In der letzten Zeit wird er in der Nukleartechnik als Moderator für Atomkraftwerke genutzt.

*Graphit – Kohlenstoff – C; hexagonal. Härte 1, Spez. Gew. 2,2. Farbe und Strich schwarz. Metall- bis Mattglanz; undurchsichtig. Vollkommene Spaltbarkeit, biegsam, unelastisch, beim Anfassen fettig, läßt sich mit dem Finger verschmieren.*

## Asbest (Chrysotil)

Asbest ist das bekannteste hitzebeständige Mineral; es ist bei der Arbeit mit offenem Feuer nicht wegzudenken. Asbest wird als wärmeisolierende Unterlage unter Öfen und Kochern genutzt und ist Bestandteil verschiedener Arbeitsbekleidungen von Feuerwehrleuten und Hüttenarbeitern, da er einen zuverlässigen Schutz gegen Verbrennungen bietet.

Asbest ist die technische Bezeichnung für faserige Mineralabarten von unterschiedlicher chemischer Zusammensetzung. Die wichtigste ist das Chrysotil (95 % der Weltproduktion an Asbest). Chrysotilasbest entdeckte man schon im Altertum, er stammte von einem Fundort auf der Insel Zypern.
In der Natur tritt Asbest in metamorphen Gesteinen, den Serpentiniten, auf. Die bekannteste Lagerstätte von Chrysotilasbest befindet sich in Quebec in Kanada. Weitere Fundorte sind in der DDR (Sachsen), im Ural in der UdSSR, in Rhodesien und Transvaal, in den USA, Brasilien und China. Hornblendeasbest (Aktinolith) gehört zur Gruppe der Amphibole; er ist auch säurefest. Feuerfeste Anzüge werden aus den längsten Fasern, dem sog. Textilasbest, gewebt. Aus dieser Materialart werden auch Theatervorhänge gesponnen. Kürzere Fasern dienen zur Herstellung von Dachbedeckungen, verschiedenen Röhren und Rohrleitungen aus Zementasbest, ferner als hitzeisolierendes Material in der Elektrotechnik. In der Automobilindustrie schließlich ist der Asbest ein schwer zu ersetzender Werkstoff für Bremsbeläge.

*Chrysotil – basisches Magnesiumsilikat – $Mg_3Si_2O_5(OH)_4$; monoklin. Härte 2,5–4, spezif. Gew. 2,9–3,2. Farbe weißlich, grau, grüngrau, gelbgrün, braun; Strich weiß. Seidenglanz; durchscheinend bis undurchsichtig. Vollkommene faserige Absonderung, biegsam, elastisch.*

## Glimmer (Muskovit)

Ältere Öfen besaßen in der Verkleidung ein fast durchsichtiges „Fenster", durch welches das Feuer zu sehen war. Dieses kleine „Fenster" hatten nicht nur die sog. „amerikanischen Öfen", sondern auch zahlreiche modernere, für die verschiedensten Brennstoffsorten bestimmten Typen. Glas und andere Materialien würden der Feuereinwirkung nicht lange standhalten. Die kleinen Ofenfenster sind aus hellem Glimmer, dem Muskovit, angefertigt.
Er ist ein ganz gewöhnliches, gesteinsbildendes Mineral. Seine funkelnd glänzenden Kristalle und Schuppen sind zusammen mit Quarz und Feldspat in jedem Granit zu finden.
Im alten Rußland fertigte man vor 300 Jahren aus dünnen, größeren Glimmerplatten Fensterscheiben an. Von Moskau aus verbreiteten sich diese Fenster als sog. „Moskauglas" auch nach Westeuropa; daher stammt auch die Bezeichnung dieser Glimmer. Aufgrund seiner Hitzebeständigkeit

**Asbest (Chrysotil)**

**Glimmer (Muskovit)**

und ausgezeichneten elektroisolierenden Eigenschaften ist Muskovit heute in vielen Zweigen der modernen Industrie ein unersetzliches Material. Große bis mehrmetrige Muskovitkristalle sind in Kanada, im Ural (UdSSR), in Japan, in Brasilien und auf Madagaskar zu finden. Zu den größten Produzenten gehören die USA, des weiteren Indien (Madras) und die Republik Südafrika.

*Muskovit – Glimmergruppe – Alumosilikat mit Kalium, Hydroxil und Fluor – $KAl_2(AlSi_3O_{10})(OH,F)_2$ ; monoklin. Härte 2–2,5, spezif. Gew. 2,7–3,1. Farblos, gelb, braun, grünlich; Strich weiß. Glas- bis Perlmutterglanz; in dünnen Schichten durchsichtig, in stärkeren durchscheinend. Vollkommene Spaltbarkeit, biegsam, elastisch.*

**Talk**

Falls man sich einen neuen Anzug anfertigen lassen möchte, so bemerkt man natürlich, daß sich der Schneider bei der Anprobe verschiedene Zeichen mit einem Material auf den Stoff malt, das aussieht wie Kreide. Es handelt sich bei diesem Material jedoch nicht um Kreide, sondern um gepreßten Talk, die sog. Schneiderkreide.
In der Natur tritt Talk in Umwandlungsgesteinen als Sekundärmineral auf, das durch Zerfall von Magnesiumsilikaten entstand. Es formt feinkristalline bis schuppige oder schuppenartige Aggregate.
Reiche Talkfundstellen existieren in der

Bundesrepublik Deutschland (Göpfersgrün in Bayern), in Österreich (Greiner in Tirol und Mautern in der Steiermark), in Norditalien, Südfrankreich, in Piemont und den Pyrenäen. In den USA befinden sich viele ergiebige Lagerstätten entlang der Appalachen von Vermont bis Georgia. Hochqualifizierter Talk kommt aus Kanada, wo er in den Provinzen Ontario und Quebec gewonnen wird; ferner in Brasilien und Uruguay.
Zu Pulver zermalmt dient Talk schon jahrhundertelang als Bestandteil eines kosmetischen Schönheitsmittels – des Puders. Heute wird die schon erwähnte „Schneiderkreide" zu vielen Zwecken genutzt, z. B. zur Erzeugung hitzebeständiger Verkleidungen, Formziegel und Brenner, in der Glasindustrie als Ausgangsstoff zur Herstellung von Spezialkeramik. In der Pharmazie eig-

**Talk**

net er sich für die Gewinnung von Pudern, des weiteren erzeugt man aus ihm Buntstifte und Seifen. Als zäher Schmierstoff ist Talk ein wertvoller Helfer in der Textil-, Gummi- und Papierindustrie. Kurz, Talk läßt sich wirklich äußerst vielfältig verwenden, zumal er auch säurefest ist.

*Talk – Basisches Magnesiumsilikat – $Mg_3Si_4O_{10}(OH)_2$; monoklin. Härte 1, spezif. Gew. 2,6–2,8. Farbe weiß, grau, gelblich, grünlich; Strich weiß. Fett- bis Perlmutterglanz; durchscheinend bis durchsichtig. Vollkommene Spaltbarkeit, biegsam, unelastisch. Bei Berührung fettig anzufühlen (Speckstein).*

**Magnesit**

Magnesit dient dem modernen Industriebedarf, vor allem zur Anfertigung feuerfester Ziegel, die im Hochofen für die innere Auskleidung notwendig sind.
In der Natur entsteht Magnesit durch Verwitterung und Zerfall magnesiumreicher Gesteine oder durch stoffliche Veränderung von Kalksteinen und Dolomiten. Er bildet in diesen Gesteinen ganze Gänge und unregelmäßige Massen. Er kann in grobkristalliner, körniger, derber oder kompakter Form auftreten.
Die reichsten Magnesitlagerstätten befinden sich in Österreich (Veitsch, Leoben, Mürzzuschlag in der Steiermark). Ergiebige Fundstellen sind ebenfalls in der ČSSR, in Griechenland, Italien, in der VR Korea, in der UdSSR im Ural und in der Mandschurei (China) zu finden. In den USA stößt man entlang der Küste des Stillen Ozeans von Kalifornien bis Kanada auf reiche Lagerstätten. Außer zur Herstellung feuerfester Keramik dient Magnesit auch im Bauwesen zur Vorbereitung spezieller Betonsorten und ist zugleich Ausgangsstoff für die Erzeugung metallischen Magnesiums und seiner Verbindungen.

*Magnesit – Magnesiumkarbonat – $MgCO_3$; trigonal. Härte 3,5–4,5, spezif. Gew. 3–3,2. Farbe weiß, grau, gelb, braun; Strich weiß. Glas- bis Mattglanz; durchscheinend bis undurchsichtig. Vollkommene, rhomboedrische Spaltbarkeit.*

**Magnesit**

# Minerale in der Glasindustrie, Keramik und im

Unersetzlicher Grundrohstoff der Glasindustrie ist der Quarzsand. Vom Quarz ebenso wie vom Feldspat, der zur Erzeugung der Porzellanglasur genutzt wird, war die Rede schon im ersten Kapitel. Auf den folgenden Seiten werden weitere, in diesem Gewerbe verwendete Rohstoffe behandelt.

### Kaolin

Porzellangeschirr nahm bereits in der Vergangenheit einen festen Platz im Haushalt ein. In bekannten Produktionsstätten angefertigte Porzellangegenstände stehen heute häufig im Mittelpunkt des Sammlerinteresses. Das Porzellan gelangte jedoch erst verhältnismäßig spät, im 13. Jahrhundert, aus China nach Europa. Die Erzeugung der zarten Porzellangegenstände verlangte schon damals hohe künstlerische Qualitäten. Die chinesischen Handwerker hüteten das Herstellungsgeheimnis des Porzellans, und die Europäer waren lange nicht in der Lage, es zu erzeugen. Daher gehörte es zu den Mode- und Luxuswaren und wurde vor allem in den Niederlanden bereits seit dem 15. Jahrhundert durch eine feine Majolika, die sog. Fayence, nachgebildet. Die Handwerker ahmten bei ihrer Verzierung häufig auch chinesische Motive nach.

Die Porzellanerzeugung gelang erst 1709 dem deutschen Apotheker Böttger. Er war Alchimist und versuchte eigentlich Gold herzustellen. Wie vielen anderen Vertretern der „geheimen Wissenschaften" gelang es jedoch auch ihm, etwas ganz anderes und für seine Zeit beinahe gleich wertvolles zu entdecken.

Der Grundrohstoff zur Porzellanherstellung ist *Kaolin*, ein grauweißes, erdiges Gestein mit einem hohen Gehalt an dem Mineral Kaolinit. Es handelt sich

**Kaolin**

um ein wasserhaltiges Alumosilikat, das durch Verwitterungs- und Zerfallsprozesse von feldspatreichen Gesteinen entsteht. Es bildet einen wesentlichen Bestandteil des Tons und toniger Erden. Kaolinit bildet schuppenartige Kleinstkristalle, die lediglich unter dem Elektronenmikroskop erkennbar sind. Kaolin wird nach dem Befeuchten plastisch, und die gewünschte Form läßt sich leicht aus ihm modellieren. Nach dem Brennen im Ofen wandelt er sich in eine harte, weiße Masse um – das Porzellan.

Lagerstätten reinen Kaolins von guter Qualität gibt es nicht allzu viele, davon liegen jedoch einige in der BRD (Hirschau, Tirschenreuth, Passau) und in der DDR (bei Halle, Meißen); in Europa ferner in England, der ČSSR und in Frankreich. Die größten Lagerstätten sind in China.

Außer zur Erzeugung von Porzellan und Feinkeramik bewährt sich Kaolin auch als Papierfüllstoff, des weiteren in der Gummiindustrie, Kosmetik und bei der Herstellung von Seife.

*Kaolin – Sedimentgestein. Hauptbestandteil ist Kaolinit – wasserhaltiges Alumosilikat – $Al_2Si_2O_5(OH)_4$; monoklin oder triklin.*
*Härte 1–2,5, spezif. Gew. 2,6. Farbe weiß, grau; Strich weiß. Matterdiger Glanz; durchscheinend, undurchsichtig. Vollkommene Spaltbarkeit.*

### Kalzit (Kalkspat) – Kalkstein

Kalzit gehört zu den meistverbreiteten und geläufigsten karbonatischen Mineralen. Seine Kristalle weisen viele Formen auf – von zarten blätterartigen oder „zweckartigen" Gebilden bis zu langen Säulen oder Nadeln.

Als gesteinsbildendes Mineral macht Kalzit einen bedeutenden Anteil des Sedimentgesteins Kalkstein aus. Er bildet häufig große Schichtenfolgen und verursacht die Entstehung ganzer Gebirgszüge. Er bestimmt so das Landschaftsgepräge und beeinflußt seine Vegetation und das Gesamtbild.

Kalkstein entstand vor Millionen Jahren aus Ablagerungen, die sich auf dem Meeresboden angesammelt hatten. Aus diesem Grunde findet man auf dem Meeresgrund auch häufig Verstei-

**Kalzit (Kalkspat)**

# Bauwesen

nerungen und Abdrücke von Körperformen längst ausgestorbener Meereslebewesen — Weichtiere, Korallen und viele andere. Die versteinerten Funde in den Kalksteinen helfen der Wissenschaft bei der Erforschung der einzelnen Etappen der Erdentwicklung. Durch Auflösung des Kalksteins unter Wassereinwirkung entstehen Höhlen, die mit Tropfsteinen verziert sind, die aus feinkristallinem Kalzit bestehen. Die wasserhellen Kalzitkristalle haben eine sehr interessante optische Eigenschaft: einen einfallenden Lichtstrahl brechen sie zweimal. Diese Kristalle sind als Doppelspat bekannt. Kalkstein ist der Grundrohstoff für die Herstellung von Zement und Baukalk. Man nutzt ihn auch bei der Erzeugung von Glas, Feinkeramik und Glasuren. Daneben ist er einer der Grundrohstoffe in der chemischen Industrie und dient in der Metallurgie als schlackenbildender Zuschlag für Hochöfen. In der Landwirtschaft wird Kalkstein zur Neutralisation von sauren Böden benutzt. Im Bauwesen werden verschiedene Arten kompakten und kleinkristallinen Kalksteins als Bau- und Zierstein verwendet. Marmor ist durch Metamorphose aus gewöhnlichem, dichtem Kalkstein entstanden.

*Kalzit — Kalziumkarbonat — $CaCO_3$; hexagonal. Härte 3, spezif. Gew. 2,6—2,8. Farblos, weiß, grau, gelb, braun; Strich weiß. Glasglanz; durchsichtig bis undurchsichtig. Vollkommene Spaltbarkeit. In Salzsäure löst er sich leicht unter Schäumen auf.*

### Gips (Selenit)

Die farblosen und durchscheinenden, gestalterisch vollkommenen Gipskristalle sind Bestandteil jeder größeren Mineraliensammlung. In der Natur sind sie in Massen zu finden. Oft treten sie

gewachsen als sog. „Schwalbenschwanzzwillinge" auf.

Gips ist ein sehr verbreitetes Mineral. Er ist ein wasserhaltiges Kalziumsulfat. In den Sedimentgesteinen tritt er in Gemeinschaft mit Ton und Kalkstein in häufig mächtigen Schichten auf. Er bildete sich durch Kristallisation aus Meerwasser und begleitet Salzlagerstätten, ist häufig bei Erzadern anzutreffen und entsteht im Boden sekundär durch Sulfidverwitterung, z. B. des Pyrits.

Die praktische Nutzung des Gipses ist schon seit dem Altertum bekannt. Bei Erhitzung auf 120 bis 180 °C verliert er einen Teil des kristallisierten Wassers, und es entsteht aus ihm das allgemein bekannte Gipspulver. Die alten Ägypter verwendeten ihn zu den gleichen wie heute üblichen Zwecken — zur Ausschmückung der Wände und zur Fertigstellung von Skulpturabgüssen. Ferner dient er im Bauwesen als Material zum Bauen von Zwischenwänden und allgemein leichten Wänden, man mischt ihn unter den Putz und stellt aus ihm verschiedene Formen her.

Gips setzt man verschiedenen Zementen zu, außerdem findet er in der Landwirtschaft und chemischen Industrie Verwendung. Die feinkörnige, massive Abart des Gipses, der Alabaster, ist ein beliebter Werkstoff für Bildhauer und Dekorateure.

Fundstellen des Gipses existieren auf

der Welt sehr zahlreich. In der BRD gibt es Vorkommen im Harz, in Bayern (Alpen) und in der Schwäbischen Alb, in der DDR im Harz und in Thüringen. Ergiebige Lagerstätten sind in Österreich, Spanien, Frankreich, England der UdSSR, Kanada und in den USA.

*Gips — wasserhaltiges Kalziumsulfat — $CaSO_4 \cdot 2H_2O$; monoklin. Härte 1,5—2, spezif. Gew. 2,3. Farblos, weiß, grau, gelb, braun, rötlich; Strich weiß. Glas-, Seiden- und Perlmutterglanz; durchsichtig, durchscheinend. Vollkommene Spaltbarkeit.*

### Anhydrit

Es gibt keine Salzlagerstätte, in der nicht außer Gips auch Anhydrit auftritt. Man nennt ihn den „trockenen Bruder" des Gipses. Er hat eine ähnliche Struktur, enthält aber kein Kristallwasser. Er kommt derb, körnig, seltener auch grobkristallin vor.

Anhydrit ist jedoch nicht so verbreitet wie Gips. Er entsteht durch Sedimentation aus dem Meerwasser und sekundär aus Gips bei Wasserverlust. Man findet ihn in Polen, der Bundesrepublik Deutschland, der DDR und in Italien. In den USA wird er in den Staaten New York, New Jersey, Tennessee und Texas gefördert, in Kanada in Neuschott-

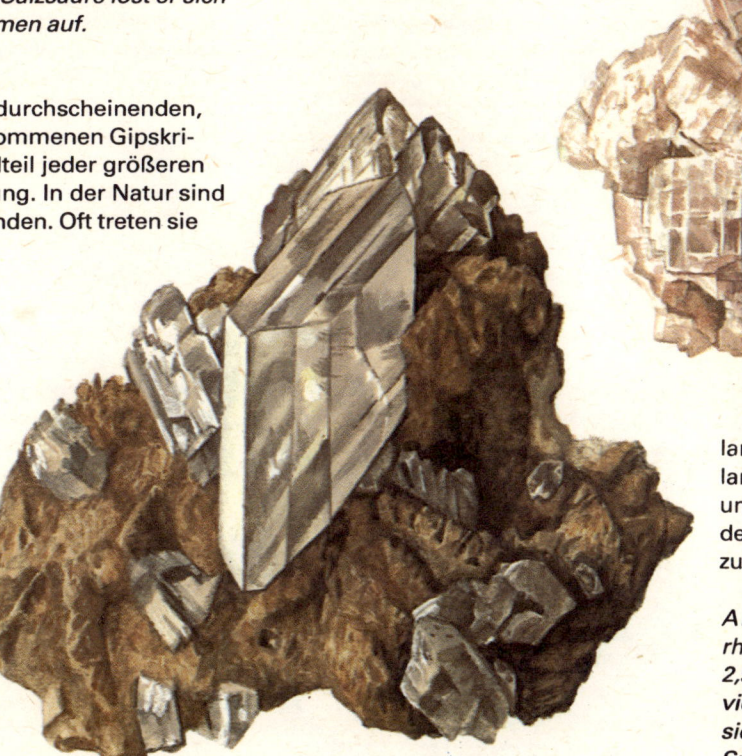

**Anhydrit**

**Gips (Selenit)**

land. Anhydrit wird als Zusatz für Portlandzement, als Bindemittel für Putz und Mörtel verwendet. In einigen Ländern dient er auch als Ausgangsstoff zur Herstellung von Schwefelsäure.

*Anhydrit — Kalziumsulfat — $CaSO_4$; rhombisch. Härte 3—3,5, spezif. Gew. 2,9. Farblos, weiß, rosa, rot, bläulich, violett, braun, grau. Glasglanz; durchsichtig, durchscheinend. Vollkommene Spaltbarkeit.*

# Minerale in der Atomindustrie

Uraninit (Pechblende)

Die Atomenergie trug als neue Energiequelle wesentlich zur Entwicklung von Wissenschaft und Technik bei. Grundrohstoffe für ihre Gewinnung sind Minerale mit reichem Gehalt an radioaktiven Elementen, vor allem Uran und Thorium.

In der Natur existieren etwa 100 Minerale, die Uran oder Thorium enthalten. Der größte Teil von ihnen interessiert jedoch lediglich vom Standpunkt der Mineralogie her. Als Rohstoffe für die Industrie kommen vor allem Uranin und Uranglimmer in Frage. Radioaktive Stoffe waren bereits im 19. Jh. bekannt, doch das Interesse an ihnen wuchs erst während des zweiten Weltkrieges und danach ungewöhnlich stark an. Sie wurden zu einem erstrangigen strategischen Rohstoff.

## Uraninit – Pechblende (Uranpecherz)

Uraninit war über Jahrhunderte ein unbrauchbares Mineral, das die Bergleute als taubes Gestein auf die Halden, die in der Nähe der Silberschächte emporragten, warfen. Heute ist Uraninit ein Rohstoff von ungewöhnlichem Wert – das Uranerz ist die Quelle der Atomenergie. Erst vor rund hundert Jahren begann man es praktisch auszunutzen. Es wurde daraus eine sattgelbe Farbe für die Verzierung von Glas und Keramik erzeugt. 1898 entdeckte Marie Curie-Sklodowska in den Abfallprodukten der Farberzeugung ein neues Element – das Radium. Anfangs wurde es vor allem in der Medizin genutzt. Heute stellen Radium und radioaktive Elemente die Grundlage eines modernen Wissenschaftszweiges dar, der unerschöpfliche Energiequellen bietet. Aus Uraninit wird Brennstoff für Kernkraftwerke erzeugt.

Uraninit tritt in Granit eingeschlossen auf, wo es manchmal würfelförmige Kristalle bildet. Viel häufiger ist es in Form schwarzer, pechartig glänzender Schichten und nierenförmiger Massen, dem sog. Uranpecherz (Pechblende) in Erzadern anzutreffen. Dort füllt es kleinere Gänge aus. Uraninit ist stark radioaktiv. Falls ein Stück Gestein, das eine kleine Uraninitader beinhaltet, auf empfindliches, fotografisches Papier gelegt und nach zwei Tagen entwickelt wird, enthält man ein genaues Abbild der Ader, ein sog. Autoradiogramm, das durch die Strahlung der zerfallenen Teilchen der radioaktiven Elemente entstand.

Wie schon festgestellt wurde, bewährte sich Uran, bevor es als Rohstoff für die Atomenergie entdeckt wurde, vor allem bei der Herstellung von Spezialfarben.

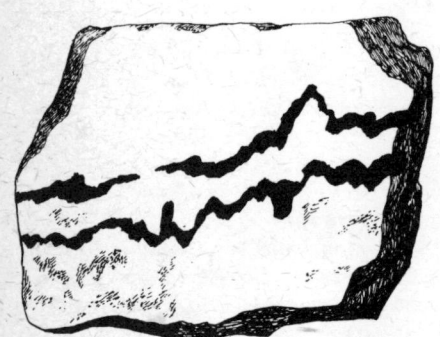

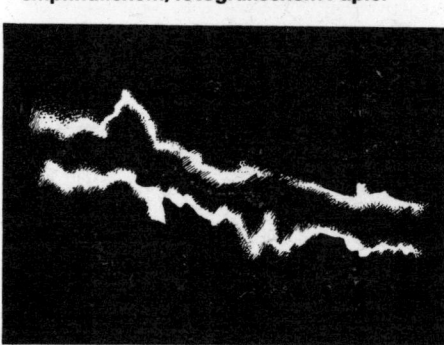

**Uraninitadern und ihr Autoradiogramm auf empfindlichem, fotografischem Papier**

Uran bewirkt eine phantastische, gelbgrüne, durch nichts nachzuahmende Fluoreszenz des Glases. Bis heute werden die Uranleuchtfarben für Ziffern an verschiedensten Apparaten genutzt. In der Natur zerfällt das Uraninit in eine Reihe sekundärer Uranminerale, die größtenteils durch ihre grelleuchtenden Farben auffallen (s. u.).

Von den klassischen europäischen Fundorten sind vor allem die in der ČSSR und England bekannt. Größtes westeuropäisches Vorkommen ist Menzenschwand im Feldberggebiet des Schwarzwaldes. Große Uraninlagerstätten befinden sich in Afrika, vor allem in Zaire und der Republik Südafrika, ferner in Kanada im Gebiet Beaverlodge, in Saskatchewan und im Gebiet des Blind River in Ontario. In den USA ist die Hauptförderung auf dem Colorado-Plateau in Arizona und in den Staaten New Mexico und Utah konzentriert.

*Uraninit – Urandioxid – $UO_2$; kubisch. Härte 5,5, spezif. Gew. 7,5–10,5. Farbe schwarz; Strich braunschwarz. Pech-, Fettglanz; undurchsichtig. Keine Spaltbarkeit.*

## Torbernit und Carnotit

Der Norden der kanadischen Wildnis war viele Jahre nur auf schiffbaren Flußläufen zugänglich. Ein eifriger Mineraliensammler gebrauchte 1930 ein Wasserflugzeug und bemerkte beim Überfliegen des Großen Bärensees den auffallend gelb gefärbten Boden auf einer der kleinen Inseln. Der Sammler landete aus diesem Grund auf der Insel und stellte fest, daß die Färbung durch kleine schuppenartige Kristalle hervorgerufen wurde, die Uraninitgänge umgaben. Er entdeckte auf diese Weise eine der größten Uran-, Silber-, Nickel- und Kobaltlagerstätten.

Es wurde bereits festgestellt, daß Uraninit in der Natur ein unstabiles Mineral darstellt. Durch Verwitterung wandelt es sich in eine Reihe von Sekundärmineralien um. Diese sind blätterig, schuppig, gut spaltbar und weisen Perlmutterglanz auf. Die Farbe ist größtenteils gelb oder grün. Diese Mineralgruppe wird als sog. ,,Uranglimmer'' bezeichnet. Ein Vertreter aus dieser Gruppe ist das Torbernit — ein hydratisiertes Kupfer-Uran-Phosphat. Es ist smaragdgrün und kristallisiert zu flächigen Plättchen mit quadratischem Umriß.

Ein leuchtendgelber oder gelbgrüner Uranglimmer ist *Carnotit*. Er ist ein komplexes hydratisiertes Uranvanadat, das kleinkristalline oder pulverige Überzüge bildet.

Torbernit und ihm verwandte Minerale stellen hochwertige Uranrohstoffe dar. Man fördert sie in England, Frankreich, Spanien, Portugal, der ČSSR und der Bundesrepublik Deutschland. Ergiebige Lager befinden sich ferner in Afrika, den USA und in Australien.

Thorit

*Torbernit* — wasserhaltiges Kupfer-Uran-Phosphat — $Cu(UO_2)_2(PO_4)_2 \cdot 8{-}12\,H_2O$; tetragonal. Härte 2—2,5, spezif. Gew. 3,4—3,6. Farbe smaragdgrün; Strich grün. Glas- bis Perlmutterglanz; durchscheinend. Vollkommene Spaltbarkeit.

*Carnotit* — wasserhaltiges Uran-Kalium-Vanadat — $K_2(UO_2)_2(VO_4)_2 \cdot 3\,H_2O$; monoklin. Härte 4, spezif. Gew. 4,4. Farbe gelb, gelbgrün; Strich hellgelb. Perlmutter-, Mattglanz; durchscheinend. Vollkommene Spaltbarkeit.

## Thorit

In der Natur gibt es weitaus weniger Thorium- als Uranminerale. Eines von ihnen ist das Silikat Thorit. Er kristallisiert in Granitpegmatiten in Form säulen- oder pyramidenartiger Kristalle. Größtenteils enthält er auch Uranbeimengungen, manchmal bis zu 10 %, und Elemente seltener Erden.

Im Unterschied zum Uran ist Thorit ein sehr stabiles Mineral, das nicht so leicht verwittert. Es gelangt daher bei der Verwitterung der Gebirge in Anschwemmungen, aus denen das Thorit als spezifisch schwererer Sandbestandteil vorteilhaft zu gewinnen ist. Thoritkristalle sind in Norwegen und auf Madagaskar zu finden. Aus Anschwemmungen fördert man ihn auf Sri Lanka.

Thorium findet nicht nur in der Kerntechnik Verwendung, sondern wird auch als Zusatzstoff bei der Herstellung von Glühlampenfäden und Speziallegierungen genutzt. Mit Thoriumoxid sind die sog. Auerglühstrümpfe gefüllt, die ein intensives Licht ausstrahlen.

*Thorit* — Thoriumsilikat — $Th(SiO_4)$; tetragonal. Härte 4,5—5, spezif. Gew. 4,4—5,4. Farbe gelb, orange, braun bis schwarz; Strich braun. Glas-, Fettglanz; durchscheinend, undurchsichtig. Schlechte Spaltbarkeit.

Uranglimmergruppe

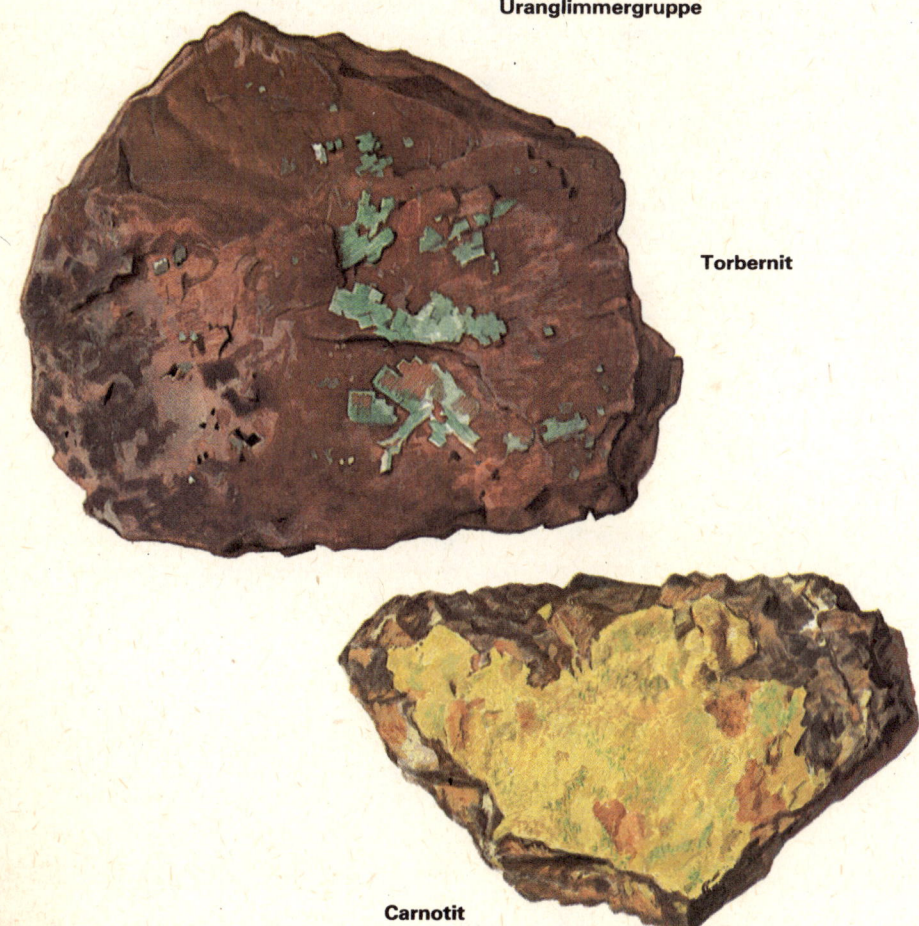

Torbernit

Carnotit

# Steine in der Bildhauerei und Architektur

Dekorationssteine dienen nicht nur als Baumaterial, sondern durch künstlerische Bearbeitung gewinnen sie ein schönes Aussehen, manchmal nur durch die glänzende Oberfläche. Die Schönheit des veredelten Materials nutzen Künstler und Baumeister schon von jeher, und so ist es heute möglich, steinerne dekorative Verkleidungen von Gebäuden ebenso wie verzierende Elemente verschiedener Gebäude, Plastiken, Reliefs, Kacheln und andere Kunstwerke zu bewundern. Der gut bearbeitete und geeignet eingesetzte Stein ist bis heute das beste Bau- und Dekorationsmaterial. Kein moderner Kunststoff kann sich mit ihm vergleichen. Seine Auswahl und die Art der Bearbeitung sind eng verknüpft mit der Entstehung der einzelnen Kulturen und Stile. Das antike Griechenland, seine Tempel und Skulpturen sind ohne Marmor unvorstellbar, ebenso wie das alte Rom ohne Marmor und Travertin. Eine ganze Reihe von Dekorationssteinen wurde in der Romanik verwendet, und hauptsächlich die Gotik zeichnete sich durch prächtige, reichgegliederte Bauten aus, die mit Detailelementen und steinernen Figuren verziert waren. Für den modernen Architekten hat der Dekorationsstein die besten Gebrauchs- und Ausdruckseigenschaften und ist durch kein anderes Material ersetzbar.

Marmor

## Marmor

Im Zusammenhang mit dem Gebrauch längst bekannter Minerale und Gesteine war bereits die Rede vom antiken Griechenland. Für die Skulptur und Architektur benutzten die alten Griechen den Marmor in seinen verschiedenfarbigen Abarten. Die Liebe zu diesem edlen Material übernahmen die Römer von den Griechen und nach ihnen auch andere Völker. Auch der heutige Bildhauer gibt dem Marmor den Vorzug, und die moderne Architektur benutzt ihn ebenso.

Marmor zählt zu den Umwandlungsgesteinen (metamorph), er ist im wesentlichen umkristallisierter Kalkstein oder Dolomit ($CaCO_3$). Er kann kompakt oder fein- bis grobkörnig sein. Meistens ist er weiß oder grau, aber manchmal auch grell gefärbt, gestreift, geädert oder gefleckt. Jede Marmorart hat ihre spezifische Farbe, ihr Muster und ihre Zeichnung.

Marmorfundorte existieren auf der Welt zahlreiche. Sehr berühmt sind die Lagerstätten des schneeweißen Marmors von Carrara in Italien. Schöner Marmor kommt auch aus Griechenland, Belgien, Frankreich, Österreich, der ČSSR und Norwegen. Grünliche oder goldgelbe Marmorsorten werden auch als Onyxmarmor bezeichnet. Onyxmarmor (Onyx = großer Fingernagel), ein Kalkstein aus den Mineralien Kalzit (= Kalkspat – $CaCO_3$ – oder Aragonit), findet man in Kalifornien, Mexiko und Argentinien. In der BRD gibt es reichhaltige Vorkommen von 40 Arten, vor allem in Hessen und Bayern, aber auch in Baden-Württemberg und Westfalen.

## Travertin

Marmor war nicht das einzige im alten Rom beliebte Baumaterial. Für den Bau des Kolosseums, des Pantheons und einer Reihe von Tempeln, Palästen und Villen führten die Römer Travertin aus dem damaligen Gebiet Tibur ein und nannten ihn daher Tiburstein, lapis Tiburtius. Durch Verdrehung dieser Bezeichnung bildete sich auch der heutige Gesteinsname heraus. Travertin wird, ebenso wie Marmor, Sandstein und andere Steine, vor allem als Dekorationsstein für die Verkleidung von Innenräumen und Außenwänden von Gebäuden benutzt.

Travertin ist ein Sedimentgestein – ein poriger Kalkstein (Kalktuff, Kalksinter), der sich durch Ausfällung von Kalziumkarbonat aus kaltem und heißem Wasser unter Einwirkung von Bakterien und Algen herausbildete. Er ist unregelmäßig geschichtet, gestreift und hat zahlreiche Hohlräume. Zumeist ist er von gelber, brauner oder grauer Farbe.

Travertin

Bekannte Travertinfundstellen gibt es in Italien, Jugoslawien, der ČSSR, der UdSSR, den USA und in Algerien; in der Bundesrepublik Deutschland bei Bad Cannstadt.

## Sandstein

Sandstein ist ebenfalls ein sehr beliebtes Material für Baumeister und Bildhauer. Im Mittelalter schufen die Menschen aus ihm die berühmten europäischen Kathedralen, aber auch kleine Dorfkirchen, die ebenfalls wahre Kunstwerke sind. Diese waren oft auch mit Sandsteinskulpturen ausgeschmückt.

die Farbe sind auch Festigkeit und Widerstandsfähigkeit von der Art des Bindemittels abhängig.

In der Natur türmt der Sandstein oft mächtige Schichtenfolgen auf, die der Landschaft ein eigenes Gepräge geben. Auf allen Kontinenten existieren zahlreiche Sandsteinfundstellen; in der Bundesrepublik Deutschland finden wir Buntsandstein im Schwarzwald, Odenwald, Maintal und in Norddeutschland und Schilfsandstein des mittleren Keupars im Maintal. In der DDR gibt es Buntsandstein in Thüringen und Kreide- oder Quadersandsteine im Elbsandsteingebirge.

## Labradorit

Der Reiz des Labradorits liegt in dem regenbogengleichen Farbenspiel. Dieser Stein wurde vor 200 Jahren an der Ostküste der Halbinsel Labrador in Ostkanada entdeckt. Aufgrund des Farbenspiels, das bei Drehung bzw. vermindertem Lichteinfall entsteht, verwendet man Labradorit bis heute in der Architektur, wo er dazu dient, das manchmal einförmige Aussehen der Gebäude zu beleben.

Labradorit ist eines der gesteinsbildenden Minerale – ein Feldspat. Er gehört zu den Kalknatronfeldspaten, die eine Gruppe natrium-, kalkhaltiger Feldspate darstellen. Zumeist ist er grobkörnig. In der Natur tritt er in Eruptivgesteinen, in Basalten und Gabbro auf. Außer auf Labrador, wo er häufig anzutreffen ist, findet man Labradorit auch in der UdSSR, in Finnland (Karelien) und in den USA.

Besonders schön gefärbte Labradoritexemplare werden auch gern als Schmucksteine verwendet.

*Labradorit – Kalknatronfeldspat – $Na(AlSi_3O_8) \rightarrow Ca(Al_2Si_2O_8)$; triklin. Härte 6, spezif. Gew. 2,6–2,7. Farbe dunkelgrau bis grauschwarz, mit buntem Farbenspiel; Strich weiß. Glas-, Perlmutterglanz; durchscheinend, undurchsichtig. Vollkommene Spaltbarkeit.*

**Sandstein**

Sandstein ist ein Sedimentgestein, das durch Verkittung der Sandkörner entstand. Es handelt sich im wesentlichen um Quarzkörner, und aus diesem Grunde widersteht die Steinoberfläche den Verwitterungseinflüssen gut. Sandsteinskulpturen sind lange beständig und lassen sich obendrein gut aus dem verhältnismäßig weichen Gestein herausarbeiten. Daher verwendet der Bildhauer auch in der modernen Zeit gern Sandstein. Aus ihm lassen sich sehr feine Details herausarbeiten, die an Steinschnitt erinnern. Es wurde bereits gesagt, daß der Hauptbestandteil des Sandsteins kleinkörniger Quarz ist. Das Körnerbindemittel kann kalkartig (Kalzit), tonartig (tonartige Minerale), eisenhaltig (Hämatit, Limonit) oder quarzartig sein. Dem Kitt entsprechend ändert sich auch die Farbe des Sandsteins. Die Schattierungen reichen von weiß, gelb, grau über braun bis rot. Wie

**Labradorit**

# Edel- und Schmucksteine

Edelsteine! Was macht eigentlich ihren besonderen Reiz aus? Welche Eigenschaften muß ein Stein aufweisen, um als Edelstein bezeichnet zu werden? An erster Stelle steht das Aussehen. Auch das seltenste Mineral kann, wenn es grau, ohne Glanz, rissig und grob ist, zwar von den Geologen wegen seiner vielleicht günstigen Gebrauchseigenschaften sehr begehrt sein, aber niemals wird man von ihm als von einem Edelstein sprechen. Die Schönheit der Edelsteine ist durch ihre optischen Eigenschaften, besonders durch Farbe, Glanz, Durchsichtigkeit bzw. Lichtdurchlässigkeit gegeben. Sie wird durch Bearbeitung (Schleifen) und das Einsetzen in Schmuckstücke noch erhöht. Ein weiteres Wesensmerkmal der Edelsteine ist ihre Härte, die ihrer Schönheit Dauerhaftigkeit garantiert. Auch ihr seltenes Vorkommen in der Natur verleiht den Edelsteinen Wert. Schließlich darf man auch die Mode

Edelsteinen. Es kann also festgestellt werden, daß der Edelstein den Menschen durch alle Zeiten begleitete und wohl auch in Zukunft begehrt sein wird.

## Diamant

Der Diamant wird als König der Edelsteine bezeichnet, und in seiner Vorrangstellung behauptet er sich schon seit Jahrhunderten. Seine Bezeichnung stammt von dem griechischen Wort „adamas", was „unbezwingbar" bedeutet. Seine Eigenschaften sind auch in Technik und Industrie sehr geschätzt. Dennoch ist er aus bloßem Kohlenstoff, der zu kubischen Systemen kristallisierte, also aus dem gleichen Material wie die Mine im Bleistift oder reinste Kohle (Graphit). Er hat natürlich einen anderen Atomaufbau. Der Diamant ist das härteste aller Minerale, er erreicht höchste Lichtbrechung und so ausdrucksvollstes Farbenspiel. Am be-

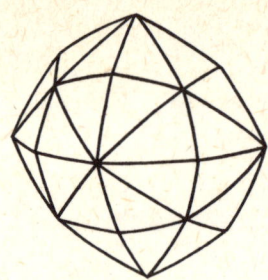

Hexaoktaeder

die Diamanten geschliffen werden. Die einzelnen Flächen des Diamantschliffs sind so angeordnet, daß die Lichtstrahlen vielfach reflektiert und gebrochen werden. Durch diese Methode wird das besondere Farbenspiel, das sog. „Feuer" erzielt.
Die erste erfolgreiche Industriesynthese des Diamanten gelang 1955. Die Kristalle werden bei hohem Druck und hoher Temperatur erzeugt, sind jedoch für Schmucksteine zu klein. Für technische Zwecke sind sie jedoch bereits unentbehrlich.
Weltbekannte Diamantfunde gibt es in Südafrika in der Nähe von Kimberley, ferner in Südwestafrika (Orange River), in Zaire, Angola, Ghana, Sierra Leone und seit 1940 auch in Tansania. Die ältesten bekannten Fundstellen sind in Indien und Brasilien. Seit 1954 werden Diamanten in den reichen Fundstellen in Jakutsk (UdSSR) abgebaut. Weniger bedeutend sind die Lagerstätten in Venezuela, Australien und in den USA.
In der technischen Praxis wird der Diamant zur Metallbearbeitung, zum Glasschneiden und zum Schleifen und Polieren harter Materialien verwendet. Ferner werden aus ihm Ziehsteine für das Drahtziehen erzeugt. Zur Bearbeitung auch härtester Gesteine (Bohren, Sägen) wird er zum Besatz der Bohrer und Sägen benutzt.

Diamant

nicht vergessen, die das Maß der Beliebtheit der einzelnen Edelsteine bestimmt.
Mit Edelsteinen schmückten sich die Menschen von alters her. Die schönsten Edelsteine wurden für den, der sie trug, bald zu einem Symbol für Reichtum und Macht. In Märchen ist oft von ihnen die Rede, und auch in der Krone der Könige funkelten sie in ihren herrlichen Farben. Noch heute haben die Edelsteine nichts von ihrer Anziehungskraft eingebüßt. Manche verwendet man jedoch auch in der modernen Industrie. Bestimmte Edelsteine werden künstlich erzeugt, da die Nachfrage nach ihnen enorm gestiegen ist; man spricht dann von synthetischen

kanntesten sind die klaren, farblosen Diamanten, sie können jedoch auch farbig sein, z. B. blau, rot, grün, gelb, braun und grau.
Der Diamant kristallisiert in Oktaeder- und Dodekaederform, seltener sind Würfelformen. Sein Muttergestein ist der Kimberlit, der mächtige Vulkankamine, die sog. „Diamantenpfeifen", ausfüllt. Sekundär ist der Diamant in Flußanschwemmungen und in Geröllen zu finden. Der bisher größte Diamant mit einem Rohgewicht von 621 g – Cullinan – wurde 1905 in der Premier Mine bei Pretoria in Südafrika gefunden.
Um den Glanz und das funkelnde Glitzern zur Wirkung zu bringen, müssen

*Diamant – Kohlenstoff – C; kubisch. Härte 10, spezif. Gew. 3,5. Farblos, gelb, rot, blau, grün, braun, grau bis schwarz. Diamant-, Fettglanz; durchsichtig, durchscheinend; starke Dispersion und hohe Lichtbrechung. Vollkommene Spaltbarkeit.*

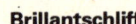

Brillantschliff

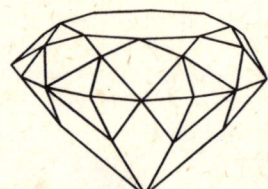

*Korund (Rubin und Saphir)*
*– Aluminiumoxid – Al$_2$O$_3$ ; hexagonal*
*Härte 9, spezif. Gew. 3,9–4,1. Farbe rot*
*(Rubin), blau, gelblich, farblos (Saphir);*
*Strich weiß. Glasglanz; durchsichtig bis*
*undurchsichtig, durchscheinend. Keine*
*Spaltbarkeit.*

## Smaragd

Auch der Smaragd ist ein sehr beliebter
Edelstein. Es ist ein schöner, sattgrüner
Stein von der Farbe einer „frischen
Frühlingswiese". Auch wenn die Sma-
ragde nicht solche Härten wie Korund
erreichen, werden die wasserhellen,

### Rubin und Saphir

Weitere, begehrte Edelsteine sind Rubin und Saphir. Beide sind farbige Abarten des Minerals Korund. Im wesentlichen handelt es sich um kristallisier-
tes, reines Aluminiumoxid, dessen
Härte um eine Stufe niedriger ist als die
des Diamanten. Die schöne sattrote
Farbe des Rubins wird durch einen geringen Chromgehalt bewirkt.
Der älteste bekannte Rubinfundort liegt
in Burma. Aus Anschwemmungen gewinnt man Rubine in Sri Lanka, Thailand, Kampuchea, Indien und auf Bor-
neo. Neuere Fundstellen wurden in
Afrika entdeckt.
Wegen seiner großen Härte und weiterer, wichtiger physikalischer Eigenschaften wird der Rubin auch in der
technischen Praxis genutzt. Auf allen
besseren Uhren fand man den Ver-
merk, wieviel „Steine" (in Form der Lager) enthalten waren. Rubine bewähren
sich auch als ausgezeichnete Schleif-
und Poliermittel.

*Saphir –* Der Saphir zeichnet sich
durch ein weiches, unaufdringliches
Blau, die „Farbe der Treue", aus. Diese
Färbung wird durch Spuren von Eisen
und Titan hervorgerufen.

**Rubin und die sog. Birnenform
des künstlichen Rubins**

**Saphir**

Der Saphir ist meist in nacheiszeitli-
chen Geröllen und Anschwemmungen
zu finden. Zusammen mit Rubinen wird
er in Thailand, Sri Lanka, Kampuchea
und in Indien im Gebiet von Kaschmir
gefördert.
Seit 1902 werden erfolgreich künstliche
Rubine, Saphire und andere farbige Abarten des Korunds durch den sog. Ver-
neuil-Prozeß hergestellt. Pulveriges
Aluminiumoxid wird in kleinen Spezial-
öfen in Sauerstoff-Wasserstoffflammen
geschmolzen. Die gewonnenen Mono-
kristalle haben eine sog. „Birnenform".

vollendet gefärbten Steine doch oft höher geschätzt als der Diamant.
Der Smaragd ist eine Edelsteinabart
des Minerals Beryll, Beryllium-Alumi-
niumsilikat. Die grüne Färbung wird
durch den Chromgehalt hervorgerufen.
Er kristallisiert in sechsflächigen Säulen
in Glimmerschiefern, Kalksteinen und
in Pegmatiten.
Die berühmtesten Smaragdlagerstät-
ten befinden sich in Kolumbien, in Südafrika (Simbabwe), Indien und Brasilien. In den USA findet man Smaragde
in Nordkarolina. Von den europäischen
Lagerstätten sind Funde aus dem Ural
(UdSSR) und aus Österreich (Habachs-
tal im Salzburgerland) bekannt.
1946 gelang es, den synthetischen
Smaragd zu erzeugen. Er hat die Form
sechsflächiger Kristalle. Die künstliche
Herstellung ist jedoch bisher noch nicht
so verbreitet wie bei den Korunden.

*Smaragd – Beryllium-Aluminiumsili-*
*kat – Be$_3$Al$_2$(Si$_6$O$_{18}$); hexagonal. Härte*
*7,5–8, spezif. Gew. 2,6–2,8. Farbe*
*grün; Strich weiß. Glasglanz; durch-*
*sichtig bis undurchsichtig. Keine Spalt-*
*barkeit.*

**Smaragd**

**Topas**

## Topas

Der Topas war von jeher ein begehrter Edelstein. Er wird vor allem wegen seiner angenehmen Farbe, der weichen Schattierungen von wein- oder honiggelb, goldgelb, rosa und rot geschätzt. Er tritt auch hellblau oder wasserhell, farblos auf. Die Härte des Topas' ist um eine Stufe niedriger als die des Rubins. Man schätzt auch seine vollendete Durchsichtigkeit und wasserhelle Klarheit. Die ausgezeichnete Spaltbarkeit in einer Richtung wird manchmal zum Hindernis bei seiner Verarbeitung zu Schmucksteinen. Entsprechend seiner Verbindung ist der Topas ein Aluminiumsilikat mit Fluorgehalt; man findet ihn in Graniten und Granitpegmatiten. Die Kristalle sind säulenförmig und erreichen oft beachtliche Ausmaße.
Bedeutender Topaslieferant war im Mittelalter Sachsen (Schneckenstein im Erzgebirge). Später wurden reiche Lagerstätten in Brasilien im Staat Minas Gerais im Gebiet von Ouro Prêto und in Rio Grande do Sul entdeckt. Von den weiteren Fundorten großer Topaskristalle sind die Lagerstätten im Ural und in Sibirien (UdSSR) die bekanntesten. Schöne Topaskristalle kommen auch

aus Japan, Sri Lanka, Burma und den USA. Weitere Fundorte sind fast auf der ganzen Welt anzutreffen.
In der Natur kommt Topas nicht so selten wie die übrigen Edelsteine vor, daher ist sein Preis auch nicht so hoch. Auch wenn der Topas nicht künstlich hergestellt wird, so wird er doch manchmal durch ausgebrannten Amethyst nachgebildet und in den Geschäften als sog. „spanischer" oder „Madeira"-Topas angeboten, ebenso wie die Quarzvarietät „Citrin".

*Topas – Aluminiumsilikat mit Fluorgehalt – $Al_2SiO_4(F,OH)_2$; rhombisch. Härte 8, spezif. Gew. 3,4–3,6. Farblos, gelb, braun, rosa, rot, blau; Strich weiß. Glasglanz; durchsichtig, durchscheinend. Vollkommene Spaltbarkeit.*

## Turmalin

Der Turmalin ist ein Mineral mit sehr interessanten Eigenschaften. Farblich ist er sehr mannigfaltig und in seiner chemischen Zusammensetzung ein kompliziertes Borosilikat einer ganzen Reihe von Elementen. Es ist daher kein Wunder, daß er früher häufig mit anderen Mineralien verwechselt wurde. Turmalin tritt in Graniten und Granitpegmatiten auf, wo er säulenförmige Kristalle mit dreiflächigem Umriß bildet. An den Turmalinen läßt sich eine ganze Farbenskala beobachten; von gänzlich farblosen Kristallen reicht sie über die verschiedensten Schattierungen aller Farben bis zu schwarzen, undurchsichtigen Kristallen. Häufig sind auch in einem Kristall mehrere Farbschattierungen zu finden, z. B. ist der Grund grün, dann folgt rot, und das Ganze wird mit schwarz abgeschlossen. Solche Steine bezeichnet man als

„Mohrenköpfe". Bei Querschnitten sind auch die Randzonen einiger Turmaline oft anders gefärbt als der eigentliche Kern. Damit ist jedoch die Farbenpracht des Turmalins noch nicht erschöpft. Falls man einen grünen Turmalin gegen das Licht untersucht, so ändert sich je nach der Richtung, aus der man ihn betrachtet, auffallend seine Farbschattierung. Diese Erscheinung wird wissenschaftlich als Pleochroismus bezeichnet.
Bei Erwärmung wird der Turmalin elektrisch aufgeladen und zieht kleine Staubteilchen an. Diese interessante Eigenschaft nutzten früher die Holländer zur Reinigung ihrer Pfeifen und nannten den Stein deshalb „Aschentrekker"; sie waren die ersten, die den Edelstein Turmalin aus Ceylon (Sri Lanka) nach Europa brachten.
Der gewöhnliche, schwarze Turmalin – Schörl – ist ein sehr verbreitetes Mineral. Der braune Turmalin heißt Dravit, der blaue Indigolit und der grüne Verdelit. Am meisten geschätzt und begehrt ist jedoch die rote Edelsteinabart – der Rubelit.
Schöne Rubelitkristalle stammen aus Palo in San Diego County im Bundesstaat Kalifornien (USA). Schmuckturmaline treten auch auf der Insel Elba, ferner in Sri Lanka, im afrikanischen Moçambique, auf der Insel Madagaskar, in Brasilien und Burma auf.

*Turmalin – Basisches Borosilikat aus verschiedenen Elementen – (Na,Ca)-(Li,Mg,Al) $(Al,Fe,Mn)_6(BO_3)_3(Si_6O_{18})(OH)_4$; trigonal. Härte 7–7,5, spezif. Gew. 3–3,2. Farbe unterschiedlich; Strich weiß. Glasglanz; durchsichtig bis undurchsichtig. Keine Spaltbarkeit, muscheliger Bruch.*

**Turmalin und Querschnitt seines Kristalls**

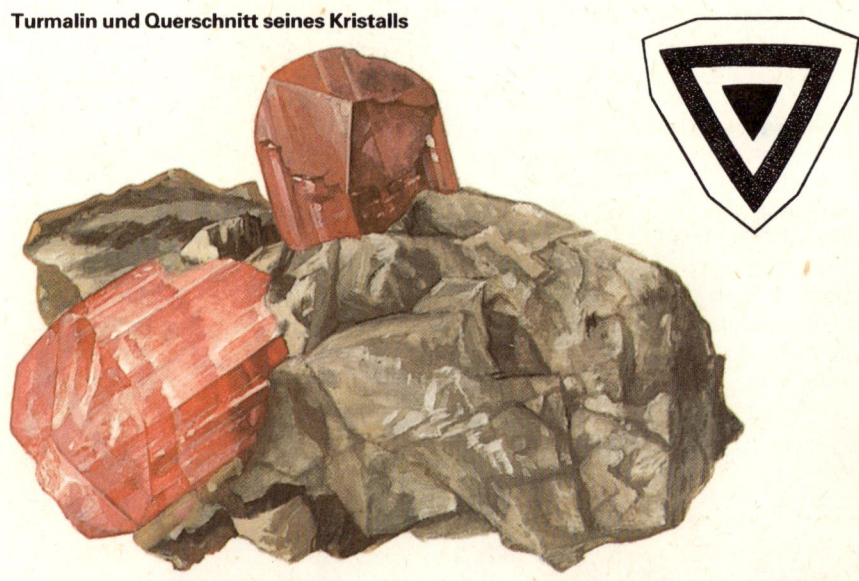

**Granat**

## Granat

Granate bilden zahlenmäßig schon
eine „Familie" von Mineralien. Es ist
eine Gruppe von Doppelaluminiumsili-
katen mit Kalzium, Magnesium, Eisen,
Mangan und Chrom. Alle haben einen
ähnlichen inneren Bau und auch ähnliche Eigenschaften. Entsprechend
ihrer chemischen Zusammensetzung
weisen sie jedoch unterschiedliche Färbung auf, und die einzelnen Granat-
arten tragen auch verschiedene Bezeichnungen.
*Almandin* ist ein Eisen-Aluminium-
Granat (Eisen-Aluminiumsilikat). Als
Schmuckstein dient er schon seit älte-
ster Zeit. In der Natur ist er allgemein in
metamorphen Gesteinen verbreitet. Er
hat eine schöne dunkelrote Farbe
mit einer violetten Schattierung. Al-
mandinfundorte sind auf der ganzen
Welt verstreut − in Europa in Österreich, ferner in Indien, Afghanistan, Sri
Lanka, Thailand, auf Madagaskar, in
Brasilien und in den USA.
Ein weiterer sehr beliebter Edelstein ist
der Magnesium-Aluminium-Granat
− *Pyrop*. Er besticht durch seine funkelnde, feuerrote Farbe und tritt in Ge-
sellschaft des Diamanten auf. Man findet ihn in der Umgebung von Kimberley in Südafrika und auf den Diaman-
tenfeldern von Jakutsk in der UdSSR.
Die ersten Pyrope für Schmuckzwecke
wurden in Böhmen gefördert und geschliffen, die sog. „böhmischen Granate". Außerdem finden wir diese Steine
in den USA und in Australien.
Zwischen Pyrop und Almandin existieren noch Granatgemische, die eine
hellrosarote bis violette Färbung aufweisen. Sie werden als *Rhodolithe*
bezeichnet und treten in Nordkarolina,
Kalifornien, Sri Lanka, Brasilien, Sambia und Tansania auf.

Granate sind gegen Verwitterungsein-
flüsse sehr widerstandsfähig. Sie gelangen aus den verwitterten Mutterge-
steinen in Anschwemmungen, aus
denen sie ausgewaschen werden.

*Granatgruppe − Doppelsilikate zwei-
wertiger und dreiwertiger Elemente
− $X_3Y_2(SiO_4)_3$ ; kubisch. Härte 6,5−7,5,
spezif. Gew. 3,5−4,3. Farbe rot, braun,
gelb, orange, violett, grün, schwarz;
Strich weiß. Glasglanz; durchsichtig,
durchscheinend. Spaltbarkeit unvollkommen.*

## Opal − Edelopal

Die magische Schönheit des Opals wird
seit dem Altertum bewundert und hoch
geschätzt. Für die Römer hatte dieser
Stein, der durch ein herrliches Wech-
selspiel aller Regenbogenfarben besticht, den gleichen Wert wie ein
Diamant.
Entsprechend seiner chemischen Verbindung ist der Opal ein gewöhnliches,

wasserhaltiges Siliziumdioxid. Er kristallisiert niemals, ist formlos (amorph)
und ohne regelmäßige innere Struktur.
Der Opal ist ein sekundär entstandenes
Mineral, das Risse in Eruptivgesteinen
ausfüllt oder in diesen kleine Adern bildet. Die Grundfarbe des Opals ist weiß.
Er kann jedoch durchaus auch in gelber, grauer, milchblauer oder schwarzer Schattierung auftreten. Woher aber
kommt dieses einzigartige innere Farbenspiel? Die Lösung des Rätsels
wurde erst durch das Elektronenmikroskop gefunden. Bei enormer Vergrößerung läßt sich feststellen, daß der Opal
aus kleinsten und sehr feinen Kugeln
aus Siliziumdioxid (Cristobalit) besteht.
In den Zwischenräumen stößt man jedoch auf freigebundenes Wasser. Das
Bild der Spärolithe unter dem Elektronenmikroskop läßt sich bildhaft mit
aufeinandergeschichteten Tennisbällen
vergleichen. In den ultramikroskopisch
kleinen Zwischenräumen und an den
Flächen zwischen den kleinen Kugeln
kommt es zu Brechungs- und Interfe-
renzerscheinungen des Lichtes und zu
seiner Zerlegung in Spektralfarben.
Seit der Römerzeit förderte man den
Opal auf dem Gebiet der heutigen
ČSSR (Slowakei), aber diese Lagerstätten sind bereits erschöpft. Die größten
und reichsten Fundorte wurden in der
2. Hälfte des 19. Jh. im australischen
Queensland, in Neusüdwales und in
Viktoria entdeckt. Weitere Lagerstätten
gibt es in Brasilien, Guatemala, Honduras, Mexiko, Japan und den UsA.

*Edelopal − wasserhaltiges Silizium-
dioxid − $SiO_2 \cdot n\,H_2O$; amorph. Härte
5,5−6,5, spezif. Gew. 1,9−2,2. Farbe
unterschiedlich, veränderliches Farbenspiel − Opaleszenz; Strich weiß.
Glas-, Fettglanz; durchscheinend.
Keine Spaltbarkeit, muscheliger Bruch.*

**Opal**

Amethyst

körnige Massen ohne Kristallumgrenzung. Lange Zeit wurde er aus diesem Grunde lediglich als derbes Material angesehen. Erst 1960 fand man in Gowernador Valaderes im brasilianischen Staat Minas Gerais gut ausgebildete Kristalle.

Rosenquarz ist durchscheinend, fettig glänzend, und seine Färbung ist ungleichmäßig. Zur Weiterverwendung im Schmuckgewerbe wählt man starkgefärbte Exemplare, um aus ihnen Broschen, Anhänger, Armbänder, Statuetten und andere Zierstücke anzufertigen. Die wichtigsten Rosenquarzlagerstätten befinden sich in Brasilien und auf Madagaskar. Weitere Fundorte liegen in Indien, Sri Lanka, Südafrika und Moçambique.

*Rosenquarz – Siliziumdioxid – $SiO_2$; trigonal. Härte 7, spezif. Gew. 2,65.*

## Amethyst

In mittelalterlichen Sagen hat der Amethyst die Eigenschaft, vor Trunkenheit zu schützen. Aus diesem Grunde erhielt der violette Stein auch seine Bezeichnung nach dem griechischen Wort „amethyein", was soviel wie „nicht betrunken sein" bedeutet.

Der Amethyst ist eine Quarzabart von angenehm hell- bis dunkelvioletter Farbe. Diese Färbung wird durch Spuren von Eisen hervorgerufen. Bei Erwärmung bis auf 250 °C wandelt sich die violette Farbe des Amethysts und nimmt einen gelbbraunen Farbton an. Amethyst kristallisiert in Hohlräumen und Spalten von Eruptivgesteinen. Die reichsten und bekanntesten Fundorte existieren in Südbrasilien im Staat Rio Grande, in Uruguay und auf Madagaskar.

*Amethyst – Siliziumdioxid – $SiO_2$; trigonal. Härte 7, spezif. Gew. 2,65. Farbe violett; Strich weiß. Glasglanz; durchsichtig, durchscheinend. Keine Spaltbarkeit, muscheliger Bruch.*

## Rosenquarz

Von angenehm rosa Farbe in verschie-

Rosenquarz

denen Schattierungen ist die Quarzabart Rosenquarz. Die Rosafärbung bewirken minimale Titanbeimengungen. Dieser Stein ist jedoch außerordentlich empfindlich gegen Lichteinwirkung. Unter Sonneneinstrahlung verblassen einige Rosenquarzarten, verlieren ihre rosa Farbe und wandeln sich allmählich in gewöhnlichen grauen Quarz um. Rosenquarz bildet in Pegmatiten grob-

*Farbe rosa; Strich weiß. Glas-, Fettglanz; durchscheinend. Keine Spaltbarkeit, muscheliger Bruch.*

## Tigerauge

Die mikrokristallartigen, faserigen Quarzabarten, die von den Geologen mit „Augen" bezeichnet werden, weisen ein ganz besonders glitzerndes Funkeln und seidigen Glanz auf. Falls man einen geschliffenen Stein zur Seite neigt, huscht über seine Oberfläche ein heller Streifen. Diese interessante optische Erscheinung wird durch das feinfaserige, im Quarz eingeschlossene Mineral Krokydolith hervorgerufen. Krokydolith gehört zur Gruppe der Amphibolasbeste. Er ist ein Silikat mit Eisenanteil von grauer bis graublauer Farbe. Bei den im sog. „Tigerauge" eingeschlossenen Krokydolithen oxidierte das Eisen gänzlich oder teilweise und verleiht dem Stein eine gelbe bis goldbraune Farbe. Eine andere Abart dieser interessanten Quarzsorte wird „Falken-

Tigerauge

auge" genannt und ist von blaugrauer Farbe. Beim „Tiger-" oder „Falken-auge" handelt es sich um pseudomorphose Quarze des Krokydoliths. Früher war das „Tigerauge" ein sehr geschätzter Edelstein. Nach Europa gelangte er erst in den achtziger Jahren des vergangenen Jahrhunderts, u. zw. von den Lagerstätten in Südafrika. Diese Lagerstätten waren selten und schwer zugänglich, und deshalb wurden diese Steine gemeinsam mit den seltensten Edelsteinen zu Schmuckstücken verarbeitet. Doch unter dem Einfluß der Mode und mit der allmählich wachsenden Zugänglichkeit der Fundorte sank auch das Interesse an den „Tigeraugen". Später wurden aus ihnen lediglich Briefbeschwerer, Siegelstöcke, Schreibgarnituren und andere Ziergegenstände hergestellt. Heute wächst das Interesse an den „Tigeraugen" wieder. Der Stein wird zu Gravierungen und Kameen verarbeitet. Die älteste und bekannteste Lagerstätte des „Tigerauges" befindet sich in der Republik Südafrika (Doorgebirge); daneben in Westaustralien, Burma, Indien und den USA (Kalifornien).

*Tigerauge – Siliziumdioxid – $SiO_2$; trigonal. Härte 7, spezif. Gew. 2,64–2,71. Farbe braungelb; Strich weiß. Seidenglanz; undurchsichtig. Keine Spaltbarkeit; faserige Absonderung.*

einiger Gesteine aus oder formt nierenartige Überzüge bzw. stalaktitische und weintraubenförmige Gebilde. Er ist durchscheinend und größtenteils grau, weiß, gelb oder bläulich. Seine Oberfläche ist matt- bis wachsglänzend. Bei Betrachtung des Chalzedons unter dem Mikroskop läßt sich feststellen, daß er aus sehr feinfaserigen Quarzkristallen zusammengesetzt und nur teilweise kompakt ist. Er schied sich aus wäßrigen Lösungen der Kieselsäure in den Rissen und Hohlräumen verschiedener Gesteine ab und ist ein sehr verbreitetes Mineral. In der Tampe Bay in Florida (USA) ist Chalzedon auch als sekundäre Scheinform (Pseudomorphose) der Korallen zu finden.

Edlere Chalzedonabarten sind die Achate. Diese Bezeichnung stammt von der altgriechischen Benennung des Flusses Achates (heute Dirillo) auf Südsizilien, in dessen Flußbett man Achate fand. In den Achaten wechseln sich verschieden gefärbte Chalzedone mit Quarzen und Opalen ab und formen unnachahmliche, bizarre Kurven, Striche und Kreise, die abstrakten Zeichnungen und Bildern gleichen. Daher zählten die Achate schon seit jeher zu den beliebten Schmucksteinen. Die Sumerer und Ägypter trugen ihn als Amulett und schätzten ihn als Schmuckstein. Die Griechen und Römer waren für die hohe künstlerische Bearbeitung ihrer Kameen und gravier-

ten Gemmen aus Achat berühmt. Auch heute gilt der Achat als beliebter Schmuckstein. Seine Zähigkeit und Widerstandsfähigkeit wird auch in der Technik zur Herstellung von Lagern in Präzisionsmaschinen, Waageschneiden u. a. genutzt.

Auf der Welt existieren zahlreiche Chalzedonlagerstätten. Europäische Fundorte befinden sich z. B. in der Bundesrepublik Deutschland, der ČSSR, in Österreich, der UdSSR und auf Island; weitere gibt es in Brasilien, Uruguay, Indien und China. Bis zum Beginn des 19. Jh. waren in der Umgebung von Idar-Oberstein die bedeutendsten – heute jedoch erschöpften – Achatlagerstätten. Hier fand man zwar nicht allzu große, dafür aber besonders schön gefärbte (grau, rot, rosa, gelb, braun und blaßblau) Exemplare. Die heute wichtigsten Lagerstätten in Südbrasilien und Uruguay liefern nur überwiegend grau gefärbte Stücke, die erst durch Färben ihr buntes Aussehen bekommen. Noch heute befindet sich das bedeutendste Zentrum der Achat- und Farbsteinschleiferei in Idar-Oberstein.

*Chalzedon – Siliziumdioxid – $SiO_2$ Achat – Gemisch aus kryptokristallinen Chalzedonen, Quarz und Opal. Härte 7, spezif. Gew. 2,5–2,64. Farbe unterschiedlich; Strich weiß. Glas-, Fettglanz. Keine Spaltbarkeit, muscheliger Bruch.*

**Chalzedon (Achat)**
Auf den ersten Blick zeigt sich der Chalzedon als kompaktes, formloses Mineral. In der Natur füllt er die Hohlräume

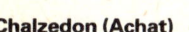

**Chalzedon (Achat)**

# Register

Die *kursiven* Zahlen verweisen auf die Abbildungen.

Abgottschlange 82, *83*
*Abramis brama* 71
*Acacia excelsa* 240
*Acacia farnesiana* 240
*Acacia senegal* 240
*Acacia sphaerocephala* 240
*Accipiter gentilis* 99
*Acer platanoides* 230
*Acer pseudoplatanus* 231
Achat siehe Chalzedon
*Achatina fulica* 20
Achatschnecke 20, *20*
*Acherontia atropos* 49
*Achilla millefolium* 195
*Acinonyx jubatus* 138
Ackerschachtelhalm 273, *273*
Ackerstiefmütterchen 213, *212*
Ackerveilchen 213, *212*
Ackerwinde 207, *207*
*Acorus calamus* 196
Adlerfarn 275, *275*
*Agkistrodon piscivorus* 85
*Agropyron junceum* 255
*Agrostemma githago* 198
*Agrostis* 255
*Ailuropoda melanoleuca* 146
*Aix sponsa* 96
Akazie, Echte 240, *240*
Alaskaelch 161
*Albugo candida* 256
*Alces alces* 161
*Alchemilla vulgaris* 194
*Alectura lathami* 114
*Alligator mississippiensis* 78
Alligator-Schnappschildkröte 92, *92*
*Allium schoenoprasum* 197
*Allium ursinum* 196
Alpenbock 43, *43*
Alpensegler 113, *113*
Aluminium 291
*Amanita muscaria* 264
*Amanita pantherina* 265
*Amanita phalloides* 265
*Amanita rubescens* 264
*Amanita verna* 265
*Amanita virosa* 265
*Ambystoma mexicanum* 74
Ameisenbär, Großer 130, *130*
*Amelanchier* 235
*Amelanchier canadensis* 235
*Amelanchier laevis* 235
*Amelanchier ovalis* 235
Amethyst 312, *312*
*Amia calva* 64
*Ammophila arenaria* 254
*Amoeba proteus* 16
Ampfer, Krauser 190, *190*
Amphibol 287, *287*
*Amphitrion percula* 61
Anakonda 82, *82*
*Anas crecca* 96
*Anax imperator* 31
Andel 255, *255*
Anhydrit 303, *303*
*Anodorhynchus hyacinthinus* 109
*Anolis carolinensis* 81
Anthrazit 229, *229*
Apatit 296, *296*

*Aphis sp.* 38
*Aphrodite aculeata* 51
*Apis mellifera* 44
*Apodemus flavicollis* 152
Apollofalter 47, *47*
*Apterix australis* 112
*Apus melba* 113
*Araneus diadematus* 24
Arapaima 64, *64*
*Arapaima gigas* 64
*Archilochus colubris* 113
*Arctia caja* 48
*Ardea purpurea* 97
*Argonauta argo* 53
*Argyroneta aquatica* 25
*Arion rufus* 21
*Armillaria mellea* 261
Asbest 300, *300*
Äsche, Europäische 68, *68*
Äskulapnatter 89, *89*
*Aspergillus repens* 257
*Asperula odorata* 192
*Asplenium ruta-muraria* 276
*Asplenium trichomanes* 276
*Ateles geoffroyi* 126
Atlasspinner 46, *46*
*Atriplex nitens* 190
*Atropa bella-donna* 199
*Atta cephalotes* 44
*Attacus atlas* 46
Augit 286, *287*
Auster, Europäische 53, *53*
*Avicennia* 242
*Avicularia sp.* 25
Axolotl 74, *74*

*Balaenoptera musculus* 165
Bambusbär siehe Panda, Großer
Bär, Brauner 48, *48*
Bärenlauch 196, *197*
Baribal siehe Schwarzbär
Bartfaden 208, *209*
Bartgeier 98, *98*
Basalt 284, *285*
Baumwollmeerkatze 127
Baumwollpflanze 189, *188*
Bauxit 291, *291*
Beerentang 247, *247*
Beinwell 194, *194*
Bergahorn 231, *231*
Bergmolch 75, *75*
Bergzebra 155
Bergzikade 36, *36*
Beta-Rübe 187, *187*
*Beta vulgaris* 187
*Beta vulgaris alba* 187
*Beta vulgaris altissima* 187
*Beta vulgaris conditiva* 187
*Beta vulgaris ssp. maritima* 187
*Betula pendula* 227
Biber 151, *151*
Bienensaug 191, *191*
Bierhefe 258, *258*
Biotit 286, *286*
*Bipalium kewensis* 19
Birkenpilz 262, *263*
Bison 163, *163*
*Bison bison* 163

Bitterling 70, *70*
Blasenschildflechte 269, *269*
*Blatella germanica* 34
Blattfallkrankheit 256, *256*
Blattlaus 38, *38*
Blattschneiderameise 44, *44*
Blatt, Wandelndes 35, *35*
Blaubeere 225, *225*
Blauhäher 102, *102*
Blauhai 57, *57*
Blauwal 165, *165*
*Blechnum spicant* 275
Blei 290
Blindwanze 37, *37*
Blumenhartriegel 233
Blutegel, Medizinischer 18, *18*
Blutkardinal 104, *104*
Blütlerkraut 195, *195*
Blutströpfchen 49, *49*
*Boa constrictor* 82
Böhm-Zebra 155, *155*
*Boletus aurantiacum* 263
*Boletus calopus* 262
*Boletus edulis* 263
*Boletus satanas* 262
*Boletus scaber* 262
*Bombina bombina* 77
*Bombyx mori* 48
*Bothrops atrox* 85
Brachsen 71, *71*
Brachvogel, Großer 96, *97*
*Brachycome iberidifolia* 209
*Branta canadensis* 96
*Brassica oleracea* 212
Braunbrustigel 120, *120*
Braunkohle 298, *298*
Brautente 96, *96*
Breitmaulnashorn 155
Brennessel, Große 191, *191*
*Brisa media* 184
Brombeere 224, *224*
*Bromus tectorum* 185
Brückenechse 78, *78*
*Bruguiera* 242
*Bubo virginianus* 111
*Buccinum undatum* 52
*Bufo viridis* 77
Buntfalke 99, *99*
Burchell-Zebra 155
Buschhuhn 114, *114*

*Calliactis parasitica* 55
*Callistemon brachyandrus* 237
*Callistemon citrinus* 237
*Calocera viscosa* 261
*Caloporus* 260
*Calopteryx virgo* 31
*Campanula persicifolia* 208
*Campsis radicans* 206
*Canis latrans* 133
*Canis lupus* 134
*Canis lupus f. familiaris* 135
*Cantharellus cibarius* 267
*Capybara* 151
*Carcinus maenas* 55
*Carex arenaria* 253

Carex sylvatica 184
Carnotit 305, *305*
Carolina-Dosenschildkröte 90, *90*
Castor fiber 151
Caulerpa prolifera 245
Centaurea cyanus 191
Ceriops 242
Certhia brachydactyla 105
Cervus elaphus 160
Cetraria glauca 269
Cetraria islandica 268
Chalzedon 312, *313*
Chamaeleo jacksonii 79
Chamäleon, Amerikanisches siehe Rotkehla-
nolis
Chelonia mydas 93
Chelus fimbriatus 93
Chelydra serpentina 92
Chenopodium album 190
Chilesalpeter siehe Natronsalpeter
Choloepus didactylus 131
Christusdorn 205, *205*
Chrysemis picta 91
Chrysotil siehe Asbest
Cicadetta montana 36
Cichorium foliosum 193
Cichorium intybus 193
Cichorium sativum 193
Ciliata 16
Cladonia rangiferina 269
Claviceps purpurea 258
Clianthus dampieri 207
Clianthus formosus 207
Clianthus puniceus 207
Clownfisch 61, *61*
Cocos nucifera 238
Colchicum autumnale 199
Colinus virginianus 100
Collocalia inexpectata 114
Columba palumbus 106
Condylura cristata 120
Convulvus arvensis 207
Coriolus (Trametes) versicolor 260
Cornus alba 233
Cornus cousa 233
Cornus florida 233
Cornus sanguinea 233
Corylus avellana 220
Crangon crangon 54
Craspedacusta sowerbyi 17
Crotalus adamanteus 85
Crotalus viridis 84
Cuculus canorus 115
Cucurbita pepo 207
Cyanocitta cristata 102
Cycas 236
Cycas 236, *236*
Cyelops strenuus 22
Cymbidium 203, *203*
Cymbidium canaliculatum 203
Cynomis ludovicianus 150
Cyprinus carpio 70

Dachs, Amerikanischer 143, *143*
Dachtrespe 185, *185*
Danaus plexippus 46
Daphne mezereum 233
Daphnia pulex 22

Darmalge 244, *245*
Dasipeltis scabra 89
Dasypus novemcinctus 131
Daucus carota 197
Dendroaspis polylepis 89
Dendrocoelum lacteum 19
Dendrolagus goodfellowi 118
Deschampsia 255
Desmodus rotundus 123
Diamant 308, *308*
Diamantklapperschlange 85, *85*
Dianthus carthusianorum 181
Dickfußröhrling 262, *262*
Dicranum scoparium 270
Didelphis marsupialis virginiana 117
Digitalis purpurea 198
Diodon hystrix 63
Diomedea exulans 95
Dionaea muscipula 202
Dodecatheon meadia 208
Donarsbart, Sprossender 204, *205*
Dreihornchamäleon, Ostafrikanisches 79, *79*
Dreschlein 189, *189*
Dromaius novaehollandiae 112
Dromedar 158
Drosera rotundifolia 202
Dryopteris filix-mas 274
Durianbaum 237, *237*
Durio zibethinus 237
Dynastes hercules 40
Dytiscus marginalis 43

Eberesche 220, *221*
Echinus sp. 50
Edelopal siehe Opal
Edelreizker 267, *267*
Edwards-Attacus 46
Egelschnecke, Große 21, *21*
Eichelhäher 102, *102*
Eierschlange 89, *89*
Eierschwamm 267, *267*
Einbeere, Vierblättrige 198, *198*
Einsiedlerkrebs 55, *55*
Einsiedlerseerose 55
Eisen 288
Eisenkies siehe Pyrit
Eistaucher 94, *94*
Elaphe longissima 89
Elch 161, *161*
Electrophorus electricus 72
Elenantilope 162
Elefant, Afrikanischer 156, *156*
Elefantenfisch 72, *72*
Elritze 71, *71*
Elymus arenarius 253
Emu 112, *113*
Engelsüß 277, *277*
Enhydra lutris 142
Entamoeba histolytica 17
Enteromorpha 244
Epilobium angustifolium 210
Equisetum arvense 273
Equisetum sylvaticum 273
Equus grevyi 155
Equus quagga 155
Equus quagga boehmi 155
Equus zebra 155
Erdläufer 28, *28*

Erethizon dorsatum 151
Erinaceus europaeus 120
Eriophorum latifolium 181
Erodium cicutarium 201
Eryngium campestre 180
Eryngium maritinum 252
Erythrocebus patas 127
Eschscholzia californica 209
Esox masquinongy 66
Espe 226, *226*
Espenrotkappe 263, *263*
Etruskerspitzmaus 121, *121*
Eucalyptus amygdalina 239
Eucalyptus ficifolia 239
Eucalyptus globulus 239
Eukalyptus 239, *239*
Eumeces schneideri 81
Eunectes murinus 82
Eupagurus bernhardus 55
Euphorbia caracasana 205
Euphorbia cyparissias 214
Euphorbia horrida 205
Euphorbia splendens 205
Euscorpio carpathicus 27
Exocoetus volitans 62

Fächerfisch, Atlantischer 59, *59*
Falco sparverius 99
Feigenkaktus 204, *204*
Feigwurz 178, *178*
Feldhase, Europäischer 148, *148*
Feldmannstreu 180, *180*
Feldmaus 153, *153*
Feldspat siehe Orthoklas
Felis silvestris 136
Felis silvestris f. catus 136
Felsenbirne 235, *235*
Felsenbirne, Gemeine 235
Felsenbirne, Kanadische 235
Felsengebirgs-Dickhornschaf 162, *162*
Felsenkänguruh 119
Felsenpython 83, *83*
Feuersalamander 75, *75*
Ficaria verna 178
Fichte, Gemeine 216, *216*
Fieberheilbaum 239, *239*
Fingerhut, Roter 198, *198*
Fisch, Fliegender 62, *62*
Fischertukan 108, *109*
Flachs 189, *189*
Fleischbecherling, Brauner 259, *259*
Fliegenpilz, Roter 264, *264*
Florida-Waldkaninchen 149, *149*
Florida-Weichschildkröte 91, *91*
Flughund, Indischer 122, *122*
Fluorit 295, *295*
Flußbarsch 67, *67*
Flußkrebs, Amerikanischer 23, *23*
Flußpferd 158, *158*
Flußspat siehe Fluorit
Flußwels 69, *69*
Fragaria vesca 200
Fransenschildkröte 93, *93*
Fratercula arctica 94
Frauenhaar 271, *271*
Frauenmantel 194, *194*
Frühlingsfingerkraut 178, *178*
Frühlingsknollenblätterpilz 265

Frühlingsknotenblume 179, *179*
*Fuchsia* 232
*Fuchsia fulgens* *232*
*Fuchsia procumbens* *232*
*Fuchsia simplicicaulis* *232*
Fuchsie 232, *232*
Furchenmolch, Gefleckter 74, *74*
Futterrübe 187

Gabelbock 162
Gabelzahnmoos, Besenförmiges 270, *270*
*Gadus morrhua* 58
*Galanthus nivalis* 179
*Galaxias attenuatus* 72
Galenit 290, *290*
*Galium odoratum* 192
*Gambusia affinis* 73
Gänsefuß, Weißer 190, *190*
*Garrulus glandarius* 102
Gartenbaumläufer 105, *105*
Gartenkürbis 207, *207*
*Gaultheria procumbens* 225
*Gavia immer* 94
Geier-Schnappschildkröte 92, *92*
Gelbhalsmaus 152, *152*
Gelbrandkäfer 43, *43*
Gemüsekohl 212, *211*
*Genetta genetta* 147
Gentu-Pinguin 164
*Geococcyx californianus* 115
Geoffroy-Klammeraffe 126, *126*
Gepard 138, *138*
Gewächshausplanarie 19
Gießkannenschimmel 257, *257*
Gila-Krustentier 79, *79*
Gips 303, *303*
*Giraffa camelopardalis* 159
Giraffe, Nubische 159, *159*
Girlitz 104, *104*
Glanzmelde 190, *190*
Glasaugenbarsch 67, *67*
Glatthautnashorn 155
*Glaux maritima* 250
Glimmer 300, *301*
Glockenblume, Pfirsichblättlige 208, *208*
*Glossina palpalis* 38
*Gnathonemus petersi* 72
Gneis 285, *285*
Gold 292, *292*
Goliathkäfer 41, *41*
*Goliathus sp.* 41
Goodfellow-Baumkänguruh 118, *119*
Gorilla 129, *129*
*Gorilla gorilla* 129
*Gossypium* 189
Gottesanbeterin 34, *35*
Götterblume 208, *209*
Granat 311, *311*
Granit 284, *284*
Grantzebra siehe Böhmzebra
Graphit 300, *300*
Grasbaum 215, *215*
Grauhörnchen 150, *150*
Graupapagei 106, *107*
Graurumpfsalangane, Philippinische 114, *114*
Grevy-Zebra 155
Grizzly siehe Kodiakbär
Großaugen-Thunfisch 58, *58*
Großschabe, Amerikanische 34, *34*
Großwiesel 142, *142*
Grunion 62, *62*
*Gryllotalpa gryllotalpa* 33

*Gryllus domesticus* 33
*Gymnogyps californianus* 98
*Gypaetus barbatus* 98

Haarvampir 123
Haarschöpfchen 242, *242*
Habicht 99, *99*
Hahnenfuß, Scharfer 180, *180*
Hainmoos, Glänzendes 271, *271*
Hainsauerklee 200, *200*
Hainsimse, Große 185, *185*
*Haliaetus leucocephalus* 99
Halit 295, *295*
Hallimasch 261, *261*
Halsbandpekari 157, *157*
*Hamamelis japonica* 235
*Hamamelis mollis* 235
*Hamamelis vernalis* 235
*Hamamelis virginiana* 235
Hämatit 288, *288*
Harlekin-Korallenschlange 86, *86*
Hartheu 195, *195*
Hartriegel, Blutroter 233, *233*
Hartriegel, Japanischer 233
Hartriegel, Roter 233, *233*
Hartriegel, Weißer 233
Haselnuß 220, *220*
Haubenmeise 103, *103*
Haubentaucher 94, *94*
Hausgrille 33, *33*
Haushund 135, *135*
Hauskatze 136, *136*
Hausmaus 152, *152*
Hausratte 152
Hausschabe 34, *34*
Hauswurz, Sprossende 204, *205*
Hecht, Nordamerikanischer 66, *66*
Hechtling, Australischer 72, *72*
Heidelbeere 225, *225*
Heilbutt, Weißer 58, *58*
Heimchen siehe Hausgrille
*Helianthus annuus* 188
*Helix pomatia* 21
Helm, Blauer 253, *253*
Helmgras 254, *254*
*Heloderma suspectum* 79
*Heniochus acuminatus* 60
Herbstzeitlose 199, *199*
Herkuleskäfer 40, *41*
Hermelin siehe Großwiesel
Herrenpilz 263, *263*
Heulandit 296, *296*
Heupferd, Großes Grünes 32, *32*
*Himantarium gabrielis* 28
Himmelschlüssel 196, *196*
*Hippocampus* 60
*Hippoglossus hippoglossus* 58
*Hippopotamus amphibius* 158
Hirschkäfer 40, *41*
Hirschzunge 277, *277*
*Hirudo medicinales* 18
*Hirundo rustica* 105
*Histiophorus albicans* 59
Holunder, Schwarzer 222, *222*
Holzbock 26, *26*
Holzritterling 260
*Homarus vulgaris* 54
Honigbiene 44, *45*
Hopfen, Gemeiner 206, *206*
Hornissenschwärmer 49, *49*
Hörnling, Klebriger 261, *261*
Hornstrauch 233, *233*
Hufeisennase, Große 124, *124*

Hummer, Europäischer 54, *54*
*Humulus lupulus*, *206*
*Hundsflechte* *268, 268*
Hundsrose 218, *218*
*Huperzia selago* 272
Hüpferling 22
Husarenaffe 127, *127*
Hyazinthara 109, *109*
*Hydra oligactis* 17
*Hydrachna globosa* 26
*Hydromys chrysogaster* 152
*Hydroprogne caspia* 95
*Hyla arborea* 76
*Hylocomium splendens* 271
*Hypericum perforatum* 195
*Hypnum cupressiforme* 268

*Ictalurus nebulosus* 69
Igelfisch 63, *63*
*Impatiens noli-tangere* 200
Inselgrabhuhn 114
*Iris germanica* 208
*Isoptera* 44
*Ixodes ricinus* 26

*Jabiru mycteria* 97
Jaguar 140, *140*
Jako siehe Graupapagei
Johanniskraut 195, *195*
*Jussieus* 242

Kabeljau 58, *58*
Kahnblume 203, *203*
Kahnlippe 203, *203*
Kahnorche 203, *203*
Kaiserpinguin 164
Kaiserschnapper 63, *63*
Kalan siehe Seeotter
Kalisalzkraut 248, *249*
Kalkspat siehe Kalzit
Kalkstein 302
Kalmus 196, *196*
Kalzit 302, *302*
Kanadagans 96, *96*
Kanarienvogel 104, *104*
Kanincheneule 110, *110*
Kaninchen-Nasenbeutler, Großer 117, *117*
Kaolin 302, *302*
Kap-Stummelfüßer 19, *19*
Karibenfisch siehe Piranha
Karpathenskorpion 27, *27*
Karpfen 70, *70*
Kartäusernelke 181, *181*
Kartoffelkäfer 43, *43*
Kasseterit 290, *290*
Katzenhai, Kleinfleckiger 57, *57*
Katzenwels, Gewöhnlicher 69, *69*
Kellerhals 233, *233*
Kerguelen-Falter 47, *47*
Kettennatter 87, *87*
Keulenbärlapp 272, *272*
Kiefernreizker 267, *267*
Klatschmohn 199, *199*
Klee, Kriechender 212, *211*
Kleinfleck-Ginsterkatze 147, *147*
Knochenhecht, Schlanker 65, *65*
Knollenblätterpilz, Grüner 265, *265*
Knollenblätterpilz, Spitzhütiger 265
Koala 118, *118*
Koboldkärpfling 73, *73*
Köcherfliege 30, *30*
Kodiakbär 144, *144*
Kojote 133, *133*

Kokospalme 238, *238*
Kolbenbärlapp 272, *272*
Komodo-Waran 79, *79*
Kondor, Kalifornischer 98, *98*
Konglomerat 285, *285*
Kongowels, Rückenschwimmender 69, *69*
Königskerze, Großblütige 192, *192*
Königskobra 88, *88*
Königslibelle 31, *31*
Königsnatter 87
Königsschlange siehe Abgottschlange
Kopf- und Kleiderlaus 39, *39*
Korallenschlange, Gewöhnliche 86, *86*
Kornblume 191, *191*
Kornrade 198, *198*
Korund 309
Krähenfußwegerich 251, *251*
Kratzbeere 224, *224*
Kräutlein Rühr-mich-nicht-an 200, *200*
Kreuzblümchen, Gemeines 181, *181*
Kreuzfuchs 133
Kreuzotter 84, *84*
Kreuzspinne 24, *24*
Krickente 96, *96*
Kriechsproßalge 245, *245*
Kuckuck 115, *115*
Kuckuckslichtnelke 181, *181*
Kudu, Großer 162, *162*
Kugelwassermilbe 26, *26*
Kuhblume 201, *201*
Kupfer 293, *293*
Kurzschnabel-Ameisenigel 116, *116*
Kurzschopf 209, *209*

Labkraut, Wohlriechendes 192, *192*
Labradorit 307, *307*
*Lacerta lepida* 80
*Lacerta muralis* 80
*Lacerta viridis* 80
*Lachnostachys* 215, *215*
*Lachnostachys verbascifolia* 215
Lachs, Atlantischer 68, *68*
*Lactarius deliciosus* 267
Laichkraut, Schwimmendes 183, *183*
Lama 158
*Laminaria* 247
*Laminaria digitata* 247
*Laminaria saccharina* 247
*Lamium album* 191
Lämmerklee 212, *211*
*Lampropeltis getulus* 87
Landschildkröte, Griechische 90, *90*
Landschildkröte, Maurische 90
Langohr, Braunes 125, *125*
Lanzenotter 85, *85*
Lärche, Europäische 216, *217*
*Larix decidua* 216
*Laticauda laticaudata* 87
*Lathrodectes tredecimguttatus* 24
Laubfrosch 76, *76*
Lebensbaum 217, *217*
Lederschildkröte 91
Leierschwanz 114, *115*
*Lemna minor* 183
*Lentinus edoles* 260
*Lentinus squamosus* 260
Leopard 139, *140*
*Leopardus pardalis* 137
*Lepiota procera* 266
*Lepiota rhacodes* 266
*Lepisosteus osseus* 65
*Lepomis gibbosus* 67
*Leprinotarsa decemlineata* 43

*Lepus europaeus* 148
*Lepus timidus* 148
*Leucobryum glaucum* 270
*Leucojum vernum* 179
*Leurestes tenuis* 62
*Limax maximus* 21
*Linum usitatissimum* 189
*Lithops* 204
Löffelstör, Amerikanischer 65, *65*
Löwe 139, *139*
Löwenzahn 201, *201*
*Loxodonta africana* 156
*Lucanus cervus* 40
Luchs, Kanadischer 137
*Lucogala epidendron* 260
*Lumbrius terrestris* 18
Lund siehe Papageitaucher
Lungenfisch, Australischer 73, *73*
*Lutianus sebae* 63
*Luzula sylvatica* 185
*Lychnis flos-cuculi* 181
*Lycopodium clavatum* 272
*Lynx rufus* 137
*Lysimachia nummularia* 206

*Macroclemys temmincki* 92
*Macropus rufus* 118
*Macrotis lagotis* 117
Magenwurz 196, *196*
Magnesit 301, *301*
Magnetit 289, *289*
*Magnolia grandiflora* 234
*Magnolia soulangiana* 234
*Magnolia stellata* 234
*Magnolia tripetala* 234
Magnolie 234, *234*
Mais 186, *187*
Malmignatte 24, *24*
Mamba, Grüne 89
Mamba, Schwarze 89, *89*
Mandrill 127, *127*
*Mandrillus sphinx* 127
Mangan 289
Manganit 289, *289*
Manglebaum 242, *243*
Manguste 147
*Manta birostris* 56
*Mantis religiosa* 34
Marmor 306, *306*
Märzenbecher 179, *179*
Märzveilchen 212, *211*
Mauereidechse 80, *80*
Mauerpfeffer 194, *194*
Mauerraute 276, *276*
Maulwurfsgrille 33, *33*
Mausohr 124, *124, 125*
Meerespelikan 95, *95*
Meersalat 244, *244*
*Megalobatrachus japonicus* 75
Mehltau, Falscher 256, *256*
*Meleagris gallopavo* 101
*Melopsittacus undulatus* 107
Menschenfloh 39, *39*
*Menura superba* 114
*Mephitis mephitis* 143
*Metridium senile* 50
*Microtus arvalis* 153
*Micrurus corallinus* 86
*Micrurus fulvius* 86
Miesmuschel, Gemeine 53, *53*
Milchling 267
Milchplanarie 19, *19*
Mink siehe Nerz, Amerikanischer

*Miridae* 37
Mississippi-Alligator 78, *78*
Mistel 203, *203*
Mittelmeer-Muräne 59, *59*
*Mnium punctatum* 271
Möhre 197, *197*
Monarchfalter 46, *47*
Mönchsgrasmücke 105, *105*
*Monostroma* 244
Moos, Isländisches 268, *268*
*Morchella esculenta* 259
Mördermuschel 52, *52*
Moschustier 160
*Mucor mucedo* 257
*Mucor piriformis* 257
*Muraena helena* 59
Muskovit siehe Glimmer
*Mus musculus* 152
*Mustela erminea* 142
*Mustela vison* 142
Mutterkorn 258, *258*
*Mycena tintinabulum* 260
*Myotis myotis* 124
*Myrmecophaga tridactyla* 130
*Mysis oculata f. relicta* 22
*Mytilus edulis* 53

Nachtkerze, Gemeine 211, *210*
Nagel-Manati 165, *165*
*Naja nigricollis* 88
*Nasua narica* 146
Natronsalpeter 297, *297*
*Nautilus pompilius* 53
*Necrophorus sp.* 42
*Necturus maculosus* 74
*Neoceratodus forsteri* 73
*Nereocystis luetkeana* 246, *246*
Nerz, Amerikanischer 142, *142*
Netzpython 83, *83*
Neunbinden-Gürteltier 131, *131*
Nickel 289
Nickelin 289, *289*
Nordopossum, Virginisches 117, *117*
Nordseegarnele 54, *54*
*Numenius arquata* 96
Nuytsia 241, *241*
*Nuytsia floribunda* 241
*Nyctea scandiaca* 111
*Nymphaea alba* 182

*Ochotona rutila* 149
Ochsenfrosch 77, *77*
*Oenothera biennis* 211
Olivin 287, *287*
Opal 311, *311*
*Ophiophagus hannah* 88
*Ophisaurus apodus* 81
*Opuntia* 204
Orang-Utan 128, *128*
*Ornithorhynchus anatinus* 116
Orthoklas 286, *286*
*Orya barbarica* 28
*Oryctolagus cuniculus* 149
Ostblindmaus 153, *153*
*Ostrea edulis* 53
Otterspitzmaus, Große 121, *121*
*Ovis ammon canadensis* 162
Ozelot 137, *137*

Pallas-Pfeifhase 149
Palmfarn 236, *236*
Palmlilie 211, *210*
Panda, Großer 146, *146*

Panther siehe Leopard
*Panthera leo* 139
*Panthera onca* 140
*Panthera pardus* 139
*Panthera tigris* 141
Pantherpilz 265, *265*
*Pantodon buchholzi* 73
Pantoffeltierchen 16, *16*
*Pan troglodytes* 129
Panzernashorn 155, *154*
Panzerschleiche siehe Scheltopusik
Papageitaucher 94, *95*
*Papaver rhoeas* 199
Papierboot 53, *53*
*Papilio machaon* 48
Paradiesvogel, Großer 102, *103*
*Paradisea apoda* 102
*Paramecium caudatum* 16
Parasol 266, *266*
*Paris quadrifolia* 198
*Parmelia physodes* 269
*Parnassius apollo* 47
*Parus cristatus* 103
Pavian siehe Mandrill
*Pavo cristatus* 100
Pechblende siehe Uraninit
*Pediculus humanus* 39
*Pelecanus occidentalis* 95
*Peltigera canina* 268
*Penicillium camembertii* 257
*Penicillium crustaceum* 257
*Penicillium expansum* 257
*Penicillium gorgonzola* 257
*Penicillium italianum* 257
*Penicillium notatum* 257
*Penicillium roquefortii* 257
*Penstemon mensiesiis* 208
*Perca fluviatilis* 67
*Perdix perdix* 101
Perigord-Trüffel 259, *259*
*Peripatus capensis* 19
*Periplaneta americana* 34
*Perla sp.* 31
Perlboot, Gemeines 53, *53*
Perleidechse 80, *80*
Perlpilz 264, *264*
Pestwurz, Gemeine 179, *179*
Pestwurz, Rote 179, *179*
*Petasites hybridus* 179
*Peziza badia* 259
Pfau 100, *100*
Pfeifhase, Roter 149, *149*
Pfeilwurm 51, *51*
Pfennigkraut 206, *206*
Pfifferling 267, *267*
*Phalangium opilio* 27
*Pharomachrus mocinno* 108
*Phascolarctos cinereus* 118
*Phleum arenarium* 254
*Phleum pratense* 185
*Pholiota mutabilis* 260
Phosphorit 297, *297*
*Phoxinus phoxinus* 71
*Phrynosoma coronatum* 81
*Phyllitis scolopendrium* 277
*Phyllium siccifolium* 35
*Phyllopora grandis* 32
*Picea abies* 216
Pillendreher, Heiliger 42, *42*
Pinguine 164, *164*
Pinselschimmel, Grauer 257, *257*
Piranha 66, *66*
*Plantago coronopus* 251

*Plantago lanceolata* 193
*Plasmopara viticola* 256
Plattschwanz, Gewöhnlicher 87, *87*
*Plecotus auritus* 125
*Pleurotus* 260
*Pleurozium schreberi* 271
*Poa* 255
*Poa pratensis* 184
*Podiceps cristatus* 94
*Polygala vulgaris* 181
*Polyodos spathula* 65
*Polypodium vulgare* 277
*Polyprion americanus* 61
*Polytrichum commune* 271
*Pongo pygmaeus* 128
*Populus tremula* 226
Porling 260
*Potamogale velox* 121
*Potamogeton natans* 183
*Potentilla neumanniana* 178
*Potentilla tabernaemontani* 178
*Potentilla verna* 178
Prachtlibelle 31, *31*
Prärieklapperschlange 84, *84*
Präriewolf siehe Kojote
Preiselbeere 225
*Primula veris* 196
*Pringleophaga kerguelensis* 47
*Prionace glauca* 57
*Protea* 241
*Protea repens* 241
*Prunus spinosa* 219
*Psittacus erithacus* 106
*Pteridium aquilinum* 275
*Pteropus giganteus* 122
*Ptilotus exaltatus* 242
*Ptilotus manglesii* 242
*Ptilotus spathulatus* 242
*Puccinellia distans* 255
*Puccinellia maritima* 255
*Pulex irritans* 39
Puma 138, *138*
*Puma concolor* 138
Purpurreiher 97, *97*
Pyrit 294, *294*
*Python reticulatus* 83
*Python sebae* 83

Quagga 155
Quarz 285, *286*
Queller, Gemeiner 250, *250*
Quetzal 108, *108*

*Rafflesia arnoldi* 214
*Ramphastos sulfuratus* 108
Rams 196, *197*
*Rana catesbeiana* 77
*Ranatra linearis* 37
*Ranunculus acris* 180
*Ranunculus ficaria* 178
*Rattus norvegicus* 152
Raubseeschwalbe 95, *95*
Rauchschwalbe 105, *105*
Rebhuhn 101, *101*
Regenbogenforelle 68, *68*
Regenwurm 18, *18*
Reiherschnabel, Gemeiner 201, *201*
Reizker, Echter 267, *267*
Rennkuckuck 115, *115*
Rentier 160
Rentierflechte 269, *269*
*Rhinoceros unicornis* 155
*Rhinolophus ferrumequinum* 124

*Rhizophora mangle* 242
*Rhodeus amarus* 70
*Richmondena cardinalis* 104
Riesenblasentang 247, *247*
Riesenblume 214, *214*
Riesenbockkäfer 40, *40*
Riesenholzwespe 38, *38*
Riesenkänguruh 118, *119*
Riesenläufer 28, *28*
Riesenmanta 56, *56*
Riesensalamander, Japanischer 75, *75*
Riesenschirmpilz 266, *266*
Riesenschnecke 32, *32*
Ringeltaube 106, *106*
Ringelwühle 74, *74*
Rippenfarn 275, *275*
Rispengras 255
Robbe 164
*Robinia pseudoacacia* 229
Robinie 229, *229*
Roggen 186, *186*
Röhrenalge 244, *245*
Rohrkolben, Breitblättriger 183, *182*
*Rosa canina* 218
*Rosalia alpina* 43
Rosenquarz 312, *312*
Rost, Weißer 256, *256*
Rotbarsch 59, *59*
Rotbauchunke 77, *77*
Rotfichte 216, *216*
Rotfuchs 132, *132*
Rothirsch 160, *160*
Rotkappe 263, *263*
Rotkehlanolis 81, *81*
Rotluchs 137, *137*
Rotnickelkies siehe Nickelin
Rotluchs, Mexikanischer 137
Rotstengelmoos 271, *271*
Rübe, Rote 187
Rubin 309, *309*
Rubinkehlkolibri 113, *113*
*Rubus fructicosus* 224
*Rudbeckia fulgida* 208
*Rudbeckia hirta* 208
*Rudbeckia laciniata* 208
*Rudbeckia sullivantii* 208
Rudbeckie 208, *208*
Ruhmesblume 207, *207*
*Rumex crispus* 190
Rundmorchel 259, *259*
Rundschwanz-Sirene siehe Nagel-Manati
*Russula vesca* 267
Rutil 291, *291*

*Saccaromyces cerevisiae* 258
Safranschirmling 266
Sägeblättling, Schuppiger 260
*Sagitta sp.* 51
*Salamandra salamandra* 75
*Salicornia europaea* 250
*Salix caprea* 228
*Salmo gairdneri* 68
*Salmo salar* 68
*Salpingotus crassicaudatus* 151
*Salsola kali* 248
*Salvia pratensis* 213
*Salvinia natans* 275
Salweide 228, *228*
Salzschuppenmiere 248, *248*
Salzschwaden, Gemeiner 255
*Sambucus nigra* 222
*Sambucus racemosa* 223
Sandbirke 227, *227*

Sandlieschgras 254, *254*
Sandsegge 253, *253*
Sandstein 307, *307*
Saphir 309, *309*
*Sargassum natans* 247
Satanspilz 262, *262*
Satansröhrling 262, *262*
*Scarabeus sacer* 42
Schafgarbe 195, *195*
Scharbockskraut 178, *178*
Schaufelstör siehe Löffelstör, Amerikanischer
Scheinakazie 229, *229*
Scheinbeere 225, *225*
Scheltopusik 81, *81*
Schierling-Reiherschnabel 201, *201*
Schimmelpilz auf Birnen und Äpfeln 257, *257*
Schimmerbaum 241, *241*
Schimpanse 129, *129*
Schirmling, Rötender 266
Schirmmagnolie 234
*Schistocerca gregaria* 32
Schlafmoos 268
Schlafmützchen 209, *209*
Schlammfisch, Amerikanischer 64, *64*
Schlammfliege 30, *30*
Schlehdorn 219, *219*
Schlehe 219, *219*
Schleie 71, *71*
Schleiereule 110, *110*
Schlickgras, Englisches 251, *251*
Schlüsselblume 196, *196*
Schmetterlingsfisch 73, *73*
Schmetterlingsporling 260, *260*
Schmiele 255
Schmuckschildkröte 91
Schnabeltier 116, *116*
Schnee-Eule 111, *111*
Schneeglöckchen 179, *179*
Schneehase 148, *148*
Schneekristall *284*
Schnittlauch 197, *197*
Schnurfüßer 29, *29*
Schönfaden 237, *237*
Schönfußröhrling 262, *262*
Schönhorn, Klebriges 262, *262*
Schriftbarsch 61
Schuppenflechte, Graue 269, *269*
Schuppenmiere, Rote 248
Schuppennashorn 155
Schwalbenschwanz 48, *48*
Schwarzbär 145, *145*
Schwarzschwanz-Präriehund 150, *150*
Schwarzwurz 194, *194*
Schwefel 294, *294*
Schwefelkies siehe Pyrit
Schwertlilie, Deutsche 208, *208*
Schwimmfarn, Gemeiner 275, *274*
Schwimmratte 152, *153*
*Sciurus carolinensis* 150
*Scolopendra sp.* 28
*Scutigera coleoptrata* 29
*Scyliorhinus caniculus* 57
*Sebastes marinus* 59
*Secale cereale* 186
*Sedum acre* 194
Seeanemone 50, *50*
Seeigel 50, *50*
Seelöwe, Kalifornischer 164, *164*
Seemaus 51, *51*
Seeotter 142, *143*
Seepferdchen 60, *60*

Seerose, Weiße 182, *182*
Seeschlange 87
Seespaltfüßer 22, *23*
Seidelbast 233, *233*
Seidenspinner 48, *48*
Seitling 260
Selenit siehe Gips
*Sempervivum soboliferum* 204
Senegal-Akazie 240
*Serassalmus piraya* 66
*Serinus canaria* 104
*Serinus serinus* 104
*Sesia apiformes* 49
*Sialis sp.* 30
Siebzehnjahr-Zikade 36, *36*
Silber 293, *293*
Silberbaum 241, *241*
Silberdachs siehe Dachs, Amerikanischer
Silberfuchs 133
Silberlöwe siehe Puma
*Silurus glanis* 69
*Siphonops annulatus* 74
Skarabäus siehe Pillendreher, Heiliger
Skorpion-Krustenechse 79
Smaragd 309, *309*
Smaragdeidechse 80, *80*
*Solpuga letalis* 26
Sonnenbarsch, Gemeiner 67, *67*
Sonnenblume 188, *188*
Sonnenhut 208, *208*
Sonnentau, Rundblättriger 202, *202*
*Sorbus aucuparia* 220
*Spalax microphtalmus* 153
*Spartina alterniflora* 251
*Spartina maritima* 251
*Spartina × townsendii* 251
Speikobra 88, *88*
Speisemorchel 259, *259*
Speisetäubling 267, *267*
*Speotyto cunicularia* 110
*Spergularia marina* 248
*Spergularia rubra* 248
Sphalerit 290, *291*
*Spheniscidae* 164
*Sphenodon punctatus* 78
Spinnenassel 29, *29*
*Spirobolus sp.* 29
Spitzahorn 230, *230*
Spitzmaulnashorn 155
Spitzwegerich 193, *193*
*Spongilla lacustris* 17
Stabschrecke 35
Stabwanze 37, *37*
Steinfeder 276, *276*
Steinfliege 31, *31*
Steinkohle 298, *299*
Stein, Lebender 204, *204*
Steinpilz 263, *263*
Steinsalz 295, *284*
*Stentor coeruleus* 16
Steppenzebra 155
Sternmagnolie 234
Sternmoos, Punktiertes 271, *271*
Sternmull 120, *120*
Stiefmütterchen, Wildes 213, *212*
Stilbit 296, *296*
*Stizostedion vitreum* 67
Stockschwämmchen 260
Stranddistel 252, *252*
Strandhafer 254, *254*
Strandkrabbe 55, *55*
Strandmannstreu 252, *252*
Strandmilchkraut 250, *250*

Strandquecke 255, *255*
Strandroggen 253, *253*
Strandsalzschwaden 255, *255*
Strandschwingel 255, *255*
Strandsode 249, *249*
Strandweizen 255, *255*
Strauß 112, *112*
Straußgras 255
Streifenfarn, Braunstieliger 276, *276*
Streifenkiwi 112, *112*
Streifenskunk 143, *143*
*Strix aluco* 111
*Struthio camelus* 112
*Suaeda maritima* 249
Sumatranashorn 155
*Suncus etruscus* 121
Suppenschildkröte 93, *93*
*Sus scrofa* 157
Süßwassermeduse 17, *17*
Süßwasserpolyp, Brauner 17, *17*
Süßwasserschwamm 17, *17*
Swainsona 215, *215*
*Swainsona galegifolia* 215
*Sylvia atricapilla* 105
*Sylvilagus floridanus* 149
*Symphytum officinale* 194
*Synodontis nigriventris* 69

*Tachyglossus aculeatus* 116
Talk 301, *301*
Tannenbärlapp 272, *272*
Tannenteufelsklaue 272, *272*
*Taraxacum officinale* 201
Täubling, Fleischroter 267, *267*
Taubnessel, Weiße 191, *191*
Taumantel 194, *194*
*Taxidea taxus* 143
*Tayassu tajacu* 157
Teichrose, Weiße 182, *182*
Termiten 44, *44*
*Terrapene carolina* 90
*Testudo hermanni* 90
Teufelsrochen siehe Riesenmanta
*Tettigonia viridissima* 32
Texas-Krötenechse 81, *81*
*Theophila mandarina* 48
Thimotheegras 185, *185*
Thorit 305, *305*
*Thuja* 217
*Thunnus obesus* 58
*Thymallus thymallus* 68
*Tibicen septemdecim* 36
Tiger 141, *141*
Tigerauge 312, *312*
*Tinca tinca* 71
Titan 291
*Titanus giganteus* 40
Tollkirsche 199, *199*
Topas 310, *310*
Torbernit 305, *305*
Torf 298, *298*
Totengräber 42, *42*
Totenkopfschwärmer 49, *49*
*Tragelaphus strepsiceros* 162
Tramete, Bunte 260, *260*
Trampeltier siehe Wildkamel
*Trapa natans* 201
Traubenholunder 223, *223*
Travertin 306, *306*
*Trichechus manatus* 165
*Trichodina domerguei* 16
*Tricholomopsis* 260
*Trichoptera* 30

Tridacna gigas 52
Trifolium repens 212
Trionyx ferox 91
Trionyx triunguis 91
Triticum aestivum 186
Triturus alpestris 75
Trompetenblume 206, *206*
Trompetentierchen 16, *16*
Tsetsefliege 38, *39*
Tuber melanosporum 259
Tüpfelfarn, Gemeiner 277, *277*
Tüpfelskink 81, *81*
Turdus migratorius 102
Turmalin 310, *310*
Typha latifolia 183
Tyto alba 110

Uferfliege siehe Steinfliege
Uhu, Amerikanischer 111, *111*
Ulva lactuta 244
Ulva latissima 244
Unau 131, *131*
Ungulina (Fomes) fomentaria 260
Uranglimmergruppe *305*
Uraninit 304, *304*
Uranpecherz siehe Uraninit
Urocerus gigas 38
Urson 151, *151*
Ursus arctos middendorfi 144
Ursus americanus 145
Urtica dioica 191
Utricularia vulgaris 183

Vaccinium myrtillus 225
Vaccinium vitis-idaea 225
Vampir, Gemeiner 123, *123*
Varanus komodoensis 79
Veilchen, Wohlriechendes 212, *211*
Venusfliegenfalle 202, *202*
Verbascum densiflorum 192
Vespa vulgaris 45
Viola odorata 212
Violor tricolor 213
Vipera berus 84
Viscum album 203
Visiergraupen 290, *290*
Vogelbeerbaum 220, *221*
Vogelspinne 25, *25*
Vulpes vulpes 132

Walderdbeere 200, *200*
Waldkauz 111, *110*
Waldmeister 192, *192*
Waldsauerklee 200, *200*
Waldschachtelhalm 273, *273*
Waldsegge 184, *184*
Waldsimse 185, *185*
Waldspringkraut 200, *200*
Waldstorch 97, *97*
Wallaby 119
Wallarco 119
Wallwurz 194, *194*
Walzenspinne 26, *26*
Wanderalbatros 95, *95*
Wanderdrossel 102, *103*
Wanderheuschrecke 32, *33*
Wanderratte 152, *152*
Wapiti-Hirsch 160
Waschbär 146
Wasserfloh 22, *22*
Wasserflorfliege siehe Schlammfliege
Wasserlinse, Kleine 183, *183*
Wassermokassinschlange 85, *85*
Wassernuß 201, *201*
Wasserreh 160
Wasserschlauch, Gemeiner 183, *183*
Wasserspinne 25, *25*
Weberknecht, Gemeiner 27, *27*
Wechselkröte 77, *77*
Wechseltierchen 16, *16*
Wegwarte 193, *193*
Wegschnecke, Große 21, *21*
Weichschildkröte, Afrikanische 91, *91*
Weidenröschen, Schmalblättriges 210, *210*
Weinbergschnecke 21, *21*
Weißbirke 227, *227*
Weißflügelvampir 123
Weißkehlwachtel 100, *100*
Weißklee 212, *211*
Weißkopfseeadler 99, *99*
Weißmoos 270, *270*
Weißrüsselbär 146, *147*
Weißzahnspitzmaus 121
Weizen 186, *186*
Wellensittich 107, *107*
Wellhornschnecke 52, *52*
Wespe 45, *45*
Wickelbär 146
Widertonmoos, Gemeines 271, *271*

Wiesenkreuzblume 181, *181*
Wiesenlieschgras 185, *185*
Wiesenrispengras 184, *184*
Wiesensalbei 213, *213*
Wiesenschlüsselblume 196, *196*
Wildkamel 158, *158*
Wildkaninchen, Europäisches 149, *149*
Wildkatze 136, *136*
Wildschwein 157, *157*
Wildtruthuhn 101, *101*
Wimpelfisch 60, *60*
Wimpertierchen 16, *16*
Winterhelmling 260
Witwe, Schwarze 24, *24*
Wolf 134, *134*
Wolfsmilch 205, *205*
Wollgras, Breitblättriges 181, *181*
Wrackbarsch, Atlantischer 61, *61*
Wurmfarn, Gemeiner 274, *274*

Xanthorrhoea resinosa 215

Yucca filamentosa 211

Zalophus californianus 164
Zaubernuß 235, *235*
Zea mays 186
Zeolith 296, *296*
Zibetkatze 147
Zichorie 193, *193*
Zierschildkröte 91, *91*
Zink 290
Zinn 290
Zitteraal, Großer 72, *72*
Zittergras, Gemeines 184, *184*
Zitterpappel 226, *226*
Zuckerrübe 187, *187*
Zunderschwamm, Echter 260, *260*
Zungenfliege siehe Tsetsefliege
Zwergantilope 162
Zwergspringmaus 151, *151*
Zwergwachtel, Viginianische siehe
    Weißkehlwachtel
Zwergwels siehe Katzenwels, Gewöhnlicher
Zygaena filipendula 49
Zylinderputzer 237, *237*
Zypressen-Wolfsmilch 214, *214*